NERUDA

El príncipe de los poetas

NERUDA

El príncipe de los poetas

Mario Amorós

IB
GRUPO ZETA

Barcelona • Madrid • Bogotá • Buenos Aires • Caracas • México D.F. • Miami • Montevideo • Santiago de Chile

1.ª edición: noviembre 2015

© Mario Amorós, 2015
© Ediciones B, S. A., 2015
  Consell de Cent, 425-427 - 08009 Barcelona (España)
  www.edicionesb.com

Printed in Spain
ISBN: 978-84-666-5690-0
DL B 20864-2015

Impreso por LIBERDÚPLEX, S.L.
Ctra. BV 2249 km 7,4
Polígono Torrentfondo
08791 Sant Llorenç d'Hortons

Para Paco, mi hijo, que tiene alma de poeta

«... La poesía de Neruda permanece y permanecerá porque fue escrita con sangre para ser escuchada con sangre. Alumbró mi vida y la de mis hijos y alumbrará a los hijos de mis hijos y su belleza construye la materia de este mundo...»

JUAN GELMAN,
Santiago de Chile, 5 de julio de 2005

Presentación

Cien años de poesía

El viernes 17 de octubre de 2014, la Real Academia Española realizó una «solemne sesión pública» para conmemorar el tercer centenario de su fundación. En presencia de los reyes de España y del ministro de Educación, Cultura y Deporte, se presentó la vigésimo tercera edición del *Diccionario de la Lengua Española* («Edición del Tricentenario») y diversas personalidades, como su director, José Manuel Blecua, tomaron la palabra. Solo hubo espacio para la lectura de obras de dos autores: Pablo Neruda, y su Soneto LXXXIX de *Cien sonetos de amor*, y Miguel de Cervantes, con sus epitafios para Don Quijote, Dulcinea y Sancho Panza de *El ingenioso hidalgo don Quijote de la Mancha*...

La poesía de Neruda ha logrado atravesar el umbral del siglo XXI, sus versos forman parte, hace ya muchas décadas, del patrimonio cultural de la humanidad. Como la de Homero, Shakespeare, Tolstói o Whitman, su obra tiene el sello de la inmortalidad. Fue «el más grande poeta del siglo XX en todos los idiomas», aseguró su amigo Gabriel García Márquez el 23 de octubre de 1971 en París, solo dos días después de que la Academia Sueca lo distinguiera con el Premio Nobel de Literatura.[1] «Ningún poeta del hemisferio occidental de nuestro siglo admite comparación con él», señaló el afamado crítico Harold Bloom, tan distante ideológicamente del autor de *Confieso que he vivido*.[2]

Hace cien años, el 30 de junio de 1915, en Temuco, en el lluvioso corazón de la Araucanía, el pequeño Neftalí Reyes escribió cin-

---

1. *El Siglo*. Santiago de Chile, 10 de noviembre de 1971, p. 15.
2. Bloom, Harold: *El canon occidental*. Anagrama. Barcelona, 1995, p. 488.

co versos en una postal para el cumpleaños de Trinidad Candía, su querida *mamadre*. Es el poema de su autoría más antiguo que se ha conservado. Mediocre estudiante tanto en la enseñanza secundaria como en sus estudios universitarios de Francés, desde la infancia fue un prolífico autor de poesía. La suya fue una vida consagrada plenamente a la escritura poética, una dedicación sistemática y diaria que alumbró cimas como *Residencia en la Tierra*, *Canto general* o *Veinte poemas de amor y una canción desesperada*, uno de los libros de poesía más vendidos en todo el mundo, con más de tres millones de ejemplares solo en español.[3] En 2015, la publicación de veintiún poemas inéditos suyos escritos entre 1952 y 1973 (otra muestra de su inagotable manantial poético) ha merecido una gran atención internacional.[4]

Con su trabajo cotidiano en los cuadernos escolares que su hermana Laura guardó a lo largo de toda su vida, en las pensiones estudiantiles de Santiago de Chile, en los buques de carga en Asia, en los cafés de Buenos Aires, Madrid o México, en sus casas de Isla Negra, *Michoacán*, *La Chascona* y *La Sebastiana*, quiso combatir la imagen del poeta o endiosado o maldito. «El oficio de escritor, el de poeta, ha sido falsificado a través de las épocas. Ha sido deificado y apostrofado, y hay que despojarlo de esta atmósfera y llegar totalmente a comprender que se trata de una disciplina y de un trabajo», explicó a Antonio Colinas en Milán en marzo de 1972. «Se gastan volúmenes de páginas que tienen como objetivo esencial producir una especie de aureola o de niebla alrededor del fenómeno poético. Esto ha estado, generalmente, muy ligado al concepto de "poeta maldito". A las clases superiores les ha interesado la producción de "poetas malditos". Y de poetas que envuelven su creación en tal misterio vital y en tal catástrofe personal que, automáticamente, o por reglas no escritas, están separados de la vida social de su época. Hay mucho de esto en ese acendrado deseo de pensar que la poesía es una religión o un fenómeno misterioso. La

3. Yurkievich, Saúl: «La poesía como visión y condición de vida». Jiménez Gómez, Hilario (ed.): *Pablo Neruda. Un corazón que se desató en el viento*. Institución Cultural «El Brocense» de la Diputación de Cáceres. Cáceres, 2005. pp. 27-28.

4. Neruda, Pablo: *Tus pies toco en la sombra y otros poemas inéditos*. Seix Barral. Barcelona, 2015.

poesía es papel y tinta».[5] Le gustaba decir que su oficio era tan importante como el del panadero que cada día cumple con su tarea y entrega sus frutos a la comunidad.

Del mismo modo que desacralizó la condición de poeta, se negó a formular recetas o brindar consejos sobre la composición de versos y destacó muchas veces con solemnidad sus «deberes», como señalara en su Discurso de Estocolmo el 13 de diciembre de 1971. Pero sin perder aquel sentido del humor que conquistó a una edad algo tardía y que desplegó en obras como *Estravagario*... En 1968, la periodista uruguaya María Esther Gilio le preguntó cómo escribía un poema. Tras saborear su taza de té durante unos segundos, respondió: «Necesito antes que nada una mesa, papel, un lápiz». «Un poeta tiene que estar enamorado», prosiguió. «Enamorado hasta el último minuto de su vida. No creo en los que no toman vino; en los que no se enamoran. ¡Imagine un poeta vegetariano! ¿Podría yo ser vegetariano?».[6] Desde luego, el coautor de *Comiendo en Hungría*, el creador de la «Oda al caldillo de congrio», no lo fue. «¿Cree usted que su poesía aporta algo al mundo? ¿Qué hace a los hombres más felices?», le preguntaron en 1971 unos periodistas franceses. «Cierto día, hace muchos años, una pareja francesa vino a decirme que se habían casado por mi libro *Veinte poemas de amor*. Habían empezado a estudiar juntos el español. Esto me emocionó. Espero que lo lean ahora... si es que no se han divorciado».[7]

Este libro es el resultado de cuatro años de investigación en archivos de Chile, España, Rusia y otros países para ofrecer luces nuevas sobre la vida y la obra del gran poeta chileno a partir de un amplio repertorio de fuentes primarias. Entre las principales aportaciones podemos destacar ya aquí la documentación del Archivo Estatal de Historia Política y Social (RGASPI) de Rusia, completamente inédita hasta ahora, o los diversos documentos que aportan nuevas luces sobre su muerte. El relato de sus últimos días ad-

5. *Revista de Occidente*, n.º 111. Madrid, junio de 1972, pp. 255-266.

6. Gilio, María Esther: *Personas y personajes*. Ediciones de la Flor. Buenos Aires, 1974, pp. 59-66.

7. *Ercilla*. Santiago de Chile, 27 de octubre de 1971, pp. 8-16. Esta entrevista se publicó originalmente en la revista francesa *L'Express*. También la reprodujo el semanario uruguayo *Marcha*, entre otros medios.

quiere un valor singular porque se apoya en la investigación judicial abierta en Chile desde hace cuatro años y medio tras la denuncia de que fue asesinado por orden del general Pinochet el 23 de septiembre de 1973 y ofrece numerosos testimonios y datos desconocidos hasta ahora, además del documento que desvelamos en el epílogo.

«Pablo Neruda fue el príncipe de los poetas, tuvo tanta fama y tanta gloria en su tiempo...»,[8] aseguró Saúl Yurkievich, uno de los principales estudiosos de su obra. Tuvo el privilegio de relacionarse con otros *príncipes* de las letras y los versos, que enriquecieron su existencia y su obra. Así lo expresó en 1964: «Debo mucho a todos los poetas del pasado y también mucho a los del presente. Mis compañeros Louis Aragon, Paul Éluard, César Vallejo, Rafael Alberti, Vicente Aleixandre, Nazim Hikmet, Salvatore Quasimodo, León Felipe, Nicolás Guillén, Bertolt Brecht, Federico García Lorca y muchos otros me han dado, a lo largo de mi vida, una larga lección de amistad y de sabiduría».[9] Aquella, que atravesó gran parte del siglo XX, empezó en Parral, el 12 de julio de 1904...

8. *El País*. Madrid, 14 de noviembre de 1999, p. 39.
9. *El Siglo*. Santiago de Chile, 12 de julio de 1964, p. 2.

1

El hijo de la lluvia

Neftalí Reyes Basoalto nació en 1904, en un modesto hogar formado hacía menos de un año por un agricultor y una maestra. Su vida partió con una tragedia, la temprana muerte de su madre, y una migración: de los campos de Parral al corazón de la Araucanía, a la próspera ciudad de Temuco. Allí transcurrió su infancia, fue a la escuela y se forjó su personalidad primera, triste y silenciosa, y su temprana condición de poeta. Su padre castigó y destruyó algunos de sus versos y, sin embargo, en su afán de educarle espartanamente, le condujo, a lomos de su tren lastrero, al corazón de su imaginario poético: la deslumbrante selva austral. Posteriormente, le obligaría a adentrarse en el imponente océano que ruge en Puerto Saavedra, que *bañaría* algunos de sus poemas más recordados. Su leal compañera fue la fría y torrencial lluvia del sur, que sacudía las oscuras semanas del otoño y del invierno, que invadía su habitación de una casa pobre y destartalada haciendo sonar el «piano de las goteras», que fue la *música* de su infancia, mientras leía a Verne, Salgari o Baudelaire o bien escribía. Entre aquellas paredes de madera emprendió la búsqueda paciente de su expresión poética y eligió el seudónimo que debía ocultar a su padre sus publicaciones en diarios y revistas de distintas ciudades. En 1921, partió a la capital del país para inscribirse en la universidad. Pero quien llegó a una modesta pensión de Santiago de Chile ya no era Neftalí Reyes, sino Pablo Neruda, un joven vestido de negro, de luto por la poesía, por los dolores del mundo, por la lluvia que había dejado atrás.

El 12 de julio de 1904, a las nueve horas de una noche invernal, en su casa del número 765 de la céntrica calle San Diego de Parral, la maestra Rosa Neftalí Basoalto Opazo alumbró a su único hijo, inscrito el 1 de agosto en el Registro Civil con el nombre de Ricardo Eliecer Neftalí Reyes Basoalto.[10]

Fundado en 1795 a unos trescientos cincuenta kilómetros al sur de Santiago de Chile, entre las ciudades de Linares y Chillán, al amanecer del siglo XX Parral era «un poblachón gris y sucio». «Creo que si tenía algún carácter era su falta de carácter...», apuntó el escritor Mariano Latorre Court. Entre 1897 y 1899, sus hermanos y él fueron alumnos de la Escuela Mixta n.º 2, donde entonces impartía clase Rosa Neftalí Basoalto, a quien su madre, Fernandina Court, describió con estas palabras: «Tiesa de mechas, altiva, de férrea disciplina, aunque extremadamente cariñosa con los niños». Añadió que solía estimularles a escribir poesía y que al corregir sus versos tenía «la rara virtud» de imprimir emoción o belleza a las estrofas. Era una mujer culta, que se había aproximado a algunos clásicos y tenía ideas propias sobre la importancia de la educación. Poseía una voz altisonante, ojos verdosos y escrutadores. «Era de estilo, sabía darse tono...».[11] Su familia tenía un cierto reconocimiento social en la localidad y dos de sus hermanas también eran maestras.

Rosa Neftalí Basoalto había contraído matrimonio con el agricultor José del Carmen Reyes Morales el 4 de octubre de 1903, cuando contaban con 30 y 31 años respectivamente, según consta en el archivo del Registro Civil de Parral.[12] Falleció el 14 de sep-

10. Mesa Seco, Manuel Francisco: *Aspectos culturales del ancestro provinciano de Neruda.* Nascimento. Santiago de Chile, 1985, p. 167. El 12 de julio de 1990, la calle San Diego de Parral fue rebautizada con el nombre de Pablo Neruda, su denominación actual. *La Prensa.* Parral, 15 de julio de 1990, p. 1.

11. González Colville, Jaime: «Neruda y Parral. Crónica de un retorno emotivo». *Cuadernos de la Fundación Pablo Neruda,* n.º 43. Santiago de Chile, 2000, p. 11.

12. Agradezco al historiador Jaime González Colville, miembro de la Academia Chilena de la Historia, que me haya facilitado una copia digitalizada de este documento, procedente del Libro de Matrimonios del Registro Civil de Parral 1900-1903.

tiembre de 1904, setenta días después del nacimiento de su hijo,[13] según varios autores a causa de la tuberculosis, aunque el certificado de defunción tan solo consignó una parada cardíaca. Su tumba modesta perdura en el cementerio de Parral, bajo un árbol ya centenario y con una inscripción que recuerda que fue la madre del gran poeta. Pablo Neruda siempre supo muy poco acerca de ella, pero pronto la recordó con el conmovedor poema «Luna», incluido por Matilde Urrutia en el libro póstumo *El río invisible*.[14]

Durante años solo pudo escrutar sus rasgos en una fotografía que estaba en casa de la familia Mason en Temuco. «Era una señora vestida de negro, delgada y pensativa. Me han dicho que escribía versos, pero nunca he visto nada de ella, sino aquel hermoso retrato», señaló en 1954.[15] Uno de sus grandes amigos, el escritor y dirigente comunista Volodia Teitelboim, relató que en la primera de las visitas que hicieron juntos a Parral, en julio de 1953, una vecina le regaló una fotografía suya y le aseguró: «¡Adoraba la poesía y se sumía en la lectura como quien toma un barco que la conducía a otra parte!».[16] Y en septiembre de 1969 el diario del Partido Comunista reseñó que acababa de conocer a una prima hermana de su madre, María Cristina Opazo, quien le había regalado otra imagen.[17]

A pesar de que su padre estaba distanciado de la religión católica, el 26 de septiembre de 1904 recibió el sacramento del bautismo en la parroquia San José de un sacerdote de apellido San Martín, quien estuvo acompañado por el presbítero José Miguel Ortega. Ejercieron de padrinos sus tíos Manuel Egidio y Beatriz Basoalto.[18] Después quedó al cuidado de la segunda esposa de su abuelo

---

13. *El Liberal*. Parral, 17 de septiembre de 1904, p. 3.
14. Hace poco más de una década, en Parral aún vivían familiares lejanos de Neruda por vía materna, como las familias Godoy-Basoalto, Arias-Basoalto o Moré-Basoalto. De la Cruz, Isabel: *Rosa de julio*. LOM Ediciones. Santiago de Chile, 2003, p. 39. Este libro, que incluye básicamente poemas de su autora junto con algunos retazos biográficos de Rosa Neftalí Basoalto, es el único dedicado a la madre del poeta.
15. Neruda, Pablo: «Infancia y poesía». *Pablo Neruda. Obras Completas. IV. Nerudiana dispersa I. 1915-1964*. Galaxia Gutenberg-Círculo de Lectores. Barcelona, 2001, pp. 914-928.
16. Teitelboim, Volodia: *Neruda*. Sudamericana. Santiago de Chile, 1996, p. 13.
17. *El Siglo*. Santiago de Chile, 14 de septiembre de 1969, p. 3.
18. El edificio de la parroquia San José de Parral fue destruido por el terremoto de 1939. En 2004, por iniciativa de Jaime González Colville, el Instituto de

paterno, Encarnación Parada, quien arregló que tuviera como nodriza a una joven campesina llamada María Luisa Leiva.

El 20 de enero de 1954, en la primera de las cinco conferencias del ciclo «Mi poesía» que leyó en el Salón de Honor de la Universidad de Chile, se refirió así a la historia de la familia Reyes, cuyas raíces más subterráneas eran españolas: «Mis tatarabuelos llegaron a los campos de Parral y plantaron viñas. Tuvieron unas tierras escasas y cantidades de hijos. En el transcurso del tiempo esta familia se acrecentó con hijos que nacían dentro y fuera del hogar. Siempre produjeron vino, un vino intenso y ácido, vino pipeño, sin refinar. Se empobrecieron poco a poco, salieron de la tierra, emigraron, volviendo para morir a las tierras polvorientas del centro de Chile».[19]

Su abuelo paterno, José Ángel Reyes Hermosilla, era el propietario de un terreno agrícola conocido como el fundo *Belén* y tal vez por ese motivo los trece hijos que tuvo con Encarnación Parada recibieron nombres bíblicos: Abdías, Amós, Joel... El fundo *Belén* estaba al sur de Parral, pasado el río Perquilauquén, y próximo al poblado de Ñiquén, que llegó a tener su propia estación ferroviaria. Estaba aislado, sin caminos que lo unieran con los pueblos próximos. Allí dio sus primeros pasos, en un mundo gobernado por los ciclos de la naturaleza y las actividades agrícolas.[20] En sus dos primeros años, vivió entre *Belén* y la casa de sus abuelos paternos en la calle Libertad de Parral y como compañero de juegos más frecuente tuvo a su tío José Ángel Reyes, solo cuatro años mayor. Muchos años después, cada vez que visitaba su localidad natal se alojaba en la casa de José Ángel Reyes y su esposa, Matilde Mora (próxima a la actual plaza Pablo Neruda),[21] por quienes sentía un gran afecto y a quienes enviaba postales en sus frecuentes viajes por el mundo.

Conservaría también un recuerdo entrañable de sus abuelos

Conmemoración Histórica de Chile colocó en su nuevo inmueble una inscripción de mármol que reproduce textualmente la partida de nacimiento de Neruda. Agradezco a González Colville la cesión de una reproducción de este documento.

19. Neruda, Pablo: «Infancia y poesía». *Pablo Neruda. Obras Completas. IV. Nerudiana dispersa I. 1915-1964*, pp. 914-928.

20. Rodríguez, Gabriel: *Neftalí. El niño que nació en Parral*. Talca, 2003, p. 8.

21. *Neruda y el Maule. Guía turística*. Dirección Regional de Turismo del Maule. Parral, 2004, pp. 6-7.

maternos, Buenaventura Basoalto Lagos y María Tomasa Opazo Jara, quienes le regalaron uno de los tesoros de su infancia: *Las mil y una noches*.[22]

En aquellos años, en alguna ocasión acompañó a su padre a visitar el hogar de Mariano Latorre Sandeliz. «Vi llegar muchas veces al padre de Neruda a la casa, con la oferta de algún negocio o la venta de productos agrícolas; en más de una oportunidad, lo hacía con el pequeño Neftalí aferrado a sus pantalones [...]. Tenía un aire tímido, unos ojos verdosos y limpios que lloraban con rapidez buscando la presencia del papá cuando este se alejaba; pero era fácil entretenerlo: cualquier objeto, cualquier cosa lo absorbía y era capaz de permanecer largo rato observando algo, abstraído del mundo que lo rodeaba», recordó también Fernandina Court.[23]

La huella de Parral y la ausencia de su madre acompañaron su existencia y su poesía. «Parral es el centro absoluto en la memoria del poeta», escribió Jaime Concha en uno de los trabajos clásicos. «La muerte de su madre [...] y su tempranísimo traslado a Temuco echan sobre Parral un velo doloroso, destinado a situarlo fuera del devenir. Muerte y tránsito lo constituyen en un lugar de perduración, en un espacio esencial sin localización geográfica y sin tiempo. Eterno: la muerte lo consagra. Pero la eternidad de esta infancia invisible de Neruda no ha de ser una eternidad vacía, como esa que surge de concepciones que hacen de la niñez una exigua prolongación temporal de la trascendencia. No habrá nunca en Neruda ni en su poesía un platonismo de la primera edad que lo lleve a mitificar ese lapso inconocible de la vida».[24]

Infancia *invisible* en Parral que intentó reconstruir a lo largo de su vida. Así lo dejó escrito el 12 de julio de 1920, al cumplir 16 años, en su poema «Sensación autobiográfica». Y en 1964 el poema «Nacimiento», en el que volvió a expresar su olvido del paisaje, el tiempo y los rostros que envolvieron sus primeros años, abrió el primero

22. González Colville, Jaime: *Neruda y el Maule*. Universidad Santo Tomás. Talca, 2013, p. 28.

23. González Colville, Jaime: «Neruda y Parral. Crónica de un retorno emotivo». *Cuadernos de la Fundación Pablo Neruda*, n.º 43. Santiago de Chile, 2000, p. 15.

24. Concha, Jaime: *Neruda. 1904-1936*. Editorial Universitaria. Santiago de Chile, 1972, p. 10.

de los cinco volúmenes de *Memorial de Isla Negra* (titulado *Donde nace la lluvia*) y en 1972 la única selección de su obra que ayudó a compilar: la *Antología popular*.

UN PADRE FERROVIARIO

A fines de 1906 o en 1907 fue llevado a trescientos kilómetros al sur de Parral, a la ciudad de Temuco, fundada como fuerte militar en 1881, en los estertores de la sangrienta guerra para la ocupación del territorio de la Araucanía y el sometimiento del pueblo mapuche por parte del Estado chileno. En 1890, la inauguración por el presidente José Manuel Balmaceda del emblemático viaducto de Malleco permitió la llegada de la línea del ferrocarril que partía desde la Estación Central de Santiago y la integración de la región en la administración y la economía nacional. En torno a Temuco y los bosques que iban siendo devorados por el desarrollo urbano se extendían las comunidades mapuche, que perdían sus tierras a la misma velocidad... Su padre, José del Carmen Reyes, había contraído matrimonio allí con Trinidad Candía (natural también de Parral) el 11 de noviembre de 1905, en la casa de Carlos Mason, hombre de negocios de origen estadounidense y singular aventurero, casado con Micaela, la hermana mayor de Trinidad.[25] La ciudad crecía a un ritmo vertiginoso, ya entonces tenía dieciséis mil habitantes, cifra que casi se habría duplicado en 1920.[26]

En el poema «Primer Viaje» de *Memorial de Isla Negra* señaló que desconocía cuándo fue conducido, aún «sin habla», a la Araucanía. En 1936, en la única entrevista periodística que concedió a lo largo de su vida, su padre sí situó aquel momento: «A los tres años de edad, Neftalí llegó a Temuco». Fue un niño, añadió, «de carácter tímido y muy enfermizo». «La mayor parte del tiempo la pasaba en cama; era tan débil que hasta temimos por su vida».[27]

Con el paso de los años, sus dos hermanos se reunieron con él: Rodolfo (hijo de José del Carmen Reyes y Trinidad Candía alum-

25. *Nerudiana*, n.º 6. Santiago de Chile, diciembre de 2008, p. 25.
26. Pino Zapata, Eduardo: *Historia de Temuco. Biografía de la capital de La Frontera.* Ediciones Universitarias de La Frontera. Temuco, 1969, p. 86.
27. *El Diario Austral.* Temuco, 19 de julio de 1936, p. 7.

brado en 1895 y criado por una partera en Coipué) y Laura, nacida en San Rosendo en 1907 fruto de una relación extramatrimonial entre José del Carmen Reyes y Aurelia Tolrá.[28]

Rodolfo Reyes Candía se dedicó durante años al comercio y terminó su vida laboral como funcionario de la Municipalidad de La Granja, en Santiago, después de que su padre le impidiera disfrutar de una beca que había logrado en el Conservatorio Nacional para estudiar la carrera de tenor. El joven Neftalí fue testigo de cómo la furia paterna arruinó la vocación de su hermano mayor, quien tenía una voz natural muy hermosa. «Era un hombre alegre y de un orgullo inquebrantable», ha explicado su hijo Rodolfo Reyes Muñoz. «Jamás usufructuó ni la sombra de la gloria de su hermano». José del Carmen Reyes y Trinidad Candía abrieron un negocio y fue él quien lo atendió. De sus beneficios saldría la pequeña mesada que años después permitiría al poeta sobrevivir como universitario en Santiago.[29]

Laura Reyes fue una de las personas más queridas por Neruda, quien incluyó el poema «Hoy, que es el cumpleaños de mi hermana» en su primer libro: *Crepusculario*. Fue ella quien protegió y conservó sus poemas juveniles, quien procuró siempre, con discreción, mantener la unidad familiar, quien intercambió durante toda su vida una correspondencia frecuente con su hermano mediano. Estudió en el Liceo femenino de Temuco y posteriormente hasta su jubilación en 1971 trabajó como inspectora educativa. Contrajo matrimonio con un agricultor de Parral, Ramón Candía, quien murió en 1941, y perdió a su único hijo al poco tiempo de nacer. En aquel tiempo se trasladó a vivir a Santiago y compartió con el poeta muchos días allí, en Isla Negra y Valparaíso.

«Éramos muy hermanables», relató sobre su infancia a Hugo Montes. «Pero a veces peleábamos. Luego nos arreglábamos y salíamos de buenas a la vereda para que nos vieran unidos. Pablo me oyó decir una vez que mi felicidad consistiría en tener una máquina fotográfica. Al día siguiente me regaló una de marca *Baby*, chiquita, y me dijo: "Para que seas feliz". Otra vez me vio muy asus-

28. Varas Acosta, Jubal Alfonso: *Hijo de la Araucanía. Poeta del mundo.* Sociedad Periodística Araucanía. Temuco, 2004, p. 34.

29. *La Nación.* Santiago de Chile, 13 de julio de 1991. Suplemento *Grandes Reportajes*, p. VII.

tada porque yo había quebrado un jarrón de loza; entonces él se echó la culpa para que no me castigaran».[30]

«Nos queríamos mucho. Éramos inseparables», contó a la periodista Sara Vial. Recuerda que su hermano solía estar enfermo con frecuencia, «era muy delicado». «Se lo llevaba en cama, pensando. En Temuco llueve mucho. La lluvia lo ponía triste y no quería estar solo». Le explicó también que nunca fueron «ricos», pero tampoco tuvieron «necesidades graves». «La despensa no estaba vacía. Sobraba el queso, que le gustaba tanto a mi padre, tal como a Pablo. Siempre había fruta de postre, y esos dulces que se preparan en el sur para el invierno. No me acuerdo de haber estado enferma y no haber tenido mis remedios, o que no fuera nunca el médico en visita domiciliaria, que son más caras. La mamá se levantaba al alba, era incansable para trabajar, señora de su casa. Todo brillaba. Nuestro padre era muy estricto en la educación...».[31]

La personalidad de José del Carmen Reyes se definió por su carácter brusco, severo y autoritario, descrito en el poema «El padre» de *Memorial de Isla Negra*, y por el oficio al que dedicó la segunda mitad de su vida: conductor de tren lastrero. «Don José del Carmen Reyes era un hombre pulcro, de aspecto distinguido y usaba una barbita en punta blanquizca. Era conductor de trenes y hombre de muchos amigos, cordial y generoso, pero bastante estricto con Pablo», señaló en 1964 el poeta Juvencio Valle, amigo de Neruda desde su infancia.[32] Durante su juventud, trabajó en las tareas agrícolas en el fundo *Belén*, como obrero en la construcción del puerto de Talcahuano, e incluso en 1905, tras el fallecimiento de su primera esposa, probó suerte como emigrante en Argentina. Por fin, en Temuco logró emplearse de manera estable como conductor de aquellos trenes cuyo cometido era depositar lastre, apuntalar con piedras los rieles de madera de las vías para que resistieran ante la persistente lluvia.

30. Montes, Hugo (ed.): *Pablo Neruda: Cartas a Laura*. Ediciones Cultura Hispánica del Centro Iberoamericano de Cooperación. Madrid, 1978, pp. 9-11.

31. Vial, Sara: *Neruda en Valparaíso*. Ediciones Universitarias de Valparaíso. Valparaíso, 1983, pp. 235-238.

32. *Aurora*, n.º 3-4. Santiago de Chile, julio-diciembre de 1964, pp. 247-249. Número dedicado al sesenta aniversario de Pablo Neruda.

«El tren era para mi padre como su casa», explicó Neruda en 1971. «Tenía un vagón para dormir y de vez en cuando iba a pasar algunos días con él. Partíamos para varios días con otros ferroviarios. Así exploraba yo la naturaleza, los arroyos, las flores, las montañas. Era apasionante».[33] Rudo ferroviario, obligó a su hijo enfermizo y tímido a enfrentar los fríos amaneceres del sur para subirse al tren lastrero, que pronto abandonaba la línea principal y se adentraba en los ramales de los bosques de Boroa o Pitrufquén. José del Carmen Reyes, que reaccionaría con furia ante sus primeros destellos poéticos, no percibió que al penetrar en la frondosidad de la selva austral conducía a su hijo hacia «el espacio fundador» de su imaginario poético, señaló Hernán Loyola.[34] Mientras él trabajaba con su cuadrilla durante varios días seguidos, afirmando las vías del ferrocarril, aquel niño de 7 u 8 años se adentraba en la selva virgen y descubría los secretos de la botánica, la zoología, la ornitología.[35] Los pájaros, las flores, los insectos, los escarabajos, las mariposas, el curso abrupto y caudaloso de los ríos, el olor de la madera de los árboles acariciado por la lluvia, el horizonte delimitado por los volcanes nevados, los bosques milenarios y sus secretos... todo deslumbró, todo maravilló, todo cautivó al pequeño Neftalí. «No hay huella infantil más obsesiva en la imaginación del poeta que el tren lastrero de su padre, internándose en la noche de Temuco, sonando bajo la lluvia, hendiendo la selva desconocida», subrayó Jaime Concha.[36]

De él también heredaría la costumbre de compartir la mesa y el vino. «Era severo, pero tenía muchos amigos», explicó Laura Reyes. «Recuerdo que en la cocina la tetera hervía toda la mañana, desde muy temprano, para dar desayuno a los empleados del tren que siempre llegaban, y a cualquier hora».[37]

33. *Ercilla*. Santiago de Chile, 27 de octubre de 1971, pp. 8-16.

34. Loyola, Hernán: «Neruda. El espacio fundador». *Araucaria de Chile*, n.º 3. Madrid, 1978, pp. 61-82.

35. Teitelboim, Volodia: «Los cinco continentes de Neruda». *Del Premio Cervantes a la Cumbre de Madrid. Voces de Chile en España*. Aguilar. Madrid, 2002, pp. 29-45.

36. Concha (1972), pp. 33-34.

37. Montes (1978), pp. 9-11.

LA DULCE *MAMADRE*

En Temuco, la casa familiar estaba ubicada en el número 1436 de la calle Lautaro, en el sector oriental de la ciudad, muy próxima a la estación del ferrocarril, incrustada en un hervidero de pensiones, restaurantes y puestos de comida que atendían al flujo de viajeros que llegaban o partían.[38] Las construcciones de madera y la imprescindible y rudimentaria calefacción a leña eran un peligro permanente.[39] Precisamente, uno de los primeros sucesos anclados en su memoria fue el gigantesco incendio que el 18 de enero de 1908 devoró la zona comprendida entre las calles Manuel Montt y Portales y dejó a más de tres mil personas sin hogar.[40] «Las casas ardían como cajitas de fósforos. Se quemaron veintidós manzanas. No quedó nada, pero si los sureños saben hacer algo deprisa son las casas. No las hacen bien, pero las hacen», recordó en 1954.[41]

La casa familiar fue ampliándose con los años. Con sus paredes exteriores pintadas de verde (el mismo color con que durante años escribiría sus poemas, sus cartas, sus tarjetas, sus dedicatorias), con un cerco que delimitaba el patio vecino, tenía espacio para un gallinero, una carbonera, un jardín con unas lilas, un pequeño huerto con árboles frutales y las pequeñas matas de cilantro, menta, poleo o matico. Cerca vivían las familias Ortega y Mason, unidas a los Reyes Candía por la amistad y no pocos vínculos... matrimoniales y extramatrimoniales.[42]

Aquel hogar lo gobernaba de manera silenciosa Trinidad Candía, a quien se negó a llamar madrastra. «Era diligente y dulce, tenía sentido de humor campesino, una bondad activa e infatigable. Apenas llegaba mi padre, ella se transformaba solo en una sombra

38. El 11 de julio de 2014, el Gobierno de Chile inauguró la ruta patrimonial «Huellas de Pablo Neruda en Temuco» y el ministro de Bienes Nacionales anunció un proyecto para recuperar la casa donde vivió hasta marzo de 1921. Fuente: http://www.bienesnacionales.cl

39. Tello, Nerío: *Neruda. Entre la luz y la sombra*. Errepar Longseller. Buenos Aires, 2000, p. 16.

40. Pino Zapata, p. 77.

41. Neruda, Pablo: «Infancia y poesía». *Pablo Neruda. Obras Completas. IV. Nerudiana dispersa I. 1915-1964*, pp. 914-928.

42. Reyes, Bernardo: «Temuco: calle Lautaro n.º 1436». *Cuadernos de la Fundación Pablo Neruda*, n.º 53. Santiago de Chile, 2003, pp. 28-32.

— 24 —

suave como todas las mujeres de entonces y de allá», evocó.[43] En *Memorial de Isla Negra* le dedicó el poema «La mamadre», el afectuoso término que inventó para corresponder a su amor incondicional.

«Doña Trinidad era menuda, delgadita y era muy cariñosa con su hijastro», señaló Juvencio Valle en 1964. «Vivía preocupada de la salud de Pablo que en verdad era un tanto débil. [...] La primera vez que Pablo me invitó a su casa en la calle Lautaro ella nos atendió y nos hizo pasar a la mesa. A Pablo le sirvió una taza de café con leche y a mí una taza de café puro. Pablo, un poco incómodo, quiso cambiar las tazas en obsequio a la visita. Pero doña Trinidad alcanzó a verlo y se opuso: "No, no me cambien las tazas. No tengo más leche en este momento, de modo que el café con leche es para Neftalí, porque está débil"».[44] «Él no sabía que era su madrastra», añadió años más tarde. «Y solo se dio cuenta mucho más tarde, porque la actitud de ella hacia él era totalmente distinta de lo que se piensa comúnmente que es una madrastra».[45]

En su último trabajo, Hernán Loyola ha subrayado la importancia de la *dulce mamadre* y del amor que le transmitió como «un estímulo tan potente hacia la poesía como la oposición del *padre brusco*».[46] Para ella escribiría los versos más antiguos nacidos de su pluma que se han conservado.

LAS ANDANZAS DEL CANILLA

En marzo de 1910, camino de los 7 años, ingresó en la escuela pública, en el Liceo Fiscal de Hombres de Temuco, fundado en 1889 y que hoy se denomina Liceo Pablo Neruda.[47] Desde 1905

43. Neruda, Pablo: «Infancia y poesía». *Pablo Neruda. Obras Completas. IV. Nerudiana dispersa I. 1915-1964*, pp. 914-928.
44. *Aurora*, n.º 3-4. Santiago de Chile, julio-diciembre de 1964, pp. 247-249.
45. *La Tercera*. Santiago de Chile, 22 de agosto de 1982. Suplemento *Buen Domingo*, p. 6.
46. Loyola, Hernán: *El joven Neruda. 1904-1935*. Lumen. Santiago de Chile, 2014, p. 33.
47. Raviola Molina, Víctor: *Pablo Neruda en el centenario de su nacimiento (Parral-Temuco)*. Universidad de La Frontera. Temuco, 2004, p. 22. En 1959, cuando el Liceo de Hombres de Temuco cumplió setenta años de vida, reconoció

estaba radicado en una extensa propiedad adquirida al final de la calle Claro Solar, muy próxima a la línea ferroviaria, y contaba ya con más de doscientos alumnos.[48] En una ciudad y una región en proceso de colonización, crecimiento y transformación, la masiva llegada de inmigrantes europeos determinaba la composición de aquellas aulas. «Mis compañeros tenían apellidos alemanes, ingleses, franceses, noruegos y chilenos también, naturalmente», evocó en 1971. «Era un mundo sin castas, una sociedad que nacía. Todos éramos iguales. La cristalización de las clases ha venido realizándose con posterioridad, cuando algunos empezaron a enriquecerse. En aquel tiempo, era una especie de gran democracia popular, donde todos tenían trabajo. No existían terratenientes, propietarios».[49]

En el primer capítulo del relato autobiográfico que en 1962 publicó en la revista brasileña *O'Cruzeiro Internacional* (con el título de «Las vidas del poeta») recordó la inmensidad del Liceo ante sus ojos infantiles: el laboratorio de Física, «lleno de instrumentos deslumbrantes», la biblioteca... siempre cerrada, y especialmente el espacio subterráneo, oscuro y silencioso donde alumbrándose con velas jugaban a la guerra.[50] Tampoco pudo olvidar jamás a aquellos maestros de «grandes bigotes» que le infundían «terror», principalmente al profesor Peña, el *ogro* de Matemáticas, con quien suspendió diciembre tras diciembre, quizá porque jamás fue capaz de aprender a multiplicar y dividir...[51]

---

a Neruda como el escritor que mejor había cantado la realidad natural y humana de la Araucanía. El profesor Mario Araneda se desplazó a Santiago para comunicarle personalmente tal decisión y hacerle entrega de un diploma y de ciento cincuenta escudos. El poeta destinó ese dinero a la creación de una Sala Neruda junto a la biblioteca del Liceo, para la que entregó ediciones de sus poemas publicadas en Rusia, China, Alemania y otros países. La sala fue inaugurada con una exposición pública de sus obras, pero un incendio la destruyó en 1969. Raviola Molina, Víctor: «Presencia de Temuco en la obra nerudiana». *Stylo*, n.º 12. Temuco, primer semestre de 1972, pp. 151-166. Número dedicado a Pablo Neruda con motivo de la concesión del Premio Nobel de Literatura.

48. El 28 de septiembre de 1922 un incendio destruyó el edificio, con todo su mobiliario y toda su documentación. Rubio Seguel, Marianela: *Reseña histórica del primer liceo de La Frontera. 1888-2011.* Temuco, 2011, pp. 10-17.

49. *Ercilla.* Santiago de Chile, 27 de octubre de 1971, pp. 8-16.

50. Jiménez Escobar, Alejandro (intr.): *Pablo Neruda en* O'Cruzeiro Internacional. Puerto de Palos. Santiago de Chile, 2004, p. 29.

51. Neruda, Pablo: «65». *Ercilla.* Santiago de Chile, 16 de julio de 1969, p. 68.

Su primer compañero de pupitre fue un niño llamado Gilberto Concha Riffo, quien también sería poeta y optaría por el seudónimo de Juvencio Valle. «La verdad es que Pablo tenía muy poca edad, solo seis años, tres menos que yo. En el Liceo de Temuco no había primer año y se entraba directamente al segundo. Por la edad, Pablo no habría podido entrar reglamentariamente, así es que pienso que lo admitieron por alguna concesión especial. En todo caso, su madrastra ya le había enseñado a leer».[52] Ambos compartían un carácter tranquilo y silencioso. «Éramos unos niños que no corríamos, ni saltábamos, ni jugábamos a la pelota. Como él era muy chico, lo único que podía hacer era ponerse en un rincón para protegerse de esos salvajes que corrían de allá para acá y gritaban como locos. Él ahí en su rincón con pequeñas cosas, algún palo raro, insectos. Decía que tenía una pieza llena de objetos "muy interesantes"».[53] La pasión por la lectura los atrapó desde aquellos años. Fue Juvencio Valle quien le prestó el primer *Quijote* e intercambiaban las aventuras narradas por Julio Verne y Emilio Salgari.[54]

En aquel tiempo, el fútbol ya estaba implantado en la ciudad y particularmente lo practicaban los muchachos del Liceo, que fundaron el victorioso Club Gimnástico.[55] No fue el joven Neftalí ajeno del todo a este deporte de origen británico, como lo explicó al periodista Raúl Mellado en 1964: «Hace precisamente una semana llegaron a almorzar conmigo viejos compañeros del Liceo de Temuco: Alejandro Serani, Vicente Cid y Alberto Aracena. Crecimos juntos allá en el sur y salimos juntos a la Universidad. Si no es por Serani, yo nunca hubiera sido bachiller, puesto que con su gran cabeza siempre me resolvió los problemas de álgebra, ya que yo nunca pude aprenderme la tabla de multiplicar. La vida dio un destino diferente a cada uno, pero nos encontramos y estuvimos tan alegres como cuando formamos un club de fútbol tan pequeño, allá por 1918, que se llamó El Clusito».[56]

52. *La Tercera*. Santiago de Chile, 22 de agosto de 1982. Suplemento *Buen Domingo*, p. 6.

53. Poirot, Luis: *Neruda. Retratar la ausencia*. Comunidad Autónoma de Madrid. Madrid, 1987, p. 136.

54. *La Tercera*. Santiago de Chile, 22 de agosto de 1982. Suplemento *Buen Domingo*, p. 6.

55. Pino Zapata, p. 85.

56. *El Siglo*. Santiago de Chile, 12 de julio de 1964, p. 2.

En 1916, el año de la muerte de Rubén Darío, llegó a la escuela un muchacho llamado Diego Muñoz, quien empezó a cursar el primer curso de la enseñanza media de humanidades. Pronto le llamó la atención aquel compañero que casi siempre llegaba atrasado a la fila que formaban en el gimnasio, aquel muchacho extremadamente delgado y serio, de pronunciada nariz y pobladas cejas, de aire ausente... No tardó en preguntar quién era. «Es el Canilla, se llama Ricardo Neftalí Reyes Basoalto». Con él y otros amigos compartió las aventuras en el río Cautín y el cerro Ñielol, donde se llenaban los bolsillos de escarabajos y capturaban peludas arañas que encerraban en rústicas cajas, o les sorprendía la lluvia torrencial que se prolongaba por días, incluso semanas, en medio de truenos y relámpagos que parecían anunciar el fin del mundo.[57] En 1918, Diego Muñoz se marchó a vivir a Concepción, y Juvencio Valle, a Santiago. Con el primero se reencontró en la universidad pocos años después. Al segundo no lo vio hasta 1932, a su regreso de Asia. El 8 de julio de 1945 ambos, junto con otros destacados escritores e intelectuales, recibieron el carné del Partido Comunista en un acto celebrado en el Teatro Caupolicán. Premio Nacional de Literatura en 1966 y director de la Biblioteca Nacional durante la presidencia de Salvador Allende, Juvencio Valle fue un hombre aún más callado que el joven Neruda, quien le llamaba «Silencio Valle» y decía que se reunía con él... «para no hablar».[58]

Entre los silencios y las lecturas que compartieron durante aquellos años en Temuco, Juvencio Valle percibió tempranamente su condición innata de poeta. «Era Pablo un muchacho delgado, silencioso, con un aire retraído y melancólico, pero muy lejos de la inercia. Vivía la realidad con intensidad y pasión y con los ojos muy abiertos. Ya a los 11 o 12 años era muy consciente de su destino y de su vocación de escritor. Ya entonces se sentía definitiva e irrevocablemente poeta». Uno de aquellos días caminaban juntos por una calle de Temuco, después de clase, cuando divisaron a un hombre extrañamente vestido, con traje oscuro, capa y ancho som-

57. Muñoz, Diego: «Pablo Neruda: vida y poesía». *Mapocho*, n.º 3. Santiago de Chile, 1964, pp. 183-185. Número dedicado al poeta con motivo de su sesenta aniversario.

58. Mansilla, Luis Alberto: *Gente del siglo XX. Crónicas culturales.* LOM Ediciones. Santiago de Chile, 2010, p. 31.

brero. «¡Qué tipo más raro!», exclamó Juvencio Valle. «Pablo me miró con gravedad y me aclaró con un tono de convicción que aún recuerdo: "Es un poeta".[59] Y le conocía muy bien, puesto que se trataba de su *tío* Orlando Mason, director del diario *La Mañana*.

«Pablo fue siempre un niño raro. Rarezas del talento, quizá», explicó en 1962 su tía Glasfira Mason a Margarita Aguirre, su primera biógrafa. «Una noche, en casa de mi tía, había un corro de amigas íntimas que Pablo observaba con sus ojos enormes. Jugábamos a las adivinanzas. "Y tú ¿por qué no dices nada?", le preguntaron. Entonces, Pablo, con su voz lenta, mirando hacia el patio, dijo: "Tiene lana y no es oveja. Tiene garra y no agarra". Nadie adivinaba. Pablo se pone de pie y señala: "Ese cuero que está ahí". Era el cuero de la oveja recién muerta para comer. Ninguno de nosotros lo había visto, aunque lo estuviésemos mirando colgado de la parra. Pero él sí. Porque él es un poeta. [...] Eso es un poeta: el que ve lo que nadie ve».[60]

LOS CUADERNOS DE NEFTALÍ REYES

«La poesía es un arte que se manifiesta a muy temprana edad», aseguró Neruda a principios de 1966. «Es un oficio como otros, yo soy un artesano, ni más alto ni más bajo que los demás artesanos. Pero la poesía tiene que ver en forma misteriosa con la infancia. Todos nacemos poetas. Si esta vocación se afirma en los años venideros, eso depende de la constancia y fuerza de cada carácter».[61] Así explicaba a bordo del *Louis Lumiere*, en uno de sus viajes transoceánicos, el irrefrenable impulso íntimo que le convirtió en lector compulsivo de poesía y en autor de versos desde una tempranísima edad, aquel sentimiento que hizo que el pequeño Neftalí Reyes fuera descubriendo el mundo con su mirada de poeta, con su alma de poeta.

En aquel tiempo, en su habitación del segundo piso de la casa familiar, en la tarea solitaria de unir sus primeras estrofas contó con

59. *Aurora*, n.º 3-4. Santiago de Chile, julio-diciembre de 1964, pp. 247-249.

60. Aguirre, Margarita: *Genio y figura de Pablo Neruda*. Editorial Universitaria de Buenos Aires. Buenos Aires, 1967, pp. 16-18.

61. *La Nación*. Santiago de Chile, 9 de enero de 1966, p. 4.

una compañera inseparable: la lluvia. En los años 40, relató que empezó a escribir sus primeros poemas antes de cumplir los 10 años. «Los largos inviernos del sur se metieron hasta en las médulas de mi alma [...]. Para escribir me hacía falta el vuelo de la lluvia sobre los techos, las alas huracanadas que vienen de la costa y golpean los pueblos y montañas, y ese renacer de cada mañana, cuando el hombre y sus animales, su casa y sus sueños, han estado entregados durante la noche a una potencia extraña, silbadora y terrible». Aquella lluvia del sur traspasaba las hendiduras de las paredes de madera de su casa y su madre apenas podía contenerla con la apresurada distribución de sus cacharros. «Las goteras son el piano de mi infancia...».[62]

Resistió el rechazo de su padre hacia la poesía y los poetas, soportó sus azotes y su desprecio. «Pablo era mesurado en el hablar, tranquilo, de apariencia débil, pero de una voluntad de hierro. Sus primeras poesías le costaron azotes. Sin embargo, los azotes no le impidieron llegar a donde se propuso. Nosotros no supimos estimularlo. Nos hubiera gustado más que siguiera una profesión liberal, que ganara dinero. Pero él se entregó por completo a su inspiración poética. ¡Era una inspiración tan honda! Nació con ella. Ningún interés humano pudo desviarlo de su camino», señaló Glasfira Mason.[63] Sus versos más antiguos que se han conservado son los cinco que el 30 de junio de 1915 anotó para su querida *mamadre* en el día de su cumpleaños, en un tarjeta postal que hoy pertenece al coleccionista Nurieldín Hermosilla.[64] No quedó registrada la acogida que ella dispensó a aquellas rimadas palabras infantiles, pero el poeta sí que dejó estampada en su autobiografía la respuesta desconfiada de su padre, qué le preguntó de dónde los había copiado.[65]

El 18 de julio de 1917, publicó su primer texto en prosa, firmado como Neftalí Reyes, en el periódico *La Mañana*. Se tituló «Entu-

---

62. Neruda, Pablo: «Viaje por las costas del mundo». *Pablo Neruda. Obras Completas. IV. Nerudiana dispersa I. 1915-1964*, pp. 498-522.

63. Aguirre (1967), pp. 16-18.

64. Manuel Jofré encuentra «numerosos aspectos discursivos fundacionales» en estos versos y los ha estudiado en: «El primer texto de Neftalí Reyes y el último poema de Pablo Neruda». *Revista Chilena de Literatura*, n.º 65. Santiago de Chile, 2004, pp. 53-63. Número dedicado a Pablo Neruda con motivo de su centenario.

65. Neruda, Pablo: *Confieso que he vivido. Memorias*. Seix Barral. Barcelona, 1979, pp. 32-33.

siasmo y perseverancia», las dos características que —a sus 13 años— señaló que contribuían a engrandecer a los pueblos.[66] Su director, Orlando Mason, a quien llamaba afectuosamente *tío* por pertenecer al clan familiar estrechamente unido a su familia, era en realidad su hermanastro mayor, puesto que era hijo de Trinidad Candía y de Rudecindo Ortega.[67] En 1954, le ensalzó como «el primer luchador social» que conoció, el primer intelectual comprometido que influyó poderosamente en él, en un medio familiar y social distanciado de la cultura y ajeno o incluso, como su padre, enemigo de la poesía. «Fundó un diario. Allí se publicaron mis primeros versos y allí tomé el olor a imprenta, conocí a los cajistas, me manché las manos con tinta. Este hombre hacía violentísimas campañas contra los abusos de los poderosos. [...] Era hermoso ver ese diario entre gente tan bárbara y violenta defendiendo a los justos contra los crueles, a los débiles contra los prepotentes». «Era un hombre alegre, lleno de batallas».[68]

Entre julio de 1917 y septiembre de 1923 publicó trece poemas, crónicas y artículos en *La Mañana*.[69] Por ejemplo, en abril de 1920 firmó un conjunto de textos en prosa, titulado «Las semanas», que incluyeron varias crónicas de la vida provincial y alguna que otra crítica a la hipocresía e ignorancia de la burguesía local.[70] A tempranos textos como este se remitió siempre Volodia Teitelboim para impugnar la tesis interesada de los *dos Neruda*, trazada por algunos críticos literarios que despreciaron su poesía «política»: «No existe ruptura en este dominio entre el adolescente y el poeta maduro. El niño Ricardo Reyes siente desde pequeño, y lo dice en una poesía primeriza, titubeante, pero plena de signos premonitorios, su preocupación y angustia por los problemas de la sociedad.

66. Neruda, Pablo: «Entusiasmo y perseverancia». *Pablo Neruda. Obras Completas. IV. Nerudiana dispersa I. 1915-1964*, pp. 49-50.

67. Reyes, Bernardo: *Pablo Neruda. Retrato de familia. 1904-1920*. RIL Editores. Santiago de Chile, 2003, pp. 84-87.

68. Neruda, Pablo: «Infancia y poesía». *Pablo Neruda. Obras Completas. IV. Nerudiana dispersa I. 1915-1964*, pp. 914-928.

69. Colón, Daniel E.: «Orlando Mason y las raíces del pensamiento social de Pablo Neruda». *Revista Chilena de Literatura*, n.º 79. Santiago de Chile, septiembre de 2011, pp. 23-45.

70. Neruda, Pablo: «Las semanas». *Pablo Neruda. Obras Completas. IV. Nerudiana dispersa I. 1915-1964*, pp. 247-252.

Su corazón está con los tristes. Es una de sus precoces revelaciones, con los que viven una vida de angustias y penalidades. Es verdad que el adolescente entrevé, junto a su inquietud social, casi simultáneamente el deslumbramiento por la mujer, en ese instante inaccesible. El "Yo te soñé una tarde" se alterna con "El llanto de los tristes" y las "Manos de campesino", que "se duermen cansadas de la labor vencida... / santificadas sean en toda letanía / nos dan el trigo de oro y el pan de cada día...».[71]

Además, entre 1918 y 1920 escribió numerosos poemas en tres cuadernos escolares que su hermana Laura conservó hasta el fin de sus días. «Escribía de corrido, como si le estuvieran dictando, sin parar. Hasta grande fue así. A veces, hablaba como si estuviera leyendo: "Laura, escucha esto". Y empezaba a recitar de memoria. Yo pensaba que era un poema que le habían enseñado en el colegio, pues era muy chico, de pantalón corto todavía. "Es mío, acabo de escribirlo en la cabeza. ¿Te gustó? Ahora lo copio en limpio en el cuaderno". Esos eran los que él llamaba sus *borradores*. Me causaba asombro esta habilidad y me encargaba guardar todo lo que hacía, incluso lo que dejaba olvidado por ahí, o arrojaba al suelo».[72] En algunas de aquellas páginas también copió, con buena letra, poemas de Baudelaire, Verlaine, Sully Prudhomme... «Había por entonces una antología de la poesía francesa que era muy hermosa», evocó en 1971. «Había muchos que la tenían y se la pasaban de mano en mano. Como yo era pobre, me la prestaban y yo copiaba poemas».[73]

A principios de los años 60, mostró aquellos tres cuadernos a su amiga Margarita Aguirre; le decía: «Mira lo que son las cosas. Un día mi amigo Federico Richi, que hojeaba este cuaderno lo mismo que tú ahora, me dijo: "¿Por qué no copias tus versos?". Nunca se me había ocurrido. Me hizo mucha impresión y desde entonces empecé a copiarlos». «Ves tú», añadió riendo, «así nacen los libros».[74] Algunos de los poemas, como «El poeta que no es burgués

71. Teitelboim, Volodia: «Primeros versos de Neruda». *Casa de las Américas*, n.º 235. La Habana, abril-junio de 2004, pp. 10-11. Número dedicado a Pablo Neruda con motivo de su centenario.

72. Vial, p. 236.

73. *Ercilla*. Santiago de Chile, 27 de octubre de 1971, pp. 8-16.

74. Aguirre (1967), p. 63.

ni humilde» o «Ensoñación perdida», los escribió en la clase de Química del Liceo el 30 de julio y el 6 de agosto de 1919.

Una parte los publicó en aquellos años, con el nombre de Neftalí Reyes, en distintas revistas, principalmente *Corre-Vuela* (de Santiago), *Selva Austral* (Temuco), *Siembra* (Valparaíso), *Revista Cultural* (Valdivia), *Ratos Ilustrados* (Chillán) o el diario *La Mañana*.[75] En vida, descartó su inclusión en un libro, incluso en la cuarta edición de sus obras completas que la editorial Losada lanzó en mayo de 1973 en tres volúmenes. Después de su muerte, algunos de aquellos poemas juveniles formaron parte de *El río invisible* en 1980 y de *Cuadernos de Temuco* en 1997 y, finalmente, de manera íntegra y cuidadosa, Hernán Loyola los incluyó en el cuarto tomo de la última edición de sus obras completas.

En su prólogo para este volumen, Loyola subraya que el valor de estos cuadernos de poesía es «más documental que literario». Su lectura permite al lector y al estudioso adentrarse en el «taller» de un muchacho que aspiraba a conquistar su expresión poética, «seguir sus esfuerzos, vaivenes, vacilaciones, cambios de estilo o de tono y en particular sus ingenuas tentativas de innovación léxica (incluyen una buena cantidad de neologismos)». Constituyen el «*diario* de la formación básica de un poeta excepcional».

El primer cuaderno solo contenía un poema suyo, titulado «Nocturno», al que acompañaba la transcripción de otros de Gabriela Mistral o Baudelaire. «Nocturno» está fechado el 19 de abril de 1918. «Estábamos haciendo los dos una tarea de francés», relató Laura Reyes en 1936. «Teníamos un cuaderno en el cual habíamos copiado versos de distintos autores franceses. Sin vacilaciones, sin errores, como una cosa que brotase de adentro, compuso un poema y lo tituló "Nocturno"». Y mostró el escrito original al periodista... en presencia de su padre, quien, tal vez, torció el gesto.[76] Tiempo después regalaron el original a uno de sus grandes amigos españoles, el pintor José Caballero, quien en 1984 autorizó su reproducción al diario *Abc*.[77]

75. *Pablo Neruda (1904-1973). Las vidas del poeta.* Biblioteca Nacional de Chile. Santiago de Chile, 2004, p. 45.

76. *El Diario Austral.* Temuco, 19 de julio de 1936, p. 7. En la misma página se publicó el poema «Nocturno».

77. *Abc.* Madrid, 22 de septiembre de 1984. Suplemento *Sábado Cultural*. p. IV. Número dedicado a Pablo Neruda con motivo de su ochenta aniversario.

El segundo cuaderno, el más voluminoso, reunía por orden cronológico los poemas que había escrito hasta noviembre de 1920. Y el tercero pretendía ser el original de un libro que tituló *Helios*.[78] Su publicación llegó a anunciarse a fines de 1921, pero finalmente la descartó, como explicaría en 1926: «Cuando llegué a Santiago traía un libro voluminoso que titulaba *Helios*, al cual pertenece el poema inicial de *Crepusculario*, que comienza: "He ido bajo Helios, que me mira sangrante...". Después no me gustaron esos versos y los olvidé y rompí casi todos».[79]

Por su parte, José Carlos Rovira ha subrayado la influencia de Rubén Darío en los cuadernos poéticos de Neftalí Reyes, principalmente de su libro *Cantos de vida y esperanza*, «como modelo métrico e incluso como modelo retórico y cultural del romanticismo del joven Neruda». «Leyó a Darío sobre todo en esa época. Y textualmente se dedicó a dejar constancia de ello en años posteriores a los del niño que se ejercitaba en la métrica dariana y modernista, cuando ya se llamaba Pablo Neruda».[80]

En aquel tiempo obtuvo la primera de las distinciones literarias que jalonaron su vida. En la segunda década del siglo XX, los juegos florales se extendieron por Chile tras el éxito de los celebrados en Santiago en 1910 para festejar el centenario de la independencia nacional. La cita más trascendente fue la de 1914 en la capital, cuando Gabriela Mistral obtuvo el primer premio con *Los sonetos de la muerte*. Viña del Mar, Valparaíso o Talca, entre otras ciudades, también acogieron estos eventos literarios y sociales. A fines de 1918, empezaron a prepararse en la ciudad de Cauquenes los primeros Juegos Florales de la provincia del Maule. La revista *Asteroides* difundió las bases del concurso, que estipulaban que los trabajos presentados debían ser absolutamente inéditos, ni siquiera podían haber sido leídos en público. Algunos diarios de Santiago y provincias las difundieron. Los organizadores reservaban una Violeta de Oro junto con un diploma para el ganador y

78. Prólogo de Hernán Loyola a: *Pablo Neruda. Obras Completas. IV. Nerudiana dispersa I. 1915-1964*, pp. 9-39.

79. Entrevista de Raúl Silva Castro a Pablo Neruda. *El Mercurio*. Santiago de Chile, 10 de octubre de 1926, p. 5.

80. Rovira, José Carlos: «Balance y perspectivas críticas ante un centenario». Barrera, Trinidad (ed.): *Jornadas sobre Neruda en su centenario (1904-2004)*. Universidad de Sevilla y Fundación El Monte. Sevilla, 2004, p. 66.

un objeto de arte y un diploma para quienes quedaran en segundo y tercer lugar.

En septiembre de 1919, *Asteroides* dio a conocer el fallo en poesía, ya que en prosa se declaró desierto. El vencedor fue Abel González González, de 50 años, juez letrado de Molina. En segundo lugar quedó una joven poetisa de 25 años, Aída Moreno Lagos. Con el seudónimo de *Kundalini*, Neftalí Reyes logró el tercer lugar con el poema «Comunión ideal». «Nos parece digna de la tercera recompensa por la amplitud de visión y el concepto de belleza que revela en su autor. Su forma demuestra inexperiencia de lenguaje que empaña el sentimiento», señaló el jurado. Asimismo, obtuvo una mención con «Las emociones eternas», que incluía los sonetos «Los Días», «El Placer» y «La Muerte».

La fiesta tuvo lugar el 8 de octubre en un abarrotado teatro de Cauquenes y ninguno de los galardonados pudo asistir. En diciembre, *Asteroides* publicó los versos premiados en un folleto con las fotografías de sus autores. Fue la primera vez que su rostro apareció en una publicación.[81] En aquel tiempo ya vestía «de poeta», «de riguroso luto, luto por nadie, por la lluvia, por el dolor universal».[82]

EL PRIMER ENIGMA

En 1964, Raúl Silva Castro reveló que el primer poema que firmó como «Pabloneruda» fue «Hombre», escrito en Temuco en 1920 en una hoja con membrete del diario *La Mañana*.[83] En 1919,

81. González Colville, Jaime: «Neruda y el Maule. Centenario del natalicio de Pablo Neruda». *Boletín de la Academia Chilena de la Historia*, n.º 113. Santiago de Chile, 2004, pp. 7-36.

82. Neruda, Pablo: «Infancia y poesía». *Pablo Neruda. Obras Completas. IV. Nerudiana dispersa I. 1915-1964*, pp. 914-928.

83. Y reprodujo en su estudio el original de «Hombre»: Silva Castro, Raúl: *Pablo Neruda*. Editorial Universitaria. Santiago de Chile, 1964, p. 65. Recién restaurado, pude tomarlo en mis manos, con sumo cuidado, en abril de 2015 en el Archivo del Escritor de la Biblioteca Nacional de Chile. Legado Pablo Neruda. Caja 1. Allí se conservan los originales de los poemas «Con los brazos abiertos», «La angustia», «Elegía de un pobre grillito que mataron mis pies», «El ciego de la pandereta», «Amar», «El padre», «Los jugadores», «Las palabras del ciego»,

ya había firmado como «Neruda», entre otros, «Las palabras del ciego». En 1923, al publicar su primer libro, *Crepusculario*, como Pablo Neruda consagró este como su seudónimo principal, en detrimento de otros que había utilizado o que empleaba aún entonces para otros escritos, como Sachka o Lorenzo Rivas.

¿Por qué Pablo Neruda? Durante toda su vida debió responder a esta pregunta, sobre todo a solicitud de los periodistas, que le imploraron una y otra vez que desvelara el primer enigma, el secreto primigenio de su trayectoria literaria. En sus poemas «El que cantó cantará», de *Las manos del día*,[84] o «No sé cómo me llamo», de *Geografía infructuosa*, hizo referencia a la *pérdida* de su nombre original desde que se decidió a ser poeta.[85] Sin embargo, se pronunció de manera confusa e incluso contradictoria respecto al origen del que desde el 1 de marzo de 1947 fue también su nombre legal.

«Necesitaba un nombre para que mi padre no viera mis poemas en los periódicos. Él le echaba la culpa a mis versos de mis malas notas en Matemáticas. Una vez leí un cuento de Jan Neruda, que me impresionó muchísimo. Cuando tuve necesidad de un seudónimo recordé a aquel escritor desconocido para todos y como un homenaje, y para protegerme de las iras de mi padre, firmé Pablo Neruda. Después este nombre siguió conmigo», explicó el 21 de enero de 1954, en la segunda conferencia del ciclo «Mi poesía», leída en el Salón de Honor de la Universidad de Chile.[86] En cambio, cuando en abril de 1969 en Río de Janeiro, la periodista Clarice Lispector le preguntó si su nombre había sido inspirado por el checo Jan Neruda, aseguró de manera escueta: «Nadie consiguió hasta ahora averiguarlo».[87] Y meses después, ante idéntico

---

«Pantheos» y «Hombre». Una reproducción en láminas se publicó en: *Crepusculario en germen: facsimilares de primeros manuscritos (1919-1922)*. DIBAM, Fundación Pablo Neruda y LOM Ediciones. Santiago de Chile, 1998.

84. García Méndez, Javier: «No podía sino llamarse Pablo o la autonominación como autofundación». *Escritural*, n.º 1. Poitiers, marzo de 2009, pp. 86-96. Número dedicado a Pablo Neruda.

85. Loyola, Hernán: *Neruda. La biografía literaria*. Seix Barral. Santiago de Chile, 2006, p. 80.

86. Neruda, Pablo: «Algo sobre mi poesía y mi vida». *Aurora*, n.º 1. Santiago de Chile, julio de 1954, pp. 10-21.

87. *Pablo Neruda. Obras Completas. V. Nerudiana dispersa II. 1922-1973*. Galaxia Gutenberg-Círculo de Lectores. Barcelona, 2002, pp. 1.100-1.103.

interrogante, indicó de manera enigmática al periodista peruano Gustavo Valcárcel en Isla Negra: «Solo yo lo sé en este mundo».[88]

En enero de 1970, en la extensa entrevista con la reportera argentina Rita Guibert, indicó que lo había olvidado: «Ya no me acuerdo de qué se trata. Yo tenía 13 o 14 años. Recuerdo que a mi padre le molestaba mucho que yo escribiera, con la mejor de las intenciones; porque él pensaba que eso de escribir llevaría a la destrucción de la familia y de mi persona, y que, especialmente, me llevaría a la inutilidad más completa. Es decir, él tenía su razón doméstica para hacerlo, razón que no pesó mucho en mí, en mi vocación. Y una de las primeras medidas defensivas que adopté fue la de cambiarme de nombre». Guibert insistió en si había escogido su apellido por el citado escritor checo... «No me parece haber conocido el nombre del poeta checo. Eso sí que por aquellos años leí un pequeño cuento de él. Nunca he leído su poesía. Pero él tiene un libro que se llama *Cuentos de Malá Strana*, cuentos sobre la gente modesta de ese barrio de Praga. Es posible que haya salido de ahí mi nuevo nombre. Como le digo, el hecho está tan alejado en mi memoria que no lo recuerdo. Sin embargo, los checos me consideran como uno de ellos, como parte de su país».[89]

Y, en septiembre de 1971, explicó a unos periodistas franceses: «Cambié de nombre a los 14 años, antes de ir a Santiago, por causa de mi padre. Era un excelente hombre, pero estaba contra los poetas en general y contra mí en particular. Llegó hasta quemar mis libros y mis cuadernos. Para él, había que ser ingeniero, médico o arquitecto [...]. Era como todas esas personas de clase media que han salido del campesinado y que deseaban ver a sus hijos subir en la sociedad. La única manera de lograr ese objetivo era la Universidad y las profesiones liberales». Recordó también a una de las personas que más perseveró, durante años y en distintos puntos del planeta, en estas pesquisas: el poeta y cronista checo Erwin Kisch. «La verdad es que la verdad no existe, por lo menos en esta historia. Un día que temía más que de costumbre que mi padre descubriera la verdad —lo que hubiera sido una catástrofe— me tocó recorrer las páginas de una revista en la cual había un cuento firmado: Jan Neruda. Precisamente en esos momentos tenía yo que entregar uno de mis poe-

88. *El Siglo*. Santiago de Chile, 28 de septiembre de 1969, pp. 12-13.
89. Guibert, Rita: *Siete voces*. Novaro. México, 1974, pp. 19-92.

mas a un concurso. Entonces tomé Neruda para segundo nombre y puse Pablo como primero. Pensé que sería por algunos meses».[90]

En 1999, en la Universidad de Alicante, el médico Enrique Robertson, natural de Temuco, expuso en una conferencia la fascinante y «sherlockiana anti-investigación» que había desarrollado durante años para intentar resolver este misterio.[91] A partir de un artículo publicado por Miguel Arteche en la revista chilena *Hoy* en 1981, y después de años de tenaces indagaciones y búsquedas en distintos países, logró encontrar una partitura de Pablo Sarasate titulada *Romanza andaluza y Jota navarra, Op. 22. Dedicadas a Norman Neruda*, editada en 1879 en Berlín. Arriba de la partitura, en el centro, figura el nombre de la afamada violinista Wilma Norman-Neruda, y en la mitad inferior el de Sarasate en grandes caracteres. Robertson sostiene que esta partitura, que halló en una librería de viejo, es «la revista» en la que Neftalí Reyes descubrió juntos el Neruda que tomó como apellido y el Pablo que adoptó como nombre. Sostiene que pudo llegar al Temuco de la segunda década del siglo pasado, puesto que ya entonces se efectuaban «selectas veladas musicales».[92] Y subraya con acierto que la primera edición en español del libro más conocido de Jan Neruda, *Los cuentos de Malá Strana*, apareció en 1922. Además, hace hincapié en que ambos nombres, Pablo y Neruda, de los violinistas Pablo Sarasate y Wilma Norman-Neruda, *le sonaban*. «Ambos artistas son citados con gran admiración por Sherlock Holmes, cuyas deliciosas aventuras leía —mejor dicho, devoraba— con fruición el estudiante temuquense. De esa partitura y de esas novelas, surgió el nombre».[93]

90. *Ercilla*. Santiago de Chile, 27 de octubre de 1971, pp. 8-16.

91. Robertson Álvarez, Enrique: «Pablo Neruda, el enigma inaugural». *América sin Nombre*, n.° 1. Alicante, 1999, pp. 50-64. Número especial dedicado a Pablo Neruda. En 2008, con motivo del Año Sarasate, el Gobierno de Navarra lo publicó como libro: Robertson, Enrique: *La pista «Sarasate». Una investigación sherlockiana tras las huellas del nombre de Pablo Neruda*. Pamplona, 2008.

92. Pero en 1972 Pablo Neruda dijo al escritor español Antonio Colinas: «Yo he sido una persona indiferente a la gran música porque no la conozco por ignorancia, por mi falta de sensibilidad para ella y porque no me la hicieron amar desde niño. En mi pueblo, allá en el sur de Chile, no había nadie que pudiera enseñarme. Y las pocas personas que en aquel medio amaban la música estaban alejadas de mí». *Revista de Occidente*, n.° 111. Madrid, junio de 1972, pp. 255-266.

93. Robertson, Enrique: «Seudónimos». En: Castanedo Pfeiffer, Gunther: *Personario. Los nombres de Neruda*. A. Siníndice. Logroño, 2011, pp. 345-348.

Recientemente, Hernán Loyola ha señalado: «Por mi parte, adhiero al resultado de la investigación de Robertson: así surgió el seudónimo de nuestro poeta».[94] También ha explicado que a fines de 1964 Laura Reyes le prestó durante algunos meses los tres cuadernos de poesía del joven Neftalí, de los que hizo una copia dactilografiada con papel carbón. Aporta un dato que su desaparición en los años 80 impide contrastar: en la parte interior de la portada del primer cuaderno estaba impreso el timbre Neftalí Reyes y debajo él mismo había escrito con bolígrafo azul: «Pablo Neruda – desde octubre de 1920».[95]

EL RUGIDO DEL OCÉANO

En los primeros días de 1940, le preguntaron qué elemento de la naturaleza le impresionaba más y en qué punto del planeta. Entonces, a sus 36 años, ya había surcado las aguas de los océanos Atlántico, Pacífico e Índico, el Mediterráneo y el mar Rojo. Pero no albergó dudas en su respuesta: «El mar para mí será siempre, a pesar de que he recorrido buena parte de todos los mares existentes, Puerto Saavedra, Bajo Imperial, esa inmensa costa que comienza en el cerro del Maule, que continúa hasta Toltén, una costa tan lisa y tan solitaria que parece que se galopara al borde de un planeta cuando se va por ella».[96] Allí transcurrieron los veranos de su adolescencia hasta la mitad de los años 20, ya que en Puerto Saavedra, a unos noventa kilómetros de Temuco, su familia se alojaba en la casa de un amigo de su padre llamado Horacio Pacheco.

El recorrido era ya una aventura: en la madrugada todos preparaban los bultos necesarios para tomar el tren que al alba partía hacia Carahue a través del territorio de las comunidades mapuche. Allí descargaban el equipaje y se dirigían al embarcadero del río Imperial para tomar el navío que les llevaría a la costa, al encuentro con el océano en Puerto Saavedra, «toda una función dirigida por los ojos azules y el pito ferroviario de mi padre», escribió el poeta

94. Loyola, Hernán: «Sarasate y Neruda». *Nerudiana*, n.º 15-16. Santiago de Chile, 2014, pp. 98-99. Número monográfico «40 años sin Neruda».
95. Loyola (2014), p. 59.
96. *Qué Hubo*. Santiago de Chile, 9 de enero de 1940, pp. 6 y 7.

en su autobiografía.[97] En esas páginas relató su primer encuentro con el mar, impactado ante la furia de las olas y el rugido marino que sacudía los cerros Huilque y Maule. En los primeros veranos, su padre les obligaba a su hermana Laura y a él a introducirse en las frías aguas oceánicas, «momento apocalíptico» que les hacía temblar de frío y miedo, hasta que «tocaba el pito para que saliéramos del agua», recordaba aún en 1961.[98]

A pesar de aquellos traumáticos instantes, siempre procuró vivir junto al mar. Y cuando, como en Madrid, México o París, su labor como diplomático lo impidió, añoró aquel horizonte cada uno de sus días. «Chile es una cinta infinita apegada al mar. Todos los chilenos somos peces, caracolas. El mar para mí es un elemento como el aire y cada día lo echo de menos. Ese es un mar activo, enérgico, creador», confesó a fines de 1971 a la periodista sueca Sun Axelsson en la embajada de su país en Francia.[99] En su entorno, en su vida cotidiana y en su poesía, el universo marino ocupó un lugar central. Coleccionaría miles de caracolas que donó a la Universidad de Chile en 1954, los mascarones de proa adornaron sus casas y solía cubrirse con una gorra de marinero y empuñar una pipa de lobo marino.[100] Su enseña, un pez encerrado en un instrumento de medición marina, ondeaba en una bandera cuando se encontraba en Isla Negra.

«Durante grandes años compartí mi vida con el mar. No fui navegante, sino observador intransigente de las alternativas del océano», escribió en el otoño de su vida. «Me apasionaron las olas en sí mismas, me aterraron y me ensimismaron los voluntariosos maremotos y marejadas del océano chileno. Me hice experto en cetáceos, en caracolas, en mareas, en zoofitos, en medusas, en peces de toda la pecería marina».[101] Creó «Playa del sur» y «Mancha en tierras de color» (*Crepusculario*), «Imperial del sur» (*Anillos*), «El sur del océano» (*Residencia en la Tierra*), «El gran océano»

97. *Confieso que he vivido*, pp. 26-27.

98. *Vistazo*. Santiago de Chile, 17 de enero de 1961, pp. 12-13.

99. Entrevista reproducida en: *Boletín de la Fundación Pablo Neruda*. Santiago de Chile, invierno de 1991, pp. 11-14.

100. Soto, Hernán: «Neruda y el mar». *Punto Final*, n.º 301. Santiago de Chile, 17 de octubre de 1993, pp. 20-21.

101. Neruda, Pablo: «Destrucciones en Cantalao». *Ercilla*. Santiago de Chile, 11 de marzo de 1970, p. 68.

(*Canto general*), la «Oda al mar» (*Odas elementales*), «El primer mar» (*Memorial de Isla Negra*) o «Llama el océano» (*Jardín de invierno*).[102] Y, como ha señalado Jorge Edwards, las olas golpean *Veinte poemas de amor y una canción desesperada*, su paisaje envuelve *Tentativa del hombre infinito* y *Residencia en la Tierra* fue escrito en parte en mares muy lejanos... «Y el mar, las olas, los peces, los pájaros marinos, las piedras de la orilla, las flores de la costa, los barcos, los instrumentos de navegación, son el tema y las variaciones insistentes de toda su poesía madura».[103]

Aquellos veranos en Puerto Saavedra también los consumió en la biblioteca pública, que dirigía el poeta Augusto Winter, conocido por sus versos en defensa de los cisnes del lago Budi.[104] La lectura acompañaba la soledad y el silencio que caracterizaban entonces su personalidad. «Durante el verano íbamos de vacaciones a Puerto Saavedra. Neftalí se alejaba generalmente del grupo y prefería ir solo, rumbo a cualquier parte. Siempre lo encontrábamos en la playa o a la orilla de las barcas de los pescadores que remendaban sus redes al atardecer», recordó Laura Reyes en 1936. «Si le preguntábamos por qué no iba con nosotros a los paseos, se abstenía de contestar, como si no oyese nuestras palabras. Así era su temperamento en su primera juventud: apático, indiferente ante los hechos, difícil de comprender, contemplativo y triste. Profundamente triste».[105]

LOS CONSEJOS DE GABRIELA MISTRAL

El fin de la Primera Guerra Mundial desencadenó una grave crisis económica en Chile por el descenso de las exportaciones de salitre. Miles de mineros quedaron sin empleo en el Norte Grande,

---

102. Loyola (1978), pp. 61-82.
103. Edwards, Jorge: «El poeta del mar». *La Segunda*. Santiago de Chile, 20 de abril de 1990, pp. 20-27.
104. En 1928, cuando su hermana le informó por carta de la muerte de Augusto Winter, le dedicó desde Singapur la crónica que publicó en el diario *La Nación* el 20 de mayo, titulada «Nombre de un muerto». Años después, recordaría que en su máquina de escribir transcribió los borradores de *Veinte poemas de amor y una canción desesperada*. *Entretelones*. Santiago de Chile, 13 de enero de 1961, p. 7.
105. *El Diario Austral*. Temuco, 19 de julio de 1936, p. 7.

mientras las noticias procedentes de Rusia desde 1917, con el triunfo de los bolcheviques, agitaban la «cuestión social». El 28 de agosto de 1919, la Federación Obrera organizó en la capital la Asamblea Obrera de la Alimentación, con el apoyo de la Federación de Estudiantes de la Universidad de Chile (FECh), en la que más de cien mil personas exigieron derecho al trabajo. En julio de 1920, aprovechando un golpe de Estado en Bolivia, el Gobierno ordenó la movilización de diez mil reservistas y decretó el estado de guerra. La prensa derechista desató una exaltada campaña de patrioterismo para sofocar las demandas de justicia social de obreros y estudiantes. A partir del 19 de julio jóvenes derechistas asaltaron y destruyeron la imprenta de la FECh y su sede en la Alameda, cuya biblioteca fue arrasada. El poeta Domingo Gómez Rojas falleció a fines de septiembre en el Manicomio Nacional a consecuencia de las brutales torturas que sufrió.[106] La publicación del periódico *Claridad*, desde el 12 octubre de 1920, fue una de las respuestas de los estudiantes a aquel crimen.

En este clima de represión contra los líderes estudiantiles, el escritor libertario José Santos González Vera llegó a Temuco, donde fue acogido solidariamente por Orlando Mason, quien le abrió las páginas de *La Mañana*, y por el poeta Jacobo Nazaré, quien le obsequió el mejor regalo que podía hacerse entonces en Temuco: un impermeable. Pronto, muy pronto, se reunió con Neftalí Reyes. «Lo conocí cuando era un pequeño joven, demasiado delgado y demasiado serio. [...] Pablo Neruda era, en Temuco, un invisible capitán. Él redactaba las proclamas de los estudiantes y daba a la asamblea la orientación necesaria. Sin embargo, apenas hablaba y casi nunca variaba de fisonomía».[107] En agosto de 1920, cuando cursaba el último año del bachillerato de Humanidades en el Liceo de Temuco, fue nombrado prosecretario de la Asociación de Estudiantes de Cautín, que expresó su solidaridad a la FECh. Desde octubre, se convirtió en agente de ventas de *Claridad* y, como presidente del Ateneo Literario del Liceo de Temuco, recibía las publicaciones de la Federación.

106. Ramírez Saavedra, Sergio: «1920: El asalto a la Federación de Estudiantes». En: http://www.blest.eu

107. González Vera, José Santos: «Disquisiciones sobre Pablo Neruda». *El Mercurio*. Santiago de Chile, 23 de noviembre de 1924, p. 7.

En su libro autobiográfico, González Vera relató su primer encuentro con el joven poeta. «A los pocos días fui a conocer a Pablo Neruda. Lo esperé en la puerta del liceo, alrededor de las cinco. Era un muchacho delgadísimo, de color pálido terroso, muy narigón. Sus ojos eran dos puntitos negros. Llevaba bajo su brazo *La sociedad moribunda y la anarquía*, de Juan Grave. A pesar de su feblez, había en su carácter algo firme y decidido. Era más bien silencioso y su sonrisa entre dolorosa y cordial». «En el hogar de Mason oía música y si lo dejaban a comer, prefería que el agua se la sirvieran en copas de color. Decía que así la encontraba más rica». En aquellas páginas destacó la influencia de su profesor de Francés, Ernesto Torrealba, más tarde diplomático y cronista elegante, quien le recomendaba autores y le prestaba libros,[108] principalmente uno esencial para su formación: *La poesía francesa moderna. Antología ordenada y anotada por Enrique Díez-Canedo y Fernando Fortún*, publicado por la editorial madrileña Renacimiento en 1913.[109]

González Vera también señaló que en alguna ocasión visitaba a la nueva directora del Liceo femenino, la poetisa Gabriela Mistral,[110] quien vivió en Temuco en 1920. «Yo la encontré muy pocas veces. Gabriela vivía muy encerrada en sus trabajos y yo también muy circundado por mi timidez y por mi corta edad», explicó Neruda el 11 de junio de 1965 en una entrevista concedida al Servicio en español de la BBC, pocos días después de recibir el Doctorado Honoris Causa en Oxford. «Pero Gabriela me dio la deslumbrante sensación de un ser que, completamente local, terrestre, chilena, tenía una mirada universal [...]. Con su regia sonrisa, sonrisa tan franca y deslumbrante como pocas he visto, ella me tendió los primeros libros de la gran novela europea, en especial ella prefería (y aún me lo escribió en cartas más de una vez) la novela inglesa de la época y la gran novela rusa, que pasó a ser, poco después, la literatura más frecuentada por los escritores de mi generación de América y de España». Le prestó obras de Dostoievski, Chéjov o Tolstói,

---

108. En 1970, en la que fue su última visita a Temuco, agradeció públicamente la ayuda que le prestó este profesor. *El Diario Austral*. Temuco, 9 de diciembre de 1970, p. 8.

109. Loyola (2014), p. 67.

110. González Vera, José Santos: *Cuando era muchacho*. Editorial Universitaria. Santiago de Chile, 1996, pp. 197-199.

que posteriormente le harían descubrir a otros autores, como Andréiev, Pushkin o Lérmontov y penetrar en un mundo hasta entonces ignoto. «Me abrió las puertas de una gran literatura que hasta ese momento era desconocida para mí...».[111]

EL TREN NOCTURNO

El 18 de noviembre de 1920 ganó el primer premio en las Fiestas de la Primavera de Temuco con el poema «Salutación a la Reina».[112] Aquellos versos los dedicó a la joven Teresa Vásquez, elegida soberana de aquel evento, con quien mantendría un intermitente romance de cuatro años y, junto con Albertina Azócar, sería la principal musa de *Veinte poemas de amor y una canción desesperada*.

En diciembre, culminó toda una década de estudios, una experiencia que meses antes había caracterizado de manera amarga en el poema «El Liceo», en el que, además, dejó constancia de su vocación y de que concebía la poesía como un oficio y una opción digna de toda una vida, no como una tarea secundaria u ociosa.[113] Sus calificaciones escolares fueron bastante mediocres: solo obtuvo una nota de «distinguido» (en Francés, en 1914), acumuló numerosos aprobados y no pocos suspensos: en Matemáticas en el primer, segundo, tercer y cuarto curso; en Inglés y Francés en segundo; en Historia y Geografía en segundo, cuarto y quinto; en Física en cuarto, y en Química en quinto año.[114] Pero, finalmente, logró superar todos los exámenes y el 22 de diciembre de 1920 se dirigió al rector de la Universidad de Chile para solicitar rendir la prueba final del grado de bachiller en la Facultad de Humanidades.[115]

111. Esta entrevista puede escucharse y leerse su transcripción en: http://news.bbc.co.uk
112. Aguayo, Rafael: *Neruda. Un hombre de la Araucanía*. Lar. Santiago de Chile, 1987, pp. 38-41.
113. Loyola, Hernán: *Los modos de autorreferencia en la obra de Pablo Neruda*. Ediciones de la revista *Aurora*. Santiago de Chile, 1964, pp. 53-55.
114. Documento consultado en la Colección Neruda. Archivo Central Andrés Bello de la Universidad de Chile. Se incluye en el pliego de imágenes del libro.
115. Documento consultado en la Colección Neruda. Archivo Central Andrés Bello de la Universidad de Chile.

A fines de enero de 1921, el periódico *Claridad* incluyó su perfil en la sección «Los Nuevos», en un artículo firmado por Fernando Ossorio, seudónimo de Raúl Silva Castro.[116] Publicó también seis poemas suyos: «Inicial», «Campesina», «Pantheos», «Maestranzas de noche», «Las palabras del ciego» y «Elogio de las manos». «Pablo Neruda», empezaba aquel artículo, «se nos revela —a través de estos últimos versos suyos— como un producto complejo que rima su ensueño traspasado por la realidad cotidiana e indispensable. Su juventud es para él un escudo. Adolescente aún, sabe de los anónimos retorcimientos del dolor humano, investiga en las fuentes del más moderno pensamiento, vive lo que expresa y nos presagia las más preciosas cosechas líricas». Después de un rápido comentario a algunos de estos seis poemas, Silva Castro anticipó: «Desde Temuco nos llega su promesa significativa y ungida de dolores acaso ancestrales. Vendrá dentro de poco a esta ciudad. Al lado nuestro veremos desenvolverse la madeja sutil de su labor y aquí también ha de publicar un libro que nos anuncia como ya listo para ser impreso. Su título será *Helios*».

Viajó a Santiago en marzo de 1921, solo, cuando aún le faltaban cuatro meses para cumplir los 17 años. Lo hizo en un vagón de tercera clase de aquel tren de madera que partía de Temuco a las seis de la mañana y llegaba a la capital de la nación veinticuatro horas después.[117] Aquel trayecto en el «tren nocturno» (inmortalizado en *Memorial de Isla Negra* y en *Confieso que he vivido*) supuso la segunda gran cesura en su vida.

De la Estación Central se dirigió hacia más allá del río Mapocho, hacia una modesta pensión ubicada en el número 513 de la calle Maruri, próxima a la popular avenida Independencia y el popular mercado de la Vega Central. Enemistado con los números, había dedicado una buena parte del trayecto desde los bosques de la Araucanía a memorizar ese número: «513, Maruri 513». Llegaba solo con un baúl de hojalata y el «indispensable traje negro del poeta», anotó en sus memorias, «delgadísimo y afilado como un cuchillo».[118]

116. *Claridad*. Santiago de Chile, 22 de enero de 1921, p. 9.
117. Reyes (2003), p. 96.
118. *Confieso que he vivido*, p. 47.

2

Los años de la bohemia

En marzo de 1921 Pablo Neruda emigró de una pequeña ciudad en expansión, en el sur araucano, al centro político, administrativo y cultural de su país, a una urbe que entonces frisaba el medio millón de habitantes. A lo largo de seis años, vivió en un sinfín de pensiones, conventillos y habitaciones arrendadas, en condiciones muy precarias, sobre todo a partir de 1925, cuando su padre cortó la modesta mesada que recibía periódicamente después de que abandonara sus estudios para ser profesor de Francés en el Instituto Pedagógico de la Universidad de Chile. Entre 1923 y 1926, publicó sus cinco primeros libros, muy bien acogidos por la crítica (sobre todo *Crepusculario*) y por los lectores, con el éxito imponente de *Veinte poemas de amor y una canción desesperada*, aparecido en junio de 1924, cuando aún no había cumplido los 20 años. Guiado por Alberto Rojas Giménez, logró vencer su carácter triste y retraído y en las noches de la bohemia santiaguina descubrió la fraternidad de la literatura, el vino y la conversación. Pero, como su futuro carecía de horizontes, de posibilidades para garantizar siquiera su subsistencia, optó por solicitar uno de los puestos consulares que la diplomacia chilena tenía repartidos por el mundo. Y en junio de 1927 partió hacia Asia, en un largo viaje que le llevó primero a Buenos Aires, Lisboa, Madrid y París. Solo le acompañaban su amigo Álvaro Hinojosa y algunos poemas escritos desde 1925. Aún buscaba su *residencia en la tierra*.

Con la escuálida ayuda económica que sus padres podían enviarle desde Temuco, Neruda se instaló en la pensión del número 513 de la calle Maruri, «el lugar más antipoético del mundo», escribió Volodia Teitelboim, quien se alojó en esa misma calle una década después, cuando llegó a estudiar Derecho.[119] «En las familias de provincia, uno se arreglaba para descubrir una tía que tuviera una pensioncita en Santiago», explicó en 1971. «Se alojaba en ella a muy bajo costo. Pero había muchas pulgas y se comía muy mal. Toda una generación de mis camaradas de universidad vivió prácticamente muerta de hambre».[120] Fue el primero de los numerosos lugares donde vivió hasta su partida como cónsul a Asia en junio de 1927. Siempre en modestas habitaciones con el mobiliario mínimo, ubicadas en los barrios populares que circundaban el barrio cívico, con la arteria central de la Alameda, el palacio de La Moneda y la Plaza de Armas como referencias.

Se matriculó en los estudios de Pedagogía en Francés y también de Arquitectura en la Universidad de Chile. El 23 de abril de 1969 fue el invitado de honor de un encuentro poético celebrado en la Facultad de Arquitectura y Urbanismo de esta casa. En su exposición recordó que en 1921 había iniciado estos estudios, entonces adscritos a la Facultad de Ciencias Físicas y Matemáticas. A pesar de su pasión por las construcciones, que pudo desarrollar tiempo más tarde en el largo proceso de imaginación y edificación de sus diferentes casas, confesó entonces que apenas duró una hora: «Cuando entré a la primera aula que se abrió, me tocó una clase de geometría descriptiva y eso me hizo comprender mi tremenda equivocación».[121] En realidad, exageró, según explicó el arquitecto Ramiro Insunza, ahijado suyo y quien proyectó su última casa, *La Manquel*, en el cerro Manquehue de Santiago. Aquel día de 1969 el poeta le relató que asistió a las clases de Arquitectura durante algunos meses, pero que efectivamente las abandonó por su incompatibilidad con las matemáticas. «Le fue muy mal en los

119. Teitelboim (1996), p. 57.
120. *Ercilla*. Santiago de Chile, 27 de octubre de 1971, pp. 8-16.
121. Reyes, Bernardo: *Viaje a la poesía de Neruda. Residencias, calles y ciudades olvidadas.* RIL Editores. Santiago de Chile, 2004, p. 7.

ramos teóricos, Geometría Descriptiva y Matemáticas, donde se suelen entrampar las personas que solo tienen aptitudes creativas; aunque en realidad, es bien poco lo que se usan estas asignaturas en el ejercicio de la profesión», ha contado otro arquitecto, Raúl Bulnes, cuyos padres participaron en la *fundación* de Isla Negra.[122]

En cuanto a sus estudios de Francés, los comenzó en el Instituto Pedagógico, ubicado entonces al inicio de la calle San Miguel (actual avenida Ricardo Cumming), en la Alameda, donde se formaban, desde su fundación el 29 de abril de 1889, los profesores de enseñanza secundaria.[123] En aquel momento, la Universidad de Chile contaba con unos cuatro mil quinientos alumnos, mil cien de ellos inscritos en el Pedagógico. En 1921, ingresaron al primero de los cuatro cursos noventa y seis alumnas y ochenta y ocho alumnos. En aquel tiempo, ejercían el magisterio en sus aulas figuras señeras de la educación nacional como Darío Salas, Francisco Zapata o Rodolfo Oroz, profesor de Latín, quien a fines de los años 90 explicó que lo aprobó tan solo por ser un buen muchacho e intuir su promisoria genialidad. Al igual que en Temuco, sus calificaciones académicas fueron ciertamente vulgares.[124]

«LA CANCIÓN DE LA FIESTA»

Desde su llegada a la gran ciudad, fue acogido de manera fraternal en la Federación de Estudiantes y sus círculos culturales, principalmente el periódico semanal *Claridad* y la revista mensual *Juventud*. La represión de 1920 no había apagado el espíritu libertario de la FECh, muy crítica con la demagogia del presidente Ar-

---

122. *El Mercurio*. Santiago de Chile, 19 de febrero de 2012. Suplemento *Artes y Letras*, pp. 6-7.

123. Mellafe, Rolando *et alii: Historia de la Universidad de Chile*. Ediciones de la Universidad de Chile. Santiago de Chile, 1992, pp. 127-129. El 6 de septiembre de 2002 se inauguró una escultura de Pablo Neruda, obra de Luis Ahumada, en el centro de la plazoleta que lleva su nombre en los jardines de la Universidad Metropolitana de Ciencias de la Educación, continuadora del Instituto Pedagógico. *Cuadernos de la Fundación Pablo Neruda*, n.º 51. Santiago de Chile, 2002, p. 78.

124. Rubilar, Luis: «La Universidad de Chile y Pablo Neruda. Entorno infanto-adolescente del poeta y primeros nexos universitarios». *Anales de la Universidad de Chile*. VI. Serie 10. Diciembre de 1999.

turo Alessandri Palma y solidaria con una clase obrera maltratada por el fin del ciclo del salitre. Mantenía también la impronta anarquista que distinguía a sus líderes más reconocidos: Alfredo Demaría, Santiago Labarca y sobre todo el pediatra Juan Gandulfo, quien ejerció una notable influencia sobre Neruda en sus primeros años en Santiago. En torno a ellos se aglutinaban los jóvenes poetas y prosistas de la Generación de 1920, como Rubén Azócar, Tomás Lago, Romeo Murga, Yolando Pino, Diego Muñoz, Rosamel del Valle, Joaquín Cifuentes o el propio Neruda.[125]

La sede de la FECh estaba en la céntrica calle Agustinas, muy próxima a la Federación Obrera, que lideraba Luis Emilio Recabarren, fundador del Partido Obrero Socialista en 1912, que el 2 de enero de 1922 asumió las condiciones de la III Internacional y pasó a denominarse Partido Comunista. «Ahí, en el umbral de la Federación Obrera, vi muchas veces en chaleco y en mangas de camisa al hombre más importante de la clase obrera de este siglo, don Luis Emilio Recabarrren», escribió en abril de 1973.[126] En 1964, en *Pravda* señaló que incluso compartieron conversaciones con el hombre a quien inmortalizó en *Canto general*, en un relato poco verosímil a tenor de sus principios libertarios en los años 20 y de sus posiciones políticas hasta 1935: «En esos años, de la recién nacida Unión Soviética regresó un chileno maravilloso. Se llamaba Luis Emilio Recabarren y el regreso de esta persona titánica cambió el curso de la corriente de mi generación. Al conversar con él y oírle entendimos el sentido del gran acontecimiento. [...] Recabarren nos explicó de una manera legible que toda una época había quedado en el pasado y que la utopía había cedido espacio a la creación de un nuevo Estado y una nueva sociedad. [...] Los jóvenes estudiantes y los poetas comprendimos que teníamos que ligar nuestras vidas a la causa del pueblo y defender a la Revolución de Octubre con todas nuestras fuerzas».[127]

En agosto de 1921, la Federación de Estudiantes convocó el concurso anual de poesía para sus Fiestas de Primavera, con un

125. Mellafe *et alii*, pp. 149-153.
126. Mensaje de Pablo Neruda para la inauguración del año académico de la Sede Oriente de la Universidad de Chile. *El Siglo*. Santiago de Chile, 27 de abril de 1973, p. 8.
127. Neruda, Pablo: «Nuestro orgullo». *Pravda*. Moscú, 8 de noviembre de 1964.

primer premio de trescientos pesos.[128] Neruda fue el galardonado con su poema «La canción de la fiesta». Así destronó al poeta del momento, Roberto Meza Fuentes, quien —según Diego Muñoz— se ofreció gentilmente a leer sus versos victoriosos en la Velada Bufa del 17 de octubre, ya que él tenía una voz muy aflautada. «El propio Meza Fuentes se dio cuenta de que Pablo iba a hacer el ridículo. Y en un gesto fraternal se encargó él mismo de leerle los versos ganadores en el acto de entrega de premios. Neruda llegó con esa voz gruesa que le hemos conocido solo de vuelta de la India».[129] El poema fue publicado en *Claridad* el 15 de octubre y después por Ediciones Juventud en un folleto cuyas últimas páginas anunciaba como próximas publicaciones: *El alma del hombre* de Óscar Wilde, *El Manifiesto Comunista*, *Vidas Mínimas* de González Vera y *Helios* de Pablo Neruda... que no llegó a imprenta.[130]

Aquel triunfo le proporcionó un cierto prestigio entre los poetas de su generación y en los ambientes del Instituto Pedagógico y de la Federación de Estudiantes. Pronto su seudónimo más usual quedó asociado a su singular estampa, *construida* a imagen y semejanza de Orlando Mason: su figura espigada, su traje oscuro, su capa de grueso paño gris de procedencia ferroviaria —cedida por su padre—, su curioso sombrero alón. Todo el tiempo que negaba al estudio y a cumplir las exigencias académicas lo dedicaba intensamente a la vida literaria. Su timidez lo impulsaba a refugiarse en la poesía y en la prosa y, si bien participaba en lecturas y veladas poéticas, escribía, sobre todo escribía. Jorge Sanhueza, uno de los pioneros en el estudio de su vida y su obra, contabilizó que publicó ciento nueve colaboraciones entre 1921 y 1926 solo en *Claridad*.[131] De ellas, treinta y una eran poemas: veinticinco los firmó

128. Loyola (2014), p. 78.

129. *La Tercera*. Santiago de Chile, 22 de agosto de 1982. Suplemento *Buen Domingo*, pp. 6-7. Diego Muñoz se refería a su regreso de Java en 1932.

130. Se conserva un ejemplar en la Biblioteca Nacional de Chile.

131. Sanhueza, Jorge: «1921-1926: Neruda, colaborador y redactor de la revista *Claridad* de la Federación de Estudiantes». *Alerce*, n.º 6. Santiago de Chile, primavera de 1964, pp. 6-14. Número especial por el sesenta aniversario de Pablo Neruda. *Claridad* tuvo un papel cultural muy relevante en aquella década, ya que entre sus columnistas contó con buena parte de las mejores plumas del país: Gabriela Mistral, José Santos González Vera, Pedro Prado, Raúl Silva Castro, Alberto Rojas Giménez, Roberto Meza Fuentes, Juan Gandulfo, Joaquín Edwards

como Pablo Neruda y seis como Lorenzo Rivas. De ellos, catorce los integró en *Crepusculario* y tres en *Veinte poemas de amor y una canción desesperada*. De sus setenta y ocho colaboraciones en prosa en *Claridad*, cincuenta y cinco las presentó como Pablo Neruda o P. N. y veintitrés como Sachka, en este caso principalmente comentarios de libros de Walt Whitman, Carlos Sabat Ercasty, Gabriela Mistral o Rubén Azócar. Este seudónimo lo tomó de Sacha Yegulev, el personaje triste y tierno creado por el novelista ruso Leonidas Andreiev, el héroe que por amor a la justicia se convirtió en jefe de unos bandidos.[132]

También publicó sus poemas y sus textos en prosa en *Juventud, Educación, Zig-Zag, Atenea, Dínamo, Alí-Babá, Renovación, Andamios, Panorama, Abanico* (de Quillota), *Quimera* (de Ancud) y en los suplementos literarios de los diarios *El Mercurio* y *La Nación*.[133] Una parte de sus colaboraciones eran comentarios, selecciones o traducciones de las obras de otros autores, como la reseña de los poemas de Manuel Rojas que firmó en agosto de 1921 en *Juventud* y la del libro *Los gemidos*, de Pablo de Rokha, que apareció en *Claridad* en diciembre del año siguiente.

Singular fue el poema «A los poetas de Chile» que publicó en *Juventud* a fines de 1921, el primero de los numerosos llamamientos que a lo largo de su vida trasladaría a sus compañeros de letras. En aquella ocasión, cuando solo tenía 17 años, se dirigió a los «poetas de mi tierra» para convocarlos a luchar por la libertad de Joaquín Cifuentes Sepúlveda, encarcelado en Talca. Y el 17 de mayo de 1922 escribió en *Claridad* un editorial que planteó la ineludible misión del escritor de luchar por eliminar los dolores y las miserias humanas, un alegato también contra el nacionalismo que envolvía la conmemoración anual del combate naval de Iquique de 1879. «Veintiuno de Mayo... y otra vez tambores, y otra vez ban-

Bello, Santiago Labarca... Recientemente, Greg Dawes ha analizado este período de su producción literaria en: «La superación de la estética anarquista y del vanguardismo en Pablo Neruda». Dawes, Greg: *Poetas ante la modernidad. Las ideas estéticas y políticas de Vallejo, Huidobro, Neruda y Paz*. Fundamentos. Madrid, 2009, pp. 95-137.

132. Lago, Tomás: «Neruda en la época de *Crepusculario*». *Pro Arte*, n.º 22. Santiago de Chile, 9 de diciembre de 1948, pp. 1-2.

133. Sanhueza, Jorge: «Pablo Neruda, los poetas y la poesía». *Aurora*, n.º 3-4. Santiago de Chile, julio-diciembre de 1964, pp. 28-63.

deras... Por suerte, esto lo hacen todavía solo por obligación, que ya las gentes se van olvidando de aquel sacrificio torpe y estéril de aquella guerra odiosa y cruel. [...] Por eso, amigo desconocido, aprende a integrar cada día tu cuotidiana rebeldía; afirma tu negativa interior ante las mentiras forradas de músicas y banderas [...]. Y para eso —bien poco, amigo desconocido— no estás solo, sábelo bien, están muchos contigo. Desde allá lejos, vienen, vienen... venimos, en cabalgata sufridora y heroica, a pisar la llanura del Porvenir, que es nuestra, y que puede ser tuya».[134]

En 1924, hizo la selección y escribió el prólogo de *Páginas escogidas de Anatole France*, que publicó la editorial Nascimento como homenaje al escritor y humanista francés que apoyó a Émile Zola en el *affaire Dreyfus* y había obtenido el Premio Nobel de Literatura hacía tres años. También en 1924 dirigió la segunda entrega de la revista *Dionysos* y al año siguiente transformó *Andamios*, la revista de la Asociación de Profesores de Chile, de la que fue nombrado director, en *Caballo de Bastos*.[135]

LOS SILENCIOS DE ALBERTINA

Pablo Neruda jamás quiso revelar la identidad de las dos jóvenes que inspiraron la mayor parte de los poemas de su obra más popular: *Veinte poemas de amor y una canción desesperada*. Sí que ofreció algunas pistas, puesto que, tanto en su relato autobiográfico para *O'Cruzeiro Internacional*, como en sus memorias llamó «Marisol» a la joven del sur, a la muchacha de «ojos oscuros como el cielo mojado de Temuco», y «Marisombra» a la estudiante de Santiago de «boina gris, ojos suavísimos».[136] En *Memorial de Isla Negra* las denominó «Terusa» y «Rosaura».

Solo en 1969 desveló que el «Poema 19» lo escribió para María Parodi, una muchacha de Puerto Saavedra, cuyos «ojos negros y

---

134. Sanhueza, Jorge: «1921-1926: Neruda, colaborador y redactor de la revista *Claridad* de la Federación de Estudiantes». *Alerce*, n.º 6. Santiago de Chile, primavera de 1964, pp. 6-14.

135. De Costa, René: «El Neruda de Huidobro». Loyola, Hernán (ed.): *Neruda en/a Sassari. Actas del Simposio Intercontinental Pablo Neruda (Sassari, 1984)*. Universidad de Sassari. Sassari, 1987, pp. 99-108.

136. *Confieso que he vivido*, pp. 75-76.

repetinos» lo cautivaron.[137] «Tenía una personalidad muy especial», declaró su sobrina Pía Rivera Parodi. «Era una mujer intensa, y nada de lo que hacía era un término medio. Siempre iba de un extremo a otro. De lo exuberante y radiante, a lo dramático. Con esa exquisita sensibilidad, Neruda pudo transmitir en esos versos la personalidad de María». La casa de su familia acogía reuniones sociales y tertulias en aquellas tardes estivales de principios de los años 20 y allí llegó el joven poeta con algunos amigos para leer sus versos. María Parodi falleció a consecuencia de un derrame cerebral en 1960. Su hijo Luciano fue piloto de Lan y en una ocasión transportó a Salvador Allende y Pablo Neruda hasta La Serena, pero no se atrevió a acercarse al poeta.[138]

El 6 de julio de 1969, el periodista Luis Alberto Ganderats y Hernán Loyola desvelaron en la *Revista del Domingo* de *El Mercurio* la identidad de las dos inspiradoras principales: Albertina Azócar y Teresa Vásquez.[139] Y meses después Loyola sugirió la existencia de una cuarta musa para el «Poema 9», que modificó para la segunda edición, de 1932, considerada la definitiva y en la que se basaron las posteriores.[140] Tal vez lo inspiró Laura Pacheco, hija del matrimonio amigo de su padre, ha apuntado Eulogio Suárez.[141]

Y, sin embargo, todavía en 1970, una periodista abordó a Neruda en Isla Negra: «¿Quién o quiénes le inspiraron los *Veinte Poemas de Amor*?». «¡Mire a la hora que me lo vienen a preguntar!», exclamó el vate. «Cuidadito, cuidadito Pablito. Nada de hablar de más», advirtió Matilde Urrutia. El poeta intentó zanjar para siempre el asunto: «Yo escribí los milagros; que otro descubra las santas».[142]

Efectivamente, Teresa Vásquez inspiró una parte de *Veinte poemas de amor y una canción desesperada*, entre otros el famosí-

137. Neruda, Pablo: «65». *Ercilla*. Santiago de Chile, 16 de julio de 1969, p. 68.

138. Cardone, Inés María: *Los amores de Neruda*. Plaza&Janés. Santiago de Chile, 2003, pp. 42-46.

139. Loyola, Hernán: «Pablo Neruda: el amor y la vocación poética». *Mensaje*, n.º 184. Santiago de Chile, 1969, pp. 530-539.

140. Loyola, Hernán: «*Veinte poemas de amor*: los inmarchitables». *El Siglo*. Santiago de Chile, 12 de abril de 1970. *Revista Semanal*, p. 11.

141. Suárez, Eulogio: «La pequeña historia de los 20 Poemas». *Boletín de la Fundación Pablo Neruda*. Santiago de Chile, otoño de 1990, pp. 7-12.

142. *Paula*. Santiago de Chile, abril de 1970, pp. 43-48.

simo «Poema 20» y la «Canción desesperada». Ya había merecido de su enamorado en 1920 la «Salutación a la Reina» y en 1923
recibió el primero de los álbumes poéticos que elaboró a lo largo
de su vida, conocido como *Álbum Terusa*. En el verano de 1923,
en Puerto Saavedra, transcribió en estas páginas dos poemas de
Rabindranath Tagore, cinco textos en prosa suyos inéditos y varios poemas de su autoría, como «Ella fue tierra de camino», dos
incorporados posteriormente a *Crepusculario* («Mancha en tierras de color» y «Playa del sur») y la primera versión de cinco
que en 1933 incluyó en *El hondero entusiasta*. Al final del *Álbum
Terusa*, aparecen copiados de manera desordenada un conjunto
de cartas y mensajes que el poeta le había enviado durante varios
años.[143]

«Era una mujer muy alegre y linda. De ojos y cabellos negros.
Excepcional como persona. La recuerdo como si fuera una casta-
ñuela. Recitaba, cantaba. Tenía sangre andaluza», explicó Rosa
León, sobrina de Teresa Vásquez. Rompió con el joven poeta en
1924, pero siempre mantuvo la amistad con Laura Reyes. Se casó a
los 45 años y falleció en febrero de 1972, poco después de que su
amor de juventud conquistara la gloria en Estocolmo.[144]

En cuanto a Albertina Azócar, quien contrajo matrimonio en
1937 con el poeta Ángel Cruchaga Santa María, su relativo anonimato estalló por los aires en 1974, precisamente cuando se cumplía
medio siglo de la publicación del famoso libro. Aquel año Sergio
Fernández Larraín (ex senador derechista y viejo enemigo político
del poeta) publicó en España un libro con ciento once de las ciento
quince cartas que Neruda le dirigió hasta el 11 de julio de 1932.[145]
Después de un largo pleito judicial, Albertina Azócar logró recu-
perarlas y las vendió al Banco Exterior de España, que las publicó
en una edición facsimilar en 1983. Entre los manuscritos que guardaba y que también traspasó estaba el original del «Poema 15», escrito en tinta verde en una larguísima cuartilla de papel de un for-

143. Loyola, Hernán: «Pablo Neruda. Album Terusa 1923». *Anales de la
Universidad de Chile*, n.º 157-160. Santiago de Chile, enero-diciembre de 1971,
pp. 45-55. Número dedicado a Pablo Neruda con motivo del Premio Nobel de
Literatura.
144. Cardone, pp. 31-42.
145. Fernández Larraín, Sergio: *Cartas de amor de Pablo Neruda*. Ediciones
Rodas. Madrid, 1974.

mulario de envío de equipajes.[146] Aquellas cartas y aquellos versos nacieron en el Instituto Pedagógico y sus calles adyacentes...

Ambrosio Azócar, director de la escuela primaria de Lota Alto, orientó a sus hijos hacia el magisterio. Así fue como sucesivamente Rubén, Adelina y Albertina llegaron a las aulas del Pedagógico. Esta última inició los estudios de Francés en marzo de 1921, al igual que el poeta llegado de la lluvia araucana. «Teníamos clases en la mañana y en la tarde: Latín, Psicología, Literatura, Literatura Francesa y Gramática Francesa», explicó seis décadas después.[147] Junto a ellos, asistían a clase otros jóvenes con vocación poética, como Romeo Murga, quien fallecería en mayo de 1925 de tuberculosis, Roberto Meza Fuentes o Raimundo Echevarría. Los sábados se reunían en el salón de actos y compartían sus versos. «Y como Pablo tenía una voz así cansada para recitar, entonces con una compañera mía lo imitábamos... Así nos fuimos conociendo y simpatizamos. Después de clase salíamos a caminar, tomados de la mano, por la avenida Cumming y bueno... ahí principió "el romance"». Más que las palabras, compartían los silencios, más que la efusividad, la timidez, pero también la ternura. «Cuando salíamos a caminar era muy callado, bueno yo también soy muy callada... por eso me escribió "Me gustas cuando callas..." [...] Sus versos eran distintos de los otros poetas».[148]

Se sentaban a conversar en cualquier parte y también fueron varias veces a un cine en la calle República, enclavado en el radio de acción de los estudiantes del Pedagógico. «Era tan joven, tan enamoradizo... No sé, a muchas chiquillas les gustaban los poetas». No a su hermana mayor, Adelina, con quien vivía en Santiago, ni a sus padres, que, al igual que José del Carmen Reyes, los despreciaban como seres extravagantes.[149] «Además, Pablo era muy delgado, taciturno, de cara macilenta. Iba muy abrigado con capa, porque su padre era ferroviario y entonces les daban unas

146. *El País*. Madrid, 14 de octubre de 1989. Consultado a través del archivo de www.elpais.com

147. *Abc*. Madrid, 23 de septiembre de 1983, pp. 52-53. Especial con motivo del décimo aniversario de la muerte de Pablo Neruda.

148. Poirot (1987), p. 182.

149. *Intramuros*, n.º 9. Santiago de Chile, septiembre de 2002, pp. 35-41. Entrevista de Zayda Cataldo Avilés a Albertina Azócar realizada en 1978. Se publicó parcialmente en la revista *Cosas* aquel año.

capas enormes, largas...».[150] Tampoco tenía medios económicos para pagarse más que una modesta habitación en una pensión o un conventillo y era extremadamente delgado. «Era más apasionado como poeta que como hombre. Al menos así lo recuerdo en su relación conmigo», declaró en la que fue su última entrevista, en 1988.[151]

Albertina Azócar solo permaneció dos cursos en Santiago, ya que se trasladó a la Universidad de Concepción, muy próxima a su hogar familiar, donde se había implantado la especialidad que estudiaba. Y así iniciaron una correspondencia de la que solo han sobrevivido las cartas escritas por el poeta. Hasta 1927 sus misivas se caracterizaban por sus insistentes y fracasados intentos por reencontrarse con ella, a quien con frecuencia reprochaba sus silencios o sus demoras en corresponder a sus letras. Así sucedió, como casi siempre, en marzo de 1925: «Albertina: eres una mala mujer. Nunca me escribes. Pudieras envidiar la alegría que me dan las pocas cartas que me llegan...».[152]

«Es verdad que en sus cartas se quejaba de que no le escribía, pero es que mi carácter es así», admitió muchos años después. «Yo le quería mucho, pero no soy de esas personas que se muestran apasionadas ni ninguna de esas cosas. En realidad, le escribía poco, porque toda esta historia de nuestra correspondencia para mí estuvo llena de dificultades. Yo tenía que sacar las cartas del correo a escondidas, porque en mi casa eran terribles para esto y me escondía también para escribirle y poner las cartas. [...] Cuando estaba en Lota principió a escribirme y me ponía Netocha Neruda. Era el nombre que más me gustaba y lo empleó mucho. También me llamaba Arabella. [...] Me habría casado con él, pero volví a Concepción para terminar los estudios, hacer mi memoria y trabajar en una escuela experimental al lado de la Universidad».[153]

150. Cruchaga Azócar, Francisco: *Pablo Neruda. Para Albertina Rosa: epistolario*. Dolmen. Santiago, 1997, pp. 13-17.

151. *Paula*. Santiago de Chile, octubre de 1988, pp. 134-137. Albertina Azócar falleció el 11 de octubre de 1989.

152. Carta de Pablo Neruda a Albertina Azócar de marzo de 1925 desde Puerto Saavedra. *Pablo Neruda. Obras Completas. V. Nerudiana dispersa II. 1922-1973*, p. 884.

153. Cruchaga Azócar, pp. 13-17.

En 1923, cuando cayó enferma y fue operada de peritonitis, Neruda la visitó en el hospital y le regaló una copia de la fotografía que le hizo Georges Sauré y un ejemplar de su primer libro.

CREPUSCULARIO

El libro que inauguró su obra canónica tuvo como título una palabra que él inventó. Cada tarde los más bellos crepúsculos visitaban su habitación de la pensión de Maruri 513, haces de luz solar que morían con los colores más sorprendentes deslumbraban aquella humilde calle del noreste de Santiago. «La casa en que vivió Pablo tenía a la espalda el cerro Blanco, vecino al Cementerio General, y al frente la lejana Cordillera de la Costa. Los crepúsculos son allí prodigiosamente coloreados. Comienzan con un amarillo pálido, que luego se pone un poco anaranjado para pasar al rojo más ardiente, hasta que termina con un violeta vibrante. [...] Era un espectáculo imposible de abandonar, que lo clavaba a uno en el suelo de la calle Maruri», describió Diego Muñoz.[154] *Crepusculario* apareció a mediados de 1923, publicado por Ediciones Claridad, cuando tenía 19 años. Incluye cuarenta y ocho poemas escritos entre mayo de 1920 y mayo de 1923 en Temuco y Santiago, repartidos en estas cinco partes, además del poema «Final»: «Helios y las Canciones», «Farewell y los Sollozos», «Los Crepúsculos de Maruri», «Ventana al Camino» y «Pelleas y Melisanda».

«Mi primer libro, *Crepusculario*, se asemeja mucho a algunos de mis libros de mayor madurez», explicó en 1964. «Es, en parte, un diario de cuanto acontecía dentro y fuera de mí mismo, de cuanto llegaba a mi sensibilidad. Pero, nunca, *Crepusculario*, tomándolo como nacimiento de mi poesía, al igual que otros libros invisibles o poemas que no se publicaron, contuvo un propósito poético deliberado, un mensaje sustantivo original. Este mensaje vino después como un propósito que persiste bien o mal dentro de mi poesía».[155]

154. Muñoz, Diego: *Memorias. Recuerdos de la bohemia nerudiana.* Mosquito Comunicaciones. Santiago de Chile, 1999, p. 33.
155. Neruda, Pablo: «Algunas reflexiones improvisadas sobre mis trabajos». Discurso en la inauguración del ciclo de conferencias con motivo de su sesenta

Él mismo tuvo que costear la edición con la venta de sus escasas pertenencias y el empeño del reloj que su padre le había regalado «solemnemente».[156] También contó con la ayuda de quien sería uno de los críticos literarios más influyentes de Chile en el siglo XX, Hernán Díaz Arrieta, conocido por su seudónimo: Alone. Casi medio siglo después, cuando el autor de *Crepusculario* acababa de lograr el Premio Nobel de Literatura, Alone evocó a aquel joven delgado y silencioso que un lejano día de 1923 penetró en su oficina y le explicó que el impresor se negaba a entregarle los ejemplares porque tenía pendiente el pago de una cantidad considerable.[157] El crítico, que terminaba de recibir unos ingresos de la Bolsa, se la ofreció y tiempo después se la empezó a devolver, pero de manera tan precaria que decidió cancelar la deuda a cambio de un ejemplar. «Pero hay algo más raro aún», escribió Alone en octubre de 1971. «Abundan las personas que no perdonan esos pequeños servicios oportunos, los sepultan, procuran olvidarlos. Cuando al joven poeta, ya convertido en gran poeta, le tocó incorporarse a una de las facultades universitarias, *honoris causa*, en su discurso recordó ese episodio, pese a que ya habían mediado entre nosotros ciertas divergencias, las que habitualmente separan las generaciones distantes y distintas».[158] Diferencias no solo generacionales, sino principalmente ideológicas, pero que no quebraron jamás la relación personal.

El 2 de septiembre de 1923, Alone publicó una elogiosa reseña de *Crepusculario*: «Hay una nueva generación literaria... Y se nos figura que este hecho debería anunciarse con la misma emoción del jardinero al descubrir, en un extremo de la arboleda, todo un nidal

---

aniversario, celebrado en la Biblioteca Nacional de Chile del 7 de agosto al 3 de septiembre de 1964. *Mapocho*, n.º 3. Santiago de Chile, 1964, pp. 179-182.

156. *Confieso que he vivido*, pp. 71-72.

157. *Alone*: «Pablo Neruda, Premio Nobel». *El Mercurio*. Santiago de Chile, 24 de octubre de 1971, p. 1.

158. Se refiere al discurso «Mariano Latorre, Pedro Prado y mi propia sombra» que pronunció el 30 de marzo de 1962 en la Universidad de Chile con motivo de su incorporación a la Facultad de Filosofía y Educación. En aquella ocasión, el poeta manifestó: «Nuestro maestro nacional de la crítica, Alone, que es también maestro en contradicciones, me prestó casi sin conocerme algún dinero para sacar ese mismo primer libro mío de las garras del impresor». *Pablo Neruda. Nicanor Parra. Discursos.* Nascimento. Santiago de Chile, 1962, pp. 49-88. También en *Confieso que he vivido* dejó constancia de aquel gesto generoso.

de polluelos desconocidos que empiezan a emplumar y ya cantan». Informó también a sus lectores de que este autor, «lleno de armonía universal y vibrante de generosa juventud», escribía con frecuencia en *Claridad*, cuyo «rumbo social, francamente revolucionario», no compartía. «Todo el libro de Pablo Neruda, como un cristal de mil pedazos, está sembrado de reflejos semejantes y, si pensamos que el poeta tiene apenas veintitrés años (*sic*), comparándolo con el comienzo de otros que han llegado lejos, podemos justamente esperar que, así como ahora se adelanta a los de su generación y los supera, con el tiempo, si no se interpone el ciego destino, descollará entre los mayores no solo de esta tierra y de esta época».[159]

Su primera obra traspasó las fronteras nacionales. En noviembre, un importante diario argentino publicó una breve reseña en su suplemento literario dominical. «De los libros de versos que últimamente se han publicado en Chile, este es, sin duda, uno de los más hermosos y de los más interesantes», señaló *La Nación*. «El señor Neruda posee una delicada sensibilidad y un exquisito buen gusto [...]. Su originalidad está en ser fino, sensible y musical. El corazón de este poeta es bondadoso y tierno...».[160]

En 1964, Hernán Loyola subrayó que, tras la sucesiva aparición de *Residencia en la Tierra* y *Canto general*, la crítica literaria había dejado en un segundo plano este libro y, además, como libro de juventud había quedado opacado tempranamente por el enorme éxito popular de *Veinte poemas de amor y una canción desesperada*. «Sin embargo, un análisis de *Crepusculario* nos revela que su importancia y significación dentro de la obra de Neruda va mucho más allá de su condición de libro consagratorio e inicial. Todavía más: los rasgos básicos y constantes de toda la poesía de Neruda aparecen ya en *Crepusculario*».[161]

Por su parte, en 1972 Hugo Montes resaltó la variada temática de su primera obra, en contraste con la de la siguiente que publicó (*Veinte poemas de amor y una canción desesperada*). «Aún más, se puede decir que en *Crepusculario* está el germen de todos o de casi

159. *La Nación*. Santiago de Chile, 2 de septiembre de 1923, p. 5.
160. *La Nación*. Buenos Aires, 4 de noviembre de 1923. Tercera Sección, p. 7.
161. Loyola, Hernán: «En los 40 años de *Crepusculario*». *Atenea*, n.º 400. Concepción, junio de 1963, pp. 98-101.

todos los temas que el autor desarrollará en el curso de su vasta creación. Desde tal punto de vista, el libro tiene un interesante carácter proteico. Claro está que a menudo hay solo muñones de lo que luego alcanzaría plenitud y precisión». Así, la poesía social brota en «Maestranzas de noche» y «Barrio sin luz». La temática amorosa está presente en al menos ocho de sus cuarenta y ocho poemas, y la naturaleza, que desbordaría tantos poemas posteriores, invade ya «Aromos rubios en los campos de Loncoche». Montes apuntó la presencia incluso de «poesía religiosa». «Esto último es curioso, porque no reaparecerá en la obra del poeta».[162]

En un sentido opuesto, Jaime Concha considera que *Crepusculario* «no guarda continuidad con la obra siguiente de Neruda». «Es verdad que "Farewell" contiene ya el motivo germinal de los poemas de amor; que hay insinuado, en algunos versos, un presentimiento de dolor planetario. También se ha señalado la presencia de la protesta social, no suficientemente acusada, con todo. Pero esas son golondrinas que no hacen verano. *Crepusculario* no es un pórtico, es un hito que señala el paraje cercano, pero que está fuera de él».[163]

Aquel primer libro tuvo ya un notable impacto entre los lectores y, en opinión de Arturo Aldunate Phillips, lo situó «al frente de la generación inquieta y altanera de esos días». «Había nacido a la vida artística sudamericana un valor poético indudable».[164] Así, en noviembre de 1971, Luis Enrique Délano recordó el «deslumbramiento» que le produjo cuando era estudiante en Quillota. «Era algo tan distinto, tan hermoso, tan definitivamente aplastante de la otra poesía, llena de suspiros y embelecos, que nos pareció de golpe que allí empezaban las cosas, que "Farewell" y el "Nuevo Soneto a Helena" borraban todo lo anterior».[165]

162. Montes, Hugo: «El primer libro de Neruda». *Sin Nombre*, n.º 1. San Juan de Puerto Rico, julio-septiembre de 1972, pp. 72-79. Número dedicado a Pablo Neruda con motivo de la concesión del Premio Nobel del Literatura.

163. Concha, Jaime: «Proyección de *Crepusculario*». Flores, Ángel (dir.): *Aproximaciones a Pablo Neruda*. Ocnos/Llibres de Sinera. Barcelona, 1974, pp. 22-29.

164. Aldunate Phillips, Arturo: *El nuevo arte poético y Pablo Neruda. Apuntes de una charla en la Universidad de Chile*. Nascimento. Santiago de Chile, 1936, p. 29.

165. Délano, Luis Enrique: «Carta sobre una vieja amistad». *Áncora*, n.º 6. Antofagasta, 1972, pp. 26-28. Número dedicado a Pablo Neruda con motivo de la concesión del Premio Nobel de Literatura.

Precisamente, «Farewell» (palabra que significa despedida en inglés) es uno de sus poemas más populares, que a lo largo de su vida recitó y le recitaron en los lugares más insospechados... «Farewell" es el poema del amor transitorio, irresponsable, y que no está destinado a ligar a los dos seres que en él actúen sino en el goce de la carne, y a condición de que no se sigan consecuencias sociales como el nacimiento de un nuevo ser», escribió Silva Castro en otro de los trabajos clásicos sobre el poeta. «Merced a ello, tuvo una boga singular y acaso única, reproducido en todos los periódicos, declamado por todos los recitadores y glosado, repetido, plagiado, parodiado inclusive, por todos cuantos han tenido algo que ver con la poesía de lengua española, de 1923 a esta parte, es decir, hace ya cuarenta años».[166] En *O'Cruzeiro Internacional*, Neruda recordó que Federico García Lorca le contó años después en España que le sucedía lo mismo con su poema «La casada infiel» y añadió: «Hay una alergia hacia el éxito estático de uno solo de nuestros trabajos. Este es un sentimiento sano y hasta biológico. Tal imposición de los lectores pretende inmovilizar al poeta en un solo minuto, cuando en verdad la creación es una constante rueda que gira con mayor aprendizaje y conciencia, aunque tal vez con menos frescura y espontaneidad».[167]

Su segunda edición vio la luz en 1926 y le agregó una dedicatoria para quien había realizado los grabados de su edición príncipe: «A Juan Gandulfo, este libro de otro tiempo». En 1923, decidió abandonar la estructura desorganizada de este libro y apostó por un proyecto muy diferente que le enfrentó a su primera gran encrucijada. Así surgieron los poemas que integrarían *El hondero entusiasta*, cuya publicación decidió retrasar toda una década.

LA PRIMERA ENCRUCIJADA

En enero de 1933 apareció *El hondero entusiasta*, publicado por la empresa Letras, cuyo editor era Luis Enrique Délano, en su serie Cuadernos de Poesía. Solo incluyó doce poemas de temática

166. Silva Castro (1964), pp. 42-49.
167. Jiménez Escobar, p. 35.

amorosa y erótica, fechados en 1923 y 1924. «Apenas escrito *Crepusculario* quise ser un poeta que abarcara en su obra una unidad mayor. Quise ser, a mi manera, un poeta cíclico que pasara de la emoción o de la visión de un momento a una unidad más amplia. Mi primera tentativa en este sentido fue también mi primer fracaso...», señaló en 1964. Este libro, nacido de una «intensa pasión amorosa», fue su primer intento de «englobar al hombre, la naturaleza, las pasiones y los acontecimientos mismos que allí se desarrollaban, en una sola unidad». El primero de los poemas lo creó en Temuco, frente a la ventana de su pieza, con los ojos hechizados por una noche de verano primorosamente constelada. «Yo escribí de una manera delirante aquel poema, llegando, tal vez, como en uno de los pocos momentos de mi vida, a sentirme totalmente poseído por una especie de embriaguez cósmica. Creí haber logrado uno de mis primeros propósitos».[168]

Sin embargo, como indicó en 1933 en el propio libro, con una «Advertencia del autor», algunos amigos le señalaron las posibles influencias del poeta uruguayo Carlos Sabat Ercasty y decidió escribirle para solicitarle que leyera aquellos versos. Y le anticipó que, si detectaba su influjo, tomaría una decisión tajante: «Lo quemaré entonces. A Ud. lo admiro más que a nadie, pero qué trágico esto de romperse la cabeza contra las palabras y los signos y la angustia, para dar después la huella de una angustia ajena con signos y palabras ajenas. Es el dolor más grande...».[169] En el intercambio de correspondencia que mantuvieron entre mayo de 1923 y febrero de 1924, Sabat Ercasty reconoció su influencia en aquellos versos que en cualquier caso caracterizó de manera elogiosa. «Terminó allí mi ambición cíclica de una ancha poesía, cerré la puerta a una elocuencia desde ese momento para mí imposible de seguir, y reduje estilísticamente, de una manera deliberada, mi expresión»,

168. Neruda, Pablo: «Algunas reflexiones improvisadas sobre mis trabajos». *Mapocho*, n.º 3. Santiago de Chile, 1964, pp. 179-182.

169. Carta de Pablo Neruda a Carlos Sabat Ercasty de 1923 desde Santiago de Chile. Puccini, Dario: «Cuatro cartas de Neruda a Sabat Ercasty». *Escritura*, n.º 16. Caracas, julio-diciembre de 1983, pp. 207-216. En la presentación de estas cuatro cartas, hasta entonces inéditas, Puccini, uno de los principales estudiosos de Neruda en Italia, llamó la atención sobre el respeto con que mencionaba a Pedro Prado, Pablo de Rokha, Joaquín Cifuentes y Augusto Winter y su deseo de que sus obras se conocieran fuera de Chile.

añadió en 1964. A la altura de 1923, con solo 19 años, aún no había descubierto que la poesía se nutría de múltiples lecturas, herencias y aportaciones, que, junto con las experiencias vitales, permitían definir una voz poética singular y diferenciada. «El joven sale a la vida creyendo que es el corazón del mundo y que el corazón del mundo se va a expresar a través de él».[170]

El desencanto derivado de la carta de Sabat Ercasty ocasionó, señala Loyola, «el triunfo —no deseado por Neruda— del poeta individual sobre el poeta ritual como consecuencia del repliegue del despechado hacia una modulación poética secundaria, alternativa a aquella antes privilegiada y que ahora debe abandonar». «Sin ese repliegue a contrapelo no existirían —o habrían demorado mucho tiempo en abrirse paso— los textos de *Tentativa del hombre infinito* y de *Residencia en la Tierra*».[171]

VEINTE POEMAS DE AMOR Y UNA CANCIÓN DESESPERADA

El libro más popular de Neruda, el que lo convirtió en un poeta universal, el que ha vendido a lo largo de sus noventa y un años de vida más de tres millones de ejemplares solo en español y ha sido traducido a más de treinta y cinco idiomas, fue publicado por la editorial chilena Nascimento en junio de 1924, cuando su autor estaba a punto de cumplir 20 años, y no sin cierta resistencia del editor. En una carta del 5 de febrero de 1923, Neruda envió a Alone cuatro poemas y le relató que pertenecían a su proyecto de libro «Poemas de una mujer y un hombre». Uno ellos, que sería el «Poema 12», lo publicó pocos días después en la revista *Zig-Zag* bajo el título «Vaso de amor». Posteriormente, en un carta sin fecha pero datada hacia junio o julio de 1923, le informó de que empezaba sus gestiones para publicar en octubre de aquel año su nuevo libro, que entonces denominaba «Doce poemas de amor y una canción desesperada». «No me hable mal del título. Son mi obra restante y simultánea a *Crepusculario*. Quiero deshacerme luego

170. Neruda, Pablo: «Algunas reflexiones improvisadas sobre mis trabajos». *Mapocho*, n.º 3. Santiago de Chile, 1964, pp. 179-182.
171. Loyola, Hernán: «Neruda 1923: El año de la encrucijada». *Revista Chilena de Literatura*, n.º 40. Santiago de Chile, noviembre de 1992, pp. 5-16.

de ella, no por mala, sino porque creo que ya dejé atrás todo eso».[172]

Inicialmente, Carlos George Nascimento rechazó su publicación. Así se lo anunció a Pedro Prado desde Temuco a principios de 1924: «Nascimento me rechazó un libro que tengo listo. Ah mal hombre! Alguna vez le pesará, les pesará a todos. Este libro se llama *Veinte poemas de amor y una canción desesperada*».[173] La intervención del novelista Eduardo Barrios fue determinante para que cambiara de opinión. Barrios le invitó a un almuerzo en su casa solariega en la plazuela de San Isidro con un grupo de amigos y le solicitó que leyera sus poemas de amor. Vestido de negro, el tímido estudiante del Pedagógico cautivó al pequeño auditorio con la belleza sincera de sus versos y su anfitrión lo abrazó y le prometió que al día siguiente le presentaría al editor.[174] El poeta reconoció su ayuda en varias ocasiones, como en su importante discurso del 30 de marzo de 1962: «En cuanto a mis *Veinte Poemas de Amor* contaré una vez más que fue Eduardo Barrios quien lo entregó y recomendó con tal ardor a don Carlos George Nascimento que este me llamó para proclamarme poeta publicable con estas sobrias palabras: "Muy bien, publicaremos su obrita"».[175] Fue impresa en los talleres de la calle Arturo Prat 1434.[176]

Creó los veintiún poemas de este libro entre Santiago, Temuco y Puerto Saavedra, cuyo entorno natural atraviesa gran parte del libro. «Aunque escritos a veces en Santiago de Chile, los *Veinte poemas* tienen como fondo el paisaje del sur, especialmente los bosques de Temuco, las grandes lluvias frías, los ríos y el salvaje

172. Véanse estas dos cartas de Pablo Neruda a Alone de 1923 desde Temuco en: *Pablo Neruda. Obras Completas. V. Nerudiana dispersa II. 1922-1973*, pp. 928-929.

173. Carta de Pablo Neruda a Pedro Prado de febrero o marzo de 1924 desde Temuco. *Pablo Neruda. Obras Completas. V. Nerudiana dispersa II. 1922-1973*, p. 1.024.

174. Mansilla, Luis Alberto: «El secretario de los amantes». *La Nación*. Santiago de Chile, 10 de julio de 1994.

175. Neruda, Pablo: «Mariano Latorre, Pedro Prado y mi propia sombra». *Pablo Neruda. Nicanor Parra. Discursos*, pp. 49-88.

176. Taulis, María Inés: «Editorial Nascimento: una obra de amor, hecha con amor». *Cuadernos de la Fundación Pablo Neruda*, n.° 46. Santiago de Chile, 2001, pp. 4-15.

litoral sureño», escribió en 1960 en un prólogo especial para la edición conmemorativa del millón de ejemplares lanzada por Losada en 1961. «El puerto y los muelles que aparecen en algunos de los versos son los del pequeño puerto fluvial de Puerto Saavedra, en la desembocadura del río Imperial».[177]

Recibió una acogida fría de la crítica literaria chilena. El 3 de agosto de 1924 debió decepcionarse ante la opinión de Alone, quien lo consideró «más raro y menos accesible que el primero». «Aquí domina cierta especie de sequedad entrecortada, casi dolorosa, una como violencia de expresión, hija tal vez del excesivo afán de novedad. El poeta quiere separarse a toda costa de los otros, los viejos, los de ayer, los de anteayer y corta las amarras, bate el ala al viento, trata de alejarse y de huir. [...] Coge las imágenes de aquí y de allá, las más distantes, las menos afines y las junta en un haz disparatado». «Pero es poco, muy poco todo esto para un libro, aun cuando el libro se lea en diez minutos por su magnífica abundancia de páginas en blanco».[178] Semanas después, Mariano Latorre Court fue más allá en la revista *Zig-Zag*: «A pesar de su título pirandelliano, llamativo como un cartel, no convence». «Querría saber, sería un documento interesante, el efecto que producirían esos poemas de amor en la amada del poeta, si esta amada no es truco literario. No sería, por lo demás, el primer caso en la historia literaria de la humanidad».

Frente a estos juicios tan severos, y por una única vez, intervino en defensa de un libro suyo con un artículo de réplica: «Emprendí la más grande salida de mí mismo: la creación, queriendo iluminar las palabras. Diez años de tarea solitaria, que hacen con exactitud la mitad de mi vida, han hecho sucederse en mi expresión ritmos diversos, corrientes contrarias. Amarrándolos, trenzándolos sin hallar lo perdurable, porque no existe [...] Solo he cantado mi vida y el amor de algunas mujeres queridas, como quien comienza por saludar a gritos grandes la parte más cercana del mundo. [...] Sin mirar hacia ninguna dirección, libremente, inconteniblemente, se me soltaron mis poemas».[179]

177. Neruda, Pablo: «Pequeña historia». *Pablo Neruda. Obras Completas. IV. Nerudiana dispersa I. 1915-1964*, pp. 1.053-1.056.

178. *La Nación*. Santiago de Chile, 3 de agosto de 1924, p. 5.

179. Neruda, Pablo: «Exégesis y soledad». *La Nación*. Santiago de Chile, 20

A fines de aquel año, González Vera emitió uno de los primeros comentarios elogiosos: «Nadie, en esta tierra enjuta, ha sabido despedir a las mujeres que se ausentaron para siempre con palabras más conmovidas que las suyas. Cuando uno relee estos poemas, comprende que en algunos de sus versos, acaso escritos solo para alejar una pesadumbre, está el sentido de los que se escriben para siempre».[180] Y en su libro autobiográfico evocó su éxito inmediato: «Fue leída por mancebos, doncellas, casadas, viudas, engañadas, novias, monjas, románticas, escépticas, solteronas; fue leído en los trenes, en los jardines escolares, en los hoteles, en barcos, en casas y casonas y, sobre todo, en los parques solitarios, que tan extraordinaria vida cobran al atardecer. En vez de sus vulgaridades propias, los jóvenes o los falsos jóvenes dijeron a sus amadas versos de Neruda y todo fue providencial. [...] Muchachos y muchachas aprendíanse cada poema y los recordaban a cada hora, al amanecer, al mediodía, al caer la noche, doquiera hubiese silencio. Eran versos como llaves».[181]

Para sus primeros lectores ocupó el lugar que para las generaciones anteriores habían tenido las *Rimas* de Gustavo Adolfo Béquer o *Azul* de Rubén Darío. Su segunda edición apareció en junio de 1932, justo a su regreso de Oriente. En 1933, la editorial argentina Tor publicó una edición «pirata», con reimpresiones en 1934, 1938 y 1940, que, sin embargo, proyectó el libro a la fama internacional.[182] En 1956, ya había vendido setecientos mil ejemplares en español.[183] A mediados de 1961, Losada imprimió la edición conmemorativa del millón de ejemplares y en diciembre de 1972 la que celebraba los dos millones.

Tampoco la crítica literaria tardó demasiado en corregir sus apreciaciones iniciales. «Hay ya en las páginas de este libro una maestría que puede parecer inconciliable con la edad. Si en los ver-

---

de agosto de 1924. *Pablo Neruda. Obras Completas. V. Nerudiana dispersa II. 1922-1973*, pp. 323-324.

180. González Vera, José Santos: «Disquisiciones sobre Pablo Neruda». *El Mercurio*. Santiago de Chile, 23 de noviembre de 1924, p. 7.

181. González Vera (1996), p. 222.

182. Loyola, Hernán: «Notas». *Pablo Neruda. Obras Completas. I. De Crepusculario a* Las uvas y el viento. *1923-1954*. Galaxia Gutenberg-Círculo de Lectores. Barcelona, 1999, p. 1.147.

183. *Eva*. Santiago de Chile, 2 de noviembre de 1956, pp. 18-22 y 47.

sos anteriores daba Neruda impresión de fuerza y de robustez incipientes, en el segundo libro estas cualidades crecen y aparecen maduras ya para el arte. A ellas se agrega una sensualidad altanera, desafiante, un entusiasmo por la vida sexual que el poeta parece haber bebido en Walt Whitman», escribió Silva Castro en 1932. «Con su carga de emoción, con su angustia humana siempre a cuestas, Pablo Neruda es el gran poeta joven de Chile, y bien difícil será quitarle el imperio que ganara, apenas adolescente, cuando llegó a Santiago a estudiar y a vivir».[184]

A lo largo de su vida, en todos los rincones del planeta donde leyó su obra, una y otra vez le pidieron que recitara el «Poema 20», el «Poema 15» o la «Canción desesperada». En el prólogo que escribió en 1960 para la edición conmemorativa de su primer millón de ejemplares quiso desterrar la leyenda de su supuesto rechazo hacia estos versos. «Por obra del curioso destino, los *Veinte poemas* continúan siendo un libro de aquellos que se aman. Por un milagro que no comprendo, este libro atormentado ha mostrado el camino de la felicidad a muchos seres. Qué otro destino espera el poeta para su obra?».[185]

«Es un libro melancólico, desgarrador», declaró en 1968. «Ha tenido una vida tan porfiada. Lo hice cuando era un muchacho provinciano, arrinconado en mí mismo. Tiene una poesía inocente y verdadera».[186] El 2 de abril de 1970 leyó aquellos veintiún poemas en el parque del Instituto Cultural de Las Condes, en Santiago, ante tres mil personas, acompañado por el ministro de Educación, Máximo Pacheco, el presidente de la Sociedad de Escritores, Luis Sánchez Latorre, Juvencio Valle, su hermana Laura y Matilde Urrutia. En aquel evento se subastaron los dieciocho primeros ejemplares numerados de la edición de lujo y en gran tamaño impresa por la editorial Lord Cochrane y diseñada por Mauricio Amster. El primer ejemplar, con todos los poemas manuscritos por él y cuatro acuarelas de Mario Toral, se vendió en cincuenta y seis mil escudos.[187]

184. Silva Castro, Raúl: *Retratos literarios.* Ediciones Ercilla. Santiago de Chile, 1932, pp. 201-215.

185. Neruda, Pablo: «Pequeña historia». *Pablo Neruda. Obras Completas. IV. Nerudiana dispersa I. 1915-1964*, pp. 1.053-1.056.

186. *Siete Días.* Santiago de Chile, 2 de febrero de 1968, pp. 29-31.

187. Toral conoció a Neruda en 1952 en São Paulo y se reencontraron a principios de los años 60 en Isla Negra. En 1963, ilustró una edición de *Alturas de*

El poeta llegó a Santiago de Chile en marzo de 1921 acompañado apenas de su silencio, su tristeza, su timidez. Con ese carácter
retraído lo conoció un año después Orlando Oyarzún, quien en
1964 explicó: «Tengo la impresión de que hasta entonces su modo
de actuar y de ver la vida había estado determinada, en proporción
no escasa, por la influencia que sobre él ejercía la personalidad del
doctor Juan Gandulfo, uno de los primeros amigos de Pablo a su
llegada a Santiago. Era un hombre muy puro, hombre de estudios
y de ideas, reacio a la bohemia estudiantil».[188]

Otro día de aquellos Diego Muñoz, su compañero del Liceo de
Temuco, que entonces estudiaba Derecho, se tropezó con él. «Al
reconocerlo me acerqué y le dije: "¡Tú eres el Canilla!". Me miró y
respondió inmediatamente: "¡Y tú el Diuca!"».[189] «Ahora era un
poeta. No podía caber duda: su melena, sus patillas, su sombrero,
su capa, su tristeza...».[190] Todavía en 1924, era un muchacho lán-
guido, imperturbable y muy callado, señaló Silvia Thayer. «Su carácter silencioso fue lo que más me impresionó en él. Solía decir:
"¿Quién habrá inventado esto de hablar?". Era de costumbres
muy sobrias, casi ascéticas: comía poquísimo».[191]

Pero las nuevas amistades, y principalmente el carácter luminoso, simpático y hedonista de Alberto Rojas Giménez, le intro-
dujeron poco a poco en el hábitat natural de los poetas de aquel
Santiago, en la bohemia, en aquellas noches de conversaciones estudiantiles y literarias alrededor de muchas botellas de vino y poca
comida. «Burlándose de mí, con infinita delicadeza, me ayudó a
despojarme de mi tono sombrío», escribió en sus memorias.[192] Rojas Giménez, autor de poemas dispersos, era el alma de aquellas
reuniones. Había gozado la bohemia en la capital francesa, escrito

Macchu Picchu. Peña Muñoz, Manuel: «Neruda-Toral: talentos cruzados». *Mapocho*, n.º 62. Santiago de Chile, segundo semestre de 2007, pp. 129-144.

188. *Aurora*, n.º 3-4. Santiago de Chile, julio-diciembre de 1964, pp. 237-240.

189. *La Tercera*. Santiago de Chile, 22 de agosto de 1982. Suplemento *Buen
Domingo*, pp. 6-7.

190. Muñoz, Diego: «Pablo Neruda: vida y poesía». *Mapocho*, n.º 3. Santiago de Chile, 1964, pp. 183-194.

191. *Aurora*, n.º 3-4. Santiago de Chile, julio-diciembre de 1964, pp. 240-242.

192. *Confieso que he vivido*, p. 59.

el librito *Chilenos en París* y era cuatro años mayor que él. Posiblemente influyó incluso en su caligrafía, según detectó González Vera.[193]

«El elogio de la bohemia venía recomendado desde París, donde tenía fama y hacía noticia. Desde luego, Rimbaud, Verlaine y otros la habían convertido con su ejemplo en casi un requisito de la vida literaria. Neruda se embarcó en ella. Comía cada dos días y bebía todas las noches», escribió Volodia Teitelboim.[194] «En esa época de nuestra bohemia se bailaba tango, foxtrot, vals, charleston», evocó Diego Muñoz. «Rojas Giménez, Orlando Oyarzún y yo éramos los grandes bailarines. Pero Pablo no bailaba nunca. También le gustaba el canto, pero nunca pudo cantar medianamente afinado. No bailaba porque era muy huasamaco. Se quedaba sentado con la mano en la cara y un aspecto melancólico. Rojas Giménez le hacía burlas. Le decía que un poeta tenía que ser alegre».[195]

A fines de 1924, aquel grupo ya era bastante homogéneo y vagaba casi a diario por la sinuosa geografía nocturna de la ciudad con la ya característica indumentaria nerudiana: sombrero alón y capa. El éxito de *Veinte poemas de amor y una canción desesperada* le había otorgado un aura indiscutible y era recibido con admiración en los lugares que visitaba. «Alguien empezó a denominar a los jóvenes que le acompañaban "la Banda de Neruda"», escribió González Vera.[196]

En distintos momentos, integraron aquella peculiar cofradía jóvenes como Rubén Azócar, Ángel Cruchaga Santa María, Alberto Ried, Tomás Lago, Antonio Rocco del Campo, Diego Muñoz, Alberto Rojas Giménez, Humberto Díaz-Casanueva, Gerardo Seguel, Pachín Bustamante, Isaías Cabezón, Orlando Oyarzún, Federico Richi Sánchez, Rosamel del Valle, Rául Fuentes (el *Ratón Agudo*), Álvaro Hinojosa o Julio Ortiz de Zárate. O el *cadáver Valdivia*, Alberto Valdivia Palma, primer violín de la orquesta del

193. González Vera (1996), pp. 223-224.

194. Teitelboim, Volodia: «El poeta que donaba bibliotecas». *Mapocho*, n.º 57. Santiago de Chile, primer semestre de 2005, pp. 417-424.

195. *La Tercera*. Santiago de Chile, 22 de agosto de 1982. Suplemento *Buen Domingo*, pp. 6-7.

196. González Vera (1996), pp. 223-224.

Teatro Municipal, a quien dedicó un significativo espacio en sus memorias y le describió como «uno de los hombres más flacos del mundo».[197]

Se reunían al caer la tarde y frecuentaban boliches como el Club Alemán de la calle Esmeralda, donde servían cerveza y perniles a precios económicos; el Club Alemán de la calle San Pablo; el Venecia, ubicado en la esquina de Bandera y San Pablo; o el Hércules, en la calle Bandera.[198] Otro de los lugares emblemáticos era el restaurante El Jote, en San Pablo, que se distinguía por su patio empedrado y musgoso y una gran fuente con peces de colores y donde lo más solicitado por su modesta clientela estudiantil era el chupe de guatitas y el vino de la casa. Más al sur, próximo a la Plaza Almagro, estaba el famoso cabaré de la Ñata Inés.[199]

En aquellas noches conversaban acerca de las vanguardias que azuzaban la vieja Europa, de los autores rusos que *prepararon* la Revolución de Octubre y de poetas americanos como el peruano César Vallejo o el uruguayo Sabat Ercasty. Cuando el alba empezaba a despuntar, se encaminaban a la Vega Central o al Mercado Central para tomar un caldillo o un guiso picante.

Fue en El Jote, en 1925, donde Luis Enrique Délano conoció personalmente a Neruda. «Cuando llegué había una larga mesa ocupada por escritores y artistas. Allí vi por primera vez a Pablo Neruda [...]. Era muy alto y flaco, con cabellos oscuros. Las embestidas que la frente hacía en ellos indicaban que no iban a durar mucho. Sus ojos eran oscuros y penetrantes, bajo dos cejas gruesas que se juntaban en el nacimiento de una nariz prominente. Una mirada a ratos lejana, perdida [...]. Vestía un traje oscuro, el clásico sombrero alón y corbata negra larga y angosta. Esa noche no habló mucho. La conversación corría más bien a cargo de quienes lo rodeaban, una verdadera pléyade de poetas y artistas. Muchos ya lo imitaban y según un comentario de Alone, no solo escribían, sino que vestían, hablaban, caminaban y vivían como Neruda».[200]

---

197. *Confieso que he vivido*, p. 62.

198. Ferrero, Mario: *Neruda, voz y universo*. Ediciones Logos. Santiago de Chile, 1988, p. 79.

199. Plath, Oreste: *El Santiago que se fue*. Grijalbo. Santiago de Chile, 1997, pp. 100, 136 y 185.

200. Délano, Luis Enrique: *Memorias. Aprendiz de escritor / Sobre todo Madrid*. RIL Editores. Santiago de Chile, 2004, pp. 37-38.

Aquel año también se incorporó al grupo una *rara avis*, Homero Arce, quien por tener un puesto estable en la compañía pública de Correos y Telégrafos no pocas veces se hizo cargo de las deudas de sus compañeros. En sus primeros encuentros con Neruda, Arce le habló de una revista que preparaban, *Ariel*, cuyo primer número apareció en junio de 1925 bajo la dirección de Rosamel del Valle, con un homenaje a Romeo Murga, fallecido recientemente, y un artículo sobre *Veinte poemas de amor y una canción desesperada*.[201] En su libro de recuerdos póstumo, quien fuera el leal secretario del poeta durante los tres últimos lustros de su vida registró aquellas noches de bohemia en lugares como El Jote. «A poco de instalados en uno de los comedores laterales se iban acercando a nuestra mesa los jóvenes amigos con quienes nos juntábamos, ya estacionados por los alrededores a la espera de Pablo. [...] Todos eran adolescentes artistas con trazas de maestros y allí llegaban para "estar" con Pablo. ¿No han visto a Pablo? Era la pregunta obligada del recién llegado...».[202]

Noches plagadas de anécdotas sabrosas, casi mitológicas, como esta que relató el pintor Pedro Olmos: «En una oportunidad, en circunstancias que Neruda se encontraba en El Submarino, un cabaré frecuentado por gente brava del sector sur de la Alameda, fue desafiado a pelear por varios rivales agrupados en torno a un grupo polémico que estaba contra su posición poética. Pablo aceptó haciendo una advertencia: "Quiero pelear con uno solo de ustedes"». Entonces se encerró en una habitación con Mario Beiza, quien había sido un boxeador famoso... «Pasó un largo rato sin que se escuchara un solo ruido. Muchos pensaron que el boxeador había fulminado al poeta. Entreabrieron la puerta y, ante la sorpresa general, los dos contendores bebían tranquilamente mientras que Pablo, con una mano en el mentón, escuchaba impasible sus poemas leídos con cierta dificultad por su enemigo y también emocionado contrincante».[203]

201. *Ariel*, n.º 1. Santiago de Chile, 1925, pp. 4 y 8.
202. Arce, Homero: *Los libros y los viajes. Recuerdos de Pablo Neruda*. Nascimento. Santiago de Chile, 1980, pp. 29-34.
203. Rodríguez (2003), pp. 67-68.

En ningún momento Neruda contempló dedicarse al magisterio en alguno de los liceos disgregados por el territorio nacional. Siempre sintió que su oficio era la poesía y a ello se consagró con tesón desde su infancia. En 1925, sin horizonte profesional alguno y a pesar de las penurias cotidianas, decidió abandonar sus estudios en el Instituto Pedagógico. La comunicación de esta decisión a su padre desató una nueva *tormenta* familiar y determinó la suspensión de la escuálida mesada que recibía periódicamente desde Temuco. Tan solo doña Trinidad Candía se las arreglaría para enviarle en secreto algunas pequeñas cantidades. «Todos mis proyectos de escribir, estudiar, pensar, se van derrumbando. Estoy mal en el pueblo, mal en mi casa, en todas partes», confesó a Albertina Azócar a principios de 1925.[204] Nunca dio más clases que las que ofreció como estudiante de los últimos cursos en el liceo nocturno Hansen, destinado a los trabajadores[205] y las lecciones magistrales que impartió tiempo después en universidades de Madrid, Morelia, Moscú, Londres, Oxford, Berkeley, Nueva York...

En aquel tiempo la agudización de su pobreza, la convicción de haber defraudado las expectativas paternas y la envidia que suscitaba la gran acogida de sus dos primeros libros le sumieron en una honda depresión. «En tal estado de ánimo, si hubiera nacido en el siglo pasado, se habría quitado la vida y la sociedad lo hubiese llorado con lágrimas tan abundantes como hipócritas», aseguró Diego Muñoz. «Afortunadamente, por esos días llegó desde México nuestro querido amigo Rubén Azócar».[206]

A principios de 1925, después de un accidentado viaje, con tres semanas de prisión en Lima, el hermano de Albertina llegó al puerto de Valparaíso y allí tomó el tren hasta la Estación Mapocho de Santiago. Cerca de la medianoche, en medio de la oscuridad que apenas paliaba el deficiente alumbrado de la ciudad, se dirigió al

---

204. Carta de Pablo Neruda a Albertina Rosa Azócar de enero de 1925 desde Temuco. *Pablo Neruda. Obras Completas. V. Nerudiana dispersa II. 1922-1973*, pp. 877-878.

205. Délano, Luis Enrique: «Carta sobre una vieja amistad». *Áncora*, n.º 6. Antofagasta, 1972, pp. 26-28.

206. *Paula*. Santiago de Chile, 17 de julio de 1979, p. 101.

Venecia. «No encontré a nadie», relató en 1964. «Muy abatido caminaba por Bandera hacia la Alameda, cuando de pronto, en la esquina de Catedral, veo a Pablo que viene caminando en dirección opuesta, solo, también en busca de amigos con quienes compartir el vino bohemio y la fraternidad. Nos abrazamos con enorme regocijo. En medio de exclamaciones y preguntas recíprocas, llegamos de nuevo al Venecia. Pedimos vino blanco. "¡Hay que emborracharse, Rubén!". Nadie más se apareció por allí. Bebimos bulliciosamente, pero no pudimos emborracharnos. El amanecer nos sorprendió en un parque, buscando tréboles de cuatro hojas, matando el tiempo hasta las nueve de la mañana. Entonces nos fuimos al Pedagógico».

Rubén Azócar, que había obtenido el título de profesor de Castellano dos años antes, fue destinado a impartir clases en el Liceo de Ancud, en la austral isla de Chiloé, a unos mil cien kilómetros de la capital, e invitó a su amigo a que viajara con él. Desesperado, sumido en la miseria casi absoluta, le acompañó a mediados de noviembre de 1925. Hicieron escala en Concepción, para visitar a la familia Azócar, y en Temuco, donde Neruda mantuvo un encuentro «borrascoso» con su padre. «Don José del Carmen no podía entender las razones que hicieron a mi amigo abandonar sus estudios —explicó Rubén Azócar—. La verdad es que, en ese instante, no era fácil entenderlas. Solo nosotros, sus amigos, los que estábamos más cerca de él, las comprendíamos sin esfuerzo. Cosa curiosa: no solamente las comprendíamos sino que estábamos convencidos, con una naturalidad que nadie se detenía a analizar, de la profunda seriedad y de la responsabilidad con que Pablo perseveraba en su vocación de poeta».

En Ancud, se alojaron en el Hotel Nilsson y se interiorizaron de las costumbres locales, como disparar ostras frescas hacia los cuatro puntos cardinales... según recordaría en el poema «Rubén Azócar» de *Canto general*. «Pablo me ayudaba muchísimo, no solo con su compañía inapreciable en el destierro, sino también en los aspectos más pesados de mi labor pedagógica, corrigiendo pruebas, revisando cuadernos de mis alumnos, copiando notas y cuestionarios: era un excelente secretario. [...] Sin descontar su sentido del humor y su sabiduría vital inagotable, que imaginaba sin cesar las más pintorescas locuras».[207]

207. *Aurora*, n.º 3-4. Santiago de Chile, julio-diciembre de 1964, pp. 213-218.

En aquella isla, en enero de 1926 Neruda concluyó *El habitante y su esperanza* y envió el manuscrito al editor Nascimento. Es la única novela que publicó en su vida, un relato de aventuras protagonizado por un cuatrero, su amada, que muere asesinada, y unos ladrones nocturnos... «todo», resaltó Alone pocos años después, «¡con qué vagabunda fantasía, con qué seducción de imágenes impalpables! Es una fiesta, una especie de sueño que se forma delante de nosotros».[208] Recientemente, Sonia Mattalia ha incidido en su breve prólogo, en el que Neruda habla en primera persona para desacreditar el relato posterior.[209] Con su rechazo tajante de la sociedad burguesa y su aroma libertario, es toda una proclama política, una prueba de las convicciones ácratas que aún abrazaba y uno de los pocos momentos, antes de *España en el corazón*, en que su posición política impregna su escritura literaria.[210] La novela, además, empieza con un nombre propio, de nuevo inventado, que no olvidó, puesto que bautizó el proyecto al que consagró una parte de sus últimos esfuerzos: «Ahora bien, mi casa es la última de Cantalao, y está frente al mar estrepitoso...».

A principios de 1926, Nascimento publicó su tercer libro: *Tentativa del hombre infinito*. Está integrado por catorce poemas que carecen de divisiones y signos de puntuación (al estilo de las vanguardias), y por tanto es de muy difícil lectura. «*Tentativa del hombre infinito* es el libro menos leído y menos estudiado de mi obra», explicó años después. «Sin embargo, es uno de los libros más importantes de mi poesía, enteramente diferente a los demás y del que se han hecho pocas ediciones».[211] En octubre de aquel año, la revista *Favorables-París-Poema*, que César Vallejo y Juan Larrea elaboraban en París, publicó su undécimo poema, su primera incursión en Europa.[212]

208. Alone: *Panorama de la literatura chilena durante el siglo XX*. Nascimento. Santiago de Chile, 1931, pp. 117-118.

209. Mattalia, Sonia: «*El habitante y su esperanza*: de la angustia y el deseo». *América sin Nombre*, n.º 7. Alicante, diciembre de 2005, pp. 40-44. Número dedicado a Pablo Neruda con motivo de su centenario.

210. Loyola, Hernán: «Neruda 1924-1926: las manos de la noche». *Atenea*, n.º 470. Concepción, 1994, pp. 169-187.

211. Cardona Peña, Alfredo: *Pablo Neruda y otros ensayos*. Ediciones de Andrea. México, 1955, pp. 20-21.

212. Castanedo Pfeiffer, Gunther: «Larrea/Neruda: itinerario de una enemistad». *Nerudiana*, n.º 7. Santiago de Chile, agosto de 2009, pp. 21-23.

En 1964, evocó aquel período de creación y penurias y señaló que, aunque no alcanzó plenamente sus pretensiones con esta obra, dentro de «su pequeñez y de su mínima expresión» orientó sus pasos futuros, hasta considerarlo después como uno de los «verdaderos núcleos» de su poesía: «Porque trabajando en estos poemas, en aquellos lejanísimos años, fui adquiriendo una conciencia que antes no tenía y si en alguna parte están medidas las expresiones, la claridad o el misterio es en este pequeño libro, extraordinariamente personal».[213] El desarrollo de los estudios nerudianos en universidades de todo el mundo permitió a los especialistas identificar el valor de *Tentativa del hombre infinito*, que, en opinión de Jaime Alazraki, es «el primer poemario de factura surrealista escrito en Hispanoamérica y uno de los primeros en lengua española».[214]

Saúl Yurkievich, Alain Sicard y Hernán Loyola han coincidido en que desbrozó el camino hacia el lenguaje de una de sus obras cumbres, *Residencia en la Tierra*, con el abandono de las temáticas de sus primeras obras y el acercamiento, señalado por Loyola, «a un orden de intuiciones que será dominante en *Residencia en la Tierra*, en especial la angustia del tiempo y la conciencia de lo terrestre».[215] Para Yurkievich, fue «la primera cristalización del estilo que mejor corresponde a la personalidad profunda de Pablo Neruda» y destacó que los poemas más antiguos de *Residencia en la Tierra*, como «Serenata» o «Galope muerto», escritos en 1925 y 1926 respectivamente, «parecen filones de la misma veta».[216] Y Sicard también ha señalado la «ruptura decisiva» que *Tentativa del hombre infinito* supuso en cuanto al dominio de las formas poéticas. «Es el crisol en que se elaboró el lenguaje de *Residencia en la Tierra*».[217]

213. Neruda, Pablo: «Algunas reflexiones improvisadas sobre mis trabajos». *Mapocho*, n.º 3. Santiago de Chile, 1964, pp. 179-182.

214. Alazraki, Jaime: «El surrealismo de *Tentativa del hombre infinito*». Flores (1974), pp. 42-49.

215. Loyola, Hernán: «Pablo Neruda: itinerario de una poesía». Prólogo de: *Pablo Neruda. Antología esencial*. Losada. Buenos Aires, 1971, pp. 7-37.

216. Yurkievich, Saúl: «*Tentativa del hombre infinito*: un primer esbozo de *Residencia en la Tierra*». Flores (1974), pp. 50-63.

217. Sicard, Alain: «La eternidad en el instante: Un análisis de *Tentativa del hombre infinito*». *Anales de la Universidad de Chile*. n.º 157-160. Santiago de Chile, enero-diciembre de 1971, pp. 107-116.

En marzo de 1926, Pablo Neruda ya estaba de regreso en Santiago de Chile, «con terno nuevo y mejor ánimo», escribió Diego Muñoz.[218] Unió esfuerzos con Tomás Lago y Orlando Oyarzún para alquilar una habitación en una modesta y antigua casona del número 25 de la calle García Reyes, muy cerca del Instituto Pedagógico, situada encima del puesto de frutas de una señora llamada doña Edelmira. Era una pieza amplia e instalaron sus camastros, una mesa y sus escasas pertenencias personales. Por fortuna, la señora Edelmira les tomó cariño y con frecuencia les brindaba platos de comida o café con las populares y sabrosas sopaipillas por las tardes.[219]

«En esta pieza colgaba el viejo paraguas donde Pablo guardaba sus poemas y cartas», recordó Laura Arrué, quien describió el lugar: «Habitación a la calle, con dos grandes ventanas hasta el piso. En una repisa que formaba un hueco en el muro lateral a la cama, el poeta colocaba sus libros y, al centro, una botella de color azul intenso, su color preferido en esos años. Una mesa redonda y sillas de alto respaldo, de color negro, completaban el amoblado del poeta». Aquella bella estudiante de Magisterio, menuda y de ojos azules, vivía un romance con él. Acostumbraban a reunirse en la Estación Central, junto a una pequeña locomotora. «Frecuentemente le veían por allí, como quien va a un templo, observando la reluciente máquina, símbolo de su infancia y de gran parte de su poesía», escribió.[220] Una década después, Laura Arrué contrajo matrimonio con Homero Arce, después de que este, hábilmente, interceptara las cartas de amor que Neruda le escribía desde Asia.

Un domingo de principios de octubre de 1926, cerca del mediodía, Raúl Silva Castro llegó a la pieza para hacerle la primera de

218. Muñoz, Diego: «Los años juveniles». *Hechos Mundiales*, n.º 60. Santiago de Chile, diciembre de 1972, pp. 24-27. Número monográfico titulado «Pablo Neruda, poeta combatiente del amor y del pueblo».

219. En 1972 recordó en *La Nación* algunas anécdotas de aquellos meses. Oyarzún Garcés, Orlando: «García Reyes n.º 25: Donde vivimos con Neruda». *La Nación*, 9 de julio de 1972. Vasallo, Eduardo (ed.): *La Nación literaria. 1970-73*. Ediciones Alterables. Santiago de Chile, 2011, pp. 395-401.

220. Arrué, Laura: *Ventana del recuerdo*. Nascimento. Santiago de Chile, 1982, pp. 50-62.

las más de un centenar de entrevistas de prensa que concedió a lo largo de su vida. En su artículo reflejó la tristeza que reinaba en aquella habitación, con la sola excepción, remarcó, de la botella de un color azul espléndido que reposaba en el marco de una ventana ciega. El poeta la descubrió en una peluquería de Temuco y, como tantas veces con tantos objetos a lo largo de su vida, se enamoró de ella. Pudo comprarla al módico precio de sesenta centavos, aunque, pese a su precario presupuesto, hubiera pagado hasta cinco pesos.

Silva Castro recorrió los cuatro libros que ya había publicado y conversaron sobre Paul Valéry o Pío Baroja durante el almuerzo en un restaurante, invitación que su joven entrevistado debió de agradecer. «En mi opinión el único escritor que permanece es el escritor subjetivo», le dijo Neruda. «Mi intención es despojar a la poesía de todo lo objetivo y decir lo que tengo que decir en la forma más seria posible». «Usted ha dicho ya en un artículo que tenía no más de seis años cuando mostré a un hermano mío algunos versos. Lo divertido es que no creyó entonces, sino muchos años después, que era yo mismo el autor de ellos. Suponía que los había copiado. Y yo, sin embargo, escribía ya mucho». Y sobre todo afirmó con vehemencia su condición de poeta, con una crítica hacia aquellos que fingían que escribían «por pura diversión» y sin esfuerzo alguno. «Por eso, como una reacción contra esa moda estúpida, escribí mi prólogo de *El habitante y su esperanza*. A mí me cuesta escribir; yo creo que el arte es una cosa seria; no tengo vergüenza de decir que yo soy escritor, y prefiero a los hombres insatisfechos, aun cuando se hallen entre los criminales». Después del almuerzo continuaron conversando, sobre Whitman, Vicente Huidobro o Marta Brunet, caminando hacia la Estación Central, viendo el espectáculo de la llegada o partida de las locomotoras, escuchando el ruido atronador de las maniobras o de las imprevistas expulsiones de vapor...[221]

A fines de aquel año, Nascimento publicó *Anillos*, un conjunto de prosas poéticas que hilvanó junto con su amigo y compañero de pieza Tomás Lago. Con diez textos de Lago y once suyos, intercalados a modo de diálogo, él abrió el volumen con «El otoño de las enredaderas» y Lago lo cerró con «PN». En sus textos para *Anillos*

221. *El Mercurio*. Santiago de Chile, 10 de octubre de 1926, p. 5.

regresó al territorio donde transcurrió su infancia, a los bosques, el mar, la lluvia del sur, para intentar superar un momento de su vida muy complicado.[222]

Se sucedían los libros y persistía inalterada la existencia precaria en una ciudad que crecía de manera desordenada, en un país inmerso en años de inestabilidad política y acuciantes fracturas sociales. El 8 de octubre de 1926 ya había escrito a su hermana Laura para suplicarle que pidiera a su padre que le enviara algo de dinero para pagar su alojamiento y comunicarle que necesitaba ropa, especialmente camisas y calzoncillos. «Haz que me manden telegráficamente la plata, porque estoy comiendo una sola vez al día».[223]

«Nuestra situación económica empeoraba», recordó Orlando Oyarzún, su otro compañero de habitación. «Recuerdo una madrugada, tal vez a comienzos de 1927, en que caminábamos silenciosos de regreso a nuestro hogar... Nos entristecía nuestra pobreza. De pronto Pablo se detuvo y, en el silencio de la noche y en la soledad de la calle, comenzó a voz en cuello una exaltada imprecación contra la mala suerte».[224]

También Diego Muñoz evocó aquel momento de perspectivas sombrías para su amigo: «La vida era dura. Era cierto que todo lo

222. Castillo-Berchenko ha comparado los poemas en prosa nerudianos de *Anillos* con los cinco breves que aparecerán en 1933 en *Residencia en la Tierra*, a su juicio separados por «un abismo expresivo y discursivo». «Que quede claro, sin embargo, los primeros no desmerecen de los segundos. Dentro del sistema creativo de Pablo Neruda unos y otros corresponden a etapas creadoras diferentes. Unos y otros, además, se valen por igual. Para alcanzar la perfección de los poemas residenciarios al poeta le era indispensable vivir la fase creadora de *Anillos*. La circularidad, el ritmo recurrente, cíclico, el onirismo de los poemas en prosa de 1926 repercuten, madurados, ennoblecidos, decantados en la propuesta estética y escritural de las composiciones residenciarias. Microtextos de cuidada concepción, de escritura pulida y cincelada, estas composiciones residenciarias son arte mayor. El esteticismo de lo feo y de lo turbio, de la violencia y de la trasgresión, de la impureza y de la blasfemia, los marcan. Estos son poemas de la muerte en vida, pero, sobre todo, son poemas de rara belleza, destructora fascinación hasta hoy inigualados en las letras hispánicas». Castillo-Berchenko, Adriana: «Pablo Neruda y el poema en prosa. De *Anillos* (1926) a *Residencia en la Tierra* (1935)». *Escritural*, n.° 1. Poitiers, marzo de 2009, pp. 53-63.

223. Carta de Pablo Neruda a Laura Reyes del 8 de octubre de 1926 desde Santiago de Chile. *Pablo Neruda. Obras Completas. V. Nerudiana dispersa II. 1922-1973*, p. 797.

224. *Aurora*, n.° 3-4. Santiago de Chile, julio-diciembre de 1964, pp. 237-240.

malo podíamos olvidarlo en la noche y hasta llegábamos a alegrarnos de verdad. Pero muchas veces me tocó acompañar a Pablo al final de una noche y caminábamos callados. Ya no había conversación ni risas, sino consideración silenciosa de todo lo que estaba ocurriendo con nuestras vidas, a las cuales la sociedad ponía cerco. Santiago era duro. En cierto modo estábamos aislados, solos. Todos vivían pobremente. Y sin embargo Pablo era ya famoso y los editores le abrían codiciosamente sus puertas. Pero el porvenir estaba cerrado herméticamente. No había salida».[225] Continuar aquella vida en Santiago parecía difícil, regresar a Temuco, imposible.

Su principal esperanza eran las gestiones que desde hacía tiempo realizaba ante el Ministerio de Relaciones Exteriores para obtener un nombramiento en el servicio exterior, ámbito restringido a las familias aristocráticas. Durante muchos meses visitó asiduamente a un responsable del Ministerio para abordar el estado de su nombramiento, pero, según relató en 1937, el asunto no se resolvió hasta la intervención de Manuel Bianchi: «Yo tenía deseos de salir de Chile para conocer mundo. Unos pueden hacerlo con su dinero y otros no. Era la época de Ibáñez, a quien debe reconocerse que llevó a puestos públicos a elementos de clase media quienes, hasta entonces, no podían pisar siquiera el Ministerio de Relaciones Exteriores». Bianchi le acompañó ante el mismísimo ministro, Conrado Ríos, quien ordenó de inmediato su nombramiento.[226]

El 11 de abril de 1927 fue designado cónsul particular de elección en Rangún (Birmania) por el decreto 372 de este Ministerio.[227] La forma en que se decidió su destino fue ciertamente curiosa. «Cuando me nombraron me mostraron un mapamundi con un hoyo, en el hoyo quedaba precisamente Rangún, el extraño lugar.

225. Muñoz, Diego: «Pablo Neruda: vida y poesía». *Mapocho*, n.º 3. Santiago de Chile, 1964, pp. 183-194.

226. *Hoy*. Santiago de Chile, 16 de diciembre de 1937, pp. 50-54.

227. Quezada Vergara, Abraham: «Pablo Neruda en el Servicio Exterior». *Diplomacia*, n.º 98. Santiago de Chile, abril-junio de 2004, pp. 28-51. Este diplomático chileno, tenaz investigador nerudiano, explica que en aquellos años el Departamento Consular del Ministerio de Relaciones Exteriores tenía dos tipos de cónsules: los de profesión, que estaban adscritos a la carrera y recibían una renta fija, y los de elección, excluidos de esta y cuyos ingresos dependían directamente del comercio entre el país donde cumplían su función y Chile, ya que tenían derecho a quedarse con una cantidad limitada de dinero como único salario.

Mis amigos me esperaban en la plaza para festejarme. Cuando llegué me preguntaron ¿Y, dónde? Qué terrible, se me había olvidado. Tuve que llamar a la secretaria y pedirle que mirara dónde estaba el hoyo y leyera el nombre». Pésimo para los números, toda su vida recordaría el paupérrimo salario que tuvo durante sus primeros años como cónsul errante en Asia: de las divisas que entraran a su consulado podía retener hasta un máximo de 166,66 dólares. Si la suma era superior, debía enviar el resto al Ministerio; si era inferior, podía disponer de todo. «Esa cifra no se me ha olvidado nunca. Las más grandes hambres de mi vida las pasé como cónsul».[228]

El 31 de mayo anunció a su hermana su inminente viaje y le pidió que le disculpara ante sus padres por no viajar a Temuco para despedirse. «Dile a mi mamá que me haga algo de ropa interior que casi no tengo, y camisas, todo de ropa muy delgada pues allí hace un calor insoportable todo el tiempo».[229]

Su amigo Álvaro Hinojosa, después de contemplar de qué modo estrepitoso fracasaban todos los negocios que inventaban, como el de los faciógrafos,[230] se animó a emprender el larguísimo viaje hacia Oriente con él. A mediados de junio, viajaron en el ferrocarril Transandino hasta Mendoza y de allí a Buenos Aires, donde el día 18 embarcaron en el vapor alemán *Baden* hacia Lisboa. Con 23 años empezaba a recorrer el mundo. Ante sus ojos tan solo la inmensidad del océano y un futuro absolutamente incierto.

228. *Paula*. Santiago de Chile, abril de 1970, pp. 43-48.
229. Carta de Pablo Neruda a Laura Reyes del 31 de mayo de 1927 desde Santiago de Chile. *Pablo Neruda. Obras Completas. V. Nerudiana dispersa II. 1922-1973*, p. 802.
230. Loyola (2006), pp. 249-251.

3

De Oriente a Buenos Aires

A punto de cumplir los 23 años, Pablo Neruda emprendió un largo viaje hacia el otro extremo del planeta. Designado cónsul en Rangún,[231] entonces una posesión del Imperio Británico, buscó en las antípodas de su patria un nuevo horizonte. Sus cuatro años y medio en Oriente representaron un período de extrema soledad, apenas atenuada por la correspondencia (principalmente con el argentino Héctor Eandi) y su matrimonio en diciembre de 1930 con María Antonia Hagenaar en Java. A lo largo de aquellos años viajó por China, Japón y la India e intentó, sin éxito, publicar *Residencia en la Tierra* en España. La crisis capitalista de 1929, que tuvo unas repercusiones durísimas en Chile, ocasionó el cierre de numerosos consulados, entre ellos el de Java y Singapur, del que era titular desde mediados de 1930. A su regreso, en abril de 1932, fue acogido con frialdad por su padre y como una gloria nacional por la prensa y la intelectualidad de Santiago, reconocimiento que creció tras la aparición en abril de 1933 de su nuevo libro. En agosto de aquel año fue destinado como cónsul adjunto a Buenos Aires y empezó a disfrutar, de la mano de Federico García Lorca, una de las etapas más luminosas de su existencia. En mayo de 1934, cumplió su viejo anhelo de instalarse en España, donde sería recibido con los brazos abiertos por los poetas de la Generación del 27.

---

231. Hoy Rangún se denomina Yangón, Ceylán es Sri Lanka, Birmania se llama Myanmar, y Batavia, Yakarta. Mantenemos los nombres de aquella época para evitar confusiones al citar la correspondencia del poeta.

El interés de Neruda por conocer Madrid y París condicionó la elección de la ruta marítima que debía llevarles hasta Rangún. En lugar de circunnavegar el sur del continente africano para alcanzar el océano Índico, como haría a su regreso en 1932, optaron por viajar a Lisboa a fin de visitar las capitales española y francesa y volver a embarcarse en Marsella a principios de agosto. En Buenos Aires conversó, por única vez en su vida, con Jorge Luis Borges y le entregó un ejemplar de *Tentativa del hombre infinito*.[232] En aquel momento, Borges ya era una figura prominente de los círculos literarios porteños después de publicar dos volúmenes de poesía (*Fervor de Buenos Aires* y *Luna de enfrente*) y dos selecciones de ensayos críticos (*Inquisiciones* y *El tamaño de mi esperanza*). En su libro, Neruda escribió la siguiente dedicatoria: «A Jorge Luis Borges / su compañero Pablo Neruda / Buenos Aires 1927».[233]

El viaje transoceánico a bordo del *Baden* se demoró poco más de tres semanas hasta que el 12 de julio llegaron a Lisboa. La travesía no tuvo más novedad que las escaramuzas protagonizadas por Hinojosa con algunas de las pasajeras o las advertencias que varios viajeros formularon al poeta acerca de Birmania. A pesar de su enemistad intrínseca con el cálculo, no tardó en intuir la precariedad material que le esperaba. «Tengo un poco de miedo de llegar porque aquí en el barco he sabido que la vida es allá sumamente cara, que la pensión más barata cuesta 1.600 pesos mensuales, y yo voy en condiciones sumamente malas», escribió a su hermana dos horas antes de penetrar al estuario del Tajo. «Además hay peste, tercianas, fiebres de toda clase. Pero qué hacerle! Hay que someterse a la vida y luchar con ella pensando que nadie se cuida de uno».[234]

232. Loyola, Hernán: «Lorca y Neruda en Buenos Aires (1933-1934)». Bernard, Margherita *et alii*: *Vivir es ver volver. Studi in onore di Gabriele Morelli*. Bergamo University Press-Sestante Edizioni. Bergamo, 2009, pp. 345-362.

233. Yates, Donald A.: «Neruda and Borges». Loveluck, Juan y Lévy, Isaac Jack (eds.): *Simposio Pablo Neruda. Actas*. Universidad de Carolina del Sur. Columbia (Carolina del Sur), 1975, pp. 233-242.

234. Carta de Pablo Neruda a Laura Reyes del 12 de julio de 1927 desde el vapor *Baden*. *Pablo Neruda. Obras Completas. V. Nerudiana dispersa II. 1922-1973*, p. 803.

Llegaron a Madrid a mediados de julio de 1927 y solo permanecieron tres días. Entonces era un poeta desconocido en España salvo para las escasas personas que mantenían contacto con los autores americanos y estaban al corriente de los nuevos destellos literarios allende los mares. En su equipaje portaba algunos ejemplares de los tres libros que había publicado en 1926 con Nascimento y con ellos se dirigió a Guillermo de Torre, secretario de *La Gaceta Literaria*, un periódico quincenal de letras, arte y ciencia dirigido por Ernesto Giménez Caballero.

De Torre publicó sendos artículos en *La Gaceta Literaria* y en la *Revista de Occidente*, en los que, si bien destacó que era el principal de los nuevos poetas chilenos, juzgó críticamente su obra posterior a *Veinte poemas de amor y una canción desesperada*. No obstante, sus primeras setenta y dos horas en la capital española sí que dieron algunos frutos positivos, puesto que el 25 de septiembre, en el importante diario *El Sol*, Esteban Salazar Chapela escribió un positivo comentario de *El habitante y su esperanza* y destacó a su autor como un «genuino poeta» de Chile y América.[235] En octubre, Miguel Pérez Ferrero firmó una reseña elogiosa de esta novela en la que también ensalzó «sus excelentes dotes de poeta moderno».[236] Y en diciembre, el diplomático chileno acreditado en España Alfredo Condon, al comentar *Anillos*, proclamó: «Pablo Neruda ocupa, en la vanguardia literaria de Sudamérica, una situación excepcional».[237]

En sus memorias, además de evocar los cafés y la vida social de Madrid, anotó que tuvo que aguardar a la consagración de la Generación del 27 para que su obra y los primeros poemas de *Residencia en la Tierra* fueran comprendidos en España. Con acierto, Gutiérrez Revuelta ha matizado: «A lo que había que esperar, más que a una nueva generación que ya había producido y publicado varias de sus importantes obras, era a un nuevo momento histórico: la Segunda República».[238] Efectivamente, a su regreso en 1934, ya no encontraría las reflexiones comprensivas y

---

235. *El Sol*. Madrid, 25 de septiembre de 1927, p. 2.
236. *La Gaceta Literaria*. Madrid, 1 de octubre de 1927, p. 4.
237. *La Gaceta Literaria*. Madrid, 15 de diciembre de 1927, p. 4.
238. Gutiérrez Revuelta, Pedro: «Encuentro de Neruda con la "Metrópoli": tres días en Madrid (julio 1927)». *Araucaria de Chile*, n.º 29. Madrid, 1984, pp. 83-91.

paternalistas de entonces, sino que los poetas de la Edad de Plata le acogieron con auténtica fraternidad y pleno reconocimiento de su poesía.

Neruda e Hinojosa viajaron en tren a París. Allí conocieron a César Vallejo, pasearon por Montparnasse y, después de unos días y sobre todo unas noches ciertamente azarosas, tomaron el tren hacia Marsella, donde se embarcaron en un navío de las Messageries Maritimes que les llevó hacia el canal de Suez y el mar Rojo, Colombo y el puerto indio de Chennai hasta Singapur, paisajes naturales y humanos que el poeta describió en sus crónicas viajeras para *La Nación*.

LA SOLEDAD DE ASIA

El 1 de octubre de 1927 asumió sus funciones como cónsul particular de elección en Rangún, dependiendo del Consulado General de Chile en la India, con sede en Calcuta. Desde la principal ciudad de Birmania, pronto escribió a su hermana Laura con algún comentario desafortunado: «Mi querida conejita: He hecho con cierta felicidad el viaje desde Europa y te escribo ya desde Rangoon, que es una gran ciudad bastante hermosa pero donde me aburriré en poco tiempo». «Aquí las mujeres son negras, no hay cuidado, no me casaré».[239] Su labor como diplomático se circunscribía prácticamente a los trámites del ínfimo intercambio comercial. «Había que declarar las mercaderías que llegaban de Chile o eran remitidas a mi país y yo firmaba los papeles correspondientes», explicó en 1971. «Partía un barco de té cada cuatro meses; más un producto derivado del petróleo empleado en la fabricación de velas. Tenía que esperar cuatro meses para que alguien viniera al consulado para hacer algún negocio. Durante ese lapso, no tenía nada que hacer. Nadie quería ir a Chile y ningún chileno pasaba por Birmania».[240]

A lo largo de aquellos cuatro años y medio en Asia escribió la mayor parte de los poemas del primer volumen de *Residencia en la*

239. Carta de Pablo Neruda a Laura Reyes del 28 de octubre de 1927 desde Rangún. Montes (1978), p. 35.
240. *Ercilla*. Santiago de Chile, 27 de octubre de 1971, pp. 8-16.

Tierra,[241] tarea que *compartió*, a través de una correspondencia especialmente valiosa, con el escritor argentino Héctor Eandi, quien con extremo cuidado conservó todas las cartas del poeta chileno y copia de las que él le remitía. «Es este un epistolario que irá mostrando por un lado al poeta chileno debatiéndose entre la pobreza y la soledad y su exasperada búsqueda de un nuevo lenguaje poético, y por otro, al escritor argentino conociendo de primera lectura esos poemas y convirtiéndose en el referente crítico capaz de valorizar, alentar y estimular al poeta en su descomunal tarea», ha escrito Edmundo Olivares.[242]

«Estas cartas fueron importantes en mi vida, porque él, un escritor a quien yo no conocía personalmente, como un buen samaritano se hizo cargo de la responsabilidad de enviarme noticias y periódicos para aliviar mi gran soledad», explicó a Rita Guibert en 1970. «Yo tenía miedo de perder contacto con mi propia lengua... durante años no encontré a nadie con quien hablar en castellano. [...] Había sido designado para el cargo de cónsul, pero era un cargo de bajo nivel y no tenía estipendio. Vivía en una gran pobreza y en una soledad todavía mayor».[243]

Héctor Eandi nació en 1895 en Tandil, en la provincia de Buenos Aires. Hasta 1929 ocupó un puesto destacado en el Ministerio de Obras Públicas y desde ese año se integró en una empresa sueca. En 1924 publicó un libro de prosa poética, *Pétalos en el estanque*, y dos años después una colección de diez cuentos titulada *Errantes*. En 1944, con su libro *Hombres capaces*, logró el Premio Nacional de Literatura.[244] En 1926, adquirió un ejemplar de *Veinte poemas de amor y una canción desesperada* en un puesto de venta ambulante próximo a la Plaza de Mayo y escribió una reseña para la revista bonaerense *Cartel*, que le mandó junto con un ejemplar de *Errantes*.[245]

El 25 de octubre de 1927, Neruda le remitió su primera misiva. Le confirmó que había recibido tiempo atrás su envío y le invitó a

241. Véase la cronología ofrecida por Hernán Loyola en su edición clásica: Neruda, Pablo: *Residencia en la Tierra*. Cátedra. Madrid, 1987, pp. 13-15.
242. Olivares, Edmundo (ed.): *Itinerario de una amistad: Pablo Neruda-Héctor Eandi. Epistolario 1927-1943*. Ediciones Corregidor. Buenos Aires, 2008, p. 12.
243. Guibert, pp. 19-92.
244. Olivares (2008), p. 167.
245. Olivares (2008), pp. 11 y 17.

mantener un intercambio epistolar y de la respectiva producción literaria, entre otras razones, porque deseaba protegerse «del aburrimiento y del abandono».[246]

LA *PANTERA* BIRMANA

El 7 de diciembre escribió a Yolando Pino Saavedra, compañero suyo en el Instituto Pedagógico, quien entonces cursaba estudios en la Universidad de Hamburgo, y le relató que estaba trabajando en un nuevo libro: «Yo escribo cada vez menos. Hace dos años pienso en un libro del cual llevo escritas doce cosas. Esa es pues mi única labor. A ver si lo termino en la tranquilidad de estos días de Birmania. Se llamará *Colección nocturna*, y en verdad espero de él que exprese grandes extensiones de mi interior».[247] Cinco días después, transmitió a Joaquín Edwards Bello sus impresiones de un país en el que se sentía un desterrado. «Pronto se fatiga uno de ver raras costumbres, de acostarse solo con mujeres de color, de ver un diario espectáculo de interior inaccesible». Apreciaba aún el calor tropical que acompañaba sus días y le contaba de sus penurias económicas, producto del elevado coste de la vida y del incumplimiento por parte de *La Nación* del acuerdo que habían alcanzado para el envío de sus crónicas.[248]

En enero de 1928, tomó dos meses de licencia médica y, acompañado por Álvaro Hinojosa, realizó un viaje de dos meses por Japón, China, Vietnam, Tailandia, Camboya y Singapur.[249] Pronto empezó a albergar el deseo incontenible de instalarse en Europa.

---

246. Carta de Pablo Neruda a Héctor Eandi del 25 de octubre de 1927 desde Rangún. Olivares (2008), p. 25.

247. Carta de Pablo Neruda a Yolando Pino del 7 de diciembre de 1927 desde Rangún. *Pablo Neruda. Oriente*. Littera Books. Barcelona, 2004, pp. 135-136.

248. Carta de Pablo Neruda a Joaquín Edwards Bello del 7 de diciembre de 1927 desde Rangún. Archivo del Escritor de la Biblioteca Nacional de Chile. Legado Pablo Neruda. Caja 1.

249. Edmundo Olivares accedió a los textos que Álvaro Hinojosa escribió durante aquel tiempo en Oriente, citados por Neruda en sus memorias y que se habían dado por perdidos. Los conserva el cineasta Manuel Basoalto. Olivares B., Edmundo: *Pablo Neruda: Los caminos de Oriente. Tras las huellas del poeta itinerante I (1927-1933)*. LOM Ediciones. Santiago de Chile, 2000, pp. 149-153.

«No se puede vivir mucho tiempo en el Oriente. He tenido algunas fiebres en Rangoon pero felizmente benignas», escribió a su hermana a principios de febrero desde Shangai.[250] Dos semanas después, también desde esta ciudad china, le relató su viaje por Japón, un país que lo fascinó, antes de regresar al «infierno» de Rangún. «Desgraciadamente, es una mala época del año, en Japón hacía un frío del demonio, y quise regresar a Rangoon cuanto antes por temor de las pulmonías y los estornudos. Me parece difícil contar a ustedes las infinitas cosas raras que llenan este lado del mundo: todo es distinto, las costumbres, las religiones, los trajes, parecen pertenecer más a un país visto en sueños que a la realidad de cada día».[251]

Después de su retorno a Birmania a mediados de marzo, conoció a Josie Bliss, la primera mujer con quien convivió de manera estable, pero tan solo durante unos meses, antes de que su traslado a Colombo le permitiera una separación liberadora y dolorosa al mismo tiempo. Josie Bliss imprimió una huella muy profunda en su poesía y en su memoria personal. Aunque evocó siempre su carácter volcánico y celoso hasta el paroxismo, jamás pudo olvidar a su amante birmana: «Se vestía como una inglesa y su nombre de calle era Josie Bliss. Pero en la intimidad de su casa, que pronto compartí, se despojaba de tales prendas y de tal nombre para usar su deslumbrante sarong y su recóndito nombre birmano».[252]

Durante su convivencia con ella, y a la par que persistían sus penurias ya casi crónicas, después de pasar los meses de abril y mayo sin ingreso alguno,[253] su nueva obra avanzaba, hasta el punto de que por primera vez sentía que había alcanzado un grado de expresión que le satisfacía. Y así se lo expresó a González Vera en

250. Tarjeta postal de Pablo Neruda para Laura Reyes del 7 de febrero de 1928 desde Shangai. *Pablo Neruda. Obras Completas. V. Nerudiana dispersa II. 1922-1973*, p. 805.

251. Carta de Pablo Neruda para Laura Reyes del 22 de febrero de 1928 desde Shangai. Montes (1978), pp. 36-37.

252. *Confieso que he vivido*, p. 124.

253. El 6 de junio solicitó al ministro de Relaciones Exteriores la devolución de los 669 dólares que había girado en el primer trimestre del año después de subsistir «dos meses totalmente sin fondos» o que le enviaran esa misma cantidad. Archivo General Histórico del Ministerio de Relaciones Exteriores de Chile. Volumen 1.125. *1928: Sección Clave. Telegramas cambiados con los cónsules de Chile en Europa y Asia.*

agosto de 1928: «Más de un año de vida en estos destierros, en estas tierras fantásticas, entre hombres que adoran la cobra y la vaca. [...] Ahora bien, mis escasos trabajos últimos, desde hace un año, han alcanzado gran perfección (o imperfección), pero dentro de lo ambicionado. Es decir, he pasado un límite literario que nunca creí capaz de sobrepasar, y en verdad mis resultados me sorprenden y me consuelan». Y por primera vez quedó constancia escrita de un título destinado al más alto destino literario: «Mi nuevo libro se llamará *Residencia en la Tierra* y serán cuarenta poemas en verso [...]. Ya verá usted en qué equidistancia de lo abstracto y lo viviente consigo mantenerme, y qué lenguaje tan agudamente adecuado utilizo».[254]

El 8 de septiembre envió a Héctor Eandi dos poemas («Juntos nosotros» y «Sonata y destrucciones») y un texto en prosa («La noche del soldado»). Le anunció también que había completado «casi un libro de versos: *Residencia en la Tierra*» que contenía una novedosa capacidad expresiva. Una vez más, expresó su deseo íntimo de vivir en España, donde confiaba publicar su nueva obra: «Mi existencia aquí es inhumana, imposible».[255] El 18 de noviembre Eandi le relató que había leído con delicia sus nuevos trabajos y que se los había mostrado a varios amigos, entre ellos Jorge Luis Borges. «En todos la impresión es la misma: la de hallarse ante la expresión poderosa de un espíritu torturado por el ansia de decirse. Borges tuvo una expresión muy feliz: dijo que en sus versos hay algo de mágico. Exactamente!».[256]

Cuatro días antes de que Eandi escribiera aquellas líneas desde Buenos Aires el Ministerio de Relaciones Exteriores ofreció a Neruda trasladarse como cónsul no a España o Europa, como anhelaba, sino a Colombo, capital de la isla de Ceylán. Aceptó y el 5 de diciembre el ministro de Relaciones Exteriores firmó el decreto que oficializaba su nueva responsabilidad.[257]

254. Carta de Pablo Neruda a José Santos González Vera del 6 de agosto de 1928 desde Rangún. *Pablo Neruda. Obras Completas. V. Nerudiana dispersa II. 1922-1973*, pp. 1.026-1.027.

255. Carta de Pablo Neruda a Héctor Eandi del 8 de septiembre de 1928 desde Rangún. Olivares (2008), pp. 34-39.

256. Olivares (2008), pp. 41-43.

257. Quezada Vergara, Abraham (sel.): *Pablo Neruda. Epistolario viajero. 1927-1973*. RIL Editores. Santiago de Chile, 2004, p. 214.

La partida de Rangún significó la despedida de Josie Bliss «con el más grande dolor», sentimiento que desencadenó la escritura de otro de sus poemas más apreciados: «Tango del viudo». Aunque ella iría a Colombo a buscarle, su convivencia terminó entonces. El segundo volumen de *Residencia en la Tierra*, publicado por primera vez en Madrid en septiembre de 1935, lo cerró de manera muy significativa con el poema «Josie Bliss». Su huella está inscrita también en el *Tercer libro de las odas* (con la «Oda a la pantera negra»), en *Estravagario*, incluso en *Canción de gesta*[258] y, cómo no, en *Memorial de Isla Negra*.

DE CALCUTA A COLOMBO

De Rangún viajó primero a Calcuta. Y desde allí escribió a su hermana para comunicarle su nuevo destino y rogarle, afectuosamente, que no olvidara a su «hermano Elcanilla».[259] En Calcuta fue testigo de un importante acontecimiento de la larga lucha por la independencia nacional. «Se celebraba allí el Congreso de toda la India. Una inmensa cantidad de delegados, más de veinte mil, se agrupaban junto a Gandhi y a Nehru en un suburbio», evocó tres lustros después. «Toda la tarde y la mitad de la noche, el pueblo hindú traía allí sus desvelos, su humillación, su pobreza y su esperanza. Ya se diferenciaban las corrientes políticas que van cambiando el rostro martirizado del mundo. Se ponían en el horizonte Gandhi, como un flaco y viejo dios cristiano, y despuntaba como una nueva estrella de esperanza el corazón y la conciencia humana del nuevo líder, Jawaharlal Nehru». «Aquel congreso, como muchos aspectos de la India, me dejaban un regusto salobre, mezcla de disgusto y de incertidumbre».[260]

En Asia tropezó con una religiosidad que lo invadía todo. Con

258. Así lo menciona Gunther Castanedo Pfeiffer en la entrada de Josie Bliss del segundo volumen de su monumental obra: *Personario. Los nombres de Neruda*. B. Siníndice. Logroño, 2012, pp. 163-171.

259. Carta de Pablo Neruda a Laura Reyes del 12 de diciembre de 1928 desde Calcuta. Montes (1978), pp. 40-41.

260. «Viaje por las costas del mundo». Neruda, Pablo: *Viajes. Al corazón de Quevedo y Por las costas del mundo*. Ediciones de la Sociedad de Escritores de Chile. Santiago de Chile, 1947, pp. 39-73.

arraigadas convicciones agnósticas y alma libertaria, detestaba profundamente un fenómeno que mezclaba exotismo y ocultismo y el sometimiento de los fieles a sus pontífices. «Un día se dejó caer sobre Rangún una lluvia tropical que parecía diluvio», explicó en 1971. «Delante de un templo había miles de personas. Estaban de rodillas sobre el barro; eran de la misma religión de los sacerdotes que se hallaban en el interior, pero no podían entrar. Esto me pareció algo insoportable, ferozmente injusto». En cambio, relató una experiencia de acogida en un templo musulmán en un día de calor asfixiante que le llevó a manifestar su mayor proximidad con el Islam: «... la mezquita clara, fresca como una gran piscina sin agua: esto me dejó una impresión imborrable».[261]

En las primeras semanas de 1929 llegó a Ceylán, colonia británica desde 1802. A mediados de marzo, desde su nueva ciudad de residencia, Colombo, relató a su querida *mamadre* que se encontraba algo mejor que en Rangún. «La vida es siempre muy cara, mi sueldo apenas alcanza para vivir con la decencia que impone la situación de un cónsul». Tenía a su servicio a un cocinero y un mozo y había alquilado una casa relativamente grande, a la orilla del mar, en una aldea llamada Wellawatta, «que tiene un parecido con el nunca olvidado Puerto Saavedra». «A veces el trabajo es fatigante, otros días no hay nada que hacer, sino dormir». En aquellas líneas se interesó por la salud de su padre y por la situación de otros familiares, también de la rama de los Basoalto. «Mi mamá querida, sienta que estoy junto a Ud. y que la abrazo con ternura».[262]

Prosiguió también su correspondencia con Eandi, a quien ya en enero había enviado, recién salido de su pluma, «Tango del viudo». El 24 de abril le escribió para lamentar su insoportable soledad y su fatiga: «Eandi, nadie hay más solo que yo. Recojo perros de la calle, para acompañarme, pero luego se van, los malignos. Buenos Aires, no es este el nombre del paraíso?». Por primera vez, le expresó su opinión sobre Borges, a quien veía preocupado de conflictos culturales y sociales a los que se sentía ajeno. «A mí me gustan los grandes vinos, el amor, los sufrimientos, y los libros como consuelo a la inevitable soledad. Tengo has-

261. *Ercilla*. Santiago de Chile, 27 de octubre de 1971, pp. 8-16.
262. Carta de Pablo Neruda a Trinidad Candía del 14 de marzo de 1929 desde Colombo. Montes (1978), pp. 44-46.

ta cierto desprecio por la cultura, como interpretación de las cosas, me parece mejor un conocimiento sin antecedentes, una absorción física del mundo, a pesar y en contra de nosotros». Le ofreció los poemas de *Residencia en la Tierra*, que ya consideraba listos para publicarse, aunque entonces descartaba hacerlo en Chile y veía imposible lograrlo en España. «Es un montón de versos de gran monotonía, casi rituales, con misterio y dolores como los hacían los viejos poetas. Es algo muy uniforme, como una sola cosa comenzada y recomenzada, como eternamente ensayada sin éxito».[263] Eandi aceptó el encargo de intentar su publicación en Buenos Aires y, en su carta del 26 de agosto, le explicó que había conocido al embajador mexicano, Alfonso Reyes, quien se ofreció a mediar ante su par chileno para lograr su deseado traslado a Europa.[264] «Me siento tentado de preguntarle muchas cosas, de su vida anterior y de los motivos que le impulsaron a desterrarse...».[265]

Entre el 5 de octubre y el 21 de noviembre, Neruda fue escribiendo una extensa carta de respuesta, conmovido ante sus continuas demostraciones de amistad y lastimado por una existencia que no veía rectificarse. Era el período del monzón y permanecía encerrado en su casa de Wellawatta, leyendo a D. H. Wallace o Aldous Huxley. «La falta de dinero me ha hecho sufrir inmensamente hasta ahora, y aun en este momento vivo lleno de innobles conflictos. [...] Es en verdad tan penoso y humillante todo eso: en Birmania a veces estuve cinco meses sin salario, es decir sin nada». En aquellas líneas le señaló que descartaba la idea de publicar su libro en Argentina para preservar la esperanza de hacerlo en Espa-

263. Carta de Pablo Neruda a Héctor Eandi del 24 de abril de 1929 desde Colombo. Olivares (2008), pp. 53-55.

264. El 5 de abril de 1931, desde Java, escribió al embajador de México en Argentina, Alfonso Reyes (reconocido escritor), al objeto de agradecerle sus gestiones de 1929 para que le dieran un mejor destino y le remitió algunos de los poemas que integrarían *Residencia en la Tierra*. Quezada Vergara, *Pablo Neruda. Epistolario viajero*, pp. 65-66. Sobre las gestiones que Reyes realizó en favor de Neruda en 1929, véase: Campos, Marco Antonio: «Pablo Neruda y Alfonso Reyes: una amistad desconocida». Quirarte, Vicente: *Pablo Neruda en el corazón de México: en el centenario de su nacimiento*. UNAM. México DF, 2006, pp. 65-85.

265. Olivares (2008), pp. 58-60.

ña y por ello había enviado copia de sus poemas al diplomático Alfredo Condon, entonces destinado en Madrid.[266]

También leía entonces a Joyce. «En aquella época, uno de los libros más importantes de la juventud fue *Ulises*, de James Joyce. En este sentido, aprendimos una gran libertad y pudimos, de una manera orgánica, dentro de nuestra evolución, seguir el movimiento de los escritores europeos, el movimiento del espíritu de Europa, sin perder nuestro sentido nacional», señaló en París en los años 60.[267]

A principios de 1930, Condon entregó sus versos a Rafael Alberti, en una noche invernal en la que en Madrid llovía como en Temuco... «Un raro manuscrito vino a dar a mis manos», escribió el poeta gaditano. «El título: *Residencia en la Tierra*. El autor: Pablo Neruda, un poeta chileno apenas conocido entre nosotros. [...] Desde su primera lectura me sorprendieron y admiraron aquellos poemas, tan lejos del acento y el clima de nuestra poesía». Los mostró en todas las tertulias literarias y los ofreció a sus editores amigos, incluso pidió a Pedro Salinas que tanteara a la *Revista de Occidente*, pero solo logró la publicación de tres de sus poemas.[268] «Del original de Rafael, Gerardo Diego hizo tres copias. Rafael fue incansable. Todos los poetas de Madrid oyeron mis versos, leídos por él [...]. Todos, Bergamín, Serrano Plaja, Petere, tantos otros, me conocían antes de llegar. Tenía, gracias a Rafael Alberti, amigos inseparables, antes de conocerlos. Después, con Rafael hemos sido simplemente hermanos», escribió en 1940.[269]

En diciembre de 1929, reanudó la correspondencia con Albertina Azócar, interrumpida desde su despedida en mayo de 1927. Aquella recordada muchacha había obtenido una beca para ampliar sus estudios en Bélgica durante seis meses y la fotografía que le envió a su paso por París desató todo un torbellino en el solitario y apasionado corazón del poeta. «Esta será la última vez en nues-

266. Carta de Pablo Neruda a Héctor Eandi del 5 de octubre-21 de noviembre de 1929 desde Colombo. Olivares (2008), pp. 63-67.

267. Mora, Víctor: *Converses a París*. Bruguera. Barcelona, 1969, pp. 11-18.

268. Alberti, Rafael: *La arboleda perdida*. Diario *El País*. Madrid, 2005, pp. 318-319.

269. Neruda, Pablo: «Amistades y enemistades literarias». *Qué Hubo*. Santiago de Chile, 20 de abril de 1940, p. 9.

tras vidas en que tratemos de juntarnos. Me estoy cansando de la soledad, y si tú no vienes, trataré de casarme con alguna otra», le escribió el 17 de diciembre. Rápidamente ideó un plan bastante astuto para lograr el reencuentro y le propuso que cambiara su billete de regreso a Chile por un pasaje a Colombo, cuyo valor después reintegrarían a la Universidad de Concepción. Insistió en otras seis cartas con esta proposición hasta que por fin, ante su indecisión, desistió: «Adiós, Albertina, para siempre. Olvídame y créeme que solo he querido tu felicidad».[270]

«Pensé bastante respecto al matrimonio con Pablo y concluí que no podría hacerlo, por esos errores que se cometen en la vida. Yo todavía estaba muy apegada a la forma de ser de mis padres. Y así cometí el error de no aceptar, porque además sentía que tenía la obligación de volver a la Universidad para justificar el dinero que me enviaban mensualmente y lo que había hecho en Europa», reconoció en 1978, medio siglo después. Pero a su regreso el director de la escuela abrió las cartas que había recibido de Oriente y le amonestó. «Me indigné por su actitud, me sentí violada y renuncié, para no ejercer nunca la pedagogía en Francés». «Fue una cosa muy dolorosa... Imagínese lo que significó haber sacrificado el amor de mi vida por lealtad para con la Universidad que me formó y luego perderlo todo... por nada. ¡Es algo terrible!».[271]

La negativa de Albertina Azócar le causó un dolor muy grande. «Y una mujer a quien mucho he querido (para ella escribí casi todos mis Veinte Poemas) me escribió hace tres meses, y arreglamos su venida, nos íbamos a casar...», señaló a Eandi. «Y ella no pudo venir, o por lo menos no por el momento, por circunstancias razonables tal vez, pero yo estuve una semana enfermo, con fiebre y sin comer, fue como si me hubieran quemado algo adentro, un terrible dolor».[272]

270. Véanse las cartas de Pablo Neruda a Albertina Azócar de diciembre y enero de 1930 desde Colombo en: *Pablo Neruda. Obras Completas. V. Nerudiana dispersa II. 1922-1973*, pp. 916-924.

271. *Intramuros*, n.º 9. Santiago de Chile, septiembre de 2002, pp. 35-41.

272. Carta de Pablo Neruda a Héctor Eandi del 27 de febrero de 1930 desde Colombo. Olivares (2008), pp. 80-83.

El 10 de abril de 1930, a través de una comunicación oficial, el Ministerio de Relaciones Exteriores le planteó asumir como cónsul de elección en Singapur y Batavia con derecho al doble del salario de que había «disfrutado» hasta ese momento. El 28 de abril el Consulado General de Chile en la India comunicó que había aceptado y que esperaba instrucciones para su traslado.[273] El 16 de mayo viajó a Singapur. Así se lo anticipó a Raúl Silva Castro, en aquel momento director de la revista *Atenea*, editada por la Universidad de Concepción, a quien también confesó que desconocía qué había sucedido con las gestiones que Alberti y otros realizaban en España para publicar *Residencia en la Tierra*. «Era mi deseo moverme hacia Occidente, sin embargo me marcho con alegría, alegría de irme a otra parte. He vivido más de un año de gran soledad en esta tierra, con felicidad y descontento mezclados tan apasionadamente que no sé si he vivido bien o mal, sino que he vivido».[274]

Su nuevo puesto consular le permitió una situación económica algo mejor que en Rangún y Colombo y, después de un año sin hablar su idioma materno, en Java entabló pronto relación con una pequeña colonia hispanohablante. «Aquí he encontrado algunos españoles y a un cónsul de Cuba, y ellos se divertían mucho porque a mí me costaba hablar. La lengua se acostumbra a los idiomas extranjeros y uno se pone muy gringo para hablar, y tartamudo», escribió a su hermana Laura a fines de julio.[275]

En cuanto a Eandi, el 2 de julio le preguntó si le habían gustado los poemas que había publicado en *Revista de Occidente*: «Galope muerto», «Serenata» y «Caballo de los sueños».[276] «"Galope muer-

273. Archivo General Histórico del Ministerio de Asuntos Exteriores de Chile. Volumen 1.215. *Sección Clave. Telegramas cambiados con consulados de Chile en Europa, Asia, África y Australia. 1930.*

274. Carta de Pablo Neruda a Raúl Silva Castro del 3 de mayo de 1930 desde Colombo. Quezada Vergara, *Pablo Neruda. Epistolario viajero*, pp. 57-58.

275. Carta de Pablo Neruda a Laura Reyes del 29 de julio de 1930 desde Weltevreden (Java). *Pablo Neruda. Obras Completas. V. Nerudiana dispersa II. 1922-1973*, pp. 816-817.

276. *Revista de Occidente*, tomo XXVII. Madrid, enero-marzo de 1930, pp. 332-336.

to" es lo más serio y perfecto que he hecho».[277] Su amigo argentino, con sinceridad, le expresó el 11 de noviembre que prefería otros poemas anteriores, como «Tango del viudo», «Juntos nosotros» o «Ritual de mis piernas» con una excepción: «Ahora, en su Galope Muerto, por ejemplo, encuentro todo su poderoso mundo de imágenes, todo ese universo que usted ha creado y que es tan suyo, en estado de absoluta libertad, casi de caos».[278]

Después del traslado a Java y ante el rechazo de Albertina a su propuesta, no dudó mucho en contraer matrimonio con María Antonia Hagenaar, cuatro años mayor que él, de origen holandés y empleada del banco Bataviasche Afdelingsbank. Se casaron el 6 de diciembre de 1930 en el Registro Civil de Batavia y como testigos del enlace participaron el doctor Barend van Tricht y el cónsul general de Cuba, Gustavo Enrique Mustelier.[279] Nueve días después, escribió una carta directamente dirigida a su progenitor, como haría en otras ocasiones para informar de las novedades más solemnes.[280] «Mi querido y recordado padre: [...] debo comunicarle algo de gran importancia: me he casado. [...] Mi esposa es holandesa de nacionalidad, y pertenece a una distinguida familia radicada en Java hace muchos años». Le envió algunas fotografías de la boda y le explicó que su esposa, a la que llamaría siempre Maruca, era un poco más alta que él,[281] atractiva, de cabello rubio y ojos azules y, aunque eran «enteramente felices» en aquellos días, la situación económica que compartían era compleja, puesto que ella carecía de fortuna personal. «De todas maneras somos pobres pero felices. María tiene muy buen carácter, y nos entendemos a las mil maravillas».

277. Carta de Pablo Neruda a Héctor Eandi del 2 de julio de 1930 desde Weltevreden (Java). Olivares (2008), p. 95.

278. Olivares (2008), pp. 103-105.

279. Hendriks, Victorinus: «Pablo Neruda. Contribución documental a su biografía». *Anales de Literatura Hispanoamericana*, n.º 14. Madrid, 1985, pp. 57-65.

280. Carta de Pablo Neruda a José del Carmen Reyes del 15 de diciembre de 1930 desde Weltevreden (Java). Montes (1978), pp. 50-51.

281. A pesar de que muchas personas describieron a María Antonia Hagenaar como una mujer de elevadísima estatura, tan solo era unos pocos centímetros más espigada que Neruda, como lo prueban las numerosas fotos de su vida común en Java que se han conservado, por ejemplo, en la Colección Neruda. Una de ellas se incluye en el pliego de imágenes.

A mediados de marzo de 1931 *La Nación* publicó, en su página de «Vida Social», una fotografía de su esposa con la siguiente leyenda: «Señorita Maruca Hagenaar, cuyo matrimonio con don Pablo Neruda, Cónsul de Chile en Singapore y Java, verificóse el 6 de diciembre de 1930 en Batavia, Isla de Java».[282] Justo en aquellas fechas la situación empezó a complicarse. Por una parte, ella cayó enferma y el tratamiento médico les supuso mucho dinero y, por otra, el Ministerio redujo su sueldo a la mitad, de nuevo a 166,66 dólares, hasta llevarles a una situación tan «desesperante», según relató a su hermana, que solicitó a sus superiores dos pasajes de regreso, que le denegaron.[283] No obstante, a pesar de la precariedad económica, su incipiente afán por coleccionar objetos bellos o singulares le hizo formar una bella colección de porcelanas chinas.[284]

Su matrimonio, desde luego, no entusiasmó a su padre, que ignoró su misiva. «Deben alegrarse de que me haya casado, no solo por lo buena que es mi mujer, sino también por lo triste que es la vida de un hombre solo en estos países. No les avisé antes porque nos casamos repentinamente, los tiempos han cambiado y no hay para qué asustarse de eso», explicó a su hermana meses después. En aquella carta también expresó su alegría por la reciente renuncia del dictador Carlos Ibáñez del Campo, entre otros motivos porque permitiría retornar a la patria a algunos amigos exiliados, como Carlos Vicuña Fuentes, Pedro León Ugalde o Enrique Matta Figueroa. «Recién he recibido, ayer, la noticia de la renuncia de Ibáñez, me he alegrado que no haya necesidad de revolución para que se fuera el *paco*».[285]

A Eandi ya le había comunicado su enlace con una tarjeta postal que le remitió el 31 de enero. En septiembre, le puso al corriente de su feliz vida matrimonial en «una casa más chica que un dedal»: «Leo, ella cose. La vida consular, el protocolo, las comidas, smo-

282. *La Nación*. Santiago de Chile, 19 de marzo de 1931, p. 5.

283. Carta de Pablo Neruda a Laura Reyes del 23 de marzo de 1931 desde Batavia. *Pablo Neruda. Obras Completas. V. Nerudiana dispersa II. 1922-1973*, pp. 818-820.

284. Carta de Pablo Neruda a Homero Arce del 1 de julio de 1931 desde Batavia. Arce, p. 41.

285. Carta de Pablo Neruda a Laura Reyes del 28 de julio de 1931 desde Batavia. Montes (1978), pp. 52-53.

kings, fracs, chaqués, uniformes, bailes, cocktails, todo el tiempo: un infierno. La casa es un refugio pero los piratas nos rodean. Rompemos el sitio y huimos en automóvil, con termos y cognac y libros hacia las montañas y la costa. Nos tendemos en la arena, mirando la isla negra, Sumatra, y el volcán submarino Krakatu. Comemos sandwichs. Regresamos. No escribo. Leo todo Proust por cuarta vez. Me gusta más que antes».[286] Le relató de nuevo sus infructuosos esfuerzos para publicar *Residencia en la Tierra* en España y en París, fracaso que atribuía en parte a la influencia intelectual y al «antisudamericanismo» de José Ortega y Gasset, «ese vampiro escolástico». Con ese fin, hacía un año que había iniciado un intercambio epistolar con Carlos Morla Lynch, diplomático chileno destinado en Madrid desde 1928, a quien, además, solicitaría ayuda de manera recurrente para que el Ministerio le trasladara a España u otro país europeo. «La vida es aquí tan terriblemente oscura. Hace años que muero de asfixia, de disgusto».[287]

En septiembre de 1931 respondió a una carta de Morla y le explicó que Alberti, desde Italia, le había escrito para contarle que había entregado su libro a una editorial de París, dirigida por la argentina Elvira de Alvear. Le comentó la situación política en Chile y el posible retorno a La Moneda de Arturo Alessandri, que supondría la salida del cónsul en Madrid. «Imagínate qué oportunidad para mí, para recompensarme estos largos años de infierno». Le pidió auxilio también para cumplir su anhelo de ser designado cónsul de profesión y, para ayudarle en sus gestiones, le detalló un breve currículum: mencionó que tenía cuatro años de estudios en Francés en la Universidad de Chile, destacó sus libros de poesía y su itinerario consular y los idiomas que conocía (francés, inglés, holandés, italiano, indostaní y malayo).[288]

A fines de aquel año, la periodista Elvira Santa Cruz, conocida en Chile por su seudónimo, *Roxane*, y por dirigir el popular sema-

---

286. Carta de Pablo Neruda a Héctor Eandi del 5 de septiembre de 1931 desde Batavia. Olivares (2008), pp. 109-114.
287. Carta de Pablo Neruda a Carlos Morla Lynch del 8 de noviembre de 1930 desde Weltevreden (Java). Quezada Vergara, *Pablo Neruda. Epistolario viajero*, pp. 61-62.
288. Carta de Pablo Neruda a Carlos Morla Lynch del 8 de septiembre de 1931 desde Batavia (Java). Quezada Vergara, *Pablo Neruda. Epistolario viajero*, pp. 71-72.

nario infantil *El Peneca*,[289] llegó a Batavia en un crucero y escribió un artículo acerca de su encuentro con Neruda. El poeta y su esposa, quien apenas balbuceaba algunas palabras en español, le invitaron a su casa en Weltevreden, rodeada de palmeras, cocoteros y platanares, y allí conversaron sobre sus cuatro años de estancia consular en Asia, sus viajes, las diferencias con su país de origen... «Los holandeses son buenos colonizadores, comienzan por aprender el idioma nativo sin tener interés por enseñar el suyo. El Gobernador General tiene rango de virrey; las ceremonias son las de una corte real y por consiguiente nuestras obligaciones diplomáticas son costosísimas. Nadie se imagina la intensa vida social que hay en este país». La casa donde vivían era «minúscula» y en su «diminuta» terraza conversaron hasta que por la tarde llegó el cónsul general de Estados Unidos en su automóvil y se dirigieron a visitar la ciudad.[290]

EL REGRESO DEL *ARGONAUTA*

Ante los graves y duraderos efectos de la crisis económica de 1929, el Ministerio de Relaciones Exteriores clausuró a lo largo de 1932 numerosos consulados de elección, entre ellos los de de Batavia y Singapur, Port Bou, San Sebastián y Huelva (España), Newport (Estados Unidos), Nápoles (Italia), Rosario (Argentina), Leipzig (Alemania) o Helsinki (Finlandia).[291] Esta medida significó el retorno a Chile junto con su esposa, en un larguísimo viaje de sesenta días que inspiró su poema «El fantasma del buque de carga», publicado por primera vez en mayo de aquel año.[292]

Partieron de Batavia en los primeros días de febrero de 1932 con destino a Colombo, donde embarcaron en el *Forafric*, que, tras hacer escala en Sudáfrica y circunnavegar el estrecho de Magallanes, les llevó, sin escalas, a Puerto Montt la tarde del 16 de abril de 1932.[293] Tres días más tarde viajaron en ferrocarril hasta Temuco,

289. Olivares B. (2000), p. 308.

290. *El Mercurio*. Santiago de Chile, 3 de enero de 1932, p. 1.

291. *Memoria del Ministerio de Relaciones Exteriores de Chile. 1932*. Santiago de Chile, 1933, pp. 162-168.

292. *Atenea*, n.º 87. Concepción, mayo de 1932, pp. 185-187.

293. Castanedo Pfeiffer, Gunther: *Neruda y los barcos*. Autoridad Portuaria de Santander. Santander, 2010, p. 33.

donde, después de cinco largos años, se reencontró con su familia. La acogida cariñosa de la *mamadre* y de su hermana Laura no pudo atenuar la frialdad de su padre, enojado por el que creía nuevo fracaso de su hijo: volvía sin un peso y con un futuro que entreveía difícil.

Pero su regreso fue celebrado como un acontecimiento por la prensa y la intelectualidad, que le acompañó el 11 de mayo en la conferencia que impartió en la Posada del Corregidor.[294] «El gran poeta nacional Pablo Neruda llegó ayer a Santiago», tituló el 29 de abril *Las Últimas Noticias*. «La llegada de Pablo Neruda a nuestro ambiente, casi dormido, alzará una ola de renovación artística. Energías nuevas, soles armoniosos y distantes, marejadas lejanísimas cantarán en sus imágenes», escribió el poeta Ángel Cruchaga Santa María. «Jasón, al regresar de la Cólquide traía en su barca el Vellocino, y Neruda, argonauta de la América del Sur en su viaje al Oriente ¡qué imprevista estrella habrá cogido en su red!».[295]

Inicialmente, María Antonia Hagenaar y él se alojaron durante tres días en la casa de Rudecindo Ortega, diputado del Partido Radical por Temuco, y después en una pensión en la calle Santo Domingo. Entonces empezó a trabajar en la biblioteca del Ministerio de Relaciones Exteriores solo dos horas diarias por un salario de cuatrocientos pesos, «lo justo para pagar la pensión», informó su esposa a Laura Reyes en una carta fechada el 13 de mayo. Los servicios del establecimiento eran tan deplorables que preferían usar los públicos, aunque tuvieran que abonar cuatro pesos cada vez.[296]

Otro de los eventos sociales que protagonizó volvió a reunir a toda la «tribu» de la bohemia y a otros nombres nuevos. Tomás Lago, Diego Muñoz, Alberto Rojas Giménez, Rubén Azócar, Rosamel del Valle, Julio Barrenechea, Joaquín Edwards Bello, Mariano Latorre, Ricardo Latcham... e incluso Pablo de Rokha festejaron su regreso. «En vosotros ha descansado con alegría la mejor parte de mi vida...», expresó Neruda.[297] Entre sus amigos más apreciados repartió cuchillos y máscaras asiáticas.

294. *El Mercurio*. Santiago de Chile, 22 de mayo de 1932, p. 2.
295. *Ecran*. Santiago de Chile, 10 de mayo de 1932, p. 14.
296. Reyes (2003), p. 121.
297. *El Mercurio*. Santiago de Chile, 30 de mayo de 1932, p. 9.

Finalmente, se instalaron en el departamento número cinco del número 1155 de la calle Catedral, una ubicación «estratégica» para volver a vivir intensamente la noche santiaguina, celebrar el fin de años de soledad. Ya no existía El Jote, entonces el principal punto de encuentro era el diminuto bar Viena, próximo a la Plaza de Armas. «Cuando Pablo no llegaba y alguien lo iba a buscar [...], la esbelta Maruca lo recibía de pésimo humor exclamando las únicas palabras que había aprendido en español: «¿Pablo? ¡No aquí! ¡Con sus *amigios* en el *Fiena*!», relató Homero Arce.[298] «Era un ser extraño, hermético, con quien no se podía conversar sino en inglés», recordó Diego Muñoz.[299] Seguramente, ella sintió en Santiago de Chile el mismo desamparo que su esposo en Oriente.

Neruda no tardó mucho en volver a escribir a Albertina Azócar unas líneas llenas de amor y de recuerdos, deseosas de un pronto reencuentro, pero también plagadas de reproches: «La soledad que tú no quisiste remediar se me hizo más y más insoportable. Tú comprenderás si piensas en tantos años de destierro». «Habría mucho que hablar, mucho que recordar», le dijo el 15 de mayo. De nuevo, sus deseos naufragaron y el 11 de julio de 1932 puso fin, para siempre, a una correspondencia que se había prolongado durante casi una década: «Por qué no me escribes, por primera vez en tu vida una carta larga contándome cosas?».[300]

La noche del 4 de junio un suceso político convulsionó el país. El coronel de la Fuerza Aérea Marmaduque Grove llegó a La Moneda acompañado por un centenar de personas y comunicó al presidente Juan Esteban Montero que como comandante en jefe de las Fuerzas Armadas tomaba el mando de la nación y establecía una república socialista. La primera república socialista de América apenas duró doce días, pero tuvo tiempo de abrir paso a la recuperación de la democracia al disolver el «Congreso Termal» e indultar a los marinos condenados por la sublevación de la escuadra en 1931. El 16 de junio un grupo de militares, que acusó a Grove y los

298. Arce, pp. 45-46.
299. Vidal, Virginia: «María Antonia Haagenar. Con tres sombreros puestos». *Cuadernos de la Fundación Pablo Neruda*, n.º 31. Santiago de Chile, 1997, pp. 53-61.
300. Véanse las tres cartas citadas de Pablo Neruda a Albertina Azócar en: *Pablo Neruda. Obras Completas. V. Nerudiana dispersa II. 1922-1973*, pp. 924-926.

otros líderes de aquel movimiento de pretender conducir el país al «comunismo», puso fin a tan singular experiencia y desterró a sus principales protagonistas a la Isla de Pascua. Carlos Dávila encabezó el nuevo Gobierno, que clausuró el Congreso Nacional y decretó la ley marcial.

El 23 de junio un grupo de intelectuales, con Pablo Neruda en primer lugar entre los signatarios, rechazó la involución autoritaria en un manifiesto dirigido «a los escritores e intelectuales de España y América». El texto denunció «la imposición de un régimen de violencia y terror», la suspensión de las libertades individuales y colectivas, la implantación de la ley marcial y la supeditación de los tribunales civiles a la justicia militar. Lo suscribieron también Marta Brunet, Mariano Latorre, Ángel Cruchaga Santa María, Tomás Lago, Rubén Azócar, Luis Enrique Délano y José Santos González Vera.[301]

El 25 de agosto fue nombrado «jefe de la sección Biblioteca» del Departamento de Extensión Sociológica y Cultural del Ministerio de Trabajo,[302] situación que narró a Eandi, junto con las reiteradas desventuras de su libro en Europa, con el incumplimiento de la editora Alvear del contrato que habían firmado, que preveía un adelanto económico por sus derechos de autor. «Mis años de servicio en el cuerpo consular y las mil miserias que allí me royeron los huesos no me sirvieron de nada. Volví a Chile sin un centavo, sin puesto y sin desahucio. Ahora recién me han puesto de bibliotecario de una biblioteca que no existe, con un sueldo que casi tampoco existe. Por otra parte mi situación literaria ha cambiado. Soy ahora en Chile indiscutible, halagado y trajinado de una manera molesta, pero el reconocimiento de mi trabajo es un hecho, y esto es agradable».[303]

Así se demostró el 10 de noviembre. Aquella tarde brindó un recital de poesía en el Teatro Miraflores enfocado principalmente a la lectura de los poemas que armarían *Residencia en la Tierra*, con comentarios de Tomás Lago.[304] Una de las personas que adquirie-

301. *Luz*. Madrid, 5 de agosto de 1932, pp. 8-9.
302. Archivo Nacional de Chile. Ministerio de Trabajo. Volumen 4, septiembre de 1932.
303. Carta de Pablo Neruda a Héctor Eandi del 26 de septiembre desde Santiago de Chile. Olivares (2008), pp. 120-121.
304. *La Nación*. Santiago de Chile, 10 de noviembre de 1932, p. 2.

ron su entrada fue el estudiante Volodia Teitelboim: «Llegué adelantado y me instalé tímidamente en las alturas populares, para poder divisar desde lejos el rostro del poeta. Se descorrió la cortina. En el escenario había máscaras orientales pintadas. Eran como biombos o telones extraños. Producían una sensación de ópera china y despedían un aire remoto y enigmático. De repente surgió detrás de las máscaras enormes, más altas y más anchas que el cuerpo de un hombre, una voz arrastrada, gangosa, nasal, como de lamento...».[305] Leyó sus poemas desde *Crepusculario* hasta los más recientes. «Cada una de las composiciones líricas de Neruda fue aplaudida largamente por la selecta concurrencia, cuya admiración por la producción nerudiana encontró esta vez una ocasión para manifestarse en elocuente forma», destacó una crónica periodística. Especialmente reconocidos fueron «El fantasma del buque de carga», «La canción desesperada» o la «Oda a la zona tórrida». Al final, con una larga ovación, el público lo obligó a reaparecer en el escenario.[306]

Pero aquel 11 de noviembre de 1932, además de la crónica de su recital poético, también se publicó otro artículo en la prensa santiaguina referido a él, un verdadero *cañonazo*, firmado por Pablo de Rokha, que inauguró unas hostilidades que se prolongaron durante más de treinta años.

LA ARTILLERÍA DE PABLO DE ROKHA

«Pablo Neruda, poeta a la moda», así se tituló aquel texto. De toda su obra, De Rokha solo absolvió *Tentativa del hombre infinito*. Su animosidad se volcó principalmente en el exitoso *Veinte poemas de amor y una canción desesperada*, cuya segunda edición había aparecido en junio, libro que calificaba de «periodismo rimado y sobado hasta la locura», de «mediocre, ordinarísimo, sin ninguna altura, sin ninguna alcurnia», «absolutamente necio y ramplón». Por su parte, *Crepusculario* era una «obra soberbia de estupidez»; *El habitante y su esperanza*, un «pastiche»; y *Anillos*, «una colección de chistes verbales, sin importancia». A continua-

305. Teitelboim (1996), pp. 168-169.
306. *La Nación*. Santiago de Chile, 11 de noviembre de 1932, p. 7.

ción, se preguntó por las razones de su prestigio, de «su influencia evidente y deplorable». «Todos los críticos de arte de Chile fueron visitados y saludados por Pablo Neruda. He ahí entonces un renombre de estafa, he ahí entonces un renombre que obedece a una gran máquina, perfectamente montada y administrada por el astuto criollo que hay dentro de Pablo Neruda; he ahí entonces un bluf comercial editado por Nascimento».[307]

Tampoco *Residencia en la Tierra* se libró, pocos meses después, de sus amargos juicios volcados en un nuevo artículo, titulado «Epitafio a Neruda», puesto que solo rescató tres o cuatro poemas, entre ellos «Galope muerto».[308]

Durante tres largas décadas Pablo de Rokha fue uno de sus grandes enemigos literarios. Nacido en Licantén en 1894, su nombre verdadero era Carlos Ignacio Díaz Loyola. En su adolescencia ingresó en el seminario de Talca, pero fue expulsado por «hereje y ateo». Sus compañeros de estudio le dieron el apodo con el que tituló su autobiografía póstuma: «El amigo piedra».[309] Concluyó el bachillerato, pero no sus estudios universitarios en Derecho e Ingeniería. En 1922, publicó su primera obra importante, *Los gemidos*, elogiosamente reseñada por Neruda en *Claridad*. Del anarquismo pasó al comunismo, aunque fue expulsado del PC en 1940. Sobrevivió con la venta personal de los cuarenta y dos libros que fue publicando y de su revista, *Multitud*, así como con la publicación de artículos. En 1965, obtuvo el Premio Nacional de Literatura y el 10 de septiembre de 1968 se suicidó en su casa de La Reina. Fue velado en la Universidad de Chile y Salvador Allende participó en el funeral.[310]

Su delirio y su desmesura alcanzaron la cima en 1955 con el libro *Neruda y yo*, que incluyó descalificaciones y aforismos como

307. *La Opinión*. Santiago de Chile, 11 de noviembre de 1932. Consultado en: Sanhueza, Leonardo: *El Bacalao. Diatribas antinerudianas y otros textos*. Ediciones B. Barcelona, 2004, pp. 56-60.

308. *La Opinión*. Santiago de Chile, 22 de mayo de 1933. Consultado en: Zerán, Faride: *La guerrilla literaria. Huidobro, De Rokha, Neruda*. Sudamericana. Santiago de Chile, 1997, pp. 228-233.

309. De Rokha, Pablo: *El amigo piedra. Autobiografía*. Pehuén. Santiago de Chile, 1990.

310. Lavquén, Alejandro: «Pablo de Rokha, poeta guerrillero». *Punto Final*, n.° 801. Santiago de Chile, 4 de abril de 2014, pp. 20-21.

estos: «Pablo Neruda no pretendió poner su nombre al servicio del Partido Comunista, pretendió poner el Partido Comunista al servicio de su nombre, y su nombre se lo engendró la burguesía imperialista»; «Neruda no es comunista, es nerudista, el último, o el único probablemente»; «La poesía de Pablo Neruda no es poesía sencilla, es poesía fallida»... En 1966, publicó en *Multitud* sus *Tercetos dantescos a Casiano Basualto*. Como también hizo Vicente Huidobro, lo denominaba «El Bacalao».

Pablo Neruda guardó silencio ante sus ataques hasta que en 1935 envió desde Madrid su poema «Aquí estoy». Dos décadas más tarde, incluyó la «Oda a la envidia» en *Odas elementales* y aludió a De Rokha en *Estravagario*.[311]

«Neruda le dejó desgastarse, que corriera solo, que luchara como un boxeador contra su sombra. Le dejó autovictimarse y degradarse», ha señalado Mario Valdovinos.[312]

RESIDENCIA EN LA TIERRA

El 17 de febrero de 1933, escribió una carta muy significativa acerca de sus definiciones políticas en aquel momento, marcado por el ascenso de Adolf Hitler al poder en Alemania. Explicó a Eandi que había sido anarquista en su juventud y que conservaba la desconfianza libertaria hacia el Estado, pero entonces creía que solo se podía ser «comunista o anti comunista». «Una ola de marxismo parece recorrer el mundo, cartas que me llegan me acosan hacia esa posición, amigos chilenos. [...] Creo que mi punto de vista, de intelectual romántico, no tiene importancia. Eso sí le tengo odio al arte proletario, proletarizante. [...] Hay aquí una invasión de odas a Moscú, trenes blindados... Yo sigo escribiendo sobre sueños». Si no le mencionó la publicación de *El hondero entusiasta*, a fines de abril sí le contó que, por fin, *Residencia en la Tierra* aparecería antes de una semana y le anticipó que estaba preparando con un amigo español, José María Souviron, «una pequeña revista

311. Arenas, Diego: *Pablo de Rokha contra Neruda*. Galerna. Buenos Aires, 1978, p. 16.
312. Valdovinos, Mario: «El antinerudismo delirante: Pablo de Rokha». *Nerudiana*, n.º 7. Santiago de Chile, agosto de 2009, pp. 13-15.

que se llamará Caballo Verde», para la que le pidió colaboraciones y que las solicitara a Borges y otros escritores.[313]

Residencia en la Tierra, con treinta y tres poemas agrupados en cuatro partes, salió de los talleres de Nascimento en los primeros días de mayo. Decepcionado tras tantos esfuerzos baldíos para que viera la luz en Europa, y proyectar así su nombre internacionalmente, tuvo que contentarse con publicarla en su país y con una tirada mínima. La edición constó solo de cien ejemplares numerados y firmados por él, más diez ejemplares de autor señalados de la A a la J, todos ellos en papel holandés Alfa-Loeber y un formato de treinta y cuatro por veintiséis centímetros.[314] A pesar de que «El fantasma del buque de carga» lo había escrito en 1932, la portadilla sitúa la obra entre 1925 y 1931.[315]

Junto con el segundo volumen, es sin duda alguna una de las obras poéticas emblemáticas del siglo XX. Para Volodia Teitelboim se asemeja a «una enigmática catedral en penumbras».[316] En opinión de Saúl Yurkievich, integra «junto con *Trilce* de César Vallejo y *Altazor* de Vicente Huidobro, la tríada de libros fundamentales de la primera vanguardia literaria en Hispanoamérica». «Posee todos los atributos que caracterizan a la ruptura vanguardista. Surge íntimamente ligado a la noción de crisis generalizada y promueve un corte radical con el pasado [...]. Neruda acomete una revolución instrumental porque promueve una revolución mental. Su arte impugna la imagen tradicional del mundo, contraviene sobre todo la altivez teocéntrica y la vanidad antropocéntrica del humanismo idealista».[317] Por su parte, Rodríguez Monegal sentenció en su ensayo: «Con *Residencia en la Tierra* comienza la obra verdaderamente creadora de Pablo Neruda».[318]

---

313. Véanse las cartas de Pablo Neruda a Héctor Eandi del 17 de febrero y del 28 de abril de 1933 desde Santiago de Chile en: Olivares (2008), pp. 139-141.

314. En el Salón de Investigadores de la Biblioteca Nacional de Chile puede consultarse uno de estos ciento diez ejemplares, de sobria y bella diagramación.

315. Loyola, Hernán: «*Residencia en la Tierra* 1925-1931». *Nerudiana*, n.° 15-16. Santiago de Chile, 2014, pp. 105-106.

316. Aguirre (1967), p. 187. Nota 98.

317. Yurkievich, Saúl: «*Residencia en la Tierra*: paradigma de la primera vanguardia». Loyola (1987), pp. 65-75.

318. Rodríguez Monegal, Emir: *Neruda, el viajero inmóvil*. Laia. Barcelona, 1988, p. 194.

Fue una obra construida entre dos continentes, entre sociedades y culturas muy diferentes. Pero la atmósfera que impregna sus páginas prueba, según señala Hernán Loyola, que «el drama interior de Neruda», registrado en sus poemas de 1925-1927, «viajó también al Oriente para agudizarse allí en un nuevo contexto». Aquellos versos traslucen «una múltiple y angustiada experiencia»: «la desolación del ánimo y del sexo; la miseria económica del cargo consular; la falta de horizontes para la publicación de su poesía; la nostalgia de la familia, de los antiguos amores, de los amigos, del clima y del idioma que quedaron atrás (la distancia ayudó a Neruda a redescubrir su patria y su continente); la vigilia del aislamiento; los eventuales contactos eróticos y la imposible comunicación con una atmósfera extranjera cuyo paisaje, cuya tradición, cuya deformación histórica le eran impenetrables».[319] Efectivamente, en sus memorias Neruda negó el «orientalismo» de *Residencia en la Tierra*, del que tanto se ha hablado: «Por tales razones, el Oriente me impresionó como una grande y desventurada familia humana, sin destinar sitio en mi conciencia para sus ritos ni para sus dioses. No creo, pues, que mi poesía de entonces haya reflejado otra cosa que la soledad de un forastero trasplantado a un mundo violento y extraño».[320]

Además del estudio pionero de Amado Alonso (*Poesía y estilo de Pablo Neruda*), cuya primera edición apareció en 1940, de los muchos trabajos monográficos que han examinado *Residencia en la Tierra* el primero emblemático fue el extenso artículo publicado por Jaime Concha en 1963, que abordó de manera magistral sus dos primeros volúmenes y los poemas «pre-españoles» de *Tercera Residencia* y empezaba con estas palabras: «En *Residencia en la Tierra* percibimos una honda resonancia metafísica. Por encima de adolescentes delicuescencias, más allá de las erupciones pasionales impúdicamente exteriorizadas, esta poesía contiene una singular energía que objetiva el flujo lírico, ofreciéndonos una meditación de la totalidad de la vida».[321]

---

319. Loyola, Hernán: «Pablo Neruda: itinerario de una poesía». Prólogo de: *Pablo Neruda. Antología esencial*, pp. 7-37. Remitimos al lector interesado a su estudio preliminar de la edición que preparó para Cátedra en 1987.

320. *Confieso que he vivido*, pp. 120-121.

321. Concha, Jaime: «Interpretación de *Residencia en la Tierra*». *Mapocho*,

En un análisis mucho más reciente ha recordado su «poderoso impacto» en la poesía chilena, en Jorge Teillier, Enrique Lihn y Gonzalo Rojas, por ejemplo, y en grandes narradores del siglo XX, como Julio Cortázar y Juan Carlos Onetti. «Su lenguaje está aún vívido, sus temas siguen teniendo gran resonancia, su tono de autenticidad impar seguirá generando ecos en el orden de la creación, huellas en la mente y la memoria de los lectores por venir. ¿No es esto, acaso, lo que llamamos posteridad?».[322]

De su nueva obra, Neruda solo envió tres ejemplares a España: al diplomático Carlos Morla Lynch, al crítico Esteban Salazar y Chapela y al poeta José Bergamín, quien le había mencionado (al igual que a Antonio Machado, Federico García Lorca, Juan Ramón Jiménez, Rafael Alberti o Dámaso Alonso) en el prólogo que firmó para la edición española de *Trilce* de 1930.[323] A Héctor Eandi le remitió dos ejemplares el 19 de mayo.[324] A lo largo de los años, habían conversado, a miles de kilómetros de distancia, sobre el proceso de creación de este libro, sobre el sufrimiento del poeta en Oriente, sobre las desventuradas vicisitudes que impidieron su publicación antes. «Usted sabe, querido amigo, qué gran valor atri-

n.º 2. Santiago de Chile, julio de 1963, pp. 5-39. Incluido en su libro: *Tres ensayos sobre Pablo Neruda*. The University of South Carolina. Columbia (Estados Unidos), 1974, pp. 31-84.

322. Concha, Jaime: «En torno a las *Residencias*». *Estudios Públicos*, n.º 94. Santiago de Chile, otoño de 2004, pp. 47-70. Número dedicado a Pablo Neruda con motivo de su centenario.

323. «La poesía de *Trilce* es seca, ardorosa, como retorcida duramente por un sufrimiento animal que se deshace en un grito alegre o dolorido, casi salvaje. Esto la aproxima y la aparta, a su vez, del poeta americano Neruda, también oscuramente dolorido y hosco, pero con distinta sensualidad: la poesía de Neruda es más jugosa, más blanda, más densa y, acaso, más rica de tonalidades, pero más monótona en conjunto, menos inventiva, menos flexible, menos ágil». Bergamín, José: «Noticia». Prólogo a: Vallejo, César: *Trilce*. Compañía Ibero-Americana de Publicaciones. Madrid, 1930, pp. 9-17.

324. El 8 de octubre de 1933 el diario bonaerense *La Nación* publicó una reseña escrita por Eandi, aunque sin su firma. «*Residencia en la Tierra*, en cuyos poemas se evidencian en la forma más completa y perfecta las cualidades de la poesía de Pablo Neruda es, pues, un libro de primer rango en la poesía lírica castellana». Olivares (2008), pp. 165-166. Y véase también el segundo volumen de su trilogía: Olivares B., Edmundo: *Pablo Neruda: Los caminos del mundo. Tras las huellas del poeta itinerante II (1933-1939)*. LOM Ediciones. Santiago de Chile, 2001, p. 30.

buyo a su obra, qué alta calidad de arte encuentro en ella», le agradeció Eandi. «Me siento feliz de haberlo seguido, siquiera sea de lejos, en los años en que usted ha madurado este libro, y creo innecesario decirle cómo lo siento una cosa mía, por ser obra del amigo y por ejercitación del natural derecho a la apropiación de la belleza».[325]

LA *ABEJA DE FUEGO* EN LA CALLE CORRIENTES

En abril y mayo de 1933, Neruda se desplazó a Temuco para visitar a su padre, quien se encontraba enfermo de una cierta gravedad. De aquellos viajes a La Frontera surgieron dos poemas emblemáticos, «Barcarola» y «El sur del océano», que integrarían el segundo volumen de *Residencia en la Tierra* y pusieron fin a un duro período de depresión y de «esterilidad poética».[326] Fue la última visita a su familia hasta noviembre de 1937, porque pronto emprendió una de las etapas más felices de su vida, de nuevo fuera de Chile.

El 1 de agosto fue designado cónsul particular de elección en el Consulado General de Buenos Aires.[327] Aunque no concretaba su aspiración de ser cónsul de profesión, sus ingresos sí estarían garantizados por la importancia de las relaciones económicas bilaterales. El 16 de agosto, comunicó el nuevo destino a su padre, al tiempo que le relató las influencias que tuvo que hacer valer ante el presidente Arturo Alessandri para neutralizar las intrigas del Partido Conservador. Nueve días después, le anunció que no podrían visitarlos porque el Ministerio le había ordenado partir «sin pérdida de tiempo» y estaban muy ocupados arreglando las deudas y preparando el equipaje. «Hemos estado empaquetando maletas y vendiendo cosas, y viviendo en una verdadera fiebre para conseguirnos el valor de dos pasajes, y para salir antes de que se arrepientan otra vez del nombramiento...». El 28 de agosto viajaron

---

325. Olivares (2008), p. 145.

326. Loyola, Hernán: «Don José del Carmen y su hijo Neftalí». *El Mercurio. Revista de Libros*. Santiago de Chile, 14 de junio de 2003, pp. 6-7.

327. *Memoria del Ministerio de Relaciones Exteriores de Chile de 1933*. Santiago de Chile, 1934, p. 322.

hacia la capital argentina. El cónsul general era Sócrates Aguirre, quien tuvo un trato muy deferente con él. «Aquí tengo de jefe a un Cónsul que es muy buena persona y amigo», confió a su hermana Laura a fines de septiembre.[328] Por primera vez también cumplió un trabajo diario como funcionario diplomático y manejó los asuntos culturales como un instrumento eficaz.[329]

Después de instalarse en un departamento de la calle Corrientes, no debió demorarse mucho en conocer personalmente a Héctor Eandi, con quien en más de una ocasión se reuniría a almorzar en el popular restaurante El Pescadito del barrio de La Boca.[330] Y se insertó en el mundo intelectual porteño, puesto que con frecuencia era invitado a los cafés literarios y a las tertulias para compartir con artistas y poetas... para pesar de María Antonia Hagenaar, ajena a ese mundo, hostil a la bohemia, arisca al trato social y con grandes dificultades aún para expresarse en español. Jamás entendió que para su esposo era imprescindible vivir de aquel modo las relaciones personales, literarias y de amistad. Neruda entabló relación pronto con el matrimonio formado por Norah Lange y Oliverio Girondo y sobre todo con Sara Tornú, esposa del escritor Pablo Rojas Paz, quien lo vinculó con Raúl González Tuñón, Amado Villar, Ricardo Molinari, Enrique Amorim o Amparo Mom.

El 29 de septiembre llegó la escritora María Flora Yáñez, hija del importante político Eliodoro Yáñez y hermana de su amigo Álvaro, notable escritor y pintor, conocido como Juan Emar. Ese mismo día fue a saludarla al Hotel Continental y la invitó a una

---

328. Véanse aquellas tres cartas de Pablo Neruda a su padre y a su hermana en: *Pablo Neruda. Obras Completas. V. Nerudiana dispersa II. 1922-1973*, pp. 829-831.

329. Quezada Vergara, Abraham: «Pablo Neruda en el Servicio Exterior». *Diplomacia*, n.º 98. Santiago de Chile, abril-junio de 2004, pp. 28-51.

330. Eandi falleció el 18 de mayo de 1965. Neruda se encontraba en Europa para recibir el Doctorado Honoris Causa de la Universidad de Oxford. En su nombre, Margarita Aguirre (hija del cónsul Sócrates Aguirre) llevó unas orquídeas al funeral en la Sociedad Argentina de Escritores. La correspondencia se cerró en diciembre de 1965 y noviembre de 1966, cuando el poeta envió sendas cartas a Juanita Eandi, la viuda de su amigo. En la última de ellas le adjuntó una edición de su traducción de *Romeo y Julieta* con una nota de consuelo: «Héctor está siempre en mi recuerdo». Aguirre, Margarita: *Pablo Neruda-Héctor Eandi. Correspondencia durante Residencia en la Tierra*. Sudamericana. Buenos Aires, 1980, p. 14.

velada en su departamento que tendría lugar el 3 de octubre. «A las siete de la tarde se efectuó el cóctel en mi honor que ofrecía Pablo Neruda. Vive en un departamento ultra moderno en el piso veinte de un rascacielos. Me recibió con una amabilidad exquisita. Con su voz baja y su lento hablar de predicador, procedió a las presentaciones». Allí estaban Sara Tornú, Norah Lange y Alfonsina Storni. «Hechas las presentaciones, nos sentamos todos en torno a una mesita ratona, a beber unas copas de cinzano. Ofrecían y hacían los honores Maruca, la esposa javanesa de Neruda que semejaba a un gigantesco gendarme rubio, y María Luisa Bombal».

A las nueve de la noche se retiraron algunos de los invitados, pero el poeta insistió en prolongar la velada con una cena. «Mientras se pedía la comida a un restorán cercano, Neruda me invitó a conocer la terraza del edificio. [...] La vista era soberbia: Buenos Aires, todo engalanado a los pies de la terraza y arriba el cielo erizado de estrellas. Bajamos por fin, volviendo al piso de Neruda. La comida había llegado y entre Maruca y Alfonsina la calentaban al horno. La cocina del piso era sorprendente: muros y suelos de mármol blanco con ribetes azules, mesas y consolas relumbrantes. Nos instalamos a comer en el pequeño *hall*, servidos por Pablo y Maruca». Después, el poeta sugirió continuar la noche en Signo, un conocido local frecuentado por escritores e intelectuales. «Entonces Maruca desapareció hacia su dormitorio, haciendo una seña a Neruda, quien le siguió. Y a poco se sintieron los gritos de una discusión acalorada». Ella se oponía a proseguir la reunión fuera de la casa. «En ese momento salieron del dormitorio Neruda y Maruca; él, más indio triste que nunca, ella, convulsionada aún de cólera. "Vamos a *Signo*", ordenó Pablo». La velada terminó a las dos de la madrugada.[331]

En aquellos días la escritora María Luisa Bombal convivía con ellos. Nacida en 1910 en una familia aristocrática de Viña del Mar, vivió una década en París, donde estudió Filosofía y Letras en La Sorbona y preparó su tesis sobre Próspero Mérimée.[332] Conoció a Neruda en 1932 y este le invitó a Buenos Aires para que dejara atrás un duro desasosiego amoroso con Eulogio Sánchez Errazú-

331. Yáñez, María Flora: *Historia de mi vida. Fragmentos.* Nascimento. Santiago de Chile, 1980, pp. 249-253.

332. Castanedo Pfeiffer (2012), pp. 192-194.

riz (jefe de las Milicias Republicanas, agrupación paramilitar de corte anticomunista) que la llevó a intentar suicidarse y también porque era una de las escasas amigas de su esposa.[333]

En la mesa de la cocina del departamento de la calle Corrientes Bombal inició su novela *La última niebla*, mientras Neruda escribía poemas como «Walking around», «Material nupcial» o «Desespediente», que integrarían el segundo volumen de *Residencia en la Tierra*. Fue ella quien primero se instaló en aquel espacio enorme y de clara iluminación, envuelto de mármol blanco.[334] Allí el poeta la bautizó como «la abeja de fuego» al dedicarle una fotografía que ella guardaría a lo largo de toda su vida: «María Luisa adorada, abeja de fuego, te besa el corazón, Pablo».[335]

El 9 de octubre, envió a su hermana un giro de cien pesos, parte de un premio de poesía otorgado por la Sociedad de Escritores y el Ministerio de Educación, y le contó que había enviado otros cien a unas hermanas de su madre, Rosa Neftalí Basoalto, que vivían en la pobreza en Rancagua.[336]

Tres días después, Federico García Lorca llegó a Buenos Aires en el *Conte Grande*, uno de los trasatlánticos más modernos de aquel tiempo. Procedía de Montevideo, donde se había estrenado su obra *Bodas de sangre* con un gran éxito. La recepción en Argentina fue apoteósica.[337] Su programa, anunciado por la prensa desde principios de mes, incluía cuatro conferencias en Amigos del Arte, centro ubicado en la calle Florida, la primera de ellas titulada: «Jue-

333. Vidal, Virginia: «La abeja de fuego en la cocina». *Mapocho*, n.º 38. Santiago de Chile, segundo semestre de 1995, pp. 265-279.

334. Gligo, Ágata: *María Luisa*. Andrés Bello. Santiago de Chile, 1984, pp. 61-66. Una de las grandes novelas de María Luisa Bombal es *La amortajada*, publicada en 1938 y merecedora del Premio de la Municipalidad de Santiago en 1941. Patricio Lizama ha comparado las influencias y nexos entre esta obra y el segundo volumen de *Residencia en la Tierra* en: «Los cien años de María Luisa: viaje inmóvil y viaje funerario en Bombal y en Neruda». *Nerudiana*, n.º 10. Santiago de Chile, diciembre de 2010, pp. 4-6.

335. Vial, Sara: «María Luis Bombal, la abeja de fuego». *Boletín de la Fundación Pablo Neruda*. Santiago de Chile, primavera de 1991, pp. 23-28.

336. Carta de Pablo Neruda a Laura Reyes del 9 de octubre de 1933 desde Buenos Aires. *Pablo Neruda. Obras Completas. V. Nerudiana dispersa II. 1922-1973.* p. 832.

337. Gibson, Ian: *Federico García Lorca*. Crítica. Barcelona, 2011, pp. 906-911.

go y teoría del duende». Y también su asistencia al reestreno de *Bodas de sangre* por la compañía de Lola Membrives y al estreno americano de *La zapatera prodigiosa*.

García Lorca fue el poeta que más estimó Neruda. En la Colección Neruda del Archivo Central Andrés Bello de la Universidad de Chile se conserva un ejemplar de la primera edición de *Romancero gitano* con esta dedicatoria: «Para mi queridísimo Pablo, uno de los pocos grandes poetas que he tenido la suerte de amar y conocer».[338] Compartieron tres años luminosos en Buenos Aires y Madrid, con infinidad de momentos como el que evocó en junio de 1958 en Santiago de Chile, cuando relató una ocasión en que fueron invitados a dar una conferencia en un pueblo español. Pero en la estación del ferrocarril nadie les recibió. «Fuimos, pero no los reconocimos. Creíamos que vendrían vestidos de poetas», intentaron justificarse los lugareños. Con su alegría andaluza, el poeta de Fuentevaqueros sentenció: «Es que somos de la poesía secreta».[339] Su vil asesinato en agosto de 1936, en las primeras semanas de la Guerra Civil española, marcaría a fuego su vida y su poesía.

EL *DUENDE* DE FEDERICO

Federico García Lorca y Pablo Neruda se conocieron el 13 de octubre de 1933 durante la recepción al poeta granadino organizada en la casa de Pablo Rojas Paz y Sara Tornú, cariñosamente llamada «la Rubia». Durante aquellas semanas, fue testigo de su intensa actividad y escuchó con atención sus opiniones acerca de la complicada situación de la II República Española y las próximas elecciones municipales y generales, que otorgarían el triunfo a la derecha y abrirían paso al «bienio negro». Vio a un intelectual que defendía las reformas democráticas de la República y que abogaba fervorosamente por un teatro nuevo, que abordara los conflictos sociales. «Yo arrancaría de los teatros las plateas y los palcos y traería abajo el gallinero. En el teatro hay que dar entrada al públi-

338. Sanhueza, Jorge: «Pablo Neruda, los poetas y la poesía». *Aurora*, n.º 3-4. Santiago de Chile, julio-diciembre de 1964, pp. 28-63.
339. *El Siglo*. Santiago de Chile, 16 de junio de 1958, p. 2.

co de alpargatas. [...] El público con camisa de esparto, frente a *Hamlet*, frente a las obras de Esquilo, frente a todo lo grande», proclamó en aquellos días.[340]

El sábado 28 de octubre, en el último piso del emblemático Plaza Hotel, en la calle Florida, el Pen Club organizó un banquete que tuvo como protagonistas a García Lorca y Neruda, con la asistencia de más de cien escritores e intelectuales.[341] Con su memorable «discurso al alimón» en homenaje a Rubén Darío,[342] rindieron tributo a quien había instaurado una fraternidad literaria entre América y España, al poeta que vivió en Chile, España y Argentina, a quien, en palabras de Rosa García Gutiérrez, fundó «una patria poética única que es la poesía moderna en español».[343]

En aquellas semanas García Lorca publicó el poema «Adán», dedicado a «Pablo Neruda, rodeado de fantasmas», en la *Revista Internacional de Poesía* de Buenos Aires. Dos años después, en Madrid, este le correspondería con su «Oda a Federico García Lorca». Además, a lo largo de aquellos meses tomaron la costumbre de dar lectura a sus nuevos poemas y conversar a partir de ellos.[344]

A fines de año, conocedor de su afición a los disfraces, el cónsul general Sócrates Aguirre le pidió que se vistiera de «viejo pascuero» para algunos niños, entre ellos su hija Margarita. «Lo veo avanzar por nuestro departamento en Caballito, la Nochebuena de ese año, con una larga bata roja, las clásicas barbas de algodón pegadas al rostro y un pesado bulto blanco a sus espaldas. La figura de Santa Claus nos resultó familiar a nuestros suspicaces ojos de niños. "Tú eres Pablo Neruda", le gritamos con mi hermano, y él explicó, con su voz monocorde, que a ese señor lo había encontrado en la escalera porque parecía que iba a comprar cigarrillos. [...]

340. *Crítica*, 15 de octubre de 1933. Buenos Aires, p. 11. Citado por Gibson: pp. 913-915.

341. Gibson y otros autores, en cambio, sitúan este banquete y el célebre discurso al alimón en el 20 de noviembre de 1933.

342. En España, este discurso se publicó en: *El Heraldo de Madrid*. Madrid, 27 de diciembre de 1934, p. 10.

343. García Gutiérrez, Rosa: «Neruda y Lorca al alimón: texto y contexto de *Paloma por dentro*». *Escritural*, n.º 1. Poitiers, marzo de 2009, pp. 319-341.

344. Loyola, Hernán: «Lorca y Neruda en Buenos Aires (1933-1934)». Bernard, 2009, pp. 345-362.

Él fue sacando con parsimonia los regalos y desapareció furtivamente en medio del entusiasmo que estos nos producían».[345]

Tanto Pablo Neruda como Federico García Lorca llegaron a tener una relación especialmente afectuosa con Sara Tornú, como lo recordó aquel en 1956 en un acto en Santiago de Chile en memoria del poeta granadino. «"La Rubia" era un gran personaje de la época, una extraordinaria activista del mundo literario y artístico, una verdadera "tirana" con los artistas». Así, por ejemplo, alguna mañana telefoneaba muy temprano a García Lorca y le anunciaba su programa para todo el día... sin consultarle previamente. «Estoy tiranizado", me dijo un día, condolido, Federico. "Algo tenemos que hacer". Discutimos, deliberamos largo rato sobre lo bueno y lo malo de la "Rubia". Por último, decidimos hacer lo único que estaba a la mano nuestra hacer: rendirnos. Nos convertimos en sus súbditos. Y para celebrar la coronación de la monarquía de la "Rubia" sobre nosotros decidimos hacerle un regalo».[346]

Aquel obsequio fue una verdadera joya bibliográfica, *Paloma por dentro*, que se conserva en la Fundación Federico García Lorca, en la madrileña Residencia de Estudiantes. Matilde Urrutia incluyó su reproducción facsimilar en *El fin del viaje*. Se trata de una obra con siete poemas de Neruda («Solo la muerte», «Oda con un lamento», «Agua sexual», «Material nupcial», «Severidad», «Walking around» y «Desespediente»)[347] escritos a máquina e ilustrados a tinta china por García Lorca.[348] Para la portada, de arpillera, tuvieron la ayuda del pintor y escenógrafo Jorge Larco, quien dibujó una paloma y la bordó en hilo verde. En ella se lee: «Paloma por dentro o sea la mano de vidrio Interrogatorio en varias estrofas compuesto en Buenos Aires por el Bachiller Don Pablo Neruda e ilustrada por Don Federico García Lorca. Ejemplar único hecho en honor de Doña Sara Tornú de Rojas Paz 1934».[349] En la página final, García Lorca escribió junto al dibujo que representa sus ca-

345. Aguirre, Margarita: *Las vidas de Pablo Neruda*. Grijalbo. Buenos Aires, 1973, p. 156.

346. *El Siglo*. Santiago de Chile, 23 de octubre de 1956, p. 8.

347. Todos, a excepción de «Severidad», incluidos en el segundo volumen de *Residencia en la Tierra*.

348. García Gutiérrez, Rosa: «Neruda y Lorca al alimón: texto y contexto de *Paloma por dentro*». *Escritural*, n.º 1. Poitiers, marzo de 2009, pp. 319-341.

349. Gibson, pp. 920-925.

bezas cortadas: «Este patético dibujo fue realizado la tarde del Martes 13 de 1934 en la ciudad de Santa María de los Buenos Aires así como todos los demás dibujos». Y también figura esta dedicatoria de Neruda en tinta verde: «A nuestra extraordinaria amiga La Rubia, recuerdo y cariño de dos poetas insoportables. Pablo. Buenos Aires Abril 1934».[350]

HACIA BARCELONA

El 11 de noviembre el Ministerio de Relaciones Exteriores aprobó su anhelado traslado a España, al Consulado General, con sede en Barcelona.[351] A principios de 1934, tuvo que reemplazar en sus funciones a Sócrates Aguirre, de vacaciones en Chile. Además, una noticia venturosa irrumpió en su hogar: su esposa estaba embarazada. Así se lo comunicó a su padre a fines de marzo: «Querido papá: Recién recibo su breve carta de Parral en que me anuncia su regreso a Temuco. Me alegro inmensamente de lo bien que lo han pasado [...]. Ahora le daré la gran noticia, y es que —según presumimos— lo haremos abuelo en agosto de este año. A pesar de que Maruca ha tenido algunas dificultades internas, espero que todo saldrá bien». Solo a su hermana informó entonces de su inminente traslado a Barcelona. «Qué le vamos a hacer: tú sabes que la carrera mía es como la del marino, no se puede contravenir las órdenes. Quiero que se lo digas a mi papá pero no todavía a mi mamá porque puede sufrir pensando que está muy lejos».[352]

A mediados de abril Federico García Lorca ya se encontraba en Madrid. «Viene fascinado por el talento de Pablo Neruda...», anotó Morla Lynch en su diario.[353] A este le relató Neruda el adiós que le habían tributado: «No recuerdo haber visto en ninguna despedida

350. *Sobre Paloma por dentro*. Colección Páginas Sueltas, n.° 1. Santander, 2011.

351. Schidlowsky, David: *Pablo Neruda y su tiempo. Las furias y las penas. Tomo I (1904-1949)*. RIL Editores. Santiago de Chile, 2010, p. 215.

352. Véanse las cartas de Pablo Neruda a su padre y a su hermana de marzo de 1934 desde Buenos Aires en: *Pablo Neruda. Obras Completas. V. Nerudiana dispersa II. 1922-1973*, pp. 832-834.

353. Morla Lynch, Carlos: *En España con Federico García Lorca*. Renacimiento. Sevilla, 2008, p. 386.

tanta emoción y tanto amor. Por otra parte, el triunfo suyo en Buenos Aires ha sido descomunal...». En aquellas líneas le pidió que le comunicara que ya habían entregado *Paloma por dentro* a Sara Tornú en una «ceremonia magnífica» que desbordó sus lágrimas.[354]

El 27 de abril ofreció un recital en el Ateneo Universitario y ya había inaugurado la exposición bibliográfica chilena a la que había consagrado varios meses de trabajo.[355] El 5 de mayo partieron en barco hacia Barcelona. Cuatro días después, el cónsul general, Sócrates Aguirre, dirigió un informe al ministro de Relaciones Exteriores para valorar su desempeño: «Durante el tiempo que el señor Reyes permaneció en Buenos Aires logró captarse las generales simpatías en el ambiente en el cual movía su acción, y en los círculos literarios logró despertar vivo interés y admiración que se tradujo en numerosos artículos llenos de elogios a su labor de poeta y escritor. [...] Su labor ha sido fecunda y beneficiosa para el conocimiento grato de nuestro país, pues aparte de sus condiciones relevantes de poeta, se trata de un correcto caballero y cumplido funcionario».[356]

354. Carta de Pablo Neruda a Carlos Morla Lynch del 9 de abril de 1934 desde Buenos Aires. Quezada Vergara, *Pablo Neruda. Epistolario viajero*, pp. 89-91.

355. Rovira: *Pablo Neruda. Álbum*. Publicaciones de la Residencia de Estudiantes. Madrid, 2007, pp. 85-88.

356. Schidlowsky (2010), Tomo I, pp. 223-224.

4

La luz y la sangre de España

España no fue una escala más para el poeta errante en su itinerario consular. Llegó destinado a Barcelona en los últimos días de mayo de 1934, pero rápidamente logró asentarse en Madrid, donde en agosto nació su hija, Malva Marina, y conoció a la segunda compañera de su vida: Delia del Carril. Hasta el golpe de Estado militar contra la II República, vivió un tiempo de plenitud, recibido fraternalmente por los poetas de su generación. La publicación de los dos volúmenes de *Residencia en la Tierra* y la aparición de la revista *Caballo Verde para la Poesía* en 1935 elevaron su prestigio literario. «Pocos poetas han sido tratados como yo en España. Encontré una brillante fraternidad de talentos y un conocimiento pleno de mi obra», destacó años después.[357] En junio de 1935, participó en París en el I Congreso Internacional de Escritores para la Defensa de la Cultura, su primera aproximación al movimiento comunista internacional. En noviembre, sustituyó a Gabriela Mistral como cónsul en Madrid. En 1936, el inicio de la Guerra Civil española, el asesinato de Federico García Lorca y la resistencia republicana lo marcaron profundamente. En 1937, desde París, asumió un papel activo en la solidaridad con la España democrática y tuvo una destacada participación en la preparación y el desarrollo del II Congreso de Intelectuales en Defensa de la Cultura, antes de regresar a Chile a fines de agosto. La luz de la España republicana lo acompañó a lo largo de su vida. Su sangre transformó su poesía y su existencia.

357. Cardona Peña, pp. 28-33.

Pablo Neruda y María Antonia Hagenaar llegaron al puerto de Barcelona en los últimos días de mayo de 1934, procedentes de Buenos Aires. El poeta tomó posesión de su puesto de cónsul adjunto en el Consulado General de Chile con fecha 1 de junio.[358] Percibiría un salario de doscientos veintidós dólares.[359] En la ciudad mediterránea tuvo conocimiento del fallecimiento el 25 de mayo en Santiago de Chile de Alberto Rojas Giménez. «Pocas veces he sentido un dolor tan intenso», anotó en su autobiografía.[360] Con el recuerdo del amigo que le ayudó a derrotar su timidez adolescente, que le guió en aquellas noches inolvidables de la bohemia, escribió la elegía «Alberto Rojas Giménez viene volando», publicada en *Revista de Occidente* en julio de aquel año e incluida en el segundo volumen de *Residencia en la Tierra*. La obligada ausencia de su funeral le llevó a realizar junto con su amigo el pintor Isaías Cabezón una sentida ceremonia en la basílica de Santa María del Mar, cuya construcción Ildefonso Falcones ha novelado de manera magistral en *La catedral del mar*. «Era un ángel lleno de vino [...]. Cuando murió me morí de pena; lloraba mucho con ataques de pena y no sabía qué hacer», escribió a Sara Tornú meses después.[361] Isaías Cabezón, quien ilustrara «La Canción de la Fiesta» en 1921, y él penetraron en aquel templo oscuro y monumental de la Barcelona medieval y con sendas velas de un metro de longitud evocaron al amigo entrañable que les dejó a la imperdonable edad de 33 años.

El 1 de junio en la Estación del Norte de Madrid le recibieron Federico García Lorca, con un ramo de flores, y dos miembros del grupo de teatro La Barraca: Luis Sáenz de la Calzada y Rafael Rodríguez Rapún. «Hacía calor, lo cual nos animó a tomar algo fresco; fuimos, pues, a una tasca a charlar y a beber un poco», recordó

---

358. Archivo Nacional de Chile. Vol. 3.417 del Ministerio de Relaciones Exteriores. *Oficios recibidos consulados en Checoslovaquia, Dinamarca, España.*

359. Quezada Vergara, Abraham: «Pablo Neruda en el Servicio Exterior». *Diplomacia*, n.º 98. Santiago de Chile, abril-junio de 2004, pp. 28-51.

360. *Confieso que he vivido*, pp. 60-61.

361. Carta de Pablo Neruda a Sara Tornú del 19 de septiembre de 1934 desde Madrid. Quezada Vergara, *Pablo Neruda. Epistolario viajero*, pp. 97-100.

Sáenz de la Calzada.[362] Compartieron dos o tres frascas de vino y a la salida, pleno de felicidad por el reencuentro, García Lorca pidió a Sáenz de la Calzada que declamara algunos versos de la obra *El burlador de Sevilla*, de Tirso de Molina, que entonces estaban ensayando. El poeta chileno, por su parte, leyó «Walking Around».

Neruda había avisado de su llegada por telegrama a Carlos Morla Lynch, consejero de la embajada chilena, un diplomático conservador y católico, pero que tenía una sensible debilidad por los artistas.[363] Impaciente, salió a buscarlos, los encontró en el bar Baviera, en la calle Alcalá, e invitó almorzar en su casa, en la calle Velázquez, cerca del Parque del Retiro. En su diario anotó las primeras impresiones sobre el poeta, con quien había intercambiado correspondencia en los últimos cuatro años: «Me esfuerzo por penetrar su fisonomía, su carácter humano: es pálido —una palidez cenicienta—, ojos largos y estrechos, como almendras de cristal negro, que ríen en todo tiempo, pero sin alegría, pasivamente. Tiene el pelo muy negro también, mal peinado, y manos grises. Ninguna elegancia. Los bolsillos, llenos de papeles y de periódicos. Lo que en él me cautiva es su voz: una voz lenta, monótona, nostálgica, como cansada, pero sugestiva y llena de encanto».

Al día siguiente, Morla Lynch y su esposa, María Manuela Vicuña, *Bebe*, acogieron una velada que se prolongó hasta las cuatro de la madrugada. Era ya muy tarde cuando se anunció que el invitado de honor ofrecería algunos de sus poemas. «Y Pablo toma asiento en el centro del salón, bajo la luz de la consabida lamparilla, rodeado por todos los asistentes. Se hace el silencio; un silencio de expectativa, profundo y emotivo. Su voz lenta [...], de una dulzura envolvente, se eleva [...] y nos infunde la sensación inefable de una cosa muy bella que no se parece a otras sentidas antes», escribió Morla Lynch. Neruda leyó «El tango del viudo» y «El fantasma del buque de carga». «Talento de una personalidad inconfundible y única. Nos hallamos subyugados por una fuerza que tiene proporciones geniales». Después correspondió a Federico García

362. Sáenz de la Calzada, Luis: *La Barraca: teatro universitario*. Revista de Occidente. Madrid, 1976, pp. 26-27.

363. Sáez, Fernando: *La Hormiga. Biografía de Delia del Carril, mujer de Pablo Neruda*. Catalonia. Santiago de Chile, 2004, p. 84.

Lorca la lectura de algunos de sus versos «y aquello es como un arco iris después de la tormenta».[364]

También la pintora Maruja Mallo lo conoció muy pronto.[365] «Su voz lenta, perezosa, triste, se identifica con su físico... contrastaba con su obra magistral, violenta y emotiva, fuerza inconfundible, angustia sugestiva, estilo personal, producto autóctono y sorprendente como el panorama de su geografía», recordó en 1983.[366]

En otro desplazamiento posterior a Madrid, conoció personalmente a Rafael Alberti, quien vivía con María Teresa León al final de la calle Marqués de Urquijo. Neruda se presentó de improviso en su domicilio y subió solo para, después de saludarle, advertirle de que le acompañaba su esposa y solicitarle que no hiciera ningún gesto de sorpresa o extrañeza al descubrir su estatura, que caracterizó de manera desproporcionada.[367] Aquella casa fue otro punto privilegiado de encuentro y proyección para él en Madrid. Allí coincidió con el escritor José Bergamín, el músico Gustavo Durán, los pintores Palencia y Ontañón, el escultor toledano Alberto Sánchez y los jóvenes poetas Arturo Serrano Plaja y José Herrera Petere.[368]

Muy pronto, con el consentimiento tanto del cónsul general como del embajador, se las ingenió para cumplir sus funciones en comisión de servicios en la embajada, en Madrid. Por ese motivo, con la ayuda de Rafael Alberti y María Teresa León, pudo alquilar un departamento en un edificio singular del barrio de Argüelles, que sería inmortalizado por *España en el corazón*. Construida en 1930 por los arquitectos Saturnino Suazo Ugalde, Miguel Fleischer y Hermann Jansen, la Casa de las Flores (hoy protegida por la Ley de Patrimonio Histórico Artístico) ocupa la manzana completa delimitada por las calles Rodríguez San Pedro, Hilarión Eslava,

364. Morla Lynch, *En España con Federico García Lorca*, pp. 392-394.

365. En 1945, Neruda acompañó a Maruja Mallo a Isla de Pascua, en el que fue su primer viaje a este territorio de la Polinesia. Castanedo Pfeiffer, Gunther: «El "otro" viaje de Neruda a Isla de Pascua». *Nerudiana*, n.º 10. Santiago de Chile, diciembre de 2010, pp. 17-19.

366. *Diario 16*. Suplemento *Disidencias*. Madrid, 25 de septiembre de 1983, p. 1.

367. Prólogo de Rafael Alberti a *Antología poética de Pablo Neruda*. Espasa-Calpe. Madrid, 1983, pp. 20-25.

368. Mateos Miera, Eladio: «Neruda-Alberti: dos poetas hermanos». Jiménez Gómez, pp. 167-182.

Meléndez Valdés y Gaztambide.[369] Primero se alojaron en un piso bajo al que se accedía por esta última y posteriormente se trasladaron a otro de ciento diez metros cuadrados de la quinta planta de la calle Rodríguez San Pedro con Hilarión Eslava, con una terraza que proporcionaba una vista espléndida hacia la sierra de Guadarrama.[370] El poeta dejó su impronta de constructor al ordenar el derribo de una pared interior para crear un espacioso salón donde distribuyó sus libros, algunas máscaras orientales y otros objetos decorativos.

Su apartamento de la Casa de las Flores se convirtió en lugar de encuentros literarios y festivos que marcaron a aquella generación de intelectuales y artistas. Allí llegaban habitualmente sus paisanos Acario Cotapos e Isaías Cabezón, los escritores mexicanos Andrés Iduarte y Bernardo Ponce, el argentino Raúl González Tuñón, el cubano Félix Pita Rodríguez y, entre los españoles, Federico García Lorca, León Felipe, Rafael Alberti y María Teresa León, Miguel Hernández, Emilio Prados, Manuel Altolaguirre y Concha Méndez, María Zambrano, Maruja Mallo, Alberto Sánchez, Arturo Serrano Plaja, el pintor Alfonso Buñuel (hermano del director de cine)... «En la Casa de las Flores se charlaba, se discutían los últimos libros, se conversaba de poesía, de literatura, de política», recordó Luis Enrique Délano.[371]

Uno de los más noveles era el pintor José Caballero. «Pablo y Federico fueron mis grandes amigos y educadores, verdaderos padres para mí, por los que siento y he sentido respeto y admiración», explicó en 1982. «Ellos fueron los que influyeron en mi obra decisivamente. Sobre todo la poesía de Pablo era puramente pictórica en cuanto a imágenes poéticas. Esas imágenes circulares, ese mundo cósmico donde ocurrían catástrofes, guerras, amores, donde había lugares como Isla de Pascua, me influyeron grandemente. Incluso he utilizado frases de sus poemas para titular mis cuadros».

369. Macías Brevis, Sergio: *El Madrid de Pablo Neruda*. Tabla Rasa. Madrid, 2004, p. 55.

370. Macías Brevis, Sergio: «La Casa de las Flores: imagen poética y social en Pablo Neruda». *República de las Letras*, n.º 83. Madrid, primer trimestre de 2004, pp. 27-32. Número dedicado a Pablo Neruda con motivo de su centenario.

371. *Aurora*, n.º 3-4. Santiago de Chile, julio-diciembre de 1964, pp. 218-225.

El punto de encuentro del grupo solía ser la Cervecería Correos, entre la Puerta de Alcalá y la Plaza de la Cibeles. De allí partían a la Plaza Mayor y la Cava Baja, al Café Pombo, a Casa Manolo o a la Taberna de Pascual, para terminar en la casa de Alberti o la de Neruda. «Las reuniones en casa de Pablo era interminables; comenzaban por la tarde, seguían por la noche, al día siguiente y al otro», evocó Caballero. «La casa de Pablo era muy divertida, muy acogedora. [...] Aquí se discutía, se hablaba de todo, y cuando alguien tenía sueño le pedía un sitio para ir a descansar, y este en las muchas habitaciones buscaba un lugar en las camas donde la gente no dormía a lo largo sino a lo ancho, para que así cupieran más. Así a veces, uno se acostaba al lado de personas totalmente desconocidas. Dormías, te refrescabas un poco, y luego te incorporabas a la reunión, que por supuesto ya había cambiado de tema, pero eso era lo menos importante; uno se unía como algo muy natural. Y así continuábamos durante tres, cuatro o cinco días en casa de Pablo. Era una vida tan maravillosa, tan soñada, tan irreal, que esto nos marcó a todos, nos hizo ser de una manera y pensar de una manera, vivir de una manera».[372]

En aquella casa también creció su única hija, Malva Marina Trinidad Reyes Hagenaar, quien nació en Madrid el 18 de agosto de 1934 enferma de hidrocefalia, mal que entonces no tenía ni tratamiento, ni cura, producto de una hemorragia sufrida durante el parto.

MALVA MARINA

«No me he apresurado a comunicarle la noticia porque todo no ha andado muy bien», escribió a su padre. «Parece que la niña nació antes de tiempo y ha costado mucho que viva. Ha habido que tener doctores todo el tiempo y obligarla a comer con sonda, inyecciones de suero, y con cucharadas de leche, porque no quería mamar. Hubo momentos de mucho peligro, en que la guagua se moría y no sabíamos qué hacer». Noches y días en vela para alimentar a su hija recién nacida con un peso de casi dos kilos y medio. Su vida ya no

---

372. *La Tercera*. Santiago de Chile, 22 agosto de 1982. Suplemento *Buen Domingo*, pp. 4-5.

corría peligro, pero el médico les advirtió de que necesitaría muchos cuidados. «La niña es muy chiquita pero es muy linda, como una muñequita, con ojos azules como su abuelo, la nariz de Maruca (por suerte) y la boca mía. [...] Por supuesto que la lucha no ha terminado aún, pero creo que se ha ganado ya la mejor parte y que ahora adelantará de peso y se pondrá gordita pronto».[373]

En cambio, el 19 de septiembre, en una extensa carta a su amiga argentina Sara Tornú, se refirió a Malva Marina de manera absolutamente descarnada. «Mi hija, o lo que yo así denomino, es un ser perfectamente ridículo, una especie de punto y coma, una vampiresa de tres kilos. [...] La chica se moría, no lloraba, no dormía; había que darle con sonda, con cucharita, con inyecciones, y pasábamos las noches enteras, el día entero, la semana, sin dormir, llamando médico, corriendo a las abominables casas de ortopedia, donde venden espantosos biberones, balanzas, vasos medicinales, embudos llenos de grados y reglamentos. Tú puedes imaginarte cuánto he sufrido».[374] No obstante, también comunicó a «la Rubia» que ya había empezado a tomar la leche materna y ganaba peso con el paso de los días y una noticia venturosa: desde Granada, Federico García Lorca le había enviado el poema «Versos en el nacimiento de Malva Marina Neruda».[375]

Después de aquella misiva a su padre, fue María Antonia Hagenaar quien les mantuvo al corriente de su evolución. «Malva tiene ahora cinco meses y medio y está muy rica», les relató el 3 de febrero de 1935. Había crecido veintiséis centímetros en su primer medio año de vida, sonreía constantemente y le aplicaban un tratamiento de rayos ultravioleta para fortalecerle los huesos. «Todo el mundo la quiere mucho y la encuentra muy linda e inteligente». Y más de un año después, el 2 de mayo de 1936, informó a Trinidad Candía: «Cuando tenía algunos meses, descubrimos que en efecto de su difícil nacimiento (aunque yo no he sufrido nada), su cabecita empezó a crecer demasiado, una enfermedad que los mejores

373. Carta de Pablo Neruda a José del Carmen Reyes del 25 de agosto de 1934 desde Madrid. *Pablo Neruda. Obras Completas. V. Nerudiana dispersa II. 1922-1973*, pp. 835-837.

374. Carta de Pablo Neruda a Sara Tornú del 19 de septiembre de 1934 desde Madrid. Quezada Vergara, *Pablo Neruda. Epistolario viajero*, pp. 97-100.

375. *Abc*. Madrid, 12 de julio de 1984, pp. 50-51. Especial con motivo del ochenta aniversario de Pablo Neruda.

médicos de Madrid y París no sabían curar, lo que era desesperante para nosotros». «Está un poco atrasada por su enfermedad, no sabe andar todavía, habla algunas palabras y sabe cantar. Es mi ángel siempre tan paciente, siempre de buen humor y alegre. No nos molesta nunca, estamos muy contentos con nuestra hijita, con su carita tan linda y su cuerpecito tan bonito. Ahora tiene 20 meses y tiene la altura de un niño de 3 años, mide 88 cm. [...] Las cuentas de los médicos casi nos han arruinado».[376]

Pero el testimonio más doloroso es el de Vicente Aleixandre. Neruda lo conoció en enero de 1935 en su casa de la calle Velintonia, próxima al barrio de Cuatro Caminos, acompañado por García Lorca.[377] «Nos abrazamos. Sonrió lentamente. Era alto, corpulento y aquella lentitud tenía algo de profundo y confiado», escribió Aleixandre, Premio Nobel de Literatura en 1977. Meses después de aquel primer encuentro, lo acompañó a la Casa de las Flores para conocer a su hija. «Subimos unos escalones "Pasa, Vicente". Un salón, y Pablo desapareció. Enfrente, una amplia balconada, y en el fondo, un gran pedazo de enorme cielo. Salí a la terraza corrida y estrecha, como un camino hacia su final. En él Pablo, allá, se inclinaba sobre lo que parecía una cuna. Todo él sonrisa dichosa, ciega dulzura de su voz gruesa, embebimiento del ser en más ser. Llegué. Él se irguió radiante, mientras me espiaba. "¡Mira, mira!". Yo me acerqué del todo y entonces el hondón de los encajes ofreció lo que contenía. Una enorme cabeza, una implacable cabeza que hubiese devorado las facciones y fuese solo eso: cabeza feroz, crecida sin piedad, sin interrupción, hasta perder su destino. Una criatura (¿lo era?) a la que no se podía mirar sin dolor. Un montón de materia en desorden».[378]

La tragedia de Malva Marina, aquel drama familiar terminó por separar a Pablo Neruda y María Antonia Hagenaar. El poeta plasmó su dolor únicamente en el poema «Enfermedades en mi casa».

376. Reyes, Bernardo: *El enigma de Malva Marina. La hija de Pablo Neruda*. RIL Editores. Santiago de Chile, 2007, pp. 110-111 y 128-129.

377. «Ayer he ido por primera vez a ver a uno de los más nuevos: Vicente Aleixandre (Premio nac. de Literatura), qué cariño, qué ternura hacia mí», escribió a Eandi. «Sobre la mesa todos mis libros (encargados por él a Chile) y muchas botellas, sabiendo mis gustos de antemano». Carta de Pablo Neruda a Héctor Eandi de enero de 1935 desde Madrid. Olivares (2008), p. 148.

378. Aleixandre, Vicente: *Los Encuentros*. Espasa-Calpe. Madrid, 1985. pp. 146-149.

Delia del Carril fue su compañera durante las dos décadas centrales de su vida hasta la ruptura de febrero de 1955. Nació en una estancia de Polvaredas, en la provincia de Buenos Aires, en septiembre de 1884, en una familia acaudalada. Era, por lo tanto, veinte años mayor que él. En 1899, después del suicidio de su padre, su madre llevó a sus doce hermanos y a ella a París. Allí, tras la Primera Guerra Mundial, empezó a estudiar pintura, con Fernand Léger entre otros maestros, ingresó en el Partido Comunista Francés y se relacionó con artistas e intelectuales como Pablo Picasso, Louis Aragon, Paul Éluard o Le Corbusier.[379] A principios de 1934, cuando estaba alojada en la casa de su compatriota Victoria Ocampo, conoció a Rafael Alberti y María Teresa León, quienes le animaron a instalarse en España. Entonces hacía ya varios años que se había divorciado del millonario Adán Diehl, promotor del emblemático Hotel Formentor en Palma de Mallorca. En Madrid, se vinculó al Partido Comunista de España, donde cumplió funciones como traductora, formó parte del Coro Obrero y asistía a clases de pintura en la Academia de las Bellas Artes de San Fernando.[380]

Por sus ideas revolucionarias y su formación política y cultural, encajó como un guante en el grupo que acogió a Neruda.[381] Destacó pronto también por su capacidad de trabajo y su vocación solidaria. El pintor Isaías Cabezón la bautizó afectuosamente como la Hormiga o la Hormiguita por su tesón en ayudar al músico Acario Cotapos a permanecer en España.[382] En 1978, Delia del Carril contó que conoció a Neruda en la Cervecería Correos, «donde nos reuníamos los amigos de Federico todas las tardes a practicar la amistad».[383] Cuando una de aquellas jornadas vespertinas

379. Sáez, Fernando: «La Hormiga de Neruda». *Estudios Públicos*, n.º 94. Santiago de Chile, otoño de 2004, pp. 237-256.

380. Sáez, Fernando: «Encuentro en Madrid». *España en el corazón. Delia en el corazón.* Centro Cultural de España. Santiago de Chile, 2005, pp. 43-52.

381. Entrevista de Virginia Vidal a Delia del Carril. *Hechos Mundiales*, n.º 60. Santiago de Chile, diciembre de 1972, pp. 41-43.

382. Sáez, Fernando: «La Hormiga de Neruda». *Estudios Públicos*, n.º 94. Santiago de Chile, otoño de 2004, pp. 237-256.

383. Rafael Alberti siempre sostuvo que fue él quien les presentó. «Delia era nuestra queridísima *Hormiga, La Hormiguita* —así llamada por todos dado su

llegó solo quedaba un sitio vacío... al lado del poeta chileno. «Ahí empezó la amistad...».[384] En otra ocasión, relató que en aquel momento, en 1934, había leído algunos de sus poemas y destacó que ya era reconocido como «un gran poeta».[385]

En una carta que envió a Carlos Morla Lynch en el tórrido verano madrileño de 1934, Neruda ya mencionó familiarmente a Delia del Carril para decirle que se había instalado con Rafael Alberti y María Teresa León.[386] Pronto se trasladó a la Casa de las Flores y compartió techo con ellos. «Vivimos en una casa con seis metros de balcón, muy alta, con vista a las sierras y a la nieve del Guadarrama. Vive con nosotros una argentina, Delia del Carril (hermana de Adelina), muy simpática y profundamente buena», escribió a Héctor Eandi, en enero de 1935.[387]

Se convirtieron en una pareja inseparable en los círculos literarios y de la bohemia madrileña. «Creíamos al comienzo que se trataba solo de una amistad literaria», explicó la fotógrafa Lola Falcón, esposa de Luis Enrique Délano. «Era fácil descubrir la influencia que ella tenía sobre él. Entonces era una atractiva mujer de 50 años con ideas muy claras, con un compromiso de izquierda muy definido. Pienso que ella fue muy importante en el giro político de Neruda en el que sin duda fue decisiva también la terrible experiencia de España, el aniquilamiento de la República y de la democracia como preludio trágico de lo que después viviría toda

---

silencioso tesón, su menuda manera de llegar a las cosas—, que acompañó a Pablo Neruda durante tantos luminosos y también difíciles años. Delia se la presenté yo a Pablo en mi terraza madrileña de la calle Marqués de Urquijo». «Adoró enseguida a Pablo, penetrando, con su delgada voz de tiple, puesto que cantaba maravillosamente, en el círculo noctámbulo del poeta, en el que se rendía el más fervoroso culto al tinto, al chinchón y al whisky, mezclado con las bromas, relatos y escenas teatrales, representadas sobre todo por Federico García Lorca y Acario Cotapos, un genial compositor chileno». Alberti, Rafael: *La arboleda perdida*. Galaxia Gutenberg-Círculo de Lectores. Barcelona, 2003, pp. 370-372.

384. *Paula*. Santiago de Chile, 14 de febrero de 1978, pp. 42-49 y 120.

385. Entrevista de Senén Conejeros (Agencia Efe) a Delia del Carril en Santiago de Chile, en junio de 1981. Consultada en el Archivo de Prensa de la Agencia Efe.

386. Carta de Pablo Neruda a Carlos Morla Lynch del 12 de agosto de 1934 desde Madrid. Quezada Vergara, *Pablo Neruda. Epistolario viajero*, pp. 93-95.

387. Carta de Pablo Neruda a Héctor Eandi de enero de 1935 desde Madrid. Olivares (2008), p. 148.

Europa en la Segunda Guerra Mundial».[388] Pero no todas las reacciones fueron tan comprensivas. «Ayer salimos moralmente asfixiados de la casa de Pablo Neruda. Encontramos a su mujer, Maruca, junta a la cuna donde yacía la nena enferma. Cuadro doloroso, trágico y de pesadilla... Pablo y Delia en el cine...», anotó Morla Lynch en su diario el 14 de abril de 1935.[389]

En agosto de 1935, Neruda escribió a Adelina del Carril, hermana de su nueva compañera: «... adoro a Delia y no puedo vivir sin ella».[390]

EL PASTOR DE ORIHUELA

Desde sus primeros meses, Neruda vivió la convulsa situación política española. En octubre, la insurrección obrera de Asturias fue sofocada y reprimida brutalmente por el ejército de África, encabezado por el general Francisco Franco, y el clima se endureció aún más con la designación de José María Gil-Robles, líder de la derecha, al frente del Ministerio de la Guerra. Comprometidos con el PCE, sus amigos Rafael Alberti y María Teresa León tuvieron que abandonar España. Su actividad en Madrid se concentraba en el trabajo diplomático en la oficina y en una intensa vida social en el mundillo de los cafés y las tabernas de la villa, así como en las tertulias y círculos literarios y el inexcusable recorrido por las librerías de viejo. Protagonizó su primer acto público relevante en España el 6 de diciembre, cuando ofreció un recital de poesía en la Facultad de Filosofía y Letras de la Universidad Central. Entre el público estaba Luis Enrique Délano, quien asistía a la cónsul chilena en la capital española, Gabriela Mistral, y estaba matriculado en los cursos de literatura española que impartía Pedro Salinas, al igual que un joven escritor gallego: Camilo José Cela. «Preséntame a Neruda», le pidió Cela.[391]

388. *Boletín de la Fundación Pablo Neruda*. Santiago de Chile, primavera de 1991, pp. 32-33.

389. Morla Lynch, *En España con Federico García Lorca*, p. 471.

390. Carta de Pablo Neruda a Adelina del Carril del 28 de agosto de 1935 desde Madrid. Archivo del Escritor de la Biblioteca Nacional de Chile. Legado Pablo Neruda. Caja 1.

391. Justo 39 años después, tras la muerte de Neruda, el novelista gallego renunció al Doctorado Honoris Causa que le iba a otorgar la Universidad de

Aquel día, Federico García Lorca descubrió al poeta chileno a su auditorio estudiantil. «Y digo que os dispongáis para oír a un auténtico poeta, de los que tienen sus sentidos amaestrados en un mundo que no es el nuestro y que poca gente percibe. Un poeta más cerca de la muerte que de la filosofía; más cerca del dolor que de la inteligencia; más cerca de la sangre que de la tinta. [...] Al lado de la prodigiosa voz del siempre maestro Rubén Darío [...], la poesía de Pablo Neruda se levanta con un tono, nunca igualado en América, de pasión, de ternura y de sinceridad. [...] Yo os aconsejo oír con atención a este gran poeta y tratar de conmoveros con él, cada uno a su manera. La poesía requiere una larga iniciación como cualquier deporte, pero hay en la verdadera poesía un perfume, un acento, un rasgo luminoso que todas las criaturas pueden percibir. Y ojalá os sirva para nutrir ese grano de locura que todos llevamos dentro, que muchos matan para colocarse el odioso monóculo de la pedantería libresca, y sin el cual es imprudente vivir».[392]

Entre el público que escuchó sus palabras se hallaba también Miguel Hernández, quien entonces tenía 24 años y, como Pablo Neruda, se sentía poeta desde su infancia, a pesar, también, de su padre.[393] El poeta de Orihuela y el de Parral se habían conocido en

Chile e hizo pública sus razones en la revista *Papeles de Son Armadans*, con amplia repercusión en la prensa: «A ti, Pablo, ya muerto, te digo: en recuerdo de que hace treinta y ocho o treinta y nueve años me diste la mano que no me retiraste jamás, y en homenaje a tu memoria (quiero decir a tu enseñanza y tu ejemplo), renuncio desde aquí y en este instante al Doctorado Honoris Causa que me iba a dar la misma Universidad que a ti te lo diera. Esa Universidad ya no es la misma aunque por fuerza lo parezca y, en todo caso, tampoco ahora quiero aquel honor, Pablo, que no está el horno para bollos ni el ánimo para vanidades. Ya es tarde para casi todo, menos para la ira y el llanto». Amorós, Mario: *Sombras sobre Isla Negra. La misteriosa muerte de Pablo Neruda*. Ediciones B. Santiago de Chile, 2012, p. 206.

392. *Abc*. Madrid, 12 de julio de 1984, p. 56. Neruda regaló el texto manuscrito de la presentación de García Lorca a Arturo Aldunate Phillips, quien lo reprodujo en su libro: *Mi pequeña historia de Pablo Neruda*. Editorial Universitaria. Santiago de Chile, 1979, p. 120.

393. En la primera entrada de su diario de adolescencia, leemos: «Me llamo Miguel, tengo trece años y soy poeta. Bueno..., poeta, poeta, lo que se dice poeta, aún no lo soy. Pero ese es mi sueño. Ese es mi gran sueño. Don Ignacio, el maestro, dice que puedo ser poeta y mucho más, que talento no me falta...». «El problema, como siempre, es mi padre. Para él no hay mejor oficio que el suyo: cabrero. No se cansa de repetir "de padres cabreros, hijos cabreros". Y de ahí no hay

el verano en la tertulia de la revista *Cruz y Raya*, a la que solían acudir Luis Rosales, José María de Cossío o Luis Felipe Vivanco.[394] En los números de julio, agosto y septiembre, esta revista, que dirigía José Bergamín, había publicado su auto sacramental *Quién te ha visto y quién te ve y sombra de lo que eras*.

Pablo Neruda influyó mucho en el cambio que Miguel Hernández experimentaría en Madrid hasta el inicio de la Guerra Civil, cuando no dudó en afiliarse al PCE y unirse al Quinto Regimiento.[395] «La presencia nerudiana», subraya Carmen Alemany, «se concentra en los poemas que el oriolano escribió entre *El rayo que no cesa* y *Viento del pueblo*».[396] Así lo reconocería el joven poeta alicantino en su texto «Pablo Neruda, poeta del amor»: «Entre las personas que entran de golpe y hondo en la vida de uno cuento a Pablo. Nos enfrentamos por vez primera una noche de hace más de dos años. [...] Y me sentí compañero entrañable suyo desde los primeros momentos. Hemos vivido muchas horas buenas juntos, en su casa, en la de Vicente Aleixandre, con Federico García Lorca, con Delia, con Maruca. Lo he visto sufrir, y ha compartido conmigo su pan y sus sufrimientos y los de cada uno, y he compartido con él los tiempos decisivos de mi poesía. La suya ha sido una profunda enseñanza y una profunda experiencia para mí. [...] Poca poesía como la suya nos deja ese sabor a tiempo y a muerte que sobrecoge. Poca poesía como la suya tan penetrada de una vida que ama dolorosa y airadamente: tan palpitante del ímpetu de las pasiones del hombre».[397]

El 19 de diciembre el embajador Aurelio Núñez Morgado formalizó su estancia en Madrid al dirigir un escrito al ministro de Estado español para informarle: «Por reciente resolución de mi

---

quien lo saque». Ferris, José Luis: *El diario de Miguel*. Oxford University Press España. Madrid, 2010, p. 11.

394. Ferris, José Luis: «Miguel Hernández y Pablo Neruda: geografía de una amistad». Jiménez Gómez, pp. 185-225.

395. Rovira: «De la obra a la biografía en tiempos de guerra». *Nuestra Bandera*, n.º 224-225. Madrid, 2010, pp. 81-96. Número dedicado a Miguel Hernández con motivo de su centenario.

396. Alemany Bay, Carmen: «Pablo Neruda en Miguel Hernández». *Casa de las Américas*, n.º 235. La Habana, abril-junio de 2004, pp. 124-128.

397. Hernández, Miguel: *El torero más valiente. La tragedia de Calisto. Otras prosas*. Alianza Editorial. Madrid, 1986, pp. 205-206.

Gobierno ha sido destinado a esta Embajada, en calidad de Agregado, el Cónsul Particular de Elección de Chile señor N. Ricardo Reyes».[398]

Diez días después, uno de los más importantes diarios españoles publicó una entrevista con él. Neruda aún no se pronunciaba por una poesía comprometida políticamente, ni mucho menos, pues cuando le preguntaron por cuál debía ser «la actitud del poeta en nuestros tiempos», respondió con ironía: «Escribir versos...; la de todos los tiempos». «Pablo Neruda, poeta de acento y alientos personalísimos entre todos los poetas de España y Suramérica, es [...] además diplomático: agregado cultural a la Embajada de Chile en España», escribió el periodista Alardo Prats, quien también le inquirió sobre el problema contemporáneo que más le impresionaba. «Seguramente el más visible y el que más se deja sentir: esta sensación de derrota que se desprende de todo, esta sensación de que el mundo se hace pedazos. Parece que ocupamos un vehículo conducido por gente que parece muy experta, pero que va por un camino muy difícil». En la columna anexa, *El Sol* informaba de la próxima edición del opúsculo *Mein Kampf*, obra de Adolf Hitler.

Además, señaló que no le atraía la escritura dramática: «La creo inferior, porque hay que condescender con formas y con reglas; hay que hacer anécdotas. El teatro depende de multitud de circunstancias que al poeta le turban y rompen muchas veces su equilibrio interior. Tampoco me atrae la novela. He hecho y hago prosa; pero prosa poética». Y, por supuesto, elogió a los poetas españoles que eran contemporáneos suyos: «Rafael Alberti y García Lorca me parecen dos príncipes de la poesía, no solamente de España, sino de Europa [...]. Hay en España una generación de poetas muy brillantes como no la hay en ningún país americano. Me parece la generación de poetas jóvenes más admirable que he visto».[399]

En aquellos días, recibió una carta de Miguel Hernández. Desde Orihuela, le preguntó si concretaría su proyecto de lanzar una

398. Archivo General Histórico del Ministerio de Asuntos Exteriores de Chile. Volumen 1.412. *Embajada de Chile en España. Misión Aurelio Núñez Morgado. Correspondencia dirigida. Ministerio de Estado, misiones diplomáticas de Chile, consulados de Chile. Varios. 1934. IV.*

399. *El Sol.* Madrid, 29 de diciembre de 1934, p. 8.

revista literaria y le rogó que pidiera a García Lorca que se interesara por el estreno de su obra de teatro *El torero más valiente*.[400] Le respondió el 4 de enero de 1935 con unas letras simpáticas y llenas de afecto: «Querido Miguel siento decirle que no me gusta el *Gallo Crisis*, le hallo demasiado olor a iglesia ahogado en incienso. Qué pesado se pone el mundo, por un lado los poetas comunistas, por el otro los católicos y por suerte en medio Miguel Hernández hablando de ruiseñores y cabras! Ya haremos revista aquí querido pastor, y grandes cosas».[401]

Desde su ciudad alicantina, Miguel Hernández le envió una segunda misiva en enero de 1935. «Si supiera lo que he agradecido su carta... me escribiría otra inmediatamente. Las vecinas de mi calle, mi madre, mi hermana, qué sorprendidas y admiradas ante el sobre suyo. ¡Carta de un embajador a Miguel! Mi hijo, mi vecino, mi hermano, el poeta, el cabrero, ese que va como loco por la sierra, ese que se baña en el río en pleno invierno?». Neruda le había recomendado que debía instalarse en Madrid para progresar en el mundo literario. «¿Puedo marchar a su lado a mantenerme al amparo suyo y de su revista, o eso aún tardará? [...] Por tanto aquí me quedo cultivando la pobreza, la tierra de mi huerto y la poesía hasta que me diga en concreto lo que hay».[402] En febrero, se instaló finalmente en Madrid. Trabajó en las Misiones Pedagógicas durante algunas semanas y después José María de Cossío lo contrató como secretario particular para preparar el último tomo de la enciclopedia *Los Toros*, que dirigía Ortega y Gasset y en la que era director literario. Desde entonces fue una de las visitas más asiduas en la Casa de las Flores y llegó a sentir un gran afecto por la pequeña Malva Marina.[403] Testigo directo de aquella amistad, Luis Enrique

---

400. *Miguel Hernández. Epistolario*. Alianza Editorial. Madrid, 1986. pp. 62-63.

401. Carta de Pablo Neruda a Miguel Hernández del 4 de enero de 1935 desde Madrid. *Miguel Hernández. Epistolario*, pp. 148-149. *Gallo crisis* era una revista oriolana impulsada por jóvenes católicos y dirigida por Ramón Sijé, quien más adelante desaprobaría la relación de su discípulo con Neruda y su participación en *Caballo verde para la poesía*. Stauder, Thomas: «La amistad entre Pablo Neruda y Miguel Hernández». *Escritural* n.º 1. Poitiers, marzo de 2009, pp. 342-356.

402. *Miguel Hernández. Epistolario*, pp. 64-66.

403. Ferris, José Luis: «Miguel Hernández y Pablo Neruda: geografía de una amistad». Jiménez Gómez, pp. 185-225.

Délano la describió como de un afecto casi paternal por parte de Neruda:[404] «Lo recuerdo con su pelo cortado casi al rape, sus grandes ojos claros, su traje de campesino de Orihuela, de pana color café. Era un joven de una vitalidad asombrosa y de una poesía tan rica como la mejor de España».[405]

LA CARGA DE HUIDOBRO

En noviembre de 1934, la revista chilena *Pro*, editada por Vicente Huidobro, denunció que el «Poema 16» de *Veinte poemas de amor y una canción desesperada* era un plagio del poema 30 de *El jardinero*, una obra del poeta bengalí Rabindranath Tagore (Premio Nobel de Literatura en 1913), según la traducción realizada por Zenobia Camprubí (esposa de Juan Ramón Jiménez) y publicada en Madrid en 1917.[406] Huidobro, De Rokha y sus aliados lanzaron una durísima crítica pública contra Neruda, mientras que sus defensores, principalmente Diego Muñoz, Tomás Lago y Antonio Rocco del Campo, argumentaban que se trataba de una paráfrasis.[407] «Esquema del plagiario» o «Pablo Neruda, plagiario o gran poeta» son los títulos de los artículos que Pablo de Rokha y Vicente Huidobro, respectivamente, publicaron en *La Opinión* el 6 y el 15 de diciembre de 1934.[408] Asimismo, Huidobro sacó a la luz una publicación llamada *Vital*, que sumó más munición a los ataques, y se preocupó de enviar varios ejemplares a España, entre otros, a Morla Lynch.[409]

En enero de 1938, con motivo de una nueva edición del libro publicada por Ediciones Ercilla, Neruda incluyó una «Nota» en la que expresó: «Metido todo el corazón en la guerra española me

404. «Hernández era como un hijo, era un poco mi discípulo en poesía. Vivía prácticamente en mi casa, donde comía casi todos los días», explicó en enero de 1970. Guibert, pp. 19-92.

405. *Aurora*, n.º 3-4. Santiago de Chile, julio-diciembre de 1964, pp. 218-225.

406. Fue Volodia Teitelboim quien descubrió aquella similitud, como relató en su biografía del poeta. Teitelboim (1996), p. 205.

407. Castanedo Pfeiffer, Gunther: «Los enemigos literarios de Pablo Neruda. Juan Ramón Jiménez». *Ultramar. Revista de Literatura*. Santander, 2003, pp. 76-86.

408. Zerán, pp. 234-238.

409. En el pliego de imágenes se reproduce una portada de *Vital*.

sorprende la quinta vez que este libro va a las prensas sin tiempo para haberlo revisado siquiera. Una sola palabra final: el poema 16 es, en parte principal, paráfrasis de uno de Rabindranath Tagore, de *El Jardinero*. Esto ha sido siempre pública y publicadamente conocido. A los resentidos que intentaron aprovechar, en mi ausencia, esta circunstancia, les ha caído encima el olvido que les corresponde y la dura vitalidad de este libro adolescente». Quiso dedicar aquella nueva edición a los tres amigos que lo habían defendido tenazmente.

Además, en enero de 1954, en su ciclo de conferencias en la Universidad de Chile, y en 1960, en su prólogo para la edición conmemorativa del millón de ejemplares, volvió a recordar aquella polémica y a remarcar que había escrito aquellos versos pensando en una «muchacha gran lectora de este poeta» (Teresa Vásquez).[410] «Al publicarse la primera edición no se hizo la aclaración necesaria por distracción e intención, ya que esto no significaría gran cosa. Por el contrario, todos mis amigos me decían que convendría a un oscuro poeta dar pretexto para una acusación de plagio», escribió en 1960.[411] Poco antes de su muerte, la publicación del *Álbum Terusa* por Hernán Loyola demostró que había dicho la verdad.

Después de la denuncia del plagio, la polémica prosiguió, aún más enredada, tras la aparición de la *Antología de poesía chilena nueva*, a principios de 1935, a cargo de Eduardo Anguita y Volodia Teitelboim, inscritos entonces en las huestes huidobristas. Aquellos jóvenes escritores tuvieron la osadía de excluir a Gabriela Mistral de la obra y, sin mucha esperanza, incluyeron a Neruda, quien desde Madrid les envió varios poemas inéditos, entre ellos «Solo la muerte». «Sin quererlo los compiladores», recordó Volodia Teitelboim en 2001, «la *Antología* generó el más sonado escándalo literario del siglo XX en Chile». En las maltratadas páginas de *La Opinión*, Pablo de Rokha y Vicente Huidobro intercambiaron todo tipo de improperios debido a la exclusión de Winétt, esposa del primero. Como respuesta a dos años y medio de ofensas, Neruda envió unas páginas con versos mecanografia-

---

410. *Ercilla*. Santiago de Chile, 2 de febrero de 1954, p. 17.
411. *Pablo Neruda. Obras Completas. IV. Nerudiana dispersa I. 1915-1964*, pp. 1.053-1.056.

dos bajo el título «Aquí estoy», fechados en Madrid el 2 de abril de 1935.[412] Este largo poema circuló de mano en mano durante años y solo fue impreso en París en 1938 con una tirada numerada de cien ejemplares.[413] No fue incluido en un libro hasta su incorporación al cuarto volumen de la última edición de sus obras completas.[414]

HOMENAJE EN MADRID

En abril de 1935, los poetas de la Generación del 27 y otros aún más jóvenes le brindaron un brillante tributo como respuesta a los ataques que sufría en su país por Vicente Huidobro y Pablo de Rokha. Rafael Alberti, Vicente Aleixandre, Manuel Altolaguirre, Luis Cernuda, Gerardo Diego, León Felipe, Federico García Lorca, Jorge Guillén, Pedro Salinas, Miguel Hernández, José A. Muñoz Rojas, Leopoldo y Juan Panero, Luis Rosales, Arturo Serrano Plaja o Luis Felipe Vivanco suscribieron el manifiesto del documento titulado *Homenaje a Pablo Neruda*, que decía: «Chile ha enviado a España al gran poeta Pablo Neruda, cuya evidente fuerza creadora, en plena posesión de su destino poético, está produciendo obras personalísimas, para honor del idioma castellano.

412. Prólogo de Volodia Teitelboim a la segunda edición de *Antología de poesía chilena nueva*. LOM Ediciones. Santiago de Chile, 2001, pp. 9-14. A diferencia de Pablo de Rokha, Neruda relató en sus memorias que llegó a reconciliarse con Vicente Huidobro, quien le habría visitado en Isla Negra junto con el editor Gonzalo Losada poco tiempo antes de su muerte, en enero de 1948. Aquel día conversaron «como poetas, como chilenos y como amigos». *Confieso que he vivido*, p. 395. Sin embargo, en febrero de 1968, en el artículo que inauguró la serie «Reflexiones desde Isla Negra» que publicó en la revista *Ercilla* había escrito: «En sus últimos años Huidobro trató de reanudar y mejorar la relación que tuvimos brevemente cuando recién volvió por primera vez de Europa. Yo, herido por las incidencias de la guerrilla literaria, no acepté esa aproximación. Me he arrepentido muchas veces de mi intransigencia. Cargo con mis defectos provincianos como cualquier mortal. No me encontré con él en esos días, ni lo encontré después. Desde entonces solo he continuado el diálogo con su poesía». *Pablo Neruda. Obras Completas. V. Nerudiana dispersa II. 1922-1973*, pp. 155-156.

413. En la Biblioteca Nacional de España se conserva el número 6.

414. *Pablo Neruda. Obras Completas. IV. Nerudiana dispersa I. 1915-1964*, pp. 374-380.

Nosotros, poetas y admiradores del joven e insigne escritor americano, al publicar estos poemas inéditos —últimos testimonios de su magnífica creación— no hacemos otra cosa que subrayar su extraordinaria personalidad y su indudable altura literaria. Al reiterarle en esta ocasión una cordial bienvenida, este grupo de poetas españoles se complace en manifestar una vez más y públicamente su admiración por una obra que sin disputa constituye una de las más auténticas realidades de la poesía de lengua española».[415]

Desde la conmemoración del tercer centenario de la muerte de Góngora, subraya Julio Neira, era la primera vez que expresaban de modo colectivo «una posición que acabaría teniendo, como en 1927, consecuencias estéticas».[416]

El documento publicado incluía también sus *Tres cantos materiales*, «Entrada a la madera», «Apogeo del apio» y «Estatuto del vino», una anticipación del contenido del segundo volumen de *Residencia en la Tierra*. Se trata de unos poemas celebrados de manera unánime. Incluso Gabriela Mistral llegó a señalar entonces que por sí solos justificaban toda una obra individual e incluso podrían también «cumplir por la poesía entera de un pueblo joven».[417] Por su parte, en 1963 Jaime Concha subrayó: «Todos los nerudianos fervientes sienten que las *Residencias* alcanzan su más alta eficacia poética en los "Tres Cantos Materiales"».[418]

A pesar de la ausencia de Antonio Machado o Miguel de Unamuno y de la autoexclusión de Juan Ramón Jiménez[419] y Juan Larrea, quien declinó firmar el manifiesto por su amistad con Vicente Huidobro, aquel *Homenaje* fue todo un reconocimiento a

---

415. *Homenaje a Pablo Neruda*. Ediciones Plutarco. Madrid, 1935.

416. Neira, Julio: «España en el corazón de Pablo Neruda». En: Gomarín, Fernando (ed.): *Pablo Neruda en Santander. Primer Encuentro*. Obra Social de Caja Cantabria. Santander, 2008, pp. 29-42.

417. Mistral, Gabriela: «Recado sobre Pablo Neruda». *Repertorio* Americano, n.º 753. San José, 23 de abril de 1936, pp. 278-279.

418. Concha, Jaime: «Interpretación de *Residencia en la Tierra*». *Mapocho*, n.º 2. Santiago de Chile, julio de 1963, pp. 5-39.

419. Como recordó Rafael Alberti, esta decisión tuvo un coste para él: «Entre todas las bromas y divertimentos, el peor era el de llamar por teléfono a Juan Ramón Jiménez haciendo burlas de su *Platero* y ridiculizando la repetida multitud de malvas, violetas, rosados y amarillos con que rellena acuarelando su poesía». Alberti (2003), pp. 370-372.

su poesía. «Cuando regresé a España en 1934, el panorama había cambiado. [...] Mi poesía de *Residencia*, en fin, fue recibida y aclamada en forma extraordinaria. Encontré que mi obra poética era orgánica, nacida de un ser humano que había trabajado mucho por dentro y que, al ascender a la superficie, presentaba una unión completa entre hombre y obra. Y aquí debo aclarar para siempre que la poesía es íntima mía; la concibo como una emanación mía, como las lágrimas o como el pelo míos; encuentro en ella la integración de mí mismo. En la España de 1927 el concepto de la poesía era mecánico, exterior, influenciado por futuristas, ultraístas... [...] En 1934, sucede todo lo contrario: adviene el florecimiento de la República, y en ella, fresca de realidades y copiosa de elementos creadores, una generación de poetas que era la primera después del Siglo de Oro. Llegué, pues, en un momento único para mí. Significaba para un americano, ni más ni menos, asistir al nacimiento de una República que esperábamos con tanto afán».[420]

LAS NUEVAS BANDERAS

Entre el 21 y el 25 de junio de 1935, Pablo Neruda asistió en París al I Congreso Internacional de Escritores para la Defensa de la Cultura, en el que participaron doscientos treinta delegados en representación de treinta y ocho naciones.[421] Sus principales promotores fueron el escritor y militante comunista francés Henri Barbusse, Johannes R. Becher y Léon Moussinac y presidieron sus sesiones André Gide y André Malraux. Fue una de las primeras manifestaciones internacionales de la cultura ante el ascenso del fascismo. Su presencia pasó desapercibida, pero fue su primera aproximación al movimiento comunista. Sí firmó un documento de protesta ante la condena a dos años de prisión condicional del escritor argentino Raúl González Tuñón, acusado de «incitación a la rebelión» por la publicación de su libro *Las brigadas de choque*.

420. Cardona Peña, pp. 28-33.
421. Schidlowsky, David: «Años 30: Neruda y los Congresos de Escritores para la Defensa de la Cultura». *Nerudiana*, n.º 2. Santiago de Chile, diciembre de 2006, pp. 17-20.

Y, posteriormente, ya de regreso en España, suscribió el artículo colectivo, «Los escritores y el pueblo», una reflexión sobre el Congreso de París compartida con otros delegados, como González Tuñón y los españoles Julio Álvarez del Vayo, Andrés Carranque de Ríos y Arturo Serrano Plaja.[422]

Durante décadas, los especialistas en la poesía nerudiana han debatido si su compromiso político, cuyo primer hito tuvo lugar en París en junio de 1935 y fue afirmado de manera dramática por la Guerra Civil española y el asesinato de Federico García Lorca, supuso un viraje radical en su poesía. El español Amado Alonso, autor en 1940 del primer estudio exhaustivo, sentó cátedra tempranamente: «El comunismo de Pablo Neruda como acontecimiento de su biografía solo nos concierne en cuanto ha tocado y cambiado la índole de su poesía. Pues la poesía de Pablo Neruda ha cambiado de la noche a la mañana radicalmente: ya no más de ensimismada soledad, de angustia metafísica y de visión de muerte [...]. Él mismo nos deja documentada su conversión, medida y sopesada con lúcida conciencia, en un poema de bien significativo título: "Reunión bajo las nuevas banderas"».[423] En la misma dirección, en otro trabajo clásico, Rodríguez Fernández situó en este mismo poema, que antecederá a *España en el corazón* en *Tercera Residencia* (1947), el punto de inflexión, determinado por su fervorosa opción antifascista y revolucionaria.[424]

Recientemente, Hernán Loyola, como ya apuntó en 1967 en *Ser y morir en Pablo Neruda*, ha rebatido estas interpretaciones, puesto que, en su opinión, «la poesía políticamente comprometida de Neruda fue un desarrollo natural de la poética subyacente a *Residencia en la Tierra*, y no su negación». La evolución política de España, con las simpatías fascistas de la derecha y la represión con-

422. Este artículo apareció originalmente en: *Línea. Publicación quincenal de luchas sociales*, n.º 1. Madrid, 29 octubre 1935, p. 4. Incluido en: Aznar Soler, Manuel: *I Congreso Internacional de Escritores para la Defensa de la Cultura (París, 1935)*. Vol. II. Conselleria de Cultura, Educació i Ciència de la Generalitat Valenciana. Valencia, 1987, pp. 722-724.

423. Alonso, Amado: *Poesía y estilo de Pablo Neruda*. Sudamericana. Buenos Aires, 1951, p. 320.

424. Rodríguez Fernández, Mario: «"Reunión bajo las nuevas banderas" o de la conversión poética de Pablo Neruda». *Mapocho*, n.º 3. Santiago de Chile, 1964, pp. 238-248.

tra la izquierda y el movimiento obrero, la extensión de la *marea parda* por Alemania, Austria, Italia o Hungría y el viraje frentepopulista de la Unión Soviética y la Kominern explican su participación en aquel Congreso de París, rodeado por destacados intelectuales de talla mundial, que fue su particular *paso del Rubicón*. Pero en este punto Loyola matiza: «Al contrario de la *conversión poética* que le supondrá Amado Alonso, al atravesar de hecho la frontera *hacia* el comunismo Neruda se limita a dejar caer en 1935, por fin, las honestas reservas que le impedían asumir la única opción ideológico-política que le interesaba, que incluso lo atraía en cuanto ciudadano y en cuanto poeta desde hacía ya varios años». A pesar de que se convirtió en «soldado de una causa», precisa que se mantuvo «siempre fiel al método fundamental que orientó sin tregua su escritura: elaborarla con materiales tomados de su propia vida y experiencia».[425]

LA SEGUNDA *RESIDENCIA*

A fines de septiembre de 1935, Ediciones del Árbol, perteneciente a la revista *Cruz y Raya*, publicó el segundo volumen de *Residencia en la Tierra* y editó por primera vez en España el primero, con una tirada en ambos casos de mil cien ejemplares, al precio de doce pesetas. En sus portadillas cada volumen indicaba respectivamente: 1925-1931 y 1931-1935. El segundo se divide en seis partes que comprenden un total de veintitrés poemas, entre ellos «Barcarola», «El Sur del Océano», «Walking Around», «Desespediente», «Maternidad», «Enfermedades en mi casa», los *Tres cantos materiales*, «Oda a Federico García Lorca», «Alberto Rojas Giménez viene volando» y, en último lugar, «Josie Bliss». Su publicación despertó el elogio de las principales cabeceras de la prensa española. «Nos hallamos ante el más grande de los poetas ameri-

425. Loyola, Hernán: «De cómo Neruda devino comunista (sin "conversión poética")». *Revista Chilena de Literatura*, n.º 79. Santiago de Chile, septiembre de 2011, pp. 83-107. Tampoco Schopf cree en su «conversión poética», aunque ha expuesto una interpretación diferente a la de Loyola. Schopf, Federico: «El problema de la conversión poética en la obra de Pablo Neruda». *Atenea*, n.º 488. Concepción, segundo semestre de 2003, pp. 47-78.

canos de esta hora. Sus versos brotan de las raíces de la tierra y van a las raíces del corazón», señaló *El Heraldo de Madrid*.[426]

Una semana después, Miguel Pérez Ferrero publicó una reseña en la que citó su entusiasmo de 1927 por *El habitante y su esperanza*, mencionó la edición príncipe del primer volumen, publicada por Nascimento en 1933, y subrayó que la obra culminaba una década de escritura poética. «Diez años de labor profunda de un poeta son difíciles de estudiar, aunque sea muy a la ligera, en una noticia-artículo. Sin embargo, no hemos de privarnos de decir aquí que aquellas esencias que se nos revelaron hace ocho años nos conmueven en estos momentos con su valor definitivo y definido de lograda plenitud en un poeta auténticamente impar». «La voz oscura e impresionante de Neruda queda en nuestros oídos con su tono inolvidable, sale de la tierra y vuelve a la tierra misma para cantar en las raíces».[427]

Y el 2 de enero de 1936, Miguel Hernández destacó el hondo impacto que le causó este «libro de proporciones, valor e importancia definitivos», «revolucionario de aspecto y eterno de voz»: «Su lectura —repetida inagotablemente— se graba para siempre en mi sangre. Es una guitarra del corazón la que oigo, es un Pablo del corazón el que veo ante mí, cubierto de relicarios de barro, triste y amargo, húmedo y sonando como una última raíz al arrancarse. Es un roble con la piel descortezada, las heridas del hacha y el tiempo al aire».[428]

Años después, Ramón Gómez de la Serna destacó la acogida de aquella obra: «Pablo Neruda es un poeta con algo de mago que trasmuta las piedras. Su aspecto es el de un pierrot muerto [...]. Editado por Cruz y Raya, aparece en dos nutridos tomos su *Residencia en la Tierra*, con un gran éxito de librería. [...] Toda la vida literaria está soliviantada por la presencia del gran poeta y se le discute en muchos sitios».[429]

Juan Cano Ballesta ha comparado el influjo de Neruda en la poesía española con la visita que Rubén Darío realizara cuatro dé-

---

426. *El Heraldo de Madrid*. Madrid, 10 de octubre de 1935, p. 5.
427. *El Heraldo de Madrid*. Madrid, 17 de octubre de 1935, p. 4.
428. *El Sol*. Madrid, 2 de enero de 1936, p. 5.
429. Gómez de la Serna, Ramón: *Retratos completos*. Aguilar. Madrid, 1961, pp. 812-827.

cadas atrás, en un contexto muy diferente. En 1934, España vivía un florecimiento científico, artístico, poético y literario y su panorama poético estaba sacudido por los movimientos de vanguardia, agitado por revistas de existencia efímera e influido por los grandes nombres: Juan Ramón Jiménez, Antonio Machado, Miguel de Unamuno, Federico García Lorca, Jorge Guillén, Gerardo Diego, Pedro Salinas o Rafael Alberti. «La presencia de un elemento corrosivo y de un fermento como el de *Residencia* de Neruda enriqueció las posibilidades de creación artística aportando un poderoso ingrediente renovador. A su vez, Neruda recibió en Madrid la lección de contención que tanto necesitaba su "romanticismo americano" fluvial y volcánico; aprendió a mezclar "el misterio con la exactitud, el clasicismo con la pasión", según él mismo confiesa en un discurso de 1939». Los ecos de su triunfo en España supusieron su definitiva consagración en el continente americano.[430] A lo largo de 1936 se publicaron varios artículos sobre *Residencia en la Tierra* en Argentina, Estados Unidos, Chile y también en Francia.[431]

EL GALOPE DE *CABALLO VERDE*

En el otoño de 1935 apareció el primer número de la revista *Caballo Verde para la Poesía,* que se vendía al precio de dos pesetas y media. Fue promovida por los impresores Manuel Altolaguirre y Concha Méndez, quienes encargaron la dirección a Pablo Neruda. Altolaguirre tenía una larga experiencia en la edición de publicaciones literarias de gran calidad, puesto que en 1926 junto

430. Cano Ballesta, Juan: «Miguel Hernández y su amistad con Pablo Neruda». Rodríguez Monegal, Emir y Santí, Enrico Mario (eds.): *Pablo Neruda.* Taurus. Madrid, 1985, pp. 143-174.

431. *Nerudiana,* n.º 1. Santiago de Chile, agosto de 2006, p. 19. Por ejemplo, Miguel Pérez Ferrero escribió un extenso artículo en el que ensalzó la reciente estancia de García Lorca en Argentina, de Rafael Alberti en varios países americanos y de Neruda en España. Pérez Ferrero, Miguel: «Dos poetas españoles en América y uno americano en España». *Tierra,* n.º 1. Madrid, 1936, pp. 23-45. Otro autor también hizo referencia a los ecos de *Residencia en la Tierra* en Francia y América Latina: Carson, Morris E.: *Pablo Neruda: regresó el caminante.* Plaza Mayor Ediciones. Nueva York, 1971, pp. 81-82.

con Emilio Prados creó la célebre revista *Litoral*, que aglutinó a la Generación del 27, y en 1934, mientras residía en Londres, había fundado la revista bilingüe *1616* (el año de la muerte de Cervantes y Shakespeare), en la que a principios de 1935 publicó sus poemas «Solo la muerte», «Walking Around» y «Barcarola».

Caballo Verde para la Poesía se elaboraba en la imprenta que Altolaguirre y Méndez habían instalado en su casa, un piso de planta baja de la calle Viriato número 73, en el barrio de Chamberí. En sus memorias, Concha Méndez disminuyó el papel de Neruda en la revista: «Al poco tiempo de volver, conocimos al poeta chileno Pablo Neruda, que nos invitó a su casa; ya solía reunir desde hace tiempo a nuestros amigos. Al tener las dos imprentas, empezamos a editar la revista *Caballo Verde para la Poesía*. La dirección de la revista, por una actitud de gentileza, se la dimos a él. Pero la revista era nuestra: nosotros la costeábamos, elegíamos el material, la imprimíamos, la encuadernábamos y la distribuíamos en las librerías. No sé por qué todo el mundo se ha empeñado en creer que la revista la hizo él. Neruda solo fue un director simbólico, que nosotros nombramos como gesto de generosidad a la poesía americana».[432]

Uno de los méritos de *Caballo Verde para la Poesía* fue ampliar «el diálogo» entre los poetas españoles y la nueva poesía latinoamericana.[433] Neruda convocó la colaboración de los argentinos Raúl González Tuñón, Ricardo Molinari, José González Carbalho y Miguel Ángel Gómez, el cubano Félix Pita Rodríguez, Federico García Lorca, Miguel Hernández, Luis Cernuda, Jorge Guillén, Rafael Alberti, Emilio Prados y Rosa Chacel y Ángel Cruchaga Santa María y Luis Enrique Délano.[434]

Solo circularon cuatro números, debido a la sublevación militar del 17 de julio de 1936 y la Guerra Civil, pero han merecido una

432. Altolaguirre, Paloma Ulacia: *Concha Méndez. Memorias habladas, memorias armadas.* Mondadori. Madrid, 1990, p. 97.

433. Valender, James: «Pablo Neruda y Manuel Altolaguirre. Notas sobre la primera edición española de *España en el corazón*». Separata de la edición facsimilar de: *España en el corazón. Himno a las glorias del pueblo en la guerra.* Renacimiento. Sevilla, 2004.

434. Véase el índice de contenidos de los cuatro números de *Caballo Verde para la Poesía* en: Ramos Ortega, Manuel J.: «La revista *Caballo verde para la poesía* (1935-1936)». Jiménez Gómez, pp. 248-265.

gran atención de los estudiosos,[435] centrada esencialmente en el editorial que escribió para cada uno de ellos: «Sobre una poesía sin pureza», «Los temas», «Conducta y poesía» y «G. A. B. (1836-1936)».[436] Han sido citados «hasta la saciedad como signo del cambio de estética en la poética nerudiana», ha señalado Trinidad Barrera.[437]

Su posicionamiento público en defensa de una poesía «impura» motivó una respuesta pública del principal aludido, Juan Ramón Jiménez, desde su tribuna en uno de los grandes diarios españoles del momento, con un artículo titulado «Con la inmensa

---

435. En la Colección Neruda del Archivo Central Andrés Bello de la Universidad de Chile se conserva un documento de dos páginas sin firma acerca de esta revista literaria. Ofrece una información muy valiosa sobre el número 5-6 de *Caballo Verde para la Poesía*, que estaba en imprenta a mediados de julio de 1936 e iba a ser un homenaje al poeta uruguayo Julio Herrera y Reissig. En este documento quedó registrado que Neruda había dirigido este número y escrito el prólogo. «Recuerda que en la víspera misma del estallido de la Guerra Civil él vio dos o tres montones de ejemplares impresos. Cree recordar que solo faltaba imprimir la tapa, pero no está seguro». Con los sucesos posteriores al 17-18 de julio estos pliegos se perdieron. «El poeta sugiere investigar el local que ocupaba la imprenta de Altolaguirre en la calle Viriato, si es que aún existe, o indagar en las casas próximas por si algún viejo vecino pudiera dar alguna pista». En 1969, habló de aquel último número de la revista: Neruda, Pablo: «Se ha perdido un "Caballo Verde"». *Ercilla*. Santiago de Chile, 8 de octubre de 1969, p. 68.

436. El cuarto prólogo fue un tributo nerudiano a Gustavo Adolfo Béquer en el centenario de su nacimiento. Sicard ha analizado los tres primeros, que, a su juicio, muestran en 1935 a «un sujeto poético en camino de elaboración». «La difícil, la dolorosa travesía de las dos *Residencias* ha conducido al poeta a un punto donde la superación de los límites de la experiencia individual le aparece como inevitable. La paradoja —o la contradicción interna en la que se debate— es que por ahora no dispone, para realizarla, de otro instrumento que aquel que la experiencia individual le proporciona: su propio corazón solitario. Solamente la irrupción de la historia, dentro de poco, permitirá que esa contradicción empiece a resolverse y que pueda, por fin, brotar [...] el *Canto general*». Sicard, Alain: «Los Prólogos del *Caballo Verde para la Poesía*: ¿una poética contradictoria?». Incluido en su libro: *El mar y la ceniza. Nuevas aproximaciones a la poesía de Pablo Neruda*. LOM Ediciones. Santiago de Chile, 2011, pp. 53-65.

437. Barrera, Trinidad: «Neruda y los escritores americanos en *Caballo Verde para la Poesía*». *América sin Nombre*, n.º 7. Alicante, diciembre de 2005, pp. 19-25.

minoría».[438] De manera mucho más prosaica, en aquellos meses el poeta de Moguer, que jamás coincidió personalmente con el de Parral, le acusó de «no saber escribir ni una carta», palabras que encontraron resonancia en la prensa chilena,[439] y en 1939 acuñaría la expresión preferida de los enemigos de Neruda, a quien definió como «un gran mal poeta»: «Siempre tuve a Pablo Neruda [...] por un gran poeta, un gran mal poeta, un gran poeta de la desorganización [...]. Neruda me parece un torpe traductor de sí mismo y de los otros, un pobre explotador de sus filones propios y ajenos, que a veces confunde el original con la traducción...».[440]

Aquel enfrentamiento iba más allá de la vanidad personal, puesto que, como ha subrayado Neira, «la poesía de Neruda era una negación total de la estética juanramoniana». «La "impureza" que latía en los poemas de *Residencia en la Tierra* —tan bien señalada en las palabras con que García Lorca presentó a Neruda en la Universidad— era la derrota del purismo mantenido por Juan Ramón desde hacía lustros, en declive desde 1928, pero hasta entonces no atacado de forma pública».[441]

En cualquier caso, *Caballo Verde para la Poesía* fue una revista plural, que no encaja en el molde de la poesía social o adscrita a una causa política, sino que reflejó «gran parte del inquieto cielo literario de su tiempo».[442] En este sentido, Romero Tobar ha destacado:

438. *El Sol*. Madrid, 23 de febrero de 1936, p. 5.

439. *Hoy*. Santiago de Chile, 19 de junio de 1936, pp. 16-17.

440. Jiménez, Juan Ramón: *Españoles de tres mundos. Viejo Mundo, Nuevo Mundo, Otro Mundo. Caricatura lírica (1914-1940)*. Losada. Buenos Aires, 1942, pp. 122-125. Incluido en: Paseyro, Ricardo *et alii: Mito y verdad de Pablo Neruda*. Asociación Mexicana por la Libertad de la Cultura. México, 1958, pp. 67-69.

441. Neira, Julio: «España en el corazón de Pablo Neruda». Gomarín, pp. 29-42. Juan Ramón Jiménez despreció *Residencia en la Tierra*: «Conocía cosas sueltas de Neruda, pero no este libro, al que tanta importancia le dan sus amigos, y cuando lo ha visto le ha sorprendido la falta de calidad poética que tiene», escribió Juan Guerrero Ruiz, amigo del poeta onubense. Recio Mir, Ana: «Pablo Neruda, el "gran mal poeta" de Juan Ramón Jiménez». Roses, Joaquín (coord.): *Pablo Neruda en el corazón de España. Actas del Congreso Internacional celebrado en la Diputación de Córdoba del 15 al 19 de noviembre de 2004*. Diputación de Córdoba. Córdoba, 2006, pp. 163-171.

442. Barrera, Trinidad: «Neruda y los escritores americanos en *Caballo Verde para la Poesía*». *América sin Nombre*, n.º 7. Alicante, diciembre de 2005. pp. 19-25.

«Llegaba a la Casa de las Flores el ruido de la poesía comprometida, el costado civil de la lírica albertiana, las preocupaciones en favor de la poesía social de González Tuñón, los primeros textos "comprometidos" de Miguel Hernández [...] pero la residencia de Neruda seguía fluyendo hacia la angustia y la melancolía. Todas las circunstancias que acabo de recordar fueron, con toda probabilidad, estímulos para el poeta y el hombre, gérmenes suscitadores de lo que, iniciada la Guerra Civil, explotaría en *España en el corazón*».[443]

Al mismo tiempo que *Caballo Verde para la Poesía* emprendía su *galope* literario, un incidente modificó de manera imprevista su estatus diplomático en España, puesto que, a raíz de la publicación de unos comentarios suyos privados sobre España, la poetisa Gabriela Mistral debió renunciar de inmediato a su puesto de cónsul en Madrid y fue trasladada a Lisboa.[444] El 15 de octubre el cónsul general de Chile en España, Tulio Maquieira, ordenó a Neruda que, en cumplimiento de las instrucciones recibidas desde el Ministerio de Relaciones Exteriores, asumiera ese puesto.[445]

El 24 de diciembre, desde Barcelona, Maquieira envió un oficio de tres páginas a su ministro de Relaciones Exteriores. Sobre el desempeño de Neruda, afirmó: «... nuestra oficina consular en Madrid se encuentra muy bien atendida con la resolución [...] de destinar, en comisión, para atenderla, al Cónsul Adjunto a este Consulado General, señor Reyes». Al final de su oficio, señaló que proporcionaban a Neruda una renta mensual próxima a las 2.100 pesetas, cantidad con la que tenía que hacer frente también a los gastos de la oficina y sus relaciones sociales en los círculos diplomáticos.[446]

El año 1935 terminó para el poeta con la publicación en di-

443. Romero Tobar, Leonardo: «Pablo Neruda en Madrid». Ciclo de conferencias: «Americanos en Madrid». Ayuntamiento de Madrid-Instituto de Estudios Madrileños del CSIC. Madrid, 1987, pp. 17-18.

444. A fines de 1935, Neruda le envió una afectuosa carta de solidaridad ante su traslado. Quezada Vergara, Abraham (sel.): *Pablo Neruda. Cartas a Gabriela. Correspondencia con Gabriela Mistral.* RIL Editores. Santiago de Chile, 2009, p. 53.

445. Archivo General Histórico del Ministerio de Relaciones Exteriores de Chile. Volumen 1.463-A. *Consulado de Chile en Madrid 1935-1936.*

446. Archivo Nacional de Chile. Volumen 3.519 del Ministerio de Relaciones Exteriores. *1935. Oficios del Consulado en España.*

ciembre de un trabajo de difusión literaria en la revista *Cruz y Raya*:[447] una selección de las últimas cartas de Francisco de Quevedo (1580-1645), junto con quince sonetos suyos relativos a la muerte. Una imagen alejada del poeta festivo y burlón celebrado habitualmente. «Neruda descubrió un mundo en Quevedo y este mundo nos lo reveló en su conferencia titulada "Viaje al corazón de Quevedo"», escribió Jorge Sanhueza. «Sin duda alguna antes de que sobreviniera la insurrección franquista, antes del asesinato de Federico García Lorca, había hallado en el corazón de Quevedo el camino necesario para el desarrollo de su futura poesía».[448]

ESPAÑA EN GUERRA

Tras la crisis del gabinete de centroderecha, el presidente de la II República Española, Niceto Alcalá Zamora, convocó nuevas elecciones generales para el 16 de febrero de 1936. En las primeras semanas del nuevo año, los amigos de Neruda se volcaron en el apoyo al Frente Popular y su programa democrático avanzado. El domingo 9 de febrero, asistió junto con otras cien personas a un almuerzo de recibimiento a Rafael Alberti y María Teresa León en el Café Nacional, en la céntrica calle Toledo. En el transcurso de la celebración, Federico García Lorca leyó el manifiesto «Los intelectuales, con el Bloque Popular», al que se adhirieron más de trescientas personalidades.[449] La victoria electoral del Frente Popular franqueó el retorno de la izquierda republicana al Gobierno y tuvo un gran impacto en Chile, donde a fines de aquel mes los partidos Radical, Socialista y Comunista se unieron en una coalición, a imagen y semejanza de España y Francia.

447. Antes, en su número 20 (de noviembre de 1934), había publicado una traducción de dos poemas del poeta inglés William Blake y en su número 28 (de julio de 1935) una selección de sonetos de Juan de Tasis, conde de Villamediana, asesinado en 1622, precedida por su poema «El Desenterrado», que formó parte del segundo volumen *Residencia en la Tierra*.
448. Sanhueza, Jorge: «Pablo Neruda, los poetas y la poesía». *Aurora*, n.º 3-4. Santiago de Chile, julio-diciembre de 1964, pp. 28-63. Sobre la influencia de la tradición cultural española en Neruda, véase: Rovira, José Carlos: *Neruda, testigo de un siglo*. Centro de Lingüística Aplicada Atenea. Madrid, 2007, pp. 57-87.
449. Gibson, p. 1.070.

En el invierno de 1936, Manuel Altolaguirre y Concha Méndez inauguraron una colección de libros de poesía que denominaron Ediciones Héroe, que acogió *Primeras canciones* de Federico García Lorca, *El rayo que no cesa*, de Miguel Hernández, y *La realidad y el deseo*, de Luis Cernuda.[450] En marzo publicaron el libro de Pablo Neruda *Primeros poemas de amor*, con una tirada de quinientos ejemplares y tapa dura, que incluyó nueve de los poemas de su libro más popular.

En abril, Gabriela Mistral firmó un importante artículo que trazó su perfil biográfico, desde su nacimiento en Parral y la infancia en Temuco al período universitario en Santiago y los años en Oriente, y comentó extensa y elogiosamente sus dos volúmenes de *Residencia en la Tierra*. Mistral ensalzó la originalidad del léxico y de los temas de su poesía: «Neruda significa un hombre nuevo en la América, una sensibilidad con la cual abre todo capítulo emocional americano. Su alta categoría arranca de su rotunda diferenciación».[451]

Su intensa vida social, en compañía de Delia del Carril y no de María Antonia Hagenaar, proseguía. El 20 de abril participó en el homenaje a Cernuda por la publicación de *La realidad y el deseo*, el 13 de mayo en el tributo al pintor Hernando Viñes en la Hostería Cervantes y el 2 de junio en el paseo de Recoletos en el recital de poesía que clausuró la IV Feria del Libro de Madrid, junto con Cernuda, Alberti y García Lorca.[452]

El sábado 11 de julio Federico García Lorca cenó en la Casa de las Flores. Compartieron los últimos instantes juntos, puesto que el 13 de julio se marchó en tren a Granada.[453] Ese mismo día Neruda conoció el asesinato del líder derechista José Calvo Sotelo, después del crimen del teniente republicano José Castillo, y por la noche, en casa de Morla Lynch, Manuel Altolaguirre, Concha Méndez, Luis Cernuda, Delia del Carril y él comentaron con los anfitriones la tensión política que se respiraba en España.[454]

450. Altolaguirre, p. 97.

451. Mistral, Gabriela: «Recado sobre Pablo Neruda». *Repertorio Americano*, n.º 753. San José, 23 de abril de 1936, pp. 278-279.

452. Ferris, José Luis: «Miguel Hernández y Pablo Neruda: geografía de una amistad». Jiménez Gómez, pp. 185-225.

453. Gibson, p. 1.106.

454. Morla Lynch, *En España con Federico García Lorca*, pp. 538-539.

El 17 de julio se produjo el golpe de Estado militar contra la República. En las grandes ciudades peninsulares, a excepción de Sevilla y Zaragoza, la movilización de los militantes de las fuerzas de izquierda, que recibieron armas del Gobierno, unida a las fuerzas militares leales lograron derrotar la sublevación. «El 19, 20 y 21 de julio, cuando hemos visto salir al pueblo armado escasamente, cuando en la noche del 19 cruzábamos Madrid con el gran músico chileno Acario Cotapos, vimos las primeras escopetas, las primeras pistolas en manos del pueblo [...] nada nunca en el mundo me ha dado más orgullo que ver a los pobres de la tierra levantar el puño y la pureza contra la injusticia preparada. Y aquella mañana en que mi casa situada a corta distancia del Cuartel de la Montaña se sacudía entera a cada explosión, también se sacudía de orgullo el corazón del mundo», escribió Neruda en febrero de 1938.

En aquel artículo, publicado en el segundo aniversario del triunfo electoral del Frente Popular, evocó también los bombardeos aéreos sobre Madrid, cuando debía tomar a su pequeña hija y refugiarse del armamento enviado por Hitler y Mussolini a Franco. «Comenzaba el martirio. Recuerdo la primera bomba, aquella que cayó en la calle Roso de Luna. Había ya sonado la alarma. Estábamos los habitantes de la casa agrupados en la planta baja con nuestros hijos en los brazos, oíamos el zumbar de los aviones alemanes, las voces altas de los españoles se oían en la noche tensa. De pronto, como un inmenso volcán que explota junto a nuestros oídos y un olor instantáneo de pólvora en las narices y un estrépito de hundimiento y vidrios quebrados y un susurro de seres que lloran».[455] La inmediata y masiva intervención de las potencias fascistas permitió a los sublevados avanzar sobre Madrid y, ante el Pacto de No Intervención promovido por Francia y Reino Unido, solo la ayuda soviética, sufragada con las reservas de oro del Banco de España, permitió a la República sostener el pulso.

Como cónsul en Madrid, Neruda tuvo que hacer frente a cinco meses de trabajo muy complicado, principalmente en relación con la concesión de visas y pasaportes y la protección a la colonia chile-

455. Neruda, Pablo: «Tempestad en España». *Claridad*. Santiago de Chile, 16 de febrero de 1938. *Pablo Neruda. Obras Completas. IV. Nerudiana dispersa I. 1915-1964*, pp. 394-396.

na.[456] El 9 de septiembre, desde Marsella, a donde se había trasladado por indicación del Ministerio, el cónsul general, Tulio Maquieira, le dirigió una circular con las instrucciones que debía seguir. Le instó a defender con «prudencia y energía» a los ciudadanos chilenos y sus intereses y aconsejarles salir de España, facilitándoles los pasaportes. En el punto sexto le ordenó que no diera asilo a ningún refugiado, ni aceptara depósitos de dinero. En último lugar, le pidió que en su conducta privada se manejara con la «más absoluta neutralidad y perfecta lealtad con las autoridades».[457]

El embajador Aurelio Núñez Morgado, a pesar de su pertenencia al Partido Radical Socialista, no disimulaba sus simpatías hacia los sublevados. El 28 de julio envió un oficio de dos páginas al ministro acerca de «la revolución española». Era un documento sin empatía alguna hacia el Gobierno democrático español, que repetía la propaganda sobre el desorden social y la voluntad revolucionaria de las masas difundida por los facciosos.[458] Así opinaría en informes posteriores. La embajada chilena llegó a dar asilo, en diferentes inmuebles, a cerca de dos mil personas hasta marzo de 1939.

«CANTO A LAS MADRES DE LOS MILICIANOS MUERTOS»

A fines de julio, se dio a conocer el manifiesto fundacional de la Alianza de Intelectuales Antifascistas, suscrito por Luis Buñuel, Luis Cernuda, Manuel Altolaguirre, Pedro Garfias, Ramón Gómez de la Serna, María Zambrano, José Bergamín, Acario Cotapos o Delia del Carril.[459] En referencia al uniforme de los trabajadores, crearon el periódico *El Mono Azul* en agosto.[460] En su quinto nú-

456. Quezada Vergara, Abraham: «Pablo Neruda en el Servicio Exterior». *Diplomacia*, n.º 98. Santiago de Chile, abril-junio de 2004, pp. 28-51.

457. Archivo General Histórico del Ministerio de Relaciones Exteriores de Chile. Volumen 1.463-A. *Consulado de Chile en Madrid. 1935-1936.*

458. Archivo Nacional de Chile. Ministerio de Relaciones Exteriores. Volumen 3.687. *1936. Oficios recibidos Embajada en España.*

459. Aznar Soler, Manuel: *II Congreso Internacional de Escritores Antifascistas (1937). Vol. II. Pensamiento literario y compromiso antifascista de la inteligencia española republicana.* Laia. Barcelona, 1978, pp. 163-165.

460. Domingo, Carmen: *María Teresa y sus amigos. Biografía política de María Teresa León.* Fundación Domingo Malagón. Madrid, 2008, p. 52.

mero, del 24 de septiembre, Neruda publicó en forma anónima su poema: «Canto a las madres de los milicianos muertos». Luis Enrique Délano, que contempló el original con las correcciones manuscritas, señaló en 1964: «Era sorprendente ver cómo Neruda, al penetrar en una nueva etapa de su poesía, conservaba el mismo tono grave, dramático y semielegíaco de su obra anterior».[461] El poeta leyó estos versos en un mitin organizado conjuntamente por la Federación Universitaria Hispanoamericana y la Alianza de Intelectuales el 12 de octubre de 1936 en Cuenca, ante campesinos, ganaderos y obreros.[462]

En aquel momento, ya se había confirmado el asesinato en Granada de Federico García Lorca (cuyos restos aún hoy permanecen desaparecidos, casi ochenta años después). «A Pablo le unía una amistad entrañable con Federico García Lorca. La muerte de Federico fue un golpe demasiado grande. No se podía concebir que lo hubieran asesinado», recordó en 1972 Delia del Carril.[463] «Aquel hecho le dejó a Neruda todo claro», escribió Volodia Teitelboim. «Le cambió el mundo. Y él cambió la poesía. Había caído sobre ella una bomba, una gota de sangre del poeta sacrificado en el bosquecillo de Víznar. Seguramente esa gota de sangre desbordó un vaso que ya estaba rebosando con muchas gotas de sangre y muchas razones para su evolución o revolución».[464] A partir de entonces, asumió como propia la causa de la República Española y la memoria de aquel tiempo, de aquella resistencia, de aquel sacrificio, de aquella derrota, y su hondo y trágico significado, como el recuerdo de Federico García Lorca, le acompañó siempre, hasta sus últimos días.

«Empecé a ser comunista en España, durante la Guerra Civil», explicó en 1971. «Fui nombrado cónsul de Chile en ese país y allí pasé la parte más importante de mi vida política; como muchos escritores de todo el mundo, por otra parte. A todos nos atrajo esa

461. *Aurora*, n.º 3-4. Santiago de Chile, julio-diciembre de 1964, pp. 218-225.
462. Délano (2004), pp. 232-233. Luis Enrique Délano publicó en aquel tiempo un relato excepcional: *4 meses de guerra civil en Madrid*. Panorama. Santiago de Chile, 1937. Especialmente conmovedor es su recuerdo de Federico García Lorca.
463. Entrevista de Virginia Vidal a Delia del Carril. *Hechos Mundiales*, n.º 60. Santiago de Chile, diciembre de 1972, pp. 41-43.
464. Teitelboim (1996), p. 216.

enorme resistencia al fascismo que fue la guerra de España. Para mí, esta experiencia fue algo más. Antes de la guerra española, yo había conocido escritores, todos republicanos, excepto uno o dos. La República era para mí el renacimiento de la cultura, de la literatura y de las artes en España. Federico García Lorca es la expresión de esta generación poética [...] la destrucción física de estos hombres fue para mí un drama. Toda una parte de mi vida terminó así en Madrid».[465]

A fines de septiembre, Concha Méndez y su hija Paloma, María Antonia Hagenaar y Malva Marina Reyes y Juan Gil-Albert viajaron en tren a Barcelona.[466] Las evacuaciones eran constantes en aquellas semanas, cuando la caída de Madrid parecía inminente y los refugiados que llegaban relataban la espantosa represión sufrida en Andalucía o Extremadura. En noviembre, numerosos intelectuales, catedráticos, médicos, poetas (como Antonio Machado) y científicos partieron hacia Valencia, en una expedición organizada por la Junta de Defensa y el Quinto Regimiento de Milicias Populares.[467] El propio Gobierno de la República se trasladó a la capital levantina.

La madrugada del 8 de noviembre, después de semanas de bombardeos facciosos sobre Madrid, Pablo Neruda y Delia del Carril, Rafael Alberti y María Teresa León, Luis Enrique Délano y Lola Falcón y su hijo Poli (de seis meses y medio) viajaron en un automóvil con placa diplomática a Valencia y de allí a Barcelona, adonde llegaron el 10 de noviembre.[468] Cuatro días después, desde Marsella, Maquieira pidió explicaciones a Neruda sobre las razones por las que, sin orden de sus superiores, había dejado el consulado en Madrid y le instó a que aclarara las acusaciones de sus «concomitancias comunistas» publicadas en aquellos días por la prensa chile-

---

465. *Ercilla*. Santiago de Chile, 27 de octubre de 1971, pp. 8-16.

466. Gil-Albert, Juan: *Memorabilia*. Tusquets. Barcelona, 1975, pp. 218-219.

467. Aznar Soler, Manuel: *II Congreso Internacional de Escritores Antifascistas (1937). Vol. II. Pensamiento literario y compromiso antifascista de la inteligencia española republicana*, pp. 180-183.

468. Délano (1937), p. 83. Así lo anunció el cónsul general, Tulio Maquieira, al ministro de Relaciones Exteriores chileno en un telegrama aquel mismo día. Archivo General Histórico del Ministerio de Relaciones Exteriores. Volumen 1.499. *Archivo Confidencial. 1936. 10.*

na.[469] Finalmente, fue autorizado a abandonar España.[470] En muchas ocasiones, también en sus memorias, relató que el Gobierno de su país le había despojado de su puesto consular en Madrid por su solidaridad con la República. Desde luego, no fue así.

El 8 de diciembre, en un oficio dirigido a su ministro, el cónsul general informó de la clausura del consulado en Barcelona y mencionó que Neruda ya se encontraba en Marsella «con su familia». «Finalmente, suplico a US. que, por razones que no trepido en calificar de humanitarias, quiera bondadosamente resolver la situación del cónsul Reyes, que se encuentra sin recursos de ninguna especie».[471]

Según relató a Delia del Carril, quien permanecía en Barcelona, el 8 de diciembre llevó a su esposa y a su hija a Montecarlo y acordó con ella la separación. «La situación no está arreglada con su ida, los Van Tricht tienen un departamento muy bien puesto pero chico, tendrá que buscar pensión a 25 francos diarios mínimo, sin contar los gastos de la chica: por suerte la niñita estaba repuesta y la dejé cantando y riendo como antes. La cuestión es luchar para que Maruca pueda tener mensualmente esa suma, así se estaría tranquila». «A pesar de las dificultades qué bien estar sin Maruca: me sentía vivir de nuevo».[472]

Al día siguiente, escribió a Germán Vergara Donoso, subsecretario de Relaciones Exteriores, para comentar la orden de repatriación que había recibido, a la que debía dar cumplimiento en un buque que zarpaba el 13 de enero.[473] Le expresó su inquietud por «el tono escueto de su telegrama» y por las noticias de la prensa

469. Archivo Nacional de Chile. Ministerio de Relaciones Exteriores. Volumen 3.669. *Oficios recibidos consulados en Checoslovaquia, Dinamarca, España y Finlandia.*

470. *Memoria del Ministerio de Relaciones Exteriores de Chile. 1936.* Santiago de Chile, 1937, p. 567.

471. Archivo Nacional de Chile. Ministerio de Relaciones Exteriores. Volumen 3.669. *Oficios recibidos consulados en Checoslovaquia, Dinamarca, España y Finlandia.*

472. Carta de Pablo Neruda a Delia del Carril del 10 de diciembre de 1936 desde Marsella. *Pablo Neruda. Obras Completas. V. Nerudiana dispersa II. 1922-1973*, pp. 976-977.

473. Archivo General Histórico del Ministerio de Relaciones Exteriores. Volumen 1.499. *Archivo Confidencial. 1936. 10.*

chilena acerca de sus nexos con el comunismo, que en un informe de 21 de noviembre el cónsul Maquieira había negado. «Mientras tanto mi casa en Madrid ha sido destruida por el bombardeo, con todas mis cosas, muebles, ropas, libros... No olvidará Ud. que durante cuatro meses he permanecido en Madrid con bombardeos diarios».[474]

Desde principios de 1937 Delia del Carril y él se asentaron en París.

LA POESÍA CONTRA EL FASCISMO

La resistencia de la República Española contra la agresión fascista despertó una solidaridad internacional nunca antes conocida. Su mayor expresión fueron los más de cuarenta mil voluntarios que formaron las Brigadas Internacionales. Asimismo, los partidos de izquierda y las organizaciones democráticas de infinidad de países se movilizaron para denunciar la Política de No Intervención, que dejó abandonado a un Gobierno legítimo. En el terreno cultural, poetas, escritores, artistas e intelectuales de todo el mundo brindaron su genio a la defensa de las libertades en España. La causa de la democracia, el fascismo como enemigo absoluto, cambió a muchos poetas, que además encontraron en Federico García Lorca el mártir que movilizó sus plumas condolidas. «Antes de la Guerra Civil el vínculo entre la acción política y la poesía había sido, con alguna que otra notable excepción, distante en el tiempo y el espacio. La poesía era protesta o celebración, ceremonia o lamento, siempre anterior o posterior a los acontecimientos mismos. [...] Con la Guerra Civil todo eso cambió», ha escrito González Echevarría. «La Guerra Civil le dio foco, dirección y sentido a la rebeldía que las vanguardias habían heredado del romanticismo. Hizo a la poesía a la vez profunda e inmediata».[475] El británico W. H. Au-

474. Carta de Pablo Neruda a Germán Vergara Donoso del 16 de diciembre de 1936 desde Marsella. Quezada Vergara, *Pablo Neruda. Epistolario viajero*, pp. 115-116.

475. González Echevarría, Roberto: «Guerra de los poetas». Prólogo a: *Los poetas del mundo defienden al pueblo español*. Renacimiento. Sevilla, 2010. pp. 13-17.

den lo exaltó en su célebre poema «Spain 1937», en el que declaró que la misión del momento era la lucha contra el fascismo.

Chile no fue ajeno a aquel intenso movimiento de solidaridad. A principios de 1937 se publicó el libro *Madre España*, dedicado a García Lorca, con versos de los veinte poetas más importantes del país y epílogo de María Zambrano. En aquellas páginas coincidieron Juvencio Valle, Volodia Teitelboim, Rosamel del Valle, Pablo de Rokha, Vicente Huidobro y Neruda, quien aportó su «Canto a las madres de los milicianos muertos».[476]

En febrero, Pablo Neruda participó en un homenaje a García Lorca en París. Su intervención partió explicando por qué escogía el nombre del poeta granadino ante las masacres de los campesinos andaluces o el exterminio de los maestros de la República: aquel crimen era el símbolo de la agresión contra la República, contra la cultura y contra el pueblo, que García Lorca intentara unir con su compañía La Barraca.[477] «Su persona era mágica y morena, y traía la felicidad». Justificó sus palabras apasionadas y distanciadas de la neutralidad. «Comprendedme y comprended que nosotros, los poetas de América española y los poetas de España, no olvidaremos ni perdonaremos nunca el asesinato de quien consideramos el más grande entre nosotros, el ángel de este momento de nuestra lengua. Y perdonadme que de todos los dolores de España os recuerde solo la vida y la muerte de un poeta. Es que nosotros no podremos nunca olvidar este crimen, ni perdonarlo. No lo olvidaremos ni lo perdonaremos nunca. Nunca».[478]

476. *Madre España*. Panorama. Santiago de Chile, 1937, pp. 38-39.

477. «Su obra es un cuerpo que alberga todas las vidas y su muerte encarnó una derrota de la humanidad», ha escrito recientemente Manuel Rivas sobre Federico García Lorca. «En él mataban a todo lo que odiaban. A la heterodoxia, pero también a la tradición de la risa y la libertad del pueblo. A la belleza, a la verdad y al alma íntima de las palabras». *El País*. Madrid, 9 de mayo de 2015, p. 64.

478. *Hora de España*, n.º III. Valencia, marzo 1937, pp. 225-238. El texto de esta conferencia fue incluido en *Homenaje al Poeta Federico García Lorca*, publicado en Valencia en 1937 por Ediciones Españolas. Junto con una pequeña selección de sus obras (de *Romancero gitano*, *Poema del cante jondo*, *Yerma* o *Bodas de sangre*) y la conferencia de Neruda, incluyó poemas de Alberti, Antonio Machado («El crimen fue en Granada»), Pedro Garfias, Emilio Prados, Altolaguirre y Miguel Hernández, así como textos en prosa de Bergamín, Aleixandre, Juan Ramón Jiménez y Dámaso Alonso.

El 9 de marzo publicó en el periódico *Nuestra España* de París una carta «a mis amigos de América» explicando, de nuevo, las razones de su solidaridad con la República, a pesar de las admoniciones que a diario recibía para no inmiscuirse en lo que sucedía en España, los consejos para mantener su ya celebrada poesía alejada de la contingencia política. Pero él no albergaba dudas, sentía que no podía permanecer ajeno a una pelea a muerte entre las luces de la razón y las sombras oscuras de la barbarie y la muerte. «Al situarme en la Guerra Civil, al lado del pueblo español, lo he hecho en la conciencia de que el porvenir del espíritu y de la cultura de nuestra raza dependen directamente del resultado de esta lucha». «Estoy y estaré con el pueblo español masacrado por el bandidaje y el celestinaje internacional. Y a todos mis múltiples amigos de América Latina quiero decirles: no me sentiría digno de vivir si así no fuera».[479] Vinculado al servicio diplomático chileno, formalmente aún cónsul en Madrid, este tipo de pronunciamientos públicos solo podían disgustar al Gobierno presidido por Arturo Alessandri.[480]

Su activismo también se plasmó en una singular publicación que vio la luz en el primer semestre de 1937 en colaboración con una persona extraordinaria, Nancy Cunard, hija única y heredera de una legendaria compañía naval: la Cunard Line. Nació en 1896 y vivió en Londres y París, donde se vinculó a los poetas surrealistas (Aragon, Tzara) y publicó tres poemarios. Hacia 1927 compró una granja en La Chapelle-Réanville, en Normandía, a poco más de una hora de París en tren, donde se instaló desde 1928 con su pareja, el pianista afroamericano Henry Crowder, y puso en marcha una imprenta. La lucha contra la segregación de la población afroamericana en Estados Unidos le llevó a la causa antifascista en España.[481]

479. Neruda, Pablo: «A mis amigos de América». Consultado en: *Frente Popular*. Santiago de Chile, 19 de abril de 1937, p. 5.

480. El 13 de marzo el Departamento Consular indicó al encargado de negocios en Francia que le ofreciera la posibilidad de aceptar pasajes de regreso a Chile y, si lo rechazaba, que le rogara que presentara su renuncia al cargo. Archivo General Histórico del Ministerio de Relaciones Exteriores de Chile. Volumen 1.617-A. *Misión de Chile en Europa y China. Oficios enviados y recibidos. 1937.*

481. Osuna, Rafael: *Pablo Neruda y Nancy Cunard*. Orígenes. Madrid, 1987, pp. 50-61.

En agosto de 1936, Nancy Cunard viajó a la Cataluña inmersa en la revolución social anarquista, visitó el frente y escribió numerosos artículos para periódicos de Europa, América y Asia. En el otoño, conoció a Neruda en Madrid y a comienzos de 1937, con el objetivo de recaudar fondos y pertrechos para la República, se unieron para editar un cuaderno titulado *Los poetas del mundo defienden al pueblo español*, del que aparecieron seis números entre febrero y julio de aquel año. El primero incluyó los poemas «Canto sobre unas ruinas» de Neruda (fechado en 1936 en Madrid) y «Para hacerse amar», de Cunard, traducido al español por Vicente Aleixandre. Los cinco siguientes ofrecieron versos de Tristan Tzara, Aleixandre, Federico García Lorca, Langston Hughes, Rafael Alberti, Pierre Robin, Cedric Dover, Raúl González Tuñón, W. H. Auden («Spain 1937»), Nicolás Guillén, Robin Wilson, Hans Gebser, Brian Howard y Randall Swingler.[482]

En su biografía de Nancy Cunard, Lois Gordon sostiene que Neruda y ella tuvieron una relación sentimental, expresada en las cartas que se conservan en el Fondo Nancy Cunard del Harry Ransom Center de la Universidad de Texas. Cartas como esta de mayo de 1949: «Cariño, me encuentro solo. Delia se ha ido a Buenos Aires... Cerio me deja una casa dos meses».[483] En 1940, Cunard vivió en Chile y compartió techo con Neruda y Delia del Carril en Santiago e Isla Negra.

Durante aquellos meses en la capital francesa, logró un empleo en la Asociación de Escritores y Artistas Revolucionarios, que presidía el poeta comunista Louis Aragon. Le correspondió participar en los trabajos de organización del II Congreso de Intelectuales en Defensa de la Cultura, previsto para el verano en Valen-

482. Publicaron un total de dieciséis poemas, siete en español y el resto en inglés, francés y alemán. El primer número llevó inscritas en su portada dos proclamas. Una, en letra redonda, decía: «Madrid será la tumba del Fascismo Internacional – Escritores: combatid en vuestra patria a los asesinos de Federico García Lorca. Pedimos dinero, alimentos, ropa y armas para la República Española. No pasarán». La otra, debajo y en cursiva, informaba: «Número uno – compuesto personalmente a mano por Nancy Cunard y Pablo Neruda / Todo el producto de la venta irá en ayuda del pueblo español».

483. Carta de Pablo Neruda a Nancy Cunard del 3 de mayo de 1949. Gordon, Lois: *Nancy Cunard: rica heredera, musa, idealista política*. Circe. Barcelona, 2008, p. 346.

cia, Madrid, Barcelona y París. Con el apoyo de Delia del Carril y Amparo Mom, esposa de Raúl González Tuñón, se ocupó principalmente de las invitaciones cursadas a su continente. Así, por ejemplo, el 9 de abril escribió la carta de invitación dirigida al ensayista cubano Juan Marinello, quien entonces vivía en México. «Querido compañero, la Asociación Internacional ha querido que la representación de nuestra América sea la más importante del Congreso, debido a la honda repercusión que la guerra civil española tiene en nuestros países. He propuesto su nombre tanto por su significación literaria como por la valiente orientación de todas sus actividades». A fines de aquel mes, el día 27, volvió a escribirle para indicarle que había recibido su telegrama por el que tanto Nicolás Guillén como él confirmaban la asistencia.[484]

La Guerra Civil continuaba en España, con la ofensiva franquista sobre el País Vasco y los crueles bombardeos de Gernika o Durango. En junio, desde París, Auden, Bergamín, Cunard, Aragon, Ramón J. Sender, Tzara, Spender y Neruda, entre otros, firmaron un llamamiento dirigido a los escritores y poetas de Inglaterra, Escocia, Irlanda y Gales para invitarles a «tomar partido» en favor de la democracia en España, después de que el 28 de mayo Neville Chamberlain hubiera sustituido a Stanley Baldwin como primer ministro, lo que supuso una vuelta de tuerca más a la hostilidad de Londres hacia la República Española.[485] «Hoy la lucha es en España. Mañana, será en otros países, también en el nuestro. [...] He aquí las preguntas que os hacemos: ¿estáis al lado del Gobierno legal y del pueblo de la República Española? ¿Estáis a favor o en contra de Franco y del fascismo? Es ya imposible permanecer neutral».[486]

El 1 de julio, *El Mono Azul* publicó en primera página su poema «Es así», uno de los más emblemáticos de *España en el corazón*, libro en el que tomó el título de «Explico algunas cosas». Al día siguiente, en París ofreció una conferencia en la que se refirió a la

484. Véanse estas dos cartas de Pablo Neruda a Juan Marinello de abril de 1937 desde París en: *Cuba Internacional*, n.º 261. La Habana, septiembre de 1991, pp. 37-43.

485. Amorós, Mario: *75 años después. Las claves de la Guerra Civil española. Conversación con Ángel Viñas*. Ediciones B. Barcelona, 2014, p. 159.

486. Aznar Soler (1978), Vol. II, pp. 187-188.

influencia de la cultura francesa y de la española en la literatura latinoamericana.[487] Habló de sus primeras lecturas de Baudelaire y Rimbaud en Temuco, tan vinculadas a su formación como poeta y como ser humano, citó a Rubén Darío y al poeta uruguayo Julio Herrera y Reissig, y recordó la «indiferencia» con que fue acogido en 1927 en España, antes de reconocer la herencia cultural poderosa emanada de Cervantes, Góngora, Garcilaso de la Vega o Quevedo y exaltar a sus compañeros españoles de generación con la trágica pérdida de su estrella más deslumbrante, Federico García Lorca.

El II Congreso de Intelectuales en Defensa de la Cultura se desarrolló en Valencia, Madrid, Barcelona y París entre el 4 y el 17 de julio, cuando los sublevados habían ocupado todo el País Vasco en junio y proseguían su avance hacia Santander y Asturias, mientras la República lanzaba una ofensiva al oeste de Madrid, en la zona de Brunete. El dirigente del POUM, Andreu Nin, estaba desaparecido y las cenizas del enfrentamiento fratricida de mayo en las calles de Barcelona aún no se habían apagado.

La presidencia del Congreso quedó integrada por André Malraux, Alexis Tolstói, W. H. Auden, Malcolm Cowley, Antonio Machado, José Bergamín y Pablo Neruda, entre otros. Participaron personalidades como los alemanes Heinrich Mann y Ludwig Renn, los argentinos Pablo Rojas Paz[488] y Raúl González Tuñón, los cubanos Alejo Carpentier, Juan Marinello y Nicolás Guillén, los chilenos Vicente Huidobro[489] y Alberto Romero, los estadounidenses Langston Hughes, Louis Fischer y Malcolm Cowley,

487. Neruda, Pablo: «Influencia de Francia y España en la literatura hispanoamericana». *Abc*. Madrid, 13 de octubre de 1997, pp. 50-51.

488. Algunos años después, Rojas Paz escribió un breve ensayo sobre Neruda, incluido en su libro: *Cada cual y su mundo*. Poseidón. Buenos Aires, 1944. pp. 101-120. «Pablo Neruda pertenece a la especie de los poetas impuros, como Baudelaire, como Poe...».

489. El 1 de mayo de 1937, desde París, varios escritores, como Tristan Tzara, José Bergamín, Alejo Carpentier, César Vallejo o Juan Larrea, firmaron sendas cartas dirigidas a Huidobro y Neruda para pedirles que cesaran su enfrentamiento y dedicaran todos sus esfuerzos a la solidaridad con la República Española. Véase la carta dirigida al autor de *Altazor* en: *Vicente Huidobro. Epistolario. Correspondencia con Gerardo Diego, Juan Larrea y Guillermo de Torre*. Residencia de Estudiantes. Madrid, 2008, p. 241.

los británicos W. H. Auden o Stephen Spender, el mexicano Octavio Paz, el peruano César Vallejo, los soviéticos Iliá Ehrenburg, Fedin Fadeiev o Alexis Tolstói, los franceses André Malraux y Tristan Tzara y los españoles Rafael Alberti, José Bergamín, León Felipe, Antonio Machado o Margarita Nelken.[490] Bertolt Brecht, Louis Aragon y Ramón J. Sender solo asistieron a las sesiones de París. La calidad de aquella representación de intelectuales ratificaba lo que el presidente del Gobierno, Juan Negrín, proclamó el 4 de julio en la inauguración acerca del carácter universal de la contienda: «Una lucha por la libertad y la independencia de la Humanidad».[491]

Entre el 5 y el 8 de julio, los días que el Congreso se desarrolló en Madrid, fueron los últimos de su vida en la capital española. Visitó a Vicente Aleixandre, quien había sufrido en aquellas semanas una recaída de su enfermedad renal crónica. «Los veo a los dos, a él y a Delia, sentarse en el borde de mi cama. Oigo la voz pausada, la voz acompañadora de Pablo. Probablemente, la voz más físicamente acompañadora que yo haya escuchado nunca...», escribió Aleixandre con nostalgia.[492] Acompañado por Miguel Hernández, también llegó a la Casa de las Flores, que, situada a pocos centenares de metros del frente, fue destruida por los bombardeos.[493]

Neruda pronunció su único discurso en las sesiones finales del Congreso en el Théatre de la Porte Saint Martin, en París, el 16 de julio. Resaltó la presencia de dieciséis delegados de América Latina, reunidos «bajo el cielo y en la tierra de Madrid, defendida y cuidada por los hombres más puros, por los mejores de nuestra

490. Schneider, Luis Mario: *II Congreso Internacional de Escritores Antifascistas (1937). Vol. I. Inteligencia y guerra civil en España.* Laia. Barcelona, 1978, pp. 77-79.

491. *El Pueblo*, Valencia, 6 de julio de 1937, p. 1. Aznar Soler, Manuel y Schneider, Luis Mario (eds.): *II Congreso Internacional de Escritores Antifascistas (1937). Vol. III. Ponencias, documentos y testimonios.* Laia. Barcelona, 1978, pp. 7-8.

492. Aleixandre, Vicente: «La última vez que vi a Pablo Neruda». *Chile en el corazón. Homenaje a Pablo Neruda.* Península. Barcelona, 1975, pp. 15-18.

493. El 25 de marzo de 1981 el alcalde de Madrid, el *viejo profesor* Enrique Tierno Galván, descubrió una escultura de homenaje al poeta en la Casa de las Flores. *El País.* Madrid, 31 de octubre de 2014. Cuaderno de *Madrid*, p. 10.

raza».[494] «Pero la unidad de sangre y de lengua, la comunidad de historia, de poesía y de silencio nos imponían a nosotros, americanos ibéricos, un mensaje de vida y de esperanza más directo y más urgente tal vez que a todos nuestros camaradas. Este mensaje, escrito con la luz y la sangre puras de Madrid, este mensaje escrito entre casas desplomadas y terribles trozos de metralla, nos decía: ¡Escritores de todos los países, unid a los pueblos de todos los países! Porque hemos visto allá, de una manera desgarradora, la lucha de la inteligencia contra las tinieblas y la impresionante victoria del corazón y de la esperanza del mundo». Uno de los acuerdos del II Congreso fue la organización de secciones nacionales que agruparan a los intelectuales y artistas antifascistas. «Nos queda únicamente separarnos para llevar esta lucha contra el fascismo criminal a todos los rincones del mundo», concluyó Neruda. «Y, puesto que en España se defiende, con una calma salvaje, la libertad y la grandeza del hombre, en cualquier lugar que luchemos por la libertad y la grandeza del hombre, aunque no la nombremos, incluso sin saberlo, será por España por quien lucharemos, será por España por quien combatiremos».[495]

RUMBO A CHILE

El 3 de agosto, escribió al ministro de Relaciones Exteriores, José Ramón Gutiérrez, una extensa misiva en relación con las recurrentes descalificaciones que sufría por motivos políticos y que arreciaban en aquellas semanas tras su participación en el reciente congreso antifascista. Se defendió argumentando que había respetado el principio de neutralidad exigible a los diplomáticos mientras permaneció en España y que, solo cuando abandonó el país en guerra (y dejó de percibir ingresos por su adscripción al servicio exterior), alzó su voz, de acuerdo con su conciencia, en defensa de

494. Schidlowsky, David: «Años 30: Neruda y los Congresos de Escritores para la Defensa de la Cultura». *Nerudiana*, n.º 2. Santiago de Chile, diciembre de 2006, pp. 17-20.
495. Su discurso fue encontrado en el archivo de Tristan Tzara en el Fondo Jacques Doucet de la Biblioteca de Sainte Geneviève (París). Aznar Soler y Schneider, p. 262.

la República. «Este es mi pecado del cual estoy orgulloso». Se defendió también de un informe que la policía de París había enviado al Ministerio, que incluía acusaciones como cultivar la amistad del conocido periodista soviético Iliá Ehrenburg. «Pero tampoco soy comunista, ni pertenezco a ningún partido. Soy antifascista. Pero Ud. no lo es, señor Ministro? No podemos olvidar que el fascismo está fuera de la ley en nuestro país».

Recordó su década de trabajo consular «en los climas más atroces, con un sueldo miserable y muchas veces sin él» y le detalló la extensa relación de distinciones que había recibido recientemente, que también prestigiaban a su país. El Pen Club de Chile le había elegido miembro de honor de su directorio y otorgado su representación en el Congreso Internacional de la Sociedad; el Congreso de las Naciones Americanas le había invitado a participar como Huésped de Honor en sus sesiones; la Sociedad de Escritores de Chile le había incluido en su Presidium de Honor. «Con orgullo he puesto el prestigio que me hayan querido conceder al servicio momentáneo de un pobre y grande pueblo asaltado por un atado de bandidos; aunque siempre y duraderamente mis acciones y el prestigio que las envuelva estarán al servicio de mi patria».[496]

El 20 de agosto escribió a su hermana y le expresó su pena por «la enfermedad de mamá». Le anunció que en breve viajaría a Chile. «Maruca se queda en Holanda con la niñita y con su familia hasta que sepamos cuál va a ser mi destinación».[497]

El 9 de septiembre el encargado de negocios de la embajada en París, Moisés Vargas, envió al ministro de Relaciones Exteriores un oficio confidencial de tres páginas en el que negó que Neruda fuera un «agente comunista». Le confirmó que efectivamente había participado en actividades de solidaridad con la República Española y que la policía francesa había seguido sus pasos. «El señor Reyes no es un comunista afiliado, ni tiene relaciones con agentes

496. Carta de Pablo Neruda a José Ramón Gutiérrez del 3 de agosto de 1937 desde París. *Pablo Neruda. Obras Completas. V. Nerudiana dispersa II. 1922-1973*, pp. 984-988.
497. Carta de Pablo Neruda a Laura Reyes del 20 de agosto de 1937 desde París. *Pablo Neruda. Obras Completas. V. Nerudiana dispersa II. 1922-1973*, pp. 837-838.

del Komintern; podría tal vez, tener simpatías platónicas por el régimen soviético, pero en forma demasiado libre de toda ortodoxia...». Ante su regreso a Chile, incluso intercedió por él ante el ministro debido a la precariedad de su vida tras la salida de España, sin ingresos oficiales y con la obligación de atender a su familia.[498]

En los primeros días de octubre de 1937, Pablo Neruda volvió a Chile en el buque de carga *Arica*, que partió del puerto belga de Amberes. Le acompañaban Delia del Carril y Raúl González Tuñón y Amparo Mom. A bordo terminó *España en el corazón*.

498. Vargas adjuntó a su carta un extracto de página y media del informe de la policía francesa sobre Neruda. Archivo Nacional de Chile. Ministerio de Relaciones Exteriores. Volumen 3.844. *1937. Oficios confidenciales recibidos de legaciones en Bélgica, Checoslovaquia, Dinamarca, Francia, Holanda, Portugal, Suecia, Suiza, Yugoslavia, Delegación en la Sociedad de Naciones.*

5

La gesta del *Winnipeg*

De regreso en su país después de cuatro años, Pablo Neruda se concentró en la lucha política desde su trinchera literaria. Fue el primer presidente de la antifascista Alianza de Intelectuales en Defensa de la Cultura, que gravitaba en torno al Frente Popular con su publicación *Aurora de Chile*. A mediados de noviembre de 1937, vio la luz su libro *España en el corazón*, que abrió el manantial de su poesía política y de sus versos de movilización y combate. La edición que dirigió Manuel Altolaguirre un año después en el monasterio catalán de Montserrat lo convirtió en un libro legendario. La histórica victoria de Pedro Aguirre Cerda en las elecciones presidenciales de octubre de 1938 le concedió un nuevo destino en el servicio exterior ciertamente singular tras la desoladora derrota de la República. Como Cónsul para la Inmigración Española, le correspondió organizar entre mayo y agosto de 1939, en Francia, el traslado a Chile de más de dos mil refugiados republicanos, una misión compartida con el Gobierno de la República en el exilio y las organizaciones de solidaridad del Cono Sur. La gesta del *Winnipeg* fue uno de los pasajes más luminosos de su vida. No pudo, en cambio, salvar la vida de Miguel Hernández, por cuya suerte se interesó vivamente. A fines de 1939 fue designado cónsul general en México.

LA ALIANZA DE INTELECTUALES

Desde su llegada, participó en múltiples actos de apoyo a la España republicana. El 12 de octubre cerca de treinta mil personas asistieron en el Parque Cousiño a una manifestación de solidaridad con la lucha democrática y antifascista en España, convocada por el Frente Popular, con la intervención de los líderes del Partido Radical, Juan Antonio Ríos, del Partido Socialista, Marmaduque Grove, del Partido Comunista, Carlos Contreras Labarca, y de la Confederación de Trabajadores, Bernardo Ibáñez. Su presencia en la tribuna fue saludada con aplausos por la multitud.[499]

El sábado 23, la Sociedad de Escritores y el Pen Club organizaron un banquete de recibimiento a Neruda y González Tuñón al que asistieron más de doscientas personas. Tomaron la palabra el escritor Joaquín Edwards Bello, la novelista Marta Brunet, el poeta y diputado socialista Julio Barrenechea, Alberto Romero y Rubén Azócar en representación de los amigos del poeta.[500] «Yo no puedo traer de España ante vosotros un testimonio imparcial [...] porque he visto la noble ciudad, aislada en su llanura castellana como un punto de fuego en un planeta, defenderse con derecho y con victoria de una invasión sin nombre», señaló Neruda en su discurso. Ensalzó el ejemplo de muchos escritores que se habían unido a las Brigadas Internacionales y recordó cómo la República había salvado de las bombas las obras culturales de El Escorial o El Prado. «Ahora en medio de esta mañana, en medio de la adorada primavera de mi patria adorada, al agradeceros el homenaje que dais con vuestra presencia a mi desordenada poesía, quiero deciros que me dais valor para que siga siendo lo que ha sido, hundida en lo profundo del ser y de la vida, del dolor y de la esperanza, ya que yo quiero ser en la vida y en el arte poético solo eso: humano, siempre demasiado humano».[501]

La capacidad de convocatoria y organización que había aprendido en París le sirvió entonces para galvanizar a los más prestigiosos intelectuales de su país en la solidaridad con la República Española y el apoyo al Frente Popular chileno.[502] Y así el 7 de noviembre se constituyó la Alianza de Intelectuales para la Defensa de la Cultura.[503] La fecha era, sin duda, emblemática: el primer aniversario

499. *La Hora*. Santiago de Chile, 13 de octubre de 1937, pp. 1 y 7.

500. *Frente Popular*. Santiago de Chile, 25 de octubre de 1937, p. 11.

501. *La Hora*. Santiago de Chile, 24 de octubre de 1937, pp. 7 y 9.

502. Loyola, Hernán: «Fray Camilo y Neruda: *Aurora de Chile* — 1.ª y 2.ª». *Nerudiana*, n.º 12. Santiago de Chile, diciembre de 2011-febrero de 2012, pp. 45-46.

503. A principios de diciembre, *El Mono Azul* publicó la declaración que la Alianza chilena envió a sus compañeros de España: «Tened la certeza de que

de la heroica Defensa de Madrid... y el vigésimo del triunfo de la Revolución Rusa. Cientos de intelectuales se adhirieron a esta organización, que lo eligió como su presidente: Alberto Romero, Ángel Cruchaga Santa María, Humberto Díaz-Casanueva, Julio Barrenechea, Carlos Vicuña Fuentes, Roberto Aldunate, Acario Cotapos, Guillermo Labarca, Rubén Azócar, Bernardo Leighton, Sergio Larraín... Se crearon secciones en ciudades como Iquique, Antofagasta, Valparaíso, Rancagua, Concepción o Temuco. La Alianza fue también un foco de irradiación cultural, ya que promovió actos de homenaje a distintos creadores, ediciones populares, organizó la primera Feria del Libro chilena (inaugurada el 24 de diciembre de 1937) y encabezó la defensa de los derechos de autores y editores.[504]

En el primero de los muchos discursos que a lo largo de su vida ofrecería en el Salón de Honor de la Universidad de Chile, aquel 7 de noviembre de 1937 Neruda relató el desarrollo del reciente Congreso de Intelectuales en la España en guerra, principalmente en Madrid, y saludó a todas las personas, de diferentes credos, ideas y disciplinas, que unían sus esfuerzos para luchar contra el fascismo, que también en Chile asomaba en aquellos años con un movimiento nazi con cierto vigor y la candidatura autoritaria de Carlos Ibáñez para 1938.[505] Entre los centenares de personas que le escuchaban estaba una joven estudiante, María Maluenda, quien con el tiempo se convertiría en su amiga y en una gran actriz. «En mi primer año de Universidad, 1937, escuché por primera vez a Pablo Neruda. En un Salón de Honor repleto de estudiantes, nos habló de España en plena Guerra Civil. A España la teníamos todos en el corazón. España

---

nuestras actividades, hoy y siempre, estarán presididas por el recuerdo y el ejemplo de los intelectuales españoles que han dado su sangre por el pueblo; de los que, viniendo de otros países, nos han enseñado la solidaridad en las tierras de España: García Lorca, Emiliano Barral, Pablo de la Torriente, Gerda Taro...».
Estaba suscrita por el directorio provisional: Pablo Neruda como presidente, Alberto Romero como vicepresidente, y Luis Enrique Délano, Gerardo Seguel y Humberto Díaz-Casanueva como secretarios. *El Mono Azul*, n.º 44. Madrid, 9 de diciembre de 1937, p. 1.
    504. Sanhueza, Jorge: «Pablo Neruda, los poetas y la poesía». *Aurora*, n.º 3-4. Santiago de Chile, julio-diciembre de 1964, pp. 28-63.
    505. *Frente Popular*. Santiago de Chile, 9 de noviembre de 1937, p. 3.

marcó mi vida y mi manera de pensar como a muchísimos», escribió Maluenda.[506]

El 13 de noviembre, acompañado por Raúl González Tuñón, Julio Barrenechea y Tomás Lago, viajó a Temuco. «En la estación, el poeta era esperado por numerosos simpatizantes y miembros de su familia. Le dieron la bienvenida el presidente del Ateneo de Temuco, Dr. Don Manuel Marín, y otros dirigentes de esta institución», informó la prensa local.[507] A su llegada, pudo leer el florido y extenso editorial que le dedicó el principal diario de la ciudad, un poco exagerado... al menos en aquel momento: «Ha alcanzado en la historia de la literatura americana un sitio de tan alto honor dentro de las nuevas formas de la estética que aun la historia de la literatura castellana no podrá, al correr de los siglos, desprenderse de su nombre».[508] A las seis y media de la tarde, el Café Ianiszewski acogió una velada poética con la participación de Neruda y sus amigos llegados de Santiago. Recitó «Sinfonía de la trilla», «Mariposa de otoño» y «Farewell» de *Crepusculario*; el «Poema 20»; «El fantasma del buque de carga» y una parte de *España en el corazón*. Al día siguiente, participó en una concentración convocada por el Comité Pro Víctimas de España leal en la Casa del Pueblo.[509]

En su retorno a la ciudad donde vivió su infancia y adolescencia, tal vez llevó consigo algún ejemplar del último número de *Ercilla*, que incluía un reportaje con sus opiniones acerca de la guerra en España y su confianza en la victoria de la República. Entonces reiteró que no tenía filiación partidaria: «Yo no soy comunista. Ni socialista. Ni nada. Soy, simplemente, escritor. Escritor libre, que ama la libertad con sencillez. Amo al pueblo. Pertenezco a él porque de él vengo. Por ello soy antifascista. [...] No creo, tampoco, en la necesidad de llegar a crear afiches, de que el arte se convierta en carteles de propaganda de determinada tendencia política. Pero sí que la labor del escritor, del pintor, del artista en general será mañana, ya es desde hoy, una labor de información para el pueblo

---

506. Soto, Hernán: *España 1936. Antología de la solidaridad chilena.* LOM Ediciones. Santiago, 1996, p. 18.

507. *El Diario Austral.* Temuco, 14 de noviembre de 1937, p. 6.

508. *El Diario Austral.* Temuco, 14 de noviembre de 1937, p. 3.

509. *El Diario Austral.* Temuco, 14 de noviembre de 1937, pp. 8 y 10.

y al servicio del pueblo». La revista anunciaba la aparición inminente de su nuevo libro: *España en el corazón. Himno a las glorias del pueblo en la guerra*.[510] Es, sin duda, uno de los principales libros de poesía inspirados por aquella contienda junto con *Vientos del Pueblo*, de Miguel Hernández, y *España, aparta de mí este cáliz* de César Vallejo.

ESPAÑA EN EL CORAZÓN

La primera edición de *España en el corazón* vio la luz en las prensas de la editorial Ercilla a mediados de noviembre de 1937 con una tirada de dos mil ejemplares que se agotó en pocas semanas y obligó a lanzar la segunda en enero de 1938.[511] En la edición príncipe, se imprimieron doscientos cincuenta en papel pluma inglés, numerados y firmados por el autor, y mil setecientos cincuenta en papel dibujo fabricado en Chile. Se ilustró con dieciséis láminas de composiciones fotográficas, dispuestas por Pedro Olmos, quien también se encargó del diseño de la portada. En la página donde figura la firma de Neruda se lee que este libro «forma parte del tercer volumen de *Residencia en la Tierra*».[512]

Los veinticuatro poemas que lo integran fueron escritos en Madrid, París y en la travesía marítima en el *Arica*. Algunos los había publicado previamente en *El Mono Azul* («Canto a las madres de los milicianos muertos» y «Explico algunas cosas»), *Los poetas del mundo defienden al pueblo español* («Canto sobre unas ruinas»), *Repertorio Americano* («Almería» y «Antitanquistas», el 31 de julio y el 16 de octubre de 1937) y *Tierra* («El general Franco en los infiernos», en noviembre de 1937).[513] En 1938, la Asociación Internacional de Escritores para la Defensa de la Cultura, que pre-

510. *Ercilla*. Santiago de Chile, 12 de noviembre de 1937, p. 11.

511. Neira, Julio: «España en el corazón de Pablo Neruda». Gomarín, pp. 29-42.

512. En el Salón de Investigadores de la Biblioteca Nacional de Chile puede consultarse el ejemplar número 18 de esta edición.

513. Nancy Cunard fue la primera traductora en cualquier idioma de algunos poemas de *España en el corazón*. El primero fue «To the Mothers of the Dead Militia», publicado en abril de 1937 en la revista comunista londinense *Left Review*, que entonces dirigía Randall Swingler. Osuna, p. 74.

sidía Louis Aragon, publicó en París la traducción francesa: *L'Espagne au Coeur* (Editions Denoël).

El 13 de diciembre, en un nuevo acto de la Alianza de Intelectuales, González Tuñón y él leyeron los poemas de *España en el corazón*. En aquellos días, el periodista Manuel Seoane publicó una extensa entrevista, en la que de nuevo negó cualquier vínculo partidista: «No soy comunista. Soy un intelectual que defiende los fueros de la cultura amenazados. Creo que es un deber de los hombres de hoy. La cultura está con el Gobierno de Valencia. Con el llamado Gobierno de Burgos están quienes intentan aplastarla reviviendo la Inquisición, anulando la personalidad humana, agobiando al espíritu. Llamarnos comunistas a quienes defendemos estos principios es una treta de los adversarios». Defendió su derecho a expresar sus opiniones, entre otros motivos porque no recibía ningún salario como cónsul de elección, y para rebatir a quienes le presentaban como un advenedizo en la contingencia política recordó su participación en el periódico *Claridad* o su asistencia al Congreso de París de 1935.[514]

También participó en Valparaíso en una velada poética por la España leal. «Pero durante ella casi me desmayé y me vieron al fin del acto tres doctores que me prohibieron regresar a Santiago ni leer ni escribir por mucho tiempo», escribió a su hermana Laura. «Así es que he dejado abandonados todos mis trabajos y me he quedado aquí en el campo, a ver si mis nervios cansados por tantas cosas se mejoran un poco. [...] He estado muy mal, creí que me moría, pero esto no hay necesidad de decírselo a los veteranos».[515]

Desde luego, aquel libro debió de sorprender a quienes habían leído *Veinte poemas de amor y una canción desesperada*, *Crepusculario* o *Residencia en la Tierra*. A estos lectores se dirigió González Tuñón en una temprana reseña: «Digamos a quienes han comentado por ahí con sorpresa, con miedo, con resentimiento [...] *España en el corazón* que Pablo Neruda puede hacer poesía revolucionaria porque es un gran poeta, nada menos que uno de los más grandes poetas de nuestro tiempo». «No podemos preferir al Pablo Neru-

514. *Hoy*. Santiago de Chile, 16 de diciembre de 1937, pp. 50-54.
515. Carta de Pablo Neruda a Laura Reyes del 29 de diciembre de 1937 desde Viña del Mar. *Pablo Neruda. Obras Completas. V. Nerudiana dispersa II. 1922-1973*, p. 838.

da de antes o al Pablo Neruda de ahora porque es el todo Pablo Neruda el que hace el poeta. En Temuco y en Rangún, en Buenos Aires y en Cuenca, allí donde estuvo el poeta estuvo la poesía, allí donde está Neruda la poesía está, delicada o tremenda, realista o lírica, siempre revolucionaria porque siempre poesía. *España en el corazón* reúne los poemas de más poderoso acento revolucionario que se hayan escrito en estos tiempos».[516]

En marzo de 1938, desde Buenos Aires, también Gabriela Mistral elogió su última obra: «Es un gran libro. Un libro maravilloso. La mirada de un chileno que vivió horas asomado a la tragedia. Una visión viril que sabe, sin embargo, tener la necesaria tristeza que sentimos todos cuando la herida que nos duele es España». La poetisa miró hacia atrás y evocó cuando coincidieron en Temuco en 1920: «Yo lo conocí muchacho en su pueblo del sur [...]. Neruda creció mirando un paisaje que diariamente, en todo el año, recibe la amargura de la lluvia. Necesariamente esa serena tristeza iría a quedar de fondo en todos sus poemas». Y ensalzó el conjunto de su obra poética, la renovación que sus versos habían significado en la literatura nacional: «Neruda lanzó las letras de Chile hacia lo alto. Antes de él, la poesía de mi patria vegetaba. Había prosistas, pero no poetas. Imitábamos las escuelas europeas. Existía la moda de Europa y la seguíamos dócilmente a donde iba, de aquí para allá. Era una tradición que no tenía el verdadero sentido de tradición para nosotros. Ni el significado. Neruda, bruscamente, la rompió. Y lo hizo con valor e inteligencia. [...] Neruda ha logrado interpretarnos como ningún otro de nuestros poetas».[517]

Y a fines de aquel año, María Zambrano elogió la «compenetración íntima» entre el poeta y España ejemplificada en este libro, que, según destacó, había abierto un nuevo cauce en su poesía, ejemplificado ya entonces en la «Oda de invierno al río Mapocho».[518]

516. *Tierra*, n.º 5. Santiago de Chile, diciembre de 1937, p. 37.
517. *Frente Popular*. Santiago de Chile, 21 de marzo de 1938, p. 6.
518. Zambrano, María: «Pablo Neruda o el amor a la materia». Este artículo lo entregó para el último número que se preparó de *Hora de España* (el XXIII), fechado en Barcelona en noviembre de 1938, impreso a fines de enero de 1939 y que no llegó a distribuirse. Se publicó un año después en: *Aurora de Chile*, n.º 16. Santiago de Chile, 30 de noviembre de 1939, pp. 4-5.

Desde la crítica literaria algunos autores han censurado la calidad poética de *España en el corazón*. «Como libro de poesía no vale mucho, pero cobra decisiva trascendencia en la filiación política del autor», escribió Raúl Silva Castro. «Hasta ese momento se le veía militar en las filas de la izquierda [...]; pero desde *España en el corazón* su parte en el combate político pasó a ejercerse sin rebozo y sin cortapisas, y, sobre todo, se hizo coherente y sistemática».[519] En cambio, Artur Lundkvist lo comparó con el *Guernica*, porque, como la obra de Picasso, «es una movilización de todos sus recursos artísticos». «Da una imagen a la vez dispersa y bien organizada de la España de la Guerra Civil, con distintos planos intercalados el uno con el otro. Emplea una especie de conjuraciones, blancas cuando se trata de las esperanzas del lado popular, negras cuando se trata de la derrota de los usurpadores fascistas».[520] En un punto intermedio se situó Martín Panero, un adolescente en la España en guerra. «*España en el corazón* es un libro desigual. Sin embargo, incluso en los poemas que más se acercan a mera "literatura de guerra", existen pasajes de un vigor poético sobrecogedor. [...] No podemos menos que rendirnos ante la evidencia de que, en esta obra, late el corazón de un excelso poeta que amaba entrañablemente a España. [...] ¿Cómo no estremecerse ante la emocionada belleza del "Canto a las madres de los milicianos muertos"? Pocas veces se ha inmortalizado a los guerreros muertos con un poema tan bello y tan denso como este».[521]

Por su parte, Alazraki destacó la novedad del tono épico en su poesía, frente al tono lírico-personal precedente. «De la misma manera que *Crepusculario* y *El hondero entusiasta* representan su poesía de aprendizaje para luego alcanzar con *Veinte poemas de amor* la poesía amatoria que lo consagra y *Tentativa del hombre infinito* constituye el trampolín para su vuelo definitivo en *Residencia en la Tierra*, *España en el corazón*, primero, y luego *Tercera residencia*, representan el puente para alcanzar uno de los poemas

519. Silva Castro (1964), p. 79.

520. Lundkvist, Artur: «Neruda». *Boletín de la Universidad de Chile*, n.º 45. Santiago de Chile, diciembre de 1963, pp. 49-66.

521. Panero, Martín: «Neruda y España». *Taller de Letras*, n.º 2. Santiago de Chile, 1972, pp. 55-86. Número dedicado a Pablo Neruda con motivo de la concesión del Premio Nobel de Literatura.

más extraordinarios de la épica americana: *Canto general*, el pináculo de la poesía de Neruda».[522]

España en el corazón marca un hito en su obra. «Es la entrada en la historia de la poesía de Pablo Neruda», ha escrito José Carlos Rovira. «Entre las lecturas principales de su significado, me sigue pareciendo esencial la que Amado Alonso realizara en 1951. [...] Alonso centró en el episodio de *España en el corazón*, y globalmente de *Tercera residencia*, la construcción de un espacio de salvación a través de la historia de los mundos de la angustia que había creado en las dos primeras *Residencias*, una auténtica "conversión poética" de Pablo Neruda a la historia que se refleja en un cambio de orientación de su poesía».[523]

A lo largo de su vida, aquellos versos estuvieron presentes en muchos de sus recitales. En 1954, en una de sus conferencias autobiográficas más importantes, recordó el que ofreció en 1938 a los cargadores de la Vega Central en su sindicato: «Les leí aquellos versos de la guerra de España en que tanta pasión y tantos dolores se habían depositado. [...] Sentí de pronto una terrible impresión de vacío. Los cargadores me escuchaban en un silencio riguroso. [...] Terminé la lectura de mis versos. Entonces se produjo el hecho más importante de mi carrera literaria. Algunos aplaudían. Otros bajaban la cabeza». Todos aquellos obreros depositaron su mirada y sus sentimientos en uno de sus líderes, quien se levantó y expresó: «"Compañero Pablo, nosotros somos gente muy olvidada, nosotros, puedo decirle, nunca habíamos sentido una emoción tan grande. Nosotros queremos decirle...". Y rompió a llorar, con sollozos que lo sacudían. Muchos de los que estaban junto a él también lloraban. Yo sentí la garganta anudada por un sentimiento incontenible».[524]

No obstante, *España en el corazón* es un libro legendario no solo por la calidad de algunos de sus poemas o la temprana denuncia de los crímenes del fascismo, también por la singular edición que Manuel Altolaguirre dirigió a principios de noviembre de 1938

---

522. Alazraki, Jaime: *Poética y poesía de Pablo Neruda*. Ediciones Las Américas. Nueva York, 1965, p. 201.

523. Rovira, José Carlos: *Pablo Neruda. Álbum*, pp. 134-135.

524. Neruda, Pablo: «Algo sobre mi poesía y mi vida». *Aurora*, n.º 1. Santiago de Chile, julio de 1954, pp. 10-21.

en el monasterio de Montserrat, mientras la resistencia republicana se desplomaba en Cataluña.

Tres años después, desde su exilio en La Habana, relató aquella labor al escritor y diplomático cubano José Antonio Fernández de Castro, destinado entonces en México: «El libro de Pablo lo imprimí en el Monasterio de Montserrat, donde los frailes tenían uno de los mejores talleres de Cataluña. Pensé hacerlo en una máquina de pedal, que llevé conmigo al mismo frente para editar el Boletín Diario del XI Cuerpo de Ejército y otros materiales. [...] El día que se fabricó el papel del libro de Pablo fueron soldados los que trabajaron en el molino. No solo se utilizaron las materias primas (algodón y trapos) que facilitó el Comisariado, sino que los soldados echaron en la pasta ropas y vendajes, trofeos de guerra, una bandera enemiga y la camisa de un prisionero moro. El libro de Pablo, impreso bajo mi dirección, fue compuesto a mano por soldados tipógrafos e impreso también por soldados. El tipo usado fue el elzeviriano. Solo hicimos quinientos ejemplares; algunos ejemplares pasaron la frontera en la mochila de los soldados, pero casi la totalidad de la edición quedó en Cataluña».[525]

Esta edición de *España en el corazón* se abre con una «Noticia» en una de sus primeras páginas: «El gran poeta Pablo Neruda (la voz más profunda de América desde Rubén Darío, como dijo García Lorca), convivió con nosotros los primeros meses de esta guerra. Luego en el mar, como desde un destierro, escribió los poemas de este libro. El Comisariado del Ejército del Este lo reimprime en España. Son Soldados de la República quienes fabricaron el papel, compusieron el texto y movieron las máquinas. Reciba el poeta amigo esta noticia como una dedicatoria».

Altolaguirre terminó una segunda edición de mil quinientos ejemplares el 10 de enero de 1939, a dos semanas de la entrada de las tropas fascistas en Barcelona, que originó en aquel invierno gélido el éxodo de centenares de miles de refugiados hacia la frontera francesa. De estas dos ediciones han sobrevivido muy pocos volúmenes. En España, la Universidad Autónoma de Barcelona conserva uno. En la Colección Neruda de la Universidad de Chile, existe otro, el número 41 de la primera edición, con una dedica-

---

525. Aldunate Phillips, Arturo: *Pablo Neruda. Selección*. Nascimento. Santiago de Chile, 1943, pp. 321-322.

toria del comisario de Guerra del Ejército del Este, José Ignacio Mantecón, al presidente de Chile, Pedro Aguirre Cerda, fechada el 9 de diciembre de 1938.[526] La Biblioteca del Congreso, en Washington, conserva el ejemplar número 55, catalogado como *«Rare book»*, con una dedicatoria manuscrita de Neruda fechada el 5 de marzo de 1943.

«LA COPA DE SANGRE»

La noche del 13 de abril de 1938, en el Teatro Caupolicán de Santiago, el Directorio General de Instituciones Republicanas Españolas y el Comité Chileno Pro-Ayuda a España organizaron un acto de solidaridad, que se abrió con el Himno de Riego, la Canción Nacional chilena y *La Marsellesa*.[527] Intervinieron el escritor argentino Ricardo Tudela, el profesor boliviano Manuel Arce, el diputado venezolano Juan Oropesa, el vicepresidente de la República del Ecuador, Luis Larrea, y el español Jesús Palou y actuó el Orfeón Catalán. En aquella ocasión, la participación de Neruda no consistió en la lectura de sus poemas, sino que, como testigo de los primeros meses de la guerra, comentó algunas imágenes de los bombardeos sobre Madrid y Barcelona, en un momento en que las tropas franquistas acababan de partir la zona republicana y el presidente Juan Negrín lanzaba su programa de trece puntos con la consigna «Resistir es Vencer».

En las semanas posteriores se desplazó a Temuco, puesto que la salud de su padre se había agravado. El Primero de Mayo asistió a un acto organizado por las centrales sindicales y después intervino en la Casa del Pueblo como presidente de la Alianza de Intelectuales.[528] «Mi puesto está con mis hermanos de Chile; mi puesto

526. Oses, Darío: *«España en el corazón*: facsímil de una edición legendaria». *Cuadernos de la Fundación Pablo Neruda*, n.º 56. Santiago de Chile, 2005, pp. 116-119.

527. *España Nueva*, n.º 75. Santiago de Chile, 23 de abril de 1938, pp. 6-7. Fue el acto más importante celebrado durante toda la guerra en solidaridad con la República Española: Sapag M., Pablo: *Chile, frente de combate de la guerra civil española*. Centro Francisco Tomás y Valiente. UNED Alzira. Valencia, 2003. pp. 218-219.

528. *El Diario Austral*. Temuco, 2 de mayo de 1938, p. 8.

está con mi propia sangre y aquí estoy, compañeros, haciendo de cada minuto de la vida una sola advertencia y un solo ardiente y frenético y llameante llamado para deciros: aun a costa de la vida, defended nuestra libertad, que no se diga que en Chile pasó el fascismo, porque si ese día llega es mejor estar frío y lleno de sangre en una cuneta». Denunció que en el Club Alemán de la ciudad habían celebrado el día de Alemania y que *El Diario Austral* había publicado dos páginas de propaganda nazi. «Este es mi mensaje y no he dudado en venir a hablaros alejándome por algunos momentos del lecho de mi padre agobiado por una grave enfermedad y casi inconsciente, porque también interpreto su pensamiento de radical frentista al venir yo, hijo pródigo de Temuco, a poner en los mismos oídos, en el mismo corazón de mi pueblo, estas palabras de *Pasionaria*, escritas con sangre y laureles: Más vale morir de pie que vivir de rodillas».[529] Aquel viaje le permitió compartir los últimos instantes con su padre, José del Carmen Reyes, quien falleció el 7 de mayo a la edad de 66 años.

A principios de julio, participó en el Teatro Caupolicán en el homenaje al general Lázaro Cárdenas, con la lectura de su poema «México, México!», un tributo a la ejemplar solidaridad de este país con la República Española. Y el 18 de julio en el Teatro Municipal tuvo lugar un acto muy simbólico: la entrega a la Biblioteca Nacional de los libros de los autores alemanes prohibidos por el nazismo. La asistencia de personalidades políticas del Frente Popular fue extraordinaria, encabezadas por su candidato presidencial, Pedro Aguirre Cerda, Marmaduque Grove, Carlos Contreras Labarca o el joven médico y diputado socialista Salvador Allende. También llegaron personalidades como el científico Alejandro Lipschutz, el periodista Aníbal Jara (director de *La Hora*) o algunos de los jóvenes que aquel año fundaron la Falange Nacional, de tendencia socialcristiana, como Rafael Agustín Gumucio o Manuel Garretón.[530]

El 1 de agosto apareció la segunda gran publicación que dirigió, *Aurora de Chile*, órgano de expresión de la Alianza de Intelectuales para la Defensa de la Cultura, que heredó su denominación

529. Neruda, Pablo: «Fuera de Chile los enemigos de la patria!». *Pablo Neruda. Obras Completas. IV. Nerudiana dispersa I. 1915-1964*, pp. 400-404.
530. *Frente Popular*. Santiago de Chile, 19 de julio de 1938, p. 4.

(e incluso su numeración) del primer periódico chileno, fundado por Fray Camilo Henríquez en 1812 con el aliento patriótico que gestó la independencia. *Aurora de Chile*, que circularía hasta noviembre de 1940 al precio de un peso, acogió algunos textos y algunos poemas de Neruda muy significativos.

En el segundo número publicó su emblemático homenaje en prosa al gran poeta peruano fallecido en París el 15 de abril de aquel año.[531] Este mismo número publicó un extenso manifiesto de apoyo al Frente Popular y Pedro Aguirre Cerda. Frente a la candidatura derechista de Gustavo Ross y el retorno de Carlos Ibáñez del Campo, frente a la propaganda que acusaba de «comunista» al Frente Popular, Tomás Lago, Luis Enrique Délano, Diego Muñoz, Amanda Labarca, Marta Brunet, Rosamel del Valle, Acario Cotapos, Ángel Cruchaga Santa María y Pablo Neruda proclamaron que en la elección del 25 de octubre la disyuntiva era «democracia o fascismo» y estaba en juego también «el porvenir cultural de la República».

Dos meses después, en vísperas de la votación, Neruda firmó un artículo sobre el candidato del Frente Popular: «Don Pedro es como un buen y fino árbol de nuestras regiones sureñas, maderas fuertes y silenciosas, con las cuales se ha construido lo que tenemos de vivienda nacional y de familia y casa: hoy traemos esa noble madera a la cual ha querido postergarse por decreto gubernativo y forastero, hoy traemos madera de Aguirres, recia y callada madera de escuelas australes, para reconstruir la patria».[532]

El 18 de agosto, Trinidad Candía, su querida *mamadre*, falleció en Temuco. Para ella escribió entonces su poema «Humildes versos para que mi madre descanse», incluido en *El río invisible*. En su funeral, sus hermanos y él decidieron trasladar los restos de José del Carmen Reyes a la misma tumba donde ella descansaría. Este acontecimiento motivó un importantísimo texto en prosa, «La copa de sangre», cuyo contenido —señaló Hernán Loyola— «re-

531. Neruda, Pablo: «César Vallejo ha muerto». *Aurora de Chile*, n.º 2. Santiago de Chile, 17 de agosto de 1938, p. 2. También le dedicaría su «Oda a César Vallejo», incluida en *Odas elementales*, y el poema «V» de *Estravagario*.

532. Neruda, Pablo: «Don Pedro». *Aurora de Chile*, n.º 5. Santiago de Chile, 12 de octubre de 1938. En el ejemplar que se conserva en la Biblioteca Nacional de Chile no se distingue la paginación con claridad. En este mismo número publicó su «Oda de invierno al río Mapocho», que incluiría en *Canto general*.

basa los límites del duelo familiar para convertirse en uno de los más importantes documentos autobiográficos de nuestro poeta».[533] Fue publicado por primera vez en 1943 por Arturo Aldunate Phillips, quien lo incluyó en su libro *Selección de Pablo Neruda*.[534]

El texto, de apenas cuatro párrafos, se inicia con la narración de su viaje en tren hasta Temuco, del retorno al paisaje de la Araucanía, que le hizo recordar un episodio traumático en el medio familiar, cuando le hicieron tomar en una copa la sangre de un cordero recién degollado. Prosigue con el relato del traslado de la urna funeraria de su padre al lado de la *mamadre*, acompañados su hermano Rodolfo y él por algunos de sus amigos ferroviarios. Y en este punto aparece la imagen recreada en prosa por Neruda del ataúd paterno inundado, fruto de la persistente lluvia austral.[535] El agua le hizo comprender, escribió, su «conexión interminable con una determinada vida, región y muerte». En 1967, Loyola subrayó la confluencia de algunos elementos en su conciencia: la naturaleza del sur de Chile, ciertos recuerdos autobiográficos y un «acontecimiento funeral como revelación de orígenes». En un trabajo mucho más reciente, ha afirmado que «La copa de sangre» es «el acta» con la que se comprometió a «escribir un *Canto general de Chile*, que va a comenzar justamente confirmando el pacto: "Patria, mi patria, vuelvo hacia ti la sangre..."».[536]

Así empezó a gestarse, remarcó, el «núcleo embrionario» de *Canto general*.

LA VICTORIA DE DON PEDRO

El 25 de octubre de 1938 el triunfo en las urnas del Frente Popular abrió una nueva época en la historia chilena. Por primera vez en un siglo largo de historia republicana, la oligarquía cedía el ti-

---

533. Loyola, Hernán: *Ser y morir en Pablo Neruda. 1918-1945.* Editora Santiago. Santiago de Chile, 1967, p. 182.

534. Consultado en: Neruda, Pablo: *Para nacer he nacido*, Bruguera. Barcelona, 1982, pp. 170-171.

535. Sicard, Alain: *El pensamiento poético de Pablo Neruda*. Gredos. Madrid, 1981, p. 364.

536. Loyola, Hernán: «Simbología de la sangre en la obra de Neruda». *Anales de Literatura Chilena*, n.º 6. Santiago de Chile, diciembre de 2005, pp. 177-190.

món político de la nación a una coalición de centro izquierda, hegemonizada por el Partido Radical y con el concurso de los partidos Socialista y Comunista. La apretada victoria, por apenas cuatro mil sufragios, abrió las puertas a un programa de industrialización del país con la creación de la Corporación de Fomento de la Producción (después del terrible terremoto que destruyó el sur del país en enero de 1939), la potenciación de la educación y de los derechos sociales y la derogación de las leyes represivas aprobadas por la administración de Arturo Alessandri.

El domingo 27 de noviembre el nuevo presidente, Pedro Aguirre Cerda, asistió a un concurrido banquete en honor de Neruda y de celebración del primer aniversario de la Alianza de Intelectuales.[537] En su intervención, el poeta reflexionó sobre la intensa actividad en torno a la contienda presidencial y acerca de su compromiso político: «En este año de lucha, no he tenido tiempo siquiera de mirar de cerca lo que mi poesía adora: las estrellas, las plantas, los cereales, las piedras de los ríos y de los caminos de Chile». Saludó a todos los miembros de la Alianza, especialmente a la vigorosa sección de la ciudad de San Felipe y a la recién creada de Magallanes, en los confines de la patria. Se felicitó por el énfasis de Aguirre Cerda en la importancia de la educación, exigió la clausura de las escuelas de la colonia alemana que difundían la propaganda nazi y, en nombre de la Alianza, señaló el compromiso de «los obreros del pensamiento» de continuar luchando porque «la dignidad del espíritu triunfe sobre la noche negra del fascismo» y porque «de este terrible invierno de hielo y sangre que azota la faz de la Tierra salga repentina y profunda la primavera que esperamos, la gran primavera del mundo».[538]

A fines de aquel año, debió de recibir la carta que María Antonia Hagenaar le escribió desde La Haya (Holanda) en noviembre, junto con una fotografía de su hija, que vivía con una familia que la cuidaba. Líneas desbordadas de reproches, pero también, todavía, con afecto: «Mi querido chanchito: es realmente increíble tu

537. En el largo turno de oradores fue Gabriel González Videla, dirigente del Partido Radical, quien glosó el importante rol de la Alianza en el triunfo electoral. *Frente Popular*. Santiago de Chile, 26 de noviembre de 1938, p. 1.

538. Neruda, Pablo: «La educación será nuestra epopeya». *Aurora de Chile*, n.º 6. Santiago de Chile, 3 de diciembre de 1938, pp. 11, 12 y 14.

negligencia hacia nosotras, especialmente con tu bebé. Es hoy 18 del mes y no he tenido aún tu dinero. Al principio de este mes tuve que pagar la pensión de Malva Marina correspondiente al mes de octubre con mi salario». «Ella está progresando mentalmente y canta mucho». «Ahora no puedo ir a verla ya que no tengo ningún centavo [...] no puedo encontrar palabras para esto, y no puede ser porque tú tienes nuestro dinero». Le acusó de retrasar intencionadamente el envío periódico de los setenta dólares que habían acordado y de incumplir la promesa de cuidar siempre de ellas: «La causa de este terrible retraso se debe a tu indiferencia, irresponsabilidad, con tu bebé, su madre». «Malvita está logrando en forma magnífica el ir y venir por el piso del porche. Se levanta con sus piernas por sí misma apoyando sus brazos. [...] Ella conversa amorosamente». Le confirmó que había recibido los ejemplares de *Aurora de Chile* y que le había enviado por correo algunos carteles y varias traducciones. «Malvita envía muchos besos a su adorable papito».[539]

LA FUNDACIÓN DE ISLA NEGRA

En 1938, pudo adquirir, gracias a la Caja de Empleados Públicos y Periodistas, dos modestas edificaciones con una extensión de terreno notable: una en los confines de Santiago, en la calle Lynch de La Reina, un poco más arriba de la plaza Egaña, hasta donde llegaban los tranvías del centro.[540] La otra en la costa central, en un lugar casi deshabitado próximo a la localidad de El Tabo.

En 1978, Delia del Carril recordó cómo compraron la casa frente al mar: «Isla Negra fue una cosa fantástica. Porque él vio un aviso que decía casita de piedra, no sé si decía el precio. Vaya a ver y pregunte, me dijo. Resulta que era un señor que se llamaba Eladio Sobrino. [...] Los habitantes del lugar lo llamaban Isla Negra porque había una roca negra. A don Eladio le parecía más bonito que se llamara "Las Gaviotas", pero a Pablo le gustó Isla Negra. Entonces había una pelea. De pronto ponían un cartel "Las Ga-

539. Reyes (2007), pp. 155-156.
540. Prólogo de Bernardo Reyes a: *Neruda casas*. Pehuén y Fundación Pablo Neruda. Santiago de Chile, 2001, p. XXVII.

viotas", Pablo lo echaba abajo y ponía Isla Negra. Triunfó Isla Negra».[541]

Lala Calderón relató que su esposo, el doctor Raúl Bulnes, y ella llegaron a este lugar en diciembre de 1938. «La casa donde estuvimos se convirtió después en el comedor de la casa de Pablo». Ellos también vieron en la prensa el anuncio de la venta de la propiedad de Eladio Sobrino. «Isla Negra en esos tiempos era una maravilla: pelado, pelado, pelado. La playa maravillosa, pero había que tener cuidado con el revolcón; si te agarraba la ola, te daba vuelta. Don Eladio era el caballero más caballero. Nada de interesado. Una persona encantadora. Llegó a Chile en un barco, formaba parte de la tripulación. Junto con otros se pusieron a tocar guitarra y a cantar y a tomar... y el barco se fue. Se quedó para siempre en Chile». Al final de su vida, ella mantenía vivo el recuerdo de la aparición del poeta: «Pablo llegó a Isla Negra en febrero de 1939, cuando llevábamos poco más de un mes, llegó con *la Hormiguita*, la mujer que más he querido. Como *veteranos* del lugar fuimos a verlos. Salimos a andar con mi marido y con Nolasco Pérez para el lado de los García. Por ahí había una gran roca negra. Mi cuñado la bautizó Isla Negra. Nombre que le encantó».[542]

Con el tiempo, el matrimonio formado por el doctor Raúl Bulnes y Lala Calderón y sus hijos construyeron una gran amistad con Neruda y compartieron muchos momentos cotidianos frente a la inmensidad del océano. Cuando eran pequeños, sus hijos salían con el poeta a cazar mariposas a una quebrada cercana y a buscar cosas curiosas por las inmediaciones. «Partíamos con unos sombreros y unas mallas preciosas. Después pasábamos tardes enteras haciendo los insectarios. En realidad, de niño nunca tuve problemas con él, pero de grande discutíamos mucho, tanto de temas políticos como de arquitectura», recordó el arquitecto Raúl Bulnes Calderón en 1993.[543]

541. *Paula*. Santiago de Chile, 14 de febrero de 1978, pp. 42-49 y 120.

542. Varas, José Miguel: «Conversación con Lala Calderón de Bulnes». *Cuadernos de la Fundación Pablo Neruda*, n.º 61. Santiago de Chile, 2008, pp. 22-23.

543. *La Tercera*. Santiago de Chile, 11 de julio de 1993. Suplemento *Tiempo en familia*, pp. 4-5.

«Llegué cuando esto estaba casi totalmente despoblado», explicó al periodista Luis Alberto Mansilla en 1961.[544] Desde 1952, a su retorno del exilio, vivió allí la mayor parte del tiempo que permaneció en su país. Frente a ese mar cuyo *trueno verde*, cuyas olas incansables le devolvían a la costa de Puerto Saavedra, alejado del bullicio y los compromisos ineludibles de Santiago, podía trabajar y descansar.

Es imposible referirse a Pablo Neruda y omitir Isla Negra, del mismo modo que el nombre de este lugar entre las rocas, el bosque y el mar estará siempre asociado al poeta que lo inscribió en su poesía y que lo eligió para su eterno descanso.[545]

CÓNSUL PARA LA INMIGRACIÓN ESPAÑOLA

Después del impacto de la caída de Barcelona y las noticias sobre el penoso éxodo de centenares de miles de refugiados hacia la frontera francesa, bombardeados por la aviación fascista entre la nieve, el hambre y la desesperación, llegó la muerte el 22 de febrero de 1939, en Colliure, de Antonio Machado, cuya agonía evocaría años después: «Y antes de morir se convierte en lo sagrado de esta época, en el grande y venerable árbol de la poesía española, a cuya sombra canta y combate y se desangra la libertad humana».[546] La Alianza de Intelectuales en Defensa de la Cultura organizó un homenaje al autor de *Campos de Castilla*, al que no pudo asistir por haber sido operado recientemente, pero sí que envió un mensaje de adhesión: «Antonio Machado, para los poetas de mi edad en España, para la brillante generación de García Lorca, Alberti, Salinas, Altolaguirre..., era la primera figura de la poesía española tradicional, como García Lorca era la primera figura de la moderna poesía. Nos han asesinado, pues, a nuestros dos grandes poetas». Calificó su muerte como más angustiosa que la de García Lorca, más deses-

544. *Vistazo*. Santiago de Chile, 17 de enero de 1961, pp. 12-13.
545. Agosín, Marjorie: «Neruda en Isla Negra, Isla Negra en Neruda». Flores, Ángel (comp.): *Nuevas aproximaciones a Pablo Neruda*. Fondo de Cultura Económica. México DF, 1987, pp. 34-42.
546. «Viaje al corazón de Quevedo». Neruda, Pablo: *Viajes. Al corazón de Quevedo y Por las costas del mundo*, pp. 7-35.

perante. «Le han quitado su patria castellana y andaluza, dejándolo asfixiado como un ave altanera de clima seco y sobrehumano en la frontera del país más extranjero del mundo: Francia. Y esta honda herida causada a la poesía y a la humanidad, esta doble herida, llena de espinas, esta espada de sangre y veneno, la tenemos que morder cada día los hombres, para sacar de ella la sangre martirizada que hace arder la esperanza».[547]

En 1972, explicó al periodista español Tico Medina que vio muy pocas veces a Machado, en alguna ocasión en el Café Madrid y posteriormente en el II Congreso de Intelectuales en Defensa de la Cultura de julio de 1937. «Era una venerable figura, muy serio, muy simpático, muy sobrio en su vida. Además, al revés de otro gran poeta de su época, era una persona de gran bondad que no se preocupaba del chisme literario, sino de una especie de profundidad castellana que llevaba dentro. A nosotros, poetas de mi generación, nos interesaba mucho más Machado, con su clasicismo profundo y tan serio, que muchas otras figuras que se han visto halagadas por una época. Sin embargo, la poesía de Machado va siendo cada vez más central, más medular, dentro de la poética española. Como le digo, le conocí poco, le vi pocas veces, pero tuve mucho respeto por él y él tuvo mucha deferencia por mí».[548]

El 5 de marzo, el decreto n.º 532 del Ministerio de Relaciones Exteriores determinó que debía iniciar sus funciones como «Cónsul Particular de segunda clase, grado 9 para la Inmigración Española con sede en París» a partir del 15 de abril.[549] Camino ya de Francia, intervino en Buenos Aires en un acto en memoria del autor de *Campos de Castilla*. Su discurso fue un alegato de solidaridad con los centenares de miles de refugiados españoles encerrados en los campos de concentración del sur de Francia y relató la misión que le había encargado el Gobierno del Frente Popular: «Yo voy a Francia a recoger españoles y darles el refugio de Chile, porque en mi patria manda el pueblo, y es este uno de sus mandatos».[550]

547. *Frente Popular*. Santiago de Chile, 16 de marzo de 1939, p. 2.
548. *Abc*. Madrid, 15 de octubre de 1972. Suplemento «Los Domingos de Abc», pp. 53-59.
549. Quezada Vergara, *Pablo Neruda. Epistolario viajero*, p. 219.
550. Neruda, Pablo: «En la muerte de Antonio Machado». *Aurora de Chile*, n.º 10. Santiago de Chile, 6 de mayo de 1939, p. 5.

En aquellos días había considerado necesario agregar una nota introductoria al poema «Las furias y las penas», escrito en España en 1934 y que formaría parte de *Tercera Residencia*, justo antes de «Reunión bajo las nuevas banderas». Es un extenso poema erótico que evoca «Tango del viudo» y fue publicado en mayo de 1939 en Chile por Nascimento y en octubre de aquel año en Buenos Aires por Ediciones del Ángel Gulab.[551] Aquellas palabras previas recordaban que España era «una cintura de ruinas». «El mundo ha cambiado y mi poesía ha cambiado...».[552]

El 24 de marzo, en Montevideo, su discurso en el Teatro Mitre ante la Asociación de Intelectuales, Artistas, Periodistas y Escritores (AIAPE) fue muy ilustrativo de aquel tiempo de derrota y desesperanza: «España no ha muerto: hay millares de hombres, de mujeres y niños que sufren en los campos de concentración que el país que tiene por lema "Fraternidad, Igualdad y Libertad" ha dispuesto para nuestros hermanos; están allí prisioneros, no llevan más delito que el haber defendido la independencia de su patria».[553] Y pidió la solidaridad económica para que Chile pudiera acoger al mayor número de refugiados.[554] Tanto en Buenos Aires y Rosario, como en Montevideo sus gestiones ante diversas entidades para captar fondos para la acogida a los refugiados republicanos fueron exitosas.[555]

El 3 de abril Delia del Carril y él se embarcaron hacia Europa en el vapor *Campana*. El 8 de mayo se presentó en la embajada chilena en París, donde instaló su oficina en aquellos meses. Se

551. Loyola, Hernán: «Eva: La musa secreta de Neruda en "Las furias y las penas». *América sin nombre*, n.º 16. Alicante, 2011, pp. 75-92. En este artículo, Loyola explicó que la musa desconocida de este poema fue Eva Fréjaville, la primera esposa de Alejo Carpentier, según le reveló el poeta en Isla Negra a finales de los años 60.

552. *Pablo Neruda. Obras Completas. I. De* Crepusculario *a* Las uvas y el viento. *1923-1954*, pp. 357-363.

553. Rocca, Pablo: «Neruda en Uruguay: Pasaje y polémica». *América Sin Nombre*, n.º 7. Alicante, diciembre de 2005, pp. 68-77.

554. Neruda, Pablo: «España no ha muerto». *Aurora de Chile*, n.º 10. Santiago de Chile, 6 de mayo de 1939, pp. 10-11. Su discurso se publicó en el pequeño volumen: *Neruda entre nosotros*. Ediciones AIAPE. Montevideo, 1939.

555. Así se lo relató a su amigo Víctor Puelma en una carta del 3 de abril y al ministro de Relaciones Exteriores, Abraham Ortega, en sendas misivas el 16 y el 19 de abril de 1939. Quezada Vergara, *Pablo Neruda. Epistolario viajero*, pp. 135-140.

reencontraron con Rafael Alberti y María Teresa León, con quienes compartieron casa en el número 45 del Quai de L'Horloge.[556] Después de tres años de guerra, escribió María Teresa León en sus memorias: «¡Qué raro era pasear a la orilla del Sena con Pablo Neruda y vivir tranquilos, sin sobresaltos».[557]

LA CARTA «PERDIDA» DE MIGUEL HERNÁNDEZ

En el invierno de 1939, en las últimas semanas de la Guerra Civil, Carlos Morla Lynch era el máximo responsable de la embajada chilena en Madrid como encargado de negocios, responsabilidad que mantuvo hasta el 8 de abril.[558] El 28 de febrero en su sede de la calle del Prado número 26, frente al Ateneo, recibió a Miguel Hernández, quien a principios de aquel año había publicado su libro *El hombre acecha*, dedicado a Pablo Neruda con estas palabras: «Tú preguntas por el corazón, y yo también. Mira cuántas bocas cenicientas de rencor, hambre, muerte, pálidas de no cantar, no reír: resecas de no entregarse al beso profundo. Pero mira el pueblo que sonríe con una florida tristeza, augurando el porvenir de la alegre sustancia. Él nos responderá. Y las tabernas, hoy tenebrosas como funerarias, irradiarán el resplandor más penetrante del vino y la poesía».

Según anotó Morla Lynch en otro de sus diarios, el poeta oriolano fue a verle acompañado por Juvencio Valle, quien había llegado a España en 1938.[559] «El peligro en que se encuentra es grande y viene a pedirme "asilo". Su mujer está en Alicante. No sabe si irse

556. Mateos Miera, Eladio: «Neruda-Alberti: dos poetas hermanos». Jiménez Gómez, pp. 167-182.

557. León, María Teresa: *Memoria de la melancolía*. Losada. Buenos Aires, 1970, p. 235.

558. El embajador, Aurelio Núñez Morgado, había abandonado Madrid el 20 de abril de 1937 para disfrutar de unas vacaciones y las autoridades republicanas le impidieron regresar por su evidente simpatía con los sublevados. *Memoria del Ministerio de Relaciones Exteriores de Chile. 1937*. Santiago de Chile, 1938, pp. 259-285. En la página 397 de este documento, redactado a fines de 1937 o principios de 1938, Neruda seguía figurando como cónsul de elección en Madrid.

559. Gálvez Barraza, Julio: *Juvencio Valle. El hijo del molinero*. Municipalidad de Nueva Imperial. Nueva Imperial, 2014, pp. 66-67.

allá, donde no hay embajadas. Querría salir de España...». Así se lo había expresado ya el 8 de septiembre de 1938 en una carta dirigida a Neruda, publicada recientemente por Gunther Castanedo Pfeiffer y propiedad de Santiago Vivanco.[560]

«A Miguel Hernández le contesto lo que a todos», prosiguió Morla Lynch. «No le aconsejo solicitar pasaporte a estas alturas, sirviendo en el ejército, y le otorgo el asilo para cuando lo necesite».[561] Según su relato, al día siguiente hizo llamar a Juvencio Valle para expresarle su preocupación por la situación de Miguel Hernández y el poeta chileno le explicó que había rechazado asilarse porque lo consideraba una deserción. En los primeros días de marzo, el poeta alicantino, con la ayuda de una carta de este diplomático chileno, obtuvo su pasaporte, pero tras el golpe de Estado contra el Gobierno de la República perpetrado el 5 de marzo por fracciones socialistas, anarquistas y del ejército leal descartó ir a buscarlo a la Dirección General de Seguridad, en la Puerta del Sol, donde decenas de militantes comunistas estaban presos. Entre el 27 y el 31 de marzo, cuando la caída de Madrid en manos de las tropas fascistas era inminente, la embajada chilena aceptó asilar a diecisiete personas de filiación republicana.[562]

El 30 de abril, después de cruzar la frontera portuguesa, Miguel Hernández fue detenido en Moura por la policía del régimen de Salazar y entregado en el puesto fronterizo español de Rosal de la Frontera (Huelva). En mayo, llegó a la prisión madrileña de la calle Torrijos, desde donde el 26 de junio escribió una misiva a Pablo Neruda que le hizo llegar a través de la embajada de Chile, cuyo encargado de negocios era en aquel momento Germán Vergara Donoso.

Junto con la carta, envió a este diplomático una nota manuscrita desconocida hasta ahora: «Señor Embajador: Nuestro común amigo Carlos Morla me ofreció su ayuda para marchar a su país a fines de febrero de este mismo año. Imposibilitado para aceptarla

560. Castanedo Pfeiffer, Gunther: *Un triángulo literario: José María de Cossío, Miguel Hernández, Pablo Neruda.* Asociación Voces del Cotero. Santander, 2005, p. 80.

561. Morla Lynch, Carlos: *España sufre. Diarios de guerra en el Madrid republicano.* Renacimiento. Sevilla, 2008, pp. 718-735.

562. *Memoria del Ministerio de Relaciones Exteriores de Chile. 1939.* Santiago de Chile, 1940, p. 250.

desde entonces, me atrevo a requerirla de Vd., ya que me encuentro bien necesitado de ella. Al mismo tiempo ruego envíe en la valija diplomática la carta adjunta para nuestro genial poeta y amigo (ilegible) Pablo Neruda, quien hará cuanto esté dentro de las posibilidades y las dificultades [...]. Yo le ruego, amigo mío, vea Vd. también, por la proximidad mayor que se le ofrece, si desde aquí puede liquidar los obstáculos que impiden cumpla mi gran deseo expresado en esta carta que le envío para nuestro poeta».[563] Estas líneas de Miguel Hernández desde la prisión confirman que Neruda fue injusto con Morla Lynch en varias actuaciones a lo largo de su vida. También en sus memorias.[564]

En aquella última misiva que dirigió a Neruda, desde la prisión, Hernández señaló: «Tal vez por Juvencio, y por el Embajador de tu país en Madrid, donde me encuentro detenido varios meses, sabrás de mí y en qué situación estoy. Es de absoluta necesidad que hagas todo cuanto esté en tu mano por conseguir mi salida de España y el arribo a tu tierra en el más breve espacio de tiempo posible. [...] Pon en movimiento todo tu interés y tu cariño por mí que me hacen falta enormemente y rápidamente. Conmigo habrán de salir mi mujer y dos amigos nuestros. [...] Sabré de ti por la Embajada, desde donde harán el favor de venir a comunicarme cuanto resuelvas. Me acuerdo como nunca de vosotros. Te necesito como nunca».[565]

Neruda, que ya conocía desde mediados de junio su reclusión,[566] recibió estas líneas y en una carta fechada el 19 de julio dirigida a

563. Archivo Nacional de Chile. *Índice Germán Vergara Donoso. 1939.*

564. «Miguel Hernández buscó refugio en la embajada de Chile, que durante la guerra había prestado asilo a la enorme cantidad de cuatro mil franquistas. El embajador en ese entonces, Carlos Morla Lynch, le negó el asilo al gran poeta, aun cuando se decía su amigo. Pocos días después lo detuvieron, lo encarcelaron». *Confieso que he vivido*, p. 175. Con un extenso testimonio de Verónica Morla, nieta del diplomático, Eutimio Martín ha relatado varios pasajes de la hostilidad de Neruda hacia Morla: *El oficio de poeta. Miguel Hernández.* Aguilar. Madrid, 2010, pp. 687-700.

565. *Miguel Hernández. Epistolario*, pp. 103-104.

566. Una carta de Jesús Poveda desde Toulouse, fechada el 12 de junio, le informó de la situación del poeta oriolano. Neruda acusó recibo tres días después. Del Hoyo, Arturo: «*Dramatis personae*: Carlos Morla Lynch y Miguel Hernández». *Ínsula*, n.º 400-401. Madrid, marzo-abril de 1980. Artículo incluido en su libro: *Escritos sobre Miguel Hernández.* Fundación Cultural Miguel Hernández. Orihuela, 2003, pp. 74-86.

Santiago Ontañón (uno de los diecisiete republicanos refugiados en la embajada chilena) escribió a Vergara Donoso que había sabido que estaban detenidos en Madrid Miguel Hernández («el mejor poeta de España»), el bibliotecario Antonio Rodríguez Moñino y el obrero ferroviario Ángel González Moros. «Estos amigos son más que hermanos para mí: su muerte sería matarme. Le suplico haga cuanto pueda por ellos».[567]

Un informe del periodista español Darío Carmona (asistente de Neruda en París durante los meses de la preparación de la expedición del *Winnipeg*), fechado en Nueva York el 28 de diciembre de 1939, resumió las gestiones para ayudarlo. En agosto de 1939, recibieron rumores de que podía haber sido fusilado y relató que se dirigieron a una dama francesa con acceso al mariscal Pétain, embajador galo en España. Finalmente, lograron una entrevista con Jean Verdier, arzobispo de París, a quien expusieron la situación desesperada del poeta oriolano y le mostraron unos autos sacramentales suyos. Conmovido, Verdier habría hecho algunas gestiones para lograr su puesta en libertad.[568]

El 15 de septiembre Miguel Hernández fue dejado en libertad y se dirigió a la embajada de Chile. Según el relato de Santiago Ontañón, Antonio Aparicio, otro de los refugiados republicanos, insinuó a Vergara Donoso que la legación acogiera al poeta, posibilidad que este descartó puesto que pondría en peligro la vida de los diecisiete refugiados.[569] En cambio, en 1958 Vergara Donoso aseguró que cuando fue a la embajada de Chile después de ser liberado no pidió asilo. «A toda costa, según mis recuerdos, deseaba ir a su pueblo en Alicante (Orihuela) a ver a su hijo que acababa de nacer y al cual tenía ansias de conocer. Como es sabido, este hijo le había llegado después de perder el primero, lo que explicaba la vehemencia de su decisión».[570]

567. Carta de Pablo Neruda a Germán Vergara Donoso del 19 de julio de 1939 desde París. Quezada Vergara, *Pablo Neruda. Epistolario viajero*, pp. 145-146.

568. Riquelme, Jesucristo: «Pablo Neruda-Miguel Hernández. Un documento confidencial particular». *Batarro*, n.° 8-10. Málaga, enero-diciembre de 1992, pp. 47-60. Neruda relató aquellas *gestiones* en su conferencia «Viaje al corazón de Quevedo». Pero habló del cardenal Baudrillard.

569. Ontañón, Santiago y Moreiro, José María: *Unos pocos amigos verdaderos*. Fundación Banco Exterior de España. Madrid, 1988, pp. 201-203.

570. *Ercilla*. Santiago de Chile, 16 de julio de 1958, p. 20.

En su informe, Darío Carmona anotó que en septiembre supieron que había quedado en libertad, puesto que escribió una misiva desde Madrid. «Esta carta agradecía a Neruda las gestiones que había hecho por él y le comunicaba que estaba en libertad. Sin embargo, expresaba veladamente (por temor a la censura militar que se ejerce sobre la correspondencia) sus temores de ser encarcelado de nuevo y añadía "puedes figurarte con el ansia que desearía, aunque comprendo que es difícil, el poder ir a tu Patria a expresarte mi gratitud personalmente"». Pocos años después, el poeta se refirió a aquella última carta de Miguel Hernández: «Me la escribió desde la embajada de mi país para darme las gracias. "Me marcho a Chile —me decía—.Voy a buscar a mi mujer a Orihuela"».[571] Carmona dejó anotado que en octubre, en París, conocieron su nueva detención.[572]

Efectivamente, el 29 de septiembre fue de nuevo denunciado y apresado en Orihuela, a donde había ido a visitar a sus padres. El 3 de diciembre fue trasladado a la prisión de la plaza de Conde de Toreno, en la capital, y el 18 de enero de 1940 fue condenado a muerte.[573] Ontañón señaló que Vergara Donoso hizo numerosas gestiones en su favor y Josefina Manresa dejó constancia de la ayuda económica que le remitió en varias ocasiones («una vez me envió 300 pesetas»), junto con las remesas que Vicente Aleixandre nunca olvidaba.[574] «Ya preso por segunda vez, recibí avisos, entre otros, de Pablo Neruda sobre la situación de Miguel Hernández, junto con el encargo de ocuparme de él», añadió Vergara Donoso en 1958.

En abril de 1940, en un artículo periodístico, el poeta se preguntó: «¿Dónde estará Miguel Hernández?». «Ahora curas y guardiaciviles "arreglan" la cultura en España. [...] Mientras tanto, Miguel Hernández, el grande y joven poeta campesino, estará si no fusilado y enterrado, en la cárcel o vagando por los montes. [...] Mi gran amigo, Miguel, cuánto te quiero y cuánto respeto y amo tu

571. «Viaje al corazón de Quevedo». Neruda, Pablo: *Viajes. Al corazón de Quevedo y Por las costas del mundo*, pp. 7-35.

572. Riquelme, pp. 47-60.

573. Ferris, José Luis: *Miguel Hernández. Pasiones, cárcel y muerte de un poeta*. Temas de Hoy. Madrid, 2010, pp. 493-505.

574. *Recuerdos de la viuda de Miguel Hernández*. Ediciones de la Torre. Madrid, 1980, p. 143.

joven y fuerte poesía. Adonde estés en este momento, en la cárcel, en los caminos, en la muerte, es igual: ni los carceleros, ni los guardiaciviles, ni los asesinos podrán borrar tu voz ya escuchada, tu voz que era la voz de tu pueblo».[575]

El 9 de junio le conmutaron la pena capital por treinta años de prisión. Pasó después por las prisiones de Palencia, Ocaña y desde el 28 de junio de 1941 estuvo recluido en Alicante, en el Reformatorio de Adultos. En la cárcel escribió su *Cancionero y romancero de ausencias*, que incluye «Nanas de la Cebolla». Murió en la madrugada del 28 de marzo de 1942.[576]

EN BUSCA DE LOS REFUGIADOS

El 20 de mayo de 1939, desde París, Pablo Neruda remitió un informe al ministro de Relaciones Exteriores, Abraham Ortega, para informarle de la evolución de su labor respecto a «la posible inmigración de españoles refugiados en Francia». Le relató que varias instituciones republicanas en el exilio les ayudaban y, según las cifras del Servicio de Evacuación de Refugiados Españoles (SERE), estimó en casi medio millón los desplazados a Francia, la mayor parte encerrados en condiciones espantosas en los campos de concentración de Argelès-sur-Mer, Barcarés o Saint Cyprien. Asumió el interés de su Gobierno por «captar» pescadores vascos y obreros cualificados catalanes y propuso una selección especial de maestros, intelectuales y periodistas. En cuanto al transporte y establecimiento de los refugiados, informó que el SERE y los comités republicanos y de solidaridad en Sudamérica costearían el viaje y proporcionarían fondos a quienes carecieran de ellos para pasar sus dos primeros meses en Chile. También planteó que tomara en consideración la acogida a algunos miembros de las Brigadas Internacionales.[577]

575. Neruda, Pablo: «Amistades y enemistades literarias». *Qué hubo*. Santiago de Chile, 20 de abril de 1940, p. 9.

576. Escudero Galante, Francisco: «Miguel Hernández en la prisión de Alicante. Testimonios carcelarios». *Nerudiana*, n.º 10. Santiago de Chile, diciembre de 2010, pp. 7-11.

577. Archivo General Histórico del Ministerio de Relaciones Exteriores de Chile. Volumen 1.571-A.

El 3 de junio, en un nuevo informe al ministro, dio a entender que ya estaba casi cerrada la contratación del *Winnipeg* y que, de sus mil ochocientas plazas, solo había reservado veinticinco para intelectuales y profesionales, mientras que el resto serían obreros y campesinos, tal y como marcaban las instrucciones del presidente. Asimismo, comunicó el procedimiento adoptado para seleccionar a las personas que viajarían a Chile en coordinación con el SERE[578] y el criterio político que manejarían, con este reparto porcentual: a la Unión General de Trabajadores (central sindical que agrupaba a socialistas y comunistas) le correspondía el 40% de las plazas y al Partido Socialista, el Partido Comunista y los partidos republicanos, un 20% cada uno. «He excluido a la organización FAI CNT, representante del anarquismo español, tendencia extremista que no cabe en nuestra vida política».[579]

Sin embargo, en el *Winnipeg* se embarcaron militantes de la CNT, como el ingeniero Víctor Pey. Cruzó con su hermano Raúl la cordillera pirenaica a pie tras la caída de Barcelona, fueron detenidos por la policía francesa e internados en un campo de concentración, pero con la ayuda de la masonería francesa quedaron en libertad. Ya en París, supo de la llegada de Neruda con la misión de favorecer el traslado de algunos refugiados a su país. «Fui al Consulado de Chile, que a la sazón funcionaba en el mismo edificio en que estaba la embajada, y solicité hablar con el poeta-cónsul». «Me recibió un español, también refugiado como yo, que actuaba a manera de secretario improvisado de Neruda. Se trataba de Darío Carmona, quien posteriormente fue mi amigo en Santiago de Chile».

Poco después, relató su historia a Neruda y su deseo de emigrar con su familia a Chile. El poeta tomaba notas de lo que le de-

---

578. En sus memorias, el diplomático republicano Pablo de Azcárate escribió: «Hasta finales de agosto de 1939 el SERE organizó cuatro expediciones colectivas: tres a México [*Ipanema, Sinaia* y *Mexique*] y una a Chile gracias al *Winnipeg*». Viñas, Ángel (ed.): *Pablo de Azcárate: En defensa de la República. Con Negrín en el exilio*. Crítica. Barcelona, 2010, p. 139. En el estudio preliminar, Viñas señala que la mayor parte de los fondos documentales del SERE fueron incautados por las autoridades francesas después de la oleada anticomunista que se expandió por este país tras el Pacto Germano-Soviético de agosto de 1939. Y lamenta que el importante papel del SERE en la expedición del *Winnipeg* se obvia con demasiada frecuencia.

579. Archivo General Histórico del Ministerio de Relaciones Exteriores de Chile. Volumen 1.571-A.

cía, le preguntó especialmente por su profesión y por su familia, que había quedado en Lyon bajo el amparo de la masonería. «Ocurrió lo que me había parecido altamente improbable: un día recibí un *pneumatique* urgente de Neruda comunicándome que había sido seleccionado, junto con mi familia, para viajar en el *Winnipeg* y que debíamos embarcarnos en ese buque en forma perentoria».[580] Una década después, Pey pudo devolverle aquel gesto.

El 13 de junio, comunicó a su ministro que eran «innumerables» las peticiones de refugiados españoles para embarcarse, pero en aquel momento, «después de un mes de arduo trabajo», solo había autorizado el visado de veinticinco pasaportes. Señaló también que gracias a sus gestiones en Buenos Aires habían recibido ya la suma de tres millones de francos para financiar el viaje y anunció para principios de julio la partida del *Winnipeg* desde Burdeos con mil seiscientos refugiados españoles.

Dos días más tarde, el Ministerio envió al cónsul en París una serie de puntualizaciones sobre los refugiados españoles, que, en función de lo expresado públicamente por Aguirre Cerda, debían ser solo «hombres de trabajo». Prohibieron la llegada de intelectuales, maestros, periodistas y de ex miembros de las Brigadas Internacionales, a pesar de las peticiones respecto a este último punto llegadas de distintos lugares de Sudamérica.

Después de que Neruda remitiera un informe el 17 de junio relatando las labores de obstrucción a su trabajo de determinados funcionarios del consulado, aquel mismo día el ministro Ortega le ordenó que el contingente no partiera sin la autorización previa del Ministerio, porque «el Comité está recién formado» y carecía de medios para recibirlos. El 21 de junio, a través de un oficio, le expresó su sorpresa por la orden de paralizar la partida del *Winnipeg* y le recordó que el SERE y la Federación de Organismos de Ayuda a los Refugiados Españoles (FOARE) de Argentina cubrían el coste del viaje y de la estancia inicial en Chile de los refugiados.[581]

---

580. *Nerudiana*, n.º 8. Santiago de Chile, diciembre de 2009, pp. 7-10.

581. La Federación de Organismos de Ayuda a los Republicanos Españoles tuvo sedes en distintos países latinoamericanos y tenía vínculos muy estrechos con las organizaciones políticas y sindicales de izquierdas. Caudet, Francisco: «Chile, Pablo Neruda y "los dos mil del *Winnipeg*"». *Texto social. Estudios pragmáticos sobre literatura y cine*. Verlag Walter Frey. Berlín, 2003, pp. 425-440.

En sus memorias,[582] relató que al recibir aquella instrucción decidió consultarlo con el presidente Juan Negrín, con quien había trabado una relación de amistad. Este le sugirió que hablara por teléfono con Abraham Ortega para aclararlo, algo nada fácil en aquel momento, puesto que exigía horas de espera y soportar ruidos ensordecedores y bruscas interrupciones.[583]

El 23 de junio, después de aquella conversación telefónica, un nuevo telegrama del ministro señaló que el Gobierno aceptaba la llegada de alrededor de «1.600 republicanos españoles» previo depósito de tres millones de francos.[584] Mientras tanto, la derecha chilena se oponía a la llegada de los refugiados, por lo que Ortega planteó su dimisión, pero el presidente Aguirre Cerda la desestimó.[585]

En julio de 1939, el periódico *Aurora de Chile* reprodujo un mensaje autógrafo de Neruda llamando a la solidaridad continental con los refugiados españoles: «América debe tender la mano a España en la desventura. Millares de españoles se amontonan en inhumanos campos de concentración, llenos de miseria y de angustia. Traigámosles a América». «Españoles a Chile!».[586]

LAS PREGUNTAS DE PICASSO

El 14 de julio de 1939, *Ercilla* publicó un artículo sin duda singular: una breve entrevista realizada en París por Pablo Picasso a Pablo Neruda acerca de la expedición del *Winnipeg*. «Ahora que los refugiados españoles llenan de espanto a los países totalitarios, ahora que el llanto sigue vivo en la frontera y hay hambre y pena llega Neruda en cuerpo y espíritu con su enorme angustia de poeta

582. *Confieso que he vivido*, pp. 204-206.

583. En los documentos ya catalogados del archivo de la Fundación Juan Negrín, en Las Palmas de Gran Canaria, no se conserva ningún documento relacionado con Pablo Neruda. Agradezco a Sergio Millares su atención.

584. Todo este intercambio de mensajes entre el cónsul Neruda y el Ministerio entre el 13 y el 23 de junio de 1939 en relación con el *Winnipeg* puede consultarse en: Archivo General Histórico del Ministerio de Relaciones Exteriores de Chile. Volumen 1.571-A.

585. Gálvez Barraza, Julio: *Winnipeg. Testimonios de un exilio.* Cal Sogas. Santiago de Chile, 2012, p. 124.

586. *Aurora de Chile*, n.º 12. Santiago de Chile, 4 de julio de 1939, p. 3.

a continuar su apostolado. Ya no habla de la rosa, habla de la sangre», escribió el gran pintor malagueño. La primera de sus tres preguntas apuntó a la solidaridad de Chile. «Yo vi en Santiago y en todas partes un solo y grande sentimiento de adhesión a la España republicana. Vi enormes masas estremeciéndose frente a su tragedia». Quiso saber también cuántos refugiados irían a Chile. «Los que el Gobierno pueda recibir», señaló. «Todos son técnicos y harán un gran bien a mi patria».[587]

Una vez despejados todos los obstáculos burocráticos, la elección de los pasajeros del *Winnipeg* se resolvió en menos de seis semanas.[588] En el informe final acerca de su gestión como Cónsul para la Inmigración Española, relató que en este punto mantuvo una estrecha colaboración con el SERE, que financió «la expedición». Este organismo le enviaba las listas de los refugiados propuestos con unas fichas individuales llenas de datos personalizados y el cónsul general de Chile en Francia y él las revisaban y las devolvían al SERE con sus valoraciones para que procediera a convocar a las personas elegidas.[589]

La oficina del Servicio de Evacuación de Refugiados Españoles estaba en la calle Saint Lazare número 94 de París. Desde allí se enviaron «avisos de embarque», como el que recibieron Romualda López Miguel y sus familiares: «Acordada por este SERE su evacuación a Chile, deberá usted presentarse en Burdeos indefectiblemente los días 29, 30 y 31 del corriente». Explicaba que allí habría agentes del SERE que les informarían de todos los trámites y de las instrucciones para su alojamiento. En algunos casos, los partidos

587. *Ercilla*. Santiago de Chile, 14 de julio de 1939, p. 13.

588. El *Winnipeg* fue construido en 1918 en Dunkerque y empezó a navegar en 1919 con el nombre de *Jacques Cartier*, hasta que en 1930 fue rebautizado. Era un vapor de 9.717 toneladas, con 143,9 metros de eslora entre perpendiculares y 18,2 metros de manga. En 1939, pertenecía a la Compagnie Générale Transatlantique y su capitán era Gabriel Pupin. Fue hundido el 22 de octubre de 1942 por un submarino alemán en la posición 49° 51' Norte y 27° 58' Oeste. La tripulación pudo salvar la vida. Castanedo Pfeiffer, Gunther: «El *Winnipeg* sin Neruda». *Nerudiana*, n.º 8. Santiago de Chile, diciembre de 2009, pp. 12-14.

589. Gálvez Barraza, Julio: *Neruda y España*. RIL Editores. Santiago de Chile, 2003, pp. 313-315. En su reciente libro sobre el *Winnipeg*, Gálvez Barraza apunta que el informe de Neruda lo publicó el 29 de agosto de 1939 *La Crónica Española* de Santiago de Chile.

también se dirigían a sus militantes. Por ejemplo, el 27 de julio Emilio Baeza, dirigente de Izquierda Republicana, envió una carta a Josefa García de Aulet para comunicarle que había sido propuesta por IR para «la próxima expedición a Chile del vapor *Winnipeg*, que saldrá de Burdeos el 3 de agosto y que su nombre ha sido aceptado por la Legación de dicho país».[590]

Al llegar a Burdeos, todos los refugiados se sometieron a un examen médico y recibieron las vacunas pertinentes. Con el certificado de sanidad, obtuvieron la cédula de identidad en las oficinas del SERE, fueron entrevistados por Neruda y después el cónsul de Chile en la ciudad les extendió un visado. Con toda la documentación en regla subían al buque. Algunos de los pasajeros sufrieron un malentendido. Fue el caso del historiador Leopoldo Castedo. «Tras una mesa improvisada se hallaban sentados Neruda y cinco representantes de los partidos políticos que habían defendido la República: Unión Republicana, Acción Republicana, Izquierda Republicana, FAI-CNT, el Partido Comunista y el PSOE, cada uno de ellos con una lista de los correligionarios que deberían subir al barco». Al llegar su turno y preguntarle a qué partido pertenecía, respondió que a ninguno. El dirigente anarquista le espetó que entonces no podía subir al barco y se inició una discusión que zanjó Neruda: «Castedo es mutilado de guerra y estudioso de Chile y su historia. Mi Gobierno tiene interés en su radicación en Chile».[591]

Todos los pasajeros recibieron el hermoso folleto *Chile os acoge*, diseñado por el refugiado Mauricio Amster,[592] que incluía información sobre la geografía, la economía, la población (en aquel tiempo inferior a los cinco millones de habitantes) y la historia de su nueva patria, con fotografías del volcán Osorno, Puerto Montt, Lota o una oficina salitrera. Y un mensaje de Neruda en el que les

590. Centro Documental de la Memoria Histórica. Salamanca (España). Colección de documentación relativa a exiliados en Chile.
591. Castedo, Leopoldo: «Chile en el corazón. En el cincuentenario de los refugiados del *Winnipeg*». Artículo publicado el 24 de septiembre de 1989 en el diario chileno *La Época*. Soto (1996), pp. 23-31.
592. Su familia conserva el boceto original que realizó a mano. Norambuena, Carmen y Garay, Cristian: *España 1939: los frutos de la memoria. Discoformes y exiliados. Artistas e intelectuales españoles en Chile 1939-2000*. Instituto de Estudios Avanzados de la Universidad de Santiago. Santiago de Chile, 2002, p. 203.

exhortaba ante la nueva etapa en su vida: «Chile dista mucho de ser un Paraíso. Nuestra tierra solo entrega su esfuerzo a quien la trabaja duramente». «Nuestro país os recibe con cordial acogida. Vuestro heroísmo y vuestra tragedia han conmovido a nuestro pueblo. Pero tenéis ante vosotros solo una perspectiva de labor, que puede ser fecunda, para bien de vuestra nueva patria, amparada por su Gobierno de base popular».[593]

El 4 de agosto de 1939 despidieron al *Winnipeg* en el muelle fluvial de Trompelougue, en Pauillac, en el estuario de la Gironde, el cónsul general de Chile en Francia, el encargado de negocios de la embajada, representantes del SERE, del Gobierno de la República Española en el exilio y de la prefectura de la zona.

«La moral de todos los seleccionados es excelente. Tras los duros años de guerra y el severo régimen de los campos de concentración, donde su conducta ha sido ejemplar, van animados de un verdadero espíritu de sacrificio y con ansias de rehacer su vida en un ambiente de trabajo y paz», escribió Neruda en su informe final. En su décimo punto, desglosó por profesiones a los dos mil cuatro pasajeros que contabilizó: ciento setenta y seis trabajadores de la industria pesquera, doscientos ocho de la «industria gastronómica», doscientos cincuenta y tres de la agricultura y derivados, veintiuno de las industrias textiles... Iban también a bordo trescientos diez niños. Según Gálvez Barraza, el *Winnipeg* zarpó con más de dos mil trescientos cincuenta pasajeros, de los que casi ciento cincuenta eran integrantes de la tripulación, médicos y enfermeras.[594] En 2009, la Agrupación Winnipeg, con sede en Chile, publicó una lista de pasajeros que alcanza los 2.365.[595]

593. Centro Documental de la Memoria Histórica. Salamanca (España). Colección de documentación relativa a exiliados en Chile.

594. Gálvez Barraza, Julio: «¿Qué fue del *Winnipeg*?». *Cuadernos Hispanoamericanos*, n.º 711. Madrid, septiembre de 2009, pp. 109-122. Número dedicado al *Winnipeg*. En 1989, Jaime Ferrer Mir ofreció una relación aproximada de los pasajeros en su libro: *Los españoles del Winnipeg. El barco de la esperanza*. Cal Sogas. Santiago de Chile, 1989, pp. 115-145. Recientemente, Gálvez Barraza la ha cotejado con el propio Ferrer Mir en su trabajo sobre el *Winnipeg* (pp. 129-130).

595. Agrupación Winnipeg: *70 años de memorias fotográficas*. Santiago de Chile, 2009, pp. 18-24. Citado en: Duque Schick, David: *Desde el silencio verso a verso. Aporte de los inmigrantes del Winnipeg en la construcción de la obra política y social de Salvador Allende*. Editorial San Marino. Santiago de Chile, 2011, p. 115.

«El *Winnipeg* era una especie de *arca de Noé* española», señaló uno de sus pasajeros, Emigdio Pérez, quien tenía 19 años y militaba en las Juventudes Socialistas Unificadas. «Yo he pensado a veces que Neruda quiso recoger en ese barco a un ejemplar de cada uno de los tipos de España. Había gente de todas las profesiones: profesores, intelectuales, artistas, campesinos, pescadores, agricultores, mineros... Gente de todas las edades: viejos, niños, mujeres, muchachos... Españoles de todas las provincias y regiones: canarios, asturianos, andaluces, vascos, catalanes, gallegos, castellanos, extremeños... Personas de las más diversas y variadas tendencias ideológicas, desde comunistas a anarquistas, republicanos, liberales...».[596]

EL ARCA DE NERUDA

«A las nueve de la mañana suena la sirena del buque y levanta el ancla, paulatinamente nos vamos alejando del puerto», escribió a bordo Juan Guasch Oliver. Los sentimientos de los refugiados españoles eran confusos: por una parte, la añoranza ante el alejamiento de su país y la opresiva amargura de la derrota y la reclusión en los campos de concentración; por otra, la esperanza de una nueva vida en paz en un país lejano y desconocido.

El 15 de agosto, en la escala de la isla Guadalupe, donde se aprovisionaron de alimentos y agua, Raimundo Sala Blanch envió una carta a Neruda para agradecerle de corazón su inclusión en la expedición. «Estoy seguro de que mi conducta en Chile no le hará arrepentirse jamás de ello». Le relató que en los primeros días de navegación se habían dado cuenta de que la tripulación era insuficiente para atender todas las necesidades y doscientas personas se

596. Cáceres, Leonardo: «El *Winnipeg* cuarenta años después». *Araucaria de Chile*, n.º 8. Madrid, 1979, pp. 47-68. En cambio, a fines de 1939, el periodista y militante libertario Fernando Solano Palacio publicó en Valparaíso su libro testimonial *El éxodo por un refugiado español* (reeditado en 2004 con una edición facsimilar). Narró su salida de España en las últimas semanas de la guerra, su reclusión en campos de concentración en Francia y su travesía, como polizón, en el *Winnipeg*. Es un libro muy duro contra Neruda, al que acusó de actuar solo en beneficio del Partido Comunista y de discriminar a los anarquistas, ya que aseguró que solo el 0,9% de los pasajeros del *Winnipeg* eran militantes de la CNT, aunque señaló que a bordo había un delegado de esta central sindical.

había presentado voluntarias para trabajar en la sala de máquinas, las cocinas, los comedores, la limpieza, la enfermería, el parque infantil o la enseñanza. «En lo que se refiere a los niños hay un servicio especial de biberones para los cuarenta niños lactantes que hay a bordo, del que está encargada mi esposa». Y seis maestros se ocupaban de impartir tres horas de clase al día a los pequeños.[597] El 6 de agosto había nacido a bordo la niña Agnes América Winnipeg, hija de Eloy Alonso Merino y Piedad Bollada Incera, y el 26 de agosto lo haría Andrés, hijo de Eugenio Castell Belles e Isabel Torelló Rivas.[598]

Se editaban también dos periódicos murales con las noticias que lograban captar en alta mar. El 23 de agosto la firma en Moscú del Tratado de No Agresión entre la Alemania nazi y la Unión Soviética desató una verdadera tormenta dialéctica entre los pasajeros, que endureció la discusión en torno a las causas de la derrota en España en una cubierta siempre abarrotada, puesto que el calor en las bodegas era insoportable.[599]

El 30 de agosto veinticuatro pasajeros descendieron en la ciudad de Arica y, por fin, la noche del 2 de septiembre, el *Winnipeg* llegó a la incomparable bahía de Valparaíso con sus cuarenta y dos cerros cuyas luces parecían ascender hasta el cielo. Pocos pasajeros pudieron conciliar el sueño en aquellas horas. Según relató Leopoldo Castedo, una niña de unos cuatro o cinco años, algo inquieta, preguntó a su madre: «Mamá, cuando estábamos en Madrid, nos echaron a Valencia; y cuando estábamos en Valencia, nos echaron a Barcelona; y de Barcelona nos echaron a Francia; de Francia nos echaron a Chile. Cuando nos echen de Chile ¿adónde nos vamos a ir?».[600]

A las ocho y media de la mañana del domingo 3 de septiembre el *Winnipeg* atracó en la zona A del espigón, con un inmenso retrato del presidente Pedro Aguirre Cerda pintado por Arturo Loren-

597. Los escritos de Juan Guasch Oliver y de Raimundo Sala Blanch proceden de: Centro Documental de la Memoria Histórica. Salamanca (España). Colección de documentación relativa a exiliados en Chile.

598. Ferrer Mir, pp. 164-165.

599. Vázquez Riveiro, Angelina: *Winnipeg. Cuando la libertad tuvo nombre de barco.* Meigas. Madrid, 1989, pp. 31-36.

600. Cáceres, Leonardo: «El *Winnipeg* cuarenta años después». *Araucaria de Chile*, n.º 8. Madrid, 1979, pp. 47-68.

zo sobre el fondo de una bandera chilena desplegada en su cubierta.[601] Media hora después, el primer pasajero en tocar tierra chilena, Juan Márquez, gritó un efusivo «¡Viva Chile!». Castedo descendió con su hija Elena y algún chileno que miraba la escena le brindó una primera *lección* de chilenismos, que jamás olvidó, al exclamar: «Vi bajar por la escalerilla a un *gallo* con una *cabrita* de la mano».[602] En la recepción, participaron el alcalde porteño, Pedro Pacheco, regidores, dirigentes sindicales y de los partidos de izquierda. La Banda Municipal interpretó los himnos de Chile y de la Republica Española, así como *La Internacional*.

Unos seiscientos refugiados se quedaron en Valparaíso y unos mil quinientos subieron al tren especial que los trasladó a las tres de la tarde a Santiago.[603] Llegó a las nueve de la noche a la Estación Mapocho, donde les recibieron los miembros del comité responsable de la acogida, representantes de las entidades republicanas españolas y una verdadera multitud. «La muchedumbre nos abrazaba, lloraba con nosotros, nos vitoreaban. Era gente que había seguido día a día nuestra guerra, que había sufrido con nosotros, como si hubiera estado en el campo de batalla, que había perdido la guerra junto con nosotros. [...] No llegábamos a un país extraño. A tantos kilómetros de España, nos encontrábamos en un pueblo amigo y hermano. Cantaban nuestras canciones, las mismas que habíamos creado durante la Guerra Civil», recordó Emigdio Pérez.[604] De allí fueron conducidos en autobuses a los centros Catalán, Vasco y Español y a la Casa América, donde se les tributó otra calurosa bienvenida y se les repartió por sus lugares de alojamiento provisional. El mismo día de su llegada la Confederación de Trabajadores difundió una cálida declaración de solidaridad hacia los «héroes de España», como los llamó el diario *Frente Popular* en su editorial.[605]

601. *El Mercurio*. Santiago de Chile, 4 de septiembre de 1939, p. 19.

602. Castedo, Leopoldo: «Chile en el corazón. En el cincuentenario de los refugiados del *Winnipeg*». Artículo publicado el 24 de septiembre de 1989 en el diario chileno *La Época*. Soto (1996), pp. 23-31.

603. *El Diario Ilustrado*. Santiago de Chile, 4 de septiembre de 1939, p. 13.

604. Cáceres, Leonardo: «El *Winnipeg* cuarenta años después». *Araucaria de Chile*, n.º 8. Madrid, 1979, pp. 47-68.

605. *Frente Popular*. Santiago de Chile, 4 de septiembre de 1939, pp. 7 y 9. *El Mercurio*. Santiago de Chile, 4 de septiembre de 1939, p. 20. Su llegada coincidió

El Gobierno de la República Española en el exilio, a través del SERE, Pablo Neruda, el Gobierno del Frente Popular y el pueblo chileno, con su calurosa acogida, proporcionaron una nueva vida a aquellos refugiados. Pero ellos también aportaron con su trabajo y sus esperanzas: la fundación del Teatro Experimental de la Universidad de Chile, editoriales como Cruz del Sur, la pintura de José Balmes o Roser Bru, los trabajos de historia de Leopoldo Castedo, de ingeniería de Víctor Pey o de tipografía de Mauricio Amster... marcaron una huella indeleble.

«El tren nos llevó pronto a Santiago y, al paso lento por las estaciones, gentes que no conocíamos nos entregaban rosas y claveles. Al anochecer miles de hombres y mujeres nos esperaban en la Estación Mapocho en medio de una multitud de cantos y banderas. Un tiempo después esta tierra también sería ya la mía para siempre», escribió el pintor José Balmes en 1989, cincuenta años después.[606] Recientemente, ha vuelto a expresar su gratitud eterna: «Siempre digo, jamás podré devolver lo que recibí [...]. Jamás».[607]

«Que la crítica borre toda mi poesía, si le parece. Pero este poema, que hoy recuerdo, no podrá borrarlo nadie», escribió el poeta justo treinta años después de que Chile abrazara al *Winnipeg*.[608]

EL VIENTO DE AMÉRICA

La culminación de la expedición del *Winnipeg* y la rápida integración de los refugiados en Chile mereció una carta de felicitación del presidente Aguirre Cerda el 2 de octubre.[609] El 31 de octubre,

---

con el inicio de la Segunda Guerra Mundial, tras la invasión alemana de Polonia, y por ese motivo no ocupó excesivo espacio en la prensa chilena.

606. *Balmes. En tierra (A 50 años del Winnipeg).* Galería Plástica Nueva. Santiago de Chile, 1989.

607. Entrevista de Osciel Moya a José Balmes y Gracia Barrios realizada en septiembre de 2011. Coloane, Juan Francisco (ed.): *Vidas de izquierda. 54 entrevistas.* Editorial Navegación e Ideas. Santiago de Chile, 2014, pp. 89-95.

608. Neruda, Pablo: «El *Winnipeg* y otros poemas». *Ercilla*, Santiago de Chile, 24 de septiembre de 1969. *Pablo Neruda. Obras Completas. V. Nerudiana dispersa II. 1922-1973*, pp. 244-247.

609. «Contrariamente a lo que pudo esperarse, la llegada del *Winnipeg* no trajo consigo ninguna repercusión ingrata y, cosa curiosa, *El Diario Ilustrado* y

el Ministerio de Relaciones Exteriores le notificó su nuevo destino: cónsul general en México. Un telegrama remitido por un diplomático chileno desde París el 7 de noviembre transmitió su conformidad, aunque solicitaba permiso para regresar al país a fin de informar de su trabajo y descansar durante un mes.[610]

Aprovechó aquellos últimos días en Europa para visitar a María Antonia Hagenaar y a Malva Marina en La Haya. Fue la última vez que vio a su hija, que entonces tenía 5 años. A mediados de noviembre preparaba ya su regreso a Chile, como expresó a los periodistas: «Me encuentran ustedes en el epílogo de mi misión en París, terminada momentáneamente. Estoy orgulloso de haber ideado, originado y organizado la emigración de españoles a Chile. Tengo la firme convicción de que contribuyo a prestar un bien a mi país. No pueden ser más satisfactorias las noticias que recibo. Centenares de cartas me aportan testimonios de gratitud. Ahora, naturalmente mi mayor alegría será trabajar por mi país en México, país hermano por el cual he expresado muchas veces profunda admiración y cariño. Vengo de autorizar la última visación de pasaporte a favor de los familiares del poeta Antonio Machado».[611]

Delia del Carril y él emprendieron viaje en el buque *Augustus*. En la escala de Lima, el senador Uriel García, de la Coalición Obrera Peruana, ofreció un banquete en su honor.[612] En Valparaíso tuvo un gran recibimiento, aunque no faltaron voces retrógradas que intentaron insultarlo en el mismo puerto con epítetos como «traidor» o «rojo». En la Estación Mapocho intelectuales, refugiados españoles y centenares de admiradores le esperaban: «¡Viva Pablo Neruda! ¡Viva el poeta del pueblo!». A su llegada, declaró sobre el *Winnipeg*: «Fue una tarea tremenda y fatigosa, difícil y larga a causa del sabotaje y la incomprensión. Pero era para

---

La Unión dieron una simpática reseña de ella. Hasta ahora se les está atendiendo y colocando satisfactoriamente...», le transmitió el presidente de la República. Carcedo, Diego: *Neruda y el barco de la esperanza*. Planeta-Temas de Hoy. Madrid, 2006. Anexos.

610. Archivo General Histórico del Ministerio de Relaciones Exteriores de Chile. Volumen 1.749. *Sección Clave. Archivo Confidencial. Telegramas Francia, Gran Bretaña. 1939.*

611. *La Nación.* Santiago de Chile, 12 noviembre de 1939, p. 1.

612. *Qué hubo.* Santiago de Chile, 2 de enero de 1940, p. 7.

mí profundamente grato trabajar por los heroicos combatientes de la República».

Los periodistas le preguntaron también por sus últimas composiciones poéticas. «He estado trabajando con dedicación en el *Canto general de Chile*, un libro en que abarco, poéticamente, todo el panorama de la patria, desde su construcción democrática hasta su flora, su geografía, la geología, los animales, los minerales y todo cuanto tiene de profundo el país. He puesto término a este libro que publicaré en breve, antes de salir para México».[613]

En aquellos días, Luis Enrique Délano, director del semanario *Qué hubo*, encargó a Volodia Teitelboim que le hiciera una entrevista. Con cierto temor por la vieja polémica del «Poema 16» y la *Antología de poesía chilena nueva*, aquel encuentro fue, sin embargo, el inicio de una larga amistad y de una fecunda relación política y literaria. En aquella extensa y sabrosa entrevista, repasaron la situación nacional e internacional. «No milito en ningún partido político. Sería para mí un orgullo militar en el gran Partido Comunista chileno. Desgraciadamente, no me encuentro a la altura de la disciplina, devoción, madurez y sacrificio que ha alcanzado la inmensa mayoría de sus militantes. [...] Entonces yo soy de ese partido nuevo en la historia de Chile que se llama frentismo. Soy de familia de radicales, tengo simpatías por los comunistas y me parece grandioso el Partido Socialista chileno, hoy que comienza a desprenderse de los que han predicado el odio a los otros dos grandes partidos de izquierda».

Amplió también la información sobre *Canto general de Chile*: «Creo que estoy en la edad en que debo cumplir la deuda que tengo con mi país, deuda que viene desde muy lejos. Durante largos años los intelectuales nos hemos acordado de todo, menos de Chile. Mis libros traducidos han sido acogidos gentilmente en Europa y he podido constatar que esto ha dejado completamente frío. Recientemente, cuando Paul Éluard me ha pedido un poema para su nueva revista, *L'Usage de la Parole*, le he entregado "Atacama" y un fragmento de mi *Canto general de Chile*». En aquel número se publicó por primera vez su poema «Himno y regreso».[614]

Tras su retorno a Chile, vivió durante toda una década en el continente americano.

613. *Qué hubo*. Santiago de Chile, 2 de enero de 1940, p. 7.
614. *Qué hubo*. Santiago de Chile, 9 de enero de 1940, pp. 6-7.

6

De México a Machu Picchu

Pablo Neruda vivió en México entre agosto de 1940 y agosto de 1943 como cónsul general de Chile. El compromiso con la causa antifascista se reforzó con un hondo sentimiento americanista nacido del *descubrimiento* de su continente con la estancia en el país azteca, los viajes a Guatemala y Cuba y el retorno a Chile a través de Panamá, Colombia y Perú, con la determinante ascensión a Machu Picchu en octubre de 1943. Recorrió sus costas y sus valles, caminó aquella patria hecha de maíz y de volcanes, de nombres de sonoridad inigualable: Topolobambo, Sinaloa, Yucatán, Nayarit, Michoacán, Jalisco... «No se puede tener una idea cabal de América si se desconoce México», aseguró en 1969. «Allí están los rasgos más extraordinarios del continente, la más profunda esencia de América. Admiro su enorme capacidad creadora que viene cabalgando desde la antigüedad y que persiste hasta hoy. Hay que conocer su música, su pintura, su literatura. Definiría a México como una verdadera explosión».[615] Machu Picchu, por su parte, otorgó una dimensión continental a la obra poética que había iniciado en 1938 y le proporcionó el «poema nuclear» de *Canto general*.[616] «Fue un encuentro decisivo en mi vida», escribió en 1972.[617] Desde México, siguió la

615. Entrevista a Pablo Neruda en *El Mercurio*. Santiago de Chile, 20 de abril de 1969, p. 7.

616. Jofré, Manuel: «Neruda en México y México en Neruda». Prólogo a: Nandayapa, Mario: *La serenata épica de Neruda a México*. Instituto Politécnico Nacional. México DF, 2012, pp. 11-13.

617. Presentación de Pablo Neruda para el libro *Civiltá andine*, de Roberto Magni y Enrique Guidoni (Mondadori. Milán, 1972). Publicada en: *Cuadernos de la Fundación Pablo Neruda*, n.º 41. Santiago de Chile, 2000, pp. 4-13.

evolución de la Segunda Guerra Mundial y sus versos miraron sobre todo a la Unión Soviética, cantaron la heroica resistencia de Stalingrado, alentaron al Ejército Rojo hacia la victoria.

CÓNSUL EN MÉXICO

El 19 de junio de 1940, el decreto 1.011 del Ministerio de Relaciones Exteriores formalizó su nombramiento como cónsul particular de profesión de segunda clase, grado número 9, en México.[618] Luis Enrique Délano le acompañaría como principal ayudante. El 10 de julio, en el Salón de Honor de la Universidad de Chile, la Alianza de Intelectuales convocó un acto de despedida a su presidente. Neruda leyó cinco de sus nuevos poemas: «Botánica», «Atacama», «Océano», «Himno y regreso» y «Almagro», cuyo título definitivo en Canto general sería «Descubridores de Chile».[619] El 15 de julio, le despidieron con una cena en el Palacio de Bellas Artes, con la asistencia de Alejandro Lipschutz, el senador Rudecindo Ortega, los diputados Julio Barrenechea y Marcos Chamudes, José y Joaquín Machado (hermanos de Antonio Machado), Juvencio Valle, Álvaro Hinojosa, Arturo Serrano Plaja, Volodia Teitelboim, Mauricio Amster, Tomás Lago, Orlando Oyarzún...[620] Antes de la partida, suscribió un manifiesto dirigido a la juventud chilena, junto con Ángel Cruchaga, Alberto Romero y Rubén Azócar, que alertaba de la actitud sediciosa de la derecha y llamaba a defender las conquistas logradas por el Frente Popular.[621]

Pablo Neruda y Delia del Carril, Luis Enrique Délano, Lola Falcón y el pequeño Poli, junto con Nancy Cunard, viajaron a México en el buque *Yasukuni Maru*. Durante la travesía escribió varias cartas, una de ellas al secretario del Instituto Cultural Germano-Chileno de Santiago de Chile, quien le había solicitado una donación de sus obras para la Biblioteca del Instituto Ibero-Americano de Berlín. Neruda justificó su negativa por la persecución de la Ale-

618. Quezada Vergara, *Pablo Neruda. Epistolario viajero*, p. 219.
619. *Pablo Neruda. Obras Completas. I. De* Crepusculario *a* Las uvas y el viento. *1923-1954*, p. 1.202.
620. *La Hora*. Santiago de Chile, 16 de julio de 1940, p. 12.
621. *La Hora*. Santiago de Chile, 17 de julio de 1940, p. 10.

mania nazi contra tantos intelectuales y por la prohibición de las obras de pensadores como Marx, Spinoza o Freud. «Sería deshonroso y traidor de parte mía facilitar la lectura de uno solo de mis pequeños libros en un país que no puede siquiera leer las obras de los maestros de su propia literatura».[622]

Llegaron al puerto de Manzanillo y de allí viajaron en tren a Guadalajara, donde permanecieron un día, para instalarse en la capital federal el 17 de agosto. Inicialmente, se alojaron en el Hotel Montejo, en la avenida Juárez, una de las principales vías de acceso al monumental Centro Histórico. El 21 de agosto, el diario gubernamental *El Nacional* recogió sus primeras declaraciones públicas. Ese día, dirigió un oficio al ministro de Relaciones Exteriores para informarle de que se había hecho cargo del Consulado General.[623] En aquellas mismas horas, Leon Trotsky moría después del atentado perpetrado el día anterior por Ramón Mercader en su casa de Coyoacán.

En el Hotel Montejo Neruda confesó a Maurice Halperin sus impresiones iniciales sobre el país que estaba descubriendo y sus planes de futuro. «México me recuerda al Tíbet. Sus monasterios y sus mesetas me sugirieron la misma lóbrega y misteriosa atmósfera. Estoy más impresionado por las diferencias entre mi país y México que por sus similitudes». Halperin escribió que el poeta reconocía tres períodos en su escritura poética: el primero (1923-1925) lo definió como «formal»; el segundo (1925-1936), como «anti formal»; y el tercero, desde 1936, como «político». Respecto al viraje experimentado en España, señaló entonces: «Mi respeto por el pueblo, siempre inconsciente en mi pensamiento y en mi sentimiento, entonces llegó a ser consciente. Desde entonces he estado convencido de que es deber del poeta tomar su lugar junto al pueblo en su lucha para transformar la sociedad [...] en un orden basado en la democracia política, social y económica». También le contó a Halperin que en aquel momento estaba trabajando en un

622. Carta de Pablo Neruda al secretario del Instituto Cultural Germano-Chileno de Santiago de Chile del 29 de julio de 1940 desde el buque *Yasukuni Maru*. Gutiérrez Revuelta, Pedro y Gutiérrez, Manuel J.: *Pablo Neruda. Yo respondo con mi obra*. Ediciones Universidad de Salamanca. Salamanca, 2004, pp. 109-110.

623. Archivo Nacional de Chile. Volumen 4.394 del Ministerio de Relaciones Exteriores. *1940. Oficios recibidos del Consulado en México. 1-200.*

«largo poema épico» sobre su tierra natal (*Canto general de Chile*). «Tendrá elementos líricos y descriptivos e intentará revelar los procesos profundos de transformación histórica que Chile ha atravesado. Yo quiero contrapesar el efecto de la gran poesía de los clásicos, como Ercilla y Pedro de Oña. Pero me siento muy humilde en esta tarea. Escribir para el pueblo es una ambición demasiado grande. Antonio Machado lo expresó bien cuando dijo que solo dos hombres en toda la historia habían tenido éxito al escribir para las masas: Shakespeare y Cervantes».[624]

Delia del Carril y él alquilaron pronto un apartamento en la calle Revillagigedo, entre el paseo de la Reforma y la inmensa avenida hoy denominada Eje Central Lázaro Cárdenas, que no tardó en convertirse en punto de reunión de intelectuales y artistas, como lo había sido la Casa de las Flores. No solía faltar en aquellas fiestas y encuentros sociales un mariachi, quien conjugaba para sus anfitriones un verbo nuevo: *consular*.[625] Hasta allí llegaban José y Silvestre Revueltas, Efraín Huerta, Andrés Henestrosa, Tina Modotti y los poetas españoles Juan Rejano, Pedro Garfias o Miguel Prieto.[626]

El novelista Andrés Henestrosa ha evocado las frecuentes incursiones que compartieron por las librerías de viejo. «Un día, en una de estas, había un libro de un escritor mexicano, buen periodista, pero no un gran escritor, llamado Juan Bautista Morales, que se titulaba *El Gallo Pitagórico*. Cuando yo me dirigí al libro, gritó Pablo: "¡No, yo lo vi primero!". Y ante mi asombro, metió mano al libro, lo pagó y se lo quedó». Recorrieron también juntos los bares, deseosos de compartir un buen trago entre risas y conversaciones, profundas o banales.[627]

El 5 de octubre, falleció Silvestre Revueltas, el principal compositor musical mexicano del momento, quien había participado

624. Halperin, Maurice: «Pablo Neruda in Mexico». *Books Abroad. An International Quarterly*. University of Oklahoma Press. Oklahoma (Estados Unidos), primavera de 1941, pp. 164-168.

625. Délano, Luis Enrique: «Cumplir setenta». *Araucaria de Chile*, n.º 1. Madrid, 1978, pp. 183-188.

626. Mansilla, Luis Alberto: «El cónsul y los muralistas. Entrevista al pintor Julio Escámez». *Cuadernos de la Fundación Pablo Neruda*, n.º 39. Santiago de Chile, 1999, pp. 45-51.

627. Henestrosa, Andrés: «Pablo Neruda en el corazón de México». Quirarte, pp. 11-17.

en 1937 en el II Congreso de Intelectuales en Defensa de la Cultura como miembro de la Liga de Escritores y Artistas Revolucionarios (LEAR). Durante la ceremonia fúnebre en el Panteón Francés, Neruda leyó su poema «A Silvestre Revueltas, de México, en su muerte (oratorio menor)», que incluiría en *Canto general*.[628]

Rápidamente, tomó contacto con la amplísima colonia de intelectuales españoles refugiados y con algunos de los principales representantes de la cultura mexicana. En octubre, publicó sus poemas «Reunión bajo las nuevas banderas», «Océano» y «Sonata» en *España Peregrina*, el órgano de la Junta de Cultura Española, copresidida por José Bergamín, José Carner y Juan Larrea.[629]

Como cónsul general, le correspondió atender un gran volumen de trabajo derivado de la relación comercial chileno-mexicana y, como en Buenos Aires y Madrid, concedió especial importancia a la actividad cultural. Así, promovió una exposición del libro chileno, inaugurada por el director de la Biblioteca Nacional de México, José Vasconcelos,[630] y, además, Luis Enrique Délano y él inauguraron una biblioteca pública chilena en unas dependencias adyacentes al Consulado General, ubicado en la calle Brasil número 40.[631]

En noviembre, le correspondió ayudar a dos jovencísimos estudiantes de Derecho mexicanos, Luis Echeverría y José López Portillo (futuros presidentes de este país), que habían obtenido una

628. En febrero de 1969, al escribir una carta al presidente mexicano, Gustavo Díaz Ordaz, para exigir la libertad del novelista José Revueltas, recordó cómo este le comunicó la noche del 5 de octubre de 1940 la muerte de su hermano Silvestre. *Para nacer he nacido*, pp. 135-137.

629. Pronto, Neruda y Larrea rompieron sus relaciones. En 1944, en su ensayo *El surrealismo entre el Viejo y el Nuevo Mundo*, Larrea criticó duramente la obra nerudiana. En 1956, el poeta chileno incluyó su «Oda a Juan Tarrea», toda una burla del poeta vasco, en *Nuevas odas elementales*. En 1967, Larrea publicó en México un nuevo ataque al chileno: *Del surrealismo a Machupicchu*. Fernández de la Sota, José: *Juan Larrea. El hombre al que perseguían las palomas*. El Gallo de Oro. Errentería, 2014. Larrea incluso acusó a Neruda de responsabilidad en la muerte de César Vallejo en 1938 en París, al impedir que obtuviera un trabajo en la asociación que presidía Aragon. La propia viuda de Vallejo negó este punto. Paoli, Roberto: «Neruda y Vallejo». Loyola (1987), pp. 109-125.

630. Suárez, Eulogio: «La vida mexicana de Pablo Neruda». *Boletín de la Fundación Pablo Neruda*. Santiago de Chile, verano de 1991, pp. 3-9.

631. *El Siglo*. Santiago de Chile, 15 de diciembre de 1940, p. 3.

beca para estudiar durante varios meses en Chile.[632] A su regreso, en 1941, la Asociación Revolucionaria de Estudiantes organizó un acto en el Anfiteatro Bolívar de la Escuela Nacional Preparatoria, en el que Neruda ensalzó la historia y la naturaleza de dos países muy diferentes, con unas palabras alejadas del protocolo diplomático y encendidas al referirse a la situación de Europa: «Nosotros, americanos, queremos la paz, pero si esta ha sido imposible, esperamos que de las cenizas de la contienda, en la que no queremos otros vencedores que los pueblos de cada país en lucha, salga una nueva humanidad que no acumule las riquezas en unas cuantas manos, sino que repartiéndolas haga imposible el exterminio y el odio. Que el botín no cambie de manos, que la paz venga con la justicia».[633]

Otra de sus iniciativas tempranas, y efímeras, fue una revista denominada *Araucanía*, cuyo único número apareció a comienzos de 1941 con una mujer mapuche vestida con su indumentaria tradicional en la portada. Solicitó financiación al Ministerio para darle continuidad, pero el 3 de marzo de 1941 le fue denegada y el 1 de abril comunicó que, por ese motivo, suspendía su publicación.[634]

En 1941, tuvo su primera polémica literaria en México, que lo enfrentó con algunos intelectuales españoles y con Octavio Paz, con quien sus relaciones hasta entonces habían sido cordiales. En 1937 recibió su libro *Raíz del hombre*, que elogió, y en 1938 Paz publicó un panegírico que ensalzaba su evolución desde *Residencia en la Tierra* hasta *España en el corazón*: «Y allí, junto a las lágrimas, en el corazón secreto de la madera, en el canto agrio y desgarrado de los panes, allí, en el mundo de lo real, de lo real hasta la desesperación, encontró la poesía a Pablo. A Pablo, llamado, poéticamente, Neruda. Y su poesía no fue jamás un poema, un hermoso poema, sino un fluir vivo, vencedor, apasionado hasta hundirse en el fondo de la

632. Silva Herzog, Jesús: *Neruda, Allende y el pueblo de Chile*. Cuadernos Casa de Chile, n.º 30. México DF, 1990, p. 5.

633. *Tierra Nueva. Revista de Letras Universitaria*, n.º 9-10. UNAM. México DF, mayo-agosto de 1941, pp. 120-122.

634. Archivo Nacional de Chile. Ministerio de Relaciones Exteriores. Volumen 4.563. *1941. E3 27-4-29 A E3-35-10-15*. En 1969 explicó que la orden procedió de la Presidencia de la República, cuyo titular tenía evidentes rasgos mestizos, y que era tajante: «Cámbiela de título o suspéndala. No somos un país de indios». Neruda, Pablo: «Nosotros, los indios». *Ercilla*. Santiago de Chile, 2 de julio de 1969, p. 66.

materia sonora o silenciosa [...]. Poesía lunar y solar, del cielo, del subcielo y del sobrecielo».[635] Y entre 1938 y 1940 Neruda publicó dos colaboraciones en la revista *Taller*, dirigida por Octavio Paz.[636]

Una vez instalado en este país, ofreció una fiesta para los intelectuales mexicanos que habían estado en la España en guerra, como él y su esposa, Elena Garro, y también Silvestre Revueltas. Y durante los primeros meses compartieron muchos momentos.[637] Pero a principios de 1941 se gestó la ruptura cuando el último número de *Taller* se abrió con un poema de Rafael Alberti dedicado a José Bergamín, lo que Neruda consideró una traición porque ya había roto con este y Alberti era uno de sus grandes amigos.[638] Después, en agosto, la Editorial Séneca, que dirigía Bergamín, publicó *Laurel, antología de la poesía moderna en lengua española*, editada por Emilio Prados, Juan Gil-Albert, Octavio Paz y Xavier Villaurrutia, autor del prólogo y muy cercano a Juan Ramón Jiménez. Neruda se negó a ser incluido por su distanciamiento de Bergamín, su enemistad con Villaurrutia y la exclusión de tres poetas que creía imprescindibles: Herrera y Reissig, León Felipe y Nicolás Guillén.[639]

El episodio terminó con un conato de enfrentamiento violento inédito en el mundo literario mexicano, solo equiparable a las polémicas entre los muralistas.[640] Pocos días después de la aparición de

---

635. Paz, Octavio: «Pablo Neruda en el corazón». *Ruta*, n.º 4. México DF, 15 de septiembre de 1938, pp. 235-243. Incluido en: Paz, Octavio: *Primeras letras*. Seix Barral. Barcelona, 1988, pp. 143-152.

636. Stanton, Anthony: «Pablo Neruda y Octavio Paz: encuentros y desencuentros». *Escritural*, n.º 1. Poitiers, marzo de 2009, pp. 357-374.

637. Oses, Darío: «Neruda y Octavio Paz: "Tu enemigo más querido". *Cuadernos de la Fundación Pablo Neruda*, n.º 39. Santiago de Chile, 1999, pp. 30-33.

638. En el último volumen de su trilogía, Olivares incluye el breve intercambio epistolar entre Neruda y Bergamín en diciembre de 1940 que originó la ruptura. Olivares B., Edmundo: *Pablo Neruda: Los caminos de América. Tras las huellas del poeta itinerante III (1940-1950)*. LOM Ediciones. Santiago de Chile, 2004, pp. 103-105. Estas cartas se conservan en el archivo de la Fundación Pablo Neruda.

639. Castillo Letelier, Miguel Ángel: «Neruda y Paz: conjunciones y disyunciones». Jofré, Manuel (ed.): *Hombre del sur, poeta chileno, americano del mundo*. Actas del Congreso Internacional Pablo Neruda. Facultad de Filosofía y Humanidades de la Universidad de Chile. Santiago de Chile, 2007, pp. 211-216.

640. Cantón, Wilberto: «Pablo Neruda en México (1940-1943)». *Anales de la Universidad de Chile*, n.º 157-170. Santiago de Chile, enero-diciembre de 1971, pp. 263-269.

Laurel, el Centro Asturiano acogió un banquete dedicado a Neruda. Según el relato de Paz, asistió mucha gente y en el momento de las despedidas, este descargó un conjunto de reproches contra Bergamín. «Lo interrumpí», relató. «Estuvimos a punto de llegar a las manos, nos separaron y unos refugiados españoles se me echaron encima para golpearme».[641] No solo era un conflicto literario, sino también político, puesto que Octavio Paz ya se había distanciado entonces de la Unión Soviética, impactado por el Pacto Germano-Soviético y el asesinato de Trotsky por un agente de Stalin.

UN VISADO PARA SIQUEIROS

«En Europa se ha tratado —por razones políticas y literarias— de asociarme a la muerte de Trotsky», explicó Pablo Neruda en 1971, cuando era embajador en Francia del Gobierno de la Unidad Popular. «Pues bien: nunca vi a ese hombre, ni de cerca, ni de lejos, ni vivo ni muerto. Sin embargo, puedo contar un hecho que me parece pintoresco». Relató que recibió la visita del embajador mexicano en su país, Octavio Reyes Espíndola, quien le reveló que portaba una solicitud confidencial del general Manuel Ávila Camacho, sucesor de Lázaro Cárdenas en la Presidencia de México desde el 1 de diciembre de 1940: que concediera lo antes posible un visado de entrada en Chile al pintor David Alfaro Siqueiros. Aquella petición le sorprendió porque Siqueiros estaba preso, acusado de haber acribillado la casa de Leon Trotsky y del asesinato de su secretario, Sheldon Harte, y por ese motivo preguntó al embajador cómo podría concederle el visado... «No se preocupe; lo pondremos en libertad», le anticipó.

Visitaron al muralista en la oficina del director de la Penitenciaría Federal. «Hizo llamar a Siqueiros, a quien yo no había visto nunca antes,[642] y los tres juntos nos servimos algunas copas en los

---

641. Epílogo de Octavio Paz a la segunda edición de *Laurel*, aparecida en 1998. Sanhueza (2004), pp. 180-185.

642. Pero, como relató ampliamente en sus memorias, Siqueiros participó en España en el II Congreso de Intelectuales en Defensa de la Cultura. Y era Neruda, desde París, una de las personas que se ocupó de cursar las invitaciones dirigidas a América Latina.

cafés de la ciudad. Sin tener derecho a exigir nada —puesto que se trataba de una petición del Presidente de México— exigí, sin embargo, a Siqueiros que, para concederle la visa, ofreciera una obra cualquiera a Chile, a expensas del Gobierno mexicano, y fue así como Siqueiros —durante más de un año— pintó en Chile su fresco mural más grande en Chillán. He aquí la palabra final de esta historia mal interpretada por la malevolencia, a la cual nunca había querido responder hasta ahora».[643]

El 17 de abril de 1941, concedió el visado a Siqueiros. Cuatro días después, el Ministerio de Relaciones Exteriores le ordenó que lo anulara, pero de inmediato explicó que su concesión obedecía a una petición «expresa» y «urgente» del presidente mexicano y del embajador Reyes Espíndola y que había logrado de Siqueiros el compromiso de pintar un mural en la Escuela México de Chillán (regalada por el Gobierno mexicano tras el terrible terremoto de enero de 1939) y de no inmiscuirse en la política chilena.[644] El embajador chileno, Manuel Hidalgo (dirigente de la Izquierda Comunista, de orientación trotskista, en los años 30), confirmó a su ministro la solicitud del presidente Ávila Camacho transmitida por el embajador Reyes, quien además les había recordado que México concedió asilo al general chileno Ariosto Herrera tras la sublevación militar fallida de agosto de 1939.[645]

Sin embargo, al día siguiente Hidalgo se retractó y le ordenó la anulación del visado tras verificar con el ministro mexicano de Asuntos Exteriores que la petición había partido de mandos inferiores al presidente de la República.[646] Por su parte, Neruda envió a su ministro un oficio de dos páginas en el que subrayó su rigor en la concesión de visados y reiteró su versión, mencionando que se había reunido con el secretario del presidente Ávila Ca-

643. *Ercilla*. Santiago de Chile, 27 de octubre de 1971, pp. 8-16.

644. Mansilla, Luis Alberto: «Con la política en el corazón». *Neruda: El chileno más universal*. LOM Ediciones. Colección Nosotros los Chilenos n.º 4. Santiago de Chile, 2004, p. 20.

645. Archivo General Histórico del Ministerio de Relaciones Exteriores. Volumen 1.887. *Cables recibidos y dirigidos embajadas en Brasil y México. 1941. IX. 1941.*

646. Archivo General Histórico del Ministerio de Relaciones Exteriores. Volumen 1.887. *Cables recibidos y dirigidos embajadas en Brasil y México. 1941. IX. 1941.*

macho y el embajador Octavio Reyes Espíndola, quienes le transmitieron su «deseo ferviente» de que Siqueiros abandonara el país cuanto antes para evitar persecuciones y venganzas. No obstante, puntualizó, en cumplimiento de las órdenes superiores recibidas, ya había comunicado la invalidación al pintor, verbalmente y por escrito.[647]

El 29 de abril, Hidalgo trasladó a su Gobierno que el muralista había viajado a Cuba y Panamá con el pasaporte visado y especificó que no quiso devolverle el documento cuando le señaló que le retiraban la autorización de entrada en Chile.[648] Un día después, el Ministerio indicó al cónsul general que consideraba una «falta grave» su decisión personal «oyendo recomendaciones extrañas y contraviniendo órdenes expresas».[649] El 3 de mayo, Neruda se reafirmó una vez más en su versión, defendió su trabajo consular durante catorce años, así como su lealtad a los principios del Frente Popular, y puso su puesto a disposición del ministro.[650] A fines de mayo, por las gestiones del embajador mexicano, el Gobierno chileno decidió autorizar la entrada de Siqueiros, de su esposa Angelina Arenal y de su hija Adriana, pero solo por un plazo máximo de dos meses.[651]

647. Archivo Nacional de Chile. Volumen 4.564 del Ministerio de Relaciones Exteriores. *1941. Oficios recibidos consulados de Chile 1-380.*

648. Archivo General Histórico del Ministerio de Relaciones Exteriores. Volumen 1.887. *Cables recibidos y dirigidos embajadas en Brasil y México. 1941. IX. 1941.*

649. Archivo General Histórico del Ministerio de Relaciones Exteriores. Volumen 1.884. *Cables cambiados consulados en América. 1941.*

650. Archivo General Histórico del Ministerio de Relaciones Exteriores. Volumen 1.887. *Cables recibidos y dirigidos embajadas en Brasil y México. 1941. IX. 1941.*

651. En sus memorias, Siqueiros relató un encuentro con el presidente Ávila Camacho antes de su salida de México en avión, junto con su esposa, su hija, su suegra y su hermano, rumbo a Santiago de Chile, con escalas en La Habana, Matanzas, Panamá y Lima. Permanecería dos años y medio en Chillán y después ocho meses en Cuba. Siqueiros, David Alfaro: *Me llamaban el Coronelazo.* Grijalbo. México, 1977, pp. 380-381. Desde entonces, en la Biblioteca Pedro Aguirre Cerda de la Escuela México se encuentra el mural «Muerte al invasor», en el que aparecen los guerreros mapuche Galvarino, Caupolicán y Lautaro, también O'Higgins, Balmaceda y Recabarren. Un grupo de pintores chilenos, entre ellos Laureano Guevara, Camilo Mori, Luis Vargas y Alipio Jaramillo, pintaron retratos al fresco de veintiún próceres latinoamericanos en los muros de sus aulas.

El 2 de junio, Hidalgo comunicó la sanción de un mes sin sueldo a Neruda, quien decidió escribir al secretario general del Partido Comunista, Carlos Contreras Labarca.[652] Le consultó acerca de si aceptarla o poner fin a su carrera diplomática y «regresar a Chile y acompañarlo en la lucha».[653] Resignado, finalmente asumió la decisión de sus superiores y aprovechó aquellas semanas para viajar hasta Guatemala, a donde Delia del Carril y él llegaron el 24 de junio en automóvil junto con César Godoy Urrutia, destacado dirigente comunista chileno.

La prensa local se hizo eco de su estancia y algunos intelectuales acudieron a saludarlo al Hotel Astoria, donde se alojó. Conoció entonces a Miguel Ángel Asturias, quien le guió a la hermosa ciudad colonial de Antigua. Visitó el Museo de Arqueología, la Academia de Bellas Artes y, por supuesto, los puestos del viejo Mercado Colón. Ofreció un recital poético en el Hotel Palace, en el que recorrió toda su obra desde *Crepusculario* y el «Poema 18» hasta los dos volúmenes de *Residencia en la Tierra* y la «Oda de invierno al río Mapocho». Enamorado de los libros antiguos, en el Archivo Nacional pudo tomar en sus manos un auténtico tesoro: el manuscrito original de la *Historia verdadera de la conquista de la Nueva España*, de Bernal Díaz del Castillo, un texto del siglo XVI.[654]

En Guatemala conoció la invasión alemana de la Unión Soviética, que cambió el curso de la Segunda Guerra Mundial con la apertura del frente oriental, su teatro de operaciones más determinante. A su retorno a Ciudad de México, expresó en una carta a Marinello de manera escueta: «Pasé mis vacaciones en Guatemala.

Cuadernos de la Fundación Pablo Neruda, n.º 39. Santiago de Chile, 1999. pp. 54-57. El mural fue inaugurado el 25 de marzo de 1942. Peralta, Gonzalo: «Siqueiros fondeado en Chillán». *The Clinic*. Santiago de Chile, 2 de abril de 2015, pp. 26-27.

652. Archivo General Histórico del Ministerio de Relaciones Exteriores. Volumen 1.887. *Cables recibidos y dirigidos embajadas en Brasil y México. 1941. IX. 1941.*

653. Carta de Pablo Neruda a Carlos Contreras Labarca del 8 de junio de 1941 desde México DF. Quezada Vergara, *Pablo Neruda. Epistolario viajero*, pp. 161-163.

654. Navarrete Cáceres, Carlos: «Pablo Neruda en Guatemala: la primera estancia: 1941». Jofré (2007), pp. 227-268.

Regresé ayer. Todo muy bien allí, o muy mal».[655] El 4 de julio, reasumió sus funciones como cónsul general.[656]

EN LA TEMPESTAD DEL MUNDO

En aquel momento, Pablo Neruda y Delia del Carril vivían con Luis Enrique Délano, Lola Falcón y el pequeño Poli en una vieja casona de campo, la Quinta Santa María, ubicada en los alrededores de la capital mexicana. Poli Délano recuerda que muchos domingos los cinco partían a la Lagunilla, «un mercado persa de varias cuadras donde era posible encontrar desde dientes de oro de segunda mano hasta canguros embalsamados». Y otros fines de semana salían a conocer Cuernavaca, Puebla o Toluca.[657] Conserva muy viva la memoria de sus primeros años mexicanos y la volcó en un bello libro destinado a los lectores más pequeños, para quienes narra un sinfín de historias y anécdotas de un tiempo maravilloso que compartió con sus *tíos* Pablo y Delia. Una de ellas nos lleva hacia Oaxaca... El chofer, Gabriel, conducía y buscaba algo de música en la radio hasta que encontró una canción que le agradaba y que decía que en la estación de Irapuato «cantaban los horizontes...». Poeta deslumbrado por la naturaleza, le faltó tiempo a Neruda para comentar lo que creía un verso bello: «¿No le parece fantástico, *Hormiguita*, que en esa estación de no sé cuánto "canten los horizontes"? Es fabuloso, los horizontes cantando en el atardecer ¿se imagina? Un coro polifónico de horizontes...». El chofer tuvo que precisar que había un conjunto musical denominado Los Horizontes que cantaba en la estación de Irapuato... Después de un silencio, Neruda y su esposa rieron durante varios kilómetros.[658]

655. Carta de Pablo Neruda a Juan Marinello del 7 de julio de 1941 desde México DF. *Cuba Internacional*, n.º 261. La Habana, septiembre de 1991, pp. 37-43.

656. Archivo Nacional de Chile. Volumen 4.564 del Ministerio de Relaciones Exteriores. *1941. Oficios recibidos consulados de Chile 1-380.*

657. Délano, Poli: «Délano-Neruda: dos notas sobre una vieja amistad». *Nerudiana*, n.º 4. Santiago de Chile, diciembre de 2007, pp. 10-11.

658. Délano, Poli: *Policarpo y el tío Pablo.* Zig-Zag. Santiago de Chile, 2012, pp. 66-67. Este escritor es conocido por el nombre, Poli, que le dio el poeta desde antes de nacer en Madrid. Sus padres le inscribieron como Enrique Délano Falcón.

El 24 de julio intervino en el bellísimo Anfiteatro Simón Bolívar de la Escuela Nacional Preparatoria en un acto organizado por la Universidad Nacional Autónoma de México con motivo del 111.º aniversario de la muerte del Libertador. Allí leyó por primera vez «Un canto para Bolívar». Pero desde la parte alta del anfiteatro un grupo de fascistas españoles empezó a insultar a la República Española y a ensalzar al dictador Franco y se llegó a una batalla campal. Como desagravio, la UNAM publicó una edición de lujo de este poema, ilustrado por Julio Prieto.[659]

El 22 de octubre, durante una recepción en el Salón Colonial del Museo de Morelia, en el estado de Michoacán, se refirió al desarrollo de la conflagración mundial: «Dos grandes países titánicos, los más grandes de nuestro planeta, se han trabado en lucha mortal. Uno de ellos lucha por mantener el odio de razas y de hombres; el otro por levantar a los esclavos, por dignificar la vida. Uno de ellos hizo de los libros una gran hoguera; el otro terminó una tiranía y de sus ruinas hizo millones de libros».[660] Un mes después, el diario del Partido Comunista chileno publicó otro discurso suyo en México, con un título que representaba plenamente sus sentimientos: «Miro a las puertas de Leningrado como miré a las puertas de Madrid».[661]

El 21 de noviembre, con el precedente del *affaire* Siqueiros, comunicó al Ministerio que la madre y el hermano del dirigente comunista brasileño Luis Carlos Prestes solicitaban un visado para residir durante seis meses en Santiago mientras lograban el permiso para instalarse en Argentina. El 24 de noviembre, el Ministerio de Relaciones Exteriores le ordenó que se lo negara, aunque el 3 de diciembre rectificó y los autorizó.[662]

El domingo 29 de diciembre, en el Hotel Puente Amatlán de Cuernavaca, fue agredido por un grupo de personas de ideología

659. Cantón, Wilberto: «Pablo Neruda en México». *Anales de la Universidad de Chile*. n.º 157-160. Santiago de Chile, enero-diciembre de 1971, pp. 263-269.

660. Neruda, Pablo: «A la juventud de Morelia». *El Nacional*. México DF, 22 de octubre de 1941. *Pablo Neruda. Obras Completas. IV. Nerudiana dispersa I. 1915-1964*, pp. 474-475.

661. *El Siglo*. Santiago de Chile, 23 de noviembre de 1941, p. 2.

662. Los tres documentos en: Archivo General Histórico del Ministerio de Relaciones Exteriores. Volumen 1.884. *Sección Clave. Archivo Confidencial. Cables cambiados consulados en América. 1941*.

nazi después de proferir vivas a los presidentes Franklin D. Roosevelt, cuyo país acababa de entrar en la guerra tras el bombardeo japonés de Pearl Harbor, Ávila Camacho, Winston Churchill y Stalin.[663] «En una mesa vecina bebía un grupo de nazis, 8 ó 10 individuos con cuello de toro y cabeza de fierro [...]. De pronto estos bandidos se levantan y se precipitan sobre nosotros, formados más o menos militarmente, y armados de sillas y unos laques que fueron a buscar a sus automóviles [...]. Haciendo el saludo nazi se lanzaron contra nosotros, que naturalmente nos defendimos, a bofetadas, silletazos... [...]. Yo recibí un lacazo que me partió la cabeza, no sin haber pegado unos cuantos silletazos».[664]

Su camisa quedó empapada en sangre. «Llevamos a Pablo, para una curación provisoria, a la posta de Cuernavaca. La herida era impresionante, de doce a quince centímetros, en la parte superior del cráneo», recordó Luis Enrique Délano, quien junto con su esposa e hijo le acompañaba aquella tarde.[665] Tuvo que permanecer en cama durante algunos días, aunque el incidente no tuvo mayores consecuencias físicas. Recibió muestras de solidaridad del cuerpo diplomático, de diputados, sindicalistas, intelectuales mexicanos, de todos los partidos republicanos españoles y una gran cantidad de telegramas, como comunicó a su Gobierno el 31 de diciembre.[666] Entre las cartas que recibió estuvo una de la ex diputada española Margarita Nelken, en aquel momento militante del PCE, a quien respondió en enero de 1942, el mismo día que la fotógrafa italiana Tina Modotti fallecía en Ciudad de México: «Margarita Nelken, me ha conmovido y le agradezco profundamente su mensaje después de la agresión de Cuernavaca. Sus palabras no hacen sino fortificar mis decisiones en la lucha implacable que sostenemos».[667]

663. *La Nación*. Santiago de Chile, 30 de diciembre de 1941, p. 1.

664. Carta de Pablo Neruda a Alberto y Diego (posiblemente, Alberto Romero y Diego Muñoz) del 31 de diciembre de 1941 desde México DF. Quezada Vergara, *Pablo Neruda. Epistolario viajero*, pp. 165-168.

665. Suárez, Eulogio: *Neruda total*. RIL Editores. Santiago de Chile, 2004, p. 84.

666. Archivo Nacional de Chile. Volumen 4.563 del Ministerio de Relaciones Exteriores. *1941. E3 27-4-29 A E3 35-10-15.*

667. Carta de Pablo Neruda a Margarita Nelken del 5 de enero de 1942. Archivo Histórico Nacional de España. *Fondo Margarita Nelken.*

El 23 de enero de 1942, el embajador Manuel Hidalgo remitió al ministro la memoria anual de la misión diplomática en México. En lo referente al Consulado General, evaluó de manera muy positiva la labor de Pablo Neruda y Luis Enrique Délano: «Estoy satisfecho plenamente de su labor. Han dado impulso notable a la propaganda de nuestro país y han dedicado especial atención a las actividades comerciales. A veces, supliendo con la autoridad personal indudable en el campo literario, de Pablo Neruda, medios que faltan, la propaganda de Chile ha sido de resultados brillantes».[668]

UN MALACÓLOGO EN CUBA

En abril de 1942, Pablo Neruda pudo cumplir por fin un viejo anhelo: conocer Cuba. El 29 de julio de 1940, a bordo del *Yasukuni Maru*, Delia del Carril escribió a Juan Marinello, en su nombre, para contarle que habían tenido que descartar la idea inicial de pasar por La Habana camino de México. Pero, como tenían el firme propósito de viajar desde este país, le sugirió que los intelectuales cubanos cursaran una invitación para lograr que el Ministerio le diera licencia. Aunque estaba ocupado escribiendo otras cartas, Neruda sí que alcanzó a escribir una posdata ciertamente significativa, en la que le decía que se moría de ganas de ir a su país y enviaba saludos para Manuel Altolaguirre y Nicolás Guillén «y en particular a toda La Habana menos al viejo cabrón de Juan Ramón Jiménez». Un año más tarde, el 16 de octubre de 1941, Neruda comunicó a Marinello que mantenía sus planes y le rogó que mediara ante el Gobierno cubano para que sus superiores autorizaran su viaje.[669]

Por fin, la mañana del 14 de marzo de 1942, Pablo Neruda y Delia del Carril llegaron a La Habana. El país vivía una situación de esperanza, tras la convocatoria de una Asamblea Constituyente, el fin del régimen militar y la instauración de una democracia constitucional. El antiguo dictador Fulgencio Batista había sido elegido presidente de la República en las elecciones democráticas de junio

668. Archivo General Histórico del Ministerio de Relaciones Exteriores de Chile. Volumen 2.052. *Oficios recibidos Embajada México primer semestre 1942*.

669. Véanse estas cartas de Delia del Carril y Pablo Neruda a Juan Marinello en: *Cuba Internacional*, n.º 261. La Habana, septiembre de 1991, pp. 37-43.

de 1940 y la Unión Revolucionaria Comunista actuaba con plenas garantías e incluso había situado a Juan Marinello, Blas Roca y otros de sus dirigentes en las instituciones del país.

Aquel luminoso sábado de 1942 Ángel Augier, Juan Marinello, Nicolás Guillén y Manuel Altolaguirre, entre otros, llegaron a los muelles y subieron al vapor argentino *Río de la Plata*, procedente de Veracruz, para abrazarles.[670] Les acompañaron al Hotel Packard, ubicado en un lugar tan emblemático como la punta del pintoresco Paseo del Prado, muy próximo al inmenso malecón, en el límite de La Habana Vieja. «Aquí ya tenemos, con su ancha humanidad cordial, a quien es, sin duda, la figura cimera de la poesía americana en el momento presente», informó al día siguiente el diario *Hoy*.[671]

Su viaje fue posible gracias a las gestiones del ilustre polígrafo José María Chacón y Calvo, responsable de la Dirección de Cultura del Ministerio de Educación y diplomático cubano en el Madrid de la preguerra, donde seguramente conoció a Neruda. Él distribuyó las invitaciones al ciclo de tres conferencias que impartió entre el 23 y el 28 de marzo en el salón de actos de la Academia Nacional de Artes y Letras, situada en el impresionante edificio colonial que acogió el Colegio de Belén (de los jesuitas), en La Habana Vieja: «Viaje del tiempo y del océano», «Viaje a la luz de Quevedo» y «Viaje a través de mi poesía».[672] El viernes 27 de marzo por la noche, el local del Frente Nacional Antifascista acogió un acto en su honor en el que Marinello leyó su conferencia «Tránsito y residencia de Pablo Neruda».[673] El 1 de abril una emisora de radio ofreció una audición de sus versos con gran éxito, y el 5 de

670. Augier, Ángel: «1942: Neruda en Cuba». *Nerudiana*, n.º 2. Santiago de Chile, diciembre de 2006, pp. 22-23.

671. Augier, Ángel: *Pablo Neruda en Cuba y Cuba en Pablo Neruda*. Unión. La Habana, 2005, p. 28. Augier incluyó una voluminosa documentación de su primera visita a la isla y de sus posteriores estancias a fines de agosto de 1949, camino de México, y diciembre de 1960, con motivo de la presentación de la edición príncipe de *Canción de gesta*.

672. De las tres conferencias, la última fue principalmente una lectura y comentario de sus poemas, mientras que las dos primeras fueron posteriormente revisadas por Neruda y denominadas: «Viaje por las costas del mundo» y «Viaje al corazón de Quevedo». Aclaración incluida en: Augier, Ángel: «1942: Neruda en Cuba». *Nerudiana*, n.º 2. Santiago de Chile, diciembre de 2006, pp. 22-23.

673. Reproducida en: Augier (2005), pp. 157-160.

abril visitó la Unión Juvenil Hebrea de Cuba, donde leyó algunos poemas y se recitaron otros suyos traducidos al yiddish.

Exploró los mercados populares de la isla y Nicolás Guillén lo llevó a las playas de Varadero y al valle de Viñales, en Pinar del Río. Fue recibido por el presidente Batista y otras autoridades y el Ayuntamiento de La Habana le ofreció una recepción.

En este viaje Marinello le presentó al profesor Carlos de la Torre, quien ya tenía 88 años y había sido rector de la Universidad de La Habana. Como malacólogo había descubierto y clasificado una especie de caracoles cubanos, los Polymitas, y le regaló a Neruda, coleccionista ya de estos tesoros, una muestra.[674] «Mi colección verdadera de caracoles empezó cuando un famoso malacólogo, don Carlos de la Torre, [...] me regaló la parte central de su colección personal, puesto que él ya había formado la colección del Museo de La Habana», explicó a Rita Guibert en 1970. «También me regaló una colección de Polymitas, esos caracoles de tierra que viven entre los musgos de los árboles. Las Polymitas tienen los colores más encendidos, desde el amarillo limón hasta el rojo violento».[675]

En aquellos días se reencontró con el pintor cubano-chileno Mario Carreño, a quien había conocido en 1934 en Madrid, donde estudiaba en la Escuela de Bellas Artes de San Fernando. «Ahí le oí recitar por primera vez y me maravilló ver que él había descubierto cosas de mi entorno que yo no había percibido. Los caracoles, por ejemplo. Los caracoles Polymitas de colores naranja, amarillo, azul, le gustaron de tal forma que decidió vaciar sus maletas y las de *la Hormiguita* para llevárselos», relató Carreño.[676]

674. Muy pronto, su colección malacológica creció y alimentó leyendas como esta que relató el novelista José Donoso y que Neruda desmintió en sus memorias: «Cuando Julien Huxley, el biólogo inglés, vino a Chile para dar un ciclo de conferencias, preguntó tímidamente si alguien conocía a un malacólogo chileno de apellido Neruda. Le dijeron que existía un poeta Neruda —que Huxley no conocía—, pero nadie ubicaba a un malacólogo con ese nombre. Un día llevaron a Huxley a una casa de Neruda, adornada con su fabulosa colección de conchas que para los expertos como Huxley le daba más prestigio que sus poemas, como quien lleva a un turista distinguido a conocer las glorias nacionales». Oro Tapia, Luis: «La cultura». Ulianova, Olga (coord.): *Chile 1930-1960. Mirando hacia dentro*. Fundación Mapfre y Taurus. Madrid, 2015, pp. 277-319.

675. Guibert, pp. 19-92.

676. A fines de 1972, fue con Manuel Solimano a Isla Negra y duraron hasta las dos de la madrugada riendo y conversando con el poeta... recordando aquellas

De regreso a Ciudad México, el 22 de abril escribió una larguísima carta a Ernesto Barros Jarpa, nuevo ministro de Relaciones Exteriores, para presentarle un detallado repertorio de agravios. Le explicó que estaba a punto de cumplir quince años en el servicio consular, de ellos cinco en países «donde pocos funcionarios resisten», en alusión a su período en Asia. «Solo en 1939 fui nombrado Cónsul de profesión de segunda clase». Le explicó que antes de viajar a México había recibido la promesa formal del presidente Aguirre Cerda y del jefe del Departamento Consular, Tulio Maquieira, de que sería ascendido al grado séptimo del escalafón, que le correspondía por su antigüedad y servicios prestados al país. Incluso el presidente le prometió que sería nombrado embajador en Cuba cuando el Frente Popular tuviera mayoría en el Senado. Sin embargo, ninguna de esas promesas se había cumplido y solo había recibido reproches, sanciones y cortapisas a su labor. Ni siquiera recibió palabras de aliento tras la agresión en Cuernavaca. Por último, le pidió que le garantizara que a partir de entonces podría trabajar «tranquilo, libre de hostilidades e injusticias» y que cumplirían las promesas que le habían hecho. Se ofreció incluso a viajar a Chile para informarle de su actuación. «Y según sea la determinación que adopte el señor Ministro, volveré a reasumir mi puesto o iniciaré mi retiro del Servicio Consular»...[677]

VERSOS PARA STALINGRADO

En México, el desarrollo de la Segunda Guerra Mundial ocupaba mucho espacio en las conversaciones, en los informativos de radio, en los cines... En numerosos lugares, como en las manifestaciones y actos políticos de las inmediaciones del monumento a la Revolución, se vendía el *Boletín* editado por el Comité de Ayu-

---

noches en La Habana «en que todos bailábamos enfervorizados la "danza de los Malacólogos", en homenaje de admiración a los caracoles del trópico». Poirot (1987), p. 144.

677. Carta de Pablo Neruda a Ernesto Barros Jarpa del 22 de abril de 1942 desde México DF. Quezada Vergara, *Pablo Neruda. Epistolario viajero*, pp. 169-177.

da a Rusia en Guerra y se llamaba a la solidaridad con la causa antifascista.[678] El 30 de septiembre de 1942 las fuerzas democráticas mexicanas organizaron en el Teatro del Sindicato de Electricistas un acto de apoyo a la Unión Soviética, cuya supervivencia se jugaba en el cerco de Leningrado y en la decisiva batalla que se libraba a orillas de Volga. Allí Neruda leyó su poema «Canto a Stalingrado», que pronto se hizo universal. Fue publicado por la Sociedad de Amigos de la Unión Soviética y la editorial España Popular y pegado en las paredes de todo el país. Despertó una gran polémica y el cónsul general de Chile estuvo de nuevo en el ojo del huracán.

Sufrió duros ataques, pero también desde muy lejos recibió la solidaridad agradecida de quienes compartían trinchera política y humana con él. El 29 de noviembre, el diario mexicano *El Nacional* publicó una carta que le había dirigido Iliá Ehrenburg que empezaba con estas palabras: «Querido Pablo Neruda: Tú y yo nos encontramos en España ya perdida. Tú y yo nos despedimos en París a punto de caer. Hemos perdido mucho. Cuando nos despedimos, hablamos de lealtad, hemos conservado nuestra fe. Te quiero decir ahora que una espantosa batalla se está librando en el suelo de Rusia, por nosotros, por ti, por París, por América, por nuestra amada España, por el hombre, por el arte y por la vida...».[679]

El poeta no vaciló en responder a sus enemigos y el 29 de enero de 1943 en un evento de adhesión a la Unión Soviética convocado por intelectuales mexicanos y extranjeros leyó su «Nuevo canto de amor a Stalingrado», rápidamente publicado, con una edición de cien ejemplares de lujo numerados y firmados por el autor y de cinco mil copias con características ordinarias. Su colofón, fechado el 25 de febrero de aquel año, informa lo siguiente: «El poeta Pablo Neruda autorizó al "Comité de ayuda a Rusia en Guerra" a publicar esta edición y ha cedido sus derechos de autor para el auxilio de los combatientes y las poblaciones civiles de la Unión Soviética. El ingeniero César Martino cooperó generosamente a los gastos de

678. Délano, Poli: «Nerudeando con nostalgia». *Cuadernos de la Fundación Pablo Neruda*, n.º 39. Santiago de Chile, 1999, pp. 26-29.

679. *Repertorio Americano*, n.º 962. San José, 11 de septiembre de 1943. p. 255.

publicación. Y el pintor Miguel Prieto, autor de la viñeta de la portada, tuvo a su cargo la dirección tipográfica».[680]

En julio de aquel año, antes de abandonar México, publicó una encendida loa al poeta ruso Maiakovski en el boletín de la Sociedad de Amigos de la Unión Soviética, ya que lo definió como «el más alto ejemplo de nuestra época poética». «Whitman lo hubiera adorado. Whitman hubiera oído su grito atravesando las estepas, contestando a través del tiempo y por primera vez sus grandiosas rogativas civiles. [...] Él acompaña a su patria y a su pueblo en esta prueba como los acompañó en su nacimiento».[681]

A su regreso a Chile, a fines de 1943, explicó su participación en el Comité de Ayuda a Rusia en Guerra: «Esta sociedad de ayuda, en la que participan miembros del gabinete y otros altos funcionarios mexicanos, ha recolectado ya muchos miles de dólares, medicamentos, alimentos y ropa. Hace poco hicimos un interesante envío de sulfamida, droga especialmente necesaria en los hospitales de la retaguardia y en los auxilios en el mismo campo de batalla».[682]

TRÁGICOS TELEGRAMAS DESDE EUROPA

El 29 de septiembre de 1942, el Ministerio de Relaciones Exteriores le envió un oficio confidencial que le transmitía una noticia muy dolorosa: «La Embajada de Chile en Madrid ha comunicado a este Ministerio el fallecimiento del poeta D. Miguel Hernández, con un encargo especial de la viuda del señor Hernández de llevar este hecho a conocimiento de US». En el segundo y último párrafo, le explicaban que había sido trasladado a una cárcel de Alicante gracias a las gestiones de la Embajada chilena y que murió el 28 de marzo debido a una «violenta tuberculosis pulmonar».

El 9 de octubre, Neruda remitió un oficio en el que acusó recibo y dejó constancia de su dolor, «no solo por tratarse de un ami-

680. Neruda, Pablo: *Nuevo canto de amor a Stalingrado*. Comité de Ayuda a Rusia en Guerra. México DF, 1943. Se conserva un ejemplar en la Biblioteca Nacional de España.

681. *Repertorio* Americano, n.º 963. San José, 23 de octubre de 1943, p. 264.

682. Entrevista de Volodia Teitelboim a Pablo Neruda. *El Siglo*. Santiago de Chile, 5 de diciembre de 1943, pp. 12-13.

go entrañable, sino además de un gran poeta y de un soldado ejemplar, que luchó durante tres años por la libertad de su país». Su agonía en las cárceles de la dictadura franquista era «un motivo más» que sumaba para «repudiar el régimen de fuerza instaurado en España después de la caída de la República». «Solo me resta manifestar a US. mi viva felicitación por la forma cordial y humanitaria con que nuestra Embajada en Madrid ha actuado frente al caso de Miguel Hernández y de otros republicanos españoles perseguidos».[683]

Desde entonces, Miguel Hernández formó parte, junto con Federico García Lorca, de su memoria herida de España. Como señaló en París en septiembre de 1960, recordarlo fue siempre «un deber de amor».[684]

El 15 de octubre, escribió a Rafael Alberti a Buenos Aires. Le transcribió la nota confidencial sobre la muerte de Miguel Hernández y le solicitó que no la difundiera. «Como verás por los términos de ella, se trata de un asesinato más de la canalla franquista, con el agravante de que ninguno de los poetillas que fueron sus amigos en España han movido un dedo para impedir este crimen».[685] Le explicó que quería emprender dos iniciativas en su memoria: la publicación de un libro, para lo que le pedía una aportación, y la celebración de actos de homenaje el 30 de noviembre en México, Buenos Aires, Cuba, Perú, Chile y Colombia.[686]

Aquel mismo día, dirigió una misiva a Juan Ramón Jiménez con la finalidad de comunicarle el fallecimiento del poeta oriolano y de pedirle también su colaboración para un «libro de recuerdo»

---

683. Archivo General Histórico del Ministerio de Relaciones Exteriores de Chile. Volumen 2.053-A. *1942. Embajada y Consulado General de Chile en México. Oficios confidenciales.*

684. *Triunfo*, n.º 575. Madrid, 6 de octubre de 1973, p. 19.

685. En el poema «A Miguel Hernández, asesinado en los presidios de España», de *Canto general*, atacó durísimamente a Dámaso Alonso y Gerardo Diego. En «El pastor perdido», de *Las uvas y el viento*, lo hizo con José María de Cossío.

686. Carta de Pablo Neruda a Rafael Alberti del 15 de octubre de 1942 desde México DF. Consultada en el archivo de la Fundación Rafael Alberti. El acto en México tuvo lugar el 16 de diciembre de 1942. Participó Neruda, que leyó un texto de Alberti sobre Miguel Hernández. Larrabide, Aitor: «La huella de Miguel Hernández. Textos inéditos de José Herrera Petere». *Letras de Deusto*, n.º 126. Bilbao, enero-marzo de 2010, p. 193. Castanedo Pfeiffer (2011), p. 65.

que no llegaría a ver la luz. Pero también aprovechó para disculparse por no haber respondido a la carta pública que había difundido a principios de aquel año, en la que rectificó de manera notoria las opiniones anteriores sobre su poesía: «Mi larga estancia actual en las Américas —le escribió Juan Ramón Jiménez— me ha hecho ver de otro modo muchas cosas de América y de España [...], entre ellas la poesía de usted...».[687] «Hasta ahora no he contestado su carta pública porque miles de cosas se interponen en mi trabajo diario —le señaló Neruda—, pero quiero anticiparle [...] la profunda emoción con que leí sus líneas, que con su sinceridad, agrandan la admiración que por su obra he sentido durante toda mi vida».[688]

A principios de 1943, publicó en México una edición limitada y fuera de comercio de cien ejemplares de *Canto general de Chile*, que contenía algunos poemas de la que sería la sección VII de *Canto general*.[689] Era un cuidado folleto de dieciséis páginas con una portada a dos colores elaborada por Miguel Prieto.[690]

En aquellas semanas organizó su primer viaje a Estados Unidos. Fue invitado a participar el 14 de febrero de 1943 en el evento «La Noche de las Américas», en el Martin Beck Theatre de Broadway de Nueva York, que pretendía convocar a «las artes, la política y la diplomacia del hemisferio».[691] Su breve discurso, doce días después de la victoria soviética en la batalla de Stalingrado, ensalzó la fraternidad universal a través de una anécdota que hermanaba a los mineros del carbón de Lota y a unos marineros soviéticos.[692] En aquel momento, Chile acababa de romper relaciones diplomáticas con las potencias del Eje. «Yo había roto esas relaciones desde

687. Jiménez, Juan Ramón: «Carta a Pablo Neruda». *Repertorio Americano*, n.° 929. San José, 17 de enero de 1942, p. 12.

688. Carta de Pablo Neruda a Juan Ramón Jiménez del 15 de octubre de 1942 desde México DF. Gullón, Ricardo: «Relaciones Pablo Neruda-Juan Ramón Jiménez». *Hispanic Review*, n.° 39. Filadelfia, 1971, pp. 141-166.

689. Cantón, Wilberto: «Pablo Neruda en México». *Anales de la Universidad de Chile*. n.° 157-160. Santiago de Chile, enero-diciembre de 1971, pp. 263-269.

690. Olivares (2004), p. 260.

691. *La Hora*. Santiago de Chile, 15 de marzo de 1943, p. 3.

692. Quezada Vergara, Abraham: «Neruda - Nueva York - Naciones Unidas». *Diplomacia*, n.° 119. Santiago de Chile, abril-junio de 2009, pp. 89-92.

mucho antes, desde la evacuación de España», aseguró a Associated Press. «Ahora será posible reanudar las relaciones con Rusia, lo cual convendrá enormemente a Chile».[693]

Mientras se hallaba con licencia de un mes en Estados Unidos, recibió la notificación del fallecimiento de su hija, Malva Marina. El 22 de marzo el Ministerio de Relaciones Exteriores dirigió a la embajada en Washington este mensaje, que Carlos Morla Lynch había transmitido tres días antes desde la legación en la capital suiza[694]: «Para Cónsul Neftalí Reyes: se ha recibido de Berna el siguiente telegrama: "Señora Neruda avisa desde Holanda que su hijita falleció dos marzo sin sufrimientos. Desea reunirse con su marido brevedad posible". Desde Santiago de Chile rogaban a la Embajada que les comunicara la decisión «del interesado» para «transmitirla a su esposa y hacer los trámites necesarios».[695]

La comunicación con su esposa había continuado, a través de los cauces diplomáticos, a lo largo de aquellos años, cuando vivía en un país, Holanda, ocupado por la Alemania nazi. Así, el 30 de diciembre de 1941 el Ministerio de Relaciones Exteriores envió al consulado en México el siguiente recado: «Embajador de Chile en Berlín dice: "Señora cónsul Neruda avisa desde La Haya su situación es insostenible por falta de dinero y ruega pedir su marido gire urgente forma convenida cien dólares mensuales acordados"».[696] El 3 de enero de 1942, el embajador Hidalgo transmitió al Ministerio en relación con el mensaje anterior: «Cónsul Neruda me informa ha enviado mensualmente suma dólares señora no pudiendo aumentar mesada por falta de cumplimiento Ministerio de ascenderlo grado 7º».[697]

El 4 de noviembre de 1942, el Ministerio remitió al Consulado en México un nuevo mensaje, procedente también de la embajada

693. *El Siglo*. Santiago de Chile, 15 de febrero de 1943, p. 1.

694. Archivo General Histórico del Ministerio de Relaciones Exteriores de Chile. Volumen 2.166. *1943. Archivo Confidencial. Cables recibidos de la Legación en Suiza.*

695. Archivo General Histórico del Ministerio de Relaciones Exteriores de Chile. Volumen 2.136. *1943. Embajada de Chile en Estados Unidos.*

696. Archivo General Histórico del Ministerio de Relaciones Exteriores de Chile. Volumen 1.884. *Cables cambiados consulados en América. 1941.*

697. Archivo General Histórico del Ministerio de Relaciones Exteriores de Chile. Volumen 2.006. *1942. Misiones de Chile en Panamá, México.*

en Berlín, que señalaba que María Antonia Hagenaar deseaba viajar a este país para reunirse con «su marido».[698] Como respuesta, dos días después el embajador Hidalgo envió al Ministerio un mensaje de Neruda que decía que ella seguiría recibiendo la cantidad mensual de dólares acordada a pesar del divorcio,[699] cuya tramitación había concluido el 3 de mayo de 1942 con la publicación de un edicto en el diario oficial del estado de Morelos.[700]

Su reacción al telegrama del 22 de marzo de 1943 que le anunció la muerte de su hija y la petición de María Antonia Hagenaar la trasladó a través de un mensaje del 1 de abril el nuevo embajador en México, Óscar Schnake: aunque tenía una sentencia de divorcio, se comprometía a continuar enviando las mensualidades para su «subsistencia».[701] Pero el 23 de mayo, desde Berna, Carlos Morla Lynch volvió a dirigirse al ministro para informar: «División Intereses Extranjeros informa que esposa Cónsul México señora Maruca Reyes reside en La Haya desearía regresar a Chile».[702] Cuatro días después, Schnake comunicó una posición de Neruda que aspiraba a ser definitiva: «... lamento manifestar que no deseo el regreso de mi ex esposa a Chile y que suspenderé mesada si lo hiciera».[703]

El 8 de septiembre de 1943, María Antonia Hagenaar envió una extensísima carta a Morla Lynch, a quien le expresó su desesperación por aquella decisión: «No comprendo cómo Neruda, mi marido, ha podido tomar esa decisión tan grave en estos tiempos llenos de miseria y peligros en los cuales hay que ayudar a cualquier persona. Mientras que esperaba más palabras de simpatía de

698. Archivo General Histórico del Ministerio de Relaciones Exteriores de Chile. Volumen 1.887. *Cables recibidos y dirigidos embajadas en Brasil y México. 1941. IX. 1941.*

699. Archivo General Histórico del Ministerio de Relaciones Exteriores de Chile. Volumen 2.006. *1942. Misiones de Chile en Panamá, México.*

700. Casasús, Mario: «Los divorcios de Neruda, sus efectos políticos y la próxima exhumación». Diario digital *El Clarín*. Santiago de Chile, 9 de febrero de 2013. www.elclarin.cl

701. Archivo General Histórico del Ministerio de Relaciones Exteriores de Chile. Volumen 2.155. *1944. Embajadas de Chile en México, Panamá, Paraguay.*

702. Archivo General Histórico del Ministerio de Relaciones Exteriores de Chile. Volumen 2.166. *1943. Archivo Confidencial. Cables recibidos de la Legación en Suiza.*

703. Archivo General Histórico del Ministerio de Relaciones Exteriores de Chile. Volumen 2.155. *1944. Embajadas de Chile en México, Panamá, Paraguay.*

mi marido relativo al fallecimiento de nuestra hijita, me alcanzó esta monstruosa noticia».[704]

Pablo Neruda no volvió a referirse jamás a Malva Marina. En abril de 1969, un periodista le preguntó de qué manera había influido «su falta de paternidad en su vida y en su poesía». Una pregunta escueta, pero terrible. «Alguien ha estudiado este aspecto. Mi hija está por ahí en mis obras. Pero yo no puedo opinar. Soy de temperamento poco crítico. Otros pueden encargarse de analizar esa parte de mi personalidad».[705]

Edmundo Olivares ha escrito que en su obra se aprecia «una sostenida línea autobiográfica, que sobrepasa por cierto al individuo y gracias a su íntima proximidad con las penas, alegrías y sentimientos de todos los seres humanos adquiere el rango universal que se le reconoce». Pero hay una excepción, remarca: negarse a transformar sus dolores más profundos en material poético. Y el mayor ejemplo es Malva Marina, cuya tragedia solo inspiró el poema «Enfermedades en mi casa» y solo fue citada, fugazmente, en la «Oda a Federico García Lorca». Después, apunta Olivares, «Malva Marina no volverá a ser nombrada por su padre. Nunca más».[706] Volodia Teitelboim, una de las personas más cercanas en el plano personal y político al poeta desde los años 40, escribió al respecto: «El silencio no es necesariamente el olvido. Neruda siguió llevando adentro esta pena mientras vivió, pero ella no era para conversarla. Se le convirtió en un dolor mudo que los años fueron tranquilizando sin borrarlo».[707]

UNA DESPEDIDA SINGULAR

Después de la victoria soviética en Stalingrado, el curso de la guerra mundial empezó a despejarse. Como para todos los militantes comunistas, para Neruda, tras la desoladora derrota de la República Española, aquel horizonte de sacrificado triunfo de la Unión

704. Archivo General Histórico del Ministerio de Relaciones Exteriores de Chile. Volumen 2.170. Tomo 2. *1943. Suiza. Intereses chilenos en Alemania.*

705. *El Mercurio.* Santiago de Chile, 20 de abril de 1969, p. 7.

706. Olivares, Edmundo: «Recordando a Malva Marina». *Cuadernos de la Fundación Pablo Neruda.* Número dedicado a Pablo Neruda con motivo de su centenario. Santiago de Chile, sf, pp. 156-160.

707. Teitelboim (1996), p. 185.

Soviética terminó de construir una fe, una imagen idealizada y acrítica, reforzó una utopía política que no se tambaleó hasta 1956. El 21 de mayo de 1943, en una nueva carta a Juan Marinello, le planteó un proyecto que no llegarían a emprender: un diálogo que tuviera «como cosa central: la fe comunista». Le propuso que escribiera su parte y que después él «lo cocinaría con lo mío». «Mi manera de ver en esta hora de grandes dolores es también de alegría y de orgullo, y esta sensación de triunfo quiero que la demos. Terminemos la parte negativa. Somos. Existimos y existe de manera grandiosa el mundo en que creímos. Hace falta impartir una ola de triunfo a nuestra América, a lo nuestro de ella».[708]

El 18 de junio falleció en Ciudad de México Leocadia Prestes, la madre del dirigente comunista brasileño, entonces preso en una cárcel en Río de Janeiro. Fue enterrada en la ciudad y algunos prohombres mexicanos hicieron gestiones ante el régimen de Getulio Vargas, sin éxito, para que permitiera que Prestes acudiera al funeral. Ante su tumba, Neruda leyó su poema «Dura elegía», publicado en julio de aquel año,[709] lo que motivó que el Gobierno brasileño protestara ante el chileno.[710]

El 2 de julio, Pablo Neruda y Delia del Carril contrajeron matrimonio en la localidad de Tetecala, a sesenta kilómetros de Cuernavaca. En el acta de la unión se dice del contrayente: «Neftalí Ricardo Reyes, originario de Parral [...] divorciado según copia certificada que exhibe en este momento expedida por el ciudadano juez mixto de primera instancia del segundo distrito judicial del Estado de Morelos...». Firmaron como testigos el embajador Óscar Schnake, Luis Enrique Délano, Wenceslao Roces, el comerciante chileno Enrique de los Ríos Lavín y las autoridades de la época: Jesús Castillo López, gobernador de Morelos, y Romualdo Ramírez, alcalde de Tetecala.[711]

708. Carta de Pablo Neruda a Juan Marinello del 21 de mayo de 1943 desde Ciudad de México. *Cuba Internacional*, n.º 261. La Habana, septiembre de 1991, pp. 37-43.

709. *Repertorio Americano*, n.º 965. San José, 31 de julio de 1943, p. 1.

710. Cantón, Wilberto: «Pablo Neruda en México». *Anales de la Universidad de Chile*, n.º 157-160. Santiago de Chile, enero-diciembre de 1971, pp. 263-269.

711. Casasús, Mario: «Los divorcios de Neruda, sus efectos políticos y la próxima exhumación». Diario digital *El Clarín*. Santiago de Chile, 9 de febrero de 2013. www.elclarin.cl

El 6 de julio, Schnake envió al Ministerio un breve mensaje en el que manifestaba que el cónsul general solicitaba una licencia de seis meses para viajar al país «con el objeto de iniciar su retiro del servicio». Schanke apoyó su petición y pidió que le proporcionaran dos pasajes de barco.[712]

A fines de julio, redactó su última carta para Héctor Eandi. En apenas unas diez líneas le explicó que estaba preparando el regreso a Chile para fines de agosto. «Me encantaría que algún día nos viéramos en mi tierra. Mis recuerdos más afectuosos para su mujer y usted cuente siempre con el cariño invariable de su viejo amigo».[713]

En sus últimas semanas concedió otra entrevista, nueve años después, al periodista español Alardo Prats: «Para mí, lo mejor de México son los agrónomos y los pintores», sentenció. En cambio, fue muy crítico con los poetas locales: «Considero que en poesía hay una absoluta desorientación y una falta de moral civil que realmente impresiona. Los poetas, con raras excepciones, se han quedado atrás en la lucha que los pintores mexicanos, con errores y con grandezas, vienen manteniendo vigorosamente». Explicó que había pedido una licencia de seis meses y que, después de muchos años en el exterior, anhelaba retornar a su país, que vivía un momento político importante, con las conversaciones para la fusión del Partido Socialista y del Partido Comunista. Entre los propósitos literarios que alentaba para el nuevo tiempo, anunció: «Voy a ver si puedo acabar de escribir mi poema *Canto general de Chile*, que es un canto en general a América, en la que Chile ocupa para mí la parte más querida. Después de diecisiete años de viajes por todo el mundo, siento la necesidad de echar raíces en mi patria».[714]

Sus críticas a los poetas mexicanos hallaron una réplica inmediata de parte, principalmente, de Octavio Paz, quien publicó un artículo durísimo: «El señor Pablo Neruda, cónsul y poeta de Chile, es también un destacado político, un crítico literario y un generoso patrón de ciertos lacayos que se llaman "sus amigos". Tan dispares actividades nublan su visión y tuercen sus juicios: su lite-

712. Archivo General Histórico del Ministerio de Relaciones Exteriores de Chile. Volumen 2.155. *1944. Embajadas de Chile en México, Panamá, Paraguay.*

713. Carta de Pablo Neruda a Héctor Eandi del 24 de julio de 1943 desde Ciudad de México. Olivares (2008), p. 151.

714. *Hoy*, n.º 337. México DF, 7 de agosto de 1943, pp. 24-25 y 81.

ratura está contaminada por la política, su política por la literatura y su crítica es con frecuencia mera complicidad amistosa. Y, así, muchas veces no se sabe si habla el funcionario o el poeta, el amigo o el político. Acaso él tampoco lo sepa». «El poeta Neruda se empeña en convertir a los que su rencor imagina enemigos, en adversarios políticos. Pero Neruda no representa a la Revolución de Octubre; lo que nos separa de su persona no son las convicciones políticas, sino, simplemente, la vanidad... y el sueldo».[715]

El 17 de agosto, regresó a Morelia para recibir el Doctorado Honoris Causa de la Universidad Michoacana de San Nicolás de Hidalgo. En su discurso, partió comparando el estado de Michoacán con la Araucanía: los lagos, los volcanes, la lluvia, el verde omnipresente, el silencio... Su corazón errante se conmovía en aquellas tierras mexicanas y regresaba a su infancia y adolescencia. Comparó las luchas de 1810, de Hidalgo y O'Higgins, con los combates antifascistas y justificó su compromiso, también en su poesía, con esta lucha.[716] «Creemos que no existe otro texto previo al *Canto general* en que Neruda —utilizando el discurso a la manera de un manifiesto— deje establecido de modo tan claro y contundente la unidad de los pueblos de Latinoamérica [...], las comunes raíces que los sustentan, las luchas que los comprometen, las esperanzas que les son comunes», ha escrito Edmundo Olivares.[717]

El 27 de agosto, el Frontón México acogió un multitudinario acto de despedida.[718] Firmaban la convocatoria personalidades como el general Lázaro Cárdenas, el periodista Vicente Lombardo

715. Paz, Octavio: «Respuesta a un cónsul». *Letras de México*, 15 de agosto de 1943, p. 5. En 1993, al evocar aquel tiempo ya tan lejano, y a veinte años de la muerte del poeta, el Premio Nobel de Literatura de 1990 escribió: «Musito el nombre de Pablo Neruda y me digo: "lo admiraste, lo quisiste y lo combatiste. Fue tu enemigo más querido"». Paz, Octavio: «Pablo Neruda (1904-1973)». *Vuelta*, n.º 202. México DF, septiembre de 1993, p. 8.

716. *Cuadernos de la Fundación Pablo Neruda*, n.º 39. Santiago de Chile, 1999, pp. 23-25.

717. Olivares, Edmundo: «Una mirada al México que descubrió Neruda y un discurso del Poeta». *Cuadernos de la Fundación Pablo Neruda*, n.º 39. Santiago de Chile, 1999, pp. 18-22.

718. Toledo, Víctor: *El águila en las venas. Neruda en México. México en Neruda*. Universidad Autónoma de Puebla. Puebla, 2005, pp. 60-61.

Toledano, el muralista José Clemente Orozco, destacados exiliados españoles, alemanes, checos y diversos sindicatos obreros. Asistieron cerca de dos mil personas y personalidades como Manuel Altolaguirre, Andrés Henestrosa, Juan Rejano, León Felipe, Pedro Garfias, el embajador Schnake, Lombardo Toledano, el ingeniero César Martino, el escritor Alfonso Reyes, Clemente Orozco... Se recibieron ciento seis mensajes de adhesión, entre otros de Juan Negrín, Pablo de Azcárate, del embajador soviético, Juan Marinello, Rafael Alberti, Nicolás Guillén, Carlos Contreras Labarca... y se leyeron todos. Intervinieron Wenceslao Roces, Alfonso Reyes, César Martino y Lombardo Toledano.[719]

Roces ensalzó su solidaridad con la República Española durante la contienda y después, con la gesta del *Winnipeg*, y su firme apoyo a la Unión Soviética en la guerra contra la Alemania nazi. «Querido Pablo: sabemos todos que tu marcha no es sino el traslado a una nueva trinchera de lucha, la más cara para ti, la de tu propio pueblo. En ella seguirá ondeando muy alta, como donde quiera que tú estés, la bandera de la España Republicana. Desde Chile, como desde México, desde donde sea, serás la voz inexorable que recordará a los hombres que, mientras el pueblo español no recobre su libertad, ningún pueblo del mundo podrá sentirse libre ni seguro con su conciencia».[720]

En su adiós de aquel país, Neruda leyó el último poema que había escrito, «En los muros de México», que de manera significativa integraría en la última parte («Yo soy») de *Canto general*. «Cuando el gran poeta terminó de leer su poema, una ovación ensordecedora, interminable, en la que iba el saludo de despedida de nuestro pueblo, atronó el espacio», destacó *El Nacional*. «Tampoco le decimos adiós. Le damos un abrazo y esperamos su vuelta», concluyó el editorial del diario oficial del Gobierno mexicano, que lo asimiló a Walt Whitman y Rubén Darío. «Tiene de los dos el crecido e intocable lirismo, el amor al hombre, el dolor de la tierra y la plena conmoción de lo auténtico y lo eterno».[721]

---

719. *Excelsior*. México DF, 29 de agosto de 1943. Sección 2, p. 2.
720. *El Nacional*. México DF, 29 de agosto de 1943, p. 2.
721. *El Nacional*. México DF, 30 de agosto de 1943. Consultado en: *Repertorio Americano*, n.º 964. San José, 13 de octubre de 1943, pp. 275-276.

El regreso de Pablo Neruda y Delia del Carril a Chile, después de tres azarosos años en México, se prolongó durante dos meses, puesto que recorrieron Panamá, varias ciudades de Colombia, Lima, Cuzco y Machu Picchu. En el istmo, participó en sendos actos en la Universidad Interamericana y en la Sociedad Española de Beneficencia, en este caso el 3 de septiembre. En su extenso discurso ante la colonia hispana, aquella noche ensalzó el combate de la cultura contra el fascismo, evocó el Congreso de julio 1937 y apeló al patriotismo continental, al americanismo, en aquella hora crucial de la humanidad, así como a la herencia cultural española, retomada de la mano de los intelectuales de la República y su sacrificio. La lucha de entonces era heredera de la República Española, el sufrimiento de los pueblos agredidos por el fascismo evocaba «los dolores de Madrid, de Barcelona, de Guernica, de Valencia, de Alicante». «Españoles, queremos una América que pueda mirarse mañana a los ojos con la España libertada y que pueda darse las manos y el corazón a través del gran océano que ha sostenido el dolor, la lucha y el exilio y que verá mañana para vosotros el regreso, la ternura y la esperanza».[722]

En Colombia, visitaron Cali, Medellín y Bogotá, donde las dos cámaras legislativas aprobaron declaraciones de bienvenida al poeta. Optimista sobre el curso de la guerra, apeló a la unidad continental en el escenario mundial posbélico para lograr «una América genuinamente democrática».[723] «Pablo Neruda, el gran poeta del mar, de la muerte y del amor humano, ha sido, durante varias semanas, huésped ilustre de la ciudad de Bogotá. La visita de Neruda, esperada con profunda sensación en todos los círculos literarios del país, ha constituido, como es obvio, un resonante suceso literario de contornos nacionales», reseñó una publicación local, que celebró «la presencia entre nosotros del gran poeta de Chile y de América».[724] Su estancia durante varias semanas también originó una controversia con el senador conservador colombiano Lau-

---

722. *Repertorio Americano*, n.º 964. San José, 13 de octubre de 1943, pp. 274-275.

723. *La Hora*. Santiago de Chile, 10 de septiembre de 1943, p. 9.

724. *Revista de las Indias*, n.º 55. Bogotá, julio de 1943, pp. 122-123.

reano Gómez. Neruda le dedicó «tres sonetos punitivos», en los que le motejó como «sátrapa triste, rey advenedizo», y los acólitos de Gómez publicaron versos contra él en el diario que este había fundado.[725]

A mediados de octubre, llegaron a Lima. El día 20, con el patrocinio de la Asociación Nacional de Escritores y Artistas Peruanos, ofreció la conferencia «Viaje alrededor de mi poesía» y un recital poético en el Teatro Municipal. El presidente peruano, Manuel Prado, ofreció un almuerzo en su honor al que asistieron destacados intelectuales y artistas.[726] Y el senador Uriel García le invitó a Cuzco.

«Aunque conocía desde muchacho referencias de la belleza imponente de la capital del Imperio de los Incas, me dejó atónito la magnificencia y la impresionante riqueza y hermosura de sus monumentos», explicó en diciembre de aquel año. Uriel García también lo acompañó a visitar la ciudadela hallada por el explorador estadounidense Hiram Bingham en 1911 en el corazón de los Andes. «Fuimos a visitar a una hora del Cuzco las ruinas preincásicas de Machu Picchu, cuya existencia es desconocida de tantos de nosotros y que constituyen el grupo arqueológico más importante del mundo entero», relató en diciembre de aquel año. «Es algo estupendo sentarse en sus bancos de piedra, rodeados por un anfiteatro de construcciones inmensas en la cumbre de las montañas más altas de América. Justamente allí, entre el vuelo de los cóndores...».[727]

El Neruda que regresaba a Chile era diferente del que había partido en julio de 1940. Había mirado América desde los valles y la inmensidad de los paisajes mexicanos, desde Teotihuacán, Chichén Itzá, los templos de Palenque o las calles de Antigua, desde la ciudad incaica perdida entre las nubes y la cordillera andina. Así comprendió mejor las raíces de la historia de su continente.[728] «Ya

725. *Zig-Zag*. Santiago de Chile, 29 de octubre de 1943, pp. 12-13.
726. *La Hora*. Santiago de Chile, 20 de octubre de 1943, p. 4.
727. *El Siglo*. Santiago de Chile, 5 de diciembre de 1943, pp. 12-13.
728. Pero también hubo tiempo para la distensión en aquella visita... como recordó nueve años después: «Es posible que haya dicho alguna tontería. Pero es algo que nos pasa generalmente a los chilenos, cuando una cosa nos emociona mucho: nos taimamos y decimos cualquiera cosa para salir del paso. Según me han contado —y yo ni siquiera lo recuerdo—, cuando me llevaron a Machu Pic-

no pude segregarme de aquellas construcciones», explicó en 1954. «Comprendía que si pisábamos la misma tierra hereditaria, teníamos algo que ver con aquellos altos esfuerzos de la comunidad americana, que no podíamos ignorarlos, que nuestro desconocimiento o silencio era no solo un crimen, sino la continuación de una derrota. El cosmopolitismo aristocrático nos había llevado a reverenciar el pasado de los pueblos más lejanos y nos había puesto una venda en los ojos para no descubrir nuestros propios tesoros. Pensé muchas cosas a partir de mi visita al Cuzco. Pensé en el antiguo hombre americano. Vi sus antiguas luchas enlazadas con las luchas actuales».[729]

---

chu, fue tan grande mi impresión que permanecí mudo. Alguien me preguntó, entonces, qué me parecía aquello; y yo contesté, inocentemente: "Qué buen sitio para comer un cordero asado"». *Pro Arte*, n.º 174-175. Santiago de Chile, 15 de julio de 1954, p. 6.

729. Neruda, Pablo: «Algo sobre mi poesía y mi vida». *Aurora*, n.º 1. Santiago de Chile, julio de 1954, pp. 10-21.

7

Amanece en los Andes

En junio de 1944, después de diecisiete años, Pablo Neruda se desvinculó del cuerpo diplomático y en diciembre de aquel año aceptó ser candidato al Senado como independiente en las filas del Partido Comunista. Fue elegido junto con Elías Lafertte por los trabajadores de la pampa salitrera en marzo de 1945. Dos meses después, obtuvo el Premio Nacional de Literatura y en julio tomó el carné con la hoz y el martillo. El viento de la Historia soplaba en favor de su opción política, tras la derrota del fascismo en la Segunda Guerra Mundial y el creciente prestigio de sus filas. En septiembre de 1946, Gabriel González Videla, con el apoyo decisivo de los comunistas, conquistó La Moneda. Pero, con el inicio de la Guerra Fría, expulsó a sus aliados del gabinete y apostó por la represión del movimiento obrero. Neruda no calló. Su pluma afilada denunció la traición en las páginas del diario venezolano *El Nacional*. Después, desde la tribuna del Senado alzó su voz con el célebre discurso «Yo acuso». El 3 de febrero de 1948, la Corte Suprema aprobó su desafuero y un juez ordenó su detención. Delia del Carril y él iniciaron un período de vida clandestina, en el que culminaría la escritura de *Canto general*, que se prolongó hasta su salida del país por la cordillera el 4 de marzo de 1949. Consigo llevaba el texto completo de una obra que aún tardaría en publicarse un año más.

LOS SECRETOS DE *MICHOACÁN*

Su llegada a Chile fue todo un acontecimiento. Aterrizaron en un avión de la compañía Panagra el 4 de noviembre de 1943 a las cinco de la tarde. En el aeropuerto de Los Cerrillos fue recibido por los senadores Carlos Contreras Labarca y Rudecindo Ortega, los diputados Julio Barrenechea y Ricardo Fonseca, el presidente de la Alianza de Intelectuales, Alberto Romero, y los escritores Diego Muñoz, Tomás Lago y Volodia Teitelboim.[730] Precisamente, este le realizó la primera entrevista que concedió. Ya habían transcurrido veinte años desde la publicación de *Crepusculario* y Teitelboim escribía entonces: «Nunca un chileno ocupó un lugar más claro, entrañable y significativo en el espíritu de tantos países de América como Neruda. Hombre alguno prestigió tanto a su patria en el extranjero como el general poético de Stalingrado».

En sus declaraciones, definió el carácter de su producción más reciente: «Mis poemas de estos últimos años han sido dedicados exclusivamente a los acontecimientos de nuestro tiempo y han sido acogidos en todos los países latinoamericanos con el mismo eco con que fueron recibidos mis *Veinte poemas de amor y una canción desesperada*, lo cual significa que han estado profundamente de acuerdo con el sentimiento de la época presente». Destacó como un honor que sus versos ofrendados a la resistencia soviética en Stalingrado fueran pegados en las paredes de Ciudad de México, aunque despertaran la crítica de «un grupo de poetas artepuristas y de jovencitos dedicados a la literatura».[731] De la cultura chilena, destacó los nombres de Juvencio Valle y Ángel Cruchaga Santa María, para quien solicitó el Premio Nacional de Literatura. En cuanto a la situación política nacional, apoyó la tesis comunista de la creación del Partido Único, proyecto que naufragó por la oposición del Partido Socialista, cuyo secretario general era Salvador Allende.[732]

El 8 de diciembre, la Alianza de Intelectuales organizó un acto de bienvenida en el Teatro Municipal. Leyó su conferencia «Viaje alrededor de mi poesía» y el auditorio, en el que se encontraban las principales personalidades de la izquierda, le tributó una gran ovación cuando el científico Alejandro Lipschutz le hizo entrega de la medalla de oro que le había concedido la organización antifascista que fundara a fines de 1937. Después, en la Quinta Asturias más de

---

730. *El Siglo*. Santiago de Chile, 5 de noviembre de 1943, p. 1.

731. *El Siglo*. Santiago de Chile, 5 de diciembre de 1943, pp. 12-13.

732. Amorós, Mario: *Allende. La biografía*. Ediciones B. Barcelona, 2013, pp. 103-105.

trescientas personas participaron en un almuerzo y volvió a tomar la palabra. Allí Lucila Durán recitó su «Canto a las madres de los milicianos muertos» y María Maluenda el «Poema 20». El poeta habló de España y de su relación histórica y cultural con América Latina, de cómo la República Española, por primera vez «en una historia de siglos», había mirado hacia América. «Este es el verdadero hispanoamericanismo. Su origen está no en las conferencias de falsos científicos enmascarados, sino en el abrazo de Riego y de Bolívar». Y se refirió al desarrollo de la Segunda Guerra Mundial tras la Conferencia de Teherán. Finalmente, dejó entrever que ya no volvería al servicio exterior: «Aunque ustedes quisieran que me vaya de nuevo, de aquí ya no me voy, ya me quedo entre vosotros, para lo que llamamos "siempre". Me quedo con amor profundo en mi patria...».[733] Y así fue. El 30 de junio de 1944, el decreto n.º 421 formalizó su renuncia al Ministerio de Relaciones Exteriores con fecha de 1 de junio de aquel año.[734]

Terminado su contrato con la editorial Ercilla, aquel año firmó su primer acuerdo con el editor español Gonzalo Losada, afincado en Buenos Aires, que publicó *Veinte Poemas de amor y una canción desesperada* y *Residencia en la Tierra* e incrementó de manera sustancial sus ingresos por derechos de autor gracias a su buena red comercial en América Latina. De este modo, a lo largo de aquella década pudo iniciar la ampliación y mejora de sus casas de Santiago de Chile, que bautizó como *Michoacán* en recuerdo de sus días mexicanos, e Isla Negra.

«Una influencia extraña coge al visitante al entrar en el cuarto de trabajo de Pablo Neruda», escribió entonces Máximo Pacheco, estudiante de Derecho, sobre su hogar en la capital, deslumbrado ante la valiosa biblioteca y el inigualable repertorio de caracolas marinas. «Una mesa y sillas de estilo rústico, faroles de cobre, una chimenea y largos estantes para libros, sobre los cuales se ve una gran cantidad de títeres de vistosos colores y objetos de greda y otros adornos de procedencia mexicana. Entre los libros, en ediciones de lujo, sobresalen los de Shakespeare, Dante, Camoens, Edgar Allan Poe, Santa Teresa, Valle-Inclán, una edición de *La Araucana* de 1776, Machado, Quevedo, Verlaine, una lujosa edi-

733. *El Siglo*. Santiago de Chile, 9 de diciembre de 1943, pp. 1 y 4.
734. Quezada Vergara, *Pablo Neruda. Epistolario viajero*, p. 221.

ción de *Arabians Nights* y grandes libros de historia, viajes, pintura... En los altos, un museo de caracoles. Una colección de más de mil caracoles de las formas más inverosímiles y de los más variados tamaños, figuras y colores; en suma, la exteriorización de la poesía de Neruda».[735]

En aquel tiempo, Rubén Azócar llevaba muchas tardes de viernes, a la salida del colegio, a su hija Carmen a la casa del poeta. Su amplio terreno y sus árboles frondosos eran un marco excepcional para los juegos y las correrías infantiles. Neruda nombró a la pequeña Carmen su «secretaria» y entre las importantes misiones que le confió estaba comunicar a quienes constantemente llamaban por teléfono si él se encontraba o no en la casa... en función de quien lo preguntaba. Otras veces le invitaba a *caracolear*. «Él me subía a una alta banqueta de madera para que pudiera alcanzar la gran mesa con cubierta de vidrio donde amorosamente las atesoraba. Cada caracola tenía procedencia diferente. Las había ido escogiendo en sus incontables viajes y me enseñaba a escuchar esos mares tan lejanos». En una ocasión, cumpliendo con sus funciones de «secretaria», le ayudó a ordenar las adquisiciones conquistadas en uno de sus trayectos. «Abrí la cajita más pequeña. Era una caracolita blanca y negra. Dormía plácidamente sobre el albo algodón. Al llevarla al oído y despertarla de su sueño, se cayó bruscamente al suelo. Lancé un grito y me puse a llorar desconsoladamente. Pablo me tomó en brazos, me consoló con cariños y mil palabras».[736]

EN LA PAMPA CON DON ELÍAS

A fines de noviembre de 1944, Fulgencio Batista, presidente de Cuba hasta pocas fechas antes, visitó Chile y fue agasajado por la izquierda, con sendos actos en el Salón de Honor de la Universidad de Chile y en el Teatro Caupolicán.[737] «Saludamos en él al continuador y restaurador de una democracia hermana, al hombre que recibió la patria anarquizada y despedazada recién salida de las garras de un tirano sangriento y palpitante aún de la heroica y le-

---

735. *Mástil*, n.º 2. Santiago de Chile, agosto de 1944, pp. 38-39.
736. *El Sur*. Concepción, 26 de septiembre de 1993, p. 9.
737. *El Siglo*. Santiago de Chile, 27 de noviembre de 1944, p. 1.

gendaria lucha que lo derrotara», afirmó Neruda en la Universidad. En 1960, escribiría el primer libro de poesía, *Canción de gesta*, dedicado a los guerrilleros de Sierra Maestra que derrocaron a Batista, quien en marzo de 1952 dio un golpe de Estado e impuso una dictadura.

El 18 de diciembre de 1944, el Partido Comunista dio a conocer su nómina de candidatos para las elecciones parlamentarias del 4 de marzo del año siguiente. Solo presentó seis candidatos al Senado, la cámara legislativa más relevante: su presidente, Elías Lafertte, y Neruda por las provincias septentrionales de Tarapacá y Antofagasta; el obrero portuario Galo González por Aconcagua y Valparaíso; el maesto Rodolfo Guzmán por O'Higgins y Colchagua; Salvador Ocampo por Ñuble, Arauco y Concepción y, en competencia con Salvador Allende, Marcial Sandoval por las provincias australes: Valdivia, Osorno, Llanquihue, Chiloé y Punta Arenas.[738]

Abandonada la carrera diplomática, el poeta asumió una opción que condicionaría su vida en los próximos años, hasta un punto que entonces era incapaz de concebir. Durante las primeras semanas de 1945, recorrió junto a Lafertte las provincias del Norte Grande, desde las ciudades de Arica, Iquique o Antofagasta hasta la desolada patria del salitre, en el desierto de Atacama, o la inmensa mina de cobre a cielo abierto de Chuquicamata. En todos aquellos lugares leyó su poema «Saludo al Norte». Un cuarto de siglo después, evocó aquellos días y aquella triunfante elección como «una experiencia única en toda mi existencia». «No sirvo para senador, pero soy hombre del sur y cuando descubrí la pampa seca y muerta, con sus hombres y sus sufrimientos, recibí una impresión que nunca olvidaré. No sé si en el mundo existían hombres más desamparados. Enterraban a sus muertos cantando, caminando por sobre la tierra también muerta. Nada se podrá igualar a la felicidad (y al dolor) de ese descubrimiento».[739]

«Hicimos casi toda la campaña juntos y a través de nuestros viajes por la pampa fui dándome cuenta cómo el norte, con su vida dura y violenta, iba penetrando en el espíritu del poeta. Este conocimiento del norte [...] se tradujo después en estrofas magníficas de

738. *El Siglo*. Santiago de Chile, 19 de diciembre de 1944, p. 14.
739. *El Mercurio*. Santiago de Chile, 20 de abril de 1969, p. 7.

su *Canto general*», anotó Elías Lafertte en sus memorias. De entre todos los actos destacó el del campamento La Paloma, en la oficina salitrera Concepción, próxima a Antofagasta. «La luna llena iluminaba la pampa. Los niños corrían entre los manifestantes que estaban sentados en el suelo, inmóviles, mirando con sus ojos que en la noche parecían tizones. Pablo estaba emocionado; lo sentía revolverse a mi lado y yo, por mi parte, no pude contener las lágrimas cuando los trabajadores rompieron a cantar el "Canto de la Pampa", en el que se confunden la triste aridez del desierto, la sangre derramada por los pampinos en las matanzas y la esperanza de días mejores para todos los pobres».[740]

En su adhesión al comunismo, la Guerra Civil española fue determinante, también la decisiva contribución soviética a la derrota del fascismo en la Segunda Guerra Mundial. En su adscripción —y su permanente lealtad— al Partido Comunista de Chile desde julio de aquel año influyó su conocimiento de las durísimas condiciones de vida de los trabajadores chilenos, de los mineros del salitre del Norte Grande o del carbón de Lota y Coronel, de los trabajadores del cobre y de los campesinos de los latifundios, y su relación con tantos y tantos militantes y dirigentes de su Partido que fueron determinantes para forjar con el paso de los años el gigantesco movimiento popular que llevó a Salvador Allende a La Moneda en 1970. En su breve análisis del poema «A mi partido» (el penúltimo de *Canto General*), el profesor Robert Pring-Mill señaló: «La conversión de Neruda al comunismo tiene que haber sido una experiencia profundamente afectiva, por no decir "espiritual": este aspecto predomina —y de mucho— sobre el aspecto intelectual de los principios ideológicos...».[741]

740. Lafertte, Elías: *Vida de un comunista*. Austral. Santiago de Chile, 1971, p. 336.

741. Pring-Mill, Robert: «Pablo Neruda y el poema "A mi partido". *Casa de las Américas*, n.º 235. La Habana, abril-junio de 2004, pp. 113-114. En 1956, Carlos D. Hamilton había apuntado ya en esta dirección: «El comunismo de la poesía nerudiana, y aun me atrevería a asegurarlo, del hombre mismo, es un romanticismo social, que en el plano de la acción política se ha adherido —no sabemos hasta qué punto ciegamente— a un programa de partido. Pero no hay una sola indicación en toda su vasta obra poética de un comunismo científico, doctrinal, marxista». Hamilton, Carlos D.: «Itinerario de Pablo Neruda». *Revista Hispánica Moderna*, n.º 3-4. Nueva York, julio-octubre de 1956, pp. 286-297. Por ejemplo,

El 4 de marzo de 1945, Lafertte y Neruda conquistaron su escaño para el período 1945-1953 con una elevada votación. Con dieciocho diputados y tres senadores, el Partido Comunista era la cuarta fuerza política nacional y la primera de la izquierda, muy por delante del fragmentado socialismo.[742] «Estoy orgulloso como escritor de representar a los más duros, esclarecidos y maltratados de los obreros de Chile. El Partido Comunista me ha honrado con una designación que trataré de asumir pensando siempre en la responsabilidad inmensa que me entrega», aseguró.[743]

En los primeros días de mayo, participó en la Plaza de la Constitución, frente a La Moneda, en un acto de masas con motivo de la liberación de Berlín por el Ejército Rojo y la inminente rendición de la Alemania nazi. La larga lucha contra el fascismo en Europa, iniciada con la resistencia de la República Española en el verano de 1936, tocaba a su fin (a excepción de la Península Ibérica). Y nada lo simbolizó mejor que la bandera comunista elevada en el Reichstag. «En estos días en que comienza la primavera en Europa, paseando las primeras lenguas solares sobre las tierras negras del martirio, el Ejército Rojo ha dado su mejor regalo al mundo. Ha entrado en la cueva de la bestia sanguinaria y ha transformado la cuna del fascismo en la tumba de los criminales», señaló. «Y el mundo ha visto entre los fragores y la humareda de la batalla terrible ese brazo y esa bandera, que significan la paz y el porvenir como premios inmensos que reparten al mundo los que más valientemente combatieron [...] y su Jefe, el Mariscal Stalin, padre de la libertad del mundo».[744]

El 24 de mayo, recibió el Premio Nacional de Literatura (la distinción más importante de las letras chilenas) por decisión unánime del jurado, integrado por el rector de la Universidad de Chi-

---

cuando citaba a Lenin, como en 1969, acostumbraba a hacerlo en términos genéricos. «El pensamiento de Lenin es al mismo tiempo barrera contra toda concesión a las fuerzas reaccionarias y también el destructor más agudo de la charlatanería seudo-revolucionaria. Lenin construye con los materiales más sólidos de la razón; es el antípoda del aventurero. Sin embargo, encabezó la mayor aventura social en la historia del mundo». *Enfoque Internacional*, n.° 31. Santiago de Chile, julio de 1969, pp. 21-26.

742. *El Siglo*. Santiago de Chile, 6 de marzo de 1945, p. 1.
743. *El Siglo*. Santiago de Chile, 12 de marzo de 1945, p. 1.
744. *El Siglo*. Santiago de Chile, 5 de mayo de 1945, p. 5.

le, Juvenal Hernández, el delegado del Ministerio de Educacion, Domingo Melfi (director de *La Nación*), y el representante de la Sociedad de Escritores, Jerónimo Lagos. Instituido tres años antes, fue el primer poeta en obtenerlo y recibió los cien mil pesos con que estaba dotado. En *Michoacán*, expresó su orgullo por recibir aquel galardón precisamente cuando acababa de integrarse en el Congreso Nacional como senador del Partido Comunista. «Mi obra, como la de todo escritor, será juzgada por un tribunal más implacable que ninguno: el tiempo [...]. Y pienso en este mismo momento, con respeto y veneración, en los escritores perseguidos, encarcelados, desterrados o que murieron durante la lucha en estos años en la Europa invadida, en España o en Argentina, y que espero encontraron y seguirán encontrando en mí la expresión de una lealtad inquebrantable», aseguró a la prensa.[745]

En un excelente reportaje, Lenka Franulic trazó un perfil biográfico del galardonado y comentó que su primera acción tras recibir la noticia había sido peregrinar hasta la tumba de Alberto Rojas Giménez, once años después de su muerte, acompañado por Tomás Lago, Rubén Azócar, Delia del Carril y el abogado argentino Tino Jorge. En *Michoacán*, con la chimenea encendida y las paredes repletas de libros, el poeta y la periodista conversaron, mientras su esposa atendía el incesante reclamo del teléfono. Aunque le preguntaba por el norte y por su recién iniciada tarea en el Senado, donde pronunciaría su primer discurso el 30 de mayo, la periodista no podía evitar observar la «escalera de juguete» que conducía a la «caverna aladinesca» donde guardaba su «fantástica colección de caracoles, quizás la más bella del mundo». «Caracoles transparentes como perlas, irisados, negros, diamantinos, verdes, opalescentes».[746]

También le rindió homenaje otra publicación, *Norte y Sur*, autodefinida como «revista mensual técnica de actualidades ferroviarias nacionales y extranjeras». El título del artículo, por tanto, era inevitable: «Pablo Neruda, el poeta máximo de habla hispana, desciende de la recia estirpe de ferroviarios». El texto repasaba su biografía y su obra poética e incluía un saludo manuscrito de Neruda, fechado el 5 de mayo, «al personal de los Ferrocarriles del Estado»:

745. *El Siglo*. Santiago de Chile, 25 de mayo de 1945, p. 12.
746. *Ercilla*. Santiago de Chile, 29 de mayo de 1945, pp. 3-4.

«Mi padre fue conductor de trenes y conservó hasta el fin de sus días profundo sentimiento de fraternidad ferroviaria. Mi saludo, pues, viene de lejos y de quien conoce los sacrificios, la dura vida y el desconocimiento general de las condiciones del gremio. El estar a las órdenes de ustedes es para mí un deber».[747]

LA LUZ EN LAS TINIEBLAS

El domingo 8 de julio, Pablo Neruda y otras personalidades, como el científico Alejandro Lipschutz, el director de la Orquesta Sinfónica de Santiago, Armando Carvajal, la cantante Blanca Hauser, el poeta Juvencio Valle, la poetisa Olga Acevedo, el escritor Nicomedes Guzmán, el director de teatro Pedro de la Barra y la profesora María Marchant (esposa de José Santos González Vera), ingresaron en el Partido Comunista en un acto celebrado en el Teatro Caupolicán que clausuró la XVI Sesión Plenaria de su Comité Central. En las semanas finales de la guerra en Asia, grandes retratos de Stalin, Churchill y Truman vestían el inmenso recinto y al fondo del proscenio había un gran cuadro de Luis Emilio Recabarren con la leyenda: «Por la grandeza de Chile». En el discurso que pronunció en representación de los nuevos militantes, Neruda recordó que una noche otoñal de 1936, en las primeras semanas de la guerra en Madrid, caminaba con Delia del Carril y se encontraron con una patrulla de milicianos comunistas, que les guiaron con sus linternas para que pudieran continuar el camino. «Desde entonces para mí, en la tempestad del mundo que con aquella oscuridad comenzara en España, he buscado la luz de las patrullas comunistas en toda la vasta tierra. El Partido Comunista es esa luz en las tinieblas, que vigila, que rectifica, que dirige y que combate».

Exaltó las luchas de sus camaradas en China, en Francia, en Yugoslavia, en Brasil, en Alemania, en Argentina, en España y en la Unión Soviética, con «el filósofo y soldado, humanista y hombre del pueblo, Mariscal Stalin». Mencionó a otros escritores comunistas, como Jorge Amado, Nicolás Guillén, Louis Aragon, Iliá Ehrenburg, Rafael Alberti o Raúl González Tuñón, y citó las pala-

747. *Norte y Sur*, n.º 217. Santiago de Chile, junio de 1945, pp. 15-18.

bras pronunciadas por Pablo Picasso al ingresar en el Partido Comunista Francés. «Tenía razón Picasso. Puedo decir que estoy entre mis hermanos. Y hay otros hermanos innumerables a quienes saludo hoy con voz profunda de ternura y de sinceridad. Son los militantes obreros del Partido, hermanos de las fábricas y de los oficios, de la pampa y del mar, aguerridos y vibrantes soldados del porvenir de la patria». «Este es mi saludo de hoy en esta memorable hora. Espero daros más de lo que he heredado, espero daros cuanto tengo, mi vida y mi poesía».[748]

El periodista Luis Alberto Mansilla, quien le trató desde 1958, señala que su relación con el Partido Comunista fue «muy estrecha». «Era un verdadero militante del partido, él obedecía a lo que el partido le sugiriera, se sentía parte del partido, incluso de su dirección. [...] Neruda participaba en la célula de Chilectra, participaba en las campañas de finanzas, organizaba comidas, hacía él mismo las invitaciones, las dibujaba, se preocupaba del asunto, no le gustaban las reuniones, "tengo el culo redondo de tanto participar en estas reuniones", decía. Pero tenía un profundo respeto por el partido, incluso nos parecía un poco sectario por seguir al partido incondicionalmente, era muy ortodoxo».

Aquel 8 de julio de 1945, después del almuerzo que el Partido Comunista ofreció a doscientos invitados, Pablo Neruda y Delia del Carril partieron en avión hacia Brasil para participar en el gigantesco homenaje al dirigente comunista Luis Carlos Prestes que tendría lugar siete días después en São Paulo. Prestes fue detenido en marzo de 1936, le despojaron de la graduación militar de capitán y fue condenado a nueve años de prisión. Su pareja, Olga Benario, fue deportada por el dictador Getulio Vargas a la Alemania nazi cuando estaba embarazada de seis meses y murió en la cámara de gas del campo de exterminio de Bernburg. Gracias a una intensa campaña internacional dirigida por la madre de Prestes y su hermana, su hija Anita, nacida en una prisión alemana, fue rescatada.

En el transcurso del acto, que reunió a más de cien mil personas en el Estadio Pacaembú de São Paulo, Neruda leyó con profunda emoción su poema «Saludo a Luis Carlos Prestes», un canto a la fraternidad en las luchas revolucionarias y de respeto a la figura del «capitán del pueblo», como lo denominó al final de este poema,

748. *El Siglo*. Santiago de Chile, 9 de julio de 1945, pp. 1 y 4.

publicado por *El Siglo*.[749] También participó en una conferencia en el Teatro Municipal y en una reunión del Partido Comunista Brasileño con sus intelectuales y artistas en la que conoció al escritor Jorge Amado. «He puesto mi dolor, mi amor y mi esperanza en este tiempo [...]. Pero este tiempo de grandes dolores ha sido para mí como la piel de mi cuerpo. He vivido todos los dolores y las victorias», afirmó en aquella ocasión.[750]

En Río de Janeiro, impartió una conferencia a beneficio del Partido Comunista y le brindaron una recepción en la Academia de la Lengua, con un discurso del gran poeta Manuel Bandeira. Y entabló amistad también con Vinícius de Moraes, en quien influiría como un estímulo profundo para el descubrimiento de las injusticias sociales y la lucha política que cuajó en su poesía a partir de los años 50.[751] Asimismo, visitó la ciudad de Bahía, donde ofreció cuatro conferencias, y aprovechó para volver, seis años después, a Montevideo, también con una actividad intensa.

«Regreso de Brasil confortado por una grande esperanza: la de que pronto ese gran pueblo ha de tener una democracia integral a tono con la América toda», en la que una «excepción oprobiosa» era el régimen de Juan Domingo Perón en Argentina, afirmó ya en Santiago de Chile. «Los novelistas Jorge Amado, la figura más querida y respetada de Brasil, y Monteiro Lobato, verdadero clásico de la literatura brasileña, me impresionaron hondamente al conocerles personalmente».[752]

ALTURAS DE MACCHU PICCHU

En septiembre de 1945, a excepción de algunos compromisos, como el discurso que pronunció en el Senado el día 12 acerca de la Conferencia de San Francisco, Pablo Neruda se recluyó en Isla Negra para escribir *Alturas de Macchu Picchu*, un largo poema que simbolizó su evolución personal a lo largo de la última década y

749. *El Siglo*. Santiago de Chile, 31 de agosto de 1945, p. 24.
750. Gutiérrez Revuelta y Gutiérrez, pp. 148-151.
751. Ferraz de Paula, Marcelo: «Neruda no Brasil; o Brasil em Neruda». *Cadernos de Letras da UFF*, n.º 38. Nitéroi, 2009, pp. 185-203.
752. *Vea*. Santiago de Chile, 29 de agosto de 1945, p. 17.

que la crítica literaria ha reconocido de manera unánime como una «obra maestra» de la literatura del siglo XX. Lo finalizó a principios de 1946 y lo publicó por primera vez en la *Revista Nacional de Cultura* de Caracas, en sus números de julio y agosto de 1946. Desde 1950, forma parte de *Canto general*, aunque, al igual que *España en el corazón* respecto a *Tercera Residencia*, ha logrado conservar una dimensión de autonomía concretada en muchas ediciones independientes.

Recientemente, Hernán Loyola ha explicado que su significado alcanza «mucho más allá de la perspectiva indigenista vigente en la literatura hispanoamericana del período, si bien la incluye». «La visión de las ruinas se inserta —al más alto nivel de sentido— en una fase crucial del desarrollo de la vida-poesía de Neruda». Había abandonado la carrera diplomática después de dieciséis años de servicio, había sido elegido senador, había recibido el Premio Nacional y había ingresado en el Partido Comunista. «Las ruinas contempladas en Perú dos años antes habían suscitado la idea germinal para ese texto. Los acontecimientos sucesivos, variados pero convergentes, han reforzado la intención de un poema totalizador», escribe Loyola. «Neruda propone con Machu Picchu la imagen-símbolo que reúne, organiza y potencia en un solo haz los varios niveles de la representación del mundo y del hombre que siente haber alcanzado y asumido: lo personal, lo americano y lo universal. La Naturaleza y la Historia». Con los doce poemas que lo integran, y que culminan con la invocación profundamente solemne de «Sube a nacer conmigo, hermano», proporcionó a las ruinas de aquella fortaleza una significación equiparable a las de las construcciones de la Grecia o la Roma clásicas.[753]

Por su parte, y entre otros aspectos, Jaime Concha ha destacado «la esperanzada recuperación del ser humano» en su obra que significó *Alturas de Macchu Picchu* tras la larga «noche» de *Residencia en la Tierra* y apuntarse los primeros destellos en *España en el corazón*.[754]

753. Loyola, Hernán: «Bingham y Neruda reveladores de Machu Picchu». *Nerudiana*, n.º 11. Santiago de Chile, agosto-octubre de 2011, pp. 4-6. En este número de *Nerudiana* (p. 11), Loyola recuerda de manera oportuna: «El nombre de la ciudadela se escribe Machu Picchu, pero es tradición conservar para el poema la forma Macchu Picchu que usó Neruda».

754. Concha, Jaime: «El descubrimiento del pueblo en la poesía de Neruda». Concha (1974), pp. 85-95.

En la misma dirección, María Eugenia Bravo subraya su importancia para comprender la intencionalidad de *Canto general*, «las bases ideológicas que ponen en un lugar central al "pueblo" como entidad heroica».[755]

Rafael Alberti fue una de las primeras personas que conoció aquellos versos. Su anhelado viaje a Chile, tantas veces programado como postergado porque carecía de pasaporte, pudo concretarse por fin en las últimas semanas de 1945.[756] El 9 de noviembre, María Teresa León, su hija Aitana y él llegaron a Santiago de Chile y se alojaron en *Michoacán*, donde sus anfitriones organizaron varias fiestas en su honor a las que concurrió su amplio grupo de amistades. «De pronto, en medio de tantos apretados amigos, surgió una pareja que Pablo se apresuró a presentarme. "Mira, esta es Albertina y este, Ángel Cruchaga, su marido, muy amigo mío y gran poeta". Poco después, en el jardín, me reveló Pablo quién era Albertina. Se la veía una mujer rara y atrayente». En otro momento, Neruda le sirvió un buen vaso de vino y se preparó un whisky y le indicó que iba a leerle unos versos que creía importantes y casi nadie conocía aún... «Y con su lenta voz balanceada y dormida, me leyó entero *Alturas de Macchu Picchu*, aquel ancho poema esencial americano, que se trajo a la tierra cuando descendió de aquella inmensa y misteriosa ciudad de los incas, alzada en piedra entre las nubes».[757]

Rafael Alberti y María Teresa León ofrecieron conferencias y lecturas de sus poemas en varias ciudades chilenas y protagonizaron un acto de solidaridad con España en el Teatro Municipal de Santiago, presentados por Neruda. En los últimos días del año viajaron al sur. La tarde del 24 de diciembre, en el Café Central de Temuco, habló a sus amigos españoles de sus raíces: «Como sa-

755. Bravo Calderara, María Eugenia: *La primera ordenación del universo americano. Mito, historia e identidad en el* Canto General *de Pablo Neruda*. Documentas. Santiago de Chile, 1991, p. 179.

756. En una carta fechada el 8 de septiembre (se deduce que de 1945), propuso a Alberti que llegaran a Chile a partir del 6 de noviembre y le dijo que estaban armando un programa de actividades políticas y culturales que ocuparían unos diez días continuados, para después viajar por el país y disfrutar del mar de Isla Negra. Carta de Pablo Neruda a Rafael Alberti del 8 de septiembre de 1945 desde Santiago de Chile. Consultada en el archivo de la Fundación Rafael Alberti.

757. Alberti (2003), pp. 181-182.

béis, mi poesía salió de estas praderas y de estos bosques, de las viejas casas con goteras del barrio de la Estación, donde el pitazo de los trenes en las noches de lluvia y de frío me anunciaba el regreso o la partida de mi padre en su infatigable tren lastrero». Y les cedió la palabra «porque sois para Temuco un doble regalo que nos envía a través de los mares la España republicana, la España que amamos y que reconquistaremos».[758] El poeta gaditano leyó versos de *Marinero en Tierra*, *Sobre los ángeles*, *El alba del alhelí* y *Entre el clavel y la espada*.

Después viajaron en tren hacia el sur, hacia los lagos, los ríos y los volcanes de Valdivia, «bajo una lluvia apocalíptica», ha recordado Aitana Alberti, quien entonces acababa de cumplir 5 años. Amanecía 1946 y uno de aquellos días la pequeña Aitana despertó con una estampa incomparable en la ventana: el volcán Osorno sobre el lago Esmeralda. Era un regalo de sus *tíos* Delia y Pablo, quien solía contarle leyendas que inventaba como la de Osorno, un gigante con muy mal carácter. «Neruda gustaba de contarme relatos extravagantes y anécdotas divertidas. En esos momentos sus ojillos chispeaban, burlones, y su media sonrisa de buda araucano se abría con una risa vivaz, juvenil, de chicuelo trotamundos, en franco contraste con su habitual voz suave, monocorde, adormecedora como el murmullo de un río subterráneo». «Cuántos bellos relatos análogos habría imaginado si Malva Marina, su malograda niña, herida de muerte desde su nacimiento, hubiese crecido fuerte y dichosa al amparo de su amor inmenso. La paternidad frustrada de Pablo es, en gran medida, la clave del cariño cuidadoso —doy fe— con que trataba a los niños».[759]

La llegada de Alberti y su familia coincidió con la concesión a Gabriela Mistral del Premio Nobel de Literatura. Un cuarto de siglo después de haberla conocido en Temuco, Neruda tomó la palabra en el Senado en representación del Partido Comunista en la sesión del 20 de noviembre de 1945. «Gabriela Mistral [...] es en su triunfo la vindicación ejemplar de las capas populares de nuestra nacionalidad. Ella es una de esas maestras rurales o aldeanas, elevada por la majestad de su obra y combatida por todos los problemas

758. *El Diario Austral*. Temuco, 25 de diciembre de 1945, p. 8.

759. Alberti, Aitana: «Con Delia y Pablo en el Sur». Jiménez Gómez (ed.), pp. 427-430.

angustiosos que acosan a nuestro pueblo. Sin dejar de ver por un minuto la excepcionalidad de su fuerza interior, pensemos cuántas pequeñas Gabrielas, en el fondo de nuestro duro territorio, ahogan sus destinos en la gran miseria que infama nuestra vida de pueblo civilizado».

Ensalzó también el sentimiento que entreveía en su obra de «misericordia vital que no alcanza a convertirse en rebeldía ni en doctrina, pero que traspasa los límites de la caridad limosnera». «Debo también celebrarla como patriota, como gran amadora de nuestra geografía y de nuestra vida colectiva. Esta madre sin hijos parece serlo de todos los chilenos; su palabra ha interrogado y alabado por todos nuestro terruño, desde sus extensiones frías y forestales hasta la patria ardiente del salitre y del cobre».[760]

ENCUENTRO CON MATILDE

En las primeras semanas de 1946, en el frondoso Parque Forestal, pegado al cauce del río Mapocho, Pablo Neruda asistió a un concierto de música. Aquella jornada estival estaba allí también una mujer nacida en Chillán el 5 de mayo de 1912, Matilde Urrutia Cerda, de origen humilde y huérfana muy pronto como él (pero de padre) y con estudios de canto. «Estábamos sentados y entre nosotros, Blanca Hauser, mi amiga del alma», evocó Matilde Urrutia en su libro. «Miré a Pablo de perfil y me pareció que jamás había visto ojos iguales a los suyos. Le pregunté a Blanca quién estaba a mi lado, y me contestó: "¡Ignorante! Es Pablo Neruda". Lo miré con más detenimiento [...]. Siento deseos de que me mire a mí. En ese momento vuelve la cara, me mira, yo lo miro. Al poco rato habla algo con Blanca. Después esta me dice, por lo bajo: "Pablo me ha preguntado que quién eres tú". Estaba llena de felicidad, y a mi memoria venían sus versos, sus poemas que yo había leído. Cuando terminó el concierto del parque, nos invitó para el día siguiente a su casa, a la hora del té».[761] Aquel año mantuvieron no más de

760. Aguirre, Leónidas (ed.): *Pablo Neruda. Yo acuso*. Txalaparta. Tafalla, 2003, pp. 42-44.

761. Urrutia, Matilde: *Mi vida junto a Pablo Neruda*. Pehuén. Santiago de Chile, 2010, pp. 119-120.

tres encuentros furtivos en un pequeño departamento que ella tenía en la céntrica calle Monjitas.[762] No se reencontrarían hasta septiembre de 1949 en México. Pero el poeta no la olvidó. En la sexta parte de «Que despierte el leñador» la nombró por primera vez en su poesía: «... paz para mi mano derecha / que sólo quiere escribir Rosario». Rosario era otro de sus nombres y la forma en que la nombró, sin que la identificaran, hasta la ruptura con Delia del Carril en febrero de 1955.

El 20 de julio de 1946, la alianza política en la que participaba el Partido Comunista eligió al senador Gabriel González Videla, del Partido Radical, como candidato para la elección presidencial del 4 de septiembre. Los comunistas tuvieron una importante participación en la definición del programa, con la inclusión de propuestas avanzadas como la reforma agraria o el derecho a la sindicalización de los campesinos. Este apoyo era determinante por su gran influencia en el proletariado industrial y minero.[763]

Neruda fue designado jefe nacional de propaganda de la campaña y escribió para el candidato el poema «El pueblo te llama Gabriel», del que tantas veces luego se arrepentiría... Desde mediados de agosto, el poeta cubano Nicolás Guillén fue testigo de su intenso trabajo político en las semanas previas a la votación. Se alojó en *Michoacán* y muchos días lo acompañó a su oficina de la calle Merced, siempre invadida de documentos y de compañeros que se afanaban ante un escenario electoral incierto. «En todo intervenía», escribió Guillén, «todo lo vigilaba con su fina cultura y lírico gusto: pasquines, textos de himnos y canciones, consignas, *sketchs* para la radio, entrevistas, declaraciones y hasta banquetes...».[764]

A pocos días de la elección, expresó así sus razones para brindarle su respaldo: «Gabriel González Videla es el candidato de todas las fuerzas populares de Chile y su elección significará un renacimiento económico, social y cultural para nuestra pa-

762. Castanedo Pfeiffer, Gunther: «Pablo, Matilde y Procopio: penas y alegrías del amor». *Nerudiana*, n.º 15-16. Santiago de Chile, 2014, pp. 69-72.

763. Huneeus, Carlos: *La guerra fría chilena. Gabriel González Videla y la Ley Maldita*. Debate. Santiago de Chile, 2009, p. 74.

764. Guillén, Nicolás: «Evocación chilena en torno a Pablo Neruda». *Homenaje cubano a Pablo Neruda. 1948*. La Habana, 1948, pp. 31-45.

tria. Negarle apoyo es desertar de la causa unida del pueblo y de la cultura».[765] El periodista de *El Siglo* le encontró en su oficina, en el fragor de la *batalla*, impartiendo órdenes y tomando decisiones. Allí aguardaban impacientes numerosas personas para plantearle diversos aspectos. «¡Que entren todos», instruyó a su secretaria. Y las puertas se abrieron de par en par...

El 4 de septiembre González Videla logró el 40,1% de los votos, frente al 29,7% de su rival conservador, Eduardo Cruz-Coke, y el 27,2% del liberal Fernando Alessandri.[766] Aquella noche el senador Neruda dio a conocer una declaración en la que llamaba a defender el triunfo, frente a las previsibles maniobras de algunos sectores reaccionarios: «La victoria del pueblo ha sido determinada con caracteres formidables. Chile ha dicho su parecer y ha elegido su Presidente».[767] Con el apoyo del Partido Liberal, González Videla fue elegido presidente de la República por el Congreso Nacional y en noviembre designó su gabinete, en el que por primera vez ingresaron los comunistas, con tres ministerios: Agricultura, Tierras y Colonización y Obras Públicas y Comunicaciones.[768]

Como senador, uno de sus discursos más relevantes de aquel año fue su intervención el 10 de diciembre en defensa del proyecto de ley que reconocía el derecho de voto a la mujer. En primer lugar, se felicitó por la designación de la profesora María Marchant como intendente de Santiago, la primera mujer en acceder a esta responsabilidad, y, con abundantes citas de Engels, Lenin y de la Constitución soviética de 1936, hizo profusas referencias a los derechos conquistados por la mujer en la Unión Soviética.[769]

El 28 de diciembre, el titular del Tercer Juzgado de Menor Cuantía de Santiago de Chile, Jorge Vallejos, dictó una sentencia por la que aceptó la solicitud que había presentado en 1945 para rectificar su partida de nacimiento a fin de que en adelante pudiera utilizar legalmente como único nombre y apellido el de Pablo

---

765. *El Siglo*. Santiago de Chile, 31 de agosto de 1946, p. 2.

766. Cruz-Coke, Ricardo: *Historia electoral de Chile 1925-1973*. Editorial Jurídica de Chile. Santiago de Chile, 1984, p. 103.

767. *El Siglo*. Santiago de Chile, 5 de septiembre de 1946, p. 1.

768. Ljubetic Vargas, Iván: *Elías Lafertte Gaviño. Líder, combatiente y compañero*. Universidad de Santiago. Santiago de Chile, 2012, p. 129.

769. Aguirre (2003), pp. 54-70.

Neruda. Su solicitud se fundaba en motivos prácticos, puesto que de este modo era conocido dentro y fuera de su país.[770]

A principios de 1947, el Gobierno tuvo que renunciar a su designación como embajador en Italia debido a la oposición de la derecha en el Senado.[771] La tarde del 28 de enero cerca de cien mil personas se concentraron en la plaza Bulnes para recordar los sucesos del año anterior, cuando fueron asesinadas la joven militante comunista Ramona Parra y otras cinco personas. En aquel acto leyó su poema «Los muertos de la plaza», publicado a toda página por *El Siglo* y que integraría en *Canto General.*[772]

El 26 de febrero, tomó la palabra en el Senado para exponer acerca de las durísimas condiciones de trabajo de los mineros del salitre: «He convivido con los obreros, he dormido en sus habitaciones y en estos días he visto el trabajo en la pampa, en las máquinas, trabajos algunos que podrían citarse como ejemplos de los más duros realizados sobre la tierra. Sin embargo, los salarios apenas alcanzan a los obreros para cubrir los gastos de su alimentación y, naturalmente, no bastan para satisfacer ninguna necesidad de índole cultural, que son negadas a esos obreros que viven aislados del resto del país por la inmensa soledad del desierto. En la oficina "Alianza", de la Compañía Tarapacá y Antofagasta, hay seis baños de duchas para dos mil personas; las letrinas prácticamente no existen; en las habitaciones de los obreros no hay luz eléctrica».[773]

El 1 de marzo en Parral por fin cumplimentó la inscripción legal de su nuevo nombre en su partida de nacimiento, en la que desde entonces se lee: «Instrucción que rectifica la n.º 450 de 1 de agosto de 1904, según sentencia ejecutoriada que se archiva en el legajo de nacimientos del presente año con el número de esta inscripción. [...] Se deja constancia que el inscrito como Ricardo Eliezer Neftalí Reyes Basoalto y Pablo Neruda son una misma persona».[774]

---

770. *El Siglo.* Santiago de Chile, 29 de diciembre de 1946, p. 11.
771. *El Mercurio.* Santiago de Chile, 8 de enero de 1947, p. 15.
772. *El Siglo.* Santiago de Chile, 2 de febrero de 1947, p. 1.
773. Aguirre (2003), pp. 71-73.
774. Documento procedente del Fondo Documental Jaime González Colville.

En 1947, Losada publicó su libro *Tercera Residencia (1935-1945)*, que consta de cinco partes: la primera incluye seis poemas (de «La ahogada del cielo» a «Naciendo en los bosques»); la segunda la constituye «Las furias y las penas»; la tercera, «Reunión bajo las nuevas banderas»; la cuarta es «España en el corazón» y la quinta la integran nueve poemas: «Canto a Stalingrado», «Nuevo canto de amor a Stalingrado», «Tina Modotti ha muerto», «7 de noviembre. Oda a un día de victorias», «Un canto para Bolívar», «Canto a los ríos de Alemania», «Canto a la muerte y resurrección de Luis Companys», «Dura elegía» y «Canto al Ejército Rojo a su llegada a las puertas de Prusia».

En la reseña que publicó en el prestigioso semanario uruguayo *Marcha*, Emir Rodríguez Monegal elogió «Las furias y las penas»: «Muy representativo de Neruda». Calificó de «mala o nula poesía» el primer «Canto a Stalingrado», mientras que de «España en el corazón» opinó: «Irregular, declamatorio, quintanesco a ratos, hasta grosero, pero —también— encendido, tierno, esperanzado, fuerte...».[775] Por su parte, Silva Castro caracterizó *Tercera Residencia* como «un libro de combate y de propaganda política». «La filiación comunista del poeta queda ya aquí plenamente en descubierto, y Neruda la afirma y establece a cada instante. La excepción más notoria a esta línea podría ser el poema titulado "Las furias y las penas", incorporado en la *Tercera Residencia* después de haber corrido bajo la forma de folleto independiente desde 1939».[776] Y para Emilio Miró representó «el tránsito a la fe y esperanza humanas, la final instalación en la lucha del hombre y por el hombre».[777]

En 1947 y 1948, la editorial Cruz del Sur, fundada por los exiliados españoles Arturo Soria y José Ricardo Morales (pasajero del *Winnipeg*), publicó las primeras obras completas de Pablo Neruda con el título genérico de *Residencia en la Tierra*, bajo la coordina-

775. Rodríguez Monegal, Emir: «*Tercera Residencia* de Pablo Neruda». *Marcha*, n.º 401. Montevideo, 17 de octubre de 1947, p. 24.

776. Silva Castro (1964), p. 82.

777. Miró, Emilio: «Poesía de la esperanza: de *Tercera Residencia* a *Canto general*». *Insula*, n.º 330. Madrid, mayo de 1974, p. 4. Número dedicado a Pablo Neruda.

ción del escritor Manuel Rojas.[778] Mauricio Amster era su director artístico y diseñador, y Carmelo Soria, recién llegado a Chile, actuaba como impresor. Junto con la editorial y la librería del mismo nombre que dirigían, Arturo Soria creó después el Archivo de la Palabra, que incluyó una grabación de Neruda recitando algunos de sus poemas.[779]

UNA CARTA ÍNTIMA... PARA MILLONES

A partir de junio de 1947 se produjo la ruptura política entre el presidente González Videla y el Partido Comunista, que en las elecciones municipales de abril se había convertido en la segunda fuerza más votada con el 17% de los sufragios. González Videla denunció un supuesto plan del PC para perjudicar la economía nacional y afectar a las bases de la democracia. El 18 de junio, Neruda intervino en el Senado para rebatir tales acusaciones y recordar su contribución a la victoria electoral que lo llevó a La Moneda, así como llamar a la unidad de las fuerzas democráticas y avanzadas, singularmente al Partido Radical, para cumplir el programa de gobierno.[780] Pronto, los comunistas responsabilizaron a Washington de presionar a González Videla para desviarse de sus objetivos y, posteriormente, romper con ellos. El PC denunció que su «traición» subordinó a Chile a la hegemonía política y económica norteamericana.[781]

El 1 de agosto, formó un nuevo gabinete, que excluía al Partido Comunista y entregaba las carteras de Defensa e Interior a altos representantes de las Fuerzas Armadas. El 17 de agosto el Ejecutivo aprobó una subida del precio del pan que desató un amplio re-

778. Morales, José Ricardo: «Razón y sentido de la editorial Cruz del Sur». *Escritores, editoriales y revistas del exilio republicano de 1939.* Renacimiento. Sevilla, 2006, pp. 553-563.

779. Norambuena, Carmen: *España 1939. Los frutos de la memoria.* Universidad de Santiago, Centro Cultural de España y Centro Extremeño de Estudios y Cooperación con Iberoamérica. Santiago de Chile, 2001, pp. 210-211.

780. Aguirre (2003), pp. 84-104.

781. Riquelme Segovia, Alfredo: *Rojo atardecer. El comunismo chileno entre dictadura y democracia.* Centro de Investigaciones Diego Barros Arana. Santiago de Chile, 2009, p. 68.

pudio de la población y originó de inmediato una huelga de los trabajadores del carbón de Arauco, cuyos sindicatos dirigían militantes comunistas. A fines de aquel mes, el Gobierno presentó una Ley de Facultades Extraordinarias que se aprobó en veinticuatro horas y se promulgó el 22 de agosto. Era el punto de partida de la «guerra» (así la llamó) de González Videla contra el Partido Comunista. La huelga del carbón siguió en septiembre y desde el 6 de octubre *El Siglo* fue sometido a censura previa.[782] En octubre, cuatro parlamentarios, entre ellos Neruda, intentaron visitar Lota y Coronel, pero la autoridad militar lo impidió. En aquellas semanas, el Gobierno rompió relaciones diplomáticas con la Unión Soviética, Checoslovaquia y Yugoslavia tras denunciar una campaña de agresión del «comunismo internacional contra Chile» y González Videla llegó a amenazar incluso con la expulsión de los refugiados españoles.

El 14 de octubre el poeta volvió a intervenir en el Senado. Explicó las condiciones infrahumanas de vida y trabajo de los mineros del carbón, denunció los accidentes laborales que habían costado la vida a veintiséis obreros desde enero y se explayó en la ofensiva represiva del Ejecutivo. «Los comunistas no tenemos miedo por nosotros mismos. Si es preciso dar la vida por los ideales de democracia y de activo progreso que nos hacen luchar y ser destacados y vigilantes patriotas, moriremos en defensa de nuestro pueblo, del cual formamos parte profunda, indestructible y esencial».[783]

El 27 de noviembre publicó su extenso artículo titulado «La crisis democrática de Chile es una advertencia dramática para nuestro continente» en el rotativo venezolano *El Nacional*, con cuyo fundador y director, Miguel Otero Silva, miembro de una familia adinerada y militante comunista, tenía ya una relación de amistad que se profundizó con los años.[784] En aquel texto señaló que la «presión extranjera» del capital estadounidense y «la traición política de un presidente elegido por el pueblo» amenazaban

782. Huneeus, pp. 117-146.
783. Aguirre (2003), pp. 109-135.
784. *Pablo Neruda. Obras Completas. IV. Nerudiana dispersa I. 1915-1964*, pp. 681-703. En muchas ocasiones, incluso Neruda lo hizo (como en su discurso «Yo acuso» del 6 de enero de 1948 en el Senado), se cita este artículo con el título de «Carta íntima para millones de hombres». Así figura también en la última edición de sus obras completas.

la democracia y la tradición republicana de su país. Recordó su relación personal y política con González Videla, se refirió al abandono del programa que asumió en 1946, con el apoyo decisivo del Partido Comunista, y a la situación catastrófica de la economía nacional y explicó la huelga de los miles de obreros del carbón de Arauco. En definitiva, denunció que había impuesto un régimen de persecución y terror, con la apertura de campos de concentración como el de la caleta septentrional de Pisagua, donde entonces sirvió el joven teniente Augusto Pinochet Ugarte.

«Estos años de parlamentario y escritor errante me han enseñado a escudriñar la dolorosa vida del pueblo y he llevado a todos los rincones de mi patria, pampa y cordillera, mar y llanura, una voz activa de examen y de auxilio. Pero justamente hace dos meses la dirección del Partido Comunista chileno me llamaba para pedirme que diera más tiempo y atención a mi obra poética. Con este fin me ofreció el aislamiento y la soledad necesarios durante un año para adelantar especialmente mi *Canto general*». Pero los acontecimientos que expuso en su carta le impidieron hacerlo. «Personalmente me he apresurado a salir de mi retiro de la costa de Chile a tomar mi puesto en la primera fila de la defensa de la libertad amenazadas. Afronto, pues, cada día los deberes que me impone mi condición de escritor y de patriota». Advirtió, por último, que hacía responsable a González Videla de cualquier acción que pudiera sufrir.

A raíz de la publicación de este artículo, de un gran eco continental (el 6 de diciembre lo reprodujo el diario mexicano *El Popular*), el 24 de diciembre el Gobierno envió un oficio al fiscal de la Corte Suprema para que denunciara al senador Neruda y pidiera su desafuero por haber transgredido la Ley sobre Seguridad Interior del Estado de 1937 e incurrido en los delitos de calumnias e injurias contra el presidente de la República.[785] Solo cuarenta y ocho horas después, el fiscal de la Corte Suprema presentó en la Corte de Apelaciones la denuncia y en los días posteriores el pleno del tribunal se dirigió al Senado para obtener el desafuero correspondiente para iniciar el proceso criminal de rigor.[786] El 29 de diciembre los abogados Carlos Vicuña Fuentes y Jorge Jiles argumentaron en su escrito de defensa que no había cometido tales

785. *El Siglo*. Santiago de Chile, 25 de diciembre de 1947, p. 1.
786. *El Imparcial*. Santiago de Chile, 26 de diciembre de 1947, p. 1.

delitos, ya que sus opiniones eran «apreciaciones y juicios legítimos y necesarios para el mejoramiento de la vida pública y no puede razonablemente atribuírseles el *animus injurandi*, sino el *animus reipublicae defendendi*».[787]

A petición de los senadores Rudecindo Ortega, Salvador Allende, Gustavo Jirón, Marmaduque Grove, Carlos Contreras Labarca y Elías Lafertte, el presidente del Senado, Arturo Alessandri Palma, convocó una sesión especial para el martes 6 de enero de 1948 al objeto de escuchar a Neruda.[788] El día anterior el Pleno de la Corte de Apelaciones de Santiago acordó dar lugar a la formación de causa en el proceso que se seguía contra él.[789] Su abogado, Carlos Vicuña, presentó un recurso de casación ante la Corte Suprema, que fue desestimado el 29 de enero.[790]

En la sesión del 6 de enero el poeta pronunció su célebre discurso conocido como «Yo acuso». «Yo acuso al Excelentísimo señor González Videla de ser el culpable de estos procedimientos deshonrosos para nuestra democracia». «Yo acuso al Presidente de la República, desde esta tribuna, de ejercer la violencia para destruir las organizaciones sindicales...».[791] Aquella extensa filípica fue impresa en miles de copias por el Partido Comunista, distribuidas por todo Chile, como recordó quince años después: «Se vendía por millares en todos los kioscos de periódicos; llegó al pueblo como el pan caliente en las tierras del sur; los canillitas lo voceaban en las calles; brigadas especiales se distribuyeron llevándolo a todos los rincones del país; los niños subían a las góndolas y los carros ofreciéndolo a los pasajeros. La radio y la prensa del Gobierno no pudieron silenciarlo. En todas partes era leído y comentado».[792]

Entonces solo concedió una entrevista, en la que rebatió las acusaciones del Ejecutivo y del coro oficialista. «La prensa azuza-

787. Huneeus, p. 165.

788. *El Siglo*. Santiago de Chile, 5 de enero de 1948, p. 1.

789. *El Siglo*. Santiago de Chile, 6 de enero de 1948, p. 1.

790. *El Siglo*. Santiago de Chile, 30 de enero de 1948, p. 1.

791. Neruda, Pablo: «Yo acuso». Aguirre (2003), pp. 187-220.

792. *El Siglo*. Santiago de Chile, 29 de agosto de 1963, p. 10. Solo el 6 de enero de 1948 el Partido Comunista imprimió, en dos tiradas, medio millón de ejemplares del folleto, que se agotó en Santiago. *El Siglo*. Santiago de Chile, 30 de agosto de 1963, p. 10.

da por el Gobierno ha dicho que se me procesa por traición. Por haber ido más allá de la patria a publicar lo que la censura me prohíbe aquí dentro. Yo no he sido nunca traidor. Mi proceso tampoco es por traición. Solo he dicho las verdades que todos los chilenos conocen», declaró. «El hecho de decir la verdad en el extranjero no denigra a nuestro país; por el contrario, muestra que hay dignidad y no solo servilismo y cobardía. Antes que yo, Sarmiento publicó en Chile su *Facundo* con terribles acusaciones contra el tirano Rosas; Isidoro Errázuriz publicó en Mendoza el más violento de los panfletos contra don Manuel Montt. El eminente señor Alessandri Palma hizo desde el extranjero su campaña contra el general Ibáñez. Y son innumerables los ejemplos, como los de Thomas Mann, que escribió contra Hitler desde fuera de Alemania». Reivindicó el patriotismo de los comunistas y defendió su lealtad hacia Chile y su pueblo como senador y como poeta, pues desde *Crepusculario* hasta *Canto general de Chile*, aseguró, su obra había estado consagrada a su patria.[793]

El 13 de enero, habló por última vez en el Senado: «Soy un perseguido, Honorable señor Alessandri, y se me persigue justamente. Una tiranía que comienza debe perseguir a los que defienden la libertad». «Reclamo para el Partido Comunista, en este momento crítico, el primer papel entre los defensores de nuestro pueblo [...]. Para salvaguardar estas libertades de Chile he levantado mi voz, la que no será acallada ni por la calumnia ni por la persecución».[794]

El 21 de enero, en vista del previsible desarrollo de los acontecimientos, el presidente del Senado le otorgó permiso para ausentarse del país durante más de treinta días. El 27 de enero, se instaló como invitado de la embajada mexicana y al día siguiente Delia del Carril y él intentaron cruzar a Argentina en un automóvil con placa diplomática, pero las autoridades fronterizas se lo impidieron porque el vehículo carecía de la documentación en regla para este trámite. Entonces pidió asilo al embajador mexicano, lo que originó un incidente diplomático entre ambos países y llevó al Ministerio de Relaciones Exteriores, cuyo titular era Germán Vergara Donoso, a enviar una circular de tres páginas a todas las misiones diplomáticas que explicaba que era libre de poder viajar al exterior

---

793. *Vea*. Santiago de Chile, 7 de enero de 1948, pp. 16-17.
794. Aguirre (2003), pp. 238-240.

si tenía la documentación en regla: «Como puede apreciarse, se trata más bien de una maniobra política del Partido Comunista destinada a ser explotada en el extranjero, donde se desea dar la sensación de que Chile vive una situación anárquica y caótica».[795]

El 30 de enero, el día en que Gandhi era asesinado en la India, algunos miembros de la Acción Chilena Anticomunista quemaron un ataúd con su nombre en la Plaza de Armas. El 2 de febrero fracasó su segundo intento de salida por el paso de Portillo, porque las autoridades fronterizas argentinas le impidieron la entrada, y a partir de aquel momento se sumergieron en la clandestinidad.[796] Al día siguiente, la Corte Suprema aprobó el desafuero al rechazar la última apelación[797] y Miguel González Castillo, el magistrado de la Corte de Apelaciones que instruía la causa, interrumpió sus vacaciones de verano para dictar la orden de detención a las siete de la tarde y despacharla a la prefectura de la policía civil de Investigaciones.[798]

La noche del 4 de febrero sus casas de Santiago e Isla Negra fueron allanadas por efectivos de Investigaciones, cuyo prefecto jefe aseguró a la prensa que confiaban en detenerle en las próximas horas: «Es completamente imposible que pueda salir de Santiago, ni menos del país, el señor Neruda, pues todo el cerco policial que se ha tendido alrededor de su persona, se encuentra alerta ante cualquier tentativa de evasión».[799] El jueves 5 de febrero, al frente de su edición de dieciséis páginas, *El Imparcial* esculpió un titular para la historia: «Se busca a Neruda por todo el país».[800] Centenares de agentes de Investigaciones y del cuerpo de Carabineros, bajo la promesa de un ascenso, lo buscaron por todo el país en las semanas siguientes, con la orden de disparar contra él en caso de que intentara huir.[801] A fines de mes, el presidente del Senado aceptó

795. Documento digitalizado disponible en el catálogo de la Biblioteca Nacional de Chile.

796. *Vea*. Santiago de Chile, 4 de febrero de 1948, p. 7.

797. *El Mercurio*. Santiago de Chile, 4 de febrero de 1948, p. 13.

798. *El Siglo*. Santiago de Chile, 5 de febrero de 1948, p. 1.

799. *Última Hora*. Santiago de Chile, 5 de febrero de 1948, p. 12.

800. *El Imparcial*. Santiago de Chile, 5 de febrero de 1948, p. 1.

801. El 24 de marzo de 1948 el jefe de la Policía de Investigaciones, Luis Brun D'Avoglio, informó al magistrado Miguel González Castillo de los esfuerzos por detener a Neruda, con el registro y allanamiento de sesenta y tres «domi-

renovar durante un año su permiso de estancia fuera de Chile, hasta que finalmente caducó en septiembre de 1949 y se declaró vacante su plaza.[802]

Curiosamente, cuando iniciaban su período de vida en la clandestinidad, la revista londinense *Adam* dedicó sus números de marzo y abril de 1948 de manera íntegra a su obra, con una amplia biografía. Era la primera vez que lo hacía con un escritor vivo. En los meses sucesivos, el Partido Comunista publicó unos delgados cuadernillos en hojas de roneo denominados *Cuadernos de la Resistencia*, entre los que estuvo la *Antología Popular de la Resistencia*, que contenía poemas suyos con distintos seudónimos, «Que despierte el leñador» y «Coral de año nuevo para la patria en tinieblas». Y en *Canto general* dedicó duros epítetos contra el presidente que le traicionó y le persiguió, a él y a su partido, en poemas como «El traidor», «González Videla, el traidor de Chile (epílogo)» o «González Videla».[803]

---

cilios sospechosos», entre ellos los de Ángel Cruchaga Santa María y Albertina Azócar, Tomás Lago, Manuel Solimano, Diego Muñoz e Inés Valenzuela, Rubén Azócar e incluso el fundo *Belén* de Parral, donde entonces vivía su tío Joel Reyes Parada. Varas, José Miguel: *Neruda clandestino*. Alfaguara. Santiago de Chile, 2003, pp. 55-61.

802. En sus memorias, Lafertte relató el encuentro clandestino entre Alessandri y Neruda en 1948. El 22 de febrero de 1950 dos senadores liberales comunicaron al Gobierno la vacante del escaño ocupado por Neruda por permanecer durante más de un año fuera de Chile sin autorización y se convocó una elección complementaria el 28 de mayo de aquel año, que ganó Radomiro Tomic. En 1963, Neruda expresó su agradecimiento a Arturo Alessandri: «Toda mi vida tendré que agradecer al padre del actual Presidente de Chile la bondad y preocupación que tuvo por mí». Evocó también sus conversaciones en secreto, donde con simpatía le reprochaba que hubiera abandonado la temática amorosa en su poesía. *El Siglo*. Santiago de Chile, 31 de agosto de 1963, p. 12.

803. Y posteriormente, según ha apuntado Edmundo Olivares, en 1949 en México encargó la impresión de un opúsculo titulado *González Videla, el Laval de la América Latina. Breve biografía de un traidor*, cuyo prólogo firmó. Así ha quedado grabado su nombre, a pesar de una reciente biografía que intenta rehabilitarlo, porque, en el contexto de la naciente Guerra Fría, el presidente que abrió los primeros campos de concentración en el país y amparó la Ley de Defensa Permanente de la Democracia se habría «alineado con la democracia y el liberalismo». Garay, Cristián y Soto, Ángel: *Gabriel González Videla*. Centro de Estudios Bicentenario. Santiago de Chile, 2013, p. 197. En sus voluminosas memorias, que ocupan dos tomos que alcanzan casi las mil seiscientas páginas y fueron pu-

En su estrategia de acoso al poeta, el Gobierno no vaciló siquiera en traer a María Antonia Hagenaar, quien declaró a la prensa que estaba vigente el matrimonio formalizado en la isla de Java en diciembre de 1930. «He venido a vivir a Chile porque soy esposa de un ex funcionario diplomático chileno».[804] El 6 de marzo se entrevistó con el director de Personal del Ministerio de Relaciones Exteriores, Domingo Barros, y la prensa informó de la inminente presentación de una querella contra el senador desaforado por el delito de bigamia.[805] Dos meses después, solicitó ante la justicia autorización para disfrutar de sus bienes.[806]

Sin embargo, pronto le dejaron en situación de tal desamparo, con solo veinte dólares para su subsistencia, que el propio Neruda, a través de terceros, tuvo que ayudarle económicamente desde la clandestinidad. Así lo relató a Dario Puccini a fines de marzo de 1950[807] y al ministro de Relaciones Exteriores de Chile, Horacio Walker, días después en una carta de protesta ante el intento del embajador en Italia de reflotar esta polémica.[808]

Edmundo Olivares ha presentado el documento que debiera haber certificado el fin de la pugna de Hagenaar: el 25 de noviembre de 1948, firmó una escritura por la que aceptó la sentencia de divorcio dictada en México a cambio de una indemnización final por parte de Neruda de trescientos mil pesos. El poeta otorgó poderes a Fernando Silva Yoacham para que actuara en su nombre en aquella conciliación.[809]

blicadas en 1975 por la editorial de la dictadura militar, González Videla sentenció en el extenso capítulo dedicado a Neruda: «Su avaricia, su sibaritismo, sus afanes de gloria y figuración corrompieron al hombre y a su poesía. ¿Fue necesaria esa enajenación de sus facultades para llegar a grupos del oso soviético hasta el Premio Nobel?». González Videla, Gabriel: *Memorias*. Tomo I. Editora Nacional Gabriela Mistral. Santiago de Chile, 1975, p. 765.

804. *Las Noticias de Última Hora*. Santiago de Chile, 2 de marzo de 1948, p. 20.

805. *Las Noticias de Última Hora*. Santiago de Chile, 6 de marzo de 1948, p. 16.

806. *Las Noticias de Última Hora*. Santiago de Chile, 4 de mayo de 1948, p. 16.

807. Carta de Pablo Neruda a Dario Puccini del 28 de marzo de 1950 desde México DF. *Nerudiana*, n.º 13-14. Santiago de Chile, marzo-diciembre de 2012, pp. 61-62.

808. *Democracia*. Santiago de Chile, 22 de abril de 1950, p. 7.

809. Olivares (2004), p. 667.

VIVIR (Y ESCRIBIR) EN LA CLANDESTINIDAD

La persecución política y policial despertó la solidaridad internacional con Pablo Neruda. En el Senado se recibieron mensajes de Julius Huxley, director general de la Unesco, o del general Lázaro Cárdenas.[810] En marzo, en París, la revista *Les Lettres Françaises*, vinculada al PCF, publicó en francés el *Homenaje de los poetas de Francia a Pablo Neruda*, que incluyó versos de Paul Éluard, Louis Aragon, Gilbert Anclan y Claude Sernet y su poema «Crónica de 1948 (América)», fechado «en algún sitio» del continente en febrero.[811] En mayo, el anfiteatro Richelieu de La Sorbona acogió un acto con la asistencia de más de mil doscientas personas y la participación de Éluard y Aragon. El 12 de julio, con motivo de su cumpleaños, sus amigos le tributaron un homenaje en el Salón de Honor del Palacio Municipal de La Habana[812] y el 27 de julio organizaron otro en el Ayuntamiento de la capital cubana, con la intervención de Juan Marinello, Nicolás Guillén y Ángel Augier.[813]

El 20 de mayo el vespertino uruguayo *La Tribuna Popular* publicó unas «declaraciones» suyas de manera «exclusiva».[814] El texto, firmado por el periodista Alberto Etchepare, aseguró que había pasado por allá «rumbo a otras tierras». En la primera página del periódico aparecía una foto suya con el periodista, por supuesto tomada en algún otro momento. «Estamos dispuestos a continuar la lucha por la recuperación democrática de Chile. Confiamos inmensamente en el porvenir y, en lo que me es personal, no tengo la menor duda de que mi pueblo nos acompaña enteramente, en modo especial los trabajadores. [...] Hace pocos meses la dirección de mi partido me ha llamado para pedirme que diera más tiempo y

810. Huneeus, p. 168.
811. En mayo de 1948, el Partido Comunista chileno publicó este tributo, traducido al español con el sello Ediciones Resistencia.
812. Augier (2005), pp. 68-69.
813. Augier, Ángel: «Presencia de Pablo Neruda». *Homenaje cubano a Pablo Neruda. 1948*, pp. 7-10.
814. *La Tribuna Popular*. Montevideo, 20 de mayo de 1948, p. 1. Este diario no tenía relación con el Partido Comunista uruguayo. Agradezco al periodista Mauricio Rodríguez el envío de una reproducción de esta entrevista, que obtuvo en la hemeroteca de la Biblioteca Nacional de su país, en Montevideo.

atención a mi obra poética. Con este fin me ofreció el aislamiento y la soledad necesarios para adelantar especialmente mi *Canto general de Chile*. Me disponía a hacerlo, cuando debí partir acongojado, pero nunca quebrado ni vencido, para seguir en el destierro el cumplimiento de los deberes que me imponen mi condición de escritor y de patriota».[815] A su país la noticia de este artículo llegó a través de un cable de Asociated Press que encontró eco, solo, en *El Mercurio*.[816]

Tal vez, el poeta leyó sus «declaraciones en Uruguay» desde el lugar donde se cobijaban en aquel momento. «Fueron innumerables los sitios en que me albergué. Unas veces en palacios elegantes, otras en humildes casas de barrio y también en chozas de modestos campesinos. En Santiago, en Valparaíso, en pueblos costeros, en ciudades del Norte Chico, del centro y del sur. A veces llegué a estar a solo metros de mis perseguidores, amparado por gentes que eran amigos del presidente. En mi poesía he agradecido a todos esos miles de amigos que me ayudaron», relató quince años después. «Lo grave de esta vida ilegal es la tortura de sentirse libre y prisionero a la vez, cambiar bruscamente de casa a las horas más intempestivas, evitar que nadie extraño lo vea a uno y lo identifique, no poderse comunicar ni por carta ni por teléfono, ni por nada, estar sin ver a los conocidos y familiares, llegar en medio de la noche, disfrazado a casas con personas que jamás había visto. Esto parece romántico por fuera, pero por dentro es una tortura desgarradora».[817]

En su búsqueda durante más de tres décadas de los manuscritos originales de *Canto general*, y a partir de una primera cronología que le entregó Robert Pring-Mill, César Soto ha logrado fijar con la mayor precisión posible la sucesión de lugares donde Pablo Neruda y Delia del Carril se escondieron entre febrero de 1948 y principios de 1949.[818] Entre el 6 y el 13 de febrero de aquel año se

815. En el Archivo de Prensa de la Agencia Efe se conserva un cable de aquel mismo día, fechado en Montevideo, que menciona la entrevista: «Esta es la primera indicación directa que se ha tenido de Neruda, cuyo paradero ha sido un misterio desde que desapareció de Chile hace meses...».

816. *El Mercurio*. Santiago de Chile, 21 de mayo de 1948, p. 25.

817. *El Siglo*. Santiago de Chile, 30 de agosto de 1963, p. 10.

818. Soto Gómez, César: «Breve historia de los manuscritos del *Canto General*». *Pablo Neruda. Canto general. Manuscritos originales. Colección de César Soto Gómez*. Fundación Pablo Neruda. Santiago de Chile, 2013, pp. 11-16.

refugiaron en la casa del ingeniero comunista José Saitúa y su esposa, Gloria Nistal (refugiada española), en la calle Los Leones de la comuna santiaguina de Providencia. De allí partieron, hasta el 28 de febrero, al pequeño apartamento que Víctor Pey tenía en el número 47 de la avenida Vicuña Mackenna, a pocos metros de la Plaza Italia y el nacimiento de la Alameda.

Pey y Neruda establecieron una rutina que permitió al ingeniero de origen español cumplir con sus obligaciones laborales y que preveía que tanto al mediodía como por la noche se encargaría de llevar comida para almorzar y cenar juntos. En esos momentos conversaban mucho. Pey creía que, si la policía le arrestaba, sería una noticia de tal repercusión internacional que perjudicaría a González Videla e incluso le espetó que políticamente tal vez sería mejor que le apresaran... Neruda enmudeció al escuchar aquel comentario y le dijo con incredulidad: «Si me detienen, estos tipos me van a humillar. Me van a someter a todo tipo de indignidades».[819]

Desde que abandonaron aquella casa, el joven historiador Álvaro Jara, entonces militante comunista, se hizo cargo de la seguridad del poeta. Hasta principios de junio permanecieron en la parcela que Julio Vega tenía en Santa María de Chena. Después, los instaló en la casa del número 14 de la calle Cervantes del cerro Lecheros de Valparaíso, que pertenecía a la señora Keinkert, según averiguó años más tarde la periodista Sara Vial.[820] Allí, desde un subterráneo que miraba hacia la bahía, escribió «El fugitivo», buena parte de «El gran océano» y el principio de «Los conquistadores».[821]

Pero el plan para sacarlos por vía marítima no se llegó a poner en marcha y regresaron a la capital. Llegaron a la casa de Aída Figueroa y Sergio Insunza, un joven matrimonio de abogados comu-

819. Testimonio de Víctor Pey recogido por José Miguel Varas. *Rocinante*, n.º 36. Santiago de Chile, octubre de 2001, pp. 26-28.

820. En el año 2000 se inauguró allí una placa conmemorativa. El 1 de julio de 2015, la Municipalidad de Valparaíso ha abierto esta casa a los visitantes, tras acondicionarla con el mobiliario de la época. *La Nación*. Santiago de Chile, 1 de julio de 2015. www.lanacion.cl

821. Soto Gómez, César: «Breve historia de los manuscritos del *Canto General*». *Pablo Neruda. Canto general. Manuscritos originales. Colección de César Soto Gómez*, pp. 11-16.

nistas. El partido les había pedido que acogieran a militantes que huían de la represión, principalmente originarios de la zona del carbón. Un día tocaron el timbre y Aída Figueroa, que estaba ocupada cuidando de su hija de un año, abrió y les reconoció de inmediato.[822] «Qué casa más linda que tienen ustedes», exclamó el poeta al entrar en aquel pequeño departamento de la calle Ismael Vergara, en un sexto piso, frente al Parque Forestal... y muy cerca del Cuartel General de Investigaciones. «En esas circunstancias era imposible no ver a Pablo en calzoncillos o a *la Hormiga* encremándose o poniéndose los tubos en el pelo», ha explicado Aída Figueroa recientemente.[823] «Si se toleraba esta vida, se convertía en vínculo y así fue: ellos pasaron a ser parte de nuestra familia; nuestros hijos después los llamaban el tío Pablo y la tía *Hormiga*». Fue allí donde escribió «La lámpara en la tierra», cuyo original les obsequió con esta dedicatoria: «Este es el primer canto de mi obra *Canto General*. Lo escribí en días de traición y persecución, en casa de amigos que me dieron hospitalidad: Aída, Sergio y la pequeña Aída Insunza». En 1984, Aída Figueroa relató que Delia del Carril revisaba cada día las carillas escritas por el poeta y anotaba al margen sus observaciones y recomendaciones. «Pablo respetaba mucho su criterio literario. Era muy crítica, incluso a veces despiadada para expresar sus opiniones».

Por su parte, Sergio Insunza destacó cómo aquella amistad les enriqueció y trazó un perfil humano del poeta, a quien trató de manera muy cercana hasta sus últimos días: «Le agradecemos, por ejemplo, que nos haya enseñado a valorizar las cosas mínimas: los árboles del parque, las piedras del mar, los libros viejos, las texturas, los olores, los sabores. Era un incansable descubridor de las cosas terrenales, aunque se viera obligado a permanecer encerrado en una pieza. Era un hombre de una llaneza absoluta. Le aburría toda forma de pedantería; era inútil ventilar con él cualquier teoría en términos académicos. Prefería hablar de recetas de cocina o de viejas películas. Era de un humor incansable y de una ironía leve y certera. No entendía las tesis que los estudiantes de lite-

---

822. Mansilla, Luis Alberto: «Vivir con Neruda. Conversación con Aída Figueroa y Sergio Insunza». *Araucaria de Chile*, n.º 26. Madrid, 1984, pp. 89-105.

823. Oses, Darío: «Aída Figueroa Yávar: toda una vida». *Nerudiana*, n.º 15-16. Santiago de Chile, 2014, pp. 50-52.

ratura escribían sobre su poesía. Detestaba el lenguaje de los sociólogos y de los políticos adocenados. Y nunca he encontrado a una persona que hablara mejor que él». Destacó también que no conocía de memoria ninguno de sus poemas, ni siquiera «Farewell» o el «Poema 20», y en cambio era capaz de declamar largas estrofas de Rimbaud en francés o los versos de su amigo Alberto Rojas Giménez.

Al aproximarse el 12 de julio, el poeta les pidió organizar una fiesta de cumpleaños con sus amigos, como acostumbraba. «Cuando le hicimos ver los peligros», explicó Sergio Insunza, «Pablo dijo "yo quiero solamente una fiesta de cumpleaños", con aire de niño contrariado». Y así fue y la casa fue adornada con guirnaldas, serpentinas, globos y todos se pusieron gorros de papel y narices postizas para festejar junto con Juvencio Valle, Rubén Azócar, Volodia Teitelboim, Diego Muñoz, Luis Enrique Délano, Carlos Vassallo y Manuel Solimano, con sus respectivas esposas, su cuadragésimo cuarto aniversario. «Pablo prohibió hablar de cosas dramáticas y dijo que González Videla no podía perseguir también nuestra alegría».[824]

En agosto, les acogieron el arquitecto Simón Perelman y su esposa Elisa Ide, en su casa del número 999 de la calle Antonio Varas de Providencia,[825] justo cuando la editorial Neira lanzaba una edición de lujo limitada de *Alturas de Macchu Picchu*, con ilustraciones de José Venturelli.[826]

En la última semana de aquel mes, en el congreso de intelectuales que se celebraba en Wroclaw (Polonia) para sentar las bases del Movimiento Mundial de Partidarios de la Paz, con la participación de quinientos delegados de cuarenta y seis naciones, Pablo Picasso pronunció un discurso para expresar su solidaridad con el poeta chileno perseguido: «Tengo un amigo que debería estar aquí, un amigo que es uno de los mejores hombres que haya conocido. No es solamente el más grande poeta de su país, Chile, sino también el más grande poeta de la lengua española y uno de los

---

824. Mansilla, Luis Alberto: «Vivir con Neruda. Conversación con Aída Figueroa y Sergio Insunza». *Araucaria de Chile*, n.º 26. Madrid, 1984, pp. 89-105.

825. En este punto seguimos los datos proporcionados por la historiadora Francisca Carreño y también: Varas (2003), pp. 25-26.

826. *Ercilla*. Santiago de Chile, 3 de agosto de 1948, p. 13.

más grandes poetas del mundo: es Pablo Neruda». «Mi amigo Neruda está actualmente acorralado como un perro y nadie sabe ni siquiera dónde se encuentra».[827]

El 3 de septiembre se promulgó la Ley de Defensa Permanente de la Democracia (llamada *Ley Maldita* por sus oponentes), que proscribía la existencia del Partido Comunista y privó a sus militantes de los derechos políticos.[828] Más de mil comunistas fueron encerrados en Pisagua a fines de aquel año.[829]

El 17 de septiembre, de madrugada, avisaron a Manuel Solimano de que Neruda le esperaba. Era otro de sus grandes amigos. De origen italiano, introdujo al poeta en el culto a los tallarines al pesto, que él preparaba con mano diestra, y le hizo de transportista en innumerables ocasiones. «Fui a buscarlo y le dije que me parecía peligrosa mi casa para él pues estaba vigilada, como todas las de sus amigos. Contestó sonriendo: "Manuel, después de tantos años de vivir aquí aún no conoces a los chilenos... Para el 18 nadie detiene a nadie". Lo recibimos, llamó a todos sus amigos habidos y por haber [...] y nos leyó parte de su *Canto general* aún no editado. Así pasaron dos días y medio de fiesta y amistad. Y nada pasó, él tenía razón».[830] Su hija María Inés tenía en aquel momento 16 años y recuerda que, cuando lo acogieron en la casa (ubicada en Las Dalias con Invencible Armada), Neruda salía a poner frasquitos de vidrio con agua y azúcar en los arbustos del jardín para atraer a los colibríes... «Lo conocí como el *tío* Pablo. Nunca tuvo gran comunicación con los niños chicos. Yo le *odiaba* porque muchas veces pasaba que mi papá decía: "Vamos a ir al cerro San Cristóbal a elevar volantines el domingo". Pero le llamaba Pablo desde Isla Negra y le decía: "Manuel, ven a almorzar conmigo". Y nos dejaba botados o nos llevaba... y nos aburríamos porque era un ambiente de intelectuales de todas partes del mundo y nosotros éramos unos

---

827. Amorós (2012), pp. 67-68.

828. Salas Fernández, Sergio: «La elección presidencial de 1946. El calor de la *guerra fría*». San Francisco, Alejandro y Soto, Ángel (eds.): *Camino a La Moneda. Las elecciones presidenciales en la Historia de Chile. 1920-2000*. Instituto de Historia de la Universidad Católica y Centro de Estudios Bicentenario. Santiago de Chile, 2005, pp. 207-242.

829. Samaniego Mesías, Augusto: *Encuentro de historias vividas con Neruda. Chile:* Ley Maldita *y poemas del* Canto General. Santiago de Chile, 2013, p. 40.

830. Poirot (1987), p. 146.

cabros no más. En Isla Negra la casa era muy inhóspita y generalmente teníamos que almorzar en el restaurante de la señora Elena, quien tenía una hostería. En cambio, *la Hormiguita* era encantadora, lo más simpática».[831]

El 10 de octubre el diario *La Hora*, del Partido Comunista argentino, publicó una entrevista a Neruda «desde algún lugar de América». Transmitió su agradecimiento a todos sus amigos del continente y del mundo por su preocupación y les hizo saber: «Mi salud es espléndida y me acompaña Delia». El periodista le preguntó por qué razones había asumido una actividad política tan notoria «teniendo en cuenta, sobre todo, que un vasto sector de sus admiradores literarios le reprocha su beligerancia actual en este terreno y preferirían verlo dedicado exclusivamente al culto de las letras». Su respuesta fue más poética que política: «Me pareció inútil seguir ahondando en las raíces del dolor humano. En mi trabajo literario llegué a un punto muerto, a un estrato inmóvil del pensamiento universal, a una coincidencia totalmente estéril. Entonces busqué el camino más reflexivo en la lucha contra el dolor, cuya esencia no es fundamentalmente metafísica, ni religiosa, sino social, accidental, producto de la relación establecida entre los seres humanos. Este camino y esta lucha me parecieron lo más noble. Tengo cada día el sentimiento profundo de cumplir un deber. Fui un escritor nocturno que pasó parte de su existencia andando pegado a las paredes en una noche vacía. Ahora soy feliz. Debemos andar por el medio de la calle y al encuentro de la vida».[832]

Después de ocultarse de nuevo en la parcela de Julio Vega en Santa María de Chena, en la casa de Tomás Lago en Santiago y en la de Francisco Mackenna en Los Vilos (a unos 230 kilómetros al norte de la capital), llegaron a Ñuñoa, a la casa de Luis Enrique Délano y Lola Falcón. Su hijo Poli tenía entonces 12 años y una tarde al regresar de la escuela se encontró por sorpresa con sus *tíos* Delia y Pablo en su casa, solos. «Me explicaron que ellos se iban a quedar ahí un tiempo y que no tenía que decir nada». Aquella norma de la clandestinidad tuvo algunas repercusiones en su preadolescencia: «Fui muy fiel en eso de no decirle a nadie. Tenía una po-

---

831. Entrevista a María Inés Solimano de la historiadora Francisca Carreño.
832. Entrevista consultada en el archivo de Gunther Castanedo Pfeiffer.

lola que regularmente me iba a ver y tuve que suspender las visitas porque estaban ellos... Lo peor era que no le podía decir por qué tenía que suspender sus visitas...».

En aquellas semanas el poeta le obsequió un regalo que aún conserva: una cajita con compartimentos y algodones con conchitas marinas y caracoles chilenos en la que él mismo había escrito: *Molusca chilensis*.[833]

HACIA LA LIBERTAD

Transcurrían los meses y los distintos planes concebidos por el Partido Comunista para expatriar a Pablo Neruda habían resultado estériles. Fue Víctor Pey quien ideó el que finalmente implementaron... y una década después pudo devolver el favor a quien le subió al *Winnipeg*. A fines de 1948, Pey recibió la visita de Jorge Bellet, quien en aquel tiempo era el encargado de once aserraderos en el interior de la provincia de Valdivia, en una zona de la cordillera que no era tan elevada como en la parte central del país. Su propietario era un empresario llamado José Rodríguez.

Pey preguntó a Bellet si creía posible sacar a un amigo suyo, militante comunista, por allí hasta Argentina. Planearon hasta el último detalle y presentó esa posibilidad a la dirección del Partido Comunista, que dio luz verde. Pasaron las semanas y, debido a un temporal, Bellet no se contactó con Pey, quien debió viajar a Valdivia. «Fuimos juntos a Huainahue, el aserradero, revisamos el lugar, hicimos una inspección del camino, un camino de selva, abierto a hacha [...]. Hasta ese momento, Bellet no sabía quién era el personaje en cuestión».[834] En Santiago, Bellet y él se reunieron con el secretario general del PC, Galo González, y ajustaron los últimos detalles. El Partido Comunista llamó entonces a Manuel Solimano, quien poseía un negocio de venta de automóviles para que prestara uno adecuado.

La partida hacia el sur se produjo días después del 5 de febrero de 1949, cuando Neruda fechó en «Godomar de Chena» el

833. Entrevista a Poli Délano de la historiadora Francisca Carreño.
834. Testimonio de Víctor Pey recogido por José Miguel Varas. *Rocinante*, n.º 36. Santiago de Chile, octubre de 2001, pp. 26-28.

poema que situó como el último de *Canto general*. «Desde el primer momento comprendí que había llegado la hora de escribir mi libro», explicó en 1954. «Fui estudiando los temas, disponiendo los capítulos y no dejé de escribir sino para cambiar de refugio. En un año y dos meses de esta vida extraña quedó terminado».[835]

En 1993, Álvaro Jara explicó cómo evolucionó la singular «producción» de esta obra monumental. «Hacia el fin de 1948, *Canto general* adquirió su forma casi definitiva, pues Pablo agregó con posterioridad algunos poemas, pero la obra gruesa ya estaba terminada. Nana Bell, hija de Graciela Matte, amiga muy querida de Pablo y Delia, fue la cuidadosa mecanógrafa. Me tocó llevar y traer muchos originales, copias y correcciones, hasta que el poeta estuvo tranquilo con la versión final». Antes de su partida hacia el sur, relató Jara, se alojó en casa de Graciela Matte «y allí se encargó personalmente de compaginar las copias de Nana». Una de estas la utilizó el Partido Comunista para la edición clandestina que realizó en 1950.[836]

Así pues, un día de mediados de febrero de 1949 se puso en marcha la operación para sacar al poeta de Chile. Inicialmente, Neruda viajaba con su vecino de Isla Negra, el doctor Raúl Bulnes,[837] ya que su automóvil portaba un banderín oficial del Cuerpo de Carabineros, en el que trabajaba, y con Jorge Bellet. En el otro vehículo, un Chevrolet cedido por Solimano, viajaba Víctor Pey y conducía un militante comunista. Pasado sin problemas el control policial de Graneros, Neruda y Bellet subieron al Chevrolet y Bulnes y Pey regresaron a Santiago. «Cambiamos las maletas de auto y también las cajas con libros y un cajón de whisky. Nos despedimos con un brindis. A todo esto Pablo se había dejado barba y, para mayor seguridad, se refugiaba tras unos grandes lentes

---

835. Neruda, Pablo: «Algo sobre mi poesía y mi vida». *Aurora*, n.º 1. Santiago de Chile, julio de 1954, pp. 10-21.

836. En 1953, Neruda pasó a visitarle y, en su ausencia, anotó en su ejemplar de *Canto General*: «Para Álvaro Xara que vio nacer este Canto en circunstancias difíciles, su protegido que no lo olvida». Jara, Álvaro: «Neruda 1948: el poeta inalcanzable». *Simposio internacional sobre Pablo Neruda*. Universidades de Oxford y Warwick. 12-16 de noviembre de 1993. Notas cedidas por la historiadora Francisca Carreño.

837. En *Odas elementales* incluyó la «Oda al laboratorista» en su honor.

oscuros», explicó Bellet.[838] El poeta llevaba documentación falsa que le acreditaba como «Antonio Ruiz Lagorreta, ornitólogo» y le otorgaba el número de cédula de identidad 444968.[839]

El viaje transcurrió sin mayores incidentes, aunque un carabinero detuvo el vehículo para solicitarles que le llevaran durante un tramo. Atravesaron Temuco y el poeta pidió pasar, sin detenerse, por la casa de su familia.[840] «Pensé qué extraño era mi destino. Yo crecí en esta ciudad, mi poesía nació entre el cerro y el río, tomó la voz de la lluvia, se impregnó como madera de los bosques, y ahora en el camino hacia la libertad, después de la lucha, me tocaba al lado de Temuco, solo, sentado en una piedra, oír la voz del agua que me enseñó a cantar», afirmó el poeta en 1952.[841] Siguieron hacia Valdivia y Futrono hasta llegar a la orilla del lago Ranco, donde les esperaba una lancha. Tras cruzarlo, un *jeep* les llevó hasta el lago Maihue, donde otra embarcación les acercó a la ribera oeste. Allí estaban las casas de Hueinahue y los aserraderos.

Un día, de manera imprevista, Bellet recibió el aviso de que el patrón, José Rodríguez, llegaría junto con su padre y cuatro empresarios españoles. «Recurrí a uno de los jefes de la reducción indígena, explicándole ciertas incompatibilidades entre don Antonio Ruiz (seudónimo de Pablo) y José Rodríguez. Generosamente, cedió su ruca [casa] al poeta. Pero Pepe no tardó en pedirme explicaciones. Solo me quedó decirle la verdad... estuvo feliz de participar en la salvación de un hombre que admiraba. En esa ruca pasamos cuatro noches leyendo *Canto general*...».[842]

Desde el lago Maihue, en febrero de 1949, Neruda escribió dos cartas a Delia del Carril. En la primera le relató el viaje desde Santiago y el maravilloso entorno que les envolvía: «El sitio no puede ser descrito. Es la naturaleza hace miles de años, pero con esa ele-

838. *La Tercera.* Santiago de Chile, 29 de agosto de 1982. Suplemento *Buen Domingo*, pp. 8-12.

839. *Ahora.* Santiago de Chile, 26 de octubre de 1971, pp. 6-9. La documentación falsa que Neruda empleó en su huida clandestina fue reproducida en: *Araucaria de Chile*, n.º 8. Madrid, 1979, pp. 22-27.

840. Quichiyao Figueroa, Ramón: *Un camino en la selva, un paso a la libertad.* Pentagrama Editores. Santiago de Chile, 2003, p. 60.

841. «Viaje de vuelta». *Pablo Neruda. Obras Completas. IV. Nerudiana dispersa I. 1915-1964*, pp. 857-885.

842. Poirot (1987), p. 150.

gancia de árboles y hojas de nuestro paisaje, el agua se divisa entre los troncos gigantes, los ulmos está florecidos enteramente, como si les hubiera caído nieve». Como la partida hacia Argentina aún no era inminente, le propuso que se desplazara hasta allí con la esposa de Bellet. «No me conteste sino que tenga 2 corales listos para traerlos y si es posible todo el Mamo», dijo en referencia a los textos de su próximo libro, que Bellet había sabido leer con tino. «Es que la verdad yo no escribo para los críticos sino para los hombres con aserradero».

En la siguiente misiva le explicó que estaba montando mucho a caballo a fin de prepararse físicamente para la expedición. «El segundo día estuve tan machucado que no podía moverme, me dolía todo el cuerpo, y las piernas no podía levantarlas, tenía que moverme de lado en la cama para dejarme caer y levantarme. Luego venía el suplicio de ponerme las botas de expedicionario que me compré». Le relató también su amistad con un niño de 9 años llamado Luis Humberto, «que cuida un rebaño de dos chanchas y quince chanchitos de no más de cinco días, especies de cururos, como foquitas lustrosas». Invitó a aquel pequeño a adentrarse en la selva austral con él a la búsqueda de aquel coleóptero del coigüe y de la luma que le descubriera el cuchillero Monge en su infancia. «No tenía desde niño esa impresión, bajo los inmensos árboles que no dejan pasar luz alguna, en la semioscuridad, rodeados por esos troncos imponentes y cargados de enredadera, musgo, barbas. En el suelo una capa espesa como una alfombra que no deja hacer un ruido, y ese silencio empavorecedor que paraliza».[843]

En los últimos días antes de la partida hacia Argentina el Ministerio de Tierras envió a la zona a un funcionario para resolver unas reclamaciones interpuestas contra Bellet. Resultó ser Víctor Bianchi, viejo amigo de Neruda, quien dejó un relato escrito de aquella aventura.[844] Y llegaron también Manuel Solimano y su familia a pescar. Cuando iban en barco cruzando el lago Ranco en

843. Véanse las dos cartas de Pablo Neruda a Delia del Carril desde el lago Maihue en febrero de 1949 en: Lago, Tomás: *Ojos y oídos. Cerca de Neruda.* LOM Ediciones. Santiago de Chile, 1999, pp. 127-130.

844. Este texto fue recuperado por su hijo, el doctor Víctor Bianchi, y publicado por José Miguel Varas en: *Cuadernos de la Fundación Pablo Neruda*, n.º 51. Santiago de Chile, 2002, pp. 6-17.

dirección a Llifén, escucharon los gritos desde una lancha. «¡Manuel Solimano! ¡Manuel Solimano!». Era Neruda, vestido con un poncho mapuche. Permanecieron varios días con él. «Hacíamos fiestas a la luz de la luna, fogatas, comíamos como chanchos... y muchos chanchos, porque a Neruda le encantaban. También se disfrazaban mi padre, Neruda, Jorge Bellet, Víctor Bianchi... era muy divertido», recuerda María Inés Solimano.[845]

Manuel Solimano evocó que la noche anterior al inicio de la expedición Neruda les dijo solemnemente que tenían que hacer una despedida. «Estaba alegre a pesar de todo. Esa noche había una luna maravillosa a orillas del lago y cantamos y bailamos en ronda. "Quiero llevarme este recuerdo por donde vaya... este recuerdo de mi última noche en Chile con mis amigos, este es mi Chile». «A la mañana siguiente lo acompañé hasta que comenzaba a internarse por los montes y le tomé esa foto a lomos de una mula, con barba mirando la luz del amanecer...».[846]

No está determinada con absoluta exactitud la fecha en que Neruda puso rumbo hacia Argentina. José Miguel Varas la fijó en el 3 de marzo de 1949, al igual que Bellet en su extenso testimonio publicado por *Araucaria de Chile*. En cambio, Víctor Bianchi habló del 11 de marzo... y Neruda, en 1963, del 22 de febrero.[847]

Víctor Bianchi, Jorge Bellet y Pablo Neruda emprendieron el camino junto a tres arrieros. En su equipaje, con el título *Risas y lágrimas*, firmado por un imaginario Benigno Espinoza,[848] el poeta llevaba el texto de *Canto general*.[849] Improvisó también unos versos que fueron grabados en algún lugar del camino: «Qué bien aquí se respira / en el paso del Lilpela / donde no llega la mierda / del traidor González Videla».

Después de algunas horas de trayecto llegaron a las Termas de Chihuío. Allí, en torno al fuego, una veintena de fornidos hombres de las montañas asaban enormes trozos de carne en las brasas que iluminaban la estancia y partían quesos. «Toda esta sala estaba

845. Entrevista a María Inés Solimano de la historiadora Francisca Carreño.
846. Poirot (1987), p. 146.
847. *El Siglo*. Santiago de Chile, 2 de septiembre de 1963, p. 10.
848. Neruda, Pablo: «Algo sobre mi poesía y mi vida». *Aurora*, n.º 1. Santiago de Chile, julio de 1954, pp. 10-21.
849. *La Tercera*. Santiago de Chile, 8 de julio de 2000, p. 57.

alumbrada solamente por las brasas», señaló Jorge Bellet. «Y una vez que nos acostumbramos a ver con más claridad descubrimos que alrededor había veinte o veinticinco personas [...] arrieros, contrabandistas, gente muy extraña y recia. Nos colocamos en un rinconcito y allí comenzamos a charlar y Pablo con esa monotonía de su voz nos contaba una cantidad de anécdotas. Había pasado una media hora cuando me di cuenta de que nuestro rinconcito se había convertido en el escenario de un anfiteatro, porque estos veinticinco bandoleros nos habían rodeado y estaban escuchando atentamente las cosas que hablaba Pablo», explicó Jorge Bellet.[850]

Junto con las memorias de Neruda, el cuaderno de Víctor Bianchi ofrece el relato más vívido de la dificultad de aquella singular expedición que partió hacia su etapa crucial cuando amanecía en los Andes: «Después del baño termal y un buen desayuno, partimos los seis hombres, un cuarto para las ocho, rumbo a los imponentes Colmillos del Diablo que se divisaban entre nubes. Durante dos horas subimos sin cesar. Subimos por laderas boscosas. Subimos por lechos de ríos pedregosos. Subimos entre peñascos, troncos caídos y bordes de precipicios. Subimos y subimos y los Colmillos del Diablo siempre estaban a la misma distancia. Atrás habían quedado las últimas casitas y ganados, y junto con estrecharse las paredes de los cerros, la selva empezó a cerrarse a nuestro alrededor, cada vez de un verde más oscuro y húmedo. A cada momento el sendero cambiaba de rumbo, ya sea para sortear los troncos caídos o para evitar una roca. El paisaje era único e infinito. Coigües, robles, tepas, raulíes, boquis, helechos, quilas. Del suelo brotaban tenues columnas de vapor y algunos aislados rayos de sol cambiaban a manchones la calidad de los verdes. [...] Los árboles gigantes y la alfombra de increíbles musgos y hongos de todas formas vivían entre las plantas trepadoras y la maraña de arbustos. Veíamos los insectos correr entre las hojas caídas y nunca dejamos de oír los gritos de los pitíos y el redoblar de los carpinteros. Y como fondo de los ruidos de la selva siempre tuvimos la compañía próxima o lejana de los torrentes cantando entre piedras. Y subíamos incesantemente, atentos a las ramas que buscaban nuestros ojos e impresionados con la imponente belleza que nos rodeaba».

850. *Ahora*. Santiago de Chile, 26 de octubre de 1971, pp. 6-9.

Uno de los tres arrieros que les acompañó fue Juvenal Flores, un empleado de Bellet, «Aunque era verano, había mucha nieve y tuvimos que ir haciendo camino porque no había huellas», explicó Flores en 2001.[851] Conocían muy bien aquella zona, el camino de «la subida a la cordillera por Chihuío», porque alguna vez hicieron carreras de caballos por allí. «Por eso sabíamos que era una huella muy mala, pura piedra, un camino estrecho, se resbalaba uno [...]. Era muy peligroso. Había unos peñascos como de quince metros, muy peligrosos, que eran de pura piedra [...]. El camino estaba tapado con nieve y nosotros limpiamos la nieve y pasamos por las puras piedras. Como los caballos estaban herrados, se agarraban bien».[852]

Ya en territorio argentino, relató Bellet, la bajada era mucho más sencilla, con la vegetación más ordenada. «Al atardecer estábamos en Huahum, al costado poniente del lago Lácar, a unos quinientos metros del último retén fronterizo chileno. No hubo problemas en el control de los policías argentinos y hacia el final de la tarde abordamos en uno de sus últimos viajes la lancha que cruza el lago para alcanzar San Martín de los Andes».[853] Bellet, Bianchi y Neruda llegaron al hotel de esta ciudad y aguardaron durante varios días, con el poeta muy nervioso, la llegada del contacto del Partido Comunista argentino. Para no llamar la atención de las autoridades, decidieron invitar a cenar al prefecto de policía y al jefe de la guarnición militar, presentándose como ricos hacendados chilenos. Finalmente, lograron establecer contacto con los comunistas argentinos, que trasladaron al poeta hasta Buenos Aires, a más de mil quinientos kilómetros de distancia. Allí Miguel Ángel Asturias le prestó su pasaporte, ya que tenían un mínimo parecido físico, y con esta documentación llegó a Montevideo y posteriormente a Europa.[854]

El 13 de diciembre de 1971, tres días después de recibir el Premio Nobel de Literatura, el poeta inició su Discurso de Estocolmo con una bella evocación de aquella peligrosa travesía por el cora-

---

851. *La Segunda*. Santiago de Chile, 22 de julio de 2001, p. 48.

852. *La Nación*. Santiago de Chile, 16 de julio de 2001, p. 40.

853. Bellet, Jorge: «Cruzando la cordillera con el poeta». *Araucaria de Chile*, n.º 47-48. Madrid, 1990, pp. 186-202.

854. *Confieso que he vivido*, p. 261.

zón rocoso y nevado de su patria, por los Andes, que le condujo hacia la libertad. «De todo aquello, amigos, surge una enseñanza que el poeta debe aprender de los demás hombres. No hay soledad inexpugnable. Todos los caminos llevan al mismo punto: a la comunicación de lo que somos. Y es preciso atravesar la soledad y la aspereza, la incomunicación y el silencio...».[855]

A principios de abril de 1949, el excelente periódico cultural *Pro Arte*, dirigido por su amigo Enrique Bello, tituló en primera página: «Neruda entrega su *Canto General*». «Una obra capital de la poesía chilena y americana acaba de ser terminada. Pablo Neruda ha puesto fin, en estos días, a su *Canto General*, obra que hará época en la producción artística de nuestro país...».[856]

855. *Pablo Neruda. Discursos y recuerdos del Premio Nobel de Literatura de 1971*. Fundación Pablo Neruda. Santiago de Chile, 2011, pp. 15-26.

856. *Pro Arte*, n.º 39. Santiago de Chile, 7 de abril de 1949, p. 1.

8

Las uvas de Europa

Después de un largo año en la clandestinidad, la aparición pública de Pablo Neruda el 25 de abril de 1949 en París, en la jornada de clausura del primer Congreso del Movimiento Mundial de Partidarios de la Paz, ante Pablo Picasso y Charles Chaplin, ante Paul Éluard y Lázaro Cárdenas, fue ciertamente espectacular. En junio viajó por primera vez a la Unión Soviética y rindió un informe al PCUS sobre la situación política en su país y la actuación de su partido. Llegó a Polonia, Hungría y Checoslovaquia y en septiembre, en México, su recurrente flebitis le mantuvo en cama durante varios meses. Allí preparó la edición príncipe de la que consideró su obra más importante, *Canto general*, que presentó el 3 de abril de 1950. Las guardas de Diego Rivera y David Alfaro Siqueiros y la edición clandestina realizada por el Partido Comunista en Chile redondearon su aureola de auténtico clásico, con mayúsculas, de la literatura universal. La difusión internacional de su obra empezó a multiplicarse con la publicación de antologías en diversos países y las ediciones extranjeras de sus trabajos más representativos. En diciembre de 1950 fue recibido con fervor en su primera visita a Italia. A lo largo de aquellos tres años en el exilio, consolidó su relación paralela con Matilde Urrutia, con quien se refugió en Capri en enero de 1952 y a quien dedicó un poemario amoroso que debió proteger con el anonimato: *Los versos del capitán*.

«EL POETA DEL MUNDO» EN LA SALA PLEYEL

En 1949, la Guerra Fría ya era una realidad cotidiana y el mundo estaba dividido en dos bloques políticos, económicos y militares. Aquel año las potencias capitalistas crearon la OTAN, la división de Alemania era un hecho y la Revolución China triunfaría el 1 de octubre. En Vietnam perduraba la lucha contra el colonialismo francés y en Grecia, la guerra civil. En España, la dictadura franquista había resistido la derrota del fascismo en la Segunda Guerra Mundial.

En este contexto, el 20 de abril de aquel año empezó en la Sala Pleyel de París el primer Congreso Mundial de Partidarios de la Paz, amparado por la intelectualidad comunista y con evidente cercanía a las posiciones soviéticas, en un momento en que solo Estados Unidos tenía armamento nuclear. Fue convocado por un grupo de setenta y cinco intelectuales de diecisiete países y su temario abordaba asuntos como la carrera armamentista, el papel de las Naciones Unidas en la preservación de la paz en el mundo, la prohibición de la propaganda de guerra, el respeto a la soberanía de las naciones... A su inauguración asistieron casi tres mil delegados en representación de setenta y dos estados, principalmente artistas, científicos e intelectuales, como Charles Chaplin, Paul Éluard, Frédéric e Irène Joliot-Curie, Pablo Picasso, Giulio Einaudi, Pietro Nenni, Arnold Zweig, Howard Fast, Langston Hughes, Iliá Ehrenburg, Diego Rivera, Lázaro Cárdenas, Nicolás Guillén, Juan Marinello, Jorge Amado o Miguel Otero Silva.[857]

Uno de aquellos días Pablo Picasso e Iliá Ehrenburg se dirigieron a una calle próxima a la Comédie Française, donde Neruda estaba instalado desde hacía muy poco con Delia del Carril. «Al verlo me quedé sorprendido», escribió Ehrenburg, «nunca habría pensado que un bigote, incluso uno tan enorme, pudiera cambiar hasta tal punto el rostro de una persona. [...] No podía dejarse ver en la Sala Pleyel hasta que las autoridades "legalizasen" su entrada

857. Sanhueza, Jorge: «Neruda 1949». *Anales de la Universidad de Chile*, n.º 157-160. Santiago de Chile, enero-diciembre de 1971, pp. 197-207. En sus memorias, Iliá Ehrenburg quiso destacar que participaron muchos políticos, escritores y artistas «alejados de la ideología comunista». Mencionó entre los miembros del comité promotor a la reina Isabel de Bélgica, al escritor alemán Heinrich Mann (hermano mayor de Thomas Mann) y a los pintores Henri Matisse y Marc Chagall y entre las organizaciones que lo auspiciaban también estaban la Unión de los Relojeros de Ginebra, la Unión de Artistas Argentinos o la Asociación de Amas de Casa Noruegas. Además, asistieron personas comunes, como la señora Gueret, delegada de Lorient, que había perdido a cuatro hijos en la última contienda mundial.

en Francia, un asunto que todavía, en ese instante, era objeto de negociación». Almorzaron y el poeta les relató su huida de Chile. «Elogió el vino de Borgoña, sin dejar pasar la ocasión de mencionar que en Chile había vinos mejores».[858]

Fue en aquellas semanas cuando se estrechó su amistad con Picasso. «Ingresé a París de manera milagrosa y clandestina», dijo en abril de 1973. «Por supuesto, no tenía papeles ni mucho menos un pasaporte con mi nombre. Picasso me acogió en Vallauris [su casa de la Costa Azul], me dio las llaves de su taller, lo que ya era una prueba de máxima confianza. Y no solo eso: se preocupó de mis papeles y de que no fuera expulsado de Francia. Hizo toda clase de gestiones, a pesar de que siempre estaba trabajando y que no le gustaba distraerse en cosas ajenas a su pintura. Le hablaba a personajes de la cultura y la política. Tomó mi situación como una causa propia».[859] Así lo corroboró Jorge Amado, quien acompañó al pintor español en su recorrido por varios despachos parisinos para solucionar la situación administrativa de Neruda en Francia. Mientras tanto, su esposa estaba ingresada en el hospital, a punto dar a luz. En un momento, desde un bar, telefoneó al centro sanitario y le confirmaron el nacimiento de Paloma y que Françoise se encontraba bien. Solo faltaban unos detalles finales para resolver el problema del poeta chileno y Amado le indicó que fuera a conocer a su hija. Pero lo rechazó y comentó tajante: «Solo cuando hayamos resuelto». Ante las rígidas normas de inmigración galas, Neruda tuvo que salir de Francia, con la policía de fronteras avisada, y volver a entrar ya con su pasaporte en regla.[860]

Fue en la undécima y última sesión del Congreso, el 25 de abril, cuando Yves Fargue anunció la intervención de un último orador: «El hombre que va a hablarles está solo desde hace unos minutos en la sala. Ustedes no lo han visto todavía. Es un hombre persegui-

858. Ehrenburg, Iliá: *Gente, años, vida (Memorias 1891-1967)*. Acantilado. Barcelona, 2014, pp. 1.596-1.608.

859. Entrevista de Luis Alberto Mansilla a Pablo Neruda. *El Siglo*. Santiago de Chile, 15 de abril de 1973. *Revista Semanal*, pp. 8-9.

860. Amado, Jorge: *Navegación de cabotaje. Apuntes para un libro de memorias que jamás escribiré*. Alianza Editorial. Madrid, 1994, pp. 129-130. Sobre el Movimiento Mundial de Partidarios por la Paz, este trabajo analiza el papel que desempeñó en sus primeros años el gran pintor español: Utley, Gertje R.: *Picasso. The communist years*. Yale University Press. Singapur, 2000, pp. 101-116.

do... Es Pablo Neruda». Su entrada fue acogida por una ovación «ensordecedora», anotó Ehrenburg. «No todos habían leído sus poemas, pero lo cierto es que nadie ignoraba que era el famoso poeta que se había opuesto a un dictador, que había vivido en la clandestinidad y cruzado los Andes».[861] En su breve discurso, el poeta, que fue elegido como miembro del Consejo Mundial de la Paz, afirmó: «La persecución política que existe en mi país me ha permitido apreciar que la solidaridad humana es más grande que todas las barreras, más fértil que todos los valles». Se refirió a la amenaza de una nueva guerra en el mundo y, antes de leer «Un canto para Bolívar», aseguró que su experiencia y su poesía estarían al servicio de la paz.[862]

El escritor estadounidense Howard Fast, militante comunista y autor poco tiempo después de la novela *Espartaco*, que inspiraría la célebre película protagonizada por Kirk Douglas, narró en un artículo su aparición en el Congreso Mundial de los Partidarios de la Paz: «Creo que fue el día en que Pablo Neruda llegó a la sala del Congreso cuando me resultó, más claro que nunca, lo que significan las fuerzas del genio, el talento y el intelecto que están de nuestro lado. Del lado de la Paz y la Democracia». Mencionó a algunos de los asistentes, como Pablo Picasso, «el artista del mundo», Éluard y Joliot-Curie y su esposa, cuya presencia estaba anunciada y difundida. «Esa sensación de naturalidad desapareció cuando oí que Pablo Neruda, el poeta de Sudamérica —y el poeta del mundo, al igual que Picasso su artista—, se encontraba presente. [...] Neruda, que era como la conciencia del mundo, que había hecho una nueva canción vital y democrática y una nueva y más terrible denuncia de la corrupción del imperialismo. A través de Neruda, Chile había tomado forma para el mundo. No sé cómo Neruda llegó a París, pero llegó. Recuerdo que corrí al *hall* principal. Fue un momento de interrupción, pero en la plataforma una multitud oscurecía al hombre que se había transformado en leyenda. Subí, esperé y después de un instante pude estrechar su mano y transmitirle los saludos de mi país. No hablamos mucho. Estaba muy cansado y cien personas le hacían preguntas simultáneamente. Con

861. Ehrenburg, pp. 1.596-1.608.
862. Sanhueza, Jorge: «Neruda 1949». *Anales de la Universidad de Chile*, n.º 157-160. Santiago de Chile, enero-diciembre de 1971, pp. 197-207.

una mano se tenía de Picasso, como si esta realidad pudiera disiparse repentinamente, y con la otra saludaba y saludaba».[863]

La noticia procedente de París recorrió el mundo transmitida por las agencias de noticias: «Intempestivamente y sin aviso de ninguna especie apareció hoy en esta capital el perseguido poeta comunista chileno Pablo Neruda. Asistió a la sesión matinal del Congreso Mundial de los Partidarios de la Paz que se realiza aquí y dirigió la palabra desde la tribuna. El más profundo misterio rodea las circunstancias en que logró salir de su país y realizar el viaje», decía uno de aquellos cables, citado por *El Siglo* muchos años después.[864] Desde luego, González Videla y su Gobierno quedaron en ridículo, puesto que tan solo unos días antes el director de la Policía de Investigaciones, Luis Brun D'Avoglio, había asegurado ante la prensa que el poeta permanecía en el país y que su detención era ya inminente... Inicialmente, Brun D'Avoglio intentó negar la evidencia y culpar a los comunistas de una treta, pero la publicación de una fotografía de Neruda en París abrazándose con Vicente Lombardo Toledano en la revista *Ercilla* arruinó sus excusas.

Otro de los asistentes, el escritor argentino Alfredo Varela, lo acompañó durante las semanas posteriores a algunos de sus lugares preferidos de la capital francesa. «Su curiosidad, como la de los niños, no reconoce barreras». Se adentraron en todo tipo de callejuelas, se detuvieron ante la sucesión de pequeños puestos de libros que acompañan el majestuoso curso del Sena. «Nos hundimos en las misteriosas sorpresas del Mercado de las Pulgas, donde se puede comprar todo, desde un clavo herrumbrado hasta una estatuilla china. De esos recorridos, Pablo regresa triunfalmente enarbolando un caracol raro o un libro amarillento. Aspira profundamente este aire nuevo».[865] Permaneció en Francia durante el mes de mayo y fue invitado a viajar por primera vez a la Unión Soviética en junio, con motivo de la conmemoración del ciento cincuenta aniversario del nacimiento de Alexander Pushkin, a quien dedicaría el

863. *Pro Arte*, n.º 48. Santiago de Chile, 9 de junio de 1949, p. 1. Este artículo se publicó primero en el diario neoyorkino *Daily Worker*.

864. *El Siglo*. Santiago de Chile, 3 de septiembre de 1963, p. 10.

865. *Pro Arte*, n.º 48. Santiago de Chile, 9 de junio de 1949, pp. 1 y 7. Este artículo, del que *Pro Arte* reprodujo una parte, se publicó antes en *Orientación*, órgano de expresión del Partido Comunista Argentino. He podido consultar un ejemplar en el archivo de Gunther Castanedo Pfeiffer.

poema «El ángel de la poesía», que formaría parte de *Las uvas y el viento*. Iniciaba así un largo peregrinaje de tres años por el mundo, principalmente por los países socialistas, como poeta, como militante comunista y como miembro destacado del Consejo Mundial de la Paz.

LENINGRADO 1949: INFORME AL PCUS

Pablo Neruda llegó el 8 de junio de 1949 a Leningrado. Sus posiciones políticas y su poesía eran difundidas en la Unión Soviética desde que en 1937 la revista moscovita *Internatsionalnaia Literatura* publicara un resumen del discurso que pronunció en febrero de aquel año en París en memoria de Federico García Lorca. En 1939, Iliá Ehrenburg tradujo al ruso *España en el corazón* y ya en 1949, con el título de *Stiji* (*Versos*), se publicó su primera antología, que incluyó *España en el corazón*, «Que despierte el leñador», los poemas sobre Stalingrado y el Ejército Rojo y su artículo del 27 de noviembre de 1947 en *El Nacional*, así como un capítulo introductorio de Ehrenburg que sentó las bases del estudio de su poesía en los países socialistas.[866]

El 15 de junio, se entrevistó con el subdirector de la Sociedad para las Relaciones Culturales con el Exterior, E. P. Mitskevich. Un funcionario de apellido Ermolaev tomó nota de la conversación y preparó un informe que fue elevado al Partido Comunista de la Unión Soviética (PCUS) y que ha permanecido inédito hasta ahora. Ante el PCUS, Neruda habló en representación de la dirección del Partido Comunista de Chile. Destacó que la ofensiva de González Videla los había tomado por sorpresa en 1947 y transmitió una valoración crítica de la larga década de apuesta por la confluencia con el centro político, representado por el Partido Radical: «Me parece que nuestro partido se contagió demasiado con el espíritu de la legalidad y el parlamentarismo. Le hemos dado demasiada importancia a la lucha por los puestos en el Senado, en el Parlamento y en los municipios y hemos dejado de movilizar a las masas en la lucha activa. No-

---

866. Volek, Emil: «Pablo Neruda y algunos países socialistas de Europa». *Revista Iberoamericana*, n.º 82-83. Pittsburgh, enero-julio de 1973, pp. 349-368. Número dedicado a Pablo Neruda.

sotros educamos a las masas en el espíritu de lucha contra el imperialismo norteamericano, pero hablamos poco de la reacción interna. Es por ello que ni el Partido Comunista, ni los sindicatos ofrecieron la resistencia que debían a la ofensiva de la reacción. El espíritu de legalidad del partido disminuyó su capacidad combativa. Nos quejamos mucho y cometimos muchos errores».

Señaló que González Videla los traicionó para unirse a los sectores reaccionarios, que defendían los intereses del capital estadounidense. Logró asfixiar la huelga del carbón de octubre de 1947 y así pudo iniciar la represión contra el Partido Comunista. El poeta también trasladó al PCUS que mantenían una sólida estructura, con unos cincuenta mil militantes,[867] y que había reestructurado sus órganos de dirección, con un secretariado integrado por Galo González, Luis Reinoso y Luis Valenzuela en la cima. Elías Lafertte mantenía un estatus especial, conservaba su actividad en el Senado, aunque no expresaba públicamente su condición de miembro del partido. Otra laguna que señaló fue la ausencia de trabajo político entre las masas campesinas, pero destacó la buena relación con la Falange Nacional, un partido de orientación social-cristiana que les había apoyado ante la represión desatada por el Gobierno.[868]

El 25 de junio llegó a Moscú, donde dos días después la Unión de Escritores Soviéticos celebró una velada en su honor en la Gran Sala del Conservatorio. Fue presidida por Alexander Fadeiev, autor del himno *La joven guardia*, y participaron escritores como Semión Kirsánov (discípulo de Maiakovski), Nikolái Tíjonov y Constantín Símonov, aunque el principal discurso lo pronunció Ehrenburg. También visitó la ciudad a orillas del Volga que no pudo conquistar Hitler, a cuya reconstrucción dedicaría su «Tercer canto de amor a Stalingrado».[869] En el libro de visitas del Mu-

---

867. El autor de uno de los estudios de referencia sobre el PC chileno cifró en treinta mil el número de sus militantes en 1946, cifra que descendió «a menos de diez mil» en 1950. Furci, Carmelo: *El Partido Comunista de Chile y la vía chilena al socialismo*. Ariadna. Santiago de Chile, 2008, p. 85.

868. Telegrama e informe de V. Ermolaev a A. L. Orlov del 17 de junio de 1949. Documento procedente del Archivo Estatal de Historia Política y Social (RGASPI) de Moscú. *Dossier* sobre Pablo Neruda, pp. 187-195.

869. Sanhueza, Jorge: «Neruda 1949». *Anales de la Universidad de Chile*, n.º 157-160. Santiago de Chile, enero-diciembre de 1971, pp. 197-207.

seo de la Defensa, anotó: «Nací para cantar a Stalingrado». Asimismo, pidió que depositaran, en su nombre y en el de su partido, una corona de flores en la tumba de Rubén Ruiz Ibárruri, hijo de la Pasionaria, teniente del Ejército Rojo que murió allí en septiembre de 1942.

El 3 de agosto de 1949, un documento del PCUS catalogado como «secreto» hizo balance de su visita. El escrito subrayó la «gran impresión» que le había causado Stalingrado, principalmente los lugares donde se desarrollaron los combates contra los nazis y la magnitud de los trabajos de reconstrucción de la ciudad, y que en todas sus intervenciones glosó la fortaleza de su partido y su lucha contra González Videla.[870]

Meses después, en abril de 1950, en Ciudad de Guatemala, leyó su cuarto texto de *Viajes*, titulado «El esplendor de la tierra», en el que evocó su estancia en Leningrado, Moscú, Stalingrado y en Púshkino, la ciudad natal de Pushkin: «Venid conmigo, poetas, a los bordes de las ciudades que renacen: venid conmigo a las orillas de la paz y del Volga, o a vuestros propios ríos y a vuestra propia paz. Si no tenéis que cantar las reconstrucciones de esta época, cantad las construcciones que nos esperan. Que se oiga en vuestro canto un rumor de ríos y un rumor de martillos».[871] Habló también de Polonia y de Hungría, ya que llegó a Budapest el 23 de julio de 1949, convocado por el Gobierno comunista para participar en los actos por el centenario del gran poeta nacional Sándor Petöfi. En aquellos días apareció una antología de su poesía traducida al húngaro.

Visitó además Checoslovaquia, invitado por la Unión de Escritores, y el 15 de agosto en Praga ofreció una conferencia de prensa. «Soy originario y ciudadano de América, un continente al que muchos por error siguen llamando el Nuevo Mundo. Este nombre no se corresponde con la realidad. El nuevo mundo comienza con la Unión Soviética y se expande por los países de de-

870. Fragmento del documento n.º 36.510 del 3 de agosto de 1949 del Comité Central del PCUS. Documento procedente del Archivo Estatal de Historia Política y Social (RGASPI) de Moscú. *Dossier* sobre Pablo Neruda, pp. 146-148.

871. «El esplendor de la Tierra». Neruda, Pablo: *Viajes*. Nascimento. Santiago de Chile, 1955, pp. 163-199.

mocracia popular. América es un lugar de incendiarios de la guerra, un mundo de naciones oprimidas», dijo ante periodistas checos y corresponsales extranjeros. «En las naciones del continente mandan los representantes más rapaces y salvajes del imperialismo estadounidense. Todas las riquezas naturales de América Latina, el petróleo, el cobre, el hierro... no pertenecen a los pueblos, sino a los imperialistas de Estados Unidos. Ellos dominan de facto todas las riquezas de la región. El hambre y la pésima situación material, la injusticia y las persecuciones, son el verdadero patrimonio de los pueblos de nuestro continente».[872]

UN *CANTO* UNIVERSAL

En agosto de 1949, Pablo Neruda y Delia del Carril viajaron en barco a México. En la travesía, hicieron una breve escala en La Habana y el poeta telefoneó a Ángel Augier, a quien sorprendió con esta presentación: «¡Augier, te habla Monsieur Polymitas». De inmediato, le pidió ayuda para organizar una conferencia de prensa porque quería denunciar la situación política en su país. «Los acontecimientos de Chile preocupan a todo el continente, por lo que significan de agresión a los principios democráticos», dijo a los periodistas cubanos. «Esos sucesos son la natural consecuencia de la política de traición y violencia de González Videla, que obedece a un plan meditado para destruir la economía chilena y entregarla a intereses extranjeros».[873]

El 28 de agosto llegaron a Ciudad de México para participar en el Congreso Continental de la Paz. «La única guerra que tiene verdaderamente partidarios es la guerra contra la miseria, contra la esclavitud, contra la enfermedad, contra la ignorancia, contra los harapos. Esta guerra sí que movilizará a todos los habitantes, aunque se opongan los que lucran con los dolores colectivos. Tal es el sentido de nuestro movimiento: extirpar de raíz las causas de la guerra...», afirmó al día siguiente ante los medios de comunicación.[874]

872. Cable de la Agencia Tass. Praga, 15 de agosto de 1949.

873. Augier (2005), pp. 72-73.

874. Sanhueza, Jorge: «Neruda 1949». *Anales de la Universidad de Chile*, n.° 157-160. Santiago de Chile, enero-diciembre de 1971, pp. 197-207.

El Congreso se inauguró el 5 de septiembre en el Arena Coliseo y asistieron cerca de mil quinientos delegados. En el momento álgido del macartismo en Estados Unidos, unas doscientas cincuenta personas integraban la delegación de este país. El 10 de septiembre, en la clausura, Neruda pronunció un importante discurso que fue publicado clandestinamente en su país por el Partido Comunista, en una edición mimeografiada de siete hojas, y tuvo una notable difusión mundial al ser traducido a más de veinte idiomas, según indicó Jorge Sanhueza.

En su intervención reflexionó sobre su poesía y explicó «una importante decisión personal que no traería a este recinto si no fuera porque me parece estrechamente ligada a estos problemas». Contó que en su estancia en Budapest había firmado un contrato para la publicación de todos sus poemas. Pero, después de contemplar a los miles de muchachos que llegaban a este país desde todo el mundo para participar en el Festival Mundial de la Juventud o de ver a los miles de voluntarios que participaban en la reconstrucción de Stalingrado, después de sentir «la alegría pura, colectiva, innumerable de la nueva juventud del mundo», tomó una decisión crucial. «Y cuando aquel día después de tantos años de no leer mis antiguos libros, recorrí, frente a los traductores que esperaban las órdenes para empezar su trabajo, aquellas páginas en que yo puse tanto esfuerzo y tanto examen, vi de pronto que ya no servían, que habían envejecido, que llevaban en sí las arrugas de la amargura de una época muerta».

Se refería a su obra anterior a 1936 y principalmente a *Residencia en la Tierra*, aquella «catedral en penumbras», como la definió Volodia Teitelboim. «Ninguna de aquellas páginas llevaba en sí el metal necesario a las reconstrucciones, ninguno de mis cantos traía la salud y el pan que necesitaba el hombre allí. Y renuncié a ellas. No quise que viejos dolores llevaran el desaliento a nuevas vidas. No quise que el reflejo de un sistema que pudo inducirme hasta la angustia fuera a depositar en plena edificación de la esperanza el légamo aterrador con que nuestros enemigos comunes ensombrecieron mi propia juventud. Y no acepté que uno solo de esos poemas se publicara en las democracias populares».[875]

875. Neruda, Pablo: «Mi país, como ustedes saben...». *Poesía política de Pablo Neruda. Segundo tomo.* Austral. Santiago de Chile, 1953, pp. 213-225. Aque-

También pesaba en él una noticia reciente que le había impactado profundamente: junto al revólver con el que un joven había puesto fin a su vida habían hallado un ejemplar de *Residencia en la Tierra*.[876]

Al finalizar su discurso, que fue saludado con una sonora ovación, se integró con orgullo a la delegación chilena que se había desplazado a aquel Congreso.[877] Caminaba apoyado en un bastón porque el día anterior, durante el funeral del gran muralista José Clemente Orozco, había sufrido una recaída de su afección de flebitis. Por este motivo, debió guardar reposo durante semanas y alquilaron un departamento en el Paseo de la Reforma. Allí pudo

llas palabras tuvieron una escasa vigencia, puesto que en 1951 aprobó una nueva edición de *Residencia en la Tierra* con Losada. En sus memorias anotó: «Yo también he hablado alguna vez en contra de *Residencia en la Tierra*. Pero lo he hecho pensando, no en la poesía, sino en el clima duramente pesimista que este libro mío respira [...]. Creo que tanto *Residencia en la Tierra*, libro sombrío y esencial dentro de mi obra, como *Las uvas y el viento*, libro de grandes espacios y de mucha luz, tienen derecho a existir en alguna parte». *Confieso que he vivido*, p. 403. Atendió, pues, al texto que Julio Cortázar preparó en septiembre de 1971 como presentación para una edición francesa de *Residencia en la Tierra*: «Escucha, Pablo, de sobra sé, de sobra lo he leído, que tu camino de hombre y de poeta te ha alejado de las dos primeras *Residencias*, que las has apartado de ti con el gesto que creías necesario, y que tu poesía posterior, ese gran canto general que sigue fluyendo de tu vida cuenta más que ellas en tu sentimiento de luchador y de sudamericano. Está bien, hermano, no seré yo quien te niegue la razón de ese deslinde, está bien que la búsqueda y el encuentro de un contacto con tu pueblo y con todos los pueblos te distancie de esos poemas. Vivimos un tiempo violento, vivimos entre aletazos nucleares y genocidios fríamente orquestados desde computadoras y pentágonos; más que nunca el poeta está desnudo al alba de cada día...». «Rechazar las primeras *Residencias* porque no se insertan explícitamente en su tiempo histórico es olvidar que solo por ellas, gracias a esa terrible y maravillosa experiencia poética que fue dando esos poemas, pudiste tú salirte de ti mismo, entrar en la otredad armado de pies a cabeza, lúcido y seguro, y que solo al término de esa larga, lenta exploración de tu contorno, alcanzaste la madurez que nos daría el *Canto General* y tanto más». Cortázar, Julio: «Carta abierta a Pablo Neruda». *Revista Iberoamericana*, n.° 82-83. Pittsburgh, enero-julio de 1973, pp. 349-368, pp. 21-26.

876. Aguirre (1967), p. 104.

877. *Albatros*, n.° 1. Santiago de Chile, noviembre de 1949, p. 1. En esta misma página, Pablo de Rokha saludó su discurso en México: «Neruda da una lección de honor a los que comercian con la burguesía literaria corrompida y producen literatura degenerada a fin de obtener el aplauso de los degenerados».

concentrarse en la revisión final y corrección de las pruebas de imprenta de la que en sus memorias señaló como su obra más importante: *Canto general*. También en la escritura en diciembre de 1949 de los últimos poemas que lo integraron: «González Videla, el traidor de Chile» y «A Miguel Hernández, asesinado en los presidios de España».

Fue en aquellos días cuando se reencontró con Matilde Urrutia, quien, al conocer por la prensa que estaba participando en el Congreso, se acercó a una de las sesiones.[878] Después, se ofreció a ayudar en sus cuidados y Delia del Carril, una mujer completamente ajena a la resolución de las cuestiones más prácticas y cotidianas de un hogar, hasta el punto de que Neruda solía llamarle también «la Vecina», aceptó. «Tuvo una flebitis que lo mantuvo en cama muchos meses [...] yo no podía cuidarlo porque era casadísimo, pues. Era el hombre más casado del mundo», aseveró Matilde Urrutia en una de las últimas entrevistas que concedió. «Yo iba todos los días a verlo, ayudaba en todo lo que podía. Bueno, en cierta forma lo cuidada, pero de lejos no más. No de cerca como lo cuidé después toda la vida».[879] Recuperaron así la relación sentimental que había nacido en 1946 en Santiago de Chile.

Para sacar adelante la edición de *Canto general*, se constituyó una comisión editora integrada por María Asunsolo, Enrique de los Ríos, César Martino, Carlos Obregón Santacilia, Wenceslao Roces y César Godoy Urrutia. La dirección tipográfica estuvo a cargo, de nuevo, de Miguel Prieto. En diciembre de 1949, escribió a Juan Marinello para ponerle al corriente de su evolución: «Mis piernas y el libro van progresando, sin embargo no creo que el libro esté antes de fines de enero. Ya salgo a la calle andando con dificultad».[880]

Diego Rivera y David Alfaro Siqueiros aportaron las dos pinturas que ilustraban, en forma de guardas, la edición. La de Rivera muestra una rica imagen de la América precolombina, con una ceremonia azteca de sacrificio humano, artesanos y campesinos ma-

---

878. Aguirre (1973), p. 253.

879. *Análisis*, n.º 65. Santiago de Chile, 27 de septiembre de 1983, pp. 43-46.

880. Carta de Pablo Neruda a Juan Marinello del 15 de diciembre de 1949 desde México DF. *Cuba Internacional*, n.º 261. La Habana, septiembre de 1991, pp. 37-43.

yas en su vida cotidiana y los incas y Machu Picchu. Siqueiros eligió una simbología más universal con un hombre con el rostro de piedra, con los brazos abiertos, que personifica al pueblo.[881] «La participación de ambos pintores mexicanos en la edición del *Canto general* es un hecho sumamente interesante», destacó Kutéischikova. «Porque precisamente en los murales mexicanos apareció por primera vez la interpretación plástica de la esencia histórica de los pueblos del Nuevo Mundo. En cierto sentido, *Canto general* era el equivalente poético del monumentalismo mexicano y ambos fenómenos constituían una etapa muy importante, tanto en la historia del arte como en la historia de la conciencia nacional de los pueblos del continente latinoamericano».[882]

La tirada de aquel libro de 567 páginas, con un formato de treinta y seis por veinticinco centímetros, fue de seiscientos ejemplares. Quinientos fueron impresos en papel Malinche, de fabricación mexicana y numerados; trescientos cuarenta y tres fueron destinados a los suscriptores, procedentes de veintidós países, que habían aportado veinte dólares cada uno y contaban con la firma de Neruda, Rivera y Siqueiros.[883] Se elaboraron también cincuenta en pa-

881. Varas, José Miguel: «Hace 50 años. El *Canto general* clandestino». *Rocinante*, n.º 19. Santiago de Chile, mayo de 2000, pp. 25-28.

882. Kutéischikova, Vera: «Concepción artística de la realidad latinoamericana en el *Canto general* de Pablo Neruda». *Pablo Neruda. Poeta y combatiente*. Axioma Editorial. Buenos Aires, 1975, pp. 61-83.

883. Entre los suscriptores estaban: desde México, Lázaro Cárdenas, Manuel Ávila Camacho y Frida Kahlo; desde Argentina, Adelina del Carril, Alfredo Varela, Victorio Codovila y Sara Tornú; desde Brasil, Jorge Amado y Luis Carlos Prestes; desde Costa Rica, Alfredo Cardona y Peña; desde Chile, Nemesio Antúnez, Claudio Arrau, Rubén Azócar, Víctor Bianchi, Luis Enrique Délano, Tomás Lago, Gabriela Mistral, Diego Muñoz, el Partido Comunista, Laura Reyes, José Rodríguez y Juvencio Valle; desde Cuba, Juan Marinello, Nicolás Guillén y Blas Roca; desde Venezuela, Miguel Otero Silva; desde Guatemala, Jacobo Arbenz, el Grupo «Saker-Ti», Miguel Ángel Asturias y Augusto Monterroso; desde Francia, Louis Aragon, Paul Éluard y Pablo Picasso; desde Estados Unidos, Paul Robeson; desde Inglaterra, Nancy Cunard; desde Italia, Giulio Einaudi y Renato Guttuso; desde la URSS, Iliá Ehrenburg y Alexander Fadeiev, y desde el exilio español: Rafael Alberti, Julio Álvarez del Vayo, Max Aub, Luis Buñuel, Dolores Ibarruri, Juan Negrín, Luis Suárez y Adolfo Sánchez Vázquez. El ejemplar número 393, dedicado por Neruda a Gonzalo Pedro Losada en agosto de 1958 en Buenos Aires, puede consultarse en la Biblioteca Nacional de España.

pel Chateau (numerados del B-1 al B-50)[884] y cincuenta en papel Manila, sin numerar. La primera edición, «especial y limitada» según consta en el colofón, fue impresa en los Talleres Gráficos de la Nación de Ciudad de México y se terminó de imprimir el 25 de marzo de 1950.[885] El libro se presentó el 3 de abril en el hogar del arquitecto mexicano Carlos Obregón y aquel día Neruda, Rivera y Siqueiros firmaron los ejemplares.[886]

Canto general consta de quince secciones, doscientos treinta y un poemas y más de quince mil versos, ha contabilizado Enrico Mario Santí. Fue su décimo libro publicado, uno de los más extensos y el que más apreció. En opinión de este estudioso, algunas de sus partes, como *Alturas de Macchu Picchu*, son una obra maestra. Otras, a su juicio, contienen «versos que hoy nos parecen ilegibles, víctimas de la retórica de la Guerra Fría, como la sección *Que despierte el leñador*».[887]

En el estudio de su cronología, Hernán Loyola apunta que los poemas más antiguos son de 1938 y los últimos de 1949, y delimita dos etapas «muy diferenciadas». La primera corresponde al período 1938-1946, desde la «Oda de invierno al río Mapocho» hasta «Las flores de Punitaqui». La segunda incluye el trienio 1947-1949, «desde el desencadenamiento de la furia política y poética contra la traición del presidente González Videla, hasta el orgulloso "Yo soy" del exiliado en Europa». La persecución contra su partido y contra él proporcionó el contexto y la energía que requería para otorgar a la obra su aliento épico. De la intención inicial de construir un *Canto general de Chile* (parte VII) pasó a un *Canto general de América*. Este lo conforman las partes II, III y VI entre otras

---

884. Uno de estos ejemplares se lo dedicó posteriormente a Fidel Castro con estas palabras: «A Fidel que sin nombre (porque está en nuestra Historia) circula en las páginas de este libro que le dedico. Venceremos!». Augier (2005), p. 143.

885. En 1950, Ediciones Océano publicó en México una edición facsimilar de cinco mil ejemplares en formato pequeño. Fue reimpresa dos años después con idéntica tirada. Loyola, Hernán: «Notas». *Pablo Neruda. Obras Completas. I. De Crepusculario a Las uvas y el viento. 1923-1954*, p. 1.208.

886. En Chile, a principios de febrero *Pro Arte* público el índice del libro con una nota que explicaba la posibilidad de hacer pedidos a la editorial mexicana Cuahtemoc, en México DF. *Pro Arte*, n.º 79. 3 de febrero de 1950, p. 5.

887. Santí, Enrico Mario: «Introducción» a: Neruda, Pablo: *Canto general*. Cátedra. Madrid, 2002, p. 13.

(«Alturas de Macchu Picchu», «Los conquistadores» y «América, no invoco tu nombre en vano»), en un recorrido de cinco siglos, desde la época precolombina, la conquista europea, la colonia y el amanecer de las repúblicas en el siglo XIX hasta el presente.[888] Y terminó con un *Canto general*, de ámbito universal, en un mundo que se adentraba en una nueva era histórica, configurado esencialmente por las partes IX, XIV y XV: «Que despierte el leñador», «El gran océano» y «Yo soy».[889] «Parafraseando a Nicanor Parra, el *Canto General* ostenta los altibajos de la cordillera de los Andes», escribe Loyola. «De entrambos dependen la belleza y la majestuosidad de la cordillera total, que es la que cuenta».[890]

Por su parte, Pring-Mill subrayó que *Canto general* no tiene solo poesía épica, sino también lírica, satírica, elegíaca, política. En *España en el corazón* había asumido por primera vez un compromiso social y político explícito, que con esta obra profundizó. «Neruda abandona el deber de comunicar a los eruditos para dirigirse al pueblo. En *Canto general* se dirige al pueblo de Chile y a través de Chile al pueblo americano. Su lenguaje se vuelve sencillo y adquiere otros tonos, desde el himno a los héroes al ataque virulento y la sátira. Con su compromiso descubrió nuevos modos de

888. Véase al respecto: Ramírez Necochea, Hernán: «Notas sobre la Historia en *Canto general*». *Cuadernos de la Fundación Pablo Neruda*, n.° 41. Santiago de Chile, 2000, pp. 33-46. Este gran historiador chileno, militante comunista, señaló, entre otros aspectos, la ausencia de pasajes decisivos de la historia de América en *Canto general*, como la llegada de millones de personas desde África en régimen de esclavitud «a través de la inmigración forzada de mayor magnitud que se registra en los anales de la historia». Pero destacó: «Neruda se entrega a la historia a través de la poesía épica. Lo hace con pasión, con erudición, en forma completa y sin reservas». Y también: Neves, Eugenia: *Pablo Neruda: la invención poética de la Historia*. RIL Editores. Santiago de Chile, 2000.

889. Yurkievich señala que en la última parte de *Canto general*, claramente autobiográfica, el poeta intenta «amalgamar» las dos poéticas que han convivido en las páginas anteriores: «la mítica y la histórica, la visionaria y la militante». Yurkievich, Saúl: «Mito e historia: dos generadores del *Canto general*». En su libro: *Fundadores de la nueva poesía latinoamericana*. Ariel. Barcelona, 1984, pp. 231-260.

890. Loyola, Hernán: «*Canto general*: itinerario de una escritura». Schopf, Federico (comp.): *Neruda comentado*. Sudamericana. Santiago de Chile, 2003, pp. 204-211. Y también: *El Mercurio*. Santiago de Chile, 19 de enero de 2014. *Revista de Libros*, p. 12.

enriquecer la poesía».[891] Darío Oses ha destacado sobre este libro, traducido al inglés, francés, portugués, ruso, chino, alemán, checo, italiano... entre otros idiomas: «*Canto general* es un clásico de las letras hispanoamericanas y de la poesía contemporánea universal. Se lo ha comparado con obras cumbres de la literatura, como la Biblia, el *Popol Vuh*, la *Divina Comedia* de Dante, *La Araucana* de Ercilla y *Hojas de hierba* de Whitman. Es también la culminación de una tradición literaria americana: la creación de un poema con una visión abarcadora del continente. En este intento Neruda fue precedido por Andrés Bello, Rubén Darío y José Santos Chocano, entre otros».[892] Y Hans Magnus Enzensberger lo equiparó a la *Eneida* de Virgilio: «Tal poema no tiene similar en la poesía moderna».[893]

Después de la presentación de *Canto general* en Ciudad de México, a mediados de abril de 1950 regresó a Guatemala. Llegó en un momento más positivo para el país que en 1941, puesto que hacía un mes que había asumido la Presidencia de la nación el coronel Jacobo Arbenz.[894] En aquellos días, *The New York Times* comparó el frío recibimiento de la sociedad estadounidense a González Videla con la cálida acogida que tuvo en este país.[895] El perió-

891. *La Tercera*. Santiago de Chile, 6 de agosto de 2000, p. 52.

892. Oses, Darío: «*Canto general*: el gran poema de América». *Canto general. Manuscritos originales. Edición facsimilar. Colección de César Soto Gómez*, pp. 445-452.

893. Grande, Félix: «Memoria de Neruda». *Cuadernos Hispanoamericanos*, n.º 287. Madrid, mayo de 1974, pp. 301-311. Número dedicado a Pablo Neruda.

894. En una tarjeta fechada el 25 de abril de 1950, Arbenz agradeció a Neruda la invitación que les había enviado a su esposa y a él para asistir al recital que dio el día anterior en la capital del país. Archivo del Escritor de la Biblioteca Nacional de Chile. Legado Pablo Neruda. Caja 1.

895. Neruda hizo referencia a la estancia de González Videla en Estados Unidos en un artículo publicado en la URSS a fines de mayo: «Recientemente, Videla llegó a Washington para pedir dólares para sus abominables objetivos. Él no es un tigre de nuestras junglas tropicales, es más bien un chacal. Estamos en una temporada de chacales, pero también de pueblos victoriosos. Y mientras Videla recibe sus dólares en Washington, el pueblo americano recuerda a los mineros de Lota, a sus mujeres y niños en el lejano país llamado Chile, con su hambre y frío, miseria y odio, mucho odio. ¡Americanos, démosle a Videla lo que se merece: odio y desprecio!». Neruda, Pablo: «Saga de los sufrimientos del pueblo chileno». *Literaturnaya Gazeta*. Moscú, 27 de mayo de 1950.

dico *Nuestro Diario* tituló que Guatemala le acogía «con un fuerte abrazo» y militantes de la Unión Democrática de Jóvenes y dirigentes sindicales le recibieron a su llegada.[896] Con motivo de su visita, el Sindicato de Trabajadores y Artistas Revolucionarios publicó en un folleto su poema «Que despierte el leñador».

Allí, en la verde cintura de América, de nuevo sus palabras recorrieron la Araucanía, el sur de Chile, el fin del mundo. Después de un año de exilio, habló de las familias mineras de Lota y Coronel, de las durísimas condiciones de vida, de la traición del presidente que les pidió su voto. Recorrió Danzig y Gdansk, la Polonia socialista cuya reconstrucción tras la guerra cantó. Y Leningrado y la heroica resistencia durante los novecientos días del cerco nazi. Y la URSS, la patria de Pushkin. Y proclamó su fe en el futuro de América: «Esta es la época de la verdad. Esta es la época de las acciones y de los hechos. No importa la sombra sobre Chile, sobre Santo Domingo, sobre Nicaragua, sobre Colombia, sobre Perú, sobre Venezuela. Son las últimas sombras antes de la gran aurora. Son las últimas cavernas antes de la gran primavera que esperamos». «A nuestra América llega como una luz poderosa el esplendor del mundo».[897]

En los primeros meses de 1950, en México, Matilde Urrutia revoloteó en el círculo próximo a Neruda. En marzo, durante un homenaje al poeta por la inminente publicación de *Canto general* en «Casa Pirámide» (el museo arqueológico de Diego Rivera), con la asistencia de Frida Kahlo, David Alfaro Siqueiros, Efraín Huerta y el propio anfitrión, interpretó algunas canciones.[898] Después debió viajar a Estados Unidos y cuando regresó en junio supo que Neruda y su esposa estaban a punto de embarcar hacia Europa. Antes de la partida, el 24 de junio le contó que se había quedado embarazada, pero lo liberó de cualquier compromiso. Poco después, a los tres meses de gestación sufrió un aborto.[899]

896. Cable de la Agencia Tass. Nueva York, 17 de abril de 1950.

897. Neruda, Pablo: «El esplendor del mundo». *Neruda en Guatemala*. Ediciones Saker-Ti. Ciudad de Guatemala, 1950, pp. 30-45. En *Viajes* adoptó como título definitivo «El esplendor de la tierra».

898. *Fue tan bello vivir cuando vivías. Centenario de Matilde Urrutia 1912-2012*. Fundación Pablo Neruda. Santiago de Chile, 2012, p. 16.

899. Oses, Darío (ed.): *Pablo Neruda. Cartas de amor*. Seix Barral. Barcelona, 2010, p. XI.

De manera paralela a la preparación en México de la edición príncipe de *Canto general*, en las condiciones de represión política y clandestinidad impuestas por González Videla, el Partido Comunista trabajó durante un largo año en la primera edición chilena de la obra, un libro singular que transmitió al poeta el reconocimiento de sus compañeros y que él estimó entre sus tesoros más preciados. Su pie de imprenta, falso, reza que produjo en la Imprenta Juárez de Ciudad de México. En el prólogo, titulado «Poeta y soldado combatiente del pueblo», el secretario general de los comunistas chilenos, Galo González, expresó inicialmente: «Entregamos al país el "Canto General", la obra más alta del más grande de nuestros "ingenieros del alma", Pablo Neruda, que en estas páginas quemantes es poeta, revolucionario, soldado; chileno, americano y universal».

Uno de los responsables de aquel proyecto fue Américo Zorrilla, a quien Salvador Allende designaría como su primer ministro de Hacienda el 30 de octubre de 1970. Si el pintor José Venturelli ilustró la obra, orientó la diagramación y eligió el formato, Zorrilla planificó todo el proceso que culminó con la publicación de un libro de 447 páginas numeradas, de veintisiete por diecinueve centímetros y una tirada de cinco mil ejemplares, que exigió cuatro toneladas de papel.[900] «Efectivamente, a primera vista hay una contradicción flagrante entre lo que debe ser una impresión clandestina y lo que fue este libro, grande y voluminoso y con una portada con grandes letras», explicó Américo Zorrilla. «Cuando se hace un trabajo de imprenta clandestino, se procura habitualmente reducir y simplificar al máximo. [...] En este caso, por un conjunto de razones políticas y prácticas, este formato audaz resultó un acierto. Así lo demostraron los resultados».

Fue un trabajo lento y meticuloso que debió sortear la permanente amenaza policial. «Resultó más complicado incluir las fotografías que están al principio y al final del libro y en las que aparecen el rostro de Neruda y Neruda con *la Hormiguita*, tomados de espaldas, caminando. Estas hubo que imprimirlas por separado, en papel adecuado y pegarlas como láminas en cada ejemplar del libro

900. Entrevista de José Miguel Varas a Américo Zorrilla. *Araucaria de Chile*, n.º 8. Madrid, 1979, pp. 29-34.

ya encuadernado».[901] Entre los trabajadores que participaron estuvieron Guillermo Labaste y Manuel Recabarren y la edición completa fue cosida a mano por un encuadernador que vivía en un sector rural.[902] A Luis Corvalán, maestro de formación y periodista militante, futuro secretario general del PC chileno, le correspondió ser corrector de pruebas junto con Rodolfo Donoso, Joaquín Gutiérrez y su esposa, Elena George Nascimento.[903]

La mayor parte de los ejemplares se guardaron en un latifundio en la cordillera, próximo a Santiago, y en diferentes casas. En ese momento entró en funcionamiento el proceso de venta que se había realizado por suscripción previa del «libro de Neruda que iba a llegar de México». «Pablo, tan sensible como era a las cosas del partido, quería esta edición de su obra por sobre todas las otras que se habían hecho en muchos otros países, a pesar de que algunas de ellas son muy hermosas desde el punto de vista gráfico», escribió Corvalán en sus memorias.[904]

Recibió el primer ejemplar de aquella singular edición en París, durante un homenaje a Picasso en 1950. «Neruda concurrió a ese acto, habló, contó con mucha emoción la forma cómo se había editado en Chile el *Canto general*, mostró el libro y, finalmente, se lo regaló a Picasso», señaló Américo Zorrilla. «En cuanto terminó el acto, se lo quitó, diciéndole que era el único que tenía...».

«Aunque muchos de ustedes no lo sepan, el libro se imprimió también en Chile. Es tal vez el hecho más extraordinario ocurrido a un libro de poesía», señaló el poeta en 1954. «Son frecuentes las

901. Así se aprecia en el ejemplar que se conserva en la Biblioteca Nacional de España.

902. En los últimos días de abril de 1976, Manuel Recabarren, dos de sus seis hijos (Manuel y Luis Emilio, trabajadores de artes gráficas como él) y su nuera Nalvia Mena (20 años, embarazada de tres meses) fueron secuestrados y hechos desaparecer por la DINA, el principal organismo represivo de la dictadura encabezada por Pinochet. A partir de entonces, su esposa, Ana González, con quien había contraído matrimonio en 1944, se convirtió en una de las activistas más destacadas de la Agrupación de Familiares de Detenidos Desaparecidos. Amorós, Mario: *Después de la lluvia. Chile, la memoria herida.* Cuarto Propio. Santiago de Chile, 2004, pp. 313-334.

903. Varas, José Miguel: «Hace 50 años. El *Canto general* clandestino». *Rocinante*, n.º 19. Santiago de Chile, mayo de 2000, pp. 25-28.

904. Corvalán, Luis: *De lo vivido y lo peleado. Memorias.* LOM Ediciones. Santiago de Chile, 1997, p. 55.

impresiones ilegales, no muchas las de versos, pero imprimir un libro de quinientas páginas, con ilustraciones, clandestinamente, es algo memorable».[905]

EL ABRAZO DE ITALIA

Entre junio y noviembre de 1950, sus obras fueron traducidas y publicadas en Rumania, Italia, Hungría, China, Israel, Irán, Francia e India y se prepararon reediciones en Cuba, Colombia y Argentina. El 22 de noviembre, junto a Pablo Picasso y Paul Robeson, fue distinguido en Varsovia con el Premio Internacional de la Paz, otorgado por el Consejo Mundial de la Paz, por su largo poema «Que despierte el leñador». En la ceremonia celebrada en el Teatro Polski elogió el compromiso de Robeson y exaltó el heroísmo del escritor y periodista checo Julius Fucik, militante comunista detenido por la Gestapo en abril de 1942 y asesinado, comparando su muerte con la de García Lorca. También rindió homenaje al gran poeta turco Nazim Hikmet y a Picasso: «La paloma de Picasso vuela sobre el mundo, nívea e inmaculada, llevando a las madres una palabra dulce, de esperanza, despertando a los soldados con el roce de sus alas para recordarles que son hombres, hijos del pueblo, que no queremos que vayan a la muerte».

En el inicio de la guerra en la península de Corea, interpeló a Ernest Hemingway para que clamara contra «la destrucción por una ola de bandidos de nuestra amada república coreana» y a John Steinbeck para que exigiera la libertad de Howard Fast, encarcelado en su país. «Muchas veces me han preguntado cosas sobre mi poesía. Yo tengo poco que contestar. No podría decir mucho más que esto: escribo mis poemas porque nací para cantar. Ahora bien, me preguntan, tus poemas son para muchos una bandera, crees que así debe de ser, que deben ir delante del pueblo, guiándolo con su camino? Y yo contesto: estoy contento si mi poesía permanece encendida en el corazón del pueblo y llega a iluminar el camino de la paz que conquistaremos luchando y cantando».[906]

905. Neruda, Pablo: «Algo sobre mi poesía y mi vida». *Aurora*, n.º 1. Santiago de Chile, julio de 1954, pp. 10-21.
906. *Poesía política de Pablo Neruda*. Tomo II, pp. 227-234.

En diciembre de 1950, llegó a Roma, a la Italia de la posguerra, donde el Partido Comunista agrupaba a las fuerzas del trabajo y a los grandes intelectuales con el prestigio conquistado durante la larga resistencia frente al fascismo y pugnaba con la Democracia Cristiana, en una de las *batallas* cruciales de la Guerra Fría. Sus pasos fueron seguidos por la policía y por el Gobierno, que desconfiaba de su posición política y en cuyos informes quedó marcado como *scrittore comunista cileno*.[907]

Permaneció en Italia hasta principios de febrero de 1951. Visitó Roma, Florencia, Turín, Venecia, Milán, Nápoles y Génova, protagonizó recitales en centros culturales, periódicos, fábricas y fue acogido con admiración por la intelectualidad y la galaxia de organizaciones que gravitaban en torno al PCI. Escritores como Carlo Levi y Alberto Moravia, pintores como Renato Guttuso, intelectuales como Paolo Ricci y Mario Alicata e hispanistas como Dario Puccini y Mario Socrate saludaron su llegada. Fue entonces cuando la revista *Società* acogió un estudio de Puccini sobre *Canto general* (el primer trabajo acerca de su obra difundido en Italia) y *Rinascita* (la revista cultural del PCI) publicó «Que despierte el leñador», traducido por Puccini y Socrate e ilustrado por Renato Guttuso y Mario Mafai.[908] Este suplemento de *Rinascita* tuvo una gran acogida y se distribuyeron miles de copias por todo el país.

En Roma, el militante comunista Antonello Trombadori, crítico de arte y periodista, lo guió por la ciudad milenaria y lo introdujo en los círculos culturales y políticos. Alicata y Ricci lo invitaron a festejar el fin de año en Nápoles. En Turín, visitó la redacción local del diario comunista *L'Unità* y leyó sus poemas en la Unione Culturale, presentado por Norberto Bobbio. El 16 de enero, en Venecia fue recibido en el Palazzo Ducale y al día siguiente leyó sus poemas a los obreros de la fábrica Vetrocock de Porto Marghera. Entonces el acoso policial se acrecentó e incluso le acecharon por

907. Así lo demostraron en 2009 dos investigadores de la Universidad de Bérgamo que indagaron en el Archivo Central del Estado, en Roma: Magni, Barbara y Rodríguez Amaya, Fabio: «Pablo Neruda 1950-1952: el exilio italiano». *Escritural*, n.º 1. Poitiers, marzo de 2009, pp. 188-202.

908. Ya en mayo de 1949, traducido por Puccini, *Rinascita* había publicado «Un canto para Bolívar». Morelli, Gabriele: «Apéndice italiano al affaire Neruda-González Videla». *Nerudiana*, n.º 13-14. Santiago de Chile, marzo-diciembre de 2012, pp. 60-61.

los canales para que abandonara la ciudad. El 20 de enero, Salvatore Quasimodo y Renato Birolli impartieron una conferencia sobre su poesía después de su breve estancia en Milán.[909]

A lo largo de aquel año buscó la forma de reencontrarse con Matilde Urrutia. Se la proporcionó el Festival Mundial de la Juventud que se celebró en Berlín oriental en agosto, puesto que sería uno de los principales intelectuales que asistirían. Ya en junio, después de participar en Moscú en las deliberaciones del jurado del Premio Stalin por el Fortalecimiento de la Paz entre los Pueblos (instituido en 1950), llamó a los muchachos de su continente a participar: «Venid, jóvenes de América Latina, de todas las creencias y razas, y veréis cómo el canto de la paz sube más alto que la voz frenética de la guerra, en un acto de valor y de afirmación humanas que merece todo nuestro respeto, nuestro estímulo y nuestra esperanza».[910]

A fines de julio, viajó por el sur de Polonia, donde asistió a las fiestas populares de Straznice, y recorrió Checoslovaquia. Y a principios de agosto llegó a Berlín oriental, donde el periódico *Festival* publicó el 6 de agosto su artículo «¡Hacia Berlín!». «Los jóvenes van hacia Berlín desde todos los puntos de la Tierra, como nuevos ríos de vida, como nuevas corrientes que aparecen en la nueva geología del globo, venciendo la pobreza, burlando la policía represiva, viajando en este momento en aviones rápidos o sentados en los vagones de los innumerables trenes, cantando, comiendo manzanas o escribiendo versos. ¡Los jóvenes van a Berlín!».[911]

Y Matilde Urrutia viajó a París. A través de varios telegramas, su amante le comunicó que se encontrarían en la capital de la República Democrática Alemana y también le ayudó a lograr el visado que le habían negado inicialmente. Se reunieron en un teatro y Neruda la recibió con unas palabras cariñosas, pero tajantes: «Esto se acabó, yo no quiero separarme más de usted». En cambio, sus sensaciones hasta aquel momento eran bien diferentes: «Había algo de misterioso, indefinible, en esta amistad que duraba tantos

---

909. Magni, Barbara y Rodríguez Amaya, Fabio: «Pablo Neruda 1950-1952: el exilio italiano». *Escritural*, n.º 1. Poitiers, marzo de 2009, pp. 188-202.

910. *Democracia*. Santiago de Chile, 9 de junio de 1951, p. 1.

911. Neruda, Pablo: «Hacia Berlín». Este artículo fue reproducido en Chile semanas después: *Democracia*, Santiago de Chile, 29 de agosto de 1951, p. 3.

años; nos encontrábamos, nos amábamos, nos reíamos locamente [...] y, alegremente, nos separábamos sin hacernos promesas de ninguna especie; yo salía a volar por el mundo con esas alas que me había construido, me gustaba definirme como un pájaro libre, sin ataduras».[912] Compartieron aquellos días con Nazim Hikmet, con Jorge Amado y con Nicolás Guillén, que se confabularon para proteger sus encuentros clandestinos sin que Delia del Carril sospechara nada.

El 19 de agosto pronunció en Berlín oriental un discurso por radio que fue un canto al Festival: «Un joven griego que murió por los disparos de los monarco-fascistas recibió un premio de honor en el certamen de literatura por unos versos que escribió unas horas antes de su muerte. Un joven director cubano exitosamente dirige una orquesta de músicos alemanes. A Nazim Hikmet, que hace poco salió de la prisión en Turquía, lo besan y lo cubren con flores unas chicas españolas. Un joven africano de Sudán declama versos de un joven poeta alemán. Yo me dirijo a todo el mundo con una pregunta: ¿Es esta la cortina de hierro? Si es así, deberíamos dársela a todos los pueblos del mundo. Mostrémosles a los pueblos de todos los países que la paz puede sobrepasar todas las fronteras. Contémosles cómo no nos olvidamos de nuestra patria, por el contrario, la recordamos con un corazón saturado de alegría. Tomamos parte por primera vez de la primavera común de los pueblos. La paz está cubriendo al mundo de flores».[913]

Le impresionó profundamente Hikmet, quien había estado en prisión más de quince años y cuyos versos estaban prohibidos en su país. «Yo lo considero como uno de los más grandes poetas vivos»,

---

912. Urrutia (2010), pp. 42-46.

913. Cable de la Agencia Tass. Berlín, 19 de agosto de 1951. En Berlín Oriental, entregó un mensaje a la delegación chilena que había participado en el Festival, integrada entre otros por José Tohá, presidente de la Federación de Estudiantes de la Universidad de Chile: «Muchachos, gracias porque me habéis traído la respiración, nieve y océano de la patria. Gracias porque preserváis la tradición de lucha y libertad que nos legaron O'Higgins y Recabarren. [...] Espero que pronto mi poesía vuelva a vivir junto a la gran cordillera y en medio de mi pueblo, luchando por nuestra libertad. Así seré feliz porque le daré a mi patria lo que le pertenece, lo mejor de mí mismo». *Democracia*. Santiago de Chile, 13 de septiembre de 1951, p. 3.

afirmó en 1954 en Chile. «Les hablo de él porque de mis nuevos amigos es como si nos hubiéramos criado juntos. Todos ustedes lo querrían. [...] Los poetas orientales dicen sus versos como si cantaran».[914]

De la RDA partieron hasta Praga, donde Delia del Carril y él se alojaron durante varios días en el castillo Dobrich. Allí convivieron con Jorge Amado y Zélia Gattai, quien evocó: «Un día le pregunté por qué llamaba *Hormiga* a su mujer. "Porque me pellizca, no con la punta de los dedos, sino con la punta de las uñas y me duele como puntada de hormiga" y se reía. "Lo pellizco, sí, pero solo cuando lo veo coquetear con las chicas que se le acercan", puntualizó ella».[915]

A fines de agosto llegaron a Bucarest, donde la noche del 28 entregó a Matilde Urrutia el primer poema que le dedicó: «Siempre». Empezaban a nacer *Los versos del capitán*, canto de una pasión secreta, hasta julio de 1952 materializada en encuentros furtivos a lo largo del continente europeo.

Después de unos días en el lago Constanza se separaron y ella regresó en tren a París. En su compartimento abrió el sobre que le había entregado. Contenía otros dos poemas, «El alfarero» y «La pródiga», en el que le pide: «Devuélveme a mi hijo!».[916]

EN EL TRANSIBERIANO

A principios de septiembre Pablo Neruda y Delia del Carril viajaron en el Transiberiano desde Moscú hacia Pekín para entregar el primer Premio Stalin a Soong Ching-ling, la viuda de Sun Yat-sen, distinguida junto con Frédéric Joliot-Curie. «Hasta Irkutsk viajamos en tren: Pablo quería ver Siberia, aunque fuera

914. Neruda, Pablo: «Algo sobre mi poesía y mi vida». *Aurora*, n.º 1. Santiago de Chile, julio de 1954, pp. 10-21. Le dedicó el artículo «Mi hermano Nazim», que publicó en *Pro Arte* el 26 de marzo de 1952, el poema «Aquí viene Nazim Hikmet» de *Las uvas y el viento* y la elegía «Corona de invierno para Nazim Hikmet», publicada en *El Siglo* el 10 de junio de 1963.

915. Gattai, Zélia: «Mi amigo y compadre Pablo». Discurso pronunciado el 12 de julio de 2004, el día del centenario de Neruda, en la Academia Brasileña de Letras. *Nerudiana*, n.º 2. Santiago de Chile, diciembre de 2006, pp. 5-7.

916. Urrutia (2010), pp. 42-54.

por la ventanilla del tren», escribió Ehrenburg en sus memorias. «Nos detuvimos en Irkutsk, donde nos reunimos con algunos escritores. Neruda quería dar un vistazo al lago Baikal, decía que había soñado con ello desde niño. Fuimos a visitar una estación ictiológica, nos mostraron una extraña variedad de pez de aguas profundas. Pablo quería probarlo. Por suerte, es difícil distinguir un pez de otro cuando están fritos y Neruda comió con deleite, pero, por supuesto, no se trataba de uno de esos raros especímenes que nadaban en el acuario».[917] El hijo del ferroviario escribió a lo largo de aquel viaje por las estepas su extenso poema «Cuándo de Chile», que incluiría en *Las uvas y el viento*.

El 18 de septiembre, en Pekín, en la ceremonia de entrega pronunció un discurso muy breve: «Esta medalla que Ehrenburg te ha dejado en el pecho es una espiga de oro de la cosecha del gran país de la paz, de la Unión Soviética». Ensalzó la Revolución China, después de la larga lucha contra el imperialismo japonés y los sectores reaccionarios internos, y a Mao y censuró la decisión de las potencias capitalistas de no reconocer al país. «Podrían también no reconocer a la Tierra y sin embargo esta se mueve, y se mueve hacia delante, no hacia atrás como ellos quisieran».[918] Tuvo tiempo de visitar la Gran Muralla y otros lugares de aquella cultura milenaria, puesto que hasta el 9 de octubre no regresaron en avión a Moscú.[919] El 22 de octubre, en la capital soviética, participó en un encuentro literario en la Casa Central de los Escritores[920] y tres días después viajó a Praga.[921]

A fines de noviembre, se reunió con Matilde Urrutia en un café de la ciudad helvética de Ginebra. «Está sentado en un rincón, en una mesa pequeñita», escribió ella. «Me toma de las manos, nos miramos y nos miramos, está enflaquecido y aunque sus ojos brillan de felicidad y amor, hay un resto de tristeza en ellos. Las lágrimas corren por mis mejillas. Me está mirando y en esa mirada me dice todo [...]. Me mira con profunda ternura, emocionado, me seca

917. Ehrenburg, pp. 1.731-1.732.

918. Discurso consultado en la Colección Neruda. Archivo Central Andrés Bello de la Universidad de Chile.

919. Cable de la Agencia Tass. Pekín, 9 de octubre de 1951.

920. *Literaturnaya Gazeta*. Moscú, 23 de octubre de 1951.

921. *Izvestia*. Moscú, 26 de octubre de 1951.

las lágrimas con su mano. Había sido necesaria nuestra separación, este nuevo encuentro, para saber cuánto significaba este amor en mi vida». El poeta le comunicó que podrían pasar una semana, por primera vez solos, en la pequeña localidad de Nyon, a orillas del lago Leman.[922]

Fueron unos días muy felices que evocó ampliamente en el sexto capítulo de su libro. En los momentos de la despedida, Neruda escribió con ella a su lado «La carta en el camino», que sería el último poema de *Los versos del capitán*. Madrigal le atribuye una importancia capital tanto en este libro como en su relación amorosa, puesto que no fue un texto de despedida, sino en realidad «el acta del definitivo encuentro». «En Nyon, lo que acaso había empezado como un juego de enamorados —las máscaras del Capitán y Rosario— adquiere un sentido que va a dar a su amor (y a los poemas que lo cantan) un sentido definitivo».[923]

La siguiente cita sería en Italia en los últimos días del año. El 29 de noviembre el poeta había rogado a Paolo Ricci desde Nyon que le buscara una casa para una estancia de tres meses, a partir de enero, en la isla de Capri.[924] Y lo mismo solicitó a Gabriela Mistal, cónsul chilena en Nápoles, a quien además expuso que a principios del nuevo año su esposa viajaría a Buenos Aires.[925]

TUMULTO EN LA STAZIONE ROMA TERMINI

El 30 de diciembre Pablo Neruda y Delia del Carril llegaron a Italia con un visado otorgado por el consulado en Copenhague sin autorización del Ministerio del Interior.[926] En el viaje anterior el poeta abandonó este país por el paso fronterizo de Ponte San Luigi y había sido registrado como *straniero indisiderato* (y así permane-

922. Urrutia, p. 60.

923. Madrigal, Luis Íñigo: «Pablo Neruda. La carta en el camino». Misión Permanente de Chile ante las Organizaciones de las Naciones Unidas. Ginebra, 1992, pp. 3-6.

924. *Pablo Neruda. Napoli. Capri 1952/1979*. La Conchiglia. Capri, 2001, p. 12.

925. Carta de Pablo Neruda a Gabriela Mistral del 14 de diciembre de 1951 desde Zúrich (Suiza). Quezada Vergara (2009), p. 95.

926. Riccio, Alessandra: «La verídica historia de Rosario y el Capitán». *Casa de las Américas*, n.º 235. La Habana, abril-junio de 2004, pp. 115-123.

ció calificado hasta 1960). Pero la extraordinaria recepción de su obra, la fraternidad con que fue acogido por los principales intelectuales, su apasionada relación con la naturaleza y con los sabores de este país (sus aceites, sus vinos, sus aceitunas) lo llevaron de regreso a «La túnica verde», como la llamaría en *Las uvas y el viento*. La bellísima isla de Capri, solitaria en aquellos meses invernales, era un lugar paradisíaco para concentrarse en la poesía... y en su amada. Su amigo Mario Alicata intermedió ante el ingeniero, historiador y arquitecto caprense Edwin Cerio, quien accedió a prestarle la *Casetta Arturo* de via Tragara, célebre por haber albergado a muchos escritores y artistas extranjeros.[927]

El fin de año lo pasaron en Nápoles, en la fiesta organizada por Paolo Ricci, junto con el pintor Nemesio Antúnez y su esposa, Inés Figueroa, y también Matilde Urrutia.[928] Después, Delia del Carril partió en barco hacia Argentina.

Pero el 11 de enero el ministro del Interior decretó la expulsión de Neruda: debía abandonar el país en veinticuatro horas. Recibió la notificación oficial en la Pensione Maurice de la calle Caracciolo, en el malecón de Nápoles, por parte de la policía, que le condujo de inmediato a la estación de Piazza Garibaldi, donde numerosos amigos le despidieron y fue subido al tren que partía a las cinco y cuarto de la tarde.[929] Minutos antes entregó a Paolo Ricci un dinero que debía al librero Casella. «Su actitud firme, que de alguna manera contrastaba con la exuberancia de su carácter, me permitió comprender hasta qué punto aquel hombre estaba entrenado duramente en la vida riesgosa del exiliado y del revolucionario. Solo en Hikmet reencontraría la misma fría determinación, el mismo valor, la misma obstinación», escribió Ricci a fines de los años 70.

Neruda también escribió unas rápidas letras para Matilde Urru-

---

927. Magni, Barbara y Rodríguez Amaya, Fabio: «Pablo Neruda 1950-1952: el exilio italiano». *Escritural*, n.º 1. Poitiers, marzo de 2009, pp. 188-202. La carta que Mario Alicata dirigió desde la Cámara de Diputados el 8 de enero de 1952 a Edwin Cerio con esta solicitud fue publicada en: *Pablo Neruda. Napoli. Capri 1952/1979*, pp. 12-13.

928. Castanedo Pfeiffer, Gunther: «Pablo, Matilde y Procopio: penas y alegrías del amor». *Nerudiana*, n.º 15-16. Santiago de Chile, 2014, pp. 69-72.

929. Magni, Barbara y Rodríguez Amaya, Fabio: «Pablo Neruda 1950-1952: el exilio italiano». *Escritural*, n.º 1. Poitiers, marzo de 2009, pp. 188-202.

tia: «Amor mío, no sufras, no temas, mi vida la escogí yo y la escogí para ti también. Todo saldrá como lo queremos...».[930]

De inmediato, el presidente del Comité Italiano de Partidarios de la Paz elevó una protesta al Gobierno, mientras que el secretario general de la Confederación General Italiana del Trabajo (la central sindical más importante del país, comunista) declaró a la prensa: «Como italiano que soy estoy ofendido por este acto de atropello que han cometido con un poeta que goza del prestigio internacional y que es un honor que se encuentre entre nosotros. Esta medida carente de toda justificación insulta a la democracia italiana y a las tradiciones de hospitalidad y amor al arte, características intrínsecas de nuestro pueblo».[931]

Al llegar al andén 7 de la Stazione Termini de Roma, a las nueve menos cinco de la noche, el poeta se encontró con una gran manifestación de afecto, con una multitud que lo recibió y protestó contra la medida gubernamental.[932] Allí estaban, entre otros, el dirigente comunista Pietro Ingrao, Carlo Levi, Alberto Moravia, Luchino Visconti y Renato Guttuso. Estos y otros intelectuales dirigieron una carta de protesta al primer ministro, Alcide de Gasperi.[933] También el ministro de Asuntos Exteriores, el socialista Pietro Nenni, y varios parlamentarios de izquierda pidieron la revocación de la expulsión, al igual que intelectuales de otros países, como Louis Aragon, Jorge Amado o Nicolás Guillén, y organizaciones sociales, secciones del PCI, obreros, estudiantes...[934] Aquel incidente se convirtió en un verdadero escándalo político nacional, con una amplia repercusión en la prensa, y el 15 de enero el minis-

930. Carta de Pablo Neruda a Matilde Urrutia del 11 de enero de 1952 desde Nápoles. Oses (2010), p. 28.

931. Cable de la Agencia Tass. Roma, 12 de enero de 1952.

932. Caperna, Germano: «Roma, Stazione Termini, viernes 11 de enero de 1952». *Taller de Letras*, n.º 35. Santiago de Chile, 2004, pp. 111-124. Número dedicado a Pablo Neruda con motivo de su centenario.

933. «Protestamos contra esta medida del Gobierno que ofende nuestras tradiciones de hospitalidad y respeto a la cultura. Exigimos que se permita que el gran poeta Pablo Neruda pueda permanecer en nuestro país y trabajar en paz en sus obras», decía aquella carta. Cable de la Agencia Tass. Roma, 13 de enero de 1952.

934. Magni, Barbara y Rodríguez Amaya, Fabio: «Pablo Neruda 1950-1952: el exilio italiano». *Escritural*, n.º 1. Poitiers, marzo de 2009, pp. 188-202.

tro del Interior, Mario Scelba, tuvo que anular la orden de expulsión y concederle un permiso de residencia de tres meses con posibilidad de renovarlo.

LOS DÍAS AZULES DE CAPRI

El 23 de enero de 1952 Pablo Neruda y Matilde Urrutia se instalaron en la *Casetta Arturo*, que entre olivos y cipreses se aproximaba al mar inmensamente azul de Capri y a los famosos farellones de Marina Piccola.[935] «Como era un exiliado me imaginaba que al máximo traería un par de maletas», recordó en 2002 Claretta Cerio, la joven esposa de su propietario en aquel tiempo. Pero unos días después varias personas llevaron hasta la casa «baúles, maletas, canastos, cajas, cajones, bolsos, paquetes, rollos de papel, lo que contribuyó a que en poco tiempo su casa se transformara en un emporio de revoltijos, en un taller increíble de curiosidades, donde se mezclaban objetos del kitsch más ordinario con dibujos dedicados de Picasso, porcelanas chinas, cabezas jibarizadas, insectarios...».[936]

Las primeras semanas brindaron una noticia feliz y otra muy luctuosa. En febrero, la editorial Einaudi publicó una antología de su poesía traducida por Salvatore Quasimodo e ilustrada por Renato Guttuso.[937] En esos mismas días conocieron el segundo embarazo de Matilde Urrutia, pero, a pesar del reposo que guardó, padeció un nuevo aborto.[938]

En aquella pequeña isla de apenas diez kilómetros cuadrados disfrutaron hasta el mes de mayo de cuatro meses de sosiego y tranquilidad que Neruda aprovechó para trabajar en tres libros: terminó *Los versos del capitán*, avanzó con *Las uvas y el viento* y

---

935. Cirillo Sirri, Teresa: «Claretta Cerio y los amantes de Capri». *Nerudiana*, n.º 13-14. Santiago de Chile, marzo-diciembre de 2012, pp. 20-23.

936. *El Mercurio*. Santiago de Chile, 21 de julio de 2002. Suplemento *Reportajes*, p. 36.

937. En 2004 esta antología alcanzó su trigésima reimpresión. Caperna, Germano: «Roma, Stazione Termini, viernes 11 de enero de 1952». *Taller de Letras*, n.º 35. Santiago de Chile, 2004, pp. 111-124.

938. Castanedo Pfeiffer, Gunther: «Pablo, Matilde y Procopio: penas y alegrías del amor». *Nerudiana*, n.º 15-16. Santiago de Chile, 2014, pp. 69-72.

empezó sus *Odas elementales*.[939] Dieron largos paseos, ascendieron al imponente mirador del monte Solaro o llegaron hasta el faro de Punta Carena, siempre acompañados por el perro *Nyon*, que el poeta había comprado en París. Allí también Matilde Urrutia aprendió a preparar su famoso *risotto* o los espaguetis aliñados con *pesto alla genovese*. Y siempre recordaron, incluso en las últimas horas del poeta, aquella noche del 3 de mayo de 1952 en que la luna les «casó». Antes de partir, elaboraron dos pequeños álbumes con fotografías y recuerdos de aquellas idílicas semanas con hojas y flores disecadas, dibujos, dedicatorias...[940]

A principios de abril, ya habían abandonado la casa de Edwin Cerio y habían alquilado una en la Via di Campi número 5. Así lo indicó en una carta a Gabriela Mistral, en la que le agradeció que hubiera apoyado públicamente su regreso a Chile y, en el primer indicio de su postulación al Premio Nobel, le comunicó que desde Suecia le habían escrito para decirle que Artur Lundkvist había propuesto su candidatura el año anterior.[941] En junio, cuando ya preparaban el próximo regreso a Chile, se trasladaron por unas semanas a la cercana isla de Ischia, a una casa de huéspedes de Sant'Angelo, que entonces era una diminuta aldea de pescadores pobres. En sus aguas marinas tibias y bajas, Matilde Urrutia trató de enseñarle a nadar...[942]

LOS VERSOS DEL CAPITÁN

El 8 de julio, pocos días después de que Pablo Neruda y Matilde Urrutia abandonaran Italia, en la imprenta L'Arte Tipografica de Nápoles se imprimió la edición príncipe de *Los versos del capitán*, un libro que fue anónimo hasta que en 1962 lo integró en la segunda edición de sus obras completas.[943] Tuvo una tirada «oficial» de

939. Magni, Barbara y Rodríguez Amaya, Fabio: «Pablo Neruda 1950-1952: el exilio italiano». *Escritural*, n.º 1. Poitiers, marzo de 2009, pp. 188-202.

940. *La Tercera*, 15 de agosto de 1982. Suplemento *Buen Domingo*, pp. 8-11.

941. Carta de Pablo Neruda a Gabriela Mistral del 7 de abril de 1952 desde Capri. Quezada Vergara (2009), p. 107.

942. Cirillo Sirri, Teresa: «Claretta Cerio y los amantes de Capri». *Nerudiana*, n.º 13-14. Santiago de Chile, marzo-diciembre de 2012, pp. 20-23.

943. Y desde 1963 cada nueva edición de *Los versos del capitán* incorpora en su parte preliminar una «Explicación» del autor, fechada en noviembre de aquel año en

solo cuarenta y cuatro ejemplares numerados y estuvo al cuidado del pintor y escultor Paolo Ricci.[944]

En el prólogo a una de sus ediciones recientes, Mario Benedetti lo comparó con su obra más popular: «En los *Veinte poemas de amor* el protagonista era sobre todo la metáfora: el amor estaba al servicio de la imagen. En *Los versos del capitán*, en cambio, la imagen está al servicio del amor. En los *Veinte poemas* los rostros y cuerpos de mujeres desfilan como seductores espejismos, como hermosas visiones, como facísimiles de la realidad. En *Los versos del capitán*, en cambio, la realidad es una: sobria, sencilla, conmovedora. El rostro y el cuerpo son de una sola mujer y el enamoramiento es también de alma a alma».[945]

Por su parte, Alessandra Riccio ha remarcado su carácter de libro escrito en el exilio y cita la reflexión que otro poeta expatriado (dos décadas después y en condiciones más dramáticas), Juan Gelman, planteó: «Aparentemente uno podía preguntarse: pero ¿cómo, en 1952, Corea, la Guerra Fría, la situación en Chile, el exilio, y él escribiendo versos de amor? Sí, claro, porque constituían su propia afirmación de un presente no solo lleno de ruinas, de muerte, de derrota, sino de un presente donde la vida prepara, desde ahora, todo el futuro por venir».[946]

Isla Negra, en la que justificó el anonimato que había recaído sobre esta obra durante una década. Hasta principios de los años 80, casi todos los originales de esta obra se conservaban en un álbum oriental encuadernado en tela que pertenecía a Matilde Urrutia. Este curioso álbum tenía una serie de bolsillos transparentes donde colocaron, ordenados, los sucesivos borradores de cada poema. En 1986, Robert Pring-Mill los analizó y poco después presentó este trabajo: «La composición de *Los versos del capitán*: el testimonio de los borradores». Loyola (1987), pp. 173-204.

944. Hernán Loyola señala que ha visto en España un ejemplar de aquella primera edición, pero sin número ni nombre, y sugiere que la tirada real debió de ser de cincuenta ejemplares, puesto que el poeta se reservaría seis para sí mismo. *Nerudiana*, n.º 13-14. Santiago de Chile, marzo-diciembre de 2012, p. 24. A principios de 2002, en su quincuagésimo aniversario, uno de aquellos cuarenta y cuatro ejemplares fue vendido por doce mil dólares por el Studio Bibliografico Tattile. Riccio, Alessandra: «La verídica historia de Rosario y el Capitán». *Casa de las Américas*, n.º 235. La Habana, abril-junio de 2004, pp. 115-123.

945. Prólogo de Mario Benedetti a: Neruda, Pablo: *Los versos del capitán*. Random House Mondadori. Debolsillo. Barcelona, 2003, pp. 7-9.

946. Riccio, Alessandra: «La verídica historia de Rosario y el Capitán». *Casa de las Américas*, n.º 235. La Habana, abril-junio de 2004, pp. 115-123.

El libro se abría con una carta de Rosario de la Cerda, fechada en «Habana, 3 de octubre de 1951», que justificaba el envío de «estos papeles» al editor y se excusaba por ocultar la identidad de su autor. En 1983, Matilde Urrutia explicó que efectivamente fue ella quien escribió aquellas líneas: «Buscábamos un nombre para que él me llamara por otro nombre, no por Matilde. Y a Pablo le gustó Rosario. Desde un comienzo él me llamaba Rosario. Y ese cuadro que puede ver usted ahí y que lo pintó Diego Rivera está dedicado a Rosario y Pablo. Diego Rivera no supo que yo me llamaba Matilde».[947] Hasta *Estravagario*, fue la misteriosa Rosario de la Cerda de *Los versos del capitán*, la «pasajera de Capri» de *Las uvas y el viento* y la dueña de aquellas manos de jardinera que surgen en las primeras *Odas*.[948]

En 2001, Massimo Caprara, quien en 1952 era el secretario de Palmiro Togliatti (líder del PCI), aseguró que el Partido Comunista Italiano sufragó aquella edición como un homenaje al compañero perseguido y exiliado. «Hicimos una colecta que incluía a otros compañeros menos conocidos, no incluidos en el elenco final, para permitir a Neruda sobrevivir y que pudiese volver a Chile».[949] Entre los cuarenta y cuatro suscriptores, figuraron en primer lugar «Matilde»; a continuación «Neruda Urrutia» (era el ejemplar destinado al hijo que no llegó a nacer), Pablo Neruda en tercer lugar y, después, entre otros: Claretta Cerio, Iliá Ehrenburg, Giulio Einaudi, Jorge Amado, Mario Alicata, Nazim Hikmet, Palmiro Togliatti, Luchino Visconti, Salvatore Quasimodo, Carlo Levi, Renato Guttuso, Paolo Ricci, Pietro Ingrao o Giorgio Napolitano.[950] Napolitano, entonces dirigente del frente cultural del PCI y presidente de la República Italiana entre mayo de 2006 y enero de 2015, clausuró la relación de suscriptores y pagó por su ejemplar cinco mil liras.

A principios de 1954, Losada lanzó la primera edición comercial y pronto llegó a Chile. «¿Quién es el Capitán? Enigma con versos de amor», se interrogó la revista *Ercilla*.[951] El artículo seña-

947. *Análisis*, n.º 65. Santiago de Chile, 27 de septiembre de 1983, pp. 43-46.

948. Rubilar Solís, Luis: «Matilde Urrutia: un destino». *Boletín de la Fundación Pablo Neruda*. Santiago de Chile, verano de 1990, pp. 3-5.

949. *El Diario Austral*. Osorno, 16 de marzo de 2001, p. B-16.

950. *Nerudiana*, n.º 13-14. Santiago de Chile, marzo-diciembre de 2012, pp. 24-27.

951. *Ercilla*. Santiago de Chile, 30 de marzo de 1954, p. 13.

laba que los poemas recordaban *Veinte poemas de amor y una canción desesperada* y que algunas voces apuntaban su autoría, a pesar de que Neruda lo había negado «enfáticamente». Surgieron todo tipo de rumores y *Ercilla* incluso dio amplio espacio a la opinión de la poetisa salvadoreña Claribel Alegría, quien se encontraba entonces en Chile y que, a partir de la carta de Rosario de la Cerda, se atrevió a atribuir la obra al poeta costarricense Alfredo Sancho.

Desde luego, llamó la atención de Delia del Carril. «Aparecieron *Los versos del capitán*, de autor anónimo, que causaron sensación», señaló Aída Figueroa. «*La Hormiga* también los leyó y nos hizo comentarios inquietos. "Este poeta", decía, "está muy influido por Pablo. Además, tiene costumbres parecidas. Eso de recoger conchas en la playa, esa afición por los caracoles y los pájaros es curiosamente parecida a las aficiones de Pablo"».[952]

Todavía en mayo de 1958, negó ser su autor, aunque, eso sí, al modo nerudiano: «Si esa obra ha llegado anónima a la imprenta se presume que debe respetarse el anónimo sentido con que su autor lo dirigió. Estoy acostumbrado a que me echen la culpa de todo en este país. Incluso la de ser autor de algunos buenos libros, como es el caso de *Los versos del capitán*».[953]

952. Mansilla, Luis Alberto: «Vivir con Neruda. Conversación con Aída Figueroa y Sergio Insunza». *Araucaria de Chile*, n.º 26. Madrid, 1984, pp. 89-105.

953. *Vea*. Santiago de Chile, 29 de mayo de 1958. Citado en: *Cuadernos de la Fundación Pablo Neruda*, n.º 50. Santiago de Chile, 2002, p. 38.

9

El eclipse más sombrío

Pablo Neruda regresó a Chile el 12 de agosto de 1952, a tres semanas de la elección presidencial, en la que, por primera vez, compitió Salvador Allende. Fue recibido de manera calurosa y, cuatro años y medio después de su forzada *inmersión* en la clandestinidad, recuperó la cotidianidad en su patria. En marzo de 1953, los comunistas del mundo se estremecieron ante la muerte de Stalin. En el acto de homenaje organizado por el Partido Comunista, el poeta estuvo a punto de desmayarse durante la lectura de la elegía que le tributó. Faltaban aún tres años para que las revelaciones sobre los crímenes del estalinismo, en el XX Congreso del PCUS, cambiaran, no su compromiso ni su opción política, pero sí su fe profética en la Unión Soviética y en la realidad de los países llamados socialistas, exaltada en su libro *Las uvas y el viento*, aparecido en 1954, y también la orientación de su poesía. Era un tiempo de pugna entre los intelectuales de la órbita comunista y los que se alineaban con la defensa del capitalismo, en Chile y en todo Occidente. Ante la hegemonía de la izquierda, Washington financió en el continente una verdadera *guerra fría cultural*, con publicaciones como la revista *Cuadernos* o el Congreso por la Libertad de la Cultura. En 1954, con ocasión de su quincuagésimo aniversario, publicó *Odas elementales* e hizo una donación extraordinaria a la Universidad de Chile: su biblioteca personal, con miles de volúmenes y verdaderos tesoros bibliográficos, y su extraordinaria colección malacológica. En febrero de 1955, terminó su convivencia con Delia del Carril y Matilde Urrutia emergió de las sombras para convertirse en su compañera.

A fines de enero de 1952, el periódico cultural *Pro Arte* publicó el poema «Cuándo de Chile» con el título «En mi país la primavera». Al lado figuraba una fotografía reciente del poeta en Ginebra, con un breve texto que reseñaba su situación en Europa, bajo un titular contundente: «Que vuelva a Chile Neruda».[954] Con el país inmerso en la campaña presidencial, en la que despuntaba la candidatura populista de Carlos Ibáñez del Campo, su regreso se convirtió en una necesidad política para la izquierda, que, agrupada en el Frente del Pueblo (alianza en la que confluían esencialmente el aún proscrito Partido Comunista y una pequeña fracción socialista), levantaba la primera candidatura de Salvador Allende.

Dos meses después, la prensa publicó un breve manifiesto firmado por Gabriela Mistral, los senadores Eduardo Frei y Salvador Allende, el historiador Francisco Antonio Encina, el profesor Eugenio González, el novelista Eduardo Barrios, el dirigente del Partido Radical Marcial Mora Miranda e incluso Ibáñez del Campo, entre otras personalidades, en apoyo al «libre retorno a la patria» del poeta.[955] Incluso la directiva de la Alianza de Intelectuales se entrevistó con el presidente de la República, Gabriel González Videla, con idéntico fin. «Neruda se convirtió en una bandera de lucha democrática en Chile. Creo que pocas veces se ha realizado una campaña tan sostenida y unánime como la que exigía su regreso al país», señaló el abogado Sergio Insunza en 1984.[956]

Los sectores políticos y sociales anticomunistas se opusieron públicamente. Enfurecido, el diputado derechista Luis Valdés Larraín anunció que presentaría una querella criminal en cuanto volviera a pisar el territorio nacional.[957] Por su parte, el diario gubernamental repitió la insidia de que en realidad no podía volver porque enfrentaba dos procesos judiciales: por injurias y calumnias al presidente y por el delito de bigamia, lanzando incluso la grosera mentira de que su primera esposa se había suicidado. La Alianza de

954. *Pro Arte*, n.º 151. Santiago de Chile, 22 de enero de 1952, p. 1.

955. *Democracia*. Santiago de Chile, 23 de marzo de 1952, p. 1.

956. Mansilla, Luis Alberto: «Vivir con Neruda. Conversación con Aída Figueroa y Sergio Insunza». *Araucaria de Chile*, n.º 26. Madrid, 1984, pp. 89-105.

957. *Las Últimas Noticias*. Santiago de Chile, 22 de marzo de 1952, p. 2.

En 1906, en Temuco, cuando tenía 2 años. © Colección Archivo Fotográfico. Archivo Central Andrés Bello. Universidad de Chile.

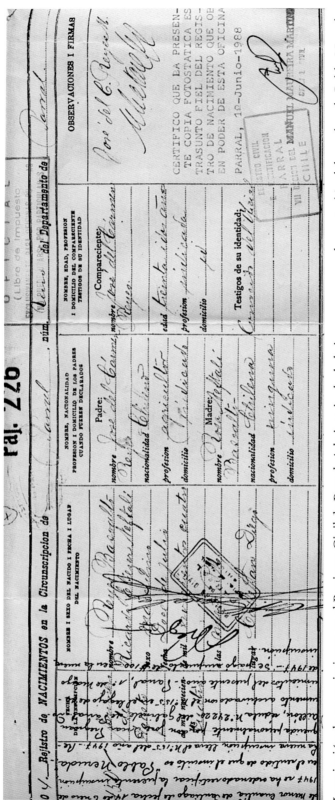

Inscripción de su nacimiento en el Registro Civil de Parral. A la izquierda de la imagen, aparece la anotación del nombre de Pablo Neruda, el 1 de marzo de 1947. *Registro Civil de Chile. Digitalización Fondo Documental Jaime González Colville.*

Después de una investigación de muchos años, el doctor Enrique Robertson propuso que en esta partitura, que nos ha cedido, está el origen del seudónimo Pablo Neruda, que adoptó para su poesía desde 1920.

Lista de exámenes rendidos por _Neftalí Reyes (Candia) Basoalto._

ESTABLECIMIENTOS en que ha rendido los exámenes	RAMOS	Fechas			Votaciones			T.	P.
		Dia	Mes	Año	D	A	R		
Liceo de Temuco	**PRIMER AÑO**								
	Castellano	9	XII	1914	—	tres	—	No hai acta	
	Matemáticas	15	III	1915	—	dos	una	285	306
	Francés	30	XII	1914	dos	una	—	"	223
	Ciencias Naturales	14	XII	1914	—	tres	—	"	235
	Historia i Jeografía	18	XII	1914	—	tres	—	"	241
	SEGUNDO AÑO								
	Castellano	3	XII	1915	—	tres	—	305	219
	Matemáticas	30	XI	1917	—	tres	—	355	8
	Francés	6	III	1916	—	dos	una	305	339
	Inglés	26	VII	1916	—	dos	una	324	287
	Ciencias Naturales	4	I	1916	—	dos	una	305	288
	Historia i Jeografía	29	XII	1916	—	tres	—	327	298
	TERCER AÑO								
	Castellano	29	XII	1917	—	tres	—	355	109
	Matemáticas	2	I	1918	—	dos	una	"	112
	Francés	17	XII	1917	—	tres	—	"	114
	Inglés	7	XII	1917	—	tres	—	"	117
	Ciencias Naturales	27	XII	1917	—	dos	una	"	120
	Física i Química								
	Historia i Jeografía	5	I	1918	—	tres	—	"	123
	CUARTO AÑO								
	Castellano	3	I	1919	—	dos	una	384	101
	Matemáticas	28	XI	1919	—	dos	una	417	4
	Francés	13	XII	1918	—	dos	una	384	105
	Inglés	23	XII	1918	—	dos	una	"	107
	Física	13	III	1919	—	dos	una	"	190
	Química	31	XII	1918	—	dos	una	"	111
	Historia Natural	13	III	1919	—	tres	—	"	196
	Historia i Jeografía	28	XII	1918	—	dos	una	"	115
	QUINTO AÑO								
	Castellano	2	I	1920	—	dos	una	417	119
	Filosofía I	6	I	1920	—	tres	—	"	120
	Instrucción Cívica I	5	XII	1919	—	dos	una	"	121
	Matemáticas	6	III	1920	—	dos	una	"	122
	Francés	31	XII	1919	—	dos	una	"	123
	Inglés	16	XII	1919	—	dos	una	"	125
	Física	18	XII	1919	—	dos	una	"	126
	Química	9	III	1920	—	dos	una	"	192
	Biolojía	9	I	1920	—	dos	una	"	128
	Historia i Jeografía	9	III	1920	—	tres	—	"	193

A la vuelta

Expediente académico de los seis cursos (1914-1920) del bachillerato de Humanidades en Temuco. © Colección Neruda. Archivo Central Andrés Bello. Universidad de Chile.

ESTABLECIMIENTOS en que ha rendido los exámenes	RAMOS	Fechas			Votaciones			T.	P.
		Dia	Mes	Año	D	A	R		
	SESTO AÑO								
	Castellano	I	XII	1920	—	tres	—	s/p	s/p
	Filosofía II	I	XII	1920	—	tres	—	"	"
	Instrucción Cívica II	20	XII	1921	—	tres	—	"	"
	Matemáticas	11	XII	1920	—	dos	una	"	"
	Francés	6	XII	1920	—	tres	—	"	"
	Inglés	13	XII	1920	—	dos	una	"	"
	Física	9	XII	1920	—	dos	una	"	"
	Química	4	XII	1920	—	tres	—	"	"
	Biolojía	18	XII	1920	—	dos	una	"	"
	Historia i Jeografía	16	XII	1920	—	tres	—	"	"

EXAMENES EN QUE HA FRACASADO

Matemáticas I año		26	XII	1914	—	una	dos	285	217
" II año		20	XII	1916		una	dos	327	278
Frances II año		17	XII	1915		una	dos	305	229
Inglés II año		22	XII	1915		una	dos	"	232
Matemáticas II "		9	III	1917		una	dos	327	364
" IV año		6	XII	1917		una	dos	384	103
Física IV año		17	XII	1918		una	dos	"	109
Hist. Nat. IV año		26	XII	1918		una	dos	"	113
Hist y Jeo. V año		23	XII	1919		una	dos	417	129
Química V año		2	XII	1919		una	dos	"	127
H.ª i jeograf 2ª "		7	"	1915		una	dos	305	243
Matem. 2ª "		8	III	1916		una	dos	"	330
Inglés 2ª "		6	"	"		—	tres	"	353
H.ª i jeograf 2ª "		6	"	" ·		una	dos	"	392

Samuel Jiles

ESTIMO QUE EL SOLICITANTE PUEDE SER ADMITIDO AL *sorteo*

Carlos R Moulacart

CONFORME.

C. Baños E.

PROCEDASE AL...*sorteo*

Albertina Azócar, una de las dos principales musas de *Veinte poemas de amor y una canción desesperada*. Fotografía cedida por su sobrina Juanita Azócar.

Imagen del Instituto Pedagógico de la Universidad de Chile, donde cursó estudios de Francés entre 1921 y 1925. © Museo Histórico Nacional de Chile.

Junto a su primera esposa, María Antonia Hagenaar, en 1931 en la isla de Java. © Colección Archivo Fotográfico. Archivo Central Andrés Bello. Universidad de Chile.

Junto a su grupo de amigos de la bohemia, a su regreso de Asia en 1932, en el restaurante Hércules. Aparecen Alberto Rojas Giménez (segundo por la izquierda en la segunda fila) y a continuación José Lafuente, él y Tomás Lago. © Museo Histórico Nacional de Chile.

Escultura en su memoria en la Casa de las Flores, Madrid.

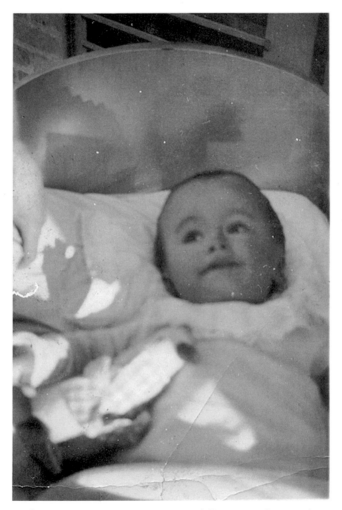

Malva Marina Reyes Hagenaar, su hija, en una imagen inédita. © Legado Miguel Hernández. Instituto de Estudios
Giennenses de la Diputación de Jaén.

VITAL

Director:
Vicente Huidobro
—
Enero 1935

Contra los cadáveres, los reptiles, los chismosos, los envenenados, los microbios, etc, etc.

REVISTA DE HIGIENE SOCIAL

El Affaire Neruda - Tagore

La Revista "PRO" en su número 2 aparecido en Noviembre de 1934, publicó, sin comentarios, los siguientes poemas:

POEMA 30

Tú eres la nube crepuscular del cielo de mis fantasías. Tu color y tu forma son los del anhelo de mi amor. Eres mía, eres mía, y vives en mis sueños infinitos.

Tienes los pies sonrojados del resplandor ansioso de mi corazón. ¡Segadora de mis cantos vespertinos! Tus labios agridulces saben a vino de dolor. Eres mía, eres mía y vives en mis sueños solitarios.

Mi pasión sombría ha obscurecido tus ojos, ¡cazadora del fondo de mi mirada! En la red de mi música te tengo presa, amor mío. Eres mía, eres mía y vives en mis sueños inmortales. — RABINDRANATH TAGORE.

(De "El Jardinero", traducción de Zenobia Camprubí de Jiménez, Madrid 1917).

POEMA 16

En mi cielo al crepúsculo eres como una nube y tu color y forma son como yo los quiero.

Eres mía, eres mía, mujer de labios dulces, y viven en tu vida mis infinitos sueños.

La lámpara de mi alma te sonrosa los pies, el agrio vino mío es más dulce en tus labios, oh segadora de mi canción de atardecer. ¡Cómo te sienten mía mis sueños solitarios!

Eres mía, eres mía, voy gritando en la brisa de la tarde y el viento arrastra mi voz viuda. Cazadora del fondo de mis ojos tu robo estanca como el agua tu mirada nocturna.

En la red de mi música estás presa, amor mío, y mis redes de música son anchas como el cielo. Mi alma nace a la orilla de tus ojos de luto. En tus ojos de luto comienza el país del sueño.

PABLO NERUDA
(De 20 poemas de amor y una canción desesperada. Nascimento. Santiago, VI-1924).

Quieren pelea, ahora van a saber lo que es pelea.

N.o 2 ——————————————— PRECIO: 40 Ctvs.

Desde noviembre de 1934, los poetas Vicente Huidobro y Pablo de Rokha le acusaron de plagiar a Tagore en *Veinte poemas de amor y una canción desesperada*.

Laura Reyes, su hermana, José del Carmen Reyes, su padre, y Trinidad Candía, su *mamadre*, en Temuco. © Colección Archivo Fotográfico. Archivo Central Andrés Bello. Universidad de Chile.

En 1936, en Madrid. Aparece al fondo, entre Miguel Hernández y María Antonia Hagenaar. En el grupo también están Federico García Lorca, Rafael Alberti, Luis Buñuel y Delia del Carril (sentada a la derecha de García Lorca). © Colección Archivo Fotográfico. Archivo Central Andrés Bello. Universidad de Chile.

El 3 de septiembre de 1939 más de dos mil refugiados republicanos españoles llegaron a Chile a bordo del *Winnipeg*. Junto con el Gobierno de la
República en el exilio, Pablo Neruda tuvo un papel esencial en aquella
epopeya como Cónsul para la Inmigración Española. © Museo Histórico
Nacional de Chile (imagen tomada por Miguel Rubio Feliz. Donada por
su esposa, Benedicta Villarroel).

Junto a Delia del Carril, su segunda esposa, en 1948, en el período de clandestinidad. © Colección Lola Falcón. Archivo Cenfoto de la Universidad Diego Portales (Chile).

El Imparcial, Santiago de Chile, 5 de febrero de 1948.

Pro Arte, Santiago de Chile, 7 de abril de 1949.

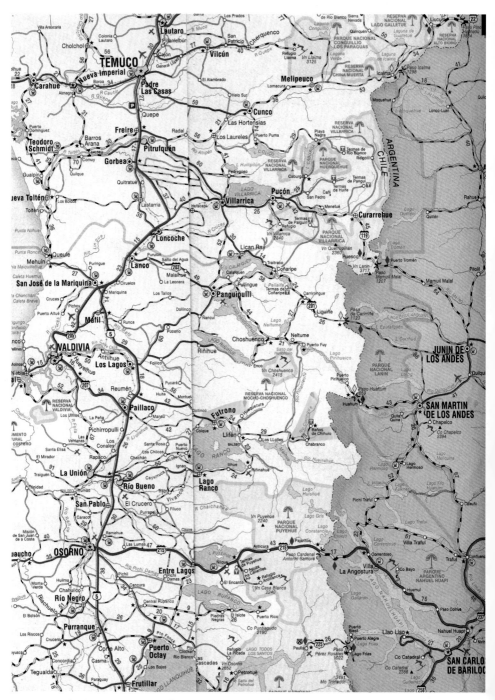

Ruta que siguió a principios de 1949 para salir clandestinamente a Argentina a través de la cordillera.

Con Pablo Picasso en 1949, en París. © Museo Histórico Nacional de Chile (fotografía de Marcos Chamudes).

Firmando autógrafos en 1949, en París. © Museo Histórico Nacional de Chile (fotografía de Marcos Chamudes).

En 1950, en la Unión Soviética. © Archivo General Histórico del Ministerio de Relaciones Exteriores de Chile.

Junto a Salvador Allende, a quien acompañó en sus cuatro campañas presidenciales. © Fundación Salvador Allende.

El Siglo, Santiago de Chile, 22 de octubre de 1971.

Con el rey Carlos XVI Gustavo de Suecia en los instantes de la entrega del Premio Nobel de Literatura de 1971. © Colección Archivo Fotográfico. Archivo Central Andrés Bello. Universidad de Chile.

El 5 de diciembre de 1972, a su regreso de Francia, en el homenaje que el Gobierno de Chile le tributó en el Estadio Nacional. A su lado, Matilde Urrutia, su tercera y última esposa. © Museo Histórico Nacional de Chile (fotografía de Julio Troncoso Briones).

Junto a su hermano Rodolfo y sus sobrinos en 1970, en La Granja (Santiago de Chile). En marzo de 1973, escribió la dedicatoria en Isla Negra. *Fotografía cedida por Rodolfo Reyes Muñoz.*

Manuel Araya en 1973, en Isla Negra. En 2011, su denuncia de que Pablo Neruda fue asesinado motivó la querella criminal presentada por el Partido Comunista que ha dado pie a la investigación judicial en marcha. *Fotografía cedida por Manuel Araya.*

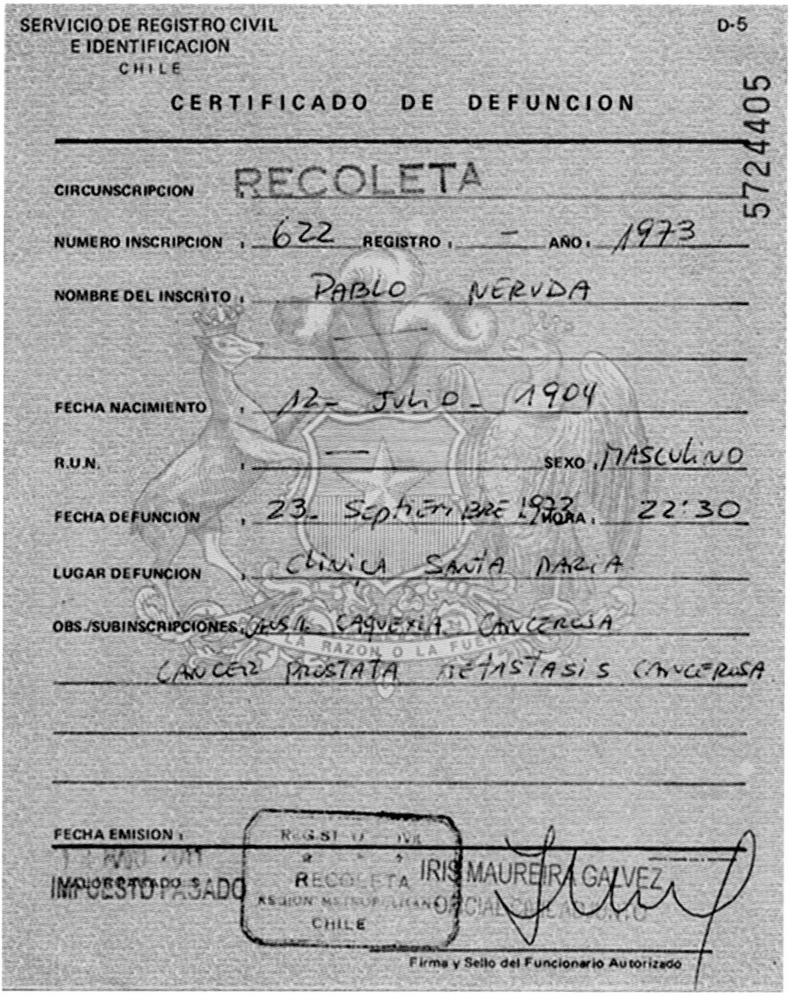

SERVICIO DE REGISTRO CIVIL
E IDENTIFICACION
CHILE

D-5

CERTIFICADO DE DEFUNCION

5724405

CIRCUNSCRIPCION : **RECOLETA**

NUMERO INSCRIPCION : 622   REGISTRO : —   AÑO : 1973

NOMBRE DEL INSCRITO : PABLO NERUDA

FECHA NACIMIENTO : 12 - JULIO - 1904

R.U.N. : —   SEXO : MASCULINO

FECHA DEFUNCION : 23 - Septiembre 1973   HORA : 22:30

LUGAR DEFUNCION : CLINICA SANTA MARIA

OBS./SUBINSCRIPCIONES : JESIL CAQUEXIA CANCEROSA
CANCER PROSTATA METASTASIS CANCEROSA

FECHA EMISION :

IMPUESTO PAGADO

REGISTRO CIVIL
RECOLETA
REGION METROPOLITANA
CHILE

IRIS MAUREIRA GALVEZ
OFICIAL CIVIL

Firma y Sello del Funcionario Autorizado

Llegó a Isla Negra en 1939. Allí escribió una parte de su obra y allí pidió descansar para siempre, mirando al mar.

Iltma. Corte de Apelaciones de Santiago
Secretaría Criminal
Ministro en Visita Extraordinaria D. Mario Carroza Espinosa
Rol N° 1038-2011
Muerte de D. Pablo Neruda

En lo Principal : Se tenga presente
En el Otrosí   : Acompaña documento

**Señor Ministro en Visita Extraordinaria
Mario Carroza Espinosa**

Francisco Ugás Tapia, **Rodrigo Lledó Vásquez** y **Hugo Pavez Lazo**, Secretario Ejecutivo, Jefe del Área Jurídica y abogado, respectivamente, del Programa Continuación Ley N° 19.123, del Ministerio del Interior y Seguridad Pública (Programa de Derechos Humanos), en autos Rol N° 1038-2011, en los que se investiga la muerte de D. **Pablo Neruda**, a US. decimos:

Considerando la cantidad y diversidad de antecedentes que obran en la investigación que S.S. instruye, el Programa de Derechos Humanos ha creído oportuno y necesario hacer presente las consideraciones que se señalan a continuación.

Esta parte es consciente de que en el proceso existen dos versiones contrapuestas con respecto a los hechos, y en especial distintas percepciones sobre el estado de salud del Poeta, provenientes de familiares, amigos y colaboradores. Por esta razón, las consideraciones que aquí se vierten, fluyen del mérito del proceso, con independencia de estas versiones, señalando en cada caso aquellos hechos que, en concepto de esta parte, se encuentran acreditados o han sido referidos de manera directa en el proceso, sugiriendo a S.S. posibles líneas de investigación.

I.- En cuanto a la causa oficial de muerte

Es un hecho indiscutido que D. Pablo Neruda padecía de cáncer de próstata, el cual estaba bastante avanzado (Cuaderno Separado fojas 215 y 223). Sin embargo, consta en el proceso que, producida la muerte,

Primera página del documento del Programa de Derechos Humanos del Ministerio del Interior de Chile que plantea que, después de cuatro años de investigación judicial, «resulta claramente posible y altamente probable la intervención de terceros en la muerte de D. Pablo Neruda». Es decir, que fuera asesinado por la dictadura del general Augusto Pinochet.

Intelectuales lo desmintió y explicó que María Antonia Hagenaar vivía en el acomodado barrio de El Golf de la comuna de Providencia.[958] Y en dos comentarios editoriales *El Mercurio* remarcó que Neruda actuaba de acuerdo «con las maquinaciones del Partido Comunista» y que podía retornar libremente, si bien tendría que afrontar el proceso judicial pendiente desde principios de 1948. También vaticinó que su llegada constituiría «un arma política que el Partido Comunista esgrimiría contra el actual Gobierno».[959]

En mayo, la periodista Lenka Franulic lo visitó en Capri. Embarcado entonces en la escritura de *Las uvas y el viento*, le contó que había residido en la casa de Cerio, pero que acababa de alquilar una «con el producto de mis derechos de autor que me llegan de todas partes del mundo». «En la China se han hecho ya cinco ediciones de *Canto general*. Ahora estoy escribiendo un largo poema sobre Europa al estilo de *Canto general a América*. [...] Pienso regresar a Chile antes de tres meses. ¿Cómo? Ya lo verán. Pero en todo caso antes de las elecciones».[960]

El 28 de mayo los senadores Salvador Allende, Eugenio González, Eduardo Cruz-Coke y Elías Lafertte presentaron un proyecto de amnistía en su favor, que fue rechazado en la Cámara el 10 de junio, en medio de un tormentoso debate en el que el senador derechista Sergio Fernández Larraín (el mismo que en 1975 publicaría en España sus cartas de amor a Albertina Azócar) lo acusó de ser un «traidor a Chile».[961] El 7 de julio el presidente del Partido Comunista, Elías Lafertte, anunció que había decidido regresar a Chile.

Matilde Urrutia y Pablo Neruda se embarcaron a fines de julio en Cannes en el *Giulio Cesare* con rumbo a Montevideo. Durante la travesía entablaron amistad con el arquitecto, cineasta y artista plástico uruguayo Alberto Mántaras y su esposa Olga, quienes les invitaron a visitarles en su país.

El 27 de julio, desde la costa de África, el poeta dirigió un mensaje a su pueblo: «Durante estos años de exilio he llevado el nombre

958. *La Nación*. Santiago de Chile, 30 de marzo de 1952, p. 12.

959. *El Mercurio*. Santiago de Chile, 2 de abril de 1952, p. 3.

960. *Ercilla*. Santiago de Chile, 27 de mayo de 1952, p. 18.

961. *El Siglo*. Santiago de Chile, 4 de septiembre de 1963, p. 10. En octubre de 1954, Neruda dirigió su artillería discursiva contra él, ya que en aquellos días Fernández Larraín había pronunciado otro discurso sumamente anticomunista y escandaloso. *El Siglo*. Santiago de Chile, 12 de octubre de 1954, pp. 1 y 8.

de Chile escrito en mi frente. Sobre mi frente lo han leído millones de hombres y han aprendido a amarlo y respetarlo». Recordó a los campesinos chinos, a los obreros de los astilleros del Báltico, a los hombres y mujeres «de la poderosa y amada Unión Soviética», a los trabajadores de Rumania, Polonia, Italia... «Hay países con docenas de estrellas en su bandera, pero no están satisfechos, quieren apoderarse de otras tierras, dominar a otros pueblos y agregar nuevas estrellas a sus banderas. Nosotros los chilenos tenemos una sola estrella en la nuestra, y esa nos basta. Amamos nuestra estrella sobre su azul maravilloso. Amamos nuestra bandera, la más lejana de todos los pueblos. El porvenir de la humanidad puede estar en peligro en manos de unos cuantos malvados, pero no les pertenece. Es nuestro el porvenir del hombre, porque somos nosotros la esperanza».[962]

En cuanto el buque atracó en la capital uruguaya, el 11 de agosto, se despidió de su amada, que seguiría la travesía hasta Buenos Aires. Fue recibido afectuosamente por una delegación chilena, integrada por el presidente de la Cámara de Diputados, Astolfo Tapia, el abogado Carlos Vicuña Fuentes y Sergio Insunza, acompañados por el diputado comunista uruguayo Rodney Arismendi. «Los cuatro lo esperamos en el puerto. Vimos bajar a Pablo envuelto en un abrigo amarillo de piel de camello. Era el mismo de siempre, tal vez un poco más gordo y tostado por el sol del verano europeo. Los periodistas se apoderaron de él de inmediato y luego vinieron agasajos de los escritores y la obligatoria lectura de sus últimos poemas», explicó Insunza.[963] También le saludaron intelectuales, escritores y poetas uruguayos, entre ellos Mario Benedetti, quien aparece junto a él en una fotografía publicada en el semanario *Marcha* el 15 de agosto. En su equipaje, Neruda llevaba dos tesoros bibliográficos: las pruebas de imprenta de *Les travailleurs de la mer* de Víctor Hugo y las dos misivas que Isabelle Rimbaud escribió a su madre el 22 de septiembre y el 5 de octubre de 1891 junto al lecho donde agonizaba su hermano, el gran poeta Arthur Rimbaud.[964]

962. *Democracia*. Santiago de Chile, 9 de agosto de 1952, p. 5.

963. Mansilla, Luis Alberto: «Vivir con Neruda. Conversación con Aída Figueroa y Sergio Insunza». *Araucaria de Chile*, n.º 26. Madrid, 1984, pp. 89-105.

964. Rodríguez Monegal, Emir: «Con Pablo Neruda en Montevideo. Políticos, poetas y bibliófilos». *Marcha*, n.º 635. Montevideo, 15 de agosto de 1952, pp. 14-15.

Viajaron en avión a Buenos Aires y de allí a Santiago de Chile, adonde llegaron el martes 12 de agosto a la una y media de la tarde. Miles de personas participaron en la bienvenida en Los Cerrillos, donde abrazó a Delia del Carril después de siete meses. Le esperaban también Hortensia Bussi (esposa de Salvador Allende), Tomás Lago, Camilo Mori, Olga Poblete, Carlos Contreras Labarca, Jorge Jiles, Luis Enrique Délano, Lola Falcón, Enrique Bello, Lenka Franulic, Juvencio Valle, Roberto Parada, María Maluenda, Francisco Coloane, Diego Muñoz, José Miguel Varas y Homero Arce. Desde la ciudad de Quillota, donde estaba en un acto de campaña acompañado por Volodia Teitelboim, Salvador Allende conversó con él por teléfono y le envió un saludo escrito: «Un fuerte abrazo al amigo y al gran patriota y poeta que vuelve a esta noble tierra para incorporarse a la lucha de su pueblo».[965] En la gran arteria de la Alameda, a la altura de la Estación Central, descendió del automóvil y se integró en la manifestación popular que marchaba hacia la plaza Bulnes, frente a La Moneda, donde se improvisó una tribuna y habló ante más de diez mil personas.[966]

«Yo soy un chileno del sur, mis pensamientos nacieron entre San Rosendo y Carahue. Yo le debo a la Frontera, a las tierras mojadas del sur, mi poesía. A Santiago le debo algunas gotas de locura y de sabiduría. Le debo también lo más importante: el descubrimiento de mi partido, el Partido Comunista de Chile. Por eso le debo el orgullo de ser un comunista. Al norte, al Norte Grande, a los arenales y a las alturas del cobre, a María Elena y Chuquicamata, les debo una revelación, haber conocido a los hombres, haber luchado en lo más profundo y en lo más vivo de las filas del pue-

---

965. *Democracia*. Santiago de Chile, 13 de agosto de 1952, p. 4.

966. *Democracia*. Santiago de Chile, 13 de agosto de 1952, p. 1. Entre las miles de personas que le escuchaban estaba un joven Hernán Loyola, quien por consejo de su profesor Juan Uribe Echevarría dedicaría su memoria de licenciatura al estudio de *Canto general*, que terminó en 1954. Meses después le visitó en *Michoacán* y así empezó una relación que con los años adquirió una gran confianza. Loyola fue nombrado profesor de castellano en el Liceo de Temuco entre 1955 y 1957 y allí pudo descubrir el «espacio fundacional» de la poesía nerudiana. Al morir Jorge Sanhueza en 1967, la Biblioteca Central de la Universidad de Chile, donde se conserva la Colección Neruda, le asumió con las funciones de investigador especializado. Loyola, Hernán: «El poeta y el investigador». *Los rostros de Neruda*. Planeta. Santiago de Chile, 1998, pp. 99-121.

blo». Su discurso fue sobre todo un alegato por el futuro de Chile y exaltó su apoyo al Frente del Pueblo y a la candidatura presidencial de Salvador Allende. «Hoy es un día grande para mí. Hoy, después de años, he respirado el aire y he pisado la tierra de Chile».[967]

Su salida clandestina, el exilio, el retorno triunfal y el impacto de *Canto general* habían acrecentado su estatura literaria. «En mi juventud —dijo José Donoso—, como casi todos los escritores chilenos de mi generación, yo viví *borracho* de Neruda».[968]

Y Nicanor Parra ha explicado que retrasó la publicación de *Poemas y antipoemas* diecisiete años, hasta 1954, debido a su sombra alargada: «Yo sabía que cada libro de poesía que aparecía en Chile se medía con un solo metro: Neruda. Así como en la física se habla de un ohm o de un newton, en poesía se hablaba de un neruda y se trataba de ver cuántos nerudas había en cada poeta nuevo», explicó en 1989. «Yo no quería aparecer humillado por ese número. Por eso me resistía y seguía puliendo, buscando, investigando».[969] En 1954, Neruda escribió unas elogiosas líneas de presentación de *Poemas y antipoemas*: «Entre todos los poetas del sur de América, poetas extremadamente terrestres, la poesía versátil de Nicanor Parra se destaca por su follaje singular y sus fuertes raíces».[970] Y en julio de 1967 le tributó su poema festivo «Una corbata para Nicanor».

Emocionante debió de ser el retorno aquella tarde invernal a *Michoacán*, después de cuatro años y medio de ausencia, donde sus perros *Calbuco* y *Kutaka* no tardaron en reconocerlo. «Yo soy el chileno integral. Soy el anticosmopolita por excelencia. Antes, a la gente de mi generación le gustaba vivir en París. A mí me gusta vivir en mi tierra, con todo lo que ella produce. No hay duraznos ni ostras comparables a los de Chile. Me gusta también encontrarme entre mis viejos amigos», comentó a Lenka Franulic. Señaló que había regresado a Chile en barco para evitar la flebitis que padeció

967. *Democracia*. Santiago de Chile, 13 de agosto de 1952, pp. 1 y 4.

968. Oro Tapia, Luis: «La cultura». Ulianova, pp. 277-319.

969. Drysdale, Sabine y Escobar, Marcela: *Nicanor Parra. La vida de un poeta*. Ediciones B. Santiago de Chile, 2014, p. 37

970. Oses, Darío (comp.): *A estos yo canto y yo nombro. Antología.* Fondo de Cultura Económica. Santiago de Chile, 2004, p. 19.

en México y de la que se curó en Moscú, «donde fui sometido a toda clase de cuidados por los mejores especialistas soviéticos». La periodista le preguntó si era cierto que en septiembre de 1949 había renegado públicamente de su poesía anterior. «Yo no he dicho exactamente eso. He dicho que mi primera poesía es pesimista y dolorosa, que expresa las angustias de mi juventud. [...] Yo no quiero ahora que esta poesía tenga influencia sobre la juventud. Hay que combatir y luchar [...]. Cuando se manda a la gente al combate, no se le pueden cantar cantos fúnebres».[971]

Precisamente, en su primera intervención ante el Comité Central del Partido Comunista, habló de *Las uvas y el viento* y de los cambios en su poesía: «Actualmente estoy trabajando en un nuevo libro sobre las luchas de todos los pueblos del mundo. Me he hecho una autocrítica. He cambiado mi estilo, para escribir más sencillo. Poco a poco me he ido despojando de las formas complicadas, a fin de que todos entiendan mi poesía».[972] El 31 de agosto el Teatro Caupolicán se llenó para rendirle tributo. Al subir al escenario fue recibido con una ovación fervorosa por las miles de personas, que espontáneamente entonaron la Canción Nacional, mientras niños de diversas localidades de Santiago le entregaban ofrendas florales.

El 2 de septiembre, el Frente del Pueblo cerró su campaña electoral con una gran manifestación por el corazón de Santiago, desde la plaza Baquedano hasta la plaza Bulnes, donde se instaló la tribuna en la que hablaron, en medio de la lluvia y el frío invernales, Salvador Allende, Pablo Neruda, Volodia Teitelboim y Agustín Álvarez. «No nos cansaremos de asegurar que el Frente del Pueblo no es una escaramuza electorera, sino algo mucho más profundo: la reconstrucción de la moral cívica de Chile», proclamó Neruda. Su discurso tuvo un profundo contenido político e histórico, puesto que aseguró que la opción de Allende encarnaba la continuidad de la lucha del movimiento popular: «Nosotros, los comunistas, apoyamos la candidatura de Allende con nuestra fuerza. Nosotros, los comunistas, sabemos que somos la juventud del mundo. [...] Marchamos hacia la felicidad de nuestra Patria y sabemos que no marchamos solos». Ensalzó la confluencia de distintas fuerzas de

971. *Ercilla*. Santiago de Chile, 19 de agosto de 1952. Páginas no numeradas.
972. *Principios*, n.º 13. Santiago de Chile, septiembre de 1952, pp. 24-25.

izquierda y expresó su confianza en el doctor Allende: «Yo saludo a Salvador Allende. Lo saludo en nombre de las esperanzas de Chile. Estas esperanzas han sido postergadas y traicionadas muchas veces, pero no se ha quebrantado la fe en nuestro pueblo. Él tiene en sus manos una bandera que viene de antiguas luchas. [...] Y en tus manos, ciudadano Salvador Allende, debe conducirnos hoy o mañana a la victoria».[973]

El 4 de septiembre la candidatura populista de Carlos Ibáñez del Campo obtuvo una amplísima victoria (46,8%), mientras que Allende quedó en último lugar, con solo 51.975 votos (el 5,4%). Sin embargo, aquella candidatura del Frente del Pueblo señaló el camino a la izquierda: la construcción de la unidad política y social en torno a un programa de profundas reformas democráticas que abriera camino al socialismo. Una alianza sin parangón, por su duración y amplitud, en Occidente durante el largo período de la Guerra Fría.

Cuando la primavera acariciaba los árboles de *Michoacán*, escribió un texto en prosa más íntimo sobre sus sensaciones en el regreso a la patria para una nueva publicación del Partido Comunista.[974] Y pronto se reencontró con una vieja conocida de su breve período como cónsul en Buenos Aires. «Soy Margarita, la hija de Sócrates Aguirre», lo abordó un día... «La hija de Sócrates... Pero cómo ¡si tú eres mi hija!». De inmediato, le propuso que fuera su secretaria, tarea que cumplió hasta 1954. Estipularon un salario... que nunca percibió, explicó ella a José Miguel Varas. Al menos, gracias al poeta sí que conoció al abogado comunista argentino Rodolfo Araoz Alfaro, con quien contraería matrimonio con su «bendición apostólica».[975]

El lunes 27 de octubre, a las doce y media del mediodía, Pablo Neruda y Delia del Carril sufrieron un accidente en su automóvil Station-wagon Willy Overland, con motor Ford, modelo 1949, que conducía el chófer Jorge Palacios, cuando circulaban por la calle Simón Bolívar al ser embestidos por un camión. El poeta sufrió una contusión y una herida en el antebrazo derecho. Su espo-

973. *Democracia*. Santiago de Chile, 3 de septiembre de 1952, p. 4.
974. Neruda, Pablo: «El olor del regreso». *Vistazo*, n.º 12. Santiago de Chile, 11 de noviembre de 1952, p. 6.
975. Varas, José Miguel: *Nerudario*. Planeta. Santiago de Chile, 1999, pp. 29-40.

sa padeció múltiples heridas, quedó inconsciente hasta pasadas las tres de la tarde y fue internada en observación en el hospital público de Ñuñoa.[976] Después de aquel accidente escribió siempre a mano.[977]

VACACIONES EN PUNTA DEL ESTE

A fines de noviembre, *Pro Arte* publicó una extensa entrevista de su director, Enrique Bello, a Neruda realizada en Isla Negra, donde ya los mascarones de proa acompañaban a los moradores, junto con pequeños veleros traídos de varios países, mapas medievales, caracolas, cajas de música, figuras de Oriente...

En primer lugar, Bello le preguntó acerca de la concepción del realismo socialista en el arte y la literatura, uno de los temas que marcaron aquella época. «Sobrepasando los cánones antiguos, el realismo socialista muestra la transformación del hombre en el periodo del nacimiento de la nueva sociedad», señaló. «Es decir, no se reduce a retratar al hombre y al paisaje, sino que contribuye a la formación y a la construcción del porvenir. De esta manera, el arte de nuestra época llega a cumplir un rol fundamental, como una materia tan necesaria como el acero o el ladrillo de las nuevas construcciones. El libro y la pintura deben señalar la proximidad y la fecundidad de la época socialista que viene y deben mostrar los fundamentos humanos, sociales y naturales de la esperanza contemporánea. De esta manera, el escritor se convierte en creador de la historia, asumiendo, por primera vez, un papel directo en la construcción de una época». Criticó el anticomunismo en Estados Unidos, que cerraba sus puertas a Charles Chaplin, y aseveró que «el telón de acero» era «una invención norteamericana para ocultar o disimular sus preparativos de guerra».

En otra respuesta, con duro sectarismo, censuró la influencia de novelistas como Faulkner o poetas como T. S. Eliot con una durísima crítica, además, al galardón que otorgaba la Academia Sueca: «Y no es por casualidad que estos dos escritores reciben el Premio Nobel, coronación y premio que da una sociedad agoni-

976. *La Nación*. Santiago de Chile, 28 de octubre de 1952, pp. 1 y 4.
977. *El Siglo*. Santiago de Chile, 28 de octubre de 1952, p. 1.

zante a sus propios enterradores». También censuró «al destructivo Sartre» y movimientos como el existencialismo o el abstraccionismo, que «en vez de dar salida a los conflictos humanos, llevan al laberinto de la negación o de la inutilidad».[978] En aquellos días, publicó un artículo en memoria de Paul Éluard, fallecido el 18 de noviembre. «Nadie podrá darme ya lo que él se lleva porque su fraternidad activa era uno de los preciados lujos de mi vida. [...] Me inclino sobre tus ojos cerrados que continuarán dándome la luz y la grandeza, la simplicidad y la rectitud, la bondad y la sencillez que implantaste sobre la tierra».[979]

En las últimas semanas de 1952, un grupo de intelectuales, artistas y profesionales de Valparaíso le ofreció un homenaje. Allí el médico comunista Jaime Barros le presentó a su colega Francisco Velasco. «Neruda estaba muy serio y solemne, muy reservado, callado pero atento, actitud que después muchas veces le conocí y que era el resultado más bien de timidez que de orgullo. Terminado el acto, nos despedimos cortésmente», recordó Velasco. «Al día siguiente, un amigo le telefoneó para pedirle que invitara al poeta a almorzar. Degustaron un caldillo de congrio, puesto que averiguaron que le gustaba. «En la tarde conversamos como si fuéramos ya viejos amigos, una amistad que nació en forma natural y espontánea y que duró hasta el día de su muerte, un miembro más en la familia, el *tío* Pablo, como mis hijos le llaman».[980]

En diciembre, viajó a Viena para participar, como miembro del Consejo Mundial de la Paz, en el Congreso de los Pueblos y después a Moscú para tomar parte en las deliberaciones del Pre-

978. *Pro Arte*, n.º 160. Santiago de Chile, 28 de noviembre de 1952, pp. 1 y 6. Con un número especial, que no se conserva ni en la Biblioteca Nacional de Chile ni en la de España, *Pro Arte* saludó su retorno. Incluyó artículos de González Vera, Juvencio Valle («Preguntas para el patriota Pablo Neruda»), José Miguel Varas, Rubén Azócar o Diego Muñoz, poemas de Louis Aragon («El cantor de Chile»), Paul Éluard y Nicanor Parra («Salutación a Neruda») y un mensaje especial de Rafael Alberti. Y también ofreció los tres primeros poemas de la primera parte («Las uvas de Europa») de *Las uvas y el viento*. *Pro Arte*, n.º 157. Santiago de Chile, 11 de agosto de 1952.

979. *El Siglo*. Santiago de Chile, 23 de noviembre de 1952, p. 1.

980. Velasco, Francisco: *Neruda. El gran amigo*. Galinost-Andante. Santiago de Chile, 1987, pp. 13-14. Velasco escribió otro libro sobre el poeta: *Los rostros de Neruda*. Ediciones Nueva Voz. Valparaíso, 1990.

mio Stalin. A través de los micrófonos de Radio Central de Moscú dirigió un mensaje de fin de año a América Latina: «Desde la Unión Soviética, feliz y constructora os digo: nuestra esperanza será cumplida, la verdad será aprobada, nuestros sueños serán realizados. Algún día los voraces imperialistas serán arrojados de nuestros pueblos, serán expulsados de Corea, dejarán en paz al pueblo griego, brillará la paz en todos los rincones del mundo de mañana».[981]

En los últimos días de aquel año aprovechó la gentileza de Alberto Mántaras, quien le había ofrecido su casa en el balneario de Atlántida, en Punta del Este, a unos cuarenta kilómetros de Montevideo, para reunirse con Matilde Urrutia. Su llegada al aeropuerto de Carrasco el 29 de diciembre de 1952, procedente de Europa en un vuelo de KLM con visa de tránsito obtenida en el consulado de Ginebra, motivó un concienzudo operativo de seguimiento por parte de la inteligencia policial uruguaya.[982] Durante su estancia de tres semanas en el país, un equipo integrado por al menos tres agentes del Servicio de Inteligencia y Enlace (SIE) escudriñó todos sus pasos. Llegó acompañado por un compatriota, Vicente Naranjo, que fue identificado como su secretario. Los agentes anotaron en sus informes que lo habían recibido el arquitecto Mántaras y su esposa Olga, acompañados por «una señorita chilena que recibió muy afectuosamente al Sr. Pablo Neruda».

Se dirigieron de inmediato a Atlántida y desde aquel momento, al igual que había sucedido el 11 de agosto cuando llegaron en barco de Europa, todos sus movimientos fueron escudriñados y registrados al detalle: las llamadas telefónicas, los dos desplazamientos diarios a la playa, las consumiciones en un bar cercano... Rutina propia de unas semanas de descanso, de una escapada romántica, de un encuentro con un matrimonio amigo. El sábado 3 de enero

981. *El Siglo*. Santiago de Chile, 2 de enero de 1953, p. 2.
982. Así lo han relatado recientemente dos historiadores uruguayos a partir de la documentación del Archivo de la Dirección Nacional de Información e Inteligencia de la Policía de Montevideo. Accedieron a la ficha de Neruda en este Archivo, la n.º 213.166, en la que se anotó, con mayúsculas, su condición de comunista y sus datos personales, incluso el nombre de sus padres. Aparicio, Fernando y García Ferreira, Roberto: «Pablo Neruda y una estadía signada por la vigilancia policial». Harmer, Tanya y Riquelme, Alfredo: *Chile y la guerra fría global*. RIL Editores. Santiago de Chile, 2014, pp. 45-69.

por la tarde los Mántaras llegaron a verlos y se quedaron conversando en el jardín hasta, exactamente, las dos y media de la madrugada, visita que se repitió siete días después a la hora del almuerzo. Ya en su primera estancia en la casa de esta familia, rebautizó el lugar y le dedicó de su puño y letra, con tinta verde, su «Oda a las flores de Datitla», que su amante adornó con hojas, ramas y pétalos recogidos en los bosques cercanos para acompañar a los versos en veinte coloridas cartulinas que formaron un álbum.[983]

El 22 de enero tomó un avión de la compañía SAS que hizo escala en Buenos Aires, donde se le unió Delia del Carril, para regresar a Santiago, mientras que Matilde Urrutia viajó horas después en un vuelo de Lan.

A su llegada, declaró que en Viena había trabajado durante dos días seguidos con Jean Paul Sartre en la preparación de un manifiesto en defensa de la paz que suscribirían escritores de todo el mundo y rectificó sus recientes críticas en *Pro Arte*: «Me dio la idea de un hombre muy modesto y de una gran sinceridad en su posición democrática. En una oportunidad Sartre me dijo: "Dedicaré mi vida a la causa de la paz. El anticomunismo es un veneno contra el cual todos debemos luchar y que hay que eliminar de la vida social de la vida contemporánea. Es uno de los principales ingredientes de la guerra que se prepara».[984]

EN LA MUERTE DE STALIN

El 5 de marzo de 1953 el fallecimiento del presidente del Consejo de Ministros de la Unión Soviética y secretario general del PCUS conmocionó al movimiento comunista internacional, que lloró al sucesor de Lenin, al constructor de «la patria de todos los trabajadores del mundo», al líder que había guiado a su pueblo a la

983. Alberto Mántaras conservó con esmero este singular tesoro hasta que en 1992 se lo prestó a Ramiro Insunza, quien en 2002 pudo cumplir el deseo de Mántaras de publicarlo y devolvió los originales a esta familia, que los expuso en el Museo «Paseo de Neruda», instalado en la casa de Atlántida. En Chile, se publicó una edición de lujo de mil quinientos ejemplares. *Qué Pasa*. Santiago de Chile, 4 de octubre de 2002, pp. 84-85. *La Segunda*. Santiago de Chile, 3 de octubre de 2002, p. 44.

984. *El Siglo*. Santiago de Chile, 23 de enero de 1953, p. 1.

heroica victoria sobre el nazismo, al «padre» de la inmensa nación que «había abierto para la humanidad la era del socialismo».[985] La muerte de Stalin sorprendió a Neruda en el verano chileno, en Isla Negra. Su primera reacción pública fue una encendida loa, un desmesurado obituario: «El más grande de los hombres sencillos, nuestro maestro, ha muerto. [...] A la sombra de Stalin la Ciencia y el Arte, la Poesía y la Música crecieron en la patria soviética con esplendor inmortal. Dejó su huella creadora en el hombre y en el trigo, en las montañas y en las semillas: es el creador de la paz de nuestros tiempos. La paz que conquistarán los pueblos con su lucha será llamada la Paz de Stalin y será el don supremo para todos los hombres».[986]

Entonces se desconocía la magnitud de la despiadada represión que desplegó durante sus tres décadas al frente de los destinos soviéticos. El XX Congreso del PCUS, en febrero de 1956, condenó sus «crímenes» y la apertura de los archivos soviéticos a partir de los años 90 ha permitido a los historiadores iluminar los episodios ominosos de aquel tiempo... desconocidos para quienes lamentaron su muerte en marzo de 1953. Ignorados por quienes en Santiago de Chile acudieron la mañana dominical del 15 de marzo de 1953 al Teatro Baquedano (actual Teatro de la Universidad de Chile, en la plaza Italia) para asistir al «grandioso homenaje» al «gran constructor del socialismo y líder de la paz recientemente fallecido». El aforo quedó pequeño y centenares de personas tuvieron que seguir su desarrollo desde la calle por un sistema de megafonía.[987]

En el proscenio, dos banderas nacionales flanqueaban un enorme retrato de Stalin. En las primeras filas del patio de butacas se sentaban las personalidades políticas e intelectuales más representativas de la izquierda: Alejandro Lipschutz, Roberto Parada,

---

985. Así lo recordó en sus memorias Luis Corvalán, quien, en representación del PC chileno, asistió al XX Congreso del PCUS. «No teníamos idea de sus crasos errores o los tomábamos como invención del enemigo». Corvalán (1997), p. 59.

986. *El Siglo*. Santiago de Chile, 10 de marzo de 1953, p. 1. Según relató ampliamente en sus memorias, jamás se encontró con él, tan solo lo vio desde la distancia cuando asistió a los desfiles que tenían lugar en la Plaza Roja de Moscú el Primero de Mayo o el Siete de Noviembre.

987. *El Siglo*. Santiago de Chile, 16 de marzo de 1953, p. 1.

María Maluenda, Olga Poblete, Clotario Blest, Pablo Neruda y Delia del Carril, Elías Lafertte, Salvador Allende, Margot Loyola y Volodia Teitelboim. El acto, lleno de emoción, estuvo conducido por José Miguel Varas y Eliana Mayerholz y empezó con la soprano Blanca Hauser cantando el himno soviético y la Canción Nacional, acompañada al piano por Armando Carvajal. El dirigente sindical Juan Vargas Puebla intervino en nombre de los trabajadores; el presidente del Partido Radical, Justiniano Sotomayor, pronunció un vibrante discurso y María Maluenda y Roberto Parada declamaron el poema de Maiakovski ante la muerte de Lenin. Clausuraron el acto Salvador Allende,[988] cuya extensa intervención fue interrumpida por el público con recurrentes aplausos, y, en nombre del Partido Comunista, Pablo Neruda. Fue recibido con una enorme ovación que precedió al canto de *La Internacional* y leyó un poema inédito, «En su muerte», que formaría parte de *Las uvas y el viento*.[989] Casi perdió el conocimiento en el escenario.

Sus alabanzas poéticas a Stalin durante más de una década sirvieron para descalificarlo rotundamente, sin atender a las posteriores rectificaciones en su poesía y en algunas declaraciones públicas. Además, a su muerte, y antes, Stalin recibió los elogios de personas tan distantes como Winston Churchill, el famoso historiador Arnold Toynbee o Alcide De Gasperi, por la transformación de la Unión Soviética desde el feudalismo en la segunda potencia mundial en apenas tres décadas y la victoria del Ejército Rojo sobre el nazismo en la Segunda Guerra Mundial al coste de más de veinte millones de muertos y un inmenso país devastado.[990]

El 26 de abril el Congreso Continental de la Cultura se inauguró en el Teatro Municipal con la asistencia de representantes de

988. Su discurso fue una verdadera oración fúnebre, una extraordinaria loa a Stalin. Sus últimas palabras las dedicó a su principal aliado: «Camaradas del Partido Comunista, nosotros sabemos que hay sombra y dolor en vuestros corazones, que es ancha y profunda vuestra angustia. Vuestro consuelo, el saber que hay hombres que no mueren. Stalin es uno de ellos». Fue el discurso menos *allendista* de toda su vida. Amorós, Mario: «El día que Allende glosó a Stalin». Blog *Historia(s)* de *El País*, coordinado por Tereixa Constenla. http://blogs.elpais.com

989. *El Siglo*. Santiago de Chile, 16 de marzo de 1953, p. 4.

990. *Nerudiana*, n.º 15-16. Santiago de Chile, 2014, pp. 79-80.

once países y ciento cincuenta delegados.[991] Era una respuesta a la campaña organizada por la CIA hacia América Latina a través de la revista *Cuadernos* (dirigida por el español Julián Gorkin) y del Congreso por la Libertad de la Cultura.[992] Destacó la presencia de Diego Rivera, Nicolás Guillén, la argentina María Rosa Oliver, el poeta católico polaco Jaroslav Iwaskiewicz, la estadounidense Betty Sanders, el novelista mexicano José Mancisidor y el poeta haitiano René Depestre.[993]

También llegaron Jorge Amado y Zélia Gattai. «En 1953, viajamos a Chile, donde Neruda nos albergó», recordó Gattai en 2004. «Llegamos a su casa de Los Guindos, encontramos al muralista Diego Rivera, también huésped del poeta. Un gigante, enorme como sus murales maravillosos. Pasamos días inolvidables en Isla Negra, oyendo por las noches, en torno a una chimenea, historias fantásticas contadas por el genial artista. Diego pintó un retrato de Matilde y, en medio de sus cabellos rojizos, esbozó el perfil de Pablo».[994] Neruda se autodesignó padrino de su hija Paloma y *madrina* de su hijo João Jorge... puesto que Nicolás Guillén se le adelantó en esta distinción.

El poeta inició su discurso ante la asamblea plena del Congreso Continental de la Cultura con una cita de Walt Whitman y una reflexión acerca de la escritura de *Las uvas y el viento*, que concebía

---

991. En una carta fechada en Santiago de Chile el 15 de junio de 1953, Delia del Carril relató a Dario Puccini y su esposa el éxito del Congreso y el trabajo de Neruda, quien logró obtener, a pesar de las resistencias de las autoridades y de la derecha, el Teatro Municipal, el más importante de la ciudad, para la inauguración y la clausura. En la apertura «la parte artística organizada por Pablo dejó al público impresionado por la calidad que demostraba que la cultura estaba de nuestro lado». No solo participaron comunistas, sino también personas que ella calificó como «enemigos políticos» y en el Congreso prevaleció un «ambiente de cariño, amistad y deferencia». Además, el Congreso que Julián Gorkin y la embajada de Estados Unidos habían promovido no pudo celebrarse. Le reprochó a Puccini la ausencia de intelectuales franceses e italianos y constató la ausencia de los invitados soviéticos. Morelli, Gabriele: «Una carta inédita de Delia del Carril sobre el Congreso Continental de la Cultura». *Nerudiana*, n.º 15-16. Santiago de Chile, 2014, pp. 73-76.

992. «La muerte de Stalin y el Congreso Continental de la Cultura». *Nerudiana*, n.º 15-16. Santiago de Chile, 2014, pp. 77-78.

993. *Vistazo*. Santiago de Chile, 21 de abril de 1953, p. 12.

994. Gattai, Zélia: «Mi amigo y compadre Pablo». *Nerudiana*, n.º 2. Santiago de Chile, diciembre de 2006, pp. 5-7.

como su «contribución a la paz». «En él busco los mejores hechos de la Europa occidental y de la Europa oriental, busco los héroes y los pueblos, paisajes y productos, tierras, puentes, pueblos, vinos. Quiero que este canto reúna esta unidad amenazada: nuestro mundo de hoy». Su optimismo histórico, su fe comunista en el futuro se elevaban vigorosos: «Yo tengo confianza en el tiempo que viene. Este tiempo se construye ante nuestra vista, se construye ante nuestra vista la fraternidad del porvenir. La fraternidad, hija de la paz, racimo del gran viñedo humano». Evocó su salida clandestina de Chile y el abrazo del mundo en su exilio. «A la claridad que resplandecerá sobre la tierra se va uniendo desde ahora la voz de los poetas, el canto universal de mis hermanos. Porque el tiempo que viene implantará, entre muchos dones, el reparto de tres tesoros comunes a que aspiramos todos los hombres: el pan, la justicia y la poesía».[995]

LA PATERNIDAD PERDIDA

En julio de 1953, la editorial Austral, vinculada a su partido, publicó los dos tomos de *Poesía política de Pablo Neruda*, una obra preparada por Margarita Aguirre y que incluyó el extenso estudio introductorio de Iliá Ehrenburg.[996] En su breve prólogo, el poeta defendió una poesía comprometida con todo lo relacionado con el ser humano, salvo «la complicidad con el mal, con lo que daña a los seres, con la opresión o el veneno». Una poesía que cantara todos los sentimientos y que estuviera presente «en todos los sitios de las luchas humanas, en todos los combates, en todas las campanas que anuncian el mundo que nace...».

A mediados de aquel mes, después de muchos años, regresó a Parral en tren junto con Delia del Carril y sus amigos Ángel Cru-

995. Neruda, Pablo: «A la paz por la poesía». *El Siglo*. Santiago de Chile, 31 de mayo de 1953, pp. 4-5.

996. Este libro incluyó los poemas «Maestranzas de noche» y «Barrio sin luz», de *Crepusculario*, buena parte de *España en el corazón*, diez poemas de *Tercera Residencia* («Reunión bajo las nuevas banderas», los «cantos» a Stalingrado, a Simón Bolívar y al Ejército Rojo) y numerosos poemas de *Canto general*. Como creaciones más recientes, anticipó «El hombre invisible», «Varsovia», «Himno a China» y «Las uvas de Europa», que formarían parte de *Las uvas y el viento*.

chaga Santa María y Albertina Azócar. En el Teatro Municipal ofreció una conferencia y leyó algunos de los poemas de *Las uvas y el viento*. Especial emoción tuvo la visita a la casa donde viviera su madre, según escribió Cruchaga Santa María.[997] La alcaldesa y los regidores le agasajaron con un cóctel y, por supuesto, pudo saludar a los numerosos familiares que vivían en la ciudad. «Mi corazón tiene raíces en Parral, aquí duermen mis muertos, sabor de estas tierras y de estas viñas quiso tener mi poesía», escribió en el libro de honor de la Municipalidad.[998] Invitados por el alcalde de Cauquenes, Gustavo Cabrera Muñoz, la comitiva visitó también esta ciudad próxima.[999]

Entonces, Matilde Urrutia esperaba una niña y alcanzaba ya los seis meses de embarazo. El 14 de agosto, desde Antofagasta, donde participaba en una gira política junto con Elías Lafertte y Salvador Ocampo, el poeta respondió con preocupación al cable en el que le confió imprevistas complicaciones en su salud: «Amor, Matilde mía, adorada, he pasado muy mal con el telegrama que me da nuevas ansiedades». Le confió que se sentía desesperado por dentro, como en Capri en febrero de 1952. «No sirvo para casi nada pero menos para que tú sufras. No me importa Procopio [así llamaba cariñosamente a la criatura que esperaban] sino tu estado, tu sufrimiento». Y tres días después volvió a enviarle cálidas palabras de amor: «Te necesito intacta aunque no te dupliques, para mi vida. Eres para mí el centro de todas las cosas, de tu chasca sale el sol, tu boca es el pan de mi boca...».[1000] Finalmente, sufrió su tercer y último aborto. A principios de septiembre, a su regreso del norte, la visitó con un ramo de flores en la clínica donde permanecía ingresada. Después hicieron varias consultas médicas que les auguraban un buen pronóstico, «pero Pablo no quiso intentarlo de nuevo, y un día decidimos no hablar nunca más del asunto», escribió Matilde Urrutia.[1001]

A fines de 1953, Leopoldo Panero publicó *Canto personal. Carta perdida a Pablo Neruda*, un intento de réplica a la crítica vi-

997. *La Discusión*. Chillán, 28 de julio de 1953, p. 8.
998. *La Discusión*. Chillán, 27 de julio de 1953, p. 3.
999. González Colville, Jaime: «Neruda y el Maule. Centenario del natalicio de Pablo Neruda». *Boletín de la Academia Chilena de la Historia*, n.º 113. Santiago de Chile, 2004, pp. 7-36.
1000. Véanse estas dos cartas de Pablo Neruda a Matilde Urrutia de agosto de 1953 desde el norte de Chile en: Oses (2010), pp. 50-53.
1001. Urrutia, p. 164.

sión de los conquistadores españoles expuesta en *Canto general*, una defensa de la hispanidad más rancia a través de una interminable sucesión de tercetos.[1002] La obra de Panero obtuvo el Premio 18 de Julio que otorgaba la dictadura franquista y estuvo a la venta en Chile.[1003] En sus páginas, Neruda fue calificado de Judas y en el prólogo Dionisio Ridruejo lo definió como «enemigo de su Dios y de su patria y estirpe».[1004]

Ocupado en los trámites de la publicación de *Las uvas y el viento* y de una importante donación a la Universidad de Chile, conmovido por la reciente concesión del Premio Stalin, rechazó rebatir al poeta franquista: «No tengo ningún interés en entrar en polémicas. Por lo demás, la intención del libro de Leopoldo Panero es obvia. Yo tengo dos adversarios implacables: por un lado, el fascismo que me ataca desde afuera (léase Leopoldo Panero, Dionisio Ridruejo y Agustín de Foxá, poetas oficiales del franquismo) y los individuos que me atacan desde dentro. A los primeros los he combatido con mi acción por la paz y la fraternidad. A los últimos con mi obra [...] que se complementará próximamente con dos libros: *Las uvas y el viento* y *Las odas elementales*».[1005]

En 1953 fue uno de los ganadores del Premio Stalin según la resolución acordada el 12 de diciembre por el jurado, presidido por D. V. Skobeltsyn e integrado también por Louis Aragon e Iliá Ehrenburg. También fueron distinguidos el médico sueco Andrea Andreen, el profesor británico John Desmond Bernal, la diputada belga Isabelle Blume, Howard Fast, el sacerdote italiano Andrea Gaggiero, el escritor polaco Leon Kruczkowski, el profesor indio Sahib Singh Sokhey, el diputado francés Pierre Cot y Nina Vasilevna Popova, secretaria de los sindicatos soviéticos.[1006] «Estoy muy

1002. *Ercilla*. Santiago de Chile, 15 de diciembre de 1953, p. 13.

1003. Maldonado Araque, Francisco Javier: «Panero y Neruda: *Canto personal* vs *Canto general* (Una lucha poética y política en tiempos de posguerra)». *Cuadernos Hispanoamericanos*, n.º 692. Madrid, febrero de 2008, pp. 93-115.

1004. Panero, Leopoldo: *Canto personal. Carta perdida a Pablo Neruda*. Ediciones Cultura Hispánica. Madrid, 1953.

1005. *Ercilla*. Santiago de Chile, 29 de diciembre de 1953, pp. 12-13.

1006. *Izvestia*. Moscú, 22 de diciembre de 1953. El 26 de diciembre, *Pravda* publicó un detallado perfil biográfico, político y literario de Neruda, en el que destacó su compromiso con la República Española y sus versos dedicados en 1942 y 1943 a Stalingrado, así como el valor de *Canto general* que empezaba

conmovido. Es este el honor más importante que podía tener en mi vida», declaró en aquellos días. «No puedo olvidar que esta recompensa de la paz lleva el nombre de Stalin, lo que es una gran responsabilidad nacional e internacional».[1007]

El domingo 17 de enero de 1954, la izquierda le agasajó en el Teatro Caupolicán.[1008] «Nunca vio el que escribe un acto de tal concurrencia en homenaje de un poeta [...] del más grande poeta de lengua española, hijo y orgullo de Chile», relató el uruguayo Sarandy Cabrera. Finalizado el acto, una improvisada marcha avanzó, con Neruda al frente, hacia la Plaza de Armas. En un momento, un viejo marinero, de brazo tatuado, gorro de visera y ligera cojera, se acercó al poeta: «Vea, don Pablito, usted no me conoce, pero yo viajé también como usted por los siete mares y quiero saludarlo». «El afecto que el pueblo siente por Neruda hay que palparlo y verlo en su salsa para poder creerlo», añadió Cabrera.[1009]

Empleó una parte de la dotación económica del Premio Stalin, cien mil rublos, en adquirir una buena extensión de terreno en las faldas del cerro San Cristóbal para construir una casa que resguardara su relación clandestina con Matilde Urrutia. La bautizó como *La Chascona* en honor al característico cabello de su amada. Encargó el proyecto al arquitecto catalán Germán Rodríguez Arias, llegado a Chile en 1939 y quien ya se ocupara de la primera ampliación de Isla Negra, entre 1943 y 1945, y de la reforma de *Michoacán* en aquel mismo período.[1010]

---

así: «Es difícil nombrar un país donde no se conozca el nombre de Pablo Neruda y sus versos. Y si nos preguntamos cómo es que el poeta ganó su popularidad desde el lejano Chile, entre la cordillera de los Andes y el océano Pacífico, la respuesta es bien simple: porque todo su incalculable don poético Neruda se lo regaló a su oprimido y valiente pueblo chileno».

1007. *El Siglo*. Santiago de Chile, 21 de diciembre de 1953, p. 1.

1008. *Vistazo*. Santiago de Chile, 19 de enero de 1954, p. 5.

1009. *Marcha*. Montevideo, 6 de febrero de 1954, pp. 13-15.

1010. Calderón, Pilar y Folch, Marc: *Neruda-Rodríguez Arias. Cases per a un poeta. Casas para un poeta. Houses for a poet.* Colegio de Arquitectos de Cataluña. Barcelona, 2004, pp. 26-28. Elena Mayorga, quien preparó su tesis en Arquitectura acerca de sus casas, ha señalado: «Neruda hace a su manera una arquitectura que yo definiría como chilena, pero no la académicamente chilena, sino la popularmente chilena, que es esa forma de construir por agregación de volúmenes y de materiales precarios que aparece sobre todo en los sectores de escasos

Entre el 20 y el 28 de enero, con motivo de su ya próximo cincuenta aniversario, impartió en el majestuoso Salón de Honor de la Universidad de Chile el ciclo de cinco conferencias titulado «Mi poesía», incluido en el programa de su Escuela Internacional de Verano. Se refirió a su infancia y la llegada a Santiago; a *Crepusculario*, *El hondero entusiasta*, *El habitante y su esperanza* y *Veinte poemas de amor y una canción desesperada*; a los años de *Residencia en la Tierra* y *España en el corazón*; a *Canto general*, sus viajes por el mundo y sus «nuevos amigos», con especial referencia a Paul Éluard, Iliá Ehrenburg y Nazim Hikmet. Y en la última sesión se centró en «cómo se debe leer mi poesía: con música, sin música; individual, colectiva».[1011]

Con el lugar repleto más allá de la capacidad oficial de quinientas personas, el rector Juan Gómez Millas presidió todas las sesiones.[1012] El público lo formaban personalidades, intelectuales, estudiantes chilenos y numerosos alumnos extranjeros.[1013] «Estoy impresionado por la asistencia de la juventud, sobre todo de la juventud latinoamericana que asiste a la Escuela de Verano», declaró a la prensa. Mencionó también las dos obras que publicaría aquel año: «Un libro es algo muy importante para mí y cada uno de ellos ha sido un nacimiento, un ser más o menos completo. [...] Uno se llama *Las uvas y el viento*. Saldrá dentro de pocos días. Es diferente a todo cuanto he escrito. Pero más me gusta el que estoy escribiendo y que aparecerá en junio. Se llamará *Odas elementales*». Y manifestó que aún mantenía sus reservas sobre *Residencia en la Tierra*: «Es un libro con subterráneos, metales y estalactitas... Pero no puedo leerlo por esa terrible tendencia pesimista, angustiosa. No he podido retirarlo por completo de la circulación, pero no lo recomiendo. Si yo fuera Gobierno, prohibiría su lectura a los jóvenes».[1014]

recursos». *El Mercurio*. Santiago de Chile, 19 de febrero de 2012. Suplemento *Artes y Letras*, pp. 6-7.

1011. Machado, Luz: *Cinco conferencias de Pablo Neruda*. Universidad Central de Venezuela. Caracas, 1975, pp. 7-8.

1012. *Ercilla*. Santiago de Chile, 2 de febrero de 1954, pp. 16-19.

1013. *El Siglo*. Santiago de Chile, 21 de enero de 1954, p. 1.

1014. *Vistazo*. Santiago de Chile, 2 de febrero de 1954, pp. 12-13.

En marzo de 1954, Nascimento publicó este volumen imponente de cuatrocientas veinte páginas, enmarcado por dos poemas que sirven de prólogo y epílogo y que está dividido en estos veintiún cantos: «Las uvas de Europa», «El viento en el Asia», «Regresó la sirena», «El pastor perdido», «Conversación de Praga. A Julius Fucik», «Es ancho el nuevo mundo», «La patria del racimo», «Lejos, en los desiertos», «El capitel quebrado», «La sangre dividida», «Nostalgias y regresos. Intermedio», «La flor de seda», «Pasando por la niebla», «La luz quemada», «La lámpara marina», «La tierra y la pintura», «La miel de Hungría», «Francia florida, vuelve!», «Ahora canta el Danubio», «El ángel del Comité Central» y «Memorial de estos años».[1015] Su colofón señala que lo empezó el 10 de febrero de 1952 en la isla de Capri y lo terminó en Santiago de Chile el 4 de junio de 1953 «a las 6 de la tarde». «Algunos de sus textos fueron escritos en Praga, París, Pekín, en el ferrocarril transiberiano, en el avión entre China y la URSS, en el Puerto de Sant'Angelo de la isla de Ischia, en la aldea suiza Vésénaz, en el transatlántico *Giulio Cesare*, en Datitla, del Uruguay, y en el litoral chileno».

Las uvas y el viento es principalmente una extensa alabanza a los países que se llamaron «socialistas». En sus páginas, China, Polonia, Checoslovaquia, la República Democrática Alemana, Rumania, Hungría, la Unión Soviética por supuesto, incluso Mongolia, anuncian la utopía de un mundo nuevo nacido de las cenizas de la guerra, de los cimientos de la victoria. También exaltó a Italia y a Francia. «Así como *Canto general* está transido por los sufrimientos, las luchas y las esperanzas de nuestra América, su nuevo hermano, *Las uvas y el viento*, es el vasto friso en loor a la paz de Europa y en Asia», escribió pronto Volodia Teitelboim, quien señaló que en aquellas páginas el poeta también abrazaba a sus grandes amigos de Europa (Pablo Picasso, Iliá Ehrenburg, Nazim Hikmet o Paul Éluard) y, con el recuerdo de Miguel Hernández, se dolía de la persistencia de la dictadura franquista en España.[1016]

1015. *El Siglo*. Santiago de Chile, 14 de marzo de 1954, p. 2.
1016. Teitelboim, Volodia: *«Las uvas y el viento* y la evolución de Neruda».
El Siglo. Santiago de Chile, 28 de marzo de 1954. Segundo cuerpo, pp. 1 y 4.

En cambio, otro escritor chileno, Benjamín Subercaseaux, se preguntó: «¿Mató el militante al poeta?». «Prisionero voluntario (quizás, ya no tanto) de una ideología, el poeta ha caído dentro de la telaraña que todas las ideologías imponen a quienes cultivan un arte, puesto a su servicio. [...] Hay momentos en que, a pesar de nuestra profunda seriedad y respeto hacia el gran poeta, nos vemos constreñidos a sonreír ¡tanta es la ingenuidad y la beatería comunista que se desprende de esa prosa alineada que él ha creído verso!». Y con «profunda pena» concluyó: «¡Por una vez que tenemos un poeta de verdad, se nos malogra por causa de un país lejano!».[1017]

En agosto de 1964, Neruda aseguró que, al igual que *Tentativa del hombre infinito*, era una de sus obras menos estudiadas y menos comprendidas por la crítica. «*Las uvas y el viento* [...] quiso ser un poema de contenido geográfico y político, fue también una tentativa en algún modo frustrada, pero no en su expresión verbal, que algunas veces alcanza el intenso y espacioso tono que quiero para mis cantos. Su vastedad geográfica y su inevitable apasionamiento político lo hacen difícil de aceptar a muchos de mis lectores. Yo me sentí feliz escribiendo este libro».[1018] Unos meses más tarde, en abril de 1965, en París, se refirió a las críticas que esta obra había recibido «tanto de amigos como de enemigos». «Las críticas de los enemigos profesionales no me interesan porque forman parte de su profesión. Pero creo que algunos de mis amigos no han visto el sentimiento de unidad del mundo que esencialmente me he empeñado en expresar allí. Algunos han afirmado que *Las uvas y el viento* es un libro-reportaje, lo que para ellos tiene un sentido peyorativo. Personalmente, no le temo a la palabra *reportaje*, como tampoco le temo a la palabra *crónica*. Yo he querido ser, a plena conciencia, un cronista de mi tiempo. Es uno de los deberes del poeta».[1019]

España en el corazón, Tercera residencia, Canto general y *Las uvas y el viento* marcaron la época en que la poesía nerudiana estu-

---

1017. *Ercilla*. Santiago de Chile, 23 de marzo de 1954, p. 8.

1018. Neruda, Pablo: «Algunas reflexiones improvisadas sobre mis trabajos». *Mapocho*, n.º 3. Santiago de Chile, 1964, pp. 179-182.

1019. El 15 abril de 1965, la revista *Lettres Françaises* publicó una entrevista de Claude Couffon a Neruda. Fue traducida por Hernán Loyola y revisada por el poeta para su publicación, un año después: *El Siglo*. Santiago de Chile, 10 de abril de 1966. *Suplemento*, p. 2.

vo más profundamente marcada por su compromiso político y los acontecimientos de la historia, pasada o presente, con la excepción notoria de *Los versos del capitán*. Muy pronto las *Odas elementales* cambiaron el paisaje de su poesía. En julio de 1954, su quincuagésimo aniversario, Losada publicó *Odas elementales*, un libro que llegó a Chile a principios del año siguiente. «He querido hacer con las "odas" una poesía muy simple y sobre cosas simples también», explicó el poeta entonces.[1020] Su origen se remonta a fines de 1951, cuando Miguel Otero Silva le pidió una colaboración semanal para el suplemento literario de *El Nacional*. Aceptó, pero le pidió que apareciera en un espacio diferente del diario, más generalista, para que todo tipo de lectores se aproximaran a sus poemas.[1021] Así empezó la escritura sistemática de las *Odas*, de las que Pring-Mill ensalzó su alegría, su sencillez, sus habituales cambios de tono, la repentina intervención del humor y sobre todo su finísima ironía.[1022]

En opinión de Alberto Cousté, abrió entonces una nueva y fecunda vertiente en su poesía, hasta el punto de lograr «una hazaña inédita en la poesía castellana». Con *Odas elementales, Nuevas odas elementales* (enero de 1956), *Tercer libro de las odas* (diciembre de 1957) y *Navegaciones y regresos* (noviembre de 1959) construyó una tetralogía singular, «un alto y autosuficiente edificio poético, con la incesante acumulación y acarreo de los materiales poéticos más ínfimos y hasta deleznables; con todo aquello que, hasta él, se había considerado impropio del canto (al menos de una manera sistemática). La alcachofa, el caldillo de congrio, la cebolla, el tomate, el alambre de púa, el aceite, los calcetines, el hígado, la ciruela pueblan estos libros diáfanos y transparentes».[1023] Desde luego, no fueron las primeras odas en su poesía, ya que brotaron antes en el segundo volumen de *Residencia en la Tierra*, en *Tercera Residencia* y en *Canto general*, pero sí en las que cantó aspectos «elementales». Aunque también incluyó en estos volúmenes sus

1020. *El Siglo*. Santiago de Chile, 6 de febrero de 1955, p. 3.

1021. Suárez, p. 141.

1022. Pring-Mill, Robert: «El Neruda de las *Odas elementales*». Schopf (2003), pp. 232-265.

1023. Cousté, Alberto: *Conocer Neruda y su obra*. Dopesa. Barcelona, 1979, p. 98.

odas a Walt Whitman, Jorge Manrique, Arthur Rimbaud, César Vallejo o Paul Robeson, y a Valparaíso, Leningrado, Guatemala o las flores de Datitla, incluso a «Juan Tarrea»...

La temática de estos libros se distancia de sus obras anteriores, pero ya en 1955 matizó: «Es un hecho que si no existiera el mundo socialista y no alcanzase cada día más amplitud la victoria de los pueblos, yo no podría haber escrito este libro. Su base es la existencia de un vasto mundo socialista. Ya se ha logrado en la humanidad un periodo de mucha mayor amplitud y felicidad que en periodos anteriores y cerca de mil millones de personas viven en un régimen racional. Es el momento entonces de escribir con mayor serenidad y alegría y desterrando la desesperación». Frente a la amenaza que divisaba en el imperialismo norteamericano y en la posibilidad de una nueva guerra mundial, llamó de nuevo a la lucha por la paz y a la defensa de la cultura. «Por eso no dejaré de continuar mis *Odas elementales*, que significan mi fe en el destino de todos los hombres. La serenidad que quieren ver en mi obra los lectores y algunos de los críticos está explicada en esta base política». Aseguró también que había querido mostrar a los poetas más jóvenes «la posibilidad de belleza que hay en los objetos y en las cosas más simples».[1024]

UNA DONACIÓN EXTRAORDINARIA

Ante su quincuagésimo aniversario, Pablo Neruda decidió donar a la Universidad de Chile su biblioteca, formada por miles de ejemplares, y una colección de 7.784 caracolas. Así lo formalizó mediante una escritura pública firmada el 29 de noviembre de 1953 en la notaría Bravo Gálvez de Santiago de Chile.[1025] El 4 enero de 1954, el rector, Juan Gómez Millas, le comunicó que el Consejo Universitario, en su sesión del 30 de diciembre de 1953, la había aceptado y le expresaba su mayor reconocimiento.

El domingo 20 de junio de 1954, en *Michoacán*, se celebró el acto inaugural de la Fundación Pablo Neruda para el Estudio de la

---

1024. *El Siglo*. Santiago de Chile, 6 de febrero de 1955, p. 3.
1025. Entrevista de Mario Casasús a la historiadora Alejandra Araya. Diario digital *El Clarín*. Santiago de Chile, 1 de noviembre de 2012. www.elclarin.cl

Poesía, que tuvo una existencia muy efímera. Dentro de los amplios terrenos de la casa, colocaron la primera piedra del edificio de la Fundación, que albergaría su biblioteca y su colección malacológica e incluso tendría habitaciones para acoger a escritores y poetas que visitaran el país.[1026] «La donación del poeta se convierte en fundación para instituir el lugar donde los jóvenes puedan trabajar y donde la Universidad pueda recibir huéspedes. Todas estas son palabras muy sencillas, y lo son, porque hemos perdido la costumbre de penetrar en el sentido profundo de nuestra lengua y ahondar en nuestros discursos...», señaló el rector en su discurso.[1027]

Por su parte, el poeta evocó cómo había construido aquel legado a lo largo de su vida: «Yo fui recogiendo estos libros de la cultura universal, estas caracolas de todos los océanos, y esta espuma de los siete mares la entrego a la universidad por deber de conciencia y para pagar, en parte mínima, lo que he recibido de mi pueblo». Señaló que algunos de esos libros se los regalaron en China, otros los compró en México, centenares en París y que algunos de los más valiosos procedían de la Unión Soviética. «Todos ellos forman parte de mi vida, de mi geografía personal. Tuve larga paciencia para buscarlos, placeres indescriptibles al descubrirlos y me sirvieron con su sabiduría y su belleza. Desde ahora servirán más exactamente, continuando la generosa vida de los libros».

Destacó el ejemplar de *Romancero gitano* que Federico García Lorca le dedicara en su presencia y las dos cartas de la hermana de Rimbaud, pero su legado incluía, además, primeras ediciones de Quevedo, Santa Teresa de Jesús, Góngora, Garcilaso de la Vega, Verlaine y Baudelaire, así como incunables de Petrarca. «También se preguntarán alguna vez por qué hay tantos libros sobre animales y plantas. La contestación está en mi poesía. Pero, además, estos libros zoológicos y botánicos me apasionaron siempre. Continuaban mi infancia. Me traían el mundo infinito, el laberinto inacabable de la naturaleza. Estos libros de exploración terrestre han sido mis favoritos y rara vez me duermo sin mirar las efigies

---

1026. *El Siglo*. Santiago de Chile, 21 de junio de 1954, p. 2.

1027. *Discursos del Rector de la Universidad de Chile, Don Juan Gómez Millas, y de Pablo Neruda, pronunciados en el acto inaugural de la Fundación, el día 20 de junio de 1954.* Fundación Pablo Neruda para el Estudio de la Poesía. Santiago de Chile, s. f, pp. 1-13.

de pájaros adorables o insectos deslumbrantes y complicados como relojes», explicó. «Aquí está reunida la belleza que me deslumbró y el trabajo subterráneo de la conciencia que me condujo a la razón, pero también he amado estos libros como objetos preciosos, espuma sagrada del tiempo en su camino, frutos esenciales del hombre».[1028]

En marzo de 1955, después de su ruptura con Delia del Carril, se trasladaron diecisiete cajas con los libros y el material escrito y veintidós cajas con las caracolas a la Casa Central de la Universidad de Chile. En abril de 1956, se abrió al público la Biblioteca Pablo Neruda en dos salas especiales situadas en su Biblioteca Central, con Jorge Sanhueza como primer conservador.[1029]

En julio de 1954, su cincuenta aniversario fue un acontecimiento nacional. Se constituyó un comité organizador y un comité de patrocinio, integrado por el escritor Mariano Latorre, el pintor Camilo Mori, el director de teatro Pedro de la Barra, Salvador Allende, Clotario Blest (presidente de la Central Única de Trabajadores) y Baltazar Castro, presidente de la Cámara de Diputados. Entre el 11 y el 18 de julio se desarrollaron actos artísticos, conferencias, representaciones teatrales y de ballet, exposiciones plásticas y bibliográficas.[1030]

El domingo 11 de julio *El Siglo* dedicó una hermosa primera página a su cumpleaños. Junto a un artículo de José Miguel Varas, que señaló con orgullo que este diario era el que más textos y poemas de Neruda había publicado en todo el mundo, el poeta firma-

1028. *El Siglo*. Santiago de Chile, 21 de junio de 1954, p. 2.

1029. Sanhueza, Jorge: «La "Colección Pablo Neruda" de la Biblioteca Central de la Universidad de Chile». Arce, pp. 167-180. Después de la catalogación rigurosa realizada en los últimos años, la Colección Neruda consta de una Sección Bibliográfica (5.106 volúmenes), una Sección Hemerográfica (263 títulos de revistas), una Sección Malacológica (7.784 caracolas) y una Sección Sonora (155 discos). Solo esta última está excluida de la declaración de Monumento Nacional aprobada en 2009 por el Gobierno. Chiaretti, Alessandro: «Los libros y las caracolas de Neruda en el Archivo Central Andrés Bello de la Universidad de Chile». *Nerudiana*, n.º 17. Santiago de Chile, enero-julio de 2015, pp. 28-30.

1030. Recibió infinidad de mensajes afectuosos y también peticiones como la de Óscar Lagos Riquelme, alcalde de la localidad de Villarrica, en la Araucanía, para que donara algunos ejemplares de sus obras a la recién inaugurada biblioteca municipal. Esta tarjeta, fechada el 8 de julio de 1954, se conserva en el Archivo del Escritor de la Biblioteca Nacional de Chile. Legado Pablo Neruda. Caja 1.

ba un «Saludo a los chilenos»: «Tuve el honor, pocas veces alcanzado por un poeta, de ser comprendido y amado por mi pueblo. Mi poesía ha pasado a ser su patrimonio. Estoy contento y orgulloso de que así sea». Se dirigió también con afecto a los ciudadanos de la Unión Soviética y a los comunistas chilenos y recordó la persistencia de la *Ley Maldita*, que les excluía de la legalidad desde hacía ya seis años. «Me siento alegre y fuerte. Esta alegría y esta plenitud seguirán al servicio de mi pueblo, de mi partido y de mi poesía».[1031]

El acto central tuvo lugar el 12 de julio en el Salón de Honor de la Universidad de Chile. En la tribuna estaban María Rosa Oliver, Jorge Amado, Pablo Rojas Paz, Oliverio Girondo, Norah Lange, el poeta paraguayo Elvio Romero y Tomás Lago, Ángel Cruchaga Santa María y Benjamín Subercaseaux, así como sus editores, Gonzalo Losada y Carlos Nascimento, y Jan Drda, presidente de la Unión de Escritores Checoslovacos.[1032] En su intervención, más breve que otras ocasiones, reflexionó sobre la creación poética evocando un paseo por el lago Ranco y su entorno natural característico del sur chileno, entre cipreses, el vuelo de las aves y el manantial de un río de aguas vírgenes que pugnaba por brotar entre troncos, hojas y piedras centenarias. «Yo pensé: es así como nace la poesía. Viene de alturas invisibles, es secreta y oscura en sus orígenes, solitaria y fragante, y, como el río, disolverá cuanto caiga en su corriente, buscará ruta entre los montes y sacudirá su canto crista-

---

1031. *El Siglo.* Santiago de Chile, 11 de julio de 1954, p.1.

1032. Rafael Alberti y María Teresa León no pudieron viajar por problemas con los trámites migratorios. Sartre excusó su ausencia a última hora porque tenía programado un viaje a Moscú y Nicolás Guillén estaba en México, después de haberse asilado en la embajada de este país en Guatemala tras el golpe de Estado patrocinado por la CIA contra el presidente Arbenz. *Ercilla.* Santiago de Chile, 20 de julio de 1954, p. 13. *Vistazo.* Santiago de Chile, 20 de julio de 1954, pp. 12-13. Sí que asistió Raúl González Tuñón, quien evocó en un artículo su larga amistad con Neruda, nacida en Buenos Aires en 1933 y afianzada en Madrid. «Como ocurrió con todos los grandes poetas comunistas de hoy [...] cedió al fin al mensaje de su época, cuando los grandes hechos sociales golpearon a las puertas de su conciencia de poeta verdadero [...], despertando a la poesía social a mediados de 1936. Y al realizar esta poesía, proclive al alegato, a la simple propaganda [...] supo mantener la jerarquía, el vuelo lírico, la calidad formal que caracterizaba su vibrante poesía anterior». González Tuñón, Raúl: «Neruda». *Cuadernos de Cultura*, n.º 17. Buenos Aires, agosto de 1954, pp. 6-8.

lino en las praderas. Regará los campos y dará pan al hambriento. Caminará entre las espigas. Saciarán en ella su sed los caminantes y cantará cuando luchan o descansan los hombres. Y los unirá entonces y entre ellos pasará fundando pueblos. Cortará los valles llevando a las raíces la multiplicación de la vida. Canto y fecundación es la poesía». Expressó su afecto a todas las personas que le habían acompañado en aquellos días y mencionó a dos grandes poetas: Rubén Darío y Gabriela Mistral.[1033]

Después del acto, se inauguró en la Casa Central de la Universidad de Chile la exposición bibliográfica y documental sobre su obra preparada por Jorge Sanhueza, quien había verificado cuatrocientas ediciones impresas en los cinco continentes: cien en Chile, ciento cincuenta en América Latina, veinte en la Unión Soviética, diez en Francia, ocho en España, siete en China, siete en Checoslovaquia, cinco en Norteamérica, tres en Italia...[1034] También había contabilizado que se habían publicado once ediciones completas de *Canto general*: tres en Francia, tres en México, dos en Chile y una en Alemania, en Italia y en la URSS, así como treinta y siete ediciones parciales en diecinueve idiomas. *Veinte poemas de amor y una canción desesperada* se había traducido incluso al esperanto.[1035]

En aquellos días, en una entrevista para *Pro Arte*, Santiago del Campo le preguntó por el momento de su vida que creía más trascendente. En lugar de citar un hecho o una fecha, destacó un proceso: «Lo más importante para mí ha sido mi encuentro con lo colectivo. Sin abolir lo personal, lo individual, he logrado una gran victoria para los escritores de mi patria: ser un poeta que no ha transigido en sus ideas y que ha logrado mantenerse en estado de lucha con fe en su verdad social y en su poesía íntima. Comprendo que se hayan levantado armas en mi contra, desde la difamación y la pequeña lucha literaria hasta los más graves ataques de la persecución política y de la represión policial. Yo no he cambiado nunca la adhesión a mi pueblo y a mi clase».[1036]

El domingo 18 de julio, como clausura de las celebraciones, hubo un acto en el Teatro Caupolicán. Actuaron Margot Loyola,

1033. *El Siglo*. Santiago de Chile, 13 de julio de 1954, pp. 1 y 8.
1034. *El Siglo*. Santiago de Chile, 13 de julio de 1954, p. 8.
1035. *Vistazo*. Santiago de Chile, 20 de abril de 1954, p. 12.
1036. *Pro Arte*, n.º 174-175. Santiago de Chile, 15 de julio de 1954, p. 6.

Violeta Parra y los poetas populares de la Paya Clásica. Intervinieron Juan Vargas Puebla, en nombre de la Confederación de Trabajadores de América Latina, y el escritor búlgaro Dimitri Dimov. En su discurso, el poeta dio las gracias a las montañas mojadas del sur, a los desiertos del Norte Grande, a las estrellas del cielo, a Petrarca y a Garcilaso de la Vega, a Baudelaire y a Rubén Darío, a las araucarias de Lonquimay, al copihue de la Araucanía, al gran océano. «Gracias al pueblo norteamericano, porque sus enseñanzas y sus experiencias fueron un progreso dinámico en la Historia. Yo sé que él algún día volverá a ocupar un sitio en la defensa de la paz y de la dignidad». Quiso abrazar desde la lejanía a la URSS y a Stalingrado. Saludó con fervor a sus viejos amigos, al amor (sin nombrar a Delia del Carril), a su partido, incluso a sus enemigos, «porque sus ataques me hacen ver con más claridad la justicia que canto», y a las personas que le acompañaban aquella mañana. «Que la poesía siga trayendo en su corriente el amor, la lucha, la esperanza y la dicha...».[1037] Después asistió al almuerzo ofrecido por los republicanos españoles en el Salón Goyescas, en los bajos del Teatro Central.[1038]

Pocas voces se alzaron contra él en aquellas fechas tan señaladas. Apenas unas estruendosas declaraciones del diputado del Partido Conservador Unido Luis Valdés Larraín, quien calificó de «absurdo y desproporcionado» aquel homenaje y apuntó a los intereses de Moscú: «Los rusos se valen de cualquier pretexto para entregar órdenes a sus títeres».[1039]

La guinda de su cincuenta aniversario fue la entrega del Premio Stalin. A principios de agosto, Iliá Ehrenburg llegó al aeropuerto de Santiago después de un itinerario de cuarenta y ocho horas desde Estocolmo. En Los Cerrillos la policía le confiscó el diploma del galardón y el discurso que había preparado, pero no la medalla, que portaba su esposa, Liuba.[1040] Neruda amenazó con recibir la distinción en otro país si no devolvían sus pertenencias al escritor soviético, quien tuvo que aguardar seis horas para ello, porque la policía le acusaba de intentar introducir propaganda comunista.

1037. *El Siglo*. Santiago de Chile, 19 de julio de 1954, pp. 1 y 8.
1038. *El Siglo*. Santiago de Chile, 14 de julio de 1954, p. 6.
1039. *El Diario Ilustrado*. Santiago de Chile, 28 de julio de 1954, p. 6.
1040. Ehrenburg, pp. 1.735-1.739.

El acto de entrega tuvo lugar en un salón del Hotel Savoy el 10 de agosto. En sus palabras, Ehrenburg ensalzó la trayectoria literaria y el compromiso político de Neruda, al tiempo que rememoró aquel Madrid donde se conocieron casi veinte años atrás: «No es frecuente que un poeta, que un ciudadano, se vea rodeado como lo está usted, Neruda, de la estimación y del cariño de sus contemporáneos. Hijo de un país no grande, pero bello, separado del mundo por los Andes y por el océano, usted ha llegado a ser un poeta y un luchador conocido por toda la humanidad; ha franqueado usted todas las montañas y todos los mares...».

En su turno, Neruda proclamó que los pueblos latinoamericanos continuaban la lucha de los próceres de la independencia, que anhelaron que las nuevas naciones fueran respetadas. «Si mi poesía ha reflejado este sentimiento, si la copa de mi canto ha contenido la claridad y el amor, es porque yo solo soy mínima expresión de mi tierra, pequeño latido de mi patria». «Al recibir el Premio Stalin por el Fortalecimiento de la Paz entre los Pueblos, al agradecer la última distinción que recibo, empeño una vez más mi vida, mi palabra y mi canto para que siga cumpliendo en la medida de mis fuerzas, los deberes de luz, de alegría, de lucha y de amor que constituyen en nuestro tiempo el honor de los poetas».[1041]

Para septiembre se anunció el retorno de Gabriela Mistral por primera vez desde 1939, invitada por el Gobierno de Carlos Ibáñez del Campo. Desde Isla Negra, Neruda escribió un saludo en el que expresó la alegría por su regreso y le comentó la situación política nacional.[1042]

El 25 de noviembre, llegó a Moscú para participar como invitado en el Congreso de Escritores Soviéticos, que se inauguraría el 15 de diciembre.[1043] Viajó vía Estocolmo, donde participó en un foro internacional y fue entrevistado por uno de los diarios más importantes, el matutino liberal *Dagens Nyheter*, que otorgó fas-

1041. Los discursos de Ehrenburg y Neruda se publicaron en: *El Siglo*. Santiago de Chile, 11 de agosto de 1954, pp. 1 y 8.

1042. *El Siglo*. Santiago de Chile, 12 de septiembre de 1954, p. 1.

1043. *Pravda*. Moscú, 26 de noviembre de 1954. De su participación en el Congreso de Escritores Soviéticos dio cuenta en una conferencia que pronunció en el Teatro Dieciocho de Santiago de Chile el 17 de abril de 1955 junto con Volodia Teitelboim. Neruda, Pablo: «Las lámparas del Congreso». *Aurora*, n.º 3. Santiago de Chile, abril de 1955, pp. 6-24.

tuosos elogios a su obra, hasta compararle con D. H. Lawrence y Walt Whitman, pero no así a su compromiso político. «Discutir de política con Neruda es dejarse perder en un poema romántico en el que hay solamente una nota dura y realmente fundamental: el sufrimiento de Chile. [...] Chile, el Chile de Neruda, está muy lejos de Rusia. Nuestra conversación perdió el sentido y dejamos el tema», escribió Olof Lagercrantz, jefe de la sección de literatura de ese periódico.[1044]

En su discurso en el Congreso de Escritores Soviéticos se refirió a la situación de los pueblos latinoamericanos, a la explotación de los trabajadores petroleros en Maracaibo, o de los recolectores de frutas tropicales en Centroamérica, o de los mineros del carbón de Lota. Y llamó a los poetas y a los escritores del mundo a observar de frente estas realidades para forjar «obras profundas y maduras, en la que habrá una belleza eterna y una verdad nueva».[1045]

TIEMPO DE RUPTURAS

En febrero de 1955 se consumó el fin de la convivencia entre Pablo Neruda y Delia del Carril, cuando ella descubrió con profundo dolor la relación que mantenía desde hacía años con Matilde Urrutia. El poeta había expulsado de la casa a un empleado doméstico con la acusación de haberle robado unas botellas de vino y este reveló el secreto a *la Hormiguita*, quien también recibió quejas de la señora que trabajaba en Isla Negra acerca del mal tono de aquella mujer que iba con «don Pablo» y ejercía de jefa de la casa. El 20 de febrero, el poeta escribió una carta a su esposa en la que le llamaba «Mi querida Hormiguita» y le ofreció «todas las soluciones que se me ocurren». «Si no las acepta, por lo menos no las denigre». Como la separación era ya irreparable, se despidió de la mujer que le había acompañado desde los luminosos días madrileños de 1934: «La parte suya en mi vida es inamovible, haga Ud. lo que haga y si me he equivocado o si he sido injusto perdóneme a mí ya que Ud. sabe hacerlo. En cuanto a mí le guardo tanto afecto, ternu-

---

1044. *La Nación*. Santiago de Chile, 2 de diciembre de 1954, p. 10.
1045. Discurso publicado íntegramente en: *Literaturnaya Gazeta*. Moscú, 25 de diciembre de 1954.

ra, respeto y amistad como desde hace ya tantos años».[1046] Ya no se escucharía más la exclamación que lanzaba a su llegada para solicitar su presencia: «¡Hay *Hormiga* o no hay *Hormiga* en esta casa!».[1047]

La ruptura fue muy dolorosa. En una ocasión Galo González relató que después de comunicarle la decisión ambos lloraban de manera incontenible. Con afecto, les preguntó: «Y si sufren tanto ¿para qué se separan, camaradas?».[1048] De manera digna, a sus 71 años, Delia del Carril había rechazado la propuesta de mantener la apariencia del matrimonio y condenar a Matilde Urrutia a vivir en las sombras. Así lo corroboró esta última en 1982: «Pablo nunca pensó en separarse de ella. Éramos una pareja absolutamente feliz. Para nosotros no tenía ninguna importancia el matrimonio. [...] Yo era demasiado feliz siendo la amante de Pablo. No quería para nada casarme y cuando Delia se fue de la casa —cuando supo lo nuestro— yo le habría pagado para que se hubiera quedado en su casa tranquila... [...] Ese fue el tiempo más hermoso. Ser amante de Pablo era maravilloso. Eso de esperarse todo el día... y los sustos que pasábamos... era emocionante todo eso... Después las cosas son más tranquilas y ya no es lo mismo...».[1049]

En aquel tiempo se desató una verdadera *guerra civil* en el amplio grupo de amigos que rodeaba al poeta desde los años 20 y en el que Delia se había insertado felizmente en 1937. Neruda se refirió a ello en el poema «Por fin se fueron», incluido en *Estravagario*. Tuvo los efectos de un «maremoto», escribió Baltazar Castro.[1050] «Los días que siguieron fueron negros para Pablo, que escuchaba todo tipo de quejas y recriminaciones de parte de mucha gente», señaló Manuel Solimano.[1051]

1046. Carta de Pablo Neruda a Delia del Carril del 20 de febrero de 1955 desde Santiago de Chile. Sáez, Fernando: «La Hormiga de Neruda». *Estudios Públicos*, n.º 94. Santiago de Chile, otoño de 2004, p. 254.

1047. *Paula*. Santiago de Chile, 14 de febrero de 1978, pp. 42-49 y 120.

1048. Varas (1991), p. 43.

1049. *La Tercera*. Santiago de Chile, 15 de agosto de 1982. Suplemento *Buen Domingo*, pp. 8-11.

1050. Castro, Baltazar: *Le llamaban Pablito*. Ediciones Cerro Huelén. Santiago de Chile, 1982, p. 52.

1051. *La Tercera*. Santiago de Chile, 8 de agosto de 1982, Suplemento *Buen Domingo*, pp. 10-11.

Absolutamente definitivo fue el distanciamiento con Tomás Lago, ya que nunca más volvieron a encontrarse.[1052] Lejano, parecía escucharse el eco del texto «P. N.» que Lago escribiera para *Anillos* veintinueve años atrás, que empezaba con estas palabras: «Estaba completamente solo abrazado a una mujer diferente mi amigo querido joven poeta Pablo...». También concluyó su vieja amistad con Ángel Cruchaga Santa María, quien le reprochó su comportamiento. No coincidieron hasta principios de 1971, cuando solo se saludaron desde la distancia, recordó Albertina Azócar en su última entrevista.[1053]

Sergio Insunza y Aída Figueroa fueron de los pocos que mantuvieron la relación con ambos, «en gran medida gracias a Pablo», explicó Insunza en 1984. «Él nos pidió que no abandonáramos a *la Hormiga*. Así lo hicimos. Ella no volvió a referirse a Neruda como a un personaje de su propia vida, aunque siempre siguió hablando con mucho respeto de su obra poética [...]. Siguió integrada al Partido Comunista y a la izquierda, prestando su colaboración a todo lo que pudiera hacer. Desarrolló además su valiosa obra plástica, que hasta entonces solo había sido una actividad periférica».[1054]

En marzo, Delia del Carril partió hacia Buenos Aires y se embarcó hacia París. Ya en los años 60 se encontraron dos veces: en una exposición de Mario Carreño que se inauguraba en la Universidad de Chile y en una fiesta ofrecida por el arquitecto Santiago Aguirre con motivo de su sexagésimo cumpleaños.[1055] El 24 de septiembre de 1973 rechazó ir al velatorio de Pablo Neruda en *La Chascona* a pesar de que se había preparado todo para hacerlo posible. Vivió y pintó en *Michoacán* hasta su muerte el 26 de julio de 1989, a los 105 años. Legó esta casa al Partido Comunista de Chile, que recientemente ha promovido la Fundación Delia del Carril.

1052. En 1973, el golpe de Estado impidió que su libro sobre Neruda ya citado viera la luz. Finalmente publicado en 1999, ofrece un sinfín de detalles sobre los meses previos a la ruptura del poeta y Delia del Carril y el tiempo de Matilde Urrutia en las penumbras.

1053. *Paula*. Santiago de Chile, octubre de 1988, pp. 134-137.

1054. Mansilla, Luis Alberto: «Vivir con Neruda. Conversación con Aída Figueroa y Sergio Insunza». *Araucaria de Chile*, n.º 26. Madrid, 1984, pp. 89-105.

1055. Sáez, Fernando: «La Hormiga de Neruda». *Estudios Públicos*, n.º 94. Santiago de Chile, otoño de 2004, pp. 237-256.

En septiembre de 1955, Neruda reunió las cinco conferencias que impartió en tantos lugares a lo largo de los años anteriores en el volumen *Viajes*, publicado en una edición de lujo de Nascimento.[1056] En aquellos días, el prestigioso crítico literario del diario londinense *The Times* Alan Pryce-Jones, de visita en Santiago, comentó a la prensa que era uno de los candidatos al Premio Nobel de Literatura.[1057] Y también aquel mes empezó a circular la última de las revistas literarias que dirigió, *La Gaceta de Chile*, en la que escribía una «Carta a los lectores». Solo aparecieron cinco números hasta su extinción en julio de 1956. Incluyó artículos de escritores de todas las tendencias: Alone, Santiago del Campo, Francisco Coloane, Enrique Bello, Luis Enrique Délano, Jorge Edwards, Mariano Latorre, José Santos González Vera, Manuel Rojas, Volodia Teitelboim... Y comprendió el suplemento «Rosa de Poesía», que difundió la obra de poetas jóvenes latinoamericanos como Ernesto Cardenal y rindió homenaje a Walt Whitman, Semión Kirsánov o Ramón López Velarde. Su secretario fue el escritor Augusto Monterroso, exiliado de Guatemala tras el derrocamiento de Jacobo Arbenz.[1058] Además, desde su retorno en 1952 tenía una actividad febril como prologuista de numerosos libros, entre otros, *Hijo del salitre*, de Volodia Teitelboim, *Carbón*, de Diego Muñoz, *La piedra del pueblo* de Efraín Barquero o *El poeta en la calle* de Rafael Alberti.[1059]

A mediados de noviembre de 1955, viajó a Polonia, invitado junto con Alberti, Tristan Tzara y Salvatore Quasimodo a la conmemoración del ciento cincuenta aniversario del nacimiento del poeta romántico Adam Mickiewicz. Después llegó a la Unión Soviética a fin de participar en las deliberaciones del jurado del Premio Stalin, que aquel año recayó, entre otros, en Lázaro Cárdenas y Ton Duc Thang, presidente del Comité Nacional del Frente de la

1056. *Vistazo*. Santiago de Chile, 20 de septiembre de 1955, p. 9.
1057. *El Espectador*. Santiago de Chile, 16 de septiembre de 1955, p. 3.
1058. Rovira, *Álbum*, p. 249.
1059. Sanhueza, Jorge: «Pablo Neruda, los poetas y la poesía». *Aurora*, n.º 3-4. Santiago de Chile, julio-diciembre de 1964, pp. 28-63. Arturo Infante Reñasco ha reunido estos textos: *Prólogos. Pablo Neruda*. Lumen. Barcelona, 2000.

Patria de Vietnam. Posteriormente se desplazó a Helsinki, para asistir a una reunión del Consejo Mundial de la Paz, y de regreso, a fines de diciembre, en Buenos Aires resolvió distintos asuntos con el editor Gonzalo Losada. A su retorno a mediados de febrero de 1956 explicó las nuevas ediciones de sus obras en el extranjero: en Checoslovaquia acababa de aparecer *Odas elementales*; en Francia, *Las uvas y el viento*; en Italia, una antología de mil páginas; en Argentina, *Canto general* en dos volúmenes, y en Suecia, *El gran océano*, traducido por Artur Lundkvist.[1060]

El año 1956 fue determinante en la historia del movimiento comunista. El informe secreto presentado por Nikita Kruschev en el transcurso del XX Congreso del PCUS en febrero impactó en la conciencia de millones de militantes comunistas, ya que Stalin fue definido como un «enorme, siniestro, caprichoso y degenerado monstruo humano», responsable despiadado de crímenes atroces.[1061] «Me produjo un gran choque; especialmente saber que todo eso existía y que yo mismo no sabía nada, habiendo estado varias veces en la URSS», declaró Neruda en 1971. «Pero a pesar de todo, la Unión Soviética ha osado mostrar al mundo una verdad que otros habrían ocultado».[1062] No tardaron sus enemigos en arremeter contra él. Fue el caso del sacerdote jesuita Francisco Dussuel, quien, tras recordar sus apasionados versos sobre Stalin, escribió en uno de los principales diarios conservadores: «Inhibido y esclavizado, deberá estar atento a las nuevas consignas zigzagueantes fruto del principio maquiavélico, eje central de la doctrina marxista».[1063]

Con la Ley de Defensa Permanente de la Democracia vigente, el 14 de junio tuvo que declarar ante la Corte de Apelaciones de Santiago acerca de su condición de militante comunista y su casa de Santiago, *La Chascona*, fue allanada. Quedó en libertad y exigió públicamente al presidente Ibáñez del Campo su derogación, como había prometido en la campaña de 1952.[1064]

1060. *El Siglo*. Santiago de Chile, 19 de febrero de 1956, p. 3.
1061. Losurdo, Domenico: *Stalin. Historia y crítica de una leyenda negra*. El Viejo Topo. Barcelona, 2011, p. 25.
1062. *Ercilla*. Santiago de Chile, 27 de octubre de 1971, pp. 8-16.
1063. *El Diario Ilustrado*. Santiago de Chile, 25 de marzo de 1956, p. 3.
1064. *Las Noticias de Última Hora*. Santiago de Chile, 15 de junio de 1956, p. 5.

La invasión de Hungría por las tropas soviéticas el 4 de noviembre para derrocar al Gobierno de Imre Nagy volvió a situarle en el centro de la polémica pública por ser la personalidad más representativa del Partido Comunista. En aquellos días se encontraba en Uruguay, donde ofreció un recital en un teatro de la capital y descansó unos días en la casa de los Mántaras en Atlántida.[1065] Desde aquellas tierras escribió a Volodia Teitelboim una breve carta en la que relataba su feliz estancia y le explicaba que después viajaría a Río de Janeiro y a Buenos Aires. «Parece haber pasado el peligro de guerra en Suez y haberse recuperado Hungría. ¡Así sea! Aquí hay un clima de provocación incesante, con propaganda anti por aviones y altoparlantes...».[1066]

La sección chilena del Congreso por la Libertad de la Cultura emplazó a varios intelectuales chilenos, comunistas declarados o simpatizantes, a condenar la invasión de Hungría, como habían hecho Sartre y otras personalidades francesas. La respuesta de Neruda llegó a su regreso y se ciñó al discurso oficial del Partido Comunista chileno y del Gobierno soviético. Ante la confabulación de los vestigios del fascismo local con agentes imperialistas para «destruir la obra del socialismo introduciendo miles de soldados adiestrados en Alemania Occidental», la intervención soviética en realidad había liberado al pueblo húngaro. Y lo equiparó con «la entrada a Chile de las tropas argentinas de San Martín que terminó con el imperialismo español en nuestra patria».[1067] En un ácido comentario editorial, titulado «Neruda y Hungría», *El Mercurio* lo atacó duramente y lo calificó como «fiel militante de su secta» por su «frío ocultamiento del genocidio».[1068]

Después del Informe Kruchev y la invasión soviética de Hungría, en los países occidentales no pocos intelectuales, cuadros y militantes abandonaron las filas comunistas. A pesar de su posicionamiento público, para Neruda, como ha escrito Hernán Loyola, fue el fin del «período de las certezas y de la plenitud *proféticas*». No abandonó jamás la militancia en el Partido Comunista de Chi-

1065. *El Siglo*. Santiago de Chile, 5 de noviembre de 1956, p. 5.

1066. Carta de Pablo Neruda a Volodia Teitelboim del 7 de noviembre de 1956 desde Montevideo. *América Latina*, n.º 4. Moscú, 1976, pp. 202-222.

1067. *Ercilla*. Santiago de Chile, 19 de diciembre de 1956, p. 10.

1068. *El Mercurio*. Santiago de Chile, 24 de diciembre de 1956, p. 3.

le, que aquel año en su X Congreso reafirmó su apuesta por un socialismo democrático. «Paradójicamente —continúa Loyola—, sin embargo, las consecuencias de aquel 1956 fueron para Neruda mucho más graves que para la mayoría de los intelectuales que entonces abandonaron [...] su adhesión a "la causa". Adhesión que para Neruda tenía en cambio implicaciones muy hondas en cuanto radicalmente conexa a su escritura poética. Por ello no se declaró engañado o traicionado —como lo hicieron tantos intelectuales en el mundo, no siempre en buena fe a juzgar por comportamientos o adhesiones sucesivas—, sino que admitió en secreto su personal autoengaño en el modo de vivir "la causa". O, más precisamente, en el modo de *escribirla*. Por ello no se alejó del partido: fue su poesía la que cambió».

La gran novedad fue la extinción, después del *Tercer libro de las odas*, del «utópico horizonte político» que impregnaba su visión del mundo en *Las uvas y el viento* y en las *Odas elementales*.[1069]

1069. Loyola, Hernán: «La otra escritura de Pablo Neruda». Prólogo a: *Pablo Neruda. Obras Completas. IV. Nerudiana dispersa I. 1915-1964*, pp. 9-39.

10

La coronación de Matilde

Pablo Neruda ingresó en la madurez de su vida con un largo viaje por Oriente a mediados de 1957, acompañado de Matilde Urrutia. De regreso a Colombo, con el recuerdo de aquellos años de soledad y pobreza, con la figura de Josie Bliss aún viva en su memoria, inició una de sus obras más celebradas e irreverentes: *Estravagario*. En 1958, fue elegido presidente de la Sociedad de Escritores de Chile y, como militante comunista, acompañó a Allende en su segundo intento de conquistar La Moneda. Fueron años de largos viajes y una fértil escritura que se materializó en libros tan dispares como los que publicó entre 1959 y 1962: los *Cien sonetos de amor* que coronaron a Matilde Urrutia como su compañera y musa, *Navegaciones y regresos*, *Las piedras de Chile*, *Cantos ceremoniales* y *Plenos poderes*. Y en diciembre de 1960 apareció en Cuba *Canción de gesta*, su particular homenaje a la Revolución que cambió la historia del continente. Las ediciones de sus obras se multiplicaron por el mundo y, desde 1962, su nombre apareció como firme candidato al Premio Nobel. Sin embargo, la *guerra fría cultural* retrasó el galardón de Estocolmo una década.

REGRESO A ORIENTE

El 10 de enero de 1957 Gabriela Mistral falleció en Hempstead (Estados Unidos). La noticia conmovió a la sociedad y a la intelectualidad chilena. «El corazón de Chile está enlutado. Yo hago llegar mi pésame al pueblo mismo, a los pobres de Chile desde donde surgió [...]. A los niños que cantó y que siguen como en su poema inmortal, con los pies descalzos, a los mineros y albañiles que poblaron con alfareros y tejedores, su poesía. [...] El viento, el mar, los árboles, todo lo que canta en nuestra tierra, cantarán al recibirla para siempre, el único coro digno de Gabriela», escribió de inmediato Neruda.[1070] Destacó su origen popular y que jamás se alineó «con los usurpadores ni explotadores», pero también lamentó que su poesía no se hubiera leído lo suficiente, ni se hubiera entendido.

En marzo, Losada lanzó la primera edición de sus obras completas en un único volumen, con su *ex libris* (un pez y una esfera armilar) grabado en oro en la portada, encuadernado en piel roja, impreso sobre fino papel biblia e ilustrado con veinticuatro láminas fotográficas y casi mil trescientas páginas que contenían cincuenta y tres mil versos. Llegó a Chile en mayo, pero los escasos doscientos ejemplares importados de Argentina se agotaron rápidamente. Su venta fue prohibida en España. Una de las novedades más esperadas fue la inclusión de los doce poemas de *El hondero entusiasta*, «inencontrable obra nerudiana» según un reportaje de *Ercilla*. En uno de sus índices quedaron registrados de manera precisa las fechas, los títulos y los nombres de las editoriales que habían traducido sus obras a veinticuatro lenguas diferentes.[1071]

A principios de abril se encontraba en Buenos Aires, alojado con Rodolfo Araoz y Margarita Aguirre. El 11 de abril a las cinco de la madrugada la casa fue allanada por efectivos de la policía, en el marco de una intensa razzia contra el Partido Comunista Argentino. Araoz fue detenido y también Neruda (aquejado en aquellos días de su recurrente flebitis), quien fue ingresado en un centro penitenciario hasta que pasado el mediodía la intervención del ministro de Justicia permitió su puesta en libertad.[1072] Fueron arrestadas trescientas sesenta personas y cincuenta y seis locales partidarios, clausurados.[1073]

En mayo, en Moscú comentó para *Pravda* los importantes sucesos acaecidos en Chile el 2 de abril. A fines de marzo, un hecho

---

1070. Neruda, Pablo: «El corazón de Chile está enlutado». *El Siglo*, 11 de enero de 1957. *Pablo Neruda. Obras Completas. IV. Nerudiana dispersa I. 1915-1964*, pp. 1.015-1.016.

1071. *Ercilla*. Santiago de Chile, 29 de mayo de 1957, p. 13.

1072. *Ercilla*. Santiago de Chile, 17 de abril de 1957, p. 6.

1073. Cable de la Agencia Tass. Buenos Aires, 13 de abril de 1957.

puntual encendió la rebelión social: el incremento del pasaje del transporte público en Valparaíso y Santiago sacó a miles de personas a las calles, primero en el puerto y a partir del 1 de abril también en la capital, donde los estudiantes se enfrentaron con los carabineros en una auténtica batalla campal. El Gobierno desplegó al ejército y en el céntrico Paseo Ahumada llegaron a instalarse ametralladoras. La imprenta comunista Horizonte fue destruida y el local del Partido Socialista Popular, ubicado en la calle Londres, fue sitiado.[1074]

El poeta explicó estos graves sucesos por la dependencia del Gobierno chileno de los intereses estadounidenses, por la sumisión del presidente Ibáñez a las recetas antisociales de la Misión Sacks-Klein, que había visitado el país en 1955. «Los primeros en comenzar la lucha fueron los estudiantes. Los estudiantes de las tres universidades de Chile junto con los alumnos de los grados superiores de la educación media provocaron disturbios en las paradas del transporte urbano. La policía trató de dispersarlos pero no se rindieron. Después usaron las armas y aún eso no asustó a la juventud. Pero cuando en la capital murió la joven Alicia Ramírez de 22 años a manos de un agente del orden, el pueblo se lanzó a las calles en una lucha definitiva. La policía no pudo con el movimiento popular. El Gobierno introdujo el estado de sitio y el toque de queda. [...] El 2 de abril fue un día espantoso para Santiago. En esa jornada hubo muchos muertos y miles de personas resultaron heridas». Destacó la victoria popular, ya que las movilizaciones lograron restablecer el precio anterior del transporte público, pero el Ejecutivo mantenía algunas de las medidas de fuerza. «Tras la máscara de la "democracia" el Gobierno de Ibáñez cumple la voluntad de sus amos norteamericanos, subordinando aún más al país a los monopolios estadounidenses».[1075]

En junio, Matilde Urrutia y él iniciaron un larguísimo viaje por Asia (Sri Lanka, India, China) y recorrieron algunos de los lugares donde inició su carrera consular justo treinta años atrás. El 16 de junio, desde Colombo, donde participó en un congreso por la Paz, escribió una carta dirigida a «los escritores de todos

---

1074. Arrrate, Jorge y Rojas, Eduardo: *Memoria de la izquierda chilena. Tomo I (1850-1970)*. Javier Vergara Editor. Santiago de Chile, 2003, pp. 313-318.
1075. *Pravda*. Moscú, 3 de mayo de 1957.

los países» para que se pronunciaran contra las armas nucleares y las pruebas atómicas, como ya habían hecho importantes científicos. «Yo creo en la palabra humana. Escogí entre todas las ramas del conocimiento la poesía, porque muy joven aprendí que la palabra escrita es más dura que el hierro y puede quemar como el fuego y puede durar, intacta, más que los monumentos de piedra. Tenemos el deber de usar nuestra razón y nuestra fuerza en esta crisis de la humanidad. En cada minuto crítico de la Historia fueron los escritores los que asumieron este deber», proclamó. «En nombre de los derechos a la vida de todos nuestros pueblos, grandes o pequeños, antiguos o nuevos, del Este o del Oeste, de cualquier sistema político o creencia metafísica, sin más armas que la palabra humana, invito a los escritores de todos los idiomas a decir basta a la experimentación y preparación de la muerte atómica».[1076]

En Colombo, el periodista chileno Juan L. Araya le acompañó en su paseo por el barrio de Wellawatta. «Y el paisaje, los árboles, las casas y los personajes de *Residencia en la Tierra* se tornan ante nuestros ojos cosa cuotidiana, palpable, real, algunas por su propia presencia y otras a través de los recuerdos del poeta», escribió Araya en su crónica. Juntos llegaron a saludar al señor Boya Piéres, quien al reconocerle exclamó: «¡Ricardo Reyes, el cónsul de Chile!». Nunca fueron amigos, entre otros motivos porque él acogió a Josie Bliss en su casa y, según relató entonces, desde allí ella le «disparaba» a diario cartas, insultos e incluso amenazas de muerte. «Todo terminó cuando aburrida se marchó a su tierra». Visitaron la casa donde vivió, que fue utilizada por el ejército británico durante la Segunda Guerra Mundial e iba a ser demolida. Se dirigieron también hacia el mar y atravesaron la vía del ferrocarril, donde mostró al periodista una enorme cicatriz en la pierna derecha y le contó que en aquel tiempo estuvo a punto de ser arrollado por el tren. «Solo escapé gracias a *Cutaco*, mi perro. Atravesaba la línea y caí sobre los rieles en el mismo instante en que venía el tren. Solo me hice una herida en la pierna».[1077]

Zélia Gattai y Jorge Amado les acompañaron en el viaje por el país de la Gran Muralla, invitados por la Sociedad Cultural China

1076. *El Siglo*. Santiago de Chile, 2 de julio de 1957, p. 2.
1077. *Vistazo*. Santiago de Chile, 16 de julio de 1957, p. 11.

de Lazos con el Extranjero.[1078] En 2004, Gattai evocó aquellos días en que navegaron en un viejo barco por el río Amarillo y el regalo que Matilde Urrutia y ella le brindaron el 12 de julio. «A bordo celebramos el cumpleaños de Pablo, haciéndole una sorpresa: ella y yo logramos romper la rígida rutina protocolar de la comida china y, tras sobornar al cocinero, le preparamos al festejado un pollo entero, asado en la forma que a él le gustaba».[1079]

En octubre, en Praga, concedió una importante entrevista a la revista *Literarni Noviny*, recogida en parte por la chilena *Vea*, en la que rectificó ideas que había expuesto antes, sobre todo en su controvertido discurso de septiembre de 1949 en México. «Actualmente, soy contrario a cualesquiera formas del dogmatismo, a cualesquiera formulitas y recetas en literatura y pintura. Un verdadero escritor jamás aceptará tales recetas. Últimamente discutí mucho acerca de este tema con Picasso. [...] Ante todo hay que crear. Las etiquetitas pueden pegarse después. Creo en el humanismo racionalista. Semejante humanismo es el reflejo de la vida, de las condiciones y de los afanes del hombre. Pero creo que no tenemos derecho a usar ese humanismo como arma contra otros artistas. [...] El arte no puede ser producido análogamente a como se producen las sillas, con el cálculo: tantos y tantos clavos, tantos y tantos centímetros cúbicos de madera, porque pudiera suceder que despertáramos junto con nuestra silla en el suelo». Admitió entonces su sectarismo, ya desterrado, en su percepción de Rilke y Kafka, cuya producción había descubierto. «Ahora opino que en las obras de Rilke hay mucha de la más espléndida poesía y que en la obra de Kafka hay mucho de un penetrante y específico realismo».[1080]

Retornaron a Chile el 23 de diciembre y se recluyeron en Isla Negra, donde relató a *Vistazo* su largo recorrido por el mundo: habían estado tres veces en la Unión Soviética y visitaron Armenia, Dinamarca, China, Checoslovaquia, Alemania, Suecia, Francia, Sri Lanka, la India y Birmania. «Fue muy emocionante para mí volver a esos lugares, donde viví cuando solo tenía poco más de

1078. Cable de la Agencia Tass. Pekín, 16 de julio de 1957.

1079. Gattai, Zélia: «Mi amigo y compadre Pablo». *Nerudiana*, n.º 2. Santiago de Chile, diciembre de 2006, pp. 5-7.

1080. *Vea*. Santiago de Chile, 23 de enero de 1958, p. 13.

veinte años». Sobre la URSS, comentó que después del traumático XX Congreso del PCUS había una «mayor espontaneidad». «Yo, que la he visitado antes, lo he notado. Ese Congreso lo vigorizó todo. Hay mucha discusión literaria». Y mencionó a varios poetas y escritores, con elogios para Boris Pasternak. «He estado viviendo un periodo muy alegre y optimista de mi vida, pero eso no quiere decir que vaya a seguir escribiendo odas toda la vida. [...] He escrito bastante, sobre todo cuando venía en el barco; entonces escribía hasta cinco poemas diarios. Los temas no me han faltado nunca. Desde poco antes de entrar en aguas chilenas me invadió la nostalgia y sobre ella escribí. A la campaña de Allende me incorporaré a mediados de enero. Seré su jefe de propaganda».

Como todos los visitantes, aquellos periodistas recorrieron la casa de Isla Negra fascinados. Les enseñó unas tazas que Lilya Brik («el gran amor de Maiakovski») les había regalado en Moscú, les mostró muñecas, caracoles, sombreros mexicanos, copas de cinco litros, sus colecciones de mariposas... Incluso le dio cuerda a un cerdito mecánico. Ante el cansancio de la jornada, entonces, con 53 años, ya utilizaba un bastón para caminar. Le preguntaron cuál había sido, a su juicio, el gran acontecimiento de aquel año, 1957, que ya terminaba. Mencionó el satélite soviético *Sputnik I*, lanzado al espacio el 4 de octubre, y al que siguieron tres más en los meses siguientes, uno de ellos con la perrita *Laika*. «Son tanto o más importantes que el descubrimiento de América. De ellos depende la paz y la guerra. Los nuevos descubrimientos y experimentos agravan la situación cada día. La humanidad puede quedar destruida antes de empezar una nueva guerra. Los experimentos atómicos están produciendo un envenenamiento de la atmósfera y los sabios no tienen ningún control sobre ellos. Estados Unidos se niega a suspender las pruebas y esto es criminal y suicida».[1081] En cuanto a sus anhelos para 1958, expresó su deseo de que las dos superpotencias firmaran el acuerdo de paz para cincuenta años propuesto por la URSS y que se proscribieran las armas nucleares; que John Foster Dulles dejara de ser secretario de Estado; y que Salvador Allende fuera elegido presidente de Chile. Ninguno se cumpliría.

1081. *Vistazo*. Santiago de Chile, 31 de diciembre de 1957, pp. 2-3.

En 1958 terminaron los trabajos de la primera ampliación de *La Chascona*, planificados también por Germán Rodríguez Arias, antes de su regreso a España. Era una casa singular que se elevaba con diferentes estancias separadas y distribuidas en las primeras estribaciones del cerro San Cristóbal: desde el comedor, al nivel de la calle, al dormitorio y el salón, al que se accedía por una empinada escalera, y más arriba del cerro, la biblioteca, todo ello en un entorno casi boscoso. Allí recibió en mayo a un periodista de la revista *Vea*, a quien comentó su reciente elección como presidente de la Sociedad de Escritores al frente de una lista muy plural en la que había incluso personas que catalogó como anticomunistas, pero también estaban Rubén Azócar, Matilde Ladrón de Guevara o Ricardo Latcham. En cuanto a sus propósitos, señaló: «Queremos que los escritores chilenos tengan una ley de previsión y una sede social. En estos días se conmemoran los cincuenta años de la muerte de uno de los más grandes poetas chilenos, Carlos Pezoa Véliz, muerto en la más atroz miseria en un día de abril de 1908. Durante estos cincuenta años y hasta hace dos o tres meses, han fallecido escritores en el desamparo más absoluto, sin que haya habido dinero ni siquiera para pagar el ataúd. Esto pasa en la patria de Gabriela Mistral y es preciso que lo sepan todos los chilenos». A partir de su gestión obtuvieron del presidente Jorge Alessandri que incluyera en el presupuesto nacional de 1959 una partida de veinticinco millones de pesos para la compra de una sede social. Así adquirieron el gran caserón del número 7 de la calle Almirante Simpson, que se inauguró el 7 de noviembre de 1961, con Rubén Azócar como presidente de la SECh.[1082]

De la producción literaria nacional más reciente, destacó *Halcón ligero*, de Benjamín Subercaseaux, y *Coronación*, «libros ambos de vital interés por la perspectiva que cubren». Señaló que con *Coronación* José Donoso abría «perspectivas inmensas para una novela de mayor introspección, de mayor riqueza psicológica».[1083]

1082. Mellado Castro, Raúl: «Pablo Neruda en la memoria de un amigo poeta y periodista». *Pluma y Pincel*, n.º 161. Santiago de Chile, julio de 1993, pp. 38-41.

1083. *Vea*. Santiago de Chile, 29 de mayo de 1958, pp. 2-3.

Le conocía bien porque en 1956 Donoso había terminado esta obra en Isla Negra. «Estaba muy pobre y tenía seis meses para terminarla», recordó este años después. «Vivía en una casa de una familia de lugareños, con el suelo de tierra apisonada, pero con una vista muy pura, hermosa sobre las rocas y la playa. No tenía cuarto de baño y entonces iba a casa de Neruda a ducharme. Matilde y él siempre me recibían de manera muy cariñosa y cordial».[1084] No fue amigo íntimo del poeta, a pesar de que estuvo en su casa muchas veces, «pero estaba rodeado de una especie de aura, a la que, pese a ser muy "amiguero" y "fiestero", pocos tenían acceso». Como lector de su poesía le deslumbraron las *Odas elementales*: «No pude dejar de reconocer su poder fundacional, dejándome arrastrar por su descubrimiento de atmósferas, de platos nuestros, de piedras nuestras, de pájaros nuestros, [...] de actitudes políticas, de árboles [...], de humildes objetos encontrados en desvanes [...], que él canonizaba, elevándolos a la categoría de objetos mágicos, poéticos».[1085]

En aquella entrevista con *Vea*, Neruda se refirió al libro que estaba a punto de aparecer: *Estravagario*: «La obra es sabrosa y en cierto modo picante: me he divertido mucho escribiéndola». Mencionó también la situación en España, después de las primeras huelgas obreras en Asturias, Barcelona o Bilbao y las movilizaciones de los estudiantes universitarios de 1956. Celebró, asimismo, la caída de los dictadores en Venezuela y Colombia y lamentó su persistencia en Cuba o República Dominicana, con el apoyo de Washington: «Para mí la nación norteamericana es un admirable ejemplo de crecimiento. Sus mejores políticos son ejemplos luminosos para la humanidad: ahí están Lincoln, Jefferson y Roosevelt. Ahí están escritores como Whitman, Theodor Dreiser. Siempre he pensado que la novela norteamericana es lo mejor que tiene Norteamérica. Con estrellas como Hemingway, Faulkner, Steinbeck y Richard Wright. Estamos deseosos de vivir en paz con los norteamericanos...».

El 29 de mayo Ibáñez del Campo recibió en La Moneda a la directiva de la Sociedad de Escritores, encabezada por Neruda, en

1084. Poirot (1987), p. 156.
1085. Donoso, José: «Bajo su sombra». *Abc*. Suplemento *Abc Literario*. Madrid, 24 de septiembre de 1993, pp. 20-21. Número dedicado al vigésimo aniversario de la muerte de Pablo Neruda.

una reunión calificada de cordial por la prensa izquierdista y que se prolongó por espacio de una hora. Los intelectuales le solicitaron la emisión de sellos con las efigies de Carlos Pezoa Véliz, Pedro Prado, Alberto Blest Gana y Vicente Huidobro.[1086] Al día siguiente, el poeta dirigió una carta abierta al presidente de la República al objeto de solicitarle la reinscripción en los registros electorales de todos los ciudadanos que pertenecían al Partido Comunista para que pudieran ejercer sus derechos políticos.[1087] La situación era contradictoria, puesto que los comunistas hacían campaña abiertamente por Salvador Allende y participaban en actos públicos, como el anunciado para el domingo 1 de junio en la popular comuna santiaguina de Barrancas, con los discursos de Corvalán, Lafertte y Neruda.

Finalmente, el Congreso Nacional aprobó dos reformas legales promovidas por el Bloque de Saneamiento Democrático, integrado por la izquierda (agrupada entonces en el Frente de Acción Popular), el Partido Demócrata Cristiano y el Partido Radical, y apoyadas por Ibáñez: la derogación de la *Ley Maldita* y una trascendental reforma que instituyó la cédula única electoral para desterrar las tradicionales prácticas de cohecho y compra de votos por parte de la derecha, fundamentalmente en las zonas rurales. La noche del 2 de agosto, Neruda celebró el fin de la legislación anticomunista con un discurso por radio en el que evocó el sufrimiento y la represión padecida durante aquella larga década y destacó la esperanza que la opción de Allende representaba: «Ha fallecido la *Ley Maldita*: Chile sigue viviendo».[1088]

Cinco días después, el Teatro Baquedano acogió un mitin de apoyo al candidato de la izquierda en el que intervino en nombre de los escritores y artistas: «No queremos seguir siendo escritores de un pueblo que no puede leer. No queremos sentir la vergüenza, la ignominia de un pasado estático y leproso. Queremos más escuelas, más maestros, más periódicos, más libros, más editoriales, más revistas, más cultura. [...] En este sentido, queremos decirte que esta lucha que tú encabezas hoy es la más antigua de Chile: es el glorioso combate de la Araucanía contra sus invasores, es el pen-

1086. *El Siglo*. Santiago de Chile, 30 de mayo de 1958, p. 2.
1087. *La Nación*. Santiago de Chile, 30 de mayo de 1958, p. 5.
1088. *El Siglo*. Santiago de Chile, 3 de agosto de 1958, p. 14.

samiento que levantó las banderas, los batallones y las proclamas de la Independencia, el mismo contenido de avance popular que tuvo el movimiento de Francisco Bilbao. Y, ya muy cerca de nosotros, Recabarren, no solo aportó su condición de más grande dirigente proletario de las Américas, sino también la de escritor de dramas y panfletos populares. El pensamiento de Chile ha acompañado dramáticamente todas las ansiedades, todas las tragedias y las victorias de nuestro pueblo».[1089] El 4 de septiembre el derechista Jorge Alessandri se impuso con el 31,18% de los votos. Salvador Allende se quedó a solo 33.417 sufragios de La Moneda, al lograr el 28,51%.

LA IRREVERENCIA DE *ESTRAVAGARIO*

En agosto de 1958 publicó *Estravagario*, que incluye poemas como «Pido silencio», «El gran mantel», «No me pregunten», «Laringe», «Adiós a París», «Dónde estará la Guillermina?» y «Testamento de otoño». La fantasía empezaba por el singular título, que evocaba el primero de sus libros y que inventó durante un solitario paseo por la playa de Isla Negra. Desde el primer momento, aquella obra llamó la atención de periodistas, críticos y lectores... «Con un libro totalmente distinto, inesperado, en el que cada página abre una sorpresa de poesía e imágenes visuales, Pablo Neruda muestra nuevas variaciones de su multifacética e inagotable poesía», escribió Lenka Franulic.[1090] Algunos críticos, como señala Schopf, detectaron incluso una influencia de la «antipoesía» de Nicanor Parra y subrayaron el brusco cambio en el tono de sus poemas, frente al optimismo histórico que aún exhalaban las *Odas*.[1091]

En diciembre de 1960, en La Habana, en un diálogo con un amplio grupo de intelectuales cubanos, entre los que se encontraban César Leante, Carlos Franqui, Pedro de Oraá, Virgilio Piñera, Guillermo Cabrera Infante, Miriam Acevedo y Heberto Padilla, explicó su origen. «Mi libro *Estravagario*, como algunos otros de

1089. *El Siglo*. Santiago de Chile, 9 de agosto de 1958, pp. 8, 9 y 11.
1090. *Ercilla*. Santiago de Chile, 17 de septiembre de 1958, pp. 12-13.
1091. Prólogo de Federico Schopf a: Neruda, Pablo: *Estravagario*. Random House Mondadori. Debolsillo. Barcelona, 2003, pp. 7-14.

mis libros, tiene un plan más o menos preciso. Comencé a escribirlo en un viaje y en un sitio que me traía viejos recuerdos». Recordó así su fugaz estancia en Colombo en junio de 1957 y la visita a los lugares donde había vivido tanto tiempo atrás. «Toda esa sensación de recuerdos de aquella época, el clima opresivo del Oriente y todos los recuerdos se juntaron; me hicieron cambiar un poco el rumbo de mis meditaciones civiles y políticas de ese momento y entrar en un momento de mayor introspección y meditación de mi propia vida. Naturalmente, desde el principio se me antojó que todas esas meditaciones del hombre hacia su infancia se hacen con demasiada seriedad y a veces con sentido tétrico del recuerdo. Yo quise terminar con eso».[1092]

Hernán Loyola ha remarcado que empezó la composición de *Cien sonetos de amor* en enero de 1957 en Isla Negra, con el primero de ellos, «La luz de enero», que sería el Soneto LXVI. Pero en junio de aquel año sobrevino el viaje por el mundo y la escritura de *Estravagario*. «Fue el libro del aprendizaje de Matilde, de su formación para ser la mujer del poeta».[1093] En aquellos versos su compañera dejó de ser Rosario para resplandecer plenamente con su verdadera identidad. «Significa *Estravagario*, sin duda, una respuesta a muchas circunstancias difíciles, tanto en la lucha política como en la batalla del amor. Hay en el libro momentos de descanso, relajamiento y diversión, hay juegos de la imaginación, bromas sutiles y alegres excursiones por tierras del absurdo; pero hay también nuevas reflexiones sobre el sentido de la vida y de la muerte. Este libro maravilloso [...] refleja de un modo humorístico una nueva "crisis de desarrollo" en la vida y en la poesía de Neruda».[1094] Inauguró una nueva época en su escritura poética y sintetizó «las direcciones básicas» de todo el último período de su creación.

Por su parte, Saúl Yurkievich ha destacado su profunda irreverencia. «El humor que revierte, desciende, desvía, descompone, confunde, tergiversa es el talante que prepondera en *Estravagario*.

1092. *Revolución*. Suplemento *Lunes de Revolución*, n.º 88. La Habana, 26 de diciembre de 1960, pp. 38-43.

1093. Loyola, Hernán: «Pablo Neruda: itinerario de una poesía». Prólogo de: *Pablo Neruda. Antología esencial*, pp. 7-37.

1094. Loyola (1964), pp. 53-55.

[...] En este libro, publicado entre el tercero y el cuarto volumen de las odas, Neruda proyecta otra persona poética; aquí hace libremente de las suyas y se divierte desacatando el orden de lo conveniente, relativizando toda certeza y tomando a su propia persona como blanco preferido de sus bromas. El humor benigno y bonachón de las odas, la bonhomía complaciente, bienintencionada, muda aquí en autoironía parca, prosaica e incisiva».[1095]

«Me dejé invadir por una reacción insólita», admitió algunos años después el poeta, cuya persona se convirtió en el centro de estos poemas. «*Estravagario* es una obra burlesca que responde a otro requerimiento de mi edad. En mi adolescencia, en mi juventud, yo fui un ser pesimista y profundamente triste. Con la edad he venido adquiriendo ese sentido del humor que agrega vida a la vida. No sé si ese humor corresponde por entero a mi carácter, al menos al que yo creo que es el mío...».[1096]

SALUDO A CARACAS

El 22 de noviembre de 1958 intervino en el XI Congreso del Partido Comunista, en el que fue elegido responsable del trabajo político con los intelectuales, y se refirió a la ácida controversia por la concesión del Premio Nobel de Literatura a Boris Pasternak[1097]: «Este poeta de alta calidad se mantuvo aislado, solitario, en medio de la vida socialista. La guerra llenó de sangre la tierra soviética, los invasores trajeron muerte y destrucción, llegó la paz y el hombre soviético no solo reconstruyó su tierra, las ciudades, las fábricas, las escuelas, no solo aró y cosechó el trigo de la tierra, sino que levantó su energía y la colocó entre las estrellas. Y mientras tanto Pasternak, encerrado en su torre de marfil, no fue conmovido por esta grandeza, ni por esta sobrehumana victoria. Se mantuvo inconmovible y su último libro hirió y ofendió a los más grandes constructores de

1095. Yurkievich, Saúl: «Escalas de madurez». Prólogo a: *Pablo Neruda. Obras Completas. II. De Odas elementales a Memorial de Isla Negra. 1954-1964*, Galaxia Gutenberg-Círculo de Lectores. Barcelona, 1999. pp. 9-32.

1096. Entrevista de Claude Couffon a Pablo Neruda. *El Siglo*. Santiago de Chile, 10 de abril de 1966. *Suplemento*, p. 2.

1097. Presionado por las autoridades soviéticas, Pasternak rechazó el premio, que su hijo Yevgeuni recogió en 1989.

nuestro tiempo».[1098] Aquello despertó una nueva polémica en la prensa conservadora chilena, que de nuevo apuntó sus baterías contra él. Raúl Silva Castro, por ejemplo, comparó la amplia circulación de la poesía nerudiana en la URSS con la prohibición de la última novela de Pasternak, *Doctor Zhivago*.[1099] Y María Vergara, en alusión a uno de los poemas capitales de *España en el corazón*, escribió días después: «¡Cómo quisiéramos entonces que Pablo Neruda nos explicara algunas cosas!».[1100]

El 23 de enero, Matilde Urrutia y él llegaron a Caracas. Al igual que Salvador Allende y Eduardo Frei, asistieron a la toma de posesión del presidente Rómulo Betancourt, quien vivió exiliado en Chile años atrás. Allí se encontró con viejos amigos, como Miguel Otero Silva, Carlos Augusto León y Gabriel Bracho, y la Universidad Central de Venezuela le otorgó el Doctorado Honoris Causa.

El 4 de febrero pronunció un discurso en el Concejo Municipal, que le declaró «Huésped Ilustre». «Como americano esencial, saludo en primer lugar a la ciudad deslumbrante, por igual a sus cerros populares, a sus callejas coloreadas como banderas, a sus avenidas abiertas a todos los caminos del mundo. Pero saludo también a su historia, sin olvidar que de esta ciudad matriz salió como un ramo torrencial de aguas heroicas el río de la independencia americana. Salud [...] ciudad de Bolívar y de Bello».[1101] Desde allí, a principios de marzo escribió a Volodia Teitelboim para relatarle que llegarían en barco a Valparaíso el 17 de abril. «Estoy cansadísimo de giras interminables que no me dejan un solo minuto. No he escrito una sola línea [...]. Me han declarado huésped de honor los municipios de Caracas, Valencia, Barquisimeto, Buzcucuy. En todas partes me tratan mejor que en Chile». Le pidió que buscaran a otro candidato para optar a la presidencia de la Sociedad de Escritores y sugirió el nombre de Rubén Azócar para disputar una elección que ganaría un grupo de escritores derechistas vinculados al Congreso por la Libertad de la Cultura.[1102]

1098. *El Siglo*. Santiago de Chile, 23 de noviembre de 1958, pp. 14 y 20.

1099. *El Mercurio*. Santiago de Chile, 30 de octubre de 1958, p. 3.

1100. *El Mercurio*. Santiago de Chile, 12 de noviembre de 1958, p. 3.

1101. Neruda, Pablo: «Huésped de Caracas». *Para nacer he nacido*, pp. 399-400.

1102. Carta de Pablo Neruda a Volodia Teitelboim del 10 de marzo de 1959 desde Caracas. *América Latina*, n.º 4. Moscú, 1976, pp. 202-222.

A mediados de mayo, en una reunión del Comité Central del Partido Comunista, elogió los cambios políticos acaecidos recientemente en Venezuela y Cuba, con el triunfo de la Revolución. «El sentimiento antiimperialista que vi en Venezuela es el sentimiento más intenso que haya conocido yo en parte alguna del mundo. Estuve con Fidel Castro en una manifestación en Caracas, en un mitin al que concurrieron 250.000 personas». Allí leyó sus poemas, incluidos los cantos a Stalingrado. «Hay que desarrollar una gran solidaridad con esos países, defenderlos como cosa nuestra, porque su triunfo es un triunfo general de la causa del pueblo».[1103]

El 25 de junio asistió al estreno del espectáculo del Ballet Nacional creado por el coreógrafo Patricio Bunster con versos de *Canto general* titulado *Calaucán*.[1104] En julio, con motivo de su cincuenta y cinco aniversario, recibió múltiples regalos, entre otros una maciza campana de hierro que colocó en Isla Negra para que las visitas sí que avisaran de su llegada... Y vio con deleite cómo la escultora Marie Martner, esposa del doctor Francisco Velasco, empezaba a preparar el bello mural multicolor a base de piedras marinas en la chimenea de esta casa. «Estas ágatas marinas las recogió González Vera en Isla Negra y me las regaló. Estas piedras han permanecido siglos en el agua, el tiempo les ha dado ese color», explicó a un periodista. Este se interesó por su reciente estancia en Venezuela y quiso saber cómo sería «su poesía futura». «Será futura...», se limitó a responder. En aquellos días, según el Índice de Traducciones de la Unesco, era el poeta vivo más traducido: sus versos ya habían penetrado en veintisiete idiomas.[1105]

El 6 de septiembre se conmemoró el vigésimo aniversario de la llegada del *Winnipeg* con un acto en el Teatro Nilo patrocinado por el Comité Chileno-Hispano de Ayuda a los Refugiados Españoles, que contó con la intervención política de Alejandro Ríos Valdivia y del refugiado español José Morán. El libreto, escrito por Neruda, recorrió sus años en España, la Guerra Civil y la expedi-

1103. *El Siglo*. Santiago de Chile, 14 de mayo de 1959, p. 2.

1104. Mansilla, Luis Alberto: «Patricio Bunster: La danza y la historia». *Cuadernos de la Fundación Pablo Neruda*, n.º 59. Santiago de Chile, 2006, pp. 34-41.

1105. *Vistazo*. Santiago de Chile, 14 de julio de 1959, pp. 2-3.

ción que permitió llevar a Chile a más de dos mil refugiados republicanos. Asistió Delia del Carril, pero no él.[1106]

El 7 de septiembre envió una carta a la Comisión Política de su partido para manifestar que no deseaba volver a ser candidato a senador en las elecciones de marzo de 1961. «Pienso que sin ocupar el cargo de parlamentario puedo desarrollar una labor efectiva en interés del partido y de nuestro pueblo. Saben los camaradas mi devoción constante y mi adhesión a la línea política trazada por el Comité Central».[1107]

El 12 de noviembre regresó a Parral para participar en un acto político de su partido, que contó con la intervención de Volodia Teitelboim. Hasta las diez y media de la noche, los parralinos pidieron al más ilustre de sus conciudadanos que leyera sus poemas. Acompañado por sus familiares, tíos y primos, compartió mesa y mantel en el Club Social y allí en un breve discurso evocó con sentimiento a sus padres y sus inicios como poeta. Cerró la velada Matilde Urrutia, quien cantó algunas melodías con versos del poeta.[1108] El 27 de noviembre impartió una conferencia en la Biblioteca Nacional sobre el poeta italiano Salvatore Quasimodo, «mi eminente compañero», quien había obtenido el Premio Nobel.[1109]

Entonces apareció *Cien sonetos de amor*, la definitiva entronización de Matilde Urrutia como su compañera y musa en la etapa madura de su vida. Su edición príncipe fue de nuevo una obra singular, puesto que se preparó una reducida tirada de lujo, colocada por suscripción previa, de veintidós ejemplares editada con acuarelas originales al precio de noventa mil pesos y otra de quinientos ejemplares, con litografías de Nemesio Antúnez, al de veinticinco mil. A fines de aquel año, Losada publicó la primera edición ordinaria de este libro. «Hay una larga distancia entre los lejanos *Veinte poemas de amor* del Neruda juvenil y estos sonetos. La distancia entre una adolescencia torturada y desesperanzada y la madurez reposada, sedentaria y plácidamente feliz», señaló Lenka

1106. *El Siglo*. Santiago de Chile, 7 de septiembre de 1959, p. 5.

1107. *El Siglo*. Santiago de Chile, 17 de septiembre de 1959, p. 2.

1108. *El Siglo*. Santiago de Chile, 14 de noviembre de 1959, p. 6.

1109. Neruda, Pablo: «Palabras ceremoniales a Salvatore Quasimodo». *Atenea*, n.º 386. Concepción, octubre-diciembre de 1959, pp. 6-7.

Franulic.[1110] En esta obra el poeta exaltó el cuerpo, el cabello cobrizo, la risa de Matilde Urrutia, la vida hogareña compartida, los hechos cotidianos, hasta el punto de que los cien poemas se agrupan en cuatro partes: «Mañana», «Mediodía», «Tarde» y «Noche».[1111] «Lo más difícil ha sido sustraerles las rimas a esos sonetos para que no fuesen de bronce o platería, sino de madera», declaró años después. «Es por esta razón precisamente que yo les he sacado la rima, esa rima que suena como diablos en español. El libro lo escribí para Matilde, mi esposa, y refleja un momento de reposo, de calma —de relativa calma— en mi vida».[1112]

UNA *CANCIÓN* PARA LA REVOLUCIÓN CUBANA

El 18 de marzo de 1960, Pablo Neruda y Matilde Urrutia emprendieron viaje hacia Montevideo. Iniciaban un larguísimo periplo que les mantuvo fuera de Chile durante diez meses, hasta los primeros días del año siguiente. Partían justamente cuando se preparaba el traslado de los restos mortales de Gabriela Mistral a Monte Grande en cumplimiento de su deseo y según la petición formulada por la Sociedad de Escritores durante su presidencia. Poco antes de partir, anunció que Losada estaba preparando su nueva obra poética, *Las piedras de Chile*, que sin embargo se publicó en 1961. «Es un libro que dedico a esas formaciones rocosas del litoral chileno y que durante tantos años han alimentado nuestra imaginación».[1113]

En Montevideo, dio un recital en el Teatro Circular del Palacio Salvo con una singular novedad. Disgustado con una crítica recien-

1110. *Ercilla*. Santiago de Chile, 27 de enero de 1960, p. 13. Lenka Franulic falleció en mayo de 1961. Pablo Neruda habló en su funeral a petición de la Sociedad de Escritores y pronunció unas conmovidas palabras de despedida. «Tú eres ahora aún más bella. Eres una ola de cristal con ojos azules, alta y resplandeciente, que tal vez no volverá a repetir su espuma de oro y nieve en nuestra pobre arena». Schidlowsky, Tomo II, p. 1039.

1111. Suárez, p. 172.

1112. Entrevista de Claude Couffon a Pablo Neruda. *El Siglo*. Santiago de Chile, 10 de abril de 1966. *Suplemento*, p. 2.

1113. *Las Noticias de Última Hora*. Santiago de Chile, 18 de marzo de 1960, p. 3.

te sobre *Navegaciones y regresos* publicada en *Marcha*, la actriz Dahd Sfeir leyó párrafo a párrafo el artículo de marras, mientras que en su turno él recitaba poemas de ese libro. El otro evento que protagonizó en aquellos días se desarrolló en la Facultad de Arquitectura de la Universidad de la República y tuvo un cariz mucho más político, puesto que incluso leyó sus poemas aún inéditos de *Canción de gesta*, su homenaje a la Revolución Cubana.[1114]

En la travesía hacia Europa en el buque *Louis Lumière* culminó este libro y algunos de sus poemas se publicaron ya en mayo en el suplemento *Lunes* del periódico cubano *Revolución*. En Budapest conocieron el terrible terremoto que el 22 de mayo devastó todo el sur de Chile. «Mientras se traducían las noticias de Chile, yo estaba observando la cara de Neruda», relató el ingeniero Gábor Tolnai años después. «Vi que no estaba realmente entre nosotros. Iba por el sur de Chile, allí donde perecieron miles de personas en una sola noche y donde otras decenas de miles quedaron sin techo; por donde desaparecieron ciudades y pueblos...».[1115] Aquella tragedia inspiró un conjunto de poemas que tituló «Cataclismo».

Meses después relató su viaje por la Unión Soviética, Polonia, Hungría y Checoslovaquia. «Llegar a la URSS es como visitar una casa familiar. La vida es cada vez mejor. Estuve unos días en Yalta en una casa de reposo para los escritores. Yalta se parece mucho a Capri y lo que más me impresionó fue el Museo Chéjov. En esa ciudad pasó sus últimos días el gran escritor. La casa en que vivió está tal como la dejó. Es un museo literario conmovedor». En cuanto a la literatura soviética del momento, reivindicó que en la URSS se publicaba, se escribía y se polemizaba «mucho». «La vida literaria tiene casi un ritmo febril. Una de las cosas interesantes es la revalorización de Dostoievski». Quiso incidir especialmente en la situación de Hungría, que elogió extensamente: «Está en marcha la más formidable reconstrucción. Es uno de los países europeos de mayor auge. Por todos lados se ven nuevos edificios, gentes comprando en las tiendas, fábricas que doblan su producción. Uno de los fenómenos que se guardan de comunicar las agencias noticiosas imperialistas es el regreso en masa de los que habían abandonado el país».[1116]

1114. *El Siglo*. Santiago de Chile, 4 de abril de 1960, p. 2.
1115. Suárez, pp. 198-199.
1116. *Vistazo*. Santiago de Chile, 17 de enero de 1961, pp. 12-13.

A principios de agosto, en una carta que dirigió a Volodia Teitelboim desde la capital gala le remitió algunos poemas de *Canción de gesta* con la sugerencia de que los publicara el diario del Partido Comunista.[1117] El 21 de agosto, en un espacio principal, *El Siglo* incluyó, bajo el título «Meditación sobre la Sierra Maestra», tres de los cuarenta y dos poemas que integraron ese libro: «Escrito en el año 2000», «Los emboscados» y «Reunión de la OEA».[1118] En aquellos días Francia estaba sacudida por la cruenta guerra de Argelia, uno de los hitos del proceso de emancipación de los pueblos del Tercer Mundo. Notable conocedor de este país y de la cultura francesa, meses después señaló que el mundo presenciaba al fin del colonialismo: «La vida en Francia se ha transformado en una vida atormentada por la guerra de Argelia. [...] el hombre sencillo, la gran mayoría de los intelectuales de Francia, rechazan esta guerra sucia, este renacimiento de las fieras. Al final ganará el pueblo argelino [...] porque asistimos al fin del colonialismo, en pocos meses se ha desplomado de manera vertical. Hagan lo que se les ocurra a los gobiernos europeos, todo el África será independiente. Vivimos grandes días, estamos frente a grandes definiciones. Antes de lo que todos pensaban, los pueblos toman el camino de su liberación, es decir, el camino de la felicidad y la justicia, el camino de la poesía».[1119]

Fueron unos meses de sosiego en Europa, en los que aprovechó para preparar *Toros* con Pablo Picasso. «Generosamente, él se ofreció para ilustrar mi poema "Toros". Se publicó un bello volumen con sus extraordinarias ilustraciones», evocó en 1973.[1120] El 15 de diciembre de 1960, la imprenta Unión de París terminó la exclusiva tirada de quinientos ejemplares numerados y veinte de lujo de un álbum de quince litografías de Picasso con el poema de Neruda en francés y español, que después incluyó también en *Cantos ceremoniales*. Esos 520 ejemplares se repartieron entre sus respectivos amigos y algunos coleccionistas franceses. En abril de 1961, la galería parisina Bellechasse acogió una exposición con las láminas de

1117. Carta de Pablo Neruda a Volodia Teitelboim del 6 de agosto de 1960 desde París. *América Latina*, n.º 4. Moscú, 1976, pp. 202-222.

1118. *El Siglo*. Santiago de Chile, 21 de agosto de 1958, p. 1.

1119. *Vistazo*. Santiago de Chile, 17 de enero de 1961, pp. 12-13.

1120. Entrevista de Luis Alberto Mansilla a Pablo Neruda. *El Siglo*. Santiago de Chile, 15 de abril de 1973. *Revista semanal*, pp. 8-9.

Toros e imprimió un aguafuerte más, firmado a mano por Picasso y que solo se unió a cincuenta de los ejemplares.[1121]

El 12 de noviembre Matilde Urrutia y él se embarcaron en Marsella hacia La Habana. El barco hizo una escala en Cádiz y pasearon durante unas horas por la ciudad: de aquellas sensaciones nació el poema «Elegía de Cádiz».[1122] El 5 de diciembre llegaron a Cuba, invitados por el periódico *Revolución* y su suplemento *Lunes* para presentar la primera edición de *Canción de gesta*,[1123] que salió de la Imprenta Nacional (dirigida por Alejo Carpentier) a mediados de aquel mes, con una tirada de veinticinco mil ejemplares más cincuenta numerados y firmados por el autor.[1124] «Inesperadamente, cuando la poesía de Neruda parecía afincada en la intimidad personal, un brusco cambio de timón la orientó otra vez hacia el acontecer político inmediato», señala Hernán Loyola. El poeta quiso recuperar la épica de *Canto general* y la ambición cronística de *Las uvas y el viento*.[1125]

En su preámbulo, fechado el 12 de abril de 1960 en el buque *Louis Lumière*, confesó que la idea original había sido un canto a Puerto Rico, «a su martirizada condición de colonia, a la lucha actual de sus patriotas insurgentes». En 1958, Silvia Thayer le había presentado a Antonio Santaella Blanco, luchador por la independencia de la isla, y quedó tan impactado con su exposición que empezó a escribir algunos poemas.[1126] Pero el triunfo de la Revolución Cubana y su trascendencia para el continente le llevaron a

1121. *La Tercera*. Santiago de Chile, 13 de julio de 2007, p. 58.

1122. Castanedo Pfeiffer, Gunther: «Los viajes de Neruda a España». *El Ateneo*, n.º XV-XVI. Madrid, 2006, pp. 145-152.

1123. Cable de la Agencia Tass. La Habana, 5 de diciembre de 1960.

1124. Loyola, Hernán: «1960-2010: el medio siglo de *Canción de gesta*». *Nerudiana*, n.º 10. Santiago de Chile, diciembre de 2010, pp. 20-22.

1125. Loyola llama la atención sobre el último poema («Escrito en el año 2000»), en el que, además de reflexionar sobre el futuro de América Latina y exaltar la victoria de los guerrilleros de la Sierra Maestra, «Neruda situó —siguiendo la línea inaugurada en *Estravagario*— una retrovisión sinóptica de su propia biografía, evocando la época estudiantil en Santiago, sus amores en Birmania, la espesura de Ceilán, el fuego cruel de la guerra civil española. La preocupación por el propio pasado se tornó obsesiva». Loyola, Hernán: «Pablo Neruda: itinerario de una poesía». Prólogo de: *Pablo Neruda. Antología esencial*, pp. 7-37.

1126. *Aurora*, n.º 3-4. Santiago de Chile, julio-diciembre de 1964, pp. 240-242.

ampliarlo al ámbito del Caribe y dedicarlo «a los libertadores de Cuba: Fidel Castro, sus compañeros y al pueblo cubano».

«El movimiento libertario de Fidel Casto constituye una demostración histórica, porque contra lo que ha solido ocurrir en nuestra América, no se limitó a derrocar una tiranía, sino que se ha enfrentado con el viejo mal del imperialismo norteamericano», afirmó en una conferencia de prensa horas después de su llegada. «Hay que haber viajado por América para comprender el hondo sacudimiento causado en los pueblos por la Revolución Cubana». Destacó también que había sido una de las últimas naciones en lograr la independencia de España y la primera en romper con «el nuevo colonialismo». Sobre *Canción de gesta*, subrayó que no solo tenía relación con Cuba, sino también con Puerto Rico. «El poema tiene, por otra parte, una característica nueva dentro de mi poesía: es enteramente rimado. Es un poema en que me he esforzado en escribir de una manera clara y fácil para que sea una ayuda al movimiento de liberación de Cuba; para que pueda ser leído y recitado en cualquier parte».[1127] La Revolución, que muy pronto dirigiría su rumbo hacia el socialismo, recibió así «el espaldarazo del primer poeta comunista del mundo», escribió Jaime Concha.[1128]

En La Habana fue recibido por el ministro Armando Hart y, en la medianoche del 30 al 31 de diciembre, por el comandante Ernesto *Che* Guevara, quien le relató que en la Sierra Maestra leía pasajes de *Canto general* a los combatientes de la guerrilla.[1129] En Santiago de Cuba se reunió con Raúl Castro. El 2 de enero estuvo en la tribuna del multitudinario desfile con motivo del segundo aniversario del triunfo, en la Plaza de la Revolución, junto a Nicolás Guillén. Y el suplemento cultural *Lunes de Revolución*, que entonces dirigía Guillermo Cabrera Infante, le dedicó las cuarenta y

1127. *El Siglo*. Santiago de Chile, 9 de enero de 1961, p. 8. La primera edición chilena de *Canción de gesta* apareció a principios de 1961 y la publicó Austral.

1128. Concha, Jaime: «Sobre algunos poemas de *Canción de gesta*». *Anales de la Universidad de Chile*, n.º 157-160. Santiago de Chile, enero-diciembre de 1971, pp. 209-215.

1129. Prólogo de Roberto Fernández Retamar a *Canción de gesta*. Neruda, Pablo: *Canción de gesta / Las piedras de Chile*. Random House Mondadori. Debolsillo. Barcelona, 2003, pp. 7-10. Fernández Retamar, Roberto: *Recuerdo a...* Ediciones Unión. La Habana, 1998, p. 140.

ocho páginas de su número 88, incluyendo un extracto de «Que despierte el leñador» y poemas como «A Fidel Castro» o «Bailando con los negros». Reprodujo, asimismo, el interesantísimo diálogo que mantuvo con un buen grupo de intelectuales cubanos acerca del dogmatismo literario, la definición de «poeta revolucionario» o la situación de la literatura en la Unión Soviética. Tampoco faltó la inevitable pregunta, formulada por Heberto Padilla, acerca de la autoría de *Los versos del capitán*...[1130]

UN MILLÓN DE EJEMPLARES

Pablo Neruda y Matilde Urrutia regresaron a Santiago de Chile el lunes 9 de enero de 1961, en avión, después de una escala en Ciudad de México, donde, además de exigir la liberación de David Alfaro Siqueiros —de nuevo, en prisión—, censuró que la prensa estadounidense señalara que su Gobierno descartaba una agresión contra Cuba. «De la misma manera se expresaron en situaciones análogas en el pasado cuando preparaban invasiones a otros países, como es el caso de México. En aquel momento también hubo acusaciones de "disturbios" y "ofensas"». Remarcó que países tan importantes como Brasil o México rechazaban la política agresiva de Estados Unidos contra Cuba y mantenían sus relaciones con la isla. «Se puede considerar que la maniobra de Estados Unidos de aislar a Cuba ha sido un fracaso. La quisieron asfixiar económicamente, pero ese intento tampoco resultó puesto que existen la URSS y otros países socialistas que le han ofrecido la mano. La Revolución cubana ya ha alcanzado grandes logros».[1131]

En Los Cerrrillos le esperaban los dirigentes comunistas José González y Julieta Campusano y su amigo Carlos Vassallo. «No hay palabras para contar todo lo que ocurre en Cuba. Es algo simplemente grandioso. El pueblo está día y noche junto al Gobierno, con el arma al brazo, para defender la revolución», dijo a los periodistas nada más sortear los trámites aduaneros.[1132] Aquella misma

1130. *Revolución*. Suplemento *Lunes de Revolución*, n.º 88. La Habana, 26 de diciembre de 1960, pp. 38-43.

1131. Agencia Tass. México, 8 de enero de 1961.

1132. *El Siglo*. Santiago de Chile, 10 de enero de 1961, p. 1.

tarde en la sede del Partido Comunista ofreció una concurrida conferencia de prensa, en la que reiteró sus opiniones sobre la isla y sus elogios a Fidel Castro («tiene una estatura tan alta como la de los libertadores de 1810»). No obstante, al igual que remarcaba también Salvador Allende, precisó que el modelo revolucionario cubano no era «exportable» a Chile. «Estamos viviendo una época en que los pueblos atraviesan grandes sucesos históricos. Estamos presenciando el derrumbe del colonialismo. En Latinoamérica hay hambre, hay miseria, hay atraso. Los pueblos ya no pueden esperar más y comienzan a despertar de su letargo. Cuba, por ejemplo. Pero no se trata de copiar a Cuba. Ninguna revolución es exportable. Las condiciones de cada país son diferentes. [...] El pueblo de Chile ha elegido su camino de liberación nacional, encabezado por los partidos populares y organismos gremiales. Y lo mantienen firmemente. La Revolución Cubana ha servido para revitalizar, para dar más confianza a los pueblos en sus luchas».[1133]

Casi un año después regresaron a Isla Negra. El poeta estaba feliz por el reencuentro con el mar y su casa, con los viejos amigos de la zona, como la familia Bulnes. O Elena González y Jaime Ferrer, propietarios de la Hostería Santa Elena desde su apertura en 1954.[1134] En su comedor solía almorzar o cenar con sus invitados y compartió mil momentos con doña Elena y don Jaime, a quien dedicó un hermoso texto a su muerte.[1135] También acostumbraban a frecuentar el restaurante de Camilo Riquelme, rebautizado por el poeta como «Chez Camilo», en El Quisco. «Allí disfrutamos del congrio frito "a punto", de las suntuosas pailas marinas, de los erizos al matico o en tortilla, de los pasteles de jaibas y otras delicias, como sus famosos chupes...», recuerda Aída Figueroa.[1136]

Frente al mar de Isla Negra el poeta hizo también nuevas amistades, como el niño Enrique Segura, de 9 años. «Es mi secretario», explicó al periodista Luis Alberto Mansilla. «Me acompaña a todas partes y tenemos interesantes conversaciones».[1137] Mansilla reco-

1133. *El Siglo*. Santiago de Chile, 12 de enero de 1961, p. 8.

1134. *La Época*. Santiago de Chile, 25 de julio de 1990, p. 40.

1135. Neruda, Pablo: «Pañuelos negros para don Jaime». *Ercilla*, 27 de agosto de 1969, p. 94.

1136. Figueroa, Aída: *A la mesa con Neruda*. Fundación Pablo Neruda. Santiago de Chile, 2000, p. 165.

1137. En 2013, Enrique Segura era el presidente del Sindicato de Trabajadores

rrió los rincones de la casa y contempló asombrado una gran ancla de hierro. «Me la regaló José Papic de Antofagasta, no costó nada traerla en un barco, pero cuando llegó aquí no pudo pasar por la puerta de la casa, para introducirla hubo que hacer toda clase de maniobras complicadas».

Neruda se recluía en Isla Negra, porque en *La Chascona* la tranquilidad era una quimera ante las innumerables visitas y compromisos en la capital. Pero en los veranos llegaban hasta su casa de la playa una gran cantidad de admiradores e incluso niños de las colonias, como relató en aquella ocasión Matilde Urrutia: «Una vez desperté al ruido de unas voces, me incorporé y salí al patio. Allí había un centenar de cabecitas esperando a Pablo. Es un hecho que se repite muy seguido en el verano. Los veraneantes estiman como uno de los números obligados de su programa la visita a la casa, en lo posible tratamos de no defraudar a nadie».[1138]

Su largo viaje le había servido para suscribir nuevos contratos de edición en varios países. A principios de 1961, Gallimard lanzó la primera versión francesa de *Residencia en la Tierra*. En la República Democrática Alemana se publicó un tomo de las *Odas elementales* y en la República Federal Alemana, *El gran océano*, con fotografías de Antonio Quintana. La editorial Sansoni de Florencia, dirigida por Dario Puccini, acababa de imprimir un volumen de mil doscientas páginas con su poesía casi completa. En Milán y en Estados Unidos aparecieron también en aquellos días sendas antologías. La editorial soviética Ogonok editó *Cuba y otros poemas*, con una tirada de ciento cincuenta mil ejemplares. La poetisa sueca Sun Axelsson tradujo y publicó *Residencia en la Tierra*. Aquel año también, con prólogo de Fernando Alegría, *Odas elementales* vio la luz en Nueva York y la Modern Languages Association of America lo eligió como uno de sus miembros honorarios, distinción que antes habían merecido Saint-John Perse, T. S. Eliot y Jor-

---

de la Fundación Pablo Neruda y en una entrevista concedida a Mario Casasús explicó: «Don Pablo quería adoptarme porque las condiciones económicas de mi familia eran de muchas carencias. Yo vivía con mi madre y con mi abuela en Isla Negra. Don Pablo no tenía hijos, así que me cuidaba como si yo fuera su hijo, me regalaba ropa y zapatos. Don Pablo le dijo a mi abuela que tenía la intención de adoptarme, pero mi abuela se negó». *El Clarín*. Santiago de Chile, 8 de enero de 2013. Diario digital: www.elclarin.cl

1138. *Vistazo*. Santiago de Chile, 17 de enero de 1961, pp. 12-13.

ge Luis Borges.[1139] Y la editorial Losada publicó la edición conmemorativa del millón de ejemplares en español que ya había vendido *Veinte poemas de amor y una canción desesperada*.

A fines de enero y en febrero participó en algunos actos de apoyo a los candidatos comunistas en las elecciones del 4 de marzo, entre ellos su amigo Volodia Teitelboim, quien optaba a un escaño de diputado por Valparaíso. Una noticia luctuosa conmovió entonces el corazón de los comunistas: la muerte de Elías Lafertte. El 19 de febrero, en su multitudinario funeral, leyó su elegía «Corona para mi maestro», que había escrito a bordo del avión que le devolvió a Santiago apresuradamente desde el Norte Grande.[1140] Y también escribió un artículo en el que destacó las cualidades del histórico dirigente comunista y obrero y los días compartidos con él y con los sacrificados trabajadores de la pampa.[1141]

LA SEBASTIANA

El 3 de junio de 1961, en un reservado del Bar Alemán situado en la esquina de las calles O'Higgins y Megarejo de Valparaíso, Pablo Neruda encabezó la ceremonia de fundación del Club de la Bota. «Bajo una suave llovizna, llegamos al Bar Alemán, cerca de las siete de la tarde, portando Pablo en sus brazos el símbolo de la cofradía: una gran bota de cerámica alemana, acompañada de media docena de jarras que sosteníamos unos y otros, en un abigarrado desfile por la calle», ha escrito Sara Vial. El poeta había comprado en México una singular bota decorada con escudos y figuras de monjes y caballeros con una inscripción en español que rezaba «Beba cerveza Julia». Para lograr la admisión en el Club de la Bota, y conquistar el honor de ser llamado «Botarate», los aspirantes debían ser capaces de dibujar un cerdito en una servilleta con los ojos vendados. Por designación del poeta, fue Sara Vial quien redactó la

1139. Sanhueza, Jorge: «Pablo Neruda, los poetas y la poesía». *Aurora*, n.º 3-4. Santiago de Chile, julio-diciembre de 1964, pp. 28-63.

1140. *El Siglo*. Santiago de Chile, 20 de febrero de 1961, p. 4. El domingo 26 de febrero el diario comunista publicó en toda su primera página, junto a una fotografía de Lafertte en el otoño de su vida, el poema que le dedicó Neruda.

1141. Neruda, Pablo: «En la Pampa con D. Elías». *Ercilla*. Santiago de Chile, 22 de febrero de 1961, p. 17.

primera de las actas de aquel disparatado grupo: «Hoy, un grupo de insensatos, reunidos pero no revueltos, decidieron fundar este Club sin más objetivo que el de beberse la Bota numerosas veces y con la fruición necesaria...».[1142]

Y en septiembre de aquel año inauguró su casa porteña, *La Sebastiana*, ubicada en el cerro Florida, junto al Teatro Mauri. Hasta aquel momento, cada vez que visitaba el puerto se alojaba en casa de la familia Velasco-Martner en Recreo Alto, ya que tenía aversión a los hoteles (y a los aeropuertos), porque los consideraba estancias muy frías. «Siempre iba a casas de amigos y al poco tiempo nuestras casas se habían transformado en casas nerudianas. Adquiríamos sus mismos hábitos. Me enseñó a fumar pipa, a usar jockey. Antes de almuerzo, era infaltable su whisky; y en la tarde, otro. Hacía su gran siesta», recordó el doctor Francisco Velasco.[1143]

En 1959, su esposa, Marie Martner, atendió una petición del poeta para que le buscara una casa en la ciudad y Sara Vial le acompañó a ver la propiedad de la familia de Sebastián Collado, que había fallecido una década atrás. La adquirieron de manera conjunta: Neruda se quedó con el tercer, el cuarto piso y el torreón y los Velasco-Martner, con los dos primeros niveles. Como en *La Chascona* e Isla Negra, el poeta desplegó su vocación de arquitecto para diseñar *La Sebastiana* a su gusto a lo largo de sus ciento noventa y ocho metros cuadrados. «Esta casa la construyó primero un español enamorado de Valparaíso. La terraza fue planeada como cancha para helicópteros y había destinado un piso entero para hacer una inmensa pajarera. Pero murió sin terminar la casa y quedó la obra gruesa abandonada por más de doce años. La dejó a medio cielo, sin maderas, sin puertas», explicó en 1965. «En mis manos terminó de nacer y formarse. Mi verdadera profesión es constructor. No hay nada más hermoso que algo que va naciendo, haciéndose delante de nosotros. Hay el rigor de los materiales que impiden el capricho excesivo y la lucha contra estos materiales para darles humanidad».[1144]

1142. Vial, pp. 67-68.

1143. *El Mercurio*. Santiago de Chile, 20 de enero de 1991. Suplemento *Arte y Letras*, pp. 8-9.

1144. *La Nación*. Santiago de Chile, 28 de marzo de 1965, pp. 2-3.

En el tercer piso situó la sala y el comedor, un bar y la cocina; en el cuarto, el dormitorio principal y los baños, en un espacio curvo con una vista sensacional; y en el último habilitó la biblioteca y su escritorio. De manera paciente, fue instalando las puertas que él mismo diseñó, los faroles azules de la entrada o la escalera de caracol que consiguió en un mercado de antigüedades del puerto. En no pocas ocasiones, Marie Martner y él recorrieron Valparaíso a la búsqueda de todo tipo de elementos para *La Sebastiana*. «Íbamos a demoliciones a comprar maderas buenas. Toda esta casa está hecha con roble americano, pino oregón. Veíamos las ventanas, las puertas, las rejas. Gozábamos andar cachivacheando», dijo Marie. «Le llamaba a Pablo "el ojo de águila", porque yo manejaba una citroneta y de repente me decía "¡para, para, para!". Había visto un determinado detalle, se bajaba y embromaba a la persona hasta que le vendía lo que él quería».

Entre sus muebles favoritos estaba un sillón de cuero marroquí que llamaba «La nube», situado al lado de la chimenea en forma de tinaja que pidió construir. Entre el bar y el comedor había un espacio que convirtió en una vitrina, donde introdujo un velero que le gustaba mucho. Encima de la mesa del comedor, que era de caoba, tenía un pájaro rojo similar al ibis egipcio.[1145]

Desde luego, uno de los ornamentos más singulares fue el caballo *importado* de Temuco. En 1958, el arquitecto uruguayo Alberto Mántaras grabó en Chile el documental *Largo pétalo*, que recoge el viaje en automóvil que Neruda, Matilde Urrutia y él hicieron desde Chillán hasta Puerto Montt, con la descripción de los paisajes del sur por la voz del poeta.[1146] Fue en aquel trayecto cuando el poeta se reencontró con un personaje de su infancia que aparece en *Largo pétalo*: el caballo de la Talabartería Francesa de Temuco.[1147] «Lo veía cada mañana, cuando iba a la escuela», explicó en 1965. «Todos los niños de Temuco al cruzar frente a él le to-

1145. *El Mercurio*. Santiago de Chile, 20 de enero de 1991. Suplemento *Arte y Letras*, pp. 8-9.

1146. Varas, José Miguel: «Recuerdos de Alberto Mántaras». *Cuadernos de la Fundación Pablo Neruda*, n.º 24. Santiago de Chile, 1996, pp. 80-83. Varas dedicó un libro a la amistad entre Mántaras y el poeta chileno, en el que incluyó varias cartas de este: *Aquellos anchos días... Neruda, el Oriental*. Monte Sexto. Montevideo, 1991.

1147. Varas (1991), p. 53.

cábamos la nariz. Eso dejó una mancha familiar desde su frente. Con el tiempo, hace unos pocos años, volví al pueblo y quise comprarlo. Era demasiado alto el valor que puso el dueño. Volvió a pasar el tiempo y se quemó la talabartería. Solo salvó el caballo, chamuscado en su cola, pero ileso. De allí fue a la subasta. Conseguí rematarlo y aquí está, muy orgullosamente desde entonces. Llegó desde Temuco en un camión. No cupo por la puerta y hubo que izarlo hasta la terraza».[1148] Julio Escámez pintó su bello cuerpo y una cola espumosa, negra y blanca, reemplazó a la perdida en el incendio.

El 18 de septiembre de 1961 convocó a treinta y tres invitados a la inauguración de *La Sebastiana*. En el «programa» que repartió a cada uno de los comensales anotó sus respectivos «méritos inolvidables»: Sara Vial: «descubridora postal»; Marie Martner: «por sus piedras la conoceréis»; María Antonieta Collado: «propietaria celeste»; Rubén Azócar: «feroz autodiente de cachalote»; Manuel Solimano: «transporte lluvioso»; Volodia Teitelboim: «reuniones en la altura»; o Teresa Hamel: «siempre florida».[1149] Empezaron a llegar a las siete de la tarde y los anfitriones les recibieron con el famoso trago nerudiano *coctelón*, preparado con jugo de naranja, cointreau y cognac y envuelto en hielo picado, servido en media copa alta y completado con champán seco. «Una especie de bomba para voltear a un elefante...», escribió Teresa Hamel, una mujer menuda, bella y elegante, asidua del Club de la Bota y de todo el universo del poeta desde 1952.[1150]

A partir de aquel año, siempre que estaba en Chile, invitaba a sus amigos a la fiesta de fin de año en *La Sebastiana* para observar los fuegos artificiales sobre la bahía de Valparaíso. Era su casa más festiva. *La Chascona* la utilizaba para atender las obligaciones de la capital. E Isla Negra, frente al mar, era su morada cotidiana, donde le gustaba concentrarse en la escritura y seguir el paso de los días.

1148. *La Nación*. Santiago de Chile, 28 de marzo de 1965, pp. 2-3.
1149. Vial, p. 25.
1150. Hamel, Teresa: «Imágenes de la memoria». *Boletín de la Fundación Pablo Neruda*. Santiago de Chile, invierno de 1990, pp. 2-7.

En 1961, Losada publicó *Las piedras de Chile*, un libro con treinta y tres poemas de Neruda y cincuenta y dos fotografías de Antonio Quintana. «Deber de los poetas es cantar con sus pueblos y dar al hombre lo que es del hombre: sueño y amor, luz y noche, razón y desvarío. Pero no olvidemos las piedras! No olvidemos los tácitos castillos, los erizados, redondos regalos del planeta», proclamó en sus palabras preliminares. El libro llegó a Chile a principios de 1962. En la reseña que escribió en aquellos días, Hernán Loyola subrayó la «conexión» entre los poemas y las fotografías, «un caso ejemplar de simbiosis artística» y la capacidad para convertir en material poético incluso las formaciones rocosas de su patria. «El poeta y el fotógrafo realizaron un trabajo coordinado de colaboración, previamente planificado, conscientes de que sus respectivos esfuerzos habrían de integrarse en una unidad superior». En estos poemas, cantó al roquerío de la costa chilena, tema que ya había abordado «fugazmente» en el poema «Las piedras de la orilla» de *Canto general*. «En algunos de sus poemas la fantasía de Neruda diseña, con pinceladas solemnes o graciosas, la historia o el personaje que cada roca le sugiere», como sucede en «Buey», «El león», «El marinero muerto». «En otros casos, y en una dimensión más profunda, apunta de nuevo esa conexión hombre-naturaleza que en *Canto general* operaba como base para una concepción épica del devenir americano».[1151]

El 12 de noviembre de 1961 el Partido Comunista organizó en el Teatro Caupolicán un acto de «homenaje» a la Unión Soviética con motivo del cuadragésimo cuarto aniversario de la Revolución de Octubre. Su dirección le encomendó la intervención central y expuso una crítica dura del estalinismo, en un discurso larguísimo en el que habló de Cuba, Estados Unidos, Albania y Venezuela: «El Vigésimo Congreso nos reveló a todos una parte dramática de la verdad. En su marcha ascensional, Stalin fue haciendo tabla rasa de los principios colectivos. Llegó a considerarse a través de un inexcusable culto a su persona como una especie de dios viviente. Una pandilla feroz, encabezada por Beria, aprovechó del culto personal en favor de sus propias ambiciones, y es así como en

1151. *El Siglo*. Santiago de Chile, 18 de febrero de 1962. *Suplemento*, p. 2.

nombre de la patria soviética fueron sacrificados muchos hombres y mujeres inocentes, muchos de ellos miembros del partido». Señaló que el PCUS había desterrado «para siempre» toda posibilidad de renovación de semejante abuso de poder y leyó su poema «Crónica rimada para una bomba de 50 megatones» y uno de Maiakoski para proclamar con convicción: «Nadie detendrá a la humanidad en el camino hacia el comunismo».[1152]

En noviembre, Losada lanzó *Cantos ceremoniales*, que se abre con el poema autobiográfico «El sobrino de Occidente», versos en los que evocó su infancia y el mundo que le descubrió un libro singular, *Simbad el marino*, cuando tenía quince años. En su parte siguiente, «La insepulta de Paita», reivindicó la memoria de Manuelita Sáenz, la amante de Simón Bolívar. Incluyó también en esta obra «Elegía de Cádiz» y «Cataclismo».[1153]

El 6 de enero de 1962 envió una carta a Marcos Ana, quien acababa de salir de las cárceles franquistas después de veintitrés años ininterrumpidos. Militante comunista, Fernando Macarro empezó a escribir versos para combatir la extrema dureza de la prisión y adoptó como seudónimo los nombres de sus padres. «Quiero enviarte, Marcos Ana, algunas palabras, y qué poca cosa son, qué débiles las siento cuando se enfrentan a tu largo cautiverio, qué poca y pequeña luz para la sombra de España! Desde aquellos días en que perdimos —los pueblos y los poetas— la guerra, perdimos también todos gran parte de la poesía y muchos perdieron o la vida o la libertad. [...] Te recibimos en la ardiente poesía militante que seguirá peleando porque no solo tiene palabras sino sangre».[1154] «Su lectura me emocionó profundamente, a la vez que me llenó de confusión porque sus palabras y sus esperanzas desbordaban con mucho mis modestas dimensiones personales», ha escrito este joven poeta de 95 años en su bellísimo libro de memorias.[1155]

Entre el 16 de enero y el 1 de junio publicó, con el título «Las vidas del poeta», diez relatos autobiográficos en la revista brasileña

---

1152. *El Siglo*. Santiago de Chile, 13 de noviembre de 1961, pp. 4-5.
1153. Suárez, pp. 199-200.
1154. *El Siglo*. Santiago de Chile, 25 de febrero de 1962, p. 2.
1155. Ana, Marcos: *Decidme cómo es un árbol. Memoria de la prisión y de la vida*. Umbriel-Tabla Rasa. Barcelona, 2007, p. 215.

O'Cruzeiro Internacional, que serían la base para la redacción en los últimos años de su vida de su libro de memorias. Esta revista, de gran tirada, se vendía en toda América y competía con la estadounidense *Life*, que tenía una edición en español.

El 16 de marzo leyó su poema «El pueblo» ante el XII Congreso Nacional del Partido Comunista, que le reeligió como miembro de su Comité Central,[1156] y el 30 de marzo, la Facultad de Filosofía y Educación de la Universidad de Chile, en sesión pública celebrada en el Salón de Honor, presidida por el rector Juan Gómez Millas y el decano de la Facultad, Eugenio González, le nombró miembro académico «en reconocimiento a su vasta labor poética de categoría universal». Nicanor Parra, profesor de esta Facultad, pronunció el discurso de recepción, que inició con estas palabras: «Señoras y señores, yo no soy un nerudista improvisado. El tema Neruda me atrae vigorosamente desde que tengo uso de razón, no hay día que no piense una vez en él por lo menos...».[1157] En aquella ceremonia Neruda pronunció su discurso «Mariano Latorre, Pedro Prado y mi propia sombra».[1158]

1156. Véase su intervención ante el XII Congreso del Partido Comunista de Chile en: Neruda, Pablo: «Los héroes nuevos de América». *El Siglo*. Santiago de Chile, 17 de marzo de 1962, pp. 6-7.

1157. *Boletín de la Universidad de Chile*, n.º 28. Santiago de Chile, abril de 1962, p. 70. Marlene Gottlieb ha analizado ambos discursos como una pugna entre «el poeta» y «el antipoeta» en: *Pablo Neruda and Nicanor Parra face to face: A bilingual and critical edition of their speeches on the ocasión of Neruda's appointment to the Faculty of the University of Chile* (The Edwin Mellen Press, 1997). Pérez López, María Ángeles: «Revisión bibliográfica sobre Pablo Neruda. Última década». *Ínsula*, n.º 690. Madrid, junio de 2004, pp. 15-18. Número dedicado a Pablo Neruda con motivo de su centenario.

1158. Neruda, Pablo: «Mariano Latorre, Pedro Prado y mi propia sombra». *Pablo Neruda. Nicanor Parra. Discursos,* pp. 49-88. Tres meses después, en un artículo para *Pravda*, escribió sobre Nicanor Parra: «Recientemente la Facultad de Filosofía y Educación de la Universidad de Chile me confirió el título de académico. En el acto en que se hizo el nombramiento habló sobre mí el poeta Nicanor Parra. A él se le podría considerar el líder de la corriente estética, un buscador del arte limpio. Sus poemas son extravagantes, pero se distinguen por su exclusiva maestría. Entonces este poeta, al pronunciar su discurso en presencia de las autoridades universitarias y frente a cerca de dos mil personas, habló de su renuncia a la literatura por la literatura, se declaró marxista-leninista y se comprometió, aunque tarde, a tomar la bandera de la poesía responsable y política. Así de enorme es la fuerza de atracción de las grandes ideas progresistas de nues-

El 20 de abril, la prensa soviética informó de su llegada a Moscú para participar en las sesiones del comité internacional del Premio Lenin (nueva denominación del Premio Stalin).[1159] El 5 de mayo aterrizó en Sofía por invitación del Comité de Amistad y Relaciones Culturales con el Extranjero y expresó a los periodistas el deseo de reunirse con los escritores búlgaros, además de pronunciar los previsibles elogios al más relevante de sus dirigentes: «Me encuentro en la patria de Gueorgui Dimitrov, una personalidad destacada del movimiento obrero y comunista internacional. Ahora en Chile los comunistas, socialistas y todas las fuerzas progresistas nos hemos unido bajo la inspiración de Gueorgui Dimitrov para luchar en un frente unido contra el imperialismo».[1160] Posteriormente, viajó a Italia, donde la editorial Sansoni lanzó una nueva traducción de su poesía por parte de Puccini, y ofreció recitales en Roma, Milán, Florencia y Nápoles.[1161]

El 5 de julio publicó en *Pravda* un alegato en favor de la paz. Ensalzó los ejemplos del poeta Nikolái Tíjonov y de Picasso y su Paloma de la Paz, así como la valentía de Bertrand Russell en su campaña contra las pruebas nucleares. «Quisiera decir algunas palabras sobre lo que junto con otras personas hago yo mismo. Mis versos y poemas que cantan a la paz y a la libertad de los pueblos los he declamado en muchas ciudades y capitales del continente americano. Los he recitado en cientos de plazas, en los mercados, escuelas, teatros y simplemente en las calles. Y yo vi y escuché cómo las personas, como un coro griego, abrazaban el ideal de la vida pacífica». «No tengo la menor duda de que la guerra sufrirá una derrota. Ella deberá ceder paso ante el gran movimiento que sumó a su seno conocimientos, conciencia y la actividad creadora de millones de personas».[1162] En la capital soviética participó en el Congreso Mundial por el Desarme General y la Paz. Su discurso, que recorrió las profundas injusticias que golpeaban a América Latina, culminó con una profecía optimista acerca del avance de las

tro siglo». Neruda, Pablo: «El poeta y la lucha del pueblo». *Pravda*. Moscú, 15 de julio de 1962.

1159. *Pravda*. Moscú, 20 de abril de 1962.

1160. Agencia Tass. Sofía, 5 de mayo de 1962.

1161. *El Siglo*. Santiago de Chile, 8 de julio de 1962, p. 2.

1162. Neruda, Pablo: «Movimiento poderoso». *Pravda*. Moscú, 5 de julio de 1962.

ideas revolucionarias en el mundo y de la propuesta de la Paz. «El hombre explora el cosmos y en esta exploración lo acompañan los más viejos sueños y las tremendas energías de las nuevas fuerzas descubiertas y desarrolladas».[1163]

A principios de octubre, el cónsul de Holanda, Richard Hendrick Sein, presentó una demanda ante el Tercer Juzgado Civil de Mayor Cuantía de Santiago de Chile en nombre de María Antonia Hagenaar, quien solicitó el pago mensual, como pensión alimenticia, del 20% de sus ingresos. Su abogado argumentó que el poeta percibía una pensión anual como ex senador de ocho millones de pesos y trescientos mil pesos mensuales por sus derechos de autor, mientras que ella vivía en la pobreza.[1164] Posiblemente, entonces evocó aquel verso del poema «Itinerarios», de *Estravagario*, en el que se preguntó: «¿Para qué me casé en Batavia?».

En aquellos días regresó a Chile después de seis meses y en Isla Negra recibió a un periodista, a quien comentó la reciente publicación de su nuevo libro, *Plenos poderes*, por parte de la editorial Losada. Se trataba de un volumen de poesía cotidiana, íntima y subjetiva que partía con «Deber del poeta» e incluía también «A La Sebastiana», «Oda a Acario Cotapos» o «El pueblo», que, en opinión de Eulogio Suárez, es uno de los mejores exponentes de su poesía política.[1165] Explicó también al enviado de *El Siglo* su viaje a Bulgaria, los maravillosos paisajes del Cáucaso que había disfrutado y su retorno a Capri, «la isla más hermosa del mundo», y elogió la poesía y la actitud del poeta soviético Evgueni Evtuchenko en su reciente viaje por Francia, Inglaterra y Estados Unidos.[1166]

El 12 de octubre, en el Teatro Caupolicán, ofreció una larguísima conferencia sobre la situación política nacional e internacional y al final concluyó con la lectura de su poema «Oda a las aves de Chile».[1167] Desde entonces, cada año su nombre apareció en la prensa nacional e internacional como candidato al Premio Nobel. En aquella ocasión sonaron también el israelí Martin Buber, Gra-

1163. Neruda, Pablo: «El continente de la esperanza». *Pravda*. Moscú, 12 de julio de 1962.

1164. *El Diario Ilustrado*. Santiago de Chile, 5 de octubre de 1962, p. 2.

1165. Suárez, pp. 205-206.

1166. *El Siglo*. Santiago de Chile, 7 de octubre de 1962, p. 20.

1167. Neruda, Pablo: «Con los católicos hacia la paz». *El Siglo*. Santiago de Chile, 14 de octubre de 1962, pp. 14-17.

ham Greene, Robert Graves, Aldous Huxley o John Steinbeck, quien fue el galardonado.[1168]

Eran los días de la «crisis de los misiles» en Cuba, que situó al mundo al borde de una guerra nuclear. El poeta envió al presidente Jorge Alessandri una extensa carta abierta en la que citó el ejemplo de cordura y neutralidad brindado por el papa Juan XXIII y ensalzó de nuevo la Revolución Cubana y a Fidel Castro. «Cuba tiene derecho a defenderse. El señor Kennedy ha repetido cincuenta veces que desea aniquilarla. ¡Y Chile se ha puesto del lado de los aniquiladores!».[1169]

Pronto la izquierda empezó a preparar el desafío de las elecciones presidenciales de 1964 con esperanzas de victoria. En junio de 1963, en un pleno del Comité Central del Partido Comunista, Neruda llamó a la unidad con Salvador Allende contra Julio Durán, candidato del Partido Radical y de la derecha, quien había designado a Gabriel González Videla como «generalísimo» de su campaña. «¡Todo Chile contra Durán! ¡Todo el país de pie para elegir a Salvador Allende!». Y rindió homenaje a su amigo Nazim Hikmet, recientemente fallecido, para quien solicitó un minuto de silencio.[1170]

1168. *Las Noticias de Última Hora*. Santiago de Chile, 15 de octubre de 1962, p. 16.

1169. Neruda, Pablo: «¿Por qué no consultó a Chile antes de comprometer nuestro destino nacional?». *El Siglo*. Santiago de Chile, 28 de octubre de 1962, pp. 12-13. En diciembre escribió sobre este conflicto en *Pravda*: «Cuando Estados Unidos una vez más trató de intervenir en Cuba arrastrándonos a todos a un conflicto internacional que traería consecuencias indescriptibles, los gobiernos latinoamericanos no se pusieron a pensar en la catástrofe de magnitudes cósmicas que esperaría al mundo, sino que se quedaron como paralíticos con la mano extendida. Por suerte la Unión Soviética dio pasos grandiosos para evitar esa catástrofe». Neruda, Pablo: «El color de Cuba». *Pravda*, 17 de diciembre de 1962.

1170. Y citó estas palabras de Nazim Hikmet: «El siglo XX ha conocido a un hombre nuevo. Se llama comunista. [...] Yo tengo fe en la victoria absoluta de la gran hermandad de todos los pueblos. Llegará un día en que el hombre no será explotado por su semejante, ni vivirá del trabajo ajeno en ninguna parte; los hombres no se matarán unos a los otros, desaparecerán las cárceles, los campos de concentración, los ejércitos, el paro forzoso, el hambre, las enfermedades incurables, la vejez prematura, el analfabetismo. Los hombres estarán juntos en todas partes y para todo y solo buscarán la soledad junto a la mejilla de la amada». *El Siglo*. Santiago de Chile, 9 de junio de 1963, p. 14.

En julio escribió para *Pravda* un perfil de Fidel Castro, quien entonces visitaba la Unión Soviética.[1171] Le llamó «gladiador» porque una tarde mirando, «con cierto aburrimiento», los tesoros etruscos, romanos y griegos del Museo de Pushkin en Moscú encontró una escultura milenaria que le recordó al comandante cubano: era un gladiador romano preparado para el combate. «Compañeros, les aconsejo ir a ver este retrato de Fidel Castro y desearle a ese gladiador pensativo, que se prepara a la lucha, buena suerte en el gran combate que dura todavía».

Aquel año también se publicó el primero de los dos libros de poesía de quien le acompañaba en sus jornadas cotidianas de trabajo. Homero Arce reunió sus versos en *Los íntimos metales*, que fue el único que Pablo Neruda ilustró. El poeta brasileño Thiago de Mello lo tradujo al portugués.[1172]

MARCOS ANA EN LIBERTAD

A fines de septiembre de 1963, Marcos Ana llegó a Chile después de visitar Brasil y Uruguay. Fue recibido como un héroe, como un símbolo de la larga lucha por la democracia en España por parte de la colonia de exiliados republicanos y la izquierda. La embajada franquista orquestó toda una campaña de difamaciones con la colaboración de *El Mercurio* y *El Diario Ilustrado*.

Para Marcos Ana, que *nació* como poeta en las cárceles junto a sus hermanos de lucha y sufrimiento, el deseo más intenso en Chile era conocer a Neruda. Después de una semana atendiendo todo tipo de invitaciones, por fin pudo desplazarse a Isla Negra. En sus memorias, ha descrito al detalle el abrazo fraternal que se dieron al conocerse, el inquieto océano de Isla Negra y la casa nerudiana, en cuyo jardín ya estaba instalada entonces la locomotora que hoy

1171. Fue reproducido en Chile: Neruda, Pablo: «Retrato del gladiador». *El Siglo*. Santiago de Chile, 28 de julio de 1963, p. 14.

1172. En 1967, Pablo Neruda, «que tenía el poder de un rey» (escribió Edmundo Concha), le «ordenó» que reuniera sus nuevos poemas en otro libro. Así nació *El árbol y otras hojas*, diseñado por Mauricio Amster y que obtuvo el Premio Municipal en 1968. Concha, Edmundo: «Homero Arce. La poesía viva de un poeta muerto». *Boletín de la Fundación Pablo Neruda*. Santiago de Chile, verano de 1990, pp. 26-28.

fotografían los turistas: «La casa parecía un barco encallado en el mar, su bandera y su pez flotando al viento. Por dentro era una exposición universal de recuerdos, llegados de todo el mundo».

Tomaron un refresco en la taberna, donde, conmovido, pudo leer en las vigas las inscripciones de los amigos muertos: Federico, Miguel... «Yo estaba un poco cohibido, pero la sencilla fraternidad de Pablo me hizo sentirme como al lado de un hermano. Muchos le veían como un poco distante, pero vivía cercano a todo, no era ajeno a nada y especialmente a las cosas más humanas. Como un dios inmóvil, su mirada cansada y opaca a veces, aparentemente ausente, ocultaba un fuego que subía de pronto a sus ojos, cuando algo especialmente le conmovía. Me pidió detalles sobre la muerte de Miguel Hernández [...]. Todo le interesaba, seguía viviendo con España en el corazón». Neruda se interesó por su largo cautiverio y su estado de salud, supo del homenaje que una noche los presos comunistas le rindieron en el penal de Burgos, se impuso del sufrimiento de sus familias y de sus dificultades para adaptarse a la libertad. Fue él, aquella noche de Isla Negra, quien le propuso que escribiera los recuerdos de sus años de cárcel y lucha...

El 29 de septiembre, en un acto del Partido Comunista en el Parque Bustamante, pronunció un discurso en el que dio la bienvenida a Marcos Ana y, surgida ya la ácida polémica chino-soviética que dividiría el movimiento comunista internacional, cerró filas en torno a la Unión Soviética y criticó el culto a la personalidad en China, que conducía «a los mismos trágicos pasos del pasado».[1173]

Como despedida, el Comité Chileno de Solidaridad con España y el Centro Republicano Español organizaron un acto en el Teatro Caupolicán el 12 de octubre. La embajada franquista logró que el Gobierno de Alessandri decretara su salida obligatoria tres días antes, pero la presión social logró anularlo. Centenares de personas no pudieron acceder al recinto y, entre consignas en favor de la democracia en España, la actriz María Maluenda leyó un mensaje de Neruda, quien no pudo asistir por una inoportuna gripe.

1173. Neruda, Pablo: «Bajo la máscara anticomunista». *El Siglo*. Santiago de Chile, 30 de septiembre de 1963, p. 7. Aquel discurso suyo, muy crítico con el maoísmo, indignó al representante comercial de China. A ello se refirió en este artículo publicado meses después en el que reprodujo numerosos pasajes: Neruda, Pablo: «Sobre una flor de loto». *Pravda*. Moscú, 19 de abril de 1964, p. 5.

«Marcos Ana, nos haces un honor al cruzar nuestros caminos, conocer a nuestra gente, hablar en nuestras ciudades, participar de la rápida primavera que, como tú, nos visita en este mes de octubre. Estamos todos contentos de que aquí se escuche tu victoriosa poesía. Estamos orgullosos de que respires la libertad de Chile...».[1174]

LOS TENTÁCULOS DE LA CIA

A mediados de octubre recibió en Isla Negra a Ligeia Balladares, quien le preguntó si creía que aquel año obtendría el galardón de la Academia Sueca. «Se habla mucho del Premio Nobel y se ha convertido en un mito. Yo espero poder escribir tranquilo sin estar obsesionado por él. A cuantos piensen que lo merezco, ya con eso me lo han dado. ¡Muchas gracias!». Al revisar la situación literaria de Chile, fue muy crítico con Hernán Díaz Arrieta, admirador de su obra poética, pero anticomunista contumaz: «Nuestro mayor crítico literario, Alone, se ha convertido en un político medieval».[1175]

La periodista le pidió que caracterizara su poesía. «No puedo hacer una definición de ella. Yo he vivido y he escrito. Mi poesía se confunde con mi vida». A punto de cumplir sesenta años, después de una existencia sin duda azarosa, sentía que había alcanzado un cierto sosiego: «No tengo ambiciones. Uno va viviendo con todo lo que antes se ha vivido, con un sentido de mayor madurez. He vivido en tantas partes, pero estoy bastante feliz en Isla Negra, mirando las viejas y las nuevas olas. Puedo trabajar; Matilde me acompaña y no hay teléfono. Todo se junta para hacerme feliz».[1176]

Él mismo escribió en aquellos días un texto muy irónico: «Cuando por la radio dijeron, repitiéndolo varias veces, que mi nombre se discutía entre los otros candidatos al Premio Nobel de Literatura, Matilde y yo pusimos en práctica el Plan n.º 3 de Defensa Doméstica. Pusimos un candado grande en el viejo portón de

---

1174. Ana, pp. 298-320.

1175. En abril, en Caracas, Alone había declarado su oposición al «comunismo de Neruda» para de inmediato asegurar que era «el poeta más excelso de la actualidad». «Todos los poetas chilenos, sudamericanos y aun españoles del momento están sofocados por su obra». *El Siglo*. Santiago de Chile, 7 de abril de 1963, p. 2.

1176. *Flash*. Santiago de Chile, 18 de octubre de 1963, p. 13.

Isla Negra y nos pertrechamos de alimentos y vino tinto. Agregué algunas novelas policiales de Simenon a estas perspectivas de enclaustramiento». Finalmente, la radio anunció el fallo de Estocolmo y pudieron retirar el candado del acceso «para que todo el mundo siga entrando sin llamar a las puertas de mi casa, sin anunciarse». Como hacía la primavera de Isla Negra, cuyo esplendor describió en aquel artículo.[1177]

Efectivamente, en 1963 fue «finalista» del Premio Nobel. Según reveló el diario sueco *Svenska Dagbladet*, que accedió a las anotaciones del secretario permanente de la Academia Sueca en aquel momento, Anders Österling, su militancia comunista pesó en la votación final, que se inclinó en favor del griego Giorgos Seferis. Con el tiempo ha podido confirmarse cómo la CIA operó en los años 60 para impedir que conquistara el galardón literario de mayor prestigio universal. Ya en diciembre de 1963, Luis Alberto Mansilla publicó un extenso reportaje en el que demostró aquellas maniobras a partir de las publicaciones que evidentemente financiaba esta agencia estadounidense.[1178] Por ejemplo, la publicación *Este & Oeste*, editada por la Asociación de Estudios e Informaciones Políticas Internacionales, con sede en París, difundió masivamente en mayo de aquel año una carta abierta a la Academia Sueca escrita por el uruguayo Ricardo Paseyro, quien recordó los versos que había dedicado a Stalin e incluso lo vinculó con el asesinato de Trotsky por haber otorgado aquel visado a Siqueiros en abril de 1941 en México.

Paseyro había sido militante comunista y conoció a Neruda en abril de 1949 en París, en el Congreso Mundial de Partidarios de la Paz. Pronto viró hacia las posiciones más retrógradas, se vinculó a los grupos derechistas más reaccionarios de España y Francia, donde se asentó en 1951, y agredió sin descanso a Neruda. En 1958, publicó con un editor madrileño su ensayo *La palabra muerta de Pablo Neruda* y en los años 60 combatió desde artículos de prensa o intervenciones radiales en Francia la posible concesión del Premio Nobel.[1179]

1177. Neruda, Pablo: «La primavera en la costa chilena. El Premio Nobel en Isla Negra». *El Siglo*. Santiago de Chile, 24 de noviembre de 1963, p. 3.

1178. *El Siglo*. Santiago de Chile, 15 de diciembre de 1963, pp. 1 y 3.

1179. Cariz, Mélina: «Ricardo Paseyro, el profesional». *Nerudiana*, n.º 7. Santiago de Chile, agosto de 2009, pp. 26-29.

Hace más de una década, Frances Stonor Saunders ya iluminó el frente cultural de la Guerra Fría y demostró cómo la CIA maniobró contra Neruda.[1180] Recientemente, Olga Glondys ha corroborado que desde 1962, cuando empezó a sonar su nombre como candidato al Premio Nobel, el Congreso por la Libertad de la Cultura (CLC) actuó contra él. «Durante todo el nefasto periodo de la Guerra Fría, se promocionó o condenó a escritores, artistas o intelectuales, no en razón de su talento o el valor de su obra, sino desde el punto de vista de su orientación ideológica o estratégica», apunta Glondys. «En el caso del CLC, un ejemplo extremo de una intervención de este estilo constituye la operación anti-Neruda [...] desarrollada durante años y en ella participó también *Cuadernos*, con artículos de Gorkin y Ricardo Paseyro».[1181]

En Suecia, su poesía ya era conocida por las traducciones de Artur Lundkvist y Sun Axelsson. Además, en 1962 Lundkvist publicó un importante artículo sobre su vida y su obra en *Bonniers Litterara Magasin*, la principal revista literaria sueca.[1182]

1180. Stonor Saunders, Frances: *La CIA y la guerra fría cultural*. Debate. Madrid, 2001, pp. 486-488.

1181. Glondys, Olga: *La Guerra Fría cultural y el exilio republicano español. Cuadernos del Congreso por la Libertad de la Cultura (1953-1965)*. Consejo Superior de Investigaciones Científicas. Madrid, 2012, pp. 309-310.

1182. Traducido y publicado en español en: Lundkvist, Artur: «Neruda». *Boletín de la Universidad de Chile*, n.º 45. Santiago de Chile, diciembre de 1963, pp. 49-66.

11

Las primeras hojas del otoño

En 1964, Pablo Neruda conmemoró su sesenta aniversario con la publicación de otra de sus obras capitales, *Memorial de Isla Negra*, cinco volúmenes que constituyen más que una autobiografía poética. Representan también el intento de cerrar la crisis abierta en 1956 por la denuncia de los crímenes del estalinismo, según ha señalado Greg Dawes.[1183] En su quinto libro, *Sonata crítica*, incluyo un largo poema, «El episodio», que fue la reflexión más contundente de su poesía acerca de la adhesión al estalinismo y de su afirmación comunista. En el año del cuarto centenario del nacimiento de William Shakespeare, el Instituto de Teatro de la Universidad de Chile presentó un montaje de *Romeo y Julieta* a partir de su traducción del texto. En 1965, la concesión del Doctorado Honoris Causa de la Universidad de Oxford le otorgó el reconocimiento del mundo cultural anglosajón. En junio de 1966, participó en Nueva York en el Congreso Internacional del Pen Club, presidido por el dramaturgo Arthur Miller, y visitó también Washington y San Francisco, así como México y Perú, donde almorzó con el presidente Fernando Belaúnde. Semanas después, ciento cuarenta y siete intelectuales cubanos suscribieron una durísima crítica pública contra él, que tuvo un gran eco en América Latina y que le alejó para siempre de la isla, aunque no de la defensa pública de la Revolución. En el otoño de su vida recibió todo tipo de distinciones y premios literarios e incluso se atrevió con la escritura dramática: el 14 de octubre de 1967, el Instituto de Teatro de la Universi-

1183. Dawes, Greg: *Multiforme y comprometido. Neruda después de 1956*. RIL Editores. Santiago de Chile, 2014, p. 119.

dad de Chile estrenó su obra *Fulgor y muerte de Joaquín Murieta*, que en los años posteriores fue representada en Francia, Italia o Polonia.

MEMORIAL DE ISLA NEGRA

A principios de 1964 nació Vicente Lientur, hijo de Rubén Azócar y de la poetisa Práxedes Urrutia. Para festejar el acontecimiento, Neruda organizó una ceremonia de bautismo con agua de mar en la rocosa playa de Isla Negra a la que convocó a numerosos amigos, ya que, además, aquel día aprovecharían para conceder a la taberna de la casa el nombre de Alberto Rojas Giménez. «Él mismo decoró el acta bautismal de Vicente Lientur —explicó Rubén Azócar aquel mismo año—, que Homero Arce escribió sobre papel pergamino y que dice así: "En Isla Negra, provincia de Valparaíso, el día veintiséis de abril de 1964 nos reunimos en la Taberna Alberto Rojas Giménez y procedimos a bautizar con agua salada del océano Pacífico al nuevo aborigen Lientur, hijo de Azócar y de Urrutia, vecinos de La Reina, tierras del cacique Tobalaba. La sal del Gran Océano dará vigor y belleza al joven Lientur y lo hará digno de su aguerrido padre"». Entre quienes suscribieron aquel singular documento estaban, además de los progenitores, Matilde Urrutia, Thiago de Mello, Carlos Vassallo, Homero Arce, Laura Reyes, Juvencio Valle, Orlando Oyarzún, Diego Muñoz y él.[1184]

Aquel año, la Universidad de Chile decidió proponer su candidatura al Premio Nobel de Literatura. La iniciativa surgió del Instituto de Literatura Chilena, cuyo director, César Bunster, ensalzó la calidad y la universalidad de su obra: «Más de cuarenta años de labor poética ininterrumpida, con un ritmo de progresiva superación. Chilenidad trascendente, a la vez que universalidad de su obra. Su poesía ha conmovido la sensibilidad del hombre de todas las latitudes. Está traducida a todas las lenguas cultas del universo, hecho revelador de la sólida validez de su creación. [...] No obstan-

---

1184. *Aurora*, n.º 3-4. Santiago de Chile, julio-diciembre de 1964, pp. 213-218. Cuando falleció al año siguiente, Neruda le dedicó la elegía «Corona del archipiélago para Rubén Azócar».

te, su genio poético está lejos de agotarse».[1185] El 14 de julio, el rector, Eugenio González, dirigió un oficio al presidente de la Academia Sueca con la solicitud de que fuera considerado entre los aspirantes y el 6 de agosto pidió al presidente de la República, Jorge Alessandri, que avalara la postulación.[1186]

Con motivo de su sesenta aniversario, Losada publicó *Memorial de Isla Negra*, una obra integrada por cinco volúmenes escritos entre 1962 y 1964 y titulados *Donde nace la lluvia*, *La luna en el laberinto*, *El fuego cruel*, *Cazador de raíces* y *Sonata crítica*.[1187] En el día de su cumpleaños, Hernán Loyola estampó sus primeras impresiones: «No es la primera vez que Pablo Neruda hace un alto en su camino para mirar hacia atrás, para revisar y meditar y componer entonces una síntesis sumaria, un balance». Mencionó algunos poemas juveniles de los cuadernos que recientemente Laura Reyes le había mostrado, como «Estos quince años míos», «Sensación autobiográfica» o «El liceo». Y señaló que también compartían esa visión retrospectiva «Final», de *Crepusculario*, «Explico algunas cosas», de *España en el corazón*, «Reunión bajo las nuevas banderas», de *Tercera Residencia*, así como la última sección de *Canto general* («Yo soy»). Pero señaló que *Memorial de Isla Negra* era mucho más que una obra autobiográfica escrita en la madurez de su existencia: «No es solo la historia de una vida y de una poesía, sino la historia de una conciencia humana en su proceso de formación, de crecimiento y desarrollo, en sus orígenes, en su incorporación al mundo, en su vinculación cada vez más profundizada con la naturaleza de los objetos, con los hombres, con la cultura, con el movimiento de la historia, con el sentido del esfuerzo humano, con el impulso del hombre hacia la plenitud».[1188]

1185. *Anales de la Universidad de Chile*, n.º 131. Santiago de Chile, julio-septiembre de 1964, pp. 163-165.

1186. *Boletín del Instituto de Literatura Chilena*, n.º 7-8. Santiago de Chile, agosto de 1964, pp. 2-3.

1187. Del primer volumen, *Donde nace la lluvia*, el impresor italiano Alberto Tallone publicó en 1963 en Alpignano una importante y hermosa edición anterior titulada *Sumario. Libro donde nace la lluvia*. Loyola, Hernán: «Notas». *Pablo Neruda. Obras completas. II. De* Odas elementales *a* Memorial de Isla Negra. *1954-1964*, p. 1.398.

1188. Loyola, Hernán: «Primer encuentro con *Memorial de Isla Negra*». *El Siglo*. Santiago de Chile, 12 de julio de 1964, p. 7.

Memorial de Isla Negra incluye en su quinto volumen un largo poema titulado «El episodio», que fue la reflexión poética más profunda que realizó acerca de su compromiso con el comunismo después de la revelación de los crímenes de Stalin en febrero de 1956. Fue una revisión en toda regla de lo sucedido, como apuntan los sucesivos subtítulos del poema: «El gran silencio», «La tristeza», «El miedo», «No puede ser», «El terror», «Nosotros callábamos»... Fue una meditación descarnada, dramática, dolorosa que concluyó en una reafirmación solemne, al cumplir sesenta años, de su adscripción política, bellamente cantada en «Los comunistas» o en «No me rindo», a pesar de que «la estrella fue tergiversada / por la luna sombría del eclipse».[1189] Cinco años después, en el poema «El culto (II)» de *Fin de mundo*, trazaría un durísimo perfil de Stalin.

EN *EL MERCURIO* Y EN *PRAVDA*

Con motivo de su sesenta aniversario, la Casa Central de la Universidad de Chile presentó una nueva y amplísima exposición bibliográfica con más de cuatrocientos títulos de las ediciones de sus obras procedentes de decenas de países. Y el poeta recibió saludos de Rafael Alberti y María Teresa León, Miguel Ángel Asturias, Salvatore Quasimodo, Artur Lundkvist, Gonzalo Losada, la Agrupación de Pobladores de Cautín, el Comité Polaco de la Paz, el Partido Comunista peruano, Zélia Gattai y Jorge Amado, Vicente Aleixandre, el Partido Comunista Argentino, Nicolás Guillén, el checo Norbert Fryd, el húngaro George Somivo, el cubano Roberto Fernández Retamar, Nicanor Parra, la Unión de Escritores de la URSS, Semión Kirsánov...[1190] Todos reconocían el valor de una obra poética a la que de manera natural había consagrado su vida. «Para mí, escribir poesía es como ver u oír, es algo inherente. Vivimos con mi compañera una vida sosegada, que yo mismo intranquilizo de vez en cuando», explicó al periodista Raúl Mellado.[1191]

1189. Farías, Víctor: «Neruda y Stalin». Loyola, Hernán (dir.): *Nerudiana 1995*. Asociación Internacional de Nerudistas. Sassari, 1995, pp. 224-241.

1190. *El Siglo*. Santiago de Chile, 19 de julio de 1964, pp. 2-3.

1191. *El Siglo*. Santiago de Chile, 12 de julio de 1964, p. 4.

El 12 de julio, el diario fundado por Lenin publicó una entrevista firmada por su corresponsal en Chile, V. Borovski, a quien había recibido en *La Sebastiana*. Hablaron de la intensa pugna que el democratacristiano Eduardo Frei y Salvador Allende mantenían para alcanzar La Moneda en las elecciones del próximo 4 de septiembre, conversaron de los nuevos poetas españoles («espero mucho de la joven poesía hispana, de la nueva generación de poetas y escritores españoles [...] son los herederos legales de las tradiciones de mis queridos amigos García Lorca y Alberti»), de la trascendencia de la Revolución Cubana («nosotros los latinoamericanos en el ejemplo de Cuba comprendimos el papel de la ayuda generosa de la URSS para los pueblos de este continente, así como para otras naciones») y de la excepcional acogida de sus versos en la Unión Soviética (en aquel momento se habían editado ya diecisiete libros suyos con una tirada total próxima al medio millón de ejemplares en ocho idiomas diferentes).[1192] «Me llega hasta lo más profundo del alma la forma fraternal y amistosa con que siempre me han recibido los soviéticos. [...] Una vez me contaron que un especialista en cohetes que derribó un avión espía norteamericano al preguntarle los periodistas qué autores leía, respondió: Maiakovski y Neruda. Mi corazón se llenó de orgullo puesto que eso significa que en la puntería del joven cohetero hay una parte de mi pequeño aporte. Estoy feliz de reconocerlo porque la defensa de la patria del socialismo significa para mí la defensa del futuro de la humanidad».[1193]

A propósito de su poesía y de su compromiso político, el diario del Partido Comunista y el principal periódico de la derecha cruzaron sus espadas desde las respectivas columnas editoriales. «Pablo Neruda cumple hoy 60 años. Su poesía es uno de los mejores patrimonios de Chile y una de las más altas del universo. Dondequiera uno vaya, su nombre es pronunciado con respeto, ha sido editado en todos los idiomas, tiene discípulos en toda la Tierra, es amado por las multitudes. Todo su genio lo ha puesto al servicio de las mejores causas del hombre. Su poesía es combatiente y militante», proclamó *El Siglo*. «Es un comunista, es decir, un soldado del más alto humanismo de nuestro tiempo. Es imposible separar la monu-

---

1192. *El Siglo*. Santiago de Chile, 2 de agosto de 1964, p. 2.
1193. *Pravda*. Moscú, 12 de julio de 1964.

mental poesía de Neruda de su condición de comunista».[1194] Al día siguiente, *El Mercurio* admitió que era uno de los grandes poetas de «la primera mitad del siglo», pero desligó su significación literaria de su opción política y censuró que su aniversario fuera utilizado en la «propaganda» comunista y allendista.[1195] El 25 de julio, el diario de la familia Edwards volvió a arremeter contra el poeta y reiteró que «los errores y caídas de su producción artística obedecían a las concesiones hechas al comunismo».[1196]

El 18 de julio el Partido Comunista organizó un almuerzo en su sede de la calle Teatinos número 416, al que asistieron todos los miembros del Comité Central y las principales personalidades de la izquierda, incluido Salvador Allende.[1197] El 21 de julio senadores de todos los partidos, a excepción del Conservador Unido, le rindieron homenaje en el Senado.[1198]

Los actos con motivo de su sesenta cumpleaños concluyeron con un ciclo de conferencias, «La creación poética de Pablo Neruda», auspiciado por la Biblioteca Nacional y que tuvo lugar entre el 7 de agosto y el 3 de septiembre, con la participación de Fernando Alegría, Mario Rodríguez Fernández, Hernán Loyola, Hugo Montes, Nelson Osorio, Luis Sánchez Latorre, Manuel Rojas, Jaime Giordano, Federico Schopf, Volodia Teitelboim y Diego Muñoz.[1199] En la inauguración, el poeta expuso varios planteamientos acerca de su obra en su disertación «Algunas reflexiones improvisadas sobre mis trabajos».[1200]

En 1964, por tercera vez *allendeó* (según el verbo que él mismo inventara) por todo Chile. A principios de agosto, recorrió el territorio de su infancia, la provincia de Cautín, una de las que menos votos aportaba a la izquierda. El domingo 9 participó en una gran

1194. *El Siglo*. Santiago de Chile, 12 de julio de 1964, p. 14.

1195. *El Mercurio*. Santiago de Chile, 13 de julio de 1964, p. 3. Al día siguiente, el diario del PC respondió con otro comentario editorial: «Neruda comunista». *El Siglo*. Santiago de Chile, 14 de julio de 1964, p. 2.

1196. *El Mercurio*. Santiago de Chile, 25 de julio de 1964, p. 3. Tres días después, se publicó la respuesta del poeta a este comentario editorial: *El Siglo*. Santiago de Chile, 28 de julio de 1964, p. 7.

1197. *El Siglo*. Santiago de Chile, 21 de julio de 1964, p. 5.

1198. *El Siglo*. Santiago de Chile, 23 de julio de 1964, p. 3.

1199. *El Siglo*. Santiago de Chile, 9 de agosto de 1964, p. 16.

1200. *Mapocho*, n.º 3. Santiago de Chile, 1964, pp. 179-182.

concentración en el estadio municipal de Temuco y por la tarde ofreció un recital en Lautaro. Al día siguiente emprendió camino hacia la costa, hacia Nueva Imperial y Carahue, y el martes se dirigió al sur: Loncoche, Villarrica y Pitrufquén. De regreso en Santiago, el sábado 15 por la tarde intervino en la inauguración de un gigantesco mural en Quinta Normal.[1201]

Precisamente, destacó como «el fruto más extraordinario» de aquella campaña presidencial de la izquierda la irrupción de las agrupaciones muralistas, singularmente, aunque no la citó, de la Brigada Ramona Parra de las Juventudes Comunistas. Su sensibilidad captó la importancia de un movimiento artístico que reflejaba en las paredes y muros del país la historia, las propuestas y los anhelos de las capas populares. «Lo más importante que ha producido este volcamiento de los artistas hacia Allende es el movimiento muralista, que tiene una fuerza asombrosa. Se han revelado auténticos e importantes valores desconocidos, los artistas que nunca habían realizado murales han aprendido a crearlos y han tomado con fervor esta nueva expresión. Los murales han llevado la belleza del arte a los barrios más miserables, a los muros más abandonados». También anticipó el elevado número de votos que la izquierda obtendría y criticó la increíble campaña del terror contra Salvador Allende, que financiaron la CIA y algunas instituciones de Europa occidental.[1202] Con el apoyo de la derecha, el democratacristiano Eduardo Frei Montalva obtuvo una amplísima victoria sobre Allende, quien alcanzó el 38,9% de los votos.

Después de la elección del 4 de septiembre, recibió al periodista español Luis María Ansón en una velada vespertina frente al mar de Isla Negra compartida con Thiago de Mello, la argentina Alicia Eguren, Margarita Aguirre y Matilde Urrutia. «Entre los años más felices de mi vida están los que pasé en España. Viví en Madrid en una casa de Argüelles, frente a la que tuvo Pérez Galdós. ¿Sigue allí todavía? ¿Y a Galdós? ¿Leen los jóvenes a Galdós?», le preguntó. Conversaron sobre Miguel de Unamuno, Federico García Lorca, José Bergamín, José Ortega y Gasset, Luis Rosales, James Joyce, Albert Camus y Charles Baudelaire y el poeta se refi-

1201. *El Siglo*. Santiago de Chile, 15 de agosto de 1964, p. 7.
1202. *Vistazo*. Santiago de Chile, 31 de agosto de 1964, pp. 2-3.

rió a Leopoldo Panero «sin rencor». «Ha valido la pena el encuentro humano con Pablo Neruda. Él y San Juan de la Cruz son, tal vez, las dos cumbres de la poesía en lengua castellana...», escribió Ansón.[1203]

SHAKESPEARE, «EL PRÍNCIPE DE LA LUZ»

En 1964, la cultura universal conmemoró el cuarto centenario del nacimiento de William Shakespeare. «En cada época, un bardo asume la totalidad de los sueños y de la sabiduría: expresa el crecimiento, la expansión del mundo. Se llama una vez Alighieri, o Víctor Hugo, o Lope de Vega o Walt Whitman. Sobre todo, se llama Shakespeare», escribió el poeta, quien se confesó «viejo lector» de su poesía y señaló que aún conservaba el ejemplar de *Sonetos* que adquirió en la isla de Java. «En esta ocasión solemne me toca a mí abrir la puerta de los homenajes, levantando el telón para que aparezca su deslumbrante y pensativa figura. Y yo le diría a través de cuatro siglos: "Salud, príncipe de la luz!" [...] Y, más bajo, al oído, le diría también: "Gracias, compañero"».[1204] Su contribución a aquella efemérides fue la traducción de *Romeo y Julieta* para el Instituto de Teatro de la Universidad de Chile, un trabajo que postergó su producción poética durante algunos meses. «Pero lo tomé como un deber: el deber de nuestra poesía en la celebración de un gran poeta inglés que, a pesar de ser tan lejano en el tiempo, sigue siendo un gran poeta moderno».[1205] El 10 de octubre de aquel año, en el Teatro Antonio Varas, el Instituto de Teatro de la Universidad de Chile estrenó la obra *Romeo y Julieta*, con Diana Sanz y Marcelo Romo en los papeles protagonistas.[1206]

1203. *Abc.* Madrid, 8 de octubre de 1964.

1204. Neruda, Pablo: «Inaugurando el Año Shakespeare». *Anales de la Universidad de Chile*, n.º 129. Santiago de Chile, enero-marzo de 1964, pp. 5-18.

1205. *El Siglo.* Santiago de Chile, 18 de octubre de 1964, p. 8.

1206. La traducción de *Romeo y Julieta* junto con otras que realizó desde los años 20 ocupan casi doscientas páginas en el quinto volumen de la última edición de sus obras completas. Neruda tradujo textos de Rainer Maria Rilke, James Joyce, William Blake, Walt Whitman, Nazim Hikmet, Semión Kirsánov, Thiago de Mello, Charles Baudelaire, Evgueni Evtuchenko y William Shakespeare, entre otros.

«Fueron cinco meses de trabajo. Si de dificultades se trata, debo decirles que en la traducción las hay en cada línea. Con decirles que hasta hoy día hay algunos versos que nadie ha podido descifrar en estos cuatro siglos». Optó por traducir a Shakespeare en verso endecasílabo por considerarlo el más adecuado, pero esto significó otra dificultad: «Porque el endecasílabo tiene una cadencia y hay que dársela; si no, no hay poesía, sino prosa. Yo creo que es más sencillo traducir en prosa, pero es más infiel. Hay muchas traducciones en prosa de Shakespeare, especialmente de *Romeo y Julieta*. Pero son traducciones falsas, porque no solo se trata de traducir poesía, sino de una poesía llena de combinaciones sutiles, una poesía difícil y culterana, llena de pensamientos. Shakespeare se dirigía en cada obra a varios públicos a la vez y a las variadas clases sociales de su época dentro de la misma obra. De ahí que en ellas alterna la poesía preciosista, tipo Góngora, con las palabras más crudas del realismo cervantesco».[1207]

En el programa de la obra, escribió que *Romeo y Julieta* no era solo la historia de un amor absoluto, sino también un «doloroso y elevado» mensaje por la paz entre los seres humanos. «Lo he traducido con devoción para que las palabras de Shakespeare puedan comunicar a todos, en nuestro idioma, el fuego transparente que arde en ella sin consumirse desde hace siglos».[1208]

En diciembre, reflexionó en las páginas de *Pravda* acerca de los acontecimientos del último tiempo, del horizonte próximo y también sobre su propia existencia: «El año 1964 se llevó mi sexta década. Al comienzo de mi camino por la vida, yo, como todos los jóvenes, pensaba que no había que recorrer mucho. El sueño romántico de la juventud consistía en hacer algún acto heroico y morir». Repasó la situación de América Latina, con una referencia al Paraguay de Stroessner y a otras dictaduras, como la que los militares golpistas habían impuesto en Brasil el 31 de marzo, y celebró la restauración de las relaciones diplomáticas de Chile con la Unión Soviética. «Si me preguntan cuál es mi mayor deseo para este año nuevo, respondería: quiero solo una cosa, quiero que los enemigos dejen a Cuba en paz. Pero entiendo que evidentemente

1207. *El Siglo*. Santiago de Chile, 18 de octubre de 1964, p. 8.
1208. Valdovinos, Mario: «Neruda y el teatro». *Nerudiana*, n.º 9. Santiago de Chile, agosto de 2010, pp. 20-23.

este no será mi regalo de año nuevo. Los pueblos deben batallar y hacer que se respete la soberanía e independencia de la Isla de la Libertad».[1209]

EL BIRRETE DE OXFORD

El 27 de marzo de 1965, María Antonia Hagenaar falleció en La Haya. A diferencia de Albertina Azócar, Teresa Vásquez, Josie Bliss y Delia del Carril, no había merecido ningún poema en *Memorial de Isla Negra*. Tampoco Malva Marina. La eterna polémica mantenida desde 1943 a través del correo diplomático, su estruendosa aparición en Chile en marzo de 1948 y sus diversas acciones judiciales a lo largo de los años la apartaron para siempre de sus afectos.

En aquel momento, el poeta preparaba un nuevo viaje en barco a Europa ya que la Universidad de Oxford le había concedido su Doctorado Honoris Causa. Antes de partir, confesó a Sara Vial su alegría por la que sería su primera visita a Inglaterra, puesto que tenía una deuda cultural con este país al recordar sus años en Asia... y mencionarle también sus colecciones de pipas y grabados ingleses. «Allá leí a T. S. Eliot, a D. H. Lawrence. Yo tenía allá un amigo, pues vivía muy solo. No me había casado. Sobre todo en Ceylán estuve muy solo. Mi amigo inglés se llamaba Leonel Wendt y me mandaba sacos paperos llenos de libros ingleses». «Conozco las calles, el idioma inglés, las tabernas inglesas, leídas en Stevenson y en Dickens, y además conservé para siempre la costumbre de leer en inglés. Casi todo lo que leo es en inglés». También le explicó que, por primera vez desde 1938, un libro suyo sería publicado en España, pues la editorial Lumen preparaba *Una casa en la arena*, con fotografías de Sergio Larraín, que finalmente apareció en 1966.[1210]

En 1961, a propuesta del profesor Robert Pring-Mill, fue incluido en el prestigioso programa «Prescribed Author» de los estudios de literatura de la Universidad de Oxford, es decir, fue se-

1209. Neruda, Pablo: «Seguir luchando sin perder la esperanza». *Pravda*, 27 de diciembre de 1964.

1210. *La Nación*. Santiago de Chile, 28 de marzo de 1965, pp. 2-3.

leccionado como uno de los ocho autores en español entre los que los alumnos debían elegir a dos (uno del Siglo de Oro y uno moderno) para preparar un estudio crítico como parte de una asignatura especial.[1211] «A los estudiantes les apasionó Neruda», destacó Pring-Mill en 1993. «Fue como un descubrimiento que desbordó un cumplimiento de deberes. Empezaron a buscar todos los libros del poeta y a encargar a otros países los que jamás se habían editado o llegado a Inglaterra. Se me ocurrió una idea que significaba traer a Neruda a Oxford: otorgarle un doctorado de honor».[1212] El 21 de febrero de 1965 se conoció la decisión del Consejo Universitario de conceder su Doctorado Honoris Causa a Neruda, el primer latinoamericano en alcanzar esta distinción.[1213]

En abril, participó en Moscú en la reunión del jurado del Premio Lenin y asistió a los actos del Día Internacional del Trabajo en

1211. En 1965, la relación de los ocho autores en español la integraban Miguel de Cervantes, Pedro Calderón de la Barca, Fray Luis de León, Luis de Góngora, Benito Pérez Galdós, Leopoldo Alas Clarín, Miguel de Unamuno y Pablo Neruda. De los cuatro modernos, era el único poeta, el único latinoamericano y el único que obviamente estaba vivo. En los dos primeros cursos, los estudiantes de Oxford también estudiaban a Antonio Machado y Federico García Lorca y dejaban a Neruda para el último curso por la mayor complejidad de su desarrollo poético y de los conocimientos auxiliares que precisaban para entender su obra (su contexto histórico, su contexto geográfico y su contexto ideológico), según explicó Robert Pring-Mill en 1965. *Ercilla*. Santiago de Chile, 9 de junio de 1965, p. 16.

1212. Entrevista de Martín Ruiz a Robert Pring-Mill. *Boletín de la Fundación Pablo Neruda*, n.º 16. Santiago de Chile, otoño de 1993, pp. 46-50. Pring-Mill descubrió su poesía durante un viaje de estudios a Sudamérica en 1949, cuando de manera inopinada llegó hasta Chile y allí le regalaron sendos ejemplares de *Veinte poemas de amor y una canción desesperada* y de una edición clandestina de «Que despierte el leñador» impresa a mimeógrafo. En 1967, recorrió en automóvil toda América, desde Canadá hasta la Patagonia, para conocer el territorio, las gentes y las culturas cantadas por el poeta. Se convirtió en uno de los principales estudiosos de su vida y su obra y preparó una antología básica con un excelente estudio preliminar: Pring-Mill, Robert: *Pablo Neruda. A basic anthology*. The Dolphin Book. Valencia, 1975.

1213. Aquel mismo día Pring-Mill se dirigió al Foreign Office para garantizar que no tendría problemas para obtener el visado. El embajador británico en Chile, David Scott-Fox, también hizo gestiones en esa misma dirección. Quezada Vergara, Abraham: «La antesala del Premio Nobel: Neruda en Oxford». *El Mercurio*. Santiago de Chile, 28 de septiembre de 2008. Suplemento *Artes y Letras*, p. 23.

la Plaza Roja.[1214] El 27 de mayo, Matilde Urrutia y él aterrizaron en la capital británica, donde ofreció un recital en la Universidad de Londres. «Ayer en la noche, Pablo recibió la más estruendosa y prolongada ovación académica que nunca me ha tocado presenciar en los muchos años que llevo por estos lados. Fue un éxito excepcional y clamoroso que nos ha dejado a todos los chilenos que estuvimos presentes henchidos de orgullo y satisfacción», escribió el historiador Claudio Véliz.[1215] Después, se desplazaron en tren a Oxford, donde Pring-Mill y su esposa les acogieron en su casa de campo. «Durante la primera hora estuvo en silencio, como figura de granito, actitud habitual en él cuando no conocía bien a su interlocutor. Comenzó a mirar los libros, los cuadros y muchos "cachivaches" que tengo en casa; de pronto, mientras mi mujer y Matilde preparaban la comida, sacó de su bolsillo un manojo de ágatas de Isla Negra y dijo: "No le he traído nada más, porque pensé que sería lo que más le gustaría". Colocó en mis manos las ágatas y sonrió, perdió veinte años, se transformó. Fue el comienzo de una amistad. Yo había tenido un poco de temor antes de conocerlo, me encantaba su poesía, pero de ahí a encontrarme con este león de la literatura mundial era otra cosa...».[1216]

La entrega del Doctorado Honoris Causa tuvo lugar el 1 de junio a las cinco de la tarde en la Taylor Institution de esta universidad, nacida a fines del siglo XI. En una sala llena de estudiantes vestidos de rigurosos trajes oscuros, Neruda, tocado con el birrete

---

1214. Publicó un artículo en *Pravda* donde exaltó el Primero de Mayo. En la Plaza Roja, junto al Kremlin y la catedral de San Basilio, fue testigo privilegiado del desfile. «Ellos saben que aquí, en el primer país socialista de la historia, se celebra este día como una fiesta nacional y de gloria mundial. Las miradas y las sonrisas de los pueblos están dirigidas hoy hacia esta Plaza Roja. Porque todos saben que hoy, 1 de Mayo, el corazón del mundo late en la Plaza Roja, junto a las ancestrales paredes dorado-rojizas del Kremlin». Neruda, Pablo: «El corazón del mundo». *Pravda*. Moscú, 2 de mayo de 1965.

1215. *Ercilla*. Santiago de Chile, 9 de junio de 1965, p. 16. Abraham Quezada también ha compilado y estudiado la correspondencia que Véliz y Neruda mantuvieron en los años 60: Quezada Vergara, Abraham: *Pablo Neruda-Claudio Véliz. Correspondencia en el camino al Premio Nobel, 1963-1970*. DIBAM. Santiago de Chile, 2011. En su estudio preliminar, destaca el papel de Véliz en la concesión del Doctorado Honoris Causa de Oxford y en la preparación de aquel viaje.

1216. Poirot (1987), p. 170.

y la capa escarlata según el antiquísimo ritual, escuchó el panegírico pronunciado en latín por el «orador público» de la universidad y después recibió el diploma de manos del vicecanciller. Tuvo la precaución de someterse con gusto y extrema atención a todas las formalidades. «Me preocupaba en la ceremonia colocarme correctamente el birrete que me entregaron los catedráticos de Oxford. El ex primer ministro MacMillan, que también fue investido Doctor Honoris Causa, se puso el birrete al revés y se dice que se paseó por todo Oxford ante la risa contenida de quienes le vieron». Entre los invitados estaban el embajador chileno, Víctor Santa Cruz, Bertrand Russell (Premio Nobel de Literatura en 1950) y los aún desconocidos V. S. Naipaul (Premio Nobel de Literatura en 2001) y Paul Johnson (futuro historiador de prestigio mundial).[1217] El poeta pronunció un discurso de agradecimiento «bello y desusado» que «entusiasmó y emocionó a todos los que lo escucharon», rememoró Pring-Mill en 1993.[1218] Leyó también diez poemas, entre ellos «Lautaro», «Oda a la cebolla» y «Testamento de otoño».

Durante aquellas semanas pudo deleitarse conociendo distintos lugares de Inglaterra y percibir la inmensa popularidad de un conjunto de música que era ya, también, universal: «La juventud inglesa es bulliciosa, desprejuiciada, rebelde. Y está muy bien que así sea. Es conservador asustarse porque los jóvenes se dejen crecer el pelo o la barba y bailen desenfrenadamente. [...] Justifico que los Beatles sean populares y los reciban multitudes en todos los lugares. Cantan bien e interpretan el saludable desenfado y desprejuiciamiento de los jóvenes».[1219]

El 11 de junio ofreció una entrevista en los estudios de la BBC.[1220] En su despedida de Inglaterra, justo dos semanas después, brindó una lectura de sus poemas en la Canning House ante unas ciento treinta personas, con la asistencia de diplomáticos chilenos, mexicanos, cubanos, costarricenses y paraguayos. El direc-

1217. Quezada Vergara (2011), p. 35.

1218. Entrevista de Martín Ruiz a Robert Pring-Mill. *Boletín de la Fundación Pablo Neruda*, n.º 16. Santiago de Chile, otoño de 1993, pp. 46-50.

1219. *Portal*, n.º 2. Santiago de Chile, junio de 1966, pp. 12, 13 y 20.

1220. Puede leerse la transcripción de sus palabras y escucharse el audio en este enlace de la BBC: http://news.bbc.co.uk/hi/spanish/specials/2004/cien_anos_de_neruda/newsid_3866000/3866487.stm

tor adjunto de esta importante institución dedicada a las relaciones entre el Reino Unido y los países iberoamericanos, James Hunt, comentó a la prensa que sería «natural» que recibiera el Premio Nobel aquel año, aunque admitió que por presiones políticas aún pudiera pasar «algún tiempo».[1221]

LAS DELICIAS DE HUNGRÍA

El 26 de junio, Pablo Neruda y Matilde Urrutia partieron a Italia a fin de participar en el Festival de Poesía de Spoleto.[1222] Posteriormente, viajaron a Aviñón (Francia) para tomar parte en el Congreso Mundial del Pen Club. En Weimar (República Democrática Alemana), asistió junto con Marcos Ana a un acto con motivo del vigésimo aniversario de la victoria sobre el fascismo en la Segunda Guerra Mundial.[1223] En Helsinki, habló de Vietnam y de la invasión de la República Dominicana por tropas estadounidenses en abril de aquel año. «Los héroes vietnamitas defendiendo su independencia y su unidad nos recuerdan a los héroes de la España republicana luchando contra el fascismo. Ellos encarnan el heroísmo de nuestros días y no serán vencidos».[1224]

Después, con una escala en Moscú, viajaron a Budapest, donde el 23 de julio Janos Kadar, secretario general del Partido Socialista Obrero de Hungría, les recibió a Luis Corvalán y a él.[1225] Corvalán partió aquel mismo día, pero Neruda permaneció en este país hasta el 30 de agosto para cumplir un encargo singular junto con su amigo Miguel Ángel Asturias.[1226] Con el objetivo de fomentar el turismo, el Gobierno húngaro decidió difundir la excelente gastronomía nacional y por ese motivo la editorial Corvina de Budapest encargó a Neruda y Asturias escribir sobre ella. «Debo decir que Hungría es uno de los países en que mejor se come en el mundo. Hay platos que son manjares del paraíso», se-

1221. *El Mercurio*. Santiago de Chile, 27 de junio de 1965, p. 51.
1222. *Portal*, n.º 2. Santiago de Chile, junio de 1966, pp. 12, 13 y 20.
1223. *El Siglo*. Santiago de Chile, 18 de julio de 1965. *Suplemento*, p. 6.
1224. *El Siglo*. Santiago de Chile, 23 de julio de 1965, p. 5.
1225. Cable de la Agencia Tass. Budapest, 23 de julio de 1965.
1226. Cable de la Agencia Tass. Budapest, 31 de agosto de 1965.

ñaló Neruda en 1966.[1227] Les creían idóneos por poemas como la sabrosa «Oda al caldillo de congrio» nerudiana y por la descripción de las comidas guatemaltecas que Asturias volcó en *Hombres de maíz*.

Fue un trabajo relajado, placentero para dos amantes de la buena mesa, lleno de humor. *Comiendo en Hungría* fue publicado en 1966 por la editorial Corvina en una edición con traducción al inglés, francés, alemán, ruso y español, con hermosas ilustraciones de varios artistas magiares. «El libro está lleno de humor, exuberancia, fabulaciones, descripciones», señala Mansilla. Entonces no se vendió en las librerías, sino que circuló por los canales de las agencias turísticas. Ni siquiera llegó a las manos de los críticos literarios. Asturias escribió doce textos y el epílogo y Neruda aportó dieciocho en verso y en prosa, además del prólogo. Ambos ensalzaron la calidad de los vinos, sobre todo el Tokay, del *foie-gras*, de las carnes de caza...[1228]

Y disfrutaron también de unos días de descanso a orillas del lago Balatón y de los paseos por las calles de Budapest. Un día, en su hotel de la parte alta de la capital húngara recibió la visita de dos jóvenes científicos chilenos, Wladimir Hermosilla e Inés Rubio. En la terraza contemplaban uno de los puentes modernos que cruzaba el Danubio y de repente Neruda exclamó: «¡Qué maravilla, este puente es un violín de plata!». Los investigadores de la Universidad de Chile no pudieron más que reír al admitir: «Qué maravilla ser poeta, porque a nosotros, que lo cruzamos todos los días, solo nos viene decir "qué lindo el puente"».[1229]

SINAYAVSKY Y DANIEL

En septiembre, Matilde Urrutia y él permanecieron durante varias semanas en París, donde como casi siempre se alojaron en un hotel de la calle Huchette, en el Barrio Latino, y el poeta estableció

1227. *Portal*, n.º 2. Santiago de Chile, junio de 1966, pp. 12, 13 y 20.

1228. Mansilla, Luis Alberto: «Asturias y Neruda. *Comiendo en Hungría*». *Cuadernos de la Fundación Pablo Neruda*, n.º 38. Santiago de Chile, 1999, pp. 40-49.

1229. *Nerudiana*, n.º 8. Santiago de Chile, diciembre de 2009, p. 22.

su «cuartel general» en el café Saint-Séverin, en la esquina del bulevar Saint Michel.[1230] Desde la capital francesa envió un saludo al XIII Congreso de su partido, que le reeligió como uno de los cincuenta y cuatro miembros titulares de su Comité Central.[1231] En aquel otoño dio su primer recital en la República Federal Alemana, en el Auditorium Maximum de la Universidad de Hamburgo, cuyo aforo de mil ochocientos asientos se ocupó totalmente por primera vez para escuchar a un poeta. Leyó *Alturas de Macchu Picchu*, que recitó en alemán su traductor a este idioma, Rudolf Hagelstange.[1232] También estuvo en Bled, Yugoslavia, en otro congreso internacional del Pen Club. «Me hice nuevos amigos: Arthur Miller e Ivo Andric, entre otros. En el ánimo de todos quedó en claro que la literatura no puede participar de la Guerra Fría. Que el diálogo y la unidad de los escritores es posible», aseguró meses después.[1233]

De regreso en París, firmó ejemplares de sus obras en la Librairie Nouvelle. En noviembre, concedió sendas entrevistas para *L'Humanité*, el diario del Partido Comunista Francés, y la revista *Ercilla*. En este segundo caso, repasó sus viajes de los últimos meses y confesó una de sus aficiones: la novela policíaca y en concreto las obras de James Hadley Chase: «Porque, antes de nada, cuando comienza su novela, no sabe ni siquiera él mismo cómo va a terminar. Y, sobre todo, porque Chase tiene siempre un héroe de carne y hueso, un ser humano, que no es James Bond. Tiene a menudo mala suerte. Trata de evitar los obstáculos más imprevisibles. Es engañado a veces por su mujer y por su amante, pierde el empleo... Chase será un clásico de la novela policial "negra", porque ha sabido captar todas las debilidades del hombre y de los hombres».[1234]

1230. *Ercilla*. Santiago de Chile, 15 de diciembre de 1965, p. 33.

1231. *El Siglo*. Santiago de Chile, 12 de octubre de 1965, p. 9.

1232. *Las Noticias de Última Hora*. Santiago de Chile, 1 de noviembre de 1965, p. 11.

1233. *Portal*, n.º 2. Santiago de Chile, junio de 1966, pp. 12, 13 y 20.

1234. *Ercilla*. Santiago de Chile, 15 de diciembre de 1965, p. 33. En cuanto al cine, en 1970 explicó a Rita Guibert que sus películas favoritas eran *Milagro en Milán*, de Vittorio de Sica, y *La quimera del oro*, de Charles Chaplin. Amigos suyos como Luis Alberto Mansilla han relatado que le fascinaban también las películas de Cantinflas.

En diciembre, cruzaron el océano a bordo del buque *Louis Lumiere*, donde pronto corrió la noticia de que se encontraba a bordo y unos estudiantes le rogaron que leyera algunos poemas.[1235] Llegaron a *La Sebastiana* a tiempo para festejar el fin de año con los amigos y después se instalaron en Isla Negra.[1236] En aquellos días comentó que lo que más le había impresionado durante la última estancia en Europa había sido «su sentimiento de paz», el impacto de la guerra de Vietnam y de la invasión de la República Dominicana y el descrédito de la China maoísta. Respecto a la URSS, afirmó con optimismo: «Después de Stalin son evidentes estos cambios. Todo es más moderno, más libre: hay una gran actividad en todos los terrenos». Explicó que en Italia había asistido a la presentación de la edición bilingüe de *Memorial de Isla Negra* y manifestó su agrado por la elección como presidente del Pen Club Internacional de Arthur Miller, quien le había invitado al próximo Congreso, que se celebraría en su país. «Es un hombre progresista y un escritor de gran dignidad».[1237]

Poco duró el sosiego estival en Isla Negra. A principios de febrero, el Tribunal Supremo de la Federación Rusa condenó a los escritores Andrei P. Sinayavsky y Yuli M. Daniel a siete y cinco años de reclusión en «campos de trabajo forzado bajo régimen severo» por el «delito» de haber enviado parte de su producción literaria a países occidentales. «Se trata de dos escritores rusos que, utilizando seudónimos, escribieron obras y artículos de injusta crítica al sistema imperante en su país y los vendieron en el extranjero, sabiendo de antemano que serían utilizados como propaganda contra su patria. Por esta razón, han sido justamente castigados», justificó el agregado de prensa de la embajada soviética. «Por lo demás, los citados autores tuvieron la oportunidad de haber realizado sus críticas dentro de las mismas fronteras rusas, porque en la Unión Soviética existe actualmente amplia libertad de expresión. Circula en Rusia una revista al estilo de vuestro *Topaze*, de punzante sátira en sus caricaturas y artículos. Sus editores y periodistas no han sido jamás perseguidos ni encarcelados».

1235. *La Nación*. Santiago de Chile, 9 de enero de 1966, p. 4.
1236. *El Siglo*. Santiago de Chile, 4 de enero de 1966, p. 3.
1237. *El Siglo*. Santiago de Chile, 16 de enero de 1966, p. 8.

El coro de escritores y prensa derechistas embistió, como era previsible, contra Neruda. Hasta Isla Negra se desplazó un periodista de la revista *Siete Días*, pero el poeta evitó darle su opinión porque aseguró que todo lo que se conocía había sido difundido por «la prensa imperialista», que acostumbraba a tergiversar la realidad de la Unión Soviética. «Puedo hablarles de la represión a la libertad de expresión que significan los bombardeos yanquis sobre el Vietnam. De la represión a la libertad de expresión que significa la agresión a Santo Domingo. En Rusia, actualmente, existe libertad casi absoluta. Hay sí que considerar que la Unión Soviética ha realizado una revolución; y así como en Chile, a los cuarenta o cincuenta años de la independencia, no se habría permitido a un escritor nacional declarar sus simpatías por la monarquía española, también es lógico que en Rusia se adopten ciertas medidas precautorias contra quienes, a través de sus escritos, atenten contra el sistema establecido».[1238]

Al mismo tiempo, recibió en Isla Negra a los delegados extranjeros que asistían al V Congreso de las Juventudes Comunistas, que llegaron acompañados por su secretaria general, Gladys Marín, y el jovencísimo cantautor Ángel Parra.[1239] En marzo, el embajador checo le impuso la medalla de oro que le había otorgado la Sociedad Checoslovaca de Relaciones Internacionales.[1240] En abril, comentó para *Pravda* sus impresiones sobre el XXIII Congreso del PCUS, cuyo secretario general desde 1964 era Leonid Brézhnev. «La ideología de la URSS, su firmeza, su espíritu de paz y sus victorias constituyen una poderosa fuerza en movimiento que influye en las luchas de los pueblos y sus vidas en la actualidad. El informe del camarada Brezhnev, en el que se escucharon notas de seguridad y de una profunda convicción, indiscutiblemente influirá en gran medida en la política internacional. La fuerza de la URSS nos da fuerza y seguridad».[1241]

En mayo, visitó la embajada de Estados Unidos para solicitar un visado de entrada a fin de asistir al congreso internacional del

1238. *Siete Días*. Santiago de Chile, 18 de febrero de 1966, pp. 2-5.

1239. *El Siglo*. Santiago de Chile, 15 de febrero de 1966, p. 5.

1240. *El Siglo*. Santiago de Chile, 19 de marzo de 1966, p. 1.

1241. Neruda, Pablo: «Seguridad y convicción». *Pravda*. Moscú, 20 de abril de 1966.

Pen Club que tendría lugar en Nueva York entre el 12 y 18 de junio con este tema central: «El escritor como espíritu independiente». Estaba prevista la participación de más de quinientos escritores (entre ellos Alejo Carpentier, Ernesto Sábato, Juan Carlos Onetti, Nicanor Parra, John Updike, Victoria Ocampo, Mario Vargas Llosa, Carlos Fuentes o Emir Rodríguez Monegal) de cincuenta y tres países, incluidos la RDA, Hungría, Bulgaria, Checoslovaquia, Polonia y Yugoslavia, pero no la Unión Soviética.[1242]

NEPTUNO EN NUEVA YORK

En su crónica de aquel congreso del Pen Club, Carlos Fuentes destacó la participación estelar de Pablo Neruda y de Arthur Miller.[1243] Este escritor mexicano le había conocido cuatro años antes, en los encuentros literarios que el poeta Gonzalo Rojas organizaba en la Universidad de Concepción. «Neruda presidía como si acabase de salir del mar, un Neptuno en vacaciones. Patriarca de las tormentas, las apaciguaba con la lenta majestad de sus movimientos. La inteligencia irónica del ángel caído se disimulaba detrás de su mirada dormilona y sus párpados de tortuga...», evocó Fuentes en el año del centenario del poeta.[1244]

En Nueva York, Matilde Urrutia y Pablo Neruda se alojaron en el Fifth Avenue Hotel, de la Quinta Avenida, y aprovecharon los días anteriores al evento para recorrer varias librerías de viejo y tiendas de antigüedades, así como visitar Times Square, el Barrio Chino y el Greenwich Village.[1245] «Es una de las ciudades más impresionantes del mundo, una colmena que debiera ser visitada por lo menos alguna vez por todos los escritores. Fui a ver el puente de Brooklyn, que es uno de los monumentos

1242. *El Siglo*. Santiago de Chile, 2 de junio de 1966, p. 3.

1243. Fuentes, Carlos: «El PEN: Entierro de la *guerra fría* en la literatura». *Life en español*. Chicago, 1 de agosto de 1966, pp. 54-59.

1244. Fuentes, Carlos: «Tres encuentros con el Rey Midas». *El País*. Madrid, 11 de julio de 2004. Consultado en su edición digital: www.elpais.com. Véase también el capítulo sobre Neruda de su libro *Personas* (Alfaguara. Madrid, 2012).

1245. Quezada Vergara, Abraham: «Neruda-Nueva York-Naciones Unidas». *Diplomacia*, n.º 119. Santiago de Chile, abril-junio de 2009, pp. 89-92.

más maravillosos de nuestra época», expresó pocas semanas después.[1246]

Su recital más importante tuvo lugar el 11 de junio en el gran salón del Centro Poético de la Asociación Hebrea de Jóvenes. Al iniciar su intervención, cuando comentó en inglés que aquella mañana había leído un poema de Whitman contra la guerra, el auditorio le aclamó puesto en pie.[1247] «El público que llenaba las salas se puso de pie en un aplauso encendido. Sin saberlo, con las palabras del bardo Walt Whitman, había tocado el corazón acongojado del pueblo norteamericano. La destrucción de las aldeas indefensas, el napalm quemando poblaciones vietnamitas [...] fue palpable y visible para los que me escuchaban. Ojalá que así sean de perdurables mis versos...», recordaría dos meses después en Concepción.[1248] Presentado por Archibald MacLeish, varios poetas locales, entre ellos Ben Belitt, recitaron las traducciones de sus poemas, mientras que él los leía en español. «Vengo de Chile, donde ahora es invierno y las montañas están cubiertas de nieve, y todo está frío. Y llego aquí y me encuentro no solo con tiempo caluroso, sino con una calurosa sensación de amistad y con esta acogida que nunca esperaba...», dijo a la audiencia neoyorkina,[1249] que también ovacionó algunos de sus poemas que denunciaban la actuación de las transnacionales estadounidenses en América Latina, como la United Fruit Company.

Según la agencia soviética Tass, al recital asistieron más de dos mil personas y otras mil se quedaron fuera,[1250] entre ellos el profesor argentino Raúl H. Castagnino: «En dicho auditorio, en oportunidades anteriores, habían deleitado a los oyentes Robert Frost y Dylan Thomas, con recitales en inglés. No podía suponerse que el poeta chileno, leyendo en español, repitiera nada semejante. [...] La sala estuvo colmada, rebasó su capacidad y hubo que atender los reclamos del público que quedó fuera con altavoces y pantallas televisivas. El público vivió en goce y atención constante, tanto por el encanto de las poesías elegidas —especial-

1246. *El Siglo*. Santiago de Chile, 24 de julio de 1966. *Suplemento*, p. 8.
1247. *El Diario Ilustrado*. Santiago de Chile, 13 de junio de 1966, p. 7.
1248. *El Siglo*. Santiago de Chile, 28 de agosto de 1966, p. 2.
1249. *Life en español*. Chicago, 1 de agosto de 1966, pp. 60-61.
1250. Cable de la Agencia Tass. Nueva York, 14 de junio de 1966.

mente las de la juventud del poeta— como por el modo de decirlas y ofrecerlas».[1251]

De Nueva York viajó a Washington, donde visitó la Biblioteca del Congreso. Allí grabó la lectura de algunos de sus poemas para su archivo y pudo admirar una colección de manuscritos de Whitman.[1252] Posteriormente, llegó a San Francisco, invitado por la Universidad de Berkeley, donde se programó un recital en un lugar con capacidad para ochenta personas, pero tuvo que trasladarse al auditorio principal, que se llenó con más de dos mil. La juventud estadounidense, que protestaba contra la agresión militar de su país a Vietnam, le recibió y escuchó «como si fuera Walt Whitman», relató Fernando Alegría, testigo de aquel evento.[1253]

En su regreso a Chile, pasó, por última vez, por la capital mexicana. El 1 de julio presentó sus poemas en el auditorio de la Facultad de Ciencias de la Ciudad Universitaria, ante miles de estudiantes. Durante su corta estancia también se reunió con David Alfaro Siqueiros, quien le mostró sus nuevos murales de Cuernavaca y del castillo de Chapultepec, y juntos proyectaron un libro sobre la Escuela México de Chillán que no llegaría a realizarse.[1254]

Desde México, la agencia de noticias británica Reuter difundió un cable que aseguraba que Neruda se había «reconciliado» con Estados Unidos y que le habían tratado «magníficamente» durante su estancia en aquel país.[1255] El 4 de julio llegó a Lima, donde ofreció un recital en el Teatro Municipal con la lectura de *Alturas de Macchu Picchu*.[1256] A propuesta de la Asociación de Escritores Peruanos, fue condecorado con la Orden del Sol en el grado de Comendador, la distinción más importante de este país,

1251. Castagnino, Raúl H.: «La tarde en que Pablo Neruda conquistó New York». *Anales de la Universidad de Chile*, n.º 5. Santiago de Chile, agosto de 1984, pp. 237-240.

1252. *El Siglo*. Santiago de Chile, 22 de octubre de 1971, p. 9.

1253. *El Siglo*. Santiago de Chile, 2 de septiembre de 1966, p. 4.

1254. En 1968, Siqueiros ilustró con diez litografías una selección de poemas de *Canto general* traducidos al inglés por Ben Belitt con una tirada de doscientos treinta y cinco ejemplares. *Siqueiros ilustra el* Canto general *de Neruda*. Instituto Nacional de Bellas Artes. México DF, 1998.

1255. *El Mercurio*. Santiago de Chile, 1 de julio de 1966, p. 45.

1256. *El Siglo*. Santiago de Chile, 5 de julio de 1966, p. 6.

y almorzó con el presidente Fernando Belaúnde. Recibió el Doctorado Honoris Causa de la Universidad Nacional de Ingeniería y después se desplazó a Arequipa para leer sus poemas en el Teatro Municipal.[1257] El 11 de julio concluyó su estancia adquiriendo en una tienda de antigüedades de Lima un mascarón de proa de dos metros y ochenta centímetros que bautizó como *Guillermina*.[1258] A la una de la madrugada del día siguiente llegó al aeropuerto de Los Cerrillos, donde en medio de una lluvia torrencial y del frío invernal fue felicitado por su sesenta y dos cumpleaños.[1259]

El 15 de julio ofreció una conferencia de prensa en Santiago para aclarar el llamativo titular difundido por Reuter. «Yo no me puedo reconciliar con el pueblo norteamericano si no he peleado nunca con él. Y con quien no me puedo reconciliar es con esa parte de los Estados Unidos que no me gusta: con aquella que dicta y perpetra la política agresiva en Vietnam y en el Caribe. E igualmente, no me podría pelear nunca con esa parte democrática de los Estados Unidos, la que sigue la tradición de Lincoln, de Walt Whitman», afirmó ante unos cincuenta periodistas. Acompañado por Nicanor Parra, María Maluenda y Volodia Teitelboim, leyó una declaración de respuesta a un grupo de chilenos que le había criticado desde los micrófonos de Radio Habana, en Cuba.

Destacó después la importancia que concedía a su contacto con los escritores, los lectores, los estudiantes y el pueblo de Estados Unidos y que en el marco del congreso del Pen Club había participado junto con Mario Vargas Llosa, Carlos Fuentes, Juan Carlos Onetti, Ernesto Sábato y Nicanor Parra en una mesa redonda sobre América Latina y en debates con escritores de los países socialistas y con Arthur Miller. «Leí mis poemas líricos, antifascistas y antiimperialistas a vastas audiencias del pueblo norteamericano, mexicano y peruano». Asimismo, en aquella declaración reiteró su respeto por los intelectuales estadounidenses que rechazaban la política imperialista de su Gobierno y por la población afroamericana que defendía sus derechos y recordó que había enviado un fraternal saludo al Partido Comunista de

1257. *El Mercurio*. Santiago de Chile, 8 de julio de 1966, p. 37.
1258. *Las Noticias de Última Hora*. Santiago de Chile, 12 de julio de 1966, p. 15.
1259. *El Siglo*. Santiago de Chile, 13 de julio de 1966, p. 5.

Estados Unidos durante sus días en Nueva York. En cuanto a la Orden del Sol, criticada por ese grupo de chilenos desde Cuba porque Belaúnde había reprimido a las guerrillas, señaló que era un honor recibir la distinción creada por el libertador José de San Martín en 1819. «No abandonaré esta línea de lucha aunque esto disguste a numerosos enemigos y a algunos de mis amigos», concluyó.[1260]

Pero el asunto no había quedado, ni mucho menos, zanjado.

FUEGO AMIGO DESDE LA HABANA

El 31 de julio un grupo de ciento cuarenta y siete destacados intelectuales cubanos, encabezados por Alejo Carpentier, Nicolás Guillén, Juan Marinello, Félix Pita Rodríguez y Roberto Fernández Retamar, publicaron en *Granma* (el diario del Partido Comunista de Cuba) una carta abierta dirigida al poeta chileno en la que censuraban duramente las características de su viaje a Estados Unidos y su estancia posterior en Perú.[1261] Los intelectuales cubanos precisaban que no criticaban por principio su participación en el congreso del Pen Club, ni siquiera su desplazamiento a Estados Unidos, pero sí sus resultados. Remarcaban que, al permitir su entrada y la de otros connotados escritores de izquierda, el Gobierno de Lyndon Johnson había pretendido hacer olvidar los crímenes que perpetraban en Asia, África y América Latina «y, sobre todo, neutralizar la oposición creciente a su política entre estudiantes e intelectuales no solo latinoamericanos, sino de su propio país». Como actuación antagónica, ensalzaban la de Sartre: «Jean Paul Sartre rechazó, hace algún tiempo, una invitación a visitar los Estados Unidos para impedir ser utilizado y dar además una forma concreta a su repudio a la agresión norteamericana a Vietnam».

Señalaban también que de ningún modo podía hablarse de «coexistencia pacífica» o de fin de la Guerra Fría en cualquier campo tras la agresión imperialista al Congo, a República Dominicana, a Vietnam. «Para nosotros los latinoamericanos, para nosotros los

1260. *El Siglo*. Santiago de Chile, 16 de julio de 1966, p. 3.

1261. La carta estaba fechada el 25 de julio y aparecería también en el número 38 de la revista *Casa de las Américas*, de septiembre-octubre de 1966.

hombres del Tercer Mundo, el camino hacia la verdadera liquidación de la guerra (fría y caliente) pasa por las luchas de liberación nacional, pasa por las guerrillas, no por la imposible conciliación. [...] Somos revolucionarios. Creemos, con la Segunda Declaración de La Habana, que "el deber de un revolucionario es hacer la revolución"». Le planteaban como «prueba» de que su visita había sido provechosa para el imperialismo lo publicado en *Life en español*. «Que algunos calculadores se presten a ese papel, mediante prebendas directas o indirectas, es entreguismo, pero nada más. Pero que tú, grande de veras en la profunda y original tarea literaria y grande en la postura política; que un hombre insospechable de cortejar tales prebendas, pueda ser utilizado para esos fines lo creemos más que entristecedor: lo creemos grave y consideramos nuestro deber de compañeros el señalártelo».

Con mayor dureza, censuraron que hubiera aceptado la condecoración impuesta por Belaúnde y su «cordial» almuerzo con él. Y apuntaron donde más podía dolerle: «¿Qué habrías pensado tú, Pablo, el escritor de nuestra América, figura política de nuestra América, de que un escritor se hubiera prestado a que Gabriel González Videla lo condecorara y que departiera cordialmente con él, mientras tú estabas en el exilio?». «Se puede ir a Nueva York, desde luego, a Washington, si es necesario, pero a luchar, a plantear las cosas en nuestros propios términos, porque esta es nuestra hora y no podemos de ninguna manera renunciar a ella; no hablamos en nombre de un país ni de un círculo literario, hablamos en nombre de todos los pueblos de nuestra América, de todos los pueblos hambrientos y humillados del mundo».[1262]

El 1 de agosto, sin conocer el documento en su totalidad, Neruda remitió una carta de respuesta a estos intelectuales cubanos: «En Estados Unidos y en los demás países que visité mantuve mis ideas comunistas, mis principios inquebrantables y mi poesía revolucionaria. Tengo derecho a esperar y a reclamar de ustedes, que me conocen, que no abriguen ni difundan inadmisibles dudas a este respecto». No dudó en recalcar que aquella polémica trascendía su reciente actuación: «Por mi parte, tengo una inquietud más realista que la de ustedes por la forma en que se están tratando diferencias

---

1262. *Punto Final*, n.º 10. Santiago de Chile, primera quincena de agosto de 1966, pp. 20-22.

que van más allá de mi persona».[1263] Su misiva se publicó en Cuba el 7 de agosto y aquel mismo día ese grupo de intelectuales le respondió con una reafirmación de la censura, pero también con una reiteración de la invitación que le habían formulado para que visitara la isla en enero a fin de participar en un homenaje a Rubén Darío con motivo de su centenario.[1264]

Según Hernán Loyola, aquella controversia, que tuvo un gran eco en el continente, fue el episodio más amargo para Neruda en los últimos años de su existencia.[1265] Por ese motivo, decidió excluir *Canción de gesta* de sus obras completas de 1968, aunque sí autorizó ediciones como las publicadas en Uruguay en este mismo año y en 1970. En las ediciones póstumas, Matilde Urrutia incluyó su respuesta más cáustica, el poema «Juicio Final»,[1266] y en sus memorias el poeta también destiló su animosidad contra Alejo Carpentier o Nicolás Guillén.

En 1998, Roberto Fernández Retamar, uno de los cuatro redactores de la carta abierta, admitió que no obedeció a su viaje a Estados Unidos, sino a una decisión de la «dirección de la Revolución Cubana» para ganar posiciones en el debate que entonces dividía a la izquierda latinoamericana: la estrategia guerrillera o la posibilidad de aprovechar, en países como Chile o Uruguay, la democracia «burguesa» para conquistar el Gobierno y abrir paso al socialismo.[1267] En el período de la Tricontinental y de la Organización Latinoamericana de Solidaridad, el prestigio de Neruda serviría para otorgar una dimensión global a aquella discusión y fortalecer los planteamientos castristas. «La dirección de la Revolución Cubana estimó que la carta a Neruda, la razón de cuya existencia *no* fue el viaje de él a los Estados Unidos, podría ser un canal adecuado para la polémica, dado que a su altísimo rango como poeta,

1263. *El Siglo*. Santiago de Chile, 2 de agosto de 1966, p. 3. En aquellas semanas, el Partido Comunista le entregó la Medalla Luis Emilio Recabarren en un acto público, destinada a los militantes más destacados.

1264. *Punto Final*, n.° 10. Santiago de Chile, primera quincena de agosto de 1966, p. 23.

1265. *El Mercurio*. Santiago de Chile, 25 de marzo de 2007. Suplemento *Artes y Letras*.

1266. Loyola, Hernán: «1960-2010: el medio siglo de *Canción de gesta*». *Nerudiana*, n.° 10. Santiago de Chile, diciembre de 2010, pp. 20-22.

1267. Fernández Retamar (1998), pp. 127-128.

Neruda añadía su también alto rango político», escribió Fernández Retamar.

No contribuyó mucho a tal debate, pero desde luego sí a debilitar su influencia en la nueva poesía latinoamericana. Al calor de aquella polémica con una Revolución Cubana en la cima de su prestigio, poetas como el uruguayo Mario Benedetti, el chileno Enrique Lihn, el salvadoreño Roque Dalton o el argentino Juan Gelman manifestaron su distanciamiento respecto a Neruda y optaron por reivindicar a César Vallejo.[1268]

ARTE DE PÁJAROS

En 1965, el Consejo Universitario de la Universidad de Concepción acordó concederle un Premio Especial *Atenea* por toda su obra literaria y el 17 de agosto de 1966 tuvo lugar el acto académico de entrega en el auditorio de la Escuela de Educación. «Premiamos así a un poeta de extraordinaria valía, que honra nuestra tierra y le ha dado prestigio, y a una obra literaria original en muchísimos aspectos, variada y de altísima calidad, que dura casi medio siglo», afirmó el rector Ignacio González, quien recorrió en su discurso la trayectoria desde sus años en el liceo hasta *Memorial de Isla Negra*.[1269]

En el breve discurso de agradecimiento, Neruda evocó los azares de su existencia y resaltó los deberes del poeta: «Pero la vida y los libros, los viajes y la guerra, la bondad y la crueldad, la amistad y la amenaza, hicieron cambiar cien veces el traje de mi poesía. Me tocó vivir en todas las distancias y en todos los climas, me tocó padecer y amar como un hombre cualquiera de nuestro tiempo, amar y defender causas profundas, padecer los dolores míos y la condición humillada de los pueblos. Tal vez los deberes del poeta fueron siempre los mismos en la historia».[1270]

1268. Fernández, Teodosio: «Pablo Neruda frente a la Revolución Cubana». Barrera (ed.), pp. 87-105. Ejemplo de ello es este artículo: Benedetti, Mario: «Vallejo y Neruda: dos modos de influir». *Casa de las Américas*, n.º 43. La Habana, julio-agosto de 1967, pp. 91-93.

1269. *Atenea*, n.º 413. Concepción, julio-septiembre de 1966, pp. 5-15.

1270. *El Siglo*. Santiago de Chile, 28 de agosto de 1966, p. 2.

El 31 de agosto, la Sociedad de Escritores, presidida entonces por Luis Oyarzún, le tributó una cena de homenaje en el caserón de Almirante Simpson, con la asistencia de Volodia Teitelboim, Julieta Campusano, Jorge Insunza, Manuel Bianchi, Hortensia Bussi, Diego Muñoz, Juvencio Valle, Homero Arce, Delia Domínguez, Carlos Vassallo, Enrique Bello, Orlando Oyarzún... A treinta años del asesinato de Federico García Lorca, quiso evocar una vez más a su amigo y su ominosa ausencia: «Federico fue la esencia misma de la poesía. Nunca en mi vida he encontrado a nadie como él».[1271] El 3 de octubre, el Teatro Antonio Varas acogió un homenaje al poeta granadino en el que dialogó con Nicanor Parra. Junto a un enorme retrato del autor de *Yerma* o de *Romancero gitano* y la bandera de la República Española, ambos clamaron por el fin de la dictadura y de la represión. «Que España vuelva a la luz [...] vuelva a ser nuestra madre radiante», rogó Neruda.[1272]

El 5 de octubre se inauguró en Estocolmo una importante exposición de ediciones de todas sus obras en diferentes lenguas, preparada por Jorge Sanhueza.[1273] Faltaban apenas quince días para que se diera a conocer el fallo del Premio Nobel y, un año más, su nombre aparecía en todos los pronósticos al igual que el de Miguel Ángel Asturias.[1274] El 18 de octubre periodistas de todo el país e incluso extranjeros se congregaron en Isla Negra,[1275] pero dos días después se anunció la concesión a los escritores israelíes Samuel Joseph Agnon y Nelly Sachs. Por otra parte, como el 16 de junio un juzgado de Santiago había anulado su unión con Delia del Carril,[1276] superada la *tormenta* anual del Nobel, el 28 de octubre Matilde Urrutia y él contrajeron matrimonio en una ceremonia civil en Isla Negra con muy pocos invitados.[1277]

El 6 de noviembre intervino, en nombre del Comité Central del Partido Comunista, en el homenaje a la Unión Soviética cele-

1271. *El Siglo*. Santiago de Chile, 2 de septiembre de 1966, p. 4.

1272. *El Siglo*. Santiago de Chile, 4 de octubre de 1966, p. 5.

1273. *El Mercurio*. Santiago de Chile, 7 de octubre de 1966, p. 27.

1274. *La Nación*. Santiago de Chile, 13 de octubre de 1966, p. 9.

1275. *La Unión*. Valparaíso, 19 de octubre de 1966, p. 1.

1276. Feinstein, Adam: *Pablo Neruda. A passion for life*. Bloomsbury. Londres, 2004, p. 342.

1277. Oses, Darío: «Matilde: Chascona, patoja y gran mujer». *Nerudiana*, n.º 13-14. Santiago de Chile, 2012, pp. 4-6.

brado en el Estadio Nataniel: «Este es solo un saludo, compañeros. Al primer marinero que disparó la primera batería dirigida al Palacio de Invierno, desde aquel barco que inauguró la aurora y que se llamaba *Aurora*...». Evocó la guerra civil contra los rusos *blancos*, recordó la amenaza fascista de los años 30 y la Segunda Guerra Mundial, exaltó a los cosmonautas y la ayuda a Vietnam para concluir con un agradecimiento dirigido al PCUS: «Has dado tanto al mundo que todos te debemos algo y muchos te lo deben todo. Por eso, un poeta comunista, orgulloso de su pueblo y de su patria, te saluda en estos cuarenta y nueve años de lucha, de defensa, de creación, de construcción y de gloria».[1278]

En aquellos días se adhirió a la campaña internacional del filósofo Bertrand Russell contra la guerra en Vietnam y al proceso público que había iniciado contra el presidente Lyndon Johnson por crímenes contra la humanidad. Y también se preocupó de que no cayera en el olvido la situación de una nación caribeña a la que había dedicado su poema «Versainograma a Santo Domingo desde Isla Negra (Chile) en febrero de 1966»: «Los hechos ocurridos en Santo Domingo, la insolente invasión de su territorio, así como la actual preparación de un cuerpo de ejército interamericano al servicio del agresivo imperialismo ponen en evidencia la necesidad de advertir a nuestros pueblos hasta dónde puede llegar el mundo por este camino. Es nuestro deber inmediato enjuiciar y castigar moralmente a uno de sus más siniestros ejecutores: Lyndon B. Johnson».[1279]

En diciembre, la Sociedad de Amigos del Arte Contemporáneo editó su libro *Arte de pájaros*, con bellas y sugerentes ilustraciones de Julio Escámez, Mario Toral, Héctor Herrera, Nemesio Antúnez y Mario Carreño, y una esmerada tipografía e impresión. En este libro, escribió Tito Mundt, acaricia «a los pájaros con sus lentas manos de poeta, peina pausadamente su fino y delicado plumaje y les hace cosquillas en el aterciopelado cuello...». «Las imágenes se suceden como bandadas y hacen un rápido y fugaz nido en la memoria del lector».[1280]

1278. *El Siglo*. Santiago de Chile, 7 de noviembre de 1966, p. 3. El 20 de febrero de 1967, Neruda publicó este discurso como artículo en *Pravda*.

1279. *El Siglo*. Santiago de Chile, 16 de noviembre de 1966, p. 7.

1280. Mundt, Tito: «Neruda se viste de pájaro». *La Tercera*. Santiago de Chile, 2 de enero de 1967, p. 3.

En enero de 1967, las autoridades soviéticas anunciaron que incluirían una tirada de cuarenta mil ejemplares en ruso de *Pájaros de Chile* dentro del programa de publicaciones con motivo del cincuentenario de la URSS, que preveía el lanzamiento de las obras completas de Lenin en cincuenta y cinco tomos y un total de más de once mil títulos y doscientos treinta millones de libros solo de las editoriales estatales.[1281] En aquellos días también finalizó una nueva ampliación de su casa de Isla Negra y tomó parte en la conmemoración del centenario de Rubén Darío con la grabación de unos versos en su honor para la Universidad de California y la lectura de su poema «R. D.» en el Salón de Honor de la Universidad de Chile.

DE BARCELONA A MOSCÚ

El 31 de marzo de 1967, Matilde Urrutia y él tomaron un avión en Pudahuel (el nuevo aeropuerto de Santiago) con destino a Montevideo.[1282] A principios de abril, se embarcaron en el *Augustus* y el día 16 hicieron una breve escala en Barcelona. Allí le esperaba la editora Esther Tusquets, directora de Lumen, a quien habían avisado por telegrama. Solo disponían de unas cuatro horas antes de proseguir el viaje hacia Marsella, pero junto con Esther Tusquets, su marido Esteban Busquets y el fotógrafo Oriol Maspons recorrieron la Barcelona medieval, desde la plaza de Sant Jaume hasta la basílica de Santa María del Mar, donde el poeta les relató el homenaje que Isaías Cabezón y él rindieron a Alberto Rojas Giménez en 1934. «Fue un monólogo inolvidable. Esteban y yo escuchábamos absortos, Matilde sonreía, Maspons nos sacaba un montón de fotos», escribió Tusquets.[1283]

Pronto llegaron a la capital soviética, donde permanecieron varias semanas. El Primero de Mayo, *Pravda* publicó un artículo

1281. *El Siglo*. Santiago de Chile, 27 de enero de 1967, p. 11.
1282. *Las Últimas Noticias*. Santiago de Chile, 1 de abril de 1967, p. 5.
1283. Tusquets, Esther: *Confesiones de una editora poco mentirosa*. RqueR Editorial. Barcelona, 2005, pp. 93-97. Maspons publicó aquellas fotografías en 1967 en la revista *Destino* y Enrique Robertson las recuperó en este trabajo: «Barcelona 1967. Un episodio desconocido de la cronología nerudiana». *Anales de Literatura Chilena*, n.° 5. Santiago de Chile, diciembre de 2004, pp. 187-200.

suyo titulado «Fiesta en Moscú». En aquellas dos columnas saludó a los trabajadores de Chile y de todo el mundo, a los estudiantes de América Latina, a «los heroicos patriotas de Vietnam», al gran poeta griego Yannis Ritsos, que había sido encarcelado, a la Revolución Cubana... «Escribo estas líneas en Moscú en la mañana del 30 de abril. El 1 de mayo ya irrumpe en las calles cubiertas de sol. La suave nieve ya ha abandonado las aceras. La fiesta comienza con este día iluminado».[1284]

Allí participó en la ceremonia de entrega del Premio Lenin a David Alfaro Siqueiros, quien decidió donar al pueblo de Vietnam la dotación económica del galardón. «Conozco a Siqueiros desde hace muchos años. Nos conocimos hace tanto tiempo que ya no recuerdo ni siquiera el año, fue incluso antes de la Guerra Civil en España. Después lo vi muchas veces entre las filas de los defensores de la República Española», señaló en su discurso. «Toda la obra de Siqueiros es un himno sincero a la libertad. Sus maravillosos murales y pinturas se sumergen en lo más profundo de los sentimientos de dignidad de los luchadores, para quienes el arte se convierte en una base moral de su acción».[1285] En aquellos días leyó sus poemas en la Universidad de la Amistad entre los Pueblos «Patricio Lumumba» y en la embajada de Chile y participó en el Congreso de Escritores Soviéticos.[1286]

El 14 de mayo, el jurado de los premios literarios de la localidad de Viareggio, en la Toscana, le concedió su galardón internacional «por la obra que ha desarrollado con un espíritu de hermandad en favor de la Humanidad», con una mención también a su solidaridad con la República Española, imponiéndose en la votación a Jean Paul Sartre y Peter Weiss.[1287] En el mes de julio recibió este galardón, que le supuso la elevada cantidad de cinco millones de liras, casi nueve mil dólares.[1288]

El 12 y 13 de julio ofreció dos recitales en el Festival Internacional de Poesía de Londres, en el Teatro Queen Elizabeth, organizado por Ted Hughes y en el que participaron también W. H.

1284. Neruda, Pablo: «Fiesta en Moscú». *Pravda*. Moscú, 1 de mayo de 1967.
1285. *Pravda*. Moscú, 11 de mayo de 1967.
1286. *El Siglo*. Santiago de Chile, 23 de mayo de 1967, p. 7.
1287. *El Siglo*. Santiago de Chile, 15 de mayo de 1967, p. 1.
1288. *Las Noticias de Última Hora*. Santiago de Chile, 19 de julio de 1967, p. 5.

Auden, Allen Ginsberg, Stephen Spender, Robert Graves, Octavio Paz y Alastair Reid. «El recital de Neruda fue como un canto litúrgico. Cada pulgada del poeta descubría al diplomático que ha sido, pero supo asombrar a un público poco habituado a la grandilocuencia con una voz de una riqueza que haría justicia a una misa en la Catedral de San Pedro», destacó *The Sunday Times*, que lo definió como «uno de los más grandes poetas vivos».[1289] Testigo de aquel recital de Neruda, el crítico uruguayo Emir Rodríguez Monegal escribió: «Aunque el público que llenaba el Queen Elizabeth Hall no entendía español, entendían la incanatoria forma de recitar de Neruda. Su poderosa voz de órgano llenaba el espacio y convertía a los oyentes en participantes de un rito mágico».[1290]

Fue entonces, un cuarto de siglo después de la polémica que les distanció para siempre en México en 1943, cuando se reencontró casualmente con Octavio Paz. «La suerte quiso que los organizadores nos alojasen en el mismo sitio, un pequeño hotel de Cadogan Gardens», escribió Paz en 1991, en el prólogo a la nueva edición de *Laurel*. Años después, el escritor mexicano recibió desde París un ejemplar de *Las piedras del cielo* con esta dedicatoria: «Octavio, te abrazo y quiero saber de ti, Pablo».[1291]

El 5 de agosto llegaron a Pudahuel en un vuelo de Air France que partió de París e hizo escalas en Dakar (Senegal) y Buenos Aires.[1292] En Isla Negra conoció la dolorosa noticia del fallecimiento de Jorge Sanhueza, a quien rindió homenaje con unas emotivas líneas: «Gracias por el descubrimiento, la exploración y la adhesión a mis oscuros trabajos. Gracias por tu inteligencia a quemarropa, por tu diabólico e inocente ingenio, por tu erudición malbaratada, por la intensidad de tus sueños...».[1293]

Otra noticia fúnebre le conmovió poco después, pues Iliá Ehrenburg, compañero de tantas batallas, murió el 31 de agosto en Moscú.

1289. *Ercilla*. Santiago de Chile, 16 de agosto de 1967, p. 29.
1290. Rodríguez Monegal (1988), p. 167.
1291. *Laurel. Antología de la poesía moderna en lengua española*. Trillas. México, 1991. Consultado en: Sanhueza (2004), pp. 184-185.
1292. *El Siglo*. Santiago de Chile, 5 de agosto de 1967, p. 4.
1293. *El Siglo*. Santiago de Chile, 9 de agosto de 1967, p. 9. En su libro *Las manos del día* le dedicó el poema «J. S.».

JOAQUÍN MURIETA VUELVE A CABALGAR

El sábado 14 de octubre de 1967, en el Teatro Antonio Varas, el Instituto de Teatro de la Universidad de Chile estrenó la única obra de teatro escrita por Pablo Neruda, *Fulgor y muerte de Joaquín Murieta* (publicada por Zig-Zag), dirigida por Pedro Orthous, con música de Sergio Ortega, escenografía de Guillermo Núñez y coreografía de Patricio Bunster. En su texto presentó a Murieta, un latinoamericano en la California de la «fiebre del oro» decimonónica, como un símbolo contra la discriminación y el racismo.[1294] Su sino fue trágico: denunciado como bandido, le cortaron la cabeza.

En declaraciones a la prensa, explicó que en una de las casas donde estuvo refugiado durante su largo año en la clandestinidad leyó un viejo ejemplar de la revista *National Geographic* donde aparecía el cartel que ofrecía una fuerte recompensa a quien lo entregara vivo o muerto. «Yo sabía poco del personaje. Lo mismo que sabe, más o menos, todo el mundo y que le han contado en el colegio. Creía que era chileno. Otros dicen que fue mexicano. Eso es lo de menos. Lo importante es el tipo mismo. Murieta me quedó sonando en el oído. Un día escribí un poema sobre él. Mi mujer, al leerlo, me dijo: "¡Pero si esto es teatro puro!". Yo la miré incrédulo. Jamás había hecho teatro. No sé hacerlo». «Pero el personaje Murieta me seguía corriendo por las venas y el recuerdo. [...] Le faltaba únicamente montar a caballo y partir nuevamente. Me sugestionaba la época y el tipo. Los chilenos habían peleado bravamente en ese tiempo. Habían estado en Texas y California. Habían dado pruebas de coraje. Eran aventureros en el mejor y más alto sentido de la palabra».

Después de traducir *Romeo y Julieta* en 1964, venció sus aprensiones: durante tres meses se sentó en su vieja mesa de Isla Negra y empezó a escribir la obra «como si alguien me dictara las palabras y yo fuera solo el secretario del destino». Anunció después que no escribiría más teatro, porque él era poeta: «Mi reino es la poesía, de allí no me debo salir. Y no me saldré en el futuro, a pesar de lo que me ha gustado esta aventura teatral».[1295]

1294. *El Siglo*. Santiago de Chile, 20 de octubre de 1967, p. 9.
1295. *La Tercera*. Santiago de Chile, 22 de octubre de 1967, p. 6.

El 5 de noviembre intervino en el acto que el Partido Comunista organizó en la céntrica avenida Bulnes como homenaje al quincuagésimo aniversario de la Revolución de Octubre: «Hace cincuenta años yo era colegial en Temuco y te sentía nacer. En esos días yo tenía trece años y vivía en el silencio de la lluvia y de la selva». «En nombre de todos te saludo. Soy el mismo que oyó en 1917 el tañido de tu campana roja. En nombre de todos te digo: ¡Gloria y honor a la madre de los pueblos! ¡Honor y gloria a la Unión de Repúblicas Socialistas Soviéticas!».[1296]

1296. *El Siglo*. Santiago de Chile, 6 de noviembre de 1967, p. 3. A fines de aquel año publicó un artículo sobre esta efemérides en la edición en ruso de la revista teórica comunista que se editaba en Praga: «50 años de vida, 50 años de acaloradas discusiones en relación a los fines del arte, 50 años de grandes diferencias solo simplificaron la fe de los intelectuales en la obra de la revolución mundial. La cuestión de la forma y los métodos todavía serán objeto de candentes debates. Para muchos el realismo de Máximo Gorki constituyó uno de los más claros ejemplos de la novelística del período pre-revolucionario y de la propia revolución. Otros consideran que las búsquedas más arriesgadas en el arte no se contradicen con el rol social del propio arte, del pintor, el escritor o el poeta en la sociedad. Entre estas dos grandes tendencias de nuestro siglo, el realismo y el experimentalismo, se ha levantado una gran polémica». Neruda, Pablo: «Intelectualidad creadora y revolución». *Problemas de la Paz y el Socialismo*, n.º 10. Praga, 1967, pp. 25-26.

12

De Parral a Estocolmo

En noviembre de 1967, Pablo Neruda viajó a lo más profundo de sus raíces, a Parral, donde recibió el reconocimiento de su ciudad natal y recogió el afecto de sus familiares y de múltiples amigos que lo acompañaron a lo largo de dos jornadas muy emotivas, en las que evocó a su madre, Rosa Neftalí Basoalto. El camino hacia el Premio Nobel estuvo cuajado de más reconocimientos, tanto en el Este como en el Oeste, como la Medalla Joliot-Curie del Consejo Mundial de la Paz o la distinción como miembro honorario de la Academia Norteamericana de Artes y Letras. Pero también de una cierta crisis personal por el nuevo mazazo que supuso la invasión militar de Checoslovaquia en agosto de 1968 y el fin de la Primavera de Praga, un cierto enfriamiento de su relación con Matilde Urrutia y a partir de 1969 los primeros síntomas de un cáncer de próstata que pronto condicionaría sus días. En el otoño de su vida, también vivió su último gran amor con Alicia Urrutia, sobrina de su esposa, y ofreció un nuevo gesto a su partido al ser elegido candidato presidencial en 1969. En enero de 1971, el presidente Salvador Allende le designó embajador en Francia y allí conoció el 21 de octubre la concesión del Premio Nobel de Literatura. Su discurso en Estocolmo, el 13 de diciembre, fue una bellísima pieza en la que evocó su salida clandestina de Chile en 1949, delineó los «deberes del poeta» y apeló a Arthur Rimbaud para expresar, pese a todo, su plena confianza en el futuro de la humanidad.

A propuesta del alcalde, el socialista Enrique Astorga, en 1967 su ciudad natal le declaró Hijo Ilustre. Era la primera vez en sus dos siglos de historia que otorgaba tal distinción. «Pablo Neruda, nacido en Parral, ha prestigiado y dado lustre a las letras nacionales y su obra literaria ha adquirido renombre universal», señalaba el decreto municipal.[1297] El sábado 25 de noviembre, acompañados por Laura Reyes, Miguel Otero Silva, Francisco Coloane, Volodia Teitelboim, María Maluenda, Pedro Olmos, Diego Muñoz, Álvaro Hinojosa, Silvia Thayer y Hernán Loyola, el poeta y su esposa llegaron a esta localidad a las once y media de la mañana. Seguidos por centenares de personas, caminaron hasta la Municipalidad, donde tuvo lugar la ceremonia en presencia de las autoridades de la zona, los parlamentarios de izquierda que representaban a la provincia en el Congreso Nacional, los dirigentes de las organizaciones sociales y sindicales y sus familiares. También estaba presente Anatole Tchermigev, miembro del Comité Central del PCUS, quien había asistido al reciente (y polémico) Congreso del Partido Socialista en Chillán.

«Quiero recordar a los míos. A mi madre muerta que me ha dejado el recuerdo luminoso de su vida breve. En mi poesía, Parral y sus hombres, sus campos y sus productos tocaron siempre en mi corazón como campanadas [...]. Si tuviera que morir mil veces, moriría en esta tierra; si tuviera que nacer mil veces, aquí nacería», afirmó al recibir la medalla de oro, que llevaba esta inscripción: «El Pueblo de Parral a su Hijo Ilustre, Pablo Neruda. Noviembre de 1967».[1298] Después, los alumnos de la Escuela n.º 2, en la que su madre impartiera clase, interpretaron las tonadas a los próceres Bernardo O'Higgins y Manuel Rodríguez que Vicente Bianchi compuso a partir de sus poemas de *Canto general*.[1299]

Siguió un almuerzo en la media luna del rodeo y por la noche en el fundo *La Florida*, propiedad del alcalde Astorga, disfrutaron

1297. *La Prensa*. Parral, 26 de noviembre de 1967, p. 1.
1298. *El Siglo*. Santiago de Chile, 28 de noviembre de 1967, p. 7. Y: Rubilar Solís, Luis: *Psicobiografía de Pablo Neruda (identidad psicosocial y creación poética)*. Universidad de Santiago. Santiago de Chile, 2003, p. 78.
1299. Mansilla (2010), p. 24.

de una típica fiesta chilena. El domingo por la mañana el poeta ofreció un recital en el Teatro Municipal, que fue retransmitido a toda la provincia por la radio El Roble, y recitó varios poemas del primer tomo *Memorial de Isla Negra*, precisamente aquellos que señalan sus orígenes. «No sé cómo agradecer la asistencia de todos ustedes. Yo soy un hijo de Parral que los visita brevemente. Estos recuerdos son extraordinarios. Ustedes me han vuelto a reconocer como un hijo errante».[1300]

Acompañó sus palabras y sus versos un discurso de Francisco Coloane, Premio Nacional de Literatura de 1964 y entonces presidente de la Sociedad de Escritores. «Soy nada más que un modesto prosista que empezó a admirar a Neruda como novelista hace más de cuarenta años. Ha sido para mí un honor hablar hoy en la tierra que lo dio, la famosa tierra de los huasos parralinos. Si algunas lianas nerudianas se me han enredado entre estas frases no es culpa mía, sino de ustedes y de esta tierra, de estos prados y frondas, de estos cielos y estrellas que nos han dado como hoy una primavera eterna. Pablo Neruda, desde hoy su hijo ilustre, huaso parralino que ha apegualado el universo con el lazo de su poesía».[1301] Sus tíos José Ángel Reyes Parada y Matilde Mora ofrecieron una cena que reunió a miembros de las familias Reyes, Basoalto y Morales. El lunes 27 de noviembre el tren le alejó de las tierras donde dio sus primeros pasos y empezó a descubrir el mundo.[1302] El poeta, conmovido, confesó sus sentimientos más hondos a su amigo Pedro Olmos: «Anoche he llorado...».

En diciembre, Losada publicó *La Barcarola*, que se compone de doce episodios y constituye un largo poema de amor tributado a Matilde Urrutia. El título del libro, ya utilizado en un poema del segundo volumen de *Residencia en la Tierra*, lo tomó de una vieja forma musical utilizada en sus canciones por los gondoleros de Venecia.[1303] «A cada episodio sigue una glosa recordatoria o un poema íntimamente, a veces secretamente, vinculado a la época de

1300. *El Siglo*. Santiago de Chile, 3 de diciembre de 1967, p. 16.

1301. *La Prensa*. Parral, 3 de diciembre de 1967, p. 2.

1302. González Colville, Jaime: «Neruda y Parral. Crónica de un retorno emotivo». *Cuadernos de la Fundación Pablo Neruda*, n.º 43. Santiago de Chile, 2000, p. 11.

1303. Suárez, p. 253.

los hechos que se narran», escribió Fernando Alegría. «Como en toda poesía autobiográfica, seres y cosas funcionan en forma de signos. [...] A veces las personas aparecen con su verdadero nombre —Rubén Azócar, Rubén Darío, Lord Cochrane, Artigas— o bien con la cara que les da el poeta haciendo de la leyenda un héroe —es el caso de Joaquín Murieta— o de una mujer, el otro rostro del poeta: Matilde».[1304]

A fines de año le preguntaron su opinión sobre la obra de Miguel Ángel Asturias, quien había recibido el Premio Nobel de Literatura: «Es un escritor admirable y uno de mis mejores amigos. Hace poco escribimos un libro juntos. Está publicándose en cinco idiomas».[1305] Esa misma pregunta formuló Rita Guibert a Jorge Luis Borges tres meses después, puesto que también él había sonado como posible galardonado. «Yo no sé si hubiera optado por Asturias, pero sí por Neruda antes que por Borges, porque lo considero mejor poeta aunque estemos divididos políticamente».[1306]

LOS REVOLUCIONARIOS DEL *BOOM*

El 10 de enero de 1968, el joven y famoso poeta soviético Evgueni Evtuchenko, quien ya había sido aclamado en Francia, Estados Unidos y Cuba y había viajado por diversas ciudades del norte y del sur de Chile acompañado por Francisco Coloane, y Pablo Neruda brindaron un recital poético en el Teatro Nataniel, en un acto presentado por José Miguel Varas. Asistieron numerosas personalidades, los principales parlamentarios de izquierdas, el embajador soviético y sus pares de Europa oriental, incluso representantes de la embajada de Estados Unidos. Neruda solo leyó tres poemas suyos y recitó las traducciones al español de los versos del soviético.[1307] Entre los poemas que Evtuchenko declamó estuvo, en primer lugar,

1304. Alegría, Fernando: «La Barcarola». Flores (1987), pp. 250-269.

1305. *La Nación*. Santiago de Chile, 31 de diciembre de 1967, p. 12.

1306. *Life en Español*. Chicago, 11 de marzo de 1968, p. 55. Un año después, preguntado acerca de Borges por el periodista peruano Gustavo Valcárcel, Neruda señaló: «Nunca he hablado mal de Borges. Es un escritor genial y un derechista contumaz, como ya no se ven en estos días». *El Siglo*. Santiago de Chile, 28 de septiembre de 1969. *Suplemento*, pp. 12-13.

1307. *El Siglo*. Santiago de Chile, 11 de enero de 1968, p. 5.

el célebre «Babi Yar», dedicado a los veinte mil judíos que los nazis mataron en ese lugar: «Mas viviré para tener memoria, para nunca olvidarme de todo esto...». Su fuerza expresiva y su emoción cautivaron a las cerca de seis mil personas.[1308]

En aquellas primeras semanas de 1968, Neruda dirigió una carta al ministro de Educación cubano, José Llanusa Gobel, quien le había invitado a participar en el Congreso Cultural de La Habana. Le expresó su coincidencia con los objetivos del Congreso, pero la polémica de 1966 motivó que nunca más viajara a la isla: «En cuanto a mi presencia en Cuba, nada más doloroso para mí que estimarla imposible en las actuales circunstancias. Una razón de dignidad humana me impide participar en el torneo». Y le expuso que apreciaba un claro trasfondo político en la polémica pública mantenida un año y medio antes con los intelectuales cubanos: «No veo yo un hecho simplemente personal en la campaña de ofensas, tergiversaciones y mentiras redactadas y propagadas en escala mundial por un grupo de escritores cubanos en contra mía. El hombre es una vida: está hecho por su obra, por sus actitudes de largos años, por su posición antiimperialista de siempre. No se puede sin atentar a la verdad y faltar a respetos humanos fundamentales organizar una máquina difamatoria contra un compañero de lucha y de ideales. Mañana puede ser otro. El tiempo se encargará de decir la palabra definitiva».[1309]

En febrero, Matilde Urrutia y él disfrutaron las vacaciones en Uruguay y ofreció una conferencia en los cursos de verano de la Universidad de la República.[1310]

El 8 de abril, en un acto celebrado en el Teatro Municipal, recibió la Medalla Joliot-Curie (instaurada en honor del gran científico, humanista y combatiente antifascista francés) de una delegación del Consejo Mundial de la Paz integrada por el periodista indio Romesh Chandra y el escritor argentino Alfredo Varela, entre otros. El acto partió con un impresionante minuto de silencio

1308. *El Siglo*. Santiago de Chile, 12 de enero de 1968, p. 7. Aquel viaje le unió a Chile para siempre: en los años 70 escribió su poema «Una paloma en Santiago» y en 2009 recibió la Orden Bernardo O'Higgins. Ries, Olga: «Evtuchenko y Neruda». *Nerudiana*, n.º 11. Santiago de Chile, agosto-octubre de 2011, pp. 17-18.

1309. *Ercilla*. Santiago de Chile, 31 de enero de 1968, p. 29.

1310. *Las Noticias de Última Hora*. Santiago de Chile, 24 de febrero de 1968, p. 15.

dedicado a la memoria de Martin Luther King, asesinado cuatro días antes en Memphis. En su recuerdo, María Maluenda declamó «Que despierte el leñador». Como tributo a Neruda, Ángel Parra interpretó dos canciones basadas en poemas de *Arte de pájaros* y el Instituto de Teatro de la Universidad de Chile representó una escena de *Fulgor y muerte de Joaquín Murieta*.[1311]

A principios de aquel año, George F. Kennan, inspirador de la Doctrina Truman y de la política de *contención* de la Unión Soviética en los albores de la Guerra Fría y entonces presidente de la Academia Norteamericana de Artes y Letras y miembro del Instituto Nacional de Artes y Letras, le había comunicado que ambas instituciones le habían elegido miembro honorario, como antes habían hecho con T. S. Eliot, Matisse, André Malraux, André Gide, Joan Miró, Nehru, José Clemente Orozco, Bertrand Russell o Bernard Shaw. En su respuesta desde Isla Negra, fechada el 12 de marzo, el poeta había aceptado tal distinción siempre que no fuera el embajador estadounidense o un representante de su Gobierno quien le entregara la insignia y el diploma correspondientes.[1312] El 13 de mayo, una portavoz de la Academia Norteamericana de Artes y Letras expresó que su petición no sería un obstáculo.[1313]

En junio, ante las nuevas críticas que había recibido desde sectores de la izquierda procastrista de América Latina y de Chile, explicó al periodista argentino Horacio Salas, con unas palabras inusuales, alejadas de su característica prudencia: «Se olvidan que fui el primero en cantar a la Revolución Cubana. A muchos los obligaron a firmar el manifiesto y los pocos que se negaron a hacerlo han sido perseguidos por Fidel. Pero ese ataque no era tanto contra la figura de Pablo Neruda como contra el Partido Comunista chileno, al que Castro no se cansa de calificar de traidor. Pretende que por seguir sus directivas tiremos por la borda tantos años de sacrificio y persecución, todo el trabajo que ha costado edificar la imagen de seriedad y responsabilidad que tiene el partido en Chile. Nos llaman aburguesados, pero es absurdo pretender que aquel que tenga más puntería se convierta en dirigente político».

1311. *El Siglo*. Santiago de Chile, 9 de abril de 1968, p. 3.
1312. Neruda envió ambas cartas al diario *El Mercurio*, que las publicó en su edición del 12 de mayo de 1968 (p. 5).
1313. *El Mercurio*. Santiago de Chile, 14 de mayo de 1968, p. 30.

En aquella conversación apareció también el ineludible asunto del Premio Nobel. «En esta casa ya no lo esperamos más», intervino Matilde Urrutia. «Si llega», señaló Neruda, «lo festejaremos, pero mientras tanto es inútil preocuparse». También alabó a los jóvenes novelistas del *boom*: «Soy amigo de Carlos Fuentes y de Mario Vargas Llosa. García Márquez me parece extraordinario y también admiro a Cortázar, pero me extraña que pueda vivir lejos de su patria».[1314] Un año después, diría que García Márquez y Vargas Llosa eran «innovadores sustanciales», «revolucionarios del contenido y de la forma», mientras que sus predecesores en el campo de la novela latinoamericana, como Mariano Azuela, Rómulo Gallegos o Ciro Alegría, adolecían de un evidente tradicionalismo formal. «Los nuevos valores latinoamericanos de la narración, el cuento y la novela», agregó, «forman un destacamento de revolucionarios del contenido y de la forma».[1315]

También los novelistas del *boom* han reconocido siempre el poderoso influjo del autor de *Canto general*. «Nuestras novelas se escribieron bajo el signo de Neruda: darle un presente vivo a un pasado inerte, prestarle una voz actual a los silencios de la historia», escribió Carlos Fuentes en 2004. «Sus conflictos con escritores de su generación fueron amargos, pero con nosotros, los escritores que él conoció cuando éramos jóvenes, Neruda siempre fue generoso, abierto, inteligente, dialogante. Porque cuanto nos unía era incomparablemente mayor que lo que nos separaba».[1316]

En aquellos mismos días, Mario Vargas Llosa recordó su infancia fascinada por un libro que deslumbró a su madre: «Cuando yo era un niño de pantalón corto todavía, allá en Cochabamba, Bolivia, donde pasé mis primeros diez años de vida, mi madre tenía en su velador una edición de tapas azules, con un río de estrellas blancas, de los *Veinte poemas de amor y una canción desesperada...*». Le conoció en París en aquellos años 60, en casa de Jorge Edwards, y llegaron a ser amigos, aunque confesó que le intimida-

1314. *Análisis*. Buenos Aires, 1 de julio de 1968, pp. 50-53.

1315. *El Siglo*. Santiago de Chile, 28 de septiembre de 1969. *Suplemento*, pp. 12-13.

1316. Fuentes, Carlos: «Tres encuentros con el Rey Midas». *El País*. Madrid, 11 de julio de 2004. Consultado en la edición digital: www.elpais.com. Véase también el capítulo sobre Neruda de su libro *Personas* (Alfaguara. Madrid, 2012).

ba su estatura literaria, el hechizo de su poesía. «No hay en lengua española una obra poética tan exuberante y multitudinaria como la de Neruda, una poesía que haya tocado tantos mundos diferentes e irrigado vocaciones y talentos tan varios. El único caso comparable que conozco en otras lenguas es el de Víctor Hugo».[1317]

PRAGA, «UNA PIEDRA EN LA CABEZA»

La noche del 20 al 21 de agosto cerca de doscientos mil soldados y más de dos mil tanques de cinco países del Pacto de Varsovia (la Unión Soviética, Polonia, la República Democrática Alemana, Bulgaria y Hungría) invadieron Checoslovaquia para liquidar las reformas democráticas emprendidas por Alexander Dubcek. Solo algunas horas más tarde de aquellos dramáticos sucesos que pusieron fin a la esperanzadora Primavera de Praga y restauraron una administración afín a Moscú, Salvador Allende habló en el Senado para condenar «enérgicamente» la invasión militar.[1318] En cambio, el Partido Comunista la apoyó porque consideraba necesario evitar que «las fuerzas reaccionarias» reconquistaran «para el capitalismo a Checoslovaquia y a ningún otro país socialista». El 24 de agosto, el PC organizó un acto de masas en el Teatro Caupolicán, en el que Luis Corvalán precisó que lo sucedido era «una verdadera tragedia» y que los comunistas chilenos, que defendían una concepción pluralista de la sociedad y la unidad de todas las fuerzas populares, consideraban «legítima y natural» la diversidad de formas de construcción del socialismo.[1319]

Al día siguiente, Pablo Neruda y Matilde Urrutia llegaron al aeropuerto de Montevideo, donde el matrimonio Mántaras les recibió para dirigirse a la casa de Atlántida. En aquellas semanas le entrevistó la periodista María Esther Gilio, quien naturalmente le pidió que se pronunciara sobre lo sucedido en el hermoso país centroeuropeo. «En primer lugar, tengo que decirle... yo he visita-

1317. Vargas Llosa, Mario: «Neruda cumple cien años». *El País*, 27 de junio de 2004. www.elpais.com

1318. *Salvador Allende: Frente al mundo.* Archivo Salvador Allende, n.º 11. UNAM. México DF, 1990, pp. 145-150.

1319. Corvalán (1997), p. 111.

do muchas veces la Unión Soviética y estoy unido a ella por muchos afectos y causas. Y he vivido en Checoslovaquia por más de un año, como refugiado político. A ambos países los quiero inmensamente [...]. Sufro por esta divergencia; quiero que se acabe y se aclare. Soy enemigo de todas las soluciones de fuerza. Y estoy feliz de que los elementos del entendimiento estén funcionando. Yo, y otros como yo, sufrimos profundamente cuando entraron por la frontera las fuerzas del Pacto de Varsovia. Y me alegré, cuando después del regreso de Svoboda y Dubcek todo predice que esta desagradable historia se soluciona. Es muy claro, ahora, que la URSS solo buscó salvaguardar principios que parecían estar en peligro».[1320] Su comentario más crítico en relación con estos hechos fue el poema «1968», incluido en su libro *Fin de mundo*, que empieza con estos versos: «La hora de Praga me cayó / como una piedra en la cabeza...».

«Allá había represión y Neruda, como muchos otros comunistas, se negaba a creer, pensando que era parte de la propaganda burguesa», explicó en 2004 el periodista José Miguel Varas, quien vivió durante el exilio en Moscú. «Hasta que empezó a tener dudas. Alguna vez hablamos de eso, porque había conocido gente que había sufrido los efectos de la represión, como Lilya Brik, compañera de Maiakovski. Estas noticias le sobrecogían».[1321] Pero jamás cesó en su defensa pública de la Unión Soviética y en varias ocasiones igualó la trascendencia histórica de la Revolución de 1917 con la Francesa de 1789: «La URSS es el primer país que hizo la revolución socialista. Puede haber muchas cosas que no ha terminado, pero, igual que Francia, que también ha cometido muchos errores, la URSS echó también las bases de una gran época política y yo permanezco fiel a este país que ha hecho la mayor revolución de la historia. Permanezco fiel a su existencia, porque no puedo permitirme el capricho de tener divergencias. Para mí, lo esencial es la existencia de la URSS».[1322]

El 6 de septiembre de 1968, en Montevideo, presentó la tercera edición de sus obras completas, con la asistencia del embajador de

1320. Gilio, pp. 59-66.

1321. *Pablo Neruda. El poeta y su compromiso político*. Serie de fascículos de *La Tercera* con motivo de su centenario. Santiago de Chile, 2004, p. 12.

1322. *Ercilla*. Santiago de Chile, 27 de octubre de 1971, pp. 8-16.

su país, Enrique Cañas Flores, quien tres días después destacó en una carta al ministro de Relaciones Exteriores, Gabriel Valdés, que el poeta había donado los dos tomos a la escuela República de Chile de la capital uruguaya, en un acto en el que también firmó numerosos ejemplares de sus libros.[1323] De Uruguay viajó a Río de Janeiro, donde conoció el suicidio de Pablo de Rokha.[1324] Después fue a São Paulo para presentar una edición bilingüe de sus poemas, seleccionados por Jorge Edwards, y asistir a la inauguración de un monumento dedicado a Federico García Lorca.[1325] A principios de octubre, llegó a Colombia, invitado por la Asociación Colombiana de Universidades y el Fondo Universitario Nacional, pero rechazó la Gran Cruz de la Orden de San Carlos que el presidente Carlos Lleras Restrepo quiso imponerle.[1326] En Manizales, presidió el jurado del primer Festival Latinoamericano de Teatro Universitario[1327] y el 16 de octubre, en la Universidad Incca de Bogotá, recibió el Doctorado Honoris Causa de la Universidad Karl Marx de Leipzig de manos del profesor Kurt Schnelle, quien se encontraba en este país como profesor visitante, en un acto durante el que recitó su «Oda a Lenin».[1328] Ofreció recitales en la Universidad Nacional y en la Academia de la Lengua.[1329]

Después llegó a Caracas, donde el 18 de octubre estudiantes izquierdistas impidieron la conferencia que tenía previsto ofrecer, acompañado por Miguel Ángel Asturias, en la Universidad Central, con insultos como «agente del imperialismo».[1330] Sí que se pudo celebrar una semana después, cuando el Aula Magna de esta casa de estudios acogió un recital ante más de mil estudiantes, en

1323. Archivo General Histórico del Ministerio de Relaciones Exteriores de Chile. *Documentos de la Embajada de Chile en Uruguay. Oficios Confidenciales. Volumen 1. 1968.* La historiadora uruguaya Jimena Alonso, que está preparando una valiosa tesis doctoral sobre el Frente Amplio y la Unidad Popular, me facilitó una copia de este documento.

1324. *Las Últimas Noticias.* Santiago de Chile, 11 de septiembre de 1968, p. 38

1325. *El Siglo.* Santiago de Chile, 9 de noviembre de 1968, p. 12.

1326. *La Tercera.* Santiago de Chile, 16 de octubre de 1968, p. 2.

1327. *La Nación.* Santiago de Chile, 8 de octubre de 1968, p. 11.

1328. *El Siglo.* Santiago de Chile, 17 de octubre de 1968, p. 1.

1329. *Noticias Culturales*, n.º 95. Instituto Caro y Cuervo de Colombia. Bogotá, 1 de diciembre de 1968, p. 23.

1330. *El Siglo.* Santiago de Chile, 19 de octubre de 1968, p. 7.

presencia del rector, las principales autoridades académicas y Miguel Otero Silva. En sus palabras rindió «vibrantes homenajes» a Vietnam y a la Revolución Cubana,[1331] lo que no impidió que un grupúsculo intentara de nuevo sabotear el acto al grito de «¡Poeta revisionista, vete de la Universidad!». La intervención de las brigadas de la Juventud Comunista Venezolana lo neutralizó.[1332]

En noviembre, en Perú, expresó su desagrado por la reciente victoria electoral de Richard Nixon.[1333] Entonces Losada lanzó su libro *Las manos del día*, que se caracteriza por su tono sombrío, por un desamparo y una tristeza que evocan los versos de *Residencia en la Tierra*.[1334]

ALICIA URRUTIA, EL ÚLTIMO AMOR

El 12 de enero de 1969 participó en un acto en el Teatro Caupolicán de apoyo a las candidaturas de Gladys Marín, Mireya Baltra e Iris Figueroa para las elecciones parlamentarias del 4 de marzo.[1335] Una semana después hizo lo mismo en el Teatro Victoria de Valparaíso ante un auditorio casi completamente femenino, al que leyó «La mamadre» y, «antes de que me lo pidan» se anticipó, el «Poema 20».[1336]

Aquel verano permanecieron en Isla Negra. Tal vez fue en esos meses cuando escribió un regalo poético para quien fue el último amor de su vida, Alicia Urrutia, sobrina de su esposa. En 2008, el abogado y coleccionista Nurieldín Hermosilla adquirió el *Álbum de Isla Negra*, el conjunto de postales antiguas en las que escribió varios poemas para una mujer que entonces tenía 35 años, treinta menos que él.[1337] «Neruda era admirador de la mujer: la necesitaba

1331. *El Siglo*. Santiago de Chile, 26 de octubre de 1968, p. 6.

1332. Cable de la Agencia Tass. Caracas, 25 de octubre de 1968.

1333. *El Siglo*. Santiago de Chile, 10 de noviembre de 1968, p. 9.

1334. Loyola, Hernán: «Notas». *Pablo Neruda. Obras completas. III. De Arte de pájaros a El mar y las campanas. 1966-1973*. Galaxia Gutenberg-Círculo de Lectores. Barcelona, 2000, p. 975.

1335. *El Siglo*. Santiago de Chile, 13 de enero de 1969, p. 3.

1336. *El Siglo*. Santiago de Chile, 20 de enero de 1969, p. 3.

1337. *El Mercurio*. Santiago de Chile, 6 de julio de 2008. Suplemento *Artes y Letras*, pp. 19-20.

en la conversación, en el clima que crea la presencia femenina. Para él, un encuentro en el que solo hubiese hombres estaba incompleto. Le faltaba el detalle mágico. Se sentía intranquilo, se aburría. Una mujer, aunque no fuese ni inteligente ni bella, cambiaba el ambiente. Lo hacía sentirse más pleno, aunque no tuviese ningún propósito galante», explicó Volodia Teitelboim. «Cuando él vivía con Delia del Carril, *la Hormiga*, a su casa la llamaban "la corte nerudiana". Estaba llena de mujeres y muchas eran ex de él, que compartían con la "reina" de ese momento, en un ambiente fraternalísimo».[1338]

Alicia Urrutia nació en San Miguel el 5 de octubre de 1934 y no concluyó los estudios secundarios. Desde que el escritor Enrique Lafourcade desvelara su identidad hace más de dos décadas ha sido asediada en no pocas ocasiones por los periodistas, pero jamás ha concedido ni siquiera una breve declaración, ni se ha publicado nunca una fotografía suya.[1339] Solo ha hablado una vez de su relación con el poeta, el 24 de julio de 2012, cuando prestó declaración ante Mario Carroza, magistrado del 34.º Juzgado del Crimen de la Corte de Apelaciones de Santiago de Chile, quien desde mayo de 2011 investiga la causa de su muerte. En su testimonio, de cuatro páginas, explicó: «En 1963 y por problemas con mi marido fui invitada junto a mi familia a vivir a la casa de mi tía ubicada en el barrio Bellavista [*La Chascona*]. En dicho lugar se produce la separación definitiva de mi marido, quedándome con mi hija Rosario. A los pocos meses, nos trasladamos a la casa que Matilde y Pablo mantenían en Valparaíso. Debo indicar que ellos prácticamente vivían en las tres casas que poseían, a lo que debe agregarse que en esa época viajaban por todo el mundo, permaneciendo poco tiempo en Chile».

En 1964, su tía Matilde le solicitó que le ayudara a confeccionar sus vestidos de gala, puesto que era modista. Por ese motivo, se trasladó junto con su hija a vivir a Isla Negra. «Para tal efecto, me prepararon un dormitorio con baño y con un taller de costura. Debo indicar que no necesariamente permanecía todo el tiempo en ese lugar, ya que circulaba libremente por toda la casa, al igual que

1338. *La Tercera*. Santiago de Chile, 14 de febrero de 1994, p. 10.
1339. Lafourcade, Enrique: *Neruda en el país de las maravillas*. Norma. Santiago de Chile, 1994, pp. 141-173.

mi hija Rosario, toda vez que éramos parte de la familia y nos consideraban para todos los eventos que se organizaban».[1340] Neruda llegó a sentir un gran cariño por su hija Rosario, cuyos dibujos mostraba a quienes le visitaban.[1341] Hace más de una década, la periodista Inés María Cardone logró conversar brevemente con ella, quien le manifestó que conservaba «los más gratos recuerdos» de su infancia junto al poeta en Isla Negra.[1342]

Al conocerse la existencia del *Álbum de Isla Negra*, Hernán Loyola contextualizó aquel último amor en unos años de «fuerte crisis» personal: la sucesiva frustración del Premio Nobel, las críticas de los intelectuales cubanos y de las fuerzas más radicales de la izquierda, la invasión de Checoslovaquia y, en el aspecto más privado, «un enfriamiento (sucesivo al matrimonio, 1966) de su relación con esa cumplida y mejorada versión de Josie Bliss que fue Matilde (incluyendo las furias) y por la aparición de los primeros signos de una amenazante enfermedad». Aquella crisis personal quedó expresada en *Las manos del día* y *Fin de mundo*. El amor secreto con Alicia Urrutia y su candidatura a la Presidencia de la República ejemplificaron su lucha por *renacer*, manifestada en *Aún* y *La espada encendida*.[1343]

FIN DE MUNDO

A principios de abril de 1969, el corresponsal de *The New York Times* en Argentina, Malcolm W. Browne, le entrevistó en Isla Negra.[1344] El poeta no dudó en criticar la dependencia económica de América Latina respecto a Estados Unidos y por ese motivo celebró la reciente nacionalización de una compañía petrolífera peruana que pertenecía a capital norteamericano y abogó por ha-

1340. Causa-rol n.º 1.038 del 34.º Juzgado del Crimen de Santiago de Chile. Investigación judicial de la muerte de Pablo Neruda.

1341. En el libro de Luis Poirot (1987) aparece una fotografía de Pablo Neruda y la pequeña Rosario en «la covacha» de Isla Negra tomada en 1969.

1342. Cardone, p. 209.

1343. *El Mercurio*. Santiago de Chile, 6 de julio de 2008. Suplemento *Artes y Letras*, p. 19.

1344. Entrevista reproducida en Chile en: *El Mercurio*. Santiago de Chile, 10 de abril de 1969, p. 29.

cer lo mismo en su país, principalmente con las grandes minas de cobre. El periodista señaló que sus críticas hacia Washington hacían más daño que la propaganda puramente política por su prestigio de alcance continental. Para su sorpresa, encontró en Isla Negra retratos de Walt Whitman y de Edgar Allan Poe y en la biblioteca numerosos libros de autores de su país. El propio anfitrión le manifestó su admiración por Arthur Miller, Norman Mailer, Archibald MacLeish o Robert Lowell.

Aquel año, fue elegido miembro honorario de la Academia Chilena de la Lengua. A fines de mayo, una amplia delegación de la institución llegó a Isla Negra para entregarle el diploma correspondiente. Presidió la jornada el doctor Rodolfo Oroz, quien fuera su profesor de latín en el Instituto Pedagógico, y le acompañaron Alone, Raúl Silva Castro, Luis Oyarzún y dos compañeros de estudios universitarios: Yolando Pino y René Silva Espejo, quien entonces dirigía *El Mercurio*. En su discurso, Oroz habló de la reparación de una injusticia y señaló que guardaba en su biblioteca el ejemplar que le dedicara de la primera edición de *Crepusculario*. En sus breves palabras de agradecimiento, Neruda se expresó de manera conciliadora: «Para un escritor comprometido están siempre distantes los honores y, si ellos llegan, pueden estimarse como signo de que a ciertas alturas de la vida las comprensiones aproximan a los hombres y los hacen sentirse partícipes de un patrimonio común que es la cultura».[1345]

A lo largo de 1969 se recordó el cuarto centenario de la impresión de *La Araucana*, de Alonso de Ercilla, a quien consideraba el «inventor» de Chile. «Cuando volvió a su patria, este poeta, lejos de señalar el valor de los soldados españoles, cantó en la obra que se considera la obra épica de España la rebeldía de los indios y su espíritu indomable», afirmó el 19 de junio, en el sindicato de la industria textil Hirmas, en su saludo al VI Congreso de las Juventudes Comunistas.[1346]

El 30 de junio, participó en un programa del Canal 9 de televisión, que pertenecía a la Universidad de Chile, con destacados pe-

1345. *El Mercurio*. Santiago de Chile, 28 de mayo de 1969, p. 2.

1346. *El Siglo*. Santiago de Chile, 20 de junio de 1969, p. 12. Así lo expresó en aquellas semanas durante un recital de poesía en la Universidad Católica, ante más de dos mil personas. *El Siglo*. Santiago de Chile, 28 de junio de 1969, p. 8.

riodistas como Julio Lanzarotti, Augusto Olivares, Emilio Filippi y Carlos Jorquera. Allí habló de su nueva obra: «Después de *La Barcarola*, que es un libro sistemático en el que me propuse ciertos objetivos de ritmo, de forma y de contenido, me quise hacer un regalo para mi cumpleaños próximo con un libro de gran esfuerzo que acabo de terminar. Este libro se llama *Fin de mundo* y va a aparecer alrededor del 12 de julio: es el regalo que me haré a mí mismo al cumplir 65 años. Tiene más de 280 páginas, un largo poema».[1347] La primera edición la editó la Sociedad de Arte Contemporánea con ilustraciones de Mario Carreño, Nemesio Antúnez, Pedro Millar, Marie Martner, Julio Escámez y Osvaldo Guayasamín. Entonces también publicó otra obra, *Aún*, en este caso con Nascimento, que lanzó una tirada de solo quinientos ejemplares. Es la más breve de todas, con veintiocho poemas, y, según relató Pring-Mill en el *Times Literary Supplement* en abril de 1970, los escribió en solo dos días, el 5 y 6 de julio de aquel año.[1348]

Su sexagésimo quinto cumpleaños se convirtió de nuevo en un acontecimiento nacional.[1349] Recibió numerosos saludos y convocó a sus amigos para el 12 de julio frente al océano. «Las famosas fiestas de Pablo en Isla Negra se celebraron especialmente con ocasión de sus cumpleaños. Varias veces exigió que llegáramos disfrazados, lo que producía la consiguiente algazara», ha recordado Aída Figueroa. «Al respecto recuerdo como disfraz extraordinario el de Teruca Hamel, que apareció de bailarina de circo, enteramente de rojo, con una melena disparatada y colorina. También Marie Martner era muy imaginativa y acertada para sus disfraces, así como Matilde Ladrón de Guevara o Sarita Vial, Thiago de Mello y Ana María Vergara. Pablo y Matilde se disfrazaban sin mucha estridencia». El poeta solía recurrir a algunos sombreros, como un

1347. *El Siglo*. Santiago de Chile, 13 de julio de 1969. *Revista Semanal*. Especial «65 años de Pablo Neruda», p. 12.

1348. Loyola, Hernán: «Notas». *Pablo Neruda. Obras completas. III. De Arte de pájaros a El mar y las campanas. 1966-1973*, pp. 981 y 986-987.

1349. A la importancia de este aniversario se refirió Luis Corvalán en la reunión que mantuvo con el embajador soviético, N. B. Alexeev, el 23 de mayo de aquel año. Informe de E. Kozlova, asesora del Departamento Internacional del Comité Central del PCUS, de julio de 1969. Documento procedente del Archivo Estatal de Historia Política y Social (RGASPI) de Moscú. *Dossier* sobre Pablo Neruda, p. 60.

gorro ruso, o utilizaba una capa de cosaco, prendas que había recolectado, fascinado, en sus viajes por el mundo.[1350]

Hasta allí llegó aquel 12 de julio de 1969 Rafael Plaza, a quien llamaba «el poeta de la carpintería». Era su compañero inseparable en las construcciones, el encargado de anclar sus mascarones, o de grabar los nombres de sus añorados amigos en la Taberna Alberto Rojas Giménez. En otra ocasión se ocupó de colocar en la biblioteca de Isla Negra un cuadro de Whitman. «No me lo vaya a romper», le pidió. Mientras le buscaban una ubicación, el hábil obrero le conmovió con su inocente pregunta: «Don Pablito... ¿le puedo preguntar?, ¿es su papá?». «Sí, es mi papá...», le dijo.[1351]

También se desplazaron hasta su *casa en la arena* el ministro de Educación, el democratacristiano Máximo Pacheco, y Volodia Teitelboim, Alejandro Lipschutz, Francisco Coloane, Juvencio Valle, Roberto Parada, Manuel Rojas, Luis Enrique Délano, Gonzalo Losada, Hernán Loyola, Luis Alberto Mansilla, su hermana Laura, su sobrino Raúl Reyes, su tío José Ángel Reyes Parada, el alcalde de Parral, Enrique Astorga, Hortensia Bussi o Claudio Véliz. No podían faltar tampoco el doctor Velasco y su esposa, Marie Martner.[1352] «Casi al final de la fiesta, me llamó discretamente aparte para contarme que se sentía enfermo y preocupado por unas molestias que experimentaba al orinar, cosa que nunca antes había sufrido», escribió Francisco Velasco. «Estaba realmente afligido y temeroso. Le aconsejé que fuera a consultar a un buen urólogo en Santiago, y así lo hizo. [...] A los pocos días me llama por teléfono para comunicarme que había visto al doctor Vargas Zalazar. Le había efectuado un prolijo examen y le encontró la próstata ligeramente aumentada de volumen pero palpó un nodulillo duro "que no le gustaba nada" y tenía que controlarse en un mes más. Pasaron sus molestias, se sintió bien y no volvió al control».[1353]

El 20 de julio, en el Teatro Caupolicán, el Partido Comunista le tributó un homenaje por su aniversario. Intervino la senadora Julieta Campusano y actuaron el Coro de la Universidad Técnica del Estado, Víctor Jara y el ballet folklórico Pucara. El poeta leyó los

1350. Figueroa, p. 159.
1351. *El Siglo*. Santiago de Chile, 16 de julio de 1966, p. 3.
1352. *El Siglo*. Santiago de Chile, 14 de julio de 1969, p. 7.
1353. Velasco (1987), pp. 119-123.

poemas que dedicara a su padre y a la *mamadre* en *Memorial de Isla Negra* y recibió numerosos obsequios. Especialmente hermosos fueron los que le entregaron los hermanos de profesión de su progenitor: una pala fogonera, un farol señalero y una placa de bronce hecha por los obreros de la Maestranza de San Bernardo en la que se leía: «Los ferroviarios comunistas a Pablo Neruda, hijo de ferroviario, en sus 65 años de vida». Al final del acto, con la voz temblorosa por la emoción, leyó el poema «A mi partido».[1354]

El 21 de agosto recibió el Doctorado Honoris Causa de la Universidad Católica «por su valioso aporte a la literatura chilena y mundial». Miguel Ángel Solar, uno de los líderes del movimiento por la Reforma Universitaria de 1967 y representante estudiantil en el Consejo Superior de esta casa de estudios, pronunció el primer discurso en una ceremonia que tuvo lugar en el gimnasio.[1355] El rector, Fernando Castillo Velasco, le entregó el título y después intervino Neruda, quien además leyó algunos de sus poemas ante más de mil personas.[1356]

Del 20 al 31 de agosto la Biblioteca Nacional acogió una exposición de sus obras, de especial interés por la muestra de las traducidas a otros idiomas (árabe, chino, japonés, italiano, inglés...) y de ejemplares de las revistas que había dirigido, como *Caballo Verde para la Poesía*, *Aurora de Chile* y *La Gaceta de Chile*.[1357]

El 6 de septiembre recibió un homenaje del Senado, veinte años después de su salida clandestina de Chile, y su presidente, el democratacristiano Tomás Pablo, le impuso una medalla de oro.[1358]

CANDIDATO PRESIDENCIAL

La tarde del 30 de septiembre de 1969 el Comité Central del Partido Comunista acordó por unanimidad designarlo como su candidato presidencial. Por primera vez desde Elías Lafertte en 1932, los

1354. *El Siglo*. Santiago de Chile, 21 de julio de 1969, p. 7.

1355. *Clarín*. Santiago de Chile, 22 de agosto de 1969, p. 11.

1356. Los discursos de Neruda y Solar se publicaron en: *Palabra de juventud y palabra de poeta*. Ediciones Nueva Universidad. Santiago de Chile, 1969.

1357. *El Siglo*. Santiago de Chile, 3 de septiembre de 1969, p. 9.

1358. *La Nación*. Santiago de Chile, 7 de septiembre de 1969, p. 2.

comunistas lanzaban a uno de los suyos a la *carrera* hacia La Moneda. Mientras Volodia Teitelboim comunicaba la noticia a los periodistas que habían llegado a la sede, en el exterior centenares de personas empezaban a concentrarse en aquella tarde invernal para escuchar desde el balcón principal a Luis Corvalán: «Tenemos derecho como el que más a desear que el nuestro sea el candidato de la Unidad Popular. El Partido Comunista se ha convertido, por voluntad del pueblo, en el primer partido de la izquierda chilena. Además, desde 1938 a esta parte ha venido apoyando a candidatos radicales y socialistas y no sería malo que ahora apoyaran al nuestro». «No decimos: Pablo Neruda o ningún otro. No decimos: o nuestro candidato o no hay unidad».[1359]

Patricio Manns, Rolando Alarcón, Héctor Pavez y Víctor Jara llegaron hasta Teatinos 416 para prolongar la tarde con sus canciones.[1360] Solo les interrumpió Neruda para pronunciar su primer discurso como candidato presidencial: «Nunca he concebido mi vida como dividida entre la poesía y la política. Mi pensamiento y mi acción se ha determinado por lo que soy, que es lo mismo, en esencia, de lo que es el pueblo en nuestra patria. [...] Soy parte del pueblo. Soy miembro de una familia de trabajadores que repartieron sus ásperas jornadas entre el centro y el sur del territorio. Jamás estuve con los poderosos y siempre sentí que mi vocación y mi tarea era servir al pueblo de Chile con mi acción y mi poesía».

Expresó su orgullo por la belleza incomparable de su patria, pero le dolía la vida sufrida de los trabajadores y de tantos niños que carecían de leche, libros y zapatos. «Tengo el orgullo de la lucha volcánica y heroica de la Araucanía en defensa del territorio y sobrellevo la humillación de que Chuquicamata, Sewell o La Exótica sigan dando dólares a los filibusteros norteamericanos». «Esta candidatura no es un saludo a la bandera de un partido, aunque este sea mi partido glorioso y luminoso. Representa una causa que llevaremos al triunfo a través de la unidad popular y

1359. Labarca Goddard, Eduardo: *Chile al rojo. Reportaje a una revolución que nace.* Ediciones de la Universidad Técnica del Estado. Santiago de Chile, 1971, pp. 201-202.

1360. *Neruda comunista.* Ediciones El Siglo. Santiago de Chile, 1969, pp. 9-15.

esta victoria será el verdadero, el grandioso saludo a la bandera de Chile y de la revolución».[1361] El poeta era la gran personalidad de un Partido Comunista que era hegemónico en la clase obrera y tenía una poderosa presencia en el movimiento estudiantil y entre los campesinos y los *pobladores* (los habitantes urbanos más pobres).[1362]

Aquella noche en todo el país los militantes comunistas salieron a las calles para celebrar la resolución e iniciar el trabajo de agitación y propaganda. En Temuco, una columna salió de la sede local hacia la céntrica plaza Teodoro Smith y en Lota, Coronel, La Calera, Valparaíso, Antofagasta, Punta Arenas o Quillota se escuchó a los jóvenes comunistas vestidos con sus características camisas de color amaranto corear: «¡Neruda, Neruda, Chile te saluda!».

Su candidatura fue bien recibida por los otros prohombres que optaban a liderar a la izquierda. «El Partido Comunista en su legítimo derecho ha designado a uno de los militantes más sobresalientes y, además, a un poeta de prestancia mundial», afirmó Salvador Allende. «Personalmente, soy viejo amigo de Pablo, tengo motivos especiales de reconocimiento y afecto, ya que él me acompañó en las campañas de 1958 y 1964 a muchas provincias del país y entregó a las masas y el pueblo el ideario de nuestro movimiento y la belleza profunda de su poesía».[1363]

El 1 de octubre, Neruda ofreció una concurridísima conferencia de prensa acompañado por los miembros de la Comisión Política de su partido. Todos resaltaron que la decisión del Comité Central no era un gesto simbólico, sino la expresión de la voluntad comunista de lograr el acuerdo en la izquierda en torno a un programa y un candidato que lo representara y, si esta apuesta se frustraba, concurrirían a las elecciones del 4 de septiembre de 1970 con el poeta. Un periodista les preguntó si creían que en América Latina un comunista podía ganar una elección presidencial, algo de lo

1361. *El Siglo*. Santiago de Chile, 1 de octubre de 1969. *Neruda comunista,* pp. 36-39.

1362. Álvarez V., Rolando: *Arriba los pobres del mundo. Cultura e identidad política del Partido Comunista de Chile entre democracia y dictadura. 1965-1990.* LOM Ediciones. Santiago de Chile, 2011, pp. 29-30.

1363. *El Siglo*. Santiago de Chile, 4 de octubre de 1969. *Neruda comunista,* p. 24.

que no había precedentes. «Hasta hace tres meses ningún hombre había llegado a la Luna», bromeó Jorge Insunza.[1364]

Hasta fines de año recorrió Chile de norte a sur. Primero, las localidades populares de la corona metropolitana de Santiago: La Granja, La Cisterna, Barrancas, San Miguel, Quinta Normal... Después se dirigió al norte, donde el 18 de octubre la ciudad de Antofagasta le declaró Ciudadano Ilustre y le sorprendió el fallido golpe de Estado del general Roberto Viaux.

En Arica se encontró con el joven poeta Óscar Hahn, a quien había conocido en 1963, que le ofreció su automóvil para desplazarse por la zona. Un día fueron a almorzar a la casa que una familia amiga, los Walton, tenían en la playa, cerca de La Lisera. «Tyndall Walton, uno de los anfitriones, se había conseguido unos camarones descomunales y el mejor vino blanco para agasajar a Neruda. El poeta estaba muy alegre. En un momento se puso a cantar, con su célebre voz cansina y nasal, una canción de la Guerra Civil española. Era cómico escucharlo y él se divertía como niño chico», ha recordado Hahn.

El poeta se retiró a cumplir su siesta cotidiana y pidió que le buscaran a media tarde. Óscar Hahn regresó a la hora convenida y no lo encontró. Sí que estaba Volodia Teitelboim, muy preocupado. «Bueno, Volodia, no se olvide que Neruda antes que nada es poeta». «Muy poeta será, pero en este momento es el candidato del partido. Debería ser más cuidadoso», zanjó el senador. Decidieron partir hacia la universidad y allí estaba. «Lo que pasa es que me vino a ver Jorge Bellet. Fuimos a su casa de Azapa, nos entusiasmamos recordando viejos tiempos y después ya no tenía sentido regresar a la playa», se justificó.

Hahn también recuerda que su recital fue «toda una experiencia». La sala estaba abarrotada y, cuando estaba acabando, se oyó una voz exigente: «El Poema 20». El poeta ni se inmutó. «Pero lue-

1364. *El Siglo*. Santiago de Chile, 2 de octubre de 1969. *Neruda comunista*, pp. 25-32. El 6 de octubre, en su reunión con el funcionario de la embajada soviética A. F. Sherbachev, Volodia Teitelboim expresó esta misma posición, incluso si el acuerdo programático que se alcanzara incumplía los planteamientos del Partido Comunista. Informe de E. Kozlova, asesora del Departamento Internacional del Comité Central del PCUS, de noviembre de 1969. Documento procedente del Archivo Estatal de Historia Política y Social (RGASPI) de Moscú. *Dossier* sobre Pablo Neruda, p. 54.

go se oyó otra voz, y otra y otra, y no tuvo más remedio que ceder a las exigencias de su público. Apenas pronunció las primeras palabras: "Puedo escribir los versos más tristes esta noche...", la atmósfera se cargó de una emoción especial».[1365]

Antonio Skármeta, entonces un joven escritor, fue testigo de algún acto de aquella singular campaña que llevó a Neruda también a Rancagua, Talca, Concepción, Lota, Coronel y, ya en diciembre, a Temuco, Magallanes y Punta Arenas.[1366] Una mañana en una humilde población de Santiago había llovido y las doscientas personas, entre ellas Skármeta, que constituían su humilde auditorio tenían los pies hundidos en el fango. «El poeta concluyó más bien con desgana su arenga y se disponía a bajar de la tarima de madera, cuando la gente se lo impidió gritando "¡Poemas, poemas, queremos poemas!"». El poeta tardó un minuto en extraer un libro de su bolsillo y leer sus versos...[1367]

A fines de noviembre, en el mitin de clausura del XIV Congreso del Partido Comunista, en el Parque Cousiño, Neruda no solo se refirió a la coyuntura más inmediata, sino que criticó las masacres que Estados Unidos perpetraba en Vietnam y lamentó que oficiales de las Fuerzas Armadas chilenas se formaran en cuarteles estadounidenses, principalmente en Panamá, y llamó a la izquierda a la unidad. Era primavera, constató, «toda la patria se puso a florecer». «Pero la flor que esperaba todo el pueblo chileno aún no se ha abierto. La unidad popular anda por las raíces buscando su camino, pero aún no toma su forma ni su fuerza».[1368]

Mientras Radomiro Tomic era el candidato del gobernante Partido Demócrata Cristiano y el ex presidente Jorge Alessandri retornaba como opción de la derecha, 1969 terminaba sin acuerdo en la izquierda. A fines de diciembre, el poeta fue muy expresivo respecto a la candidatura única: «Tiene que hacerse; si no, estamos fritos. O se hace, o la fritura. [...] Si no hay unidad popular, gana la derecha».[1369]

1365. Hahn, Óscar: «Encuentros con Pablo Neruda». Loyola (1995), pp. 246-251.

1366. *El Siglo*. Santiago de Chile, 21 de enero de 1970, p. 5.

1367. *El Cultural*. Madrid, 22 de abril de 2004, pp. 10-11. El autor de *El cartero y Pablo Neruda* ha evocado al poeta también en su libro: *Neruda por Skármeta*. Seix Barral. Barcelona, 2004.

1368. *El Siglo*. Santiago de Chile, 30 de noviembre de 1969, p. 1.

1369. *Ercilla*. Santiago de Chile, 20 de diciembre de 1969, p. 11.

El 4 de enero de 1970, *El Siglo* publicó una carta de Neruda desde Isla Negra en la que exhortó a alcanzar un acuerdo bien en torno a su candidatura, bien en torno a la de Salvador Allende, Jacques Chonchol, Alberto Baltra o Rafael Tarud.[1370] Al día siguiente, Corvalán y él llamaron a superar el bloqueo de las conversaciones para definir el candidato único, puesto que la Unidad Popular ya tenía programa de gobierno e incluso el Acuerdo sobre Estilo y Conducción de la Campaña.[1371] «Estamos preocupados pero no estamos desesperados», señaló el poeta. La situación se complicaba... y Allende tensó la cuerda al anunciar que había pedido al Partido Socialista que designara a otro de sus militantes a fin de facilitar el consenso.[1372]

El 20 de enero, el Movimiento de Acción Popular Unitaria (MAPU, escindido de la Democracia Cristiana en mayo de 1969) difundió una declaración en la que apostó por que el elegido procediera de las filas de uno de los dos partidos «más ligados» a la clase obrera, los comunistas retiraron la candidatura de Neruda y el senador Baltra también renunció, al igual que Tarud. Para el poeta terminaron ciento once días de campaña.

El 22 de enero, los principales dirigentes de la Unidad Popular designaron finalmente a Salvador Allende y se dirigieron hacia la plaza Bulnes, donde aquella tarde veraniega se realizaba una multitudinaria concentración convocada por el Partido Comunista.[1373] Aún llegaron a tiempo de escuchar aquellas palabras de Luis Corvalán: «Trabajadores de Santiago, pueblo de la capital, queridos camaradas: Salió humo blanco. Ya hay candidato único. Es Salvador Allende». La Alameda acogió una verdadera fiesta de la izquierda, con la participación de las principales voces de la Nueva Canción Chilena, de los poetas populares... que desplegaron su arte y sus versos tras los discursos. Se abrió un libro de adhesiones al programa de la Unidad Popular que Neruda inauguró con su firma.

1370. *El Siglo*. Santiago de Chile, 4 de enero de 1970. *Pablo Neruda. Obras Completas. V. Nerudiana dispersa II. 1922-1973*, pp. 291-292.

1371. Corvalán, Luis: *Camino de victoria*. Sociedad Impresora Horizonte. Santiago de Chile, 1971, pp. 339-352.

1372. Martner, Gonzalo (comp.): *Salvador Allende. 1908-1973. Obras Escogidas*. Centro de Estudios Políticos Latinoamericanos Simón Bolívar y Fundación Presidente Allende (España). Santiago de Chile, 1992, pp. 275-280.

1373. *El Siglo*. Santiago de Chile, 23 de enero de 1970, p. 1.

En aquellas semanas acompañaron al poeta en Isla Negra dos fotógrafas argentinas, Alicia D'Amico y Sara Facio, quienes en 1973 publicaron un bellísimo libro de fotografías: *Geografía de Pablo Neruda*. «Él mismo me iba contando la historia fascinante de cada objeto», explicó Sara Facio en 1995. «No había nada puesto al azar. Todo lo que estaba en la casa había sido detalladamente seleccionado y querido por él. Yo miraba una botella o un caracol y Pablo se acercaba y me contaba qué quería decir cada curva, cada brillo, cada centímetro del objeto, por menor que fuera. Era imposible ver cualquiera de sus objetos como algo inanimado. Por el contrario, todo tenía su historia, su anécdota, su razón de ser y estar en ese sitio. Todo lo que lo rodeaba tenía un maravilloso viaje desde sus orígenes hasta su lado, donde por fin descansaba».[1374]

«NERUDA, *GO HOME*»

En la segunda mitad de enero de 1970, el poeta se refugió en Isla Negra para concluir la extensa y excepcional entrevista con la periodista argentina Rita Guibert. «Alto, fornido, medio calvo, de tez olivácea, sus rasgos más distintivos son una nariz prominente y los ojos castaños, grandes y aletargados. Sus movimientos son pausados pero firmes. Apoyado en un bastón de madera rústica y cubierto de un largo poncho argentino, suele hacer largos paseos a pie acompañado de sus dos chows. Habla con voz cadenciosa, pero sin afectación», describió Guibert. Su personalidad se expresaba también en la Taberna Alberto Rojas Giménez: por una parte, en las vigas de madera del techo figuraban bellamente inscritos los nombres de los amigos que ya habían partido; por otra, en una de las paredes había colgado dos carteles: uno, importado de Venezuela, exigía: «Neruda, *go home*». El otro, la portada de una revista argentina, imploraba: «Neruda ¿por qué no se suicida?».[1375] Se reunieron cada mañana hasta el 31 de enero. «Solíamos encontrarnos para trabajar en "la covacha", un pequeño cuarto de la biblioteca. Neruda, pausadamente, contestaba a mis preguntas como ha-

1374. *La Maga*, n.º 15. Buenos Aires, 1995, pp. 8-9. Edición especial titulada «Homenaje a Neruda».
1375. Guibert, pp. 19-92.

blando para sí. La única vez que lo vi impacientarse fue cuando su sobrina Alicia Urrutia lo interrumpió, en el momento en que estaba describiendo apasionadamente la historia de Chile, para anunciarle que tenía un llamado telefónico urgente».

En marzo, la revista estadounidense *Squire* le eligió como una de las cien personas más importantes del mundo, junto con Fidel Castro, Mao, David Alfaro Siqueiros, Evgueni Evtuchenko o el presidente de su país, Eduardo Frei Montalva.[1376] Otra muestra de su prestigio es el artículo publicado en aquellos días en la revista *Commonwealth* a propósito de la publicación por la editorial neoyorquina Grove Press de una antología de su poesía del período 1958-1967, con traducciones de Ben Belitt y Alastair Reid.[1377] «El Premio Nobel es tal vez mejor conocido por los escritores que nunca lo ganaron», escribió el estadounidense Ronald Christi. «Cada vez que Neruda no lo gana, se hace más obvio que él es demasiado grande para el Premio y que el único camino para que la Academia Sueca logre dignidad literaria es aceptar la dádiva que el nombre de Neruda puede conceder al Premio. Mientras tanto —fuera de nuestro país—, Neruda continúa siendo el poeta más conocido en el mundo y el más importante, de la misma manera que Picasso, aquí y afuera, es el más afamado y valioso pintor».[1378]

En abril viajó a Europa. En Moscú, tomó parte, un año más, en las deliberaciones del Premio Lenin. En Londres, ofreció un recital en la Round House. En Milán, asistió a la representación de *Fulgor y muerte de Joaquín Murieta* en el Piccolo Teatro. En París, el 14 de mayo participó en la Facultad de Letras de La Sorbona, epicentro del Mayo Francés, en una conversación ante unos trescientos estudiantes junto con Claude Couffon, uno de sus traductores. Algunos jóvenes le acusaron de «revisionista» y le reprocharon: «¡Con poesía no se hace la Revolución!». Neruda replicó que precisamente acababa de recibir desde una prisión boliviana una carta de Régis Debray, cuya liberación había exigido en diciembre, en la

1376. *La Nación*. Santiago de Chile, 21 de marzo de 1970, p. 4.

1377. Reid conoció a Pablo Neruda en Isla Negra en febrero de 1964. Reid, Alastair: «A visit to Neruda». *Encounter*, n.° XXV. Londres, septiembre de 1965, pp. 67-70.

1378. Artículo reproducido en: *El Mercurio*. Santiago de Chile, 12 de abril de 1970, p. 7.

que le confiaba que solo dos libros acompañaron al *Che* hasta su muerte: un manual de matemáticas y *Canto general.*[1379]

A fines de junio regresó a su país en el transatlántico *Verdi.* Hizo escala en Barcelona, donde se reunió con el pintor José Caballero, a quien no veía desde 1936, y su esposa, María Fernanda Carranza, y con Gabriel García Márquez. Recorrieron las librerías de viejo próximas al puerto y visitaron el Museo Marítimo de las Atarazanas. Adquirió dos joyas bibliográficas: el primer diccionario de mapudungún (el idioma del pueblo mapuche), del siglo XVI, y la *Historia de la cultura chilena*, del padre Molina, del siglo XVII. «España es para mí una gran herida y un gran amor y ustedes comprenden demasiado bien las cosas para aclararlas más», expresó a Marino Gómez-Santos.[1380] El barco hizo escala también en Tenerife el 27 de junio y allí se reunió con un grupo de jóvenes periodistas, entre ellos Juan Cruz y Fernando G. Delgado.[1381]

El 6 de julio participó en Naiguata, a unos cincuenta kilómetros de Caracas, en las deliberaciones del Tercer Congreso Latinoamericano de Escritores.[1382] A mediados de julio, en Lima, anunció la próxima publicación de su libro *La espada encendida* y que estaba escribiendo *Las piedras del cielo.*[1383] Expresó también su solidaridad con los guerrilleros peruanos encarcelados y firmó una petición para la liberación del poeta insurgente Héctor Béjar.[1384] Se entrevistó con el presidente de la República, el general Juan Velasco Alvarado, y en el auditorio del colegio Santa Úrsula brindó un recital poético a beneficio de las víctimas del terremoto ocurrido el 31 de mayo. «En una sala para más de mil personas, repleta. Jóve-

---

1379. *El Mercurio.* Santiago de Chile, 16 de mayo de 1970, p. 39. En abril de 1973, el poeta envió una aportación económica al alcalde de la popular comuna de San Miguel, el socialista Tito Palestro, para contribuir a levantar un nuevo monumento de homenaje a Ernesto *Che* Guevara después de la destrucción del anterior. Carta de Pablo Neruda a Tito Palestro de abril de 1973 desde Isla Negra. Consultada en el archivo de la Fundación Pablo Neruda.

1380. *Abc.* Madrid, 23 de agosto de 1970. Suplemento *Los Domingos de Abc*, pp. 17-21.

1381. *La Tercera.* Santiago de Chile, 28 de junio de 1970, p. 16. Juan Cruz ha evocado aquellas horas en: «Pablo Neruda, una mirada a caballo». *Litoral*, n.º 189-190. Torremolinos, 1991, pp. 35-36.

1382. *Puro Chile.* Santiago de Chile, 7 de julio de 1970, p. 8.

1383. *El Siglo.* Santiago de Chile, 12 de julio de 1970, p. 3.

1384. *Clarín.* Santiago de Chile, 14 de julio de 1970, p. 14.

nes sentados en el suelo, en los pasillos, en toda la orilla del escenario, de modo que solo quedaba libre un pequeño espacio circular alrededor de la mesa. Avanzaba la hora y el poeta no leía su poesía lírica de juventud. Se mantenía una especie de suspenso», ha explicado Jorge Edwards, testigo de aquella velada. «De pronto, dobló una página y comenzó, impasible: "Puedo escribir los versos más tristes esta noche...". En la inmensa sala se levantó un profundo respiro, unánime. Pablo se sacó los anteojos y se rió, contento, con algo de picardía, como si le hubiera estado gastando una broma a los jóvenes. Empezó de nuevo y fue un momento extraordinario, un momento de vibración y de comunicación inolvidable. Todo el teatro se puso de pie y aplaudió hasta el delirio».[1385]

Regresó a Chile a tiempo para intervenir en las semanas finales de la campaña electoral. El 26 de agosto, en un acto organizado por los artistas plásticos que apoyaban a la Unidad Popular, recordó el compromiso de los grandes intelectuales y artistas del siglo XX con la izquierda y recitó algunos de sus poemas ante un público popular. «Estamos jugándonos el destino de nuestra patria. Estamos luchando por cambiar su destino. Estamos luchando por la revolución chilena», proclamó.[1386]

La noche del 4 de septiembre de 1970 permaneció atento el emocionante escrutinio electoral. La histórica victoria de Salvador Allende y la Unidad Popular abrían para Chile un camino inédito hacia el socialismo. En los días posteriores, mientras la derecha política y económica exploraba cómo impedir su investidura en el Congreso Nacional, el poeta dirigió una simpática carta desde Isla Negra a quien llamaba «mi porfiadísimo compañero», a quien durante dos décadas había pugnado por el triunfo que entonces saboreaban. «Querido Salvador, no he ido a felicitarte porque he estado felicitándome. Supongo que desbarataremos la conspiración. Esto prueba que hay que pegarles fuerte. Ya vendrá el momento. [...] El 18 comeremos un ciervo que preparará Matilde. Si vienes con Tencha sería espléndido para celebrar el triunfo a pleno ciervo».[1387]

1385. Poirot (1987), p. 166.
1386. *El Siglo*. Santiago de Chile, 28 de agosto de 1970, p. 5.
1387. Carta de Pablo Neruda a Salvador Allende de septiembre de 1970 desde Isla Negra. Consultada en el archivo de la Fundación Salvador Allende.

En 1970 fue Alexander Solzhenitsyn quien obtuvo el Premio Nobel de Literatura.[1388] Al menos, Neruda fue declarado Ciudadano Ilustre por la Municipalidad de El Quisco, en cuyos límites está Isla Negra,[1389] y el 31 de octubre recibió la distinción de Ciudadano Honorario de Valparaíso, acreditada por una medalla y un pergamino, de manos del alcalde Alfonso Ansieta.[1390] En su discurso, evocó sus emotivos vínculos con la ciudad y explicó el sentido de una vida consagrada a la poesía: «He querido ser poeta para toda la gente, para todos los rangos. He querido ser poeta de la vieja historia del mundo y de la informalidad salvaje de lo desconocido, de la selva, del mar, del océano, de la profundidad. Pero también he querido ser poeta de las cosas más elementales, más pequeñas, más consabidas, más rústicas, más despreciadas. He querido ser el poeta esencial, en su tarea, de los sentimientos nacionales...».[1391]

El 3 de noviembre, Salvador Allende inició su mandato presidencial. Pocos días después, Volodia Teitelboim visitó a Neruda en *La Sebastiana* y fue testigo de la crisis más grave de su relación con Matilde Urrutia. «La tempestuosa escena matinal se desarrolló en mi presencia», escribió. «Estábamos los tres de pie. Matilde reprendía a su marido con risa violenta y palabras fuertes. [...] "Te diré que tu amigo no es un santito. Se ha metido con mujeres sucias y ahora está enfermo de la parte correspondiente. Y no sana. Por donde pecas, pagas"». Neruda intentaba calmarla: «No sea exagerada, Patoja. No hable así...». Enfurecida, había descubierto la relación que su sobrina Alicia y su esposo mantenían. «Matilde les encontró un día con un cuadro que no era exactamente una naturaleza muerta. Era demasiado vivo...».[1392]

Si Delia del Carril no supo adivinar la autoría de *Los versos del capitán*, desde luego Matilde Urrutia no acertó a interpretar correctamente el libro que su esposo publicó en septiembre de aquel

1388. *El Mercurio*. Santiago de Chile, 3 de octubre de 1970, p. 33.
1389. *El Siglo*. Santiago de Chile, 14 de octubre de 1970, p. 7.
1390. *La Nación*. Santiago de Chile, 2 de noviembre de 1970, p. 12.
1391. Neruda, Pablo: «Soy un poeta de utilidad pública». En: *Pablo Neruda. Obras Completas. V. Nerudiana dispersa II. 1922-1973*, pp. 309-314. Véase también: Vuskovic Rojo, Sergio: *Neruda. La invención de Valparaíso*. Universidad de Playa Ancha. Valparaíso, 2004, p. 37.
1392. Teitelboim (1996), pp. 448-449.

año, *La espada encendida*, una metáfora del triángulo amoroso del que formaba parte, sin saberlo, junto con sus dos protagonistas: Rhodo, el guerrero de 130 años, y la joven Rosía. «Se trata del mito de Adán y Eva, del castigo y de la culpa, en realidad, de un nuevo Adán, de una nueva Eva», anticipó Neruda en enero. «El mundo ha terminado, la bomba y la guerra lo han destruido y Adán, el único hombre sobre la tierra, se encuentra con Eva. La vida de la humanidad comienza nuevamente con ellos».[1393]

Este episodio, que Volodia Teitelboim solo incorporó a su biografía literaria del poeta después del fallecimiento de Matilde Urrutia y sin identificar a la protagonista, situó al matrimonio a un centímetro de la ruptura. Así lo dejó escrito en sus memorias inéditas el doctor Francisco Velasco: «Tanto va el cántaro a la fuente que por fin Matilde sorprende a su marido *in fraganti* con las manos en la *plasta* de su sobrina, la expulsa inmediatamente de casa con sus enseres a cuestas. Matilde muy afectada se aleja de Pablo y quiere irse a México con sus padrinos Blanca Hauser y Armando Carvajal». Le contó esta idea a Marie Martner, pero esta le recomendó que no dejara el camino expedito a su sobrina... «Por fin viene la reconciliación —prosiguió Velasco—, pero ya no es lo mismo, algo ha cambiado, Neruda estuvo realmente enamorado de Alicia».[1394] Aquel día de noviembre de 1970, durante un paseo por Viña del Mar, el poeta pidió en privado a Volodia Teitelboim, uno de los dirigentes más importantes del Partido Comunista: «Yo tengo que poner distancia. Salir por un tiempo, pero al servicio del Gobierno. Creo que debo ser Embajador en Francia. Convérsalo con los compañeros. Y si están de acuerdo, que se lo propongan a Salvador».

En su declaración judicial de julio de 2012, Alicia Urrutia se limitó a explicar de este modo su alejamiento: «No recuerdo fecha exacta, pero a finales del año 1970, debido a que don Pablo y mi tía debían viajar a París, ya que don Pablo había sido designado Embajador de Chile en Francia, es que decido irme de la casa de Isla Negra junto a mi hija, mudándome a la casa de mi hermana Camila

1393. Guibert, pp. 19-92.
1394. Casasús, Mario: «Los divorcios de Neruda, sus efectos políticos y la próxima exhumación». Diario digital *El Clarín*. Santiago de Chile, 9 de febrero de 2013. www.elclarin.cl

en Santiago, ya que recuerdo que pasamos las fiestas de ese fin de año junto a ella».[1395] Sí que manifestó que mantuvo correspondencia con el poeta en los años siguientes.

Efectivamente, veterano maestro en los ardides para proteger sus relaciones extramatrimoniales, en París Neruda comunicó a Jorge Edwards, ministro consejero de la embajada, que recibiría unas determinadas cartas que debería entregarle de manera discreta.[1396] De aquel intercambio epistolar solo se conoce una de las misivas que Alicia Urrutia dirigió al poeta. Tiene fecha de 5 de julio de 1971 y la redactó con motivo de su próximo cumpleaños: «Pablo amor [...]. Todas las horas del día y de la noche estés donde estés y con quien sea, se feliz, te recordaré, pensaré en ti alma mía. Mi corazón está tibio de amarte tanto y pensar en ti. Amor amado amor te beso y acaricio todo tu cuerpo amado. Amor amado amor amor amor mío amor. Tu Alicia que te ama, te ama».[1397]

EMBAJADOR EN PARÍS

El 9 de diciembre de 1970, el poeta participó en Temuco en la inauguración de las Jornadas Nerudianas que organizó la sede de la Universidad de Chile, concebidas —según la prensa local— como la forma de saldar una vieja deuda de la ciudad,[1398] cuya Municipalidad también le declaró entonces Hijo Ilustre.[1399] En enero de 1971 viajó a Isla de Pascua para rodar uno de los capítulos de la serie documental *Historia y geografía de Pablo Neruda* que dirigía Hugo Arévalo y que el Canal 13 empezó a emitir el 12 de octubre de aquel año. De este viaje nacería *La rosa separada*, un libro que rezuma tristeza después de su tormentoso alejamiento de Alicia Urrutia y en el que Guiseppe Bellini ha encontrado elementos muy interesantes: «El carácter fundamental-

1395. Causa-rol n.º 1.038 del 34.º Juzgado del Crimen de Santiago de Chile. Investigación judicial de la muerte de Pablo Neruda.

1396. «Las cartas empezaron a llegar con regularidad, a razón de una o dos por semana...». Edwards, Jorge: *Adiós poeta*. Debolsillo. Santiago de Chile, 2013, p. 350.

1397. Quezada Vergara, *Pablo Neruda. Epistolario viajero*, p. 35.

1398. *El Diario Austral*. Temuco, 9 de diciembre de 1970, p. 8.

1399. *El Siglo*. Santiago de Chile, 12 de diciembre de 1970, p. 9.

mente autobiográfico de la poesía nerudiana no se desmiente en este libro; las alusiones a lo que constituyó la experiencia vital del poeta son numerosas y su sentido intensamente dramático de la existencia vuelve a manifestarse».[1400] Su primera edición apareció en París en octubre de 1972, con una tirada de noventa y nueve ejemplares, ilustrada con seis grabados en color de Enrique Zañartu.[1401]

El 21 de enero, en una sesión especial, el Senado aprobó todos los nombramientos diplomáticos propuestos por el Gobierno, entre ellos su designación como embajador en Francia, que solo fue votada de manera favorable por los diecinueve senadores de la Unidad Popular y pudo prosperar gracias a la abstención de los democratacristianos, ya que los derechistas votaron en contra.[1402] Casi tres décadas después, regresaba a la diplomacia y a un puesto clave, ya que le correspondería atender las negociaciones de la deuda exterior chilena en el Club de París y su Gobierno confiaba en que las buenas relaciones con los países de Europa occidental pudieran atenuar la ya visible hostilidad de Washington.

La despedida estuvo repleta de compromisos. El 23 de febrero asistió en el Hotel Crillón a un almuerzo que le ofreció el Comité de Escritores y Artistas de la Unidad Popular. Dos días después, entregó a la Población «Pablo Neruda», surgida de una ocupación de terrenos efectuada el 26 de octubre de 1969 por más de dos mil familias sin casa, seiscientos libros para la biblioteca que estaban construyendo. Las calles de tierra de este campamento levantado al final de la comuna santiaguina de Conchalí tenían nombres como «Farewell», «Canto General», «Residencia en la Tierra»... y se organizaban alrededor de la plaza Macchu Picchu. Sus modestos habitantes le entregaron el plano, que llevaría consigo a París, con esta dedicatoria: «Porque te debemos tanto, compañero Pablo Neruda, y porque nada tenemos, fuera de este trozo de geografía, te lo ofrecemos...». Acompañado por Volodia Teitelboim y Gladys Marín, agradeció aquel gesto de los ciudadanos más modestos de

1400. Bellini, Guiseppe: *Viaje al corazón de Neruda*. Bulzoni. Roma, 2000, p. 126.

1401. Castanedo Pfeiffer, Gunther: «El "otro" viaje de Neruda a Isla de Pascua». *Nerudiana*, n.º 10. Santiago de Chile, diciembre de 2010, pp. 17-19.

1402. *El Siglo*. Santiago de Chile, 22 de enero de 1971, p. 5.

su patria: «He recibido hoy el homenaje más emocionante de mi vida, el que no he recibido en ninguna universidad del mundo, el que no es comparable a ninguna medalla recibida ni siquiera al Premio Nacional de Literatura. Este regalo ha sido el enrollar hoy el plano de la Villa Neruda: he visto que las calles llevan nombres de mis poemas, versos que fueron escritos a lo largo de casi cincuenta años, versos de amor, de esperanza, de lucha, de dulzura o de dolor. Y he visto que estos versos han llegado a vuestras casas junto con el agua de las nuevas cañerías, llevándoles todo lo más profundo que he creado».[1403]

El 2 de marzo Matilde Urrutia y él partieron en avión hacia Buenos Aires. «Sigo escribiendo poesía, seguiré haciéndolo para disgusto de mis enemigos y placer de mis amigos», declaró a los periodistas que le esperaban en el aeropuerto de Ezeiza.[1404] Durante aquellos días en la capital argentina fue asediado por los medios de comunicación, que descubrieron que se alojaban en la habitación 562 del Plaza Hotel, el mismo donde en 1933 protagonizó con Federico García Lorca el discurso «al alimón» en memoria de Rubén Darío.

Concedió una extensa entrevista en la que se explayó acerca de los objetivos del Gobierno de Salvador Allende. Explicó la victoria de la UP como el resultado natural del desarrollo histórico del movimiento popular. Destacó como primeras medidas emblemáticas el reparto del medio litro de leche diario a todos los niños chilenos en las escuelas, la profundización de la reforma agraria y el inicio del proceso de nacionalización de las grandes minas de cobre. «No me voy solo por mi gusto —pues admiro mucho a Francia—, sino que tengo una tarea que cumplir. Y además seguiré escribiendo, porque estoy condenado a escribir».[1405] Se reunió con los directivos de la editorial Losada y compartieron con Margarita Aguirre y Rodolfo Araoz.

El 6 de marzo embarcaron en el *Augustus* y solo catorce días después llegaron a Cannes, donde tomaron un avión hacia París. Ya el 26 de marzo presentó sus cartas credenciales ante el presiden-

1403. *El Siglo*. Santiago de Chile, 26 de febrero de 1971, p. 5.
1404. *El Siglo*. Santiago de Chile, 4 de marzo de 1971, p. 6.
1405. *Siete Días Ilustrados*, n.º 200. Buenos Aires, 15 de marzo de 1971, pp. 10-12.

te Georges Pompidou, heredero del general De Gaulle, en un gesto de temprana cordialidad, puesto que esta ceremonia solía realizarse un mes después de la llegada de los embajadores. Ingresó al Palacio del Elíseo acompañado por una escolta de motoristas de la prefectura de París y pasó revista a la Guardia Republicana, que le rindió honores.[1406]

En su discurso, Pompidou resaltó el interés con que su país seguía los acontecimientos en Chile y tributó grandes elogios a su condición de poeta.[1407] «Señor Presidente: no hay posiblemente ningún país que sea como Chile hijo de un poema, *La Araucana*, la poesía épica de don Alonso de Ercilla, gran poeta y pobre conquistador, donde mi país encuentra en principio su nombre y su puesto en la Geografía y en la Historia», señaló, antes de regalarle un ejemplar dedicado de *Arte de pajáros*. «Esta brillante epopeya es la consagración de aquellos que inauguran un combate de trescientos años por la independencia, la libertad, el territorio. Es en nombre de esta lucha legendaria, de esta herencia de orgullo que traigo a la Francia gloriosa y florida, en la persona de vuestra excelencia, el saludo de los chilenos de hoy, del Gobierno popular de nuestra República». Exaltó también la «deuda de luz» que tenía con la cultura francesa en su formación humana y literaria.[1408]

Una de las decisiones del poeta embajador que llamó la atención de sus visitantes chilenos fue la decisión de sustituir las fotografías de los ex embajadores en Francia, entre ellos Gabriel González Videla o Carlos Morla Lynch, por retratos de Bernardo O'Higgins, José Miguel Carrera, José Manuel Balmaceda, Luis Emilio Recabarren, Pedro Aguirre Cerda y Salvador Allende. «Fue preciso mucho tiempo para que estos seis retratos estuvieran alineados en un lugar de honor de esta Embajada», comentó a un periodista de *El Siglo*.[1409] En su despacho, situó en lugar preferente un tapiz de las bordadoras de Isla Negra. En el tercer piso, su residencia oficial, aportó su sello inconfundible y la envolvió en su

1406. Quezada Vergara, Abraham: «Pablo Neruda en el Servicio Exterior». *Diplomacia*, n.º 98. Santiago de Chile, abril-junio de 2004, pp. 28-51.

1407. *El Siglo*. Santiago de Chile, 28 de marzo de 1971, p. 1.

1408. *Puro Chile*. Santiago de Chile, 27 de marzo de 1971, p. 9.

1409. *El Siglo*. Santiago de Chile, 16 de mayo de 1971. *Revista Semanal*, pp. 1 y 16.

característico universo: desplegó en el suelo un león de felpa que había comprado en una tienda de juguetes de Nueva York, utilizó mesas y sillas de Saarinen, subió a las paredes cuadros de Nemesio Antúnez, utilizó en su vida cotidiana lozas de Quinchamalí y colgó algunas redes de los pescadores de Isla Negra.[1410]

El 15 de abril relató al ministro de Relaciones Exteriores, el socialista Clodomiro Almeyda, su primera entrevista con el ministro de Asuntos Exteriores francés, Maurice Schumann, que se desarrolló en un clima de entendimiento. Neruda le agradeció su reciente intervención en aras de la concesión de créditos para la adquisición de armamento destinado al ejército chileno, mientras que Schumann le felicitó por la rotunda victoria de la Unidad Popular en las elecciones municipales del 4 de abril. Dialogaron también acerca de la actitud que Washington adoptaría ante la política de nacionalizaciones del presidente Allende y el poeta le comentó sus planes en materia cultural.[1411]

A fines de mayo, en medio del alud de peticiones de medios de comunicación de toda Europa que llegaban a la embajada, un periodista de *La Nación* logró concertar una entrevista. «La asistencia técnica francesa es ahora mucho más importante y necesaria en la etapa de desarrollo que ha iniciado Chile. Hay esperanzas —casi seguridad— de que estos programas se ampliarán. No dudo que ellos crecerán. Es Francia y en todos los terrenos la que más rápida respuesta ha dado a todas nuestras peticiones de ayuda técnica y el presidente Allende en Santiago pidió que este punto fuera atendido con especial preferencia por nuestra Embajada. Estamos en los primeros pasos para aumentar y acelerar esta asistencia técnica», explicó.[1412] Subrayó también la simpatía y la cordialidad con que el Gobierno y la mayor parte de la sociedad gala contemplaban la experiencia chilena.

Como ministro consejero, Jorge Edwards se encargaba de la coordinación de los asuntos políticos y administrativos de la em-

---

1410. Donoso, José: «Bajo su sombra». *Abc*. Madrid, 24 de septiembre de 1993. Suplemento *Abc Literario*, pp. 20-21.

1411. Archivo General Histórico del Ministerio de Relaciones Exteriores de Chile. *1971. EmbaChile París. Oficios confidenciales Enviados-Recibidos. (1-29).* Schidlowsky, Tomo II, pp. 1293-1294.

1412. *La Nación*. Santiago de Chile, 25 de mayo de 1971. Vassallo, pp. 124-131.

bajada, mientras que él se ocupaba de las decisiones más relevantes. Sin embargo, su estado de salud, producto del cáncer de próstata que sufría, empezó a resentirse seriamente, como escribió a uno de sus amigos en la víspera de su sexagésimo séptimo aniversario: «Querido Volodia, después de haberme dado de comer y haberme sostenido para ir al baño en mi primera levantada después de cuatro días (10 metros, 10 minutos), Matilde rebosante de salud se permite también tomar el dictado. Estoy vagamente enfermo con varios días de penicilina...».[1413]

Se recuperó y aquel mismo mes atendió al periodista y fotógrafo Hans Ehrmann, quien les acompañó en uno de los paseos dominicales por el Mercado de las Pulgas, donde el poeta se maravillaba ante botellas con forma de violín o algún anuncio publicitario de whisky de principios del siglo XX o pequeñas esculturas precolombinas... Después de cuatro meses en Francia, confesó a Ehrmann, aún no había encontrado un momento para retomar la escritura poética.[1414]

El 18 de septiembre por primera vez la celebración de la fiesta nacional en la embajada tuvo un carácter popular, con la asistencia de unos mil ciudadanos chilenos, además de los invitados de otros países. Días después, volvió a ser hospitalizado, como relató a Volodia Teitelboim, a quien anticipó que el doctor Raúl Bulnes explicaría en breve su estado de salud a la dirección del Partido Comunista: «Te escribo desde la clínica, en donde estoy todavía sometido, con exámenes que me tienen flaco y deprimido. [...] A mediados de octubre regresa a Chile el doctor Raúl Bulnes. Le he pedido que haga una exposición ante nuestros amigos de mis actuales dolencias y vaticinios médicos y quirúrgicos».[1415] En aquellos días, la prensa chilena se hizo eco de los rumores insistentes acerca de su empeoramiento. La Prensa, por ejemplo, informó que estaba enfermo «de gravedad» y que podría padecer «una infección sanguínea denominada septicemia», «una enfermedad muy grave».[1416]

1413. Carta de Pablo Neruda a Volodia Teitelboim del 11 de julio de 1971 desde París. América Latina, n.º 4. Moscú, 1976, pp. 202-222.

1414. Ahora, n.º 16. Santiago de Chile, 3 de agosto de 1971, pp. 40-43.

1415. Carta de Pablo Neruda a Volodia Teitelboim del 30 de septiembre de 1971 desde París. América Latina, n.º 4. Moscú, 1976, pp. 202-222.

1416. La Prensa. Santiago de Chile, 16 de septiembre de 1971, p. 1.

A principios de octubre, la Agencia Efe difundió un reportaje sobre su vida en París. Relató que hacía un par de meses se había estrenado en este país *Fulgor y muerte de Joaquín Murieta* y que en aquellos días la compañía de María José Goyanes representaba su traducción de *Romeo y Julieta* en el Teatro Fígaro de Madrid.[1417] También por supuesto, como cada año por aquellas fechas, empezaron las cábalas acerca del Premio Nobel de Literatura: Malraux, Borges, Günter Grass, Graham Greene... y Pablo Neruda eran los favoritos, según un cable de UPI fechado el 11 de octubre en Estocolmo.[1418]

La víspera de la votación de la Academia Sueca, prevista para el 14 de octubre, alguien llamó desde Finlandia a Jorge Edwards y le anunció que en un noventa por ciento de posibilidades la más alta distinción literaria universal recaería aquel año en su embajador. El martes 19 de octubre este rumor empezó a llegar a la prensa y un periodista de UPI llamó a Edwards para intentar contrastarlo.[1419]

En aquellos días, Losada lanzaba la *Antología esencial*, seleccionada y prologada por Hernán Loyola, con una tirada de cuarenta mil ejemplares. No pudieron haber escogido un momento mejor...

UN LAUREL DE GLORIA

A primeras horas de la mañana del jueves 21 de octubre de 1971 decenas de periodistas se aglomeraron ante la puerta de la embajada de Chile, ubicada en el número 2 de la avenida de La Motte-Picquet, a pocos metros de la Torre Eiffel y del Palacio Nacional de Los Inválidos. Los teléfonos estaban colapsados con incesantes llamadas desde España, Uruguay, Argentina y Chile. Pasado el mediodía, los funcionarios y el embajador se recluyeron en el estudio del segundo piso y encendieron la radio... Casi al instante, un locutor

---

1417. «Pablo Neruda, embajador de la poesía». Reportaje de José Luis Martínez Mar. París, 8 de octubre de 1971. Servicios especiales de la Agencia Efe. Consultado en el Archivo de Prensa de la Agencia Efe.

1418. *La Prensa*. Santiago de Chile, 12 de octubre de 1971, p. 10.

1419. Edwards, Jorge: «Los duendes escandinavos». *Ahora*. Santiago de Chile, 23 de noviembre de 1971, pp. 40-42.

francés anunció la resolución de la Academia Sueca. «Ahora empiezo a creer que es cierto», admitió.

Acompañado por Matilde Urrutia y Louis Aragon, ofreció unas primeras declaraciones a la prensa, que interrumpió para conversar con el presidente Allende por teléfono. A los periodistas les comentó que era «una sorpresa largamente esperada», «un milagro». «Quisiera que este Premio beneficie la lucha por la libertad en América Latina, la riqueza de la cultura latinoamericana y el desarrollo del potencial creador de nuestro continente». A las tres de la tarde recibió la visita del embajador sueco, Ingerman Haeggiar, quien leyó los argumentos del jurado: «Su poesía que, con la acción de la fuerza de los elementos, da vida al destino y los sueños de un continente...».[1420]

En Estocolmo, los miembros de la Academia Sueca permanecían reunidos en su sede del viejo edificio de la Bolsa. Fue su secretario, Karl Ragnar Gierow, quien anunció a los medios de comunicación que de nuevo habían premiado a un escritor que cumplía funciones de diplomático, como fue el caso de Miguel Ángel Asturias en 1967: «El embajador Neftalí Ricardo Reyes Basoalto ha sido seleccionado ganador...». Ante la perplejidad de los periodistas, aclaró (sin conocer el cambio legal de 1947): «... más conocido con el seudónimo de Pablo Neruda».[1421] Fue el tercer escritor latinoamericano y el sexto en lengua española que logró un galardón que entonces estaba dotado con cuatrocientas cincuenta mil coronas suecas, unos noventa mil dólares.

Aquella misma tarde, Augusto Olivares, director de Televisión Nacional, logró conversar por teléfono con Neruda, quien le dijo que estaba «abrumado» por la atención de la prensa de todo el mundo, por los telegramas que llegaban sin cesar.[1422] «Estoy como

1420. *El Siglo*. Santiago de Chile, 22 de octubre de 1971, p. 9.

1421. *El Mercurio*. Santiago de Chile, 22 de octubre de 1971, p. 1.

1422. En el Archivo del Escritor de la Biblioteca Nacional de Chile se conservan varios telegramas dirigidos a Neruda con motivo de la concesión del Premio Nobel. Por ejemplo, desde Madrid, el pintor José Caballero y María Fernanda Carranza le transmitieron: «Imposible comunicar telefónicamente. Millones de felicitaciones. Estamos radiantes». Y, desde Palma de Mallorca, Camilo José Cela le expresó: «Un abrazo lleno de alegría por la justa concesión del Nobel...». Una buena parte pueden consultarse en línea, digitalizados, en la Biblioteca Nacional de Chile.

aplastado... pero aplastado por una felicidad que me desborda». Le confesó también que aquel año, después de tantas decepciones, habían perdido la esperanza y que estaba emocionado al saber la alegría que invadía su país. «Ustedes saben, los poetas somos seres especiales que hasta creemos en milagros y ese milagro sucedió. [...] Este premio se lo dedico a todos los chilenos. Ojalá que se sientan tan orgullosos como yo».[1423] Otra de las pocas personas que logró intercambiar unas palabras desde Chile con él fue doña Elena González, la propietaria de la hostería de Isla Negra, quien le describió la felicidad que desbordaba el lugar.

El presidente Georges Pompidou, al regresar al Palacio del Elíseo tras inaugurar una exposición de Picasso en el Louvre, le envió un mensaje de felicitación. Desde su casa de Vallauris, en la Costa Azul francesa, el pintor del *Guernica* expresó su alegría por la concesión del Nobel a su amigo, que coincidía con su noventa aniversario. En España, Vicente Aleixandre, Antonio Buero Vallejo, José García Nieto y José Caballero Bonald le felicitaron efusivamente y reconocieron sus méritos literarios.[1424]

Aquella noche, en un restaurante parisino, Pablo Neruda y Matilde Urrutia compartieron mesa con Laura Reyes, Carlos Vassallo, Louis Aragon, Gabriel García Márquez, Roberto Matta y Artur Lundkvist.[1425]

En Chile, el Premio Nobel fue acogido como un gran logro nacional. A la una de la tarde, el presidente Allende leyó una declaración ante los medios de comunicación en la que destacó: «Este galardón, que incorpora a la inmortalidad a un hombre nuestro, es la victoria de Chile y de su pueblo, y, además, de América Latina». Tuvo palabras de recuerdo para la maestra del Valle del Elqui que conquistara ese mismo galardón en 1945, Gabriela Mistral, y ensalzó el valor de la obra nerudiana: «Por la poesía de Neruda pasa Chile entero, con sus ríos, montañas, nieves eternas y tórridos desiertos. Pero, por sobre todas las cosas, por ella están el hombre y la mujer. Por eso está presente el amor y la lucha social». Destacó su condición de embajador en Francia del Gobierno de la Unidad Popular y aludió a su militancia comunista. «Fue mi compañero de

1423. *Clarín*. Santiago de Chile, 22 de octubre de 1971, p. 3.
1424. *El Siglo*. Santiago de Chile, 22 de octubre de 1971, p. 9.
1425. *El Mercurio*. Valparaíso, 31 de octubre de 1971, p. 5.

muchas giras, en el norte, centro y sur de Chile, y siempre recordaré con emoción cómo el pueblo, que oía nuestros discursos políticos, escuchaba con emoción, en un silencio expectante, la lectura que hacía Pablo de sus versos».[1426]

Desde Arica hasta Magallanes, fue festejada la noticia procedente de la nieve de Estocolmo. El cardenal Raúl Silva Henríquez, el presidente de la Corte Suprema, los rectores universitarios, el presidente de la Central Única de Trabajadores y dirigentes de todas las tendencias políticas celebraron la noticia. «La buena nueva emocionó y conmovió a Chile, que sintió con orgullo nacional el alborozo por la suprema distinción literaria otorgada a un hombre suyo que ha sabido expresar con belleza y verdad el sentimiento más íntimo de su humanidad, la odisea de sus trabajadores, los antiguos sueños y las nuevas esperanzas de los pueblos de América Latina», señaló con legítimo orgullo la declaración difundida por el Partido Comunista. El Premio Nobel era «un laurel de gloria sobre la frente de toda nuestra Patria».[1427]

En el mundo de la cultura la reacción también fue unánime. Alejandro Lipschutz proclamó que solo por haber escrito *Alturas de Macchu Picchu* ya era digno de tal honor. «El más grande poeta de la hora contemporánea ha recibido un premio que merecía desde hace treinta años [...] ha sido reconocido el talento americano y universal de poeta que ha cantado todos los temas de la tierra y del hombre», afirmó, por su parte, Volodia Teitelboim. También Juvencio Valle (director de la Biblioteca Nacional), María Maluenda, José Balmes (director de la Escuela de Bellas Artes de la Universidad de Chile), Hernán Loyola, Luis Merino Reyes (presidente de la Sociedad de Escritores) y Nemesio Antúnez (director del Museo Nacional de Bellas Artes) expresaron públicamente su satisfacción.[1428]

En Parral, las autoridades municipales ordenaron que se engalanara la ciudad con la bandera nacional y visitaron el museo local, instalado en la que fue casa natal del poeta. En la misma región del Maule, el regidor comunista y alcalde subrogante de Chillán, el abogado Eduardo Contreras, envió un saludo de felicitación en

1426. *El Siglo*. Santiago de Chile, 22 de octubre de 1971, pp. 1 y 3.
1427. *El Siglo*. Santiago de Chile, 22 de octubre de 1971, p. 1.
1428. *El Siglo*. Santiago de Chile, 22 de octubre de 1971, p. 3.

nombre de los paisanos de Matilde Urrutia.[1429] En la Población
«Pablo Neruda» de Conchalí, la emoción embargó a sus modestos
habitantes, que también le mandaron un telegrama. Elena Santander expresó, mostrando un ejemplar de *Canto general* dedicado:
«Casi lloré de alegría cuando supe que le habían dado el Premio
Nobel de Literatura [...]. Qué felicidad más grande». Y la pequeña
María Inés, de nueve años, alumna de la Escuela Mixta n.º 423, aseguró con orgullo que había conocido personalmente al poeta y recitó algunos de sus versos.[1430]

Tal vez solo hubo un ciudadano chileno que no quiso expresar
su opinión... Fue el ex presidente Gabriel González Videla, quien
justificó su decisión argumentando que estaba retirado de toda actividad pública.[1431]

La prensa internacional acogió de manera favorable la noticia. El 22 de octubre, *The New York Times* le dedicó una página
y uno de los artículos portaba un título que debió llenarle de orgullo si pudo leerlo: «Un Walt Whitman latinoamericano». En
Londres, *The Times* no mostró gran entusiasmo y señaló que en
la votación final se había impuesto a Borges. En cambio, *The
Guardian* publicó un elogioso texto de la profesora Jean Franco,
de la Universidad de Essex. En Italia o Argentina la prensa saludó de manera unánime la decisión de la Academia Sueca. En Venezuela, el diario *La Verdad* resaltó que su obra era «la más grande y poderosa de este siglo».[1432] El diario conservador francés *Le
Figaro* subrayó que ya era «un clásico». «Es un mito, un mito vivo
coronado hoy». Por su parte, *L'Humanité* destacó: «Es, sin duda,
el más universal de todos los poetas».[1433] «Por fin Neruda», tituló
uno de sus comentarios editoriales el rotativo paraguayo *La Tribuna*.[1434]

Su rival en la votación final de los miembros de la Academia,
Jorge Luis Borges, acogió de manera caballerosa la noticia. «A pesar de mis diferencias políticas con Pablo Neruda, pienso que la

1429. *El Siglo*. Santiago de Chile, 22 de octubre de 1971, p. 1.
1430. *El Siglo*. Santiago de Chile, 22 de octubre de 1971, p. 5.
1431. *Puro Chile*. Santiago de Chile, 22 de octubre de 1971, p. 17.
1432. *El Mercurio*. Santiago de Chile, 23 de octubre de 1971, pp. 1 y 12.
1433. *La Tercera*. Santiago de Chile, 23 de octubre de 1971, p. 9.
1434. *El Siglo*. Santiago de Chile, 24 de octubre de 1971, p. 11.

Academia ha estado muy acertada en otorgarle el Premio Nobel. Yo no estoy muy interiorizado con la obra de Neruda, pero los poemas que he leído de él me han parecido maravillosos», declaró a la agencia Latín el mismo 21 de octubre en la capital argentina. «Me parece un fallo muy justo. También lo hubiera sido otorgárselo a Malraux», aseguró a *Clarín* días después.[1435]

El sábado 23 de octubre, Pablo Neruda dirigió, a través de las cámaras de Televisión Nacional, un mensaje de agradecimiento a su país. En primer lugar, al presidente Salvador Allende y a su esposa, Hortensia Bussi, después a los comandantes en jefe del Ejército, la Armada, la Fuerza Aérea y Carabineros, también al cardenal Silva Henríquez, a los mineros, a los campesinos, incluso a los carteros... «por los centenares y centenares de telegramas que he recibido». Igualmente mencionó a «mi partido». Su mensaje finalizó con un llamamiento al compromiso de las mayorías sociales con la Unidad Popular.[1436]

Aquel mismo día, el canal público de televisión grabó en su residencia oficial una conversación de unos trece minutos que mantuvo con Gabriel García Márquez, conducida por Augusto Olivares. «Quiero mandarle al pueblo chileno una felicitación por la merecidísima distinción que se ha hecho a un poeta chileno que, para mí, es el más grande poeta del siglo XX, en todos los idiomas», dijo el novelista colombiano, quien obtendría esa misma distinción once años después.[1437]

El 3 de noviembre, la Cámara de Diputados le rindió un homenaje unánime y al día siguiente lo hizo el Senado. «El Premio Nobel otorgado a Pablo Neruda no puede constituir una sorpresa para nadie que guste de la poesía y que conozca siquiera en parte la gigantesca obra poética del vate...», afirmó el senador derechista Francisco Bulnes.[1438] El homenaje de los parlamentarios al poeta

1435. *Clarín*. Buenos Aires, 28 de octubre de 1971. Suplemento *Clarín Literario*, p. 3. Número dedicado a Pablo Neruda con motivo del Premio Nobel de Literatura.

1436. *El Siglo*. Santiago de Chile, 25 de octubre de 1971, pp. 1 y 3.

1437. *El Siglo*. Santiago de Chile, 10 de noviembre de 1971, p. 15. El vídeo de esta conversación entre Gabriel García Márquez y Pablo Neruda se localiza con facilidad en Internet.

1438. San Francisco, Alejandro: *Neruda. El Premio Nobel chileno en tiempos de la Unidad Popular*. Centro de Estudios Bicentenario. Santiago de Chi-

fue el último acto de unidad nacional en un país que pronto se dividiría abruptamente.

LA ARDIENTE PACIENCIA

El 7 de diciembre de 1971 por la tarde, Pablo Neruda y Matilde Urrutia llegaron al aeropuerto de Arlanda, en Estocolmo. Allí les recibieron el embajador de Chile, Luis Enrique Délano, y Lola Falcón, Artur Lundkvist y la periodista Virginia Vidal. «Soy amigo de Neruda desde hace veinticinco años», explicó Lundkvist a la enviada especial de *El Siglo* para cubrir la entrega del Premio Nobel. Le visitó por primera vez en Santiago de Chile en 1946 con una carta de recomendación de Gabriela Mistral. Había empezado a traducir sus versos al sueco en 1944 y ya en 1950 publicó una antología suya y de Federico García Lorca. Su elección como miembro de la Academia Sueca sorprendió en los círculos intelectuales, puesto que le consideraban un *enfant terrible*: en 1958 había recibido el Premio Lenin y simpatizaba demasiado con los movimientos de liberación del Tercer Mundo. «He aceptado por Neruda», le dijo a su amigo español Francisco Uriz. «Sí, así tendré influencia para el Premio».

«Neruda ha sido aquí una persona muy polémica y debatida. Sobre él se han escrito no solo elogios, sino también cosas terribles en nuestros periódicos, pero lo dicho por el académico Gierow ("El Premio Nobel se honra con Neruda") es una opinión mayoritaria», manifestó la profesora Marina Torres a Virginia Vidal. «Cuando se acordó otorgarle el Premio Nobel, el primer comentario de Artur Lundkvist fue: "Bueno, uno se siente más o menos descansado, porque se ha saldado una deuda"».[1439]

El 8 de diciembre, el poeta protagonizó una rueda de prensa en la que habló del Gobierno de la Unidad Popular: «Tiene una gran importancia para Chile y para el continente latinoamericano».

---

le, 2004. Incluye la transcripción de las sesiones en ambas cámaras legislativas (pp. 105-183).

1439. Vidal, Virginia: «La captura de un cóndor con cazamariposas». *Los rostros de Neruda*, pp. 141-155. En febrero de 1973, en Isla Negra Neruda escribió un prólogo para el libro *Huellas en la tierra* de Artur Lundkvist, seleccionado y traducido al español por Francisco Uriz, que se publicó en 1974. Ha sido incluido en: Lundkvist, Artur: *Textos en la nieve*. Fundación Jorge Guillén. Palencia, 2002, pp. 9-10.

«América Latina está llena de injusticias, tiene que cambiar».[1440] A lo largo de aquella semana solo ofreció un recital, aquel mismo día en el Museo de Arte Moderno, ante unas seiscientas personas. Estuvo organizado por el Club de los Cronopios (asociación de emigrantes y refugiados comunistas españoles), la Asociación Humanista de la Universidad de Estocolmo y el Centro de Autores.[1441] Francisco Uriz, otro de sus destacados traductores al sueco, presentó el acto y leyó unas palabras de Artur Lundkvist. Los actores Max von Sidow y Ulla Sjöblom recitaron en su idioma los versos que él leía en español.[1442]

Como era tradicional, se alojaron en el Grand Hotel, en la suite Bernadotte. Allí también se hospedaron los dos únicos españoles que les acompañaron en aquellos días: el poeta y actor de doblaje Rafael de Penagos, al que conocía desde 1953, y el empresario y militante comunista Teodulfo Lagunero. Amigo de Marcos Ana, Rafael Alberti y Miguel Ángel Asturias, lo había conocido aquel mismo año en la capital francesa. «En cuanto se descuidaba, volvía a recitarle su maldición a Franco o el "Canto de amor a Stalingrado"», ha escrito Lagunero. En París compartieron mesa varias veces, con situaciones bien divertidas como una cena propuesta por el empresario español. «Lagunero, yo sé que el que invita es el que elige el restaurante; pero, si hoy no te importa, lo elegiré yo aunque pagues tú». El poeta le advirtió que el restaurante no era caro, pero sí el vino que le tenían reservado... «Te va a costar una fortuna». En aquel establecimiento, en el semisótano, indicó que le trajeran una botella y volvió a insistir en que era buenísimo pero de precio imposible... «Una vez puesto el vino sobre la mesa, Penagos cogió la botella, quizá con energía, para ver qué clase de vino era que tan caro nos anunciaba Pablo que nos iba a resultar». «Neruda riñó a Penagos: "Rafaelito, tú serás un buen poeta, pero de vinos no entiendes. Esta botella ya no sirve, pues la has agitado y ahora Lagunero tendrá que pagar una segunda botella"».[1443]

1440. *La Prensa*. Santiago de Chile, 9 de diciembre de 1971, p. 10.

1441. *El Siglo*. Santiago de Chile, 11 de diciembre de 1971, p. 6.

1442. Uriz, Francisco J.: *Pasó lo que recuerdas*. Biblioteca Aragonesa de Cultura. Zaragoza, 2006, pp. 77-78.

1443. Lagunero, Teodulfo: *Una vida entre poetas. De Pablo Neruda a Antonio Gala*. Espasa Calpe. Madrid, 2006, pp. 23-53.

Por supuesto, durante sus ocho días en Estocolmo visitó el barco *Vasa*, construido para la guerra de los Treinta Años en el siglo XVII y que se hundiera en 1628 en la misma bahía minutos después de ser botado. Bellamente restaurado, su museo acababa de abrir las puertas y el poeta, acompañado por su viejo amigo Luis Enrique Délano, no pudo menos que admirar sus cañones, sus mástiles e incluso divagar con la posibilidad de trasladar algunos de sus mascarones a Isla Negra, junto a *Jenhy*, *María Celeste*, el pirata *Morgan* o la *Guillermina*.

El viernes 10 de diciembre la atención universal se centró en la capital sueca y principalmente en quien había conquistado el Premio Nobel de Literatura. Neruda no solo era un poeta universal, sino que además representaba a un Gobierno y a un pueblo que aspiraban a construir una sociedad socialista con pleno respeto al pluralismo y los derechos humanos. La ceremonia, transmitida en directo por Televisión Nacional para todo Chile, empezó a las cuatro y media de la tarde en la iglesia pentescostal Filadelfiakyrkan, con capacidad para acoger a los más de dos mil invitados, ya que estaba en obras el escenario tradicional, el Palacio de Conciertos. Más que una iglesia, el lugar elegido parecía un cine moderno, bastante funcional y nada barroco.

Ya había caído la noche boreal y decenas de personas se acercaron a sus puertas para aclamar a Neruda, a pesar del intenso frío y la nieve. Presidía el escenario un busto de Alfred Nobel, acompañado por cuatro banderas suecas y hermosas coronas de flores, y había dispuestos diez sillones tapizados en rojo para los académicos que pronunciarían los discursos y los premiados. Los integrantes de la Orquesta Filarmónica de Estocolmo ocuparon sus lugares, mientras que los sillones dorados destinados al anciano monarca de 89 años y la familia real estaban ordenados en la primera fila. «A las cuatro y veinticinco exactamente, unos señores que portan unas largas trompetas y que estaban sentados a ambos lados de la verdosa estatua de Nobel, se levantan de pronto. Se produce un gran silencio. A continuación hacen sonar sus trompetas. Todos nos ponemos de pie. Sonriente, con ligeras inclinaciones de cabeza, aparece el anciano rey Carlos XVI Gustavo, seguido de la real familia. Se escuchan las notas del himno nacional. Después, todos volvemos a sentarnos», relató Rafael de Penagos.

De nuevo sonaron las trompetas y, precedidos por seis académicos suecos, ingresaron los premiados: el británico Dennis Gabor (Física), el canadiense Gerhard Herzberg (Química), los estadounidenses Earl W. Sutherland (Medicina) y Simon Kuznets (Economía) y Pablo Neruda.[1444] En el inicio de los discursos, el profesor Uf van Euler, presidente del Consejo de la Fundación Nobel, remarcó que se cumplían setenta y cinco años de la muerte de Alfred Nobel y setenta desde que por primera vez se entregaron los premios que llevan su nombre. Se sucedieron las intervenciones de los académicos que presentaron a los premiados y la entrega de las distinciones por parte del rey.[1445] El doctor Karl Ragnar Gierow pronunció el discurso de alabanza dedicado a Neruda. «Resumir a Neruda en unas frases es como cazar cóndores con cazamariposas», advirtió. A continuación, el poeta, vestido con un impecable frac que hoy puede verse guardado en su casa de Isla Negra, bajó del escenario y se acercó al monarca, quien le tomó la mano y conversaron durante más de un minuto, antes de entregarle el diploma y la medalla de oro con la efigie de Alfred Nobel.[1446] Al regresar al escenario sonrió mientras era aplaudido calurosamente.

A la conclusión de la ceremonia con el himno nacional sueco, los premiados, el cuerpo diplomático y todas las personalidades, a excepción del anciano rey, se dirigieron al Ayuntamiento, donde se ofreció un banquete y, como era costumbre que hiciera el Nobel de Literatura, Neruda pronunció unas breves palabras en nombre de todos los premiados.[1447]

El lunes 13 de diciembre dictó la tradicional conferencia posterior a la recepción del galardón, la única obligación que imponen los estatutos del Premio.[1448] El conocido como Discurso de Estocolmo lo leyó en el viejo edificio de la Bolsa, sede de la Academia Sueca, que está en Gamla Stan, la ciudad medieval. En un

1444. El Premio Nobel de la Paz se entregó al canciller alemán Willy Brandt en Oslo.

1445. De Penagos, Rafael: *Retratos testimoniales (1955-2006)*. Agualarga Editores. Madrid, 2006, pp. 135-149. El relato sobre Neruda está fechado el 25 de diciembre de 1971.

1446. Calderón Ruiz de Gamboa, Carlos: *Pablo Neruda, Premio Nobel de Literatura*. La Noria. Santiago de Chile, 1996, pp. 63-64.

1447. Véase aquel discurso en: *Pablo Neruda. Discursos y recuerdos del Premio Nobel de Literatura de 1971*, p. 13.

1448. *El Sur*. Concepción, 14 de diciembre de 1971, p. 13.

salón aristocrático, ante más de trescientas personas, tomó la palabra para recordar, en primer lugar, su salida clandestina de Chile, por la cordillera, en 1949, y explicó que aquel hito de su vida le sirvió para reflexionar acerca de la creación poética, los deberes del poeta y su compromiso político: «Yo escogí el difícil camino de una responsabilidad compartida y, antes que reiterar la adoración hacia el individuo como sol central del sistema, preferí entregar con humildad mi servicio a un considerable ejército que a trechos puede equivocarse, pero que camina sin descanso y avanza cada día [...]. Porque creo que mis deberes de poeta no solo me indicaban la fraternidad con la rosa y la simetría, con el exaltado amor y con la nostalgia infinita, sino también con las ásperas tareas humanas que incorporé a mi poesía». Expresó que procedía de un lejano país, que había sobrevivido a la soledad. «Fui el más abandonado de los poetas y mi poesía fue regional, dolorosa y lluviosa». Pero mantuvo siempre su confianza en el ser humano. «Por eso tal vez he llegado hasta aquí con mi poesía y también con mi bandera». Y coronó sus palabras expresando su fe en la profecía formulada hacía cien años por Arthur Rimbaud: «Solo con una ardiente paciencia conquistaremos la espléndida ciudad que dará luz, justicia y dignidad a todos los hombres. Así la poesía no habrá cantado en vano».[1449]

Aquella noche, cenaron en casa de Luis Enrique Délano y Lola Falcón. El poeta celebró el salmón que le preparó Regina, la cocinera, y le mostró su agradecimiento con un ejemplar dedicado de *Veinte poemas de amor y una canción desesperada*. En el tiempo posterior conversaron sobre Chile y algunos chilenos. «Pablo se refiere con ironía a los que lo criticaron por su divorcio de *la Hormiga*. "Todo el mundo se divorcia y no pasa nada. Pero bastó que lo hiciera yo y poco menos que se desató una guerra civil», escribió Délano en su diario.[1450] Al día siguiente, la embajada de Chile ofreció una recepción a la que asistieron el primer ministro, Olof Palme, Sture Petrén, presidente de la Academia Sueca, diplomáticos de los cinco continentes (incluidos los embajadores de la Unión

1449. *Pablo Neruda. Discursos y recuerdos del Premio Nobel de Literatura de 1971*, pp. 15-26.
1450. Délano, Luis Enrique: *Diario de Estocolmo (1971-1974)*. LOM Ediciones. Santiago de Chile, 2010, p. 64.

Soviética y Estados Unidos), Artur Lundkvist, Sun Axelsson, parlamentarios, gente de negocios...[1451]

El 15 de diciembre, Matilde Urrutia y él viajaron a Varsovia para asistir a una representación de *Fulgor y muerte de Joaquín Murieta*, que estuvo en cartel en el Teatro Studio durante más de un año.[1452] De inmediato regresaron a París, donde volvió a hacerse cargo del trabajo en la embajada y se centró en la gran polémica política que dividía su país tras la llamada «Marcha de las cacerolas vacías», en la que las mujeres derechistas, escoltadas por el grupo fascista Patria y Libertad, habían vociferado su odio de clase contra el Gobierno de Allende.

El 29 de diciembre publicó un artículo en *Le Monde* para denunciar la confabulación de la reacción interna con el Gobierno de Nixon y las transnacionales norteamericanas: «Después de la nacionalización legal y natural de los complejos industriales controlados por Estados Unidos, la táctica de Washington es completamente clara. Evidentemente, consiste en no ejecutar una intervención directa, dejando abierta la vía de la presión y el boicot económico y permitiendo que la labor subversiva haga lo suyo, utilizando a las fuerzas políticas que fueron desplazadas como resultado de elecciones democráticas».[1453] En esta estrategia involucró al sector más conservador del Partido Demócrata Cristiano, encabezado por el ex presidente Eduardo Frei Montalva.[1454]

1451. *El Siglo*. Santiago de Chile, 26 de diciembre de 1971. Página doble no numerada.

1452. *La Nación*. Santiago de Chile, 18 de junio de 1994, p. 39.

1453. Cable de la Agencia Tass. París, 29 de diciembre de 1971.

1454. *La Prensa*. Santiago de Chile, 31 de diciembre de 1971, p. 3.

13

Invierno en Isla Negra

Después de la concesión del Premio Nobel, la actividad del poeta volvió a concentrarse en la labor diplomática, ya que afrontaba unas negociaciones cruciales para el pago de la deuda exterior de su país y, además, la multinacional estadounidense Kennecott entabló una batalla judicial en Europa a fin de lograr el embargo del cobre exportado desde las grandes minas nacionalizadas en Chile. Buscó apoyo para la posición de su Gobierno ante el presidente Pompidou y el canciller Willy Brandt y su trabajo y el de otros diplomáticos logró que los acreedores del Club de París aceptaran retrasar el 70% de la deuda que su país debía pagar en 1972. Por otra parte, la evolución de su cáncer de próstata era negativa y tenía un pronóstico irreversible, como acreditaron los especialistas que le atendieron en Francia y en la Unión Soviética. En agosto de 1972, su amigo Homero Arce viajó a Francia para colaborar en un proyecto que le ilusionaba y no pudo llegar a culminar: la escritura de sus memorias. El regreso a Chile a fines de noviembre le devolvió a Isla Negra y le entregó el cariño de su pueblo, en un gran homenaje en el Estadio Nacional. La situación política, social y económica, después del gran paro patronal, era muy preocupante y se endureció aún más en 1973 por la ofensiva sediciosa de la oposición tras su derrota «moral» en las elecciones parlamentarias. El 28 de mayo, en un dramático discurso grabado para la televisión, Pablo Neruda llamó a evitar la guerra civil. En su corazón latía la memoria de la tragedia de la República Española.

El 8 de enero de 1972, el Partido Comunista conmemoró el quincuagésimo aniversario de su «fundación» con un acto en el Estadio Nacional, que se llenó con más de sesenta mil personas.[1455] En un breve mensaje desde París, el poeta expresó su tristeza por faltar a aquel emblemático acto y reafirmó «el inmenso orgullo» de pertenecer a sus filas. «He aceptado todas las lecciones que la vida me ha dado, pero ninguna lección más fecunda que pertenecer a la noble familia humana de los comunistas. [...] Desde Recabarren hasta los victoriosos días de hoy, cuánto sacrificio, cuánta abnegación, cuántas luchas hemos encabezado, cuántas veces hemos surgido desde la derrota con el corazón intacto y la esperanza reconstruida. No hay mayor premio ni mayor orgullo para un poeta que haber acompañado las luchas de su pueblo con su fuerza, su ternura y su poesía».[1456]

A principios de aquel año, con una parte de la dotación del Premio Nobel adquirió una casa en Normandía, en la localidad de Condé-sur-Iton, a una hora de París, que se convirtió en su lugar de retiro en Francia. La bautizaría como *La Manquel*, palabra que en mapudungún nombra a la pareja del cóndor. La prensa derechista de su país creó una polémica artificial en torno al «fabuloso castillo» que habría adquirido a un «conde» francés.[1457]

En aquellas semanas, Volodia Teitelboim viajó a París y Matil-

---

1455. Hasta 1989 el Partido Comunista de Chile no aceptó como fecha de su fundación el 4 de junio de 1912, en lugar del 2 de enero de 1922, cuando en el Congreso celebrado en Rancagua aceptó las condiciones de la Komintern y el Partido Obrero Socialista asumió la nueva denominación. Por este motivo, en 2012 fue el primer Partido Comunista en celebrar su centenario, de nuevo con un evento de masas en el Estadio Nacional.

1456. *El Siglo*. Santiago de Chile, 9 de enero de 1972, p. 9.

1457. Aquel bulo dio la vuelta al mundo. En julio de 1973, en la última entrevista que concedió, Margarita Aguirre le preguntó si era cierto que había comprado «un gran castillo en Francia». «Le voy a decir, querida comadre, que en la primera oportunidad en que yo pudiera hacerlo me compraría un castillo. Me gustan mucho los antiguos castillos, por el romanticismo, no por el confort, casi siempre son fríos [...]. En mi caso no hay tal castillo; agobiado por mi trabajo en la embajada, el traqueteo y el ruido de París, aproveché parte del dinero del Premio Nobel para comprarme una pequeña propiedad a ciento veinte kilómetros de París...». *Crisis*, n.º 4. Buenos Aires, agosto de 1973, pp. 37-44.

de Urrutia le informó de la enfermedad de su esposo. «Pablo tiene cáncer», le confesó en una cafetería próxima a la misión diplomática. «Ha sido operado, pero su enfermedad vuelve. Los médicos dicen que puede durar varios años, siempre que no suceda algún accidente fatal. No puedo hablarlo con nadie, pero tú tienes que saberlo para que lo transmitas a quien corresponda. Pablo no lo sabe y yo tengo que representar todo el día la comedia de la esposa dichosa».[1458]

El 21 de febrero, el secretario general del Partido Comunista se reunió con altos funcionarios de la embajada soviética en Santiago, que dirigieron un informe a Moscú que contiene una novedad importante: «Corvalan nos contó que dos meses atrás a Pablo Neruda le descubrieron síntomas de leucemia. A pesar del tratamiento recibido y de que su estado de salud ha mejorado, su conteo sanguíneo levanta una profunda preocupación y se teme que la enfermedad pueda repuntar en cualquier momento conduciendo a un lamentable final». Transmitieron, igualmente, que tanto Matilde Urrutia como Volodia Teitelboim, después de su estancia en París, creían necesario que viajara a la Unión Soviética para recibir un tratamiento médico altamente cualificado y por ese motivo informaron que la dirección del Partido Comunista de Chile les había solicitado que el poeta fuera internado en una clínica soviética. «Consideran que como excusa podría usarse la necesidad de que fuera a la URSS para participar en el jurado del Premio Lenin, del que es miembro, y de esta forma reiterarle la invitación. Sería aconsejable que la Unión de Escritores de la URSS organizara algún tipo de acto especial de lectura de sus versos en el que participara personalmente. Un detalle que sin duda se reflejaría de manera positiva en su estado de ánimo. L. Corvalan subrayó que Neruda aún no sabe lo complicado de su situación. Es por ello que la invitación a la URSS debería hacerse de manera cuidadosa».[1459]

El 3 de marzo, Víctor Díaz y Orlando Millas, destacados dirigentes comunistas, pidieron de nuevo a la embajada que le invita-

1458. Teitelboim (1996), p. 465.

1459. Informe de E. Kozlova, asesora del Departamento Internacional del Comité Central del PCUS, de 28 de marzo de 1972. Documento procedente del Archivo Estatal de Historia Política y Social (RGASPI) de Moscú. *Dossier* sobre Pablo Neruda, p. 30.

ran a viajar a la Unión Soviética en otras fechas para someterse a diferentes exámenes médicos, porque no podría asistir en abril a las deliberaciones del Premio Lenin debido a compromisos ya adquiridos.[1460]

Entre el 13 y el 17 de marzo, el flamante Premio Nobel de Literatura asistió en Milán al XIII Congreso del Partido Comunista Italiano, que aclamó a Enrico Berlinguer como secretario general.[1461] Aprovechó el viaje a la capital lombarda para expresar su reconocimiento a una de las personas que difundía su poesía en este país y que además se había preocupado de sus derechos de autor, el profesor Giuseppe Bellini, responsable de una antología de su obra en italiano publicada por la editorial milanesa Nuova Accademia en 1960. «Yo entonces enseñaba en la Facultad de Lenguas y Literatura Extranjeras de la Universidad Luigi Bocconi de Milán. Pablo me llamó por teléfono diciendo que quería intervenir en una de mis clases con una lectura suya y lo hizo, ante un numeroso público, atento y entusiasta. Declaró que se trataba de un homenaje personal a mí, joven profesor, y sus palabras quedaron como mi mayor recompensa».[1462] Bellini también le acompañó a la Galería Vittorio Emanuele, donde se encontró con el escritor español Antonio Colinas, quien le hizo una extensa entrevista.

El 6 de abril, la víspera de su viaje a Nueva York para participar en la reunión anual del Pen Club, a petición del ministro Clodomiro Almeyda dirigió una carta a Willy Brandt, canciller de la República Federal de Alemania. Le expresó su pesar por no haber coincidido durante la entrega del Nobel y no poder viajar a Bonn para visitarlo. Le adjuntó, dedicados, los dos volúmenes de la edición en alemán de su poesía y le pidió que destinara «unos instantes a la consideración de la dramática situación» por la que atravesaba su país: la deuda exterior, contraída por gobiernos anteriores, era de cuatro mil doscientos millones de dólares frente a unos ingresos anuales por divisas de mil cien millones de dólares: «Si Chile no

1460. Informe de E. Kozlova, asesora del Departamento Internacional del Comité Central del PCUS, de 28 de marzo de 1972. Documento procedente del Archivo Estatal de Historia Política y Social (RGASPI) de Moscú. *Dossier* sobre Pablo Neruda, p. 29.

1461. Santoni, Alessandro: *El comunismo italiano y la vía chilena. Los orígenes de un mito político.* RIL Editores. Santiago de Chile, 2011, p. 154.

1462. *Nerudiana*, n.º 13-14. Santiago de Chile, 2012, pp. 63-66.

recibe de los países que son sus acreedores un alivio adecuado de sus servicios, se vería condenado a gravísimas restricciones de su imprescindible abastecimiento en alimentos, materias primas, equipos, repuestos y combustibles». Añadió que cumplirían los compromisos internacionales adquiridos y que deseaban recibir el aporte y la tecnología de todos los países industrializados.

De manera prudente, criticó la agresión de Estados Unidos contra su Gobierno y su pueblo, que se esforzaban por llevar adelante su programa de profundas transformaciones «dentro de los más estrictos cauces de la democracia representativa y del respeto de las libertades y de los derechos humanos». Le rogó que hiciera valer su influencia decisiva para que la República Federal de Alemania encabezara a los países dispuestos a ayudar a Chile a superar las dificultades del presente. «Su voz es la más autorizada para decir que la Paz no puede construirse de una manera estable sobre la opresión, la pobreza y la desesperación del mundo subdesarrollado». En lo concreto, le solicitó que la delegación de su país asumiera esta posición en las deliberaciones previstas para el 17 de abril del Club de París, que reunía a los representantes de los dieciséis países acreedores de Chile para buscar fórmulas de renegociación de la deuda externa.[1463]

También conversó con André Malraux, ya ex ministro, y pidió apoyo para la posición chilena directamente al presidente Pompidou. Gracias a su labor y a la de los otros diplomáticos chilenos, el Club de París aceptó retrasar el 70% de la deuda que su país debía abonar en 1972.[1464] Otro frente que tuvo que atender fue el embargo de diversas partidas de cobre chileno logrado por la transnacional estadounidense Kennecott (anterior propietaria de El Teniente, la mina de cobre subterránea más grande del mundo) en varios países de Europa occidental después de la nacionalización de las grandes minas firmada por el presidente Allende el 11 de julio de 1971.[1465]

1463. Carta de Pablo Neruda a Willy Brandt del 6 de abril de 1972 desde París. Quezada Vergara, *Pablo Neruda. Epistolario viajero*, pp. 193-195.

1464. Fermandois, Joaquín: *Chile y el mundo. 1970-1973. La política exterior del Gobierno de la Unidad Popular y el sistema internacional*. Ediciones de la Universidad Católica de Chile. Santiago de Chile, 1985, pp. 382-385.

1465. Quezada Vergara, Abraham: «Pablo Neruda en el Servicio Exterior». *Diplomacia*, n.º 98. Santiago de Chile, abril-junio de 2004, pp. 28-51.

El 10 de abril, en Nueva York, fue el orador principal en la cena que el Pen Club celebró por su cincuenta aniversario en el *grand ballroom* del Pierre Hotel de Manhattan.[1466] Lo presentó Arthur Miller, quien en su breve discurso reconoció estar «muy nervioso»: «Él es una de las pocas personas ante las cuales me inclino, y siento que nada de lo que pueda decir es digno de mis sentimientos hacia su persona». Miller destacó que conoció su poesía en los años de la Gran Depresión, cuando era un muchacho que soñaba con convertirse en escritor. Sus poemas traducidos al inglés le causaron «una enorme impresión». «No solamente porque estaban bellamente escritos, sino porque parecían corresponder a lo que yo intuía debía ser el trabajo fundamental de un escritor en tiempos de crisis y revolución; a saber, ser ciudadano y situarse en la historia, de modo que los hombres serios y poderosos tuviesen que escuchar».[1467]

Por su parte, y ante la audiencia de unas setecientas personas, Neruda inició su intervención evocando una reciente reunión en París con los acreedores de su país, un encuentro desigual en el que los poderosos de la Tierra aún sojuzgaban a las naciones más modestas. Como escritor, como poeta, advirtió que llegaba a «renegociar» su deuda con la literatura norteamericana, principalmente con el autor de *Hojas de hierba*. «Todos debemos algo a nuestra propia tradición intelectual y a lo que hemos gastado del tesoro del mundo entero». «Por mi parte, yo que estoy muy cerca de los setenta años, cuando apenas cumplí quince descubría a Walt Whitman, mi más grande acreedor. Y estoy aquí entre ustedes acompañado por esta maravillosa deuda que me ha ayudado a existir». «Whitman me enseña más que Cervantes: en su obra no queda humillado el ignorante ni es ofendida la condición humana».[1468]

1466. Quezada Vergara, Abraham: «Neruda - Nueva York - Naciones Unidas». *Diplomacia*, n.º 119. Santiago de Chile, abril-junio de 2009, pp. 89-92. En este trabajo, Quezada Vergara también recupera las palabras con que abrió su recital en la Sala de Conferencias número 4 del complejo de las Naciones Unidas el 11 de abril de 1972.

1467. *Estudios Públicos*, n.º 94. Santiago de Chile, otoño de 2004, p. 467.

1468. *El Siglo*. Santiago de Chile, 14 de abril de 1972, p. 8. Sobre la influencia de la poesía de Whitman en Neruda, véase este estudio: Millares, Selena: *Neruda:*

El 11 de abril ofreció un recital en las Naciones Unidas y la Delegación Permanente de Chile, encabezada por el embajador y poeta Humberto Díaz-Casanueva, brindó un almuerzo en su honor.[1469] También leyó sus versos en la biblioteca de la Universidad de Columbia, donde mantuvo un debate con los cientos de jóvenes que le escucharon. «Un melenudo estudiante», según la crónica de *The New York Times*, le preguntó por su obsesiva referencia a la revolución en América Latina, cuando este debía ser un fenómeno universal. «Quizás todos somos culpables de obtener todos nuestros materiales de la experiencia local», aclaró. «Sin embargo, el más localista de todos los libros en nuestra tradición fue también el más universal: un libro sobre un lugar llamado La Mancha».[1470]

Regresó a Francia a tiempo para asistir a la importante reunión del Club de París del 17 de abril y a fines de aquel mes, en su último viaje a Moscú, los médicos soviéticos confirmaron a Matilde Urrutia el sombrío diagnóstico de un mal ya incurable.

En mayo, el presidente de la Sociedad de Escritores, Luis Merino Reyes, entregó a Hortensia Bussi una donación económica suya que debía destinarse a la construcción de parques infantiles y guarderías. Procedía de la totalidad de los derechos de autor generados por su libro *Poemas inmortales*, publicado por Quimantú en noviembre de 1971 a partir de una selección de Jaime Concha con una tirada de treinta mil ejemplares.[1471] También entonces aportó diez mil dólares a su partido para sufragar una parte de la compra e importación de una nueva máquina de impresión en offset para la imprenta Horizonte adquirida en la RDA. Corvalán añadió que ya en 1953 el poeta había adquirido la casa para el secretario general del Partido Comunista con una parte de la dotación del Premio Stalin y que la propiedad de Isla Negra se la había traspasado al PC y estaba inscrita en el Conservador de Bienes Raíces a nombre de «dos camaradas».[1472]

---

el fuego y la fragua. Ediciones de la Universidad de Salamanca. Salamanca, 2008, pp. 23-56.

1469. *El Siglo*. Santiago de Chile, 8 de abril de 1972, p. 1.

1470. Crónica de *The New York Times* reproducida en: *La Nación*. Santiago de Chile, 30 de abril de 1972. *Suplemento*, p. 13.

1471. *El Siglo*. Santiago de Chile, 15 de mayo de 1972, p. 7.

1472. *Las Noticias de Última Hora*. Santiago de Chile, 25 de mayo de 1972, p. 2.

A mediados de junio, la prensa chilena e internacional publicó que había sido internado en un hospital parisino por «una infección en las vías urinarias».[1473] Fue sometido a su segunda operación en Francia para aliviar sus molestias y combatir la infección, ya que el cáncer había ocasionado metástasis en los huesos de la pelvis.[1474] Además, había padecido de flebitis durante muchos años y sufría ataques más o menos frecuentes de gota, «la enfermedad de los nobles ingleses», solía apuntar con buen sentido del humor.

Todo ello configuraba un cuadro que Jorge Edwards describió así: «Dolores difusos, que a veces se volvían agudos, dificultades para caminar, palidez extrema, momentos de angustia».[1475] En especial, recuerda un día de julio de 1972: «Lo encontré absorto, en su oficina de embajador, frente a un periódico francés desplegado. "Se ha muerto a los 68 años de edad —me dijo—, la edad mía, un buen amigo venezolano, el ex presidente Raúl Leoni ¿y sabes de qué murió? De cáncer de próstata...". El fantasma de la muerte rondaba por su cabeza, pero sus comentarios eran siempre breves, alusivos, discretos». Durante un almuerzo oficial en la embajada en presencia de los ministros de Relaciones Exteriores de Francia y de Chile y del presidente de la Asamblea Nacional Francesa, se levantó de la mesa con aspecto «lívido». Regresó diez minutos después y, cuando los invitados se marcharon, le confesó que nunca había sentido tanto dolor.[1476]

HOMERO ARCE EN *LA MANQUEL*

En el verano europeo de 1972, el poeta disfrutó de dos momentos especialmente gozosos. El 12 de julio, a pesar de la reciente operación, pudo celebrar su fiesta de cumpleaños en *La Manquel*. En aquel rincón en Normandía estaba ya presente todo el universo nerudiano: los viejos mascarones de proa, las caracolas, las botellas

1473. *El Mercurio*. Santiago de Chile, 15 de junio de 1972, p. 23.
1474. Schidlowsky, Tomo II, p. 1.333.
1475. Edwards (2013), p. 347.
1476. Edwards, Jorge: «El último Neruda». *Pablo Neruda. Antología general.* Real Academia Española y Asociación de Academias de la Lengua Española. Madrid, 2010, p. XXIV.

singulares, los viejos anuncios publicitarios, los libros distribuidos por todas partes o las alfombras de lana cruda típicas de Chiloé... A su sexagésimo octavo aniversario llegó una excepcional representación de los narradores jóvenes latinoamericanos: Gabriel García Márquez, Julio Cortázar, Carlos Fuentes y Mario Vargas Llosa. «Su aparición en la fiesta causa una explosión de hilaridad porque ingresa disfrazado de *chansonnier de vaudeville parisién*, con levita, sombrero panamá y grandes mostachos», ha escrito Hernán Loyola. «Todavía tiene fuerzas para ironizar sobre su enfermedad. Y sus amigos colaboran, con gorros de papel y cantos y brindis, a que tenga pleno éxito esta admirable fiesta...».[1477]

A principios de agosto, desde su refugio normando escribió a Volodia Teitelboim para ponerlo al corriente de la reciente visita del ministro de Justicia, Sergio Insunza. «Sergio te contará estos días de convalecencia en *La Manquel*. Ha sido tan agradable tenerlo por acá y también muy útil. Ya te contará él mis reflexiones y mis disposiciones. Te mando mi último libro asaz melancólico, resultado de enfermedades y exilios». Se refería a *Geografía infructuosa*, publicado por Losada en mayo de aquel año, en el que, como ha señalado Dawes, palpitan los sentimientos de «congoja, temor y angustia [...] ante el paso inexorable hacia la soledad y la muerte...».[1478] También le comunicó que su retorno a Chile sería imposible antes de noviembre y le anunció una buena noticia: la llegada de su viejo amigo Homero Arce.[1479] «Homero, como palomo postal, aterrizó en *La Manquel*. Estamos trabajando diariamente en las memorias. Se trata de completar el texto del *Cruzeiro* hasta formar un libro importante. Homero y yo nos divertimos bastante y nos celebramos con entusiasmo».[1480]

En un breve texto fechado en *La Manquel* el 31 de agosto, felicitó al compositor griego Mikis Teodorakis por la cantata que había creado con algunos poemas de la que consideró su obra más importante: «Teodorakis ha tomado el *Canto general* por asalto y

1477. Loyola, Hernán: «Origen y razones de la *Antología popular* de 1972». *Pablo Neruda. Antología popular 1972*. Secretaría Ejecutiva de la Comisión Asesora Presidencial Bicentenario. Santiago de Chile, 2009. p. 13.

1478. Dawes (2014), p. 247

1479. *Araucaria de Chile*, n.º 1. Madrid, 1978, pp. 190-191.

1480. Carta de Pablo Neruda a Volodia Teitelboim del 5 de agosto de 1972 desde Condé-sur-Iton. *América Latina*, n.º 4. Moscú, 1976, pp. 202-222.

ha hecho una obra musical fascinadora en que la fuerza y la ternura exaltan mi poesía hasta el límite supremo. [...] Agradezco al maestro Teodorakis su participación en mi poesía, al darle un dinamismo que la levanta en una gran ola pasional hasta la comprensión del pueblo y de acuerdo con las más rigurosas exigencias de la cultura».[1481]

El 5 de septiembre, en la inauguración del VII Congreso de las Juventudes Comunistas, se dio lectura al saludo que envió desde París, un hermoso «trébol de cuatro hojas» (las «hojas» de la «alegría», de la «conciencia», de la «seguridad» y del «Partido»), toda una exaltación de la opción comunista. «Yo era ya un hombre cuando entré a la familia de los comunistas chilenos», dijo a aquellos muchachos. «Había atravesado la soledad. Había sentido y comprendido tragedias, desdichas, catástrofes. Había pasado por guerras y derrotas, por golpes y victorias. Creía ya saberlo todo. Pero encontré, dentro de mi partido y andando por pueblos y caminos a través de la extensión de América y Chile, que tenía mucho que aprender, y cada día hombres anónimos, desconocidos hasta entonces, me dieron las mayores lecciones de sabiduría, de rectitud, de firmeza...».[1482]

El 18 de septiembre, en *L'Humanité* subrayó el amplio apoyo de su pueblo al Gobierno del presidente Allende, expresado en la reciente manifestación que había reunido solo en la capital a más de ochocientas mil personas para conmemorar el segundo aniversario del triunfo electoral. «Las fuerzas fascistas de la derecha se hundieron en la decepción. Con ayuda de la CIA, están intentando desatar una guerra civil que hunda a la nación en el caos y conlleve graves consecuencias». No ocultó la difícil situación que atravesaba su país debido al boicot económico impuesto por Estados Unidos y varias multinacionales. «Nosotros nacionalizamos todas las grandes compañías. Pusimos fin a todos los grandes latifundios que quedaban como herencia de la colonia y pusimos a disposición

1481. *Puro Chile*. Santiago de Chile, 19 de septiembre de 1972, p. 5.

1482. Neruda, Pablo: «Un trébol de cuatro hojas». *El Siglo*. Santiago de Chile, 6 de septiembre de 1972, p. 3. Publicado recientemente en: *Ser un joven comunista. Cinco textos para la juventud chilena. Pablo Neruda, Salvador Allende, Gladys Marín, Che Guevara, Fidel Castro*. Ocean Sur. Santiago de Chile, 2012, pp. 15-17.

del Parlamento el análisis de una nueva Constitución que abra las puertas al socialismo. No daremos ni un solo paso atrás y Salvador Allende advirtió solemnemente a las fuerzas fascistas de la derecha y sus aliados que están jugando con fuego. [...] El pueblo chileno nunca permitirá que se destruya lo que escogió de manera libre y democrática a través de las elecciones...».[1483]

Días después, Volodia Teitelboim sugirió a la prensa que podría renunciar a la embajada y mantener la condición de delegado permanente de Chile ante la Unesco, una decisión que estaría motivada —aseguró de manera explícita— no por razones de salud, sino de índole literaria, ya que la gran responsabilidad que entrañaba dirigir la misión en Francia lo privaba del tiempo necesario para la creación poética y la preparación de sus memorias.[1484]

LA *ANTOLOGÍA POPULAR*

A principios de septiembre de 1972, Pablo Neruda escribió a Salvador Allende para plantearle un proyecto que le ilusionaba y que el presidente aceptó de inmediato: publicar sesenta poemas suyos que había seleccionado en las últimas semanas junto con Homero Arce.[1485] El libro se llamó *Antología popular* y la editorial estatal Quimantú lo lanzó con una tirada de ciento cincuenta mil ejemplares, que se distribuyeron de manera gratuita por todo el país a fines de noviembre.[1486] Como prólogo se incluyó la declaración de Allende con motivo de la concesión del Premio Nobel de Literatura. «Nacimiento», «La mamadre», «El padre», «Farewell», «Poema 20», «El fantasma del buque de carga», «Entrada a la madera», «Explico algunas cosas», «Nuevo canto de amor a Stalingrado», «Un canto para Bolívar», «Que despierte el leñador», «Oda a la cebolla», «Soneto XXV», «Meditación sobre la Sierra Maestra» y, en último lugar, «Testamento de otoño» fueron algunos de los poemas elegidos.

1483. Cable de la Agencia Tass. París, 18 de septiembre de 1972.
1484. *El Mercurio*. Santiago de Chile, 22 de septiembre de 1972, p. 17.
1485. Carta de Pablo Neruda a Salvador Allende del 6 de septiembre de 1972 desde París. *Pablo Neruda. Obras Completas. V. Nerudiana dispersa II. 1922-1973*, p. 1.019.
1486. *El Siglo*. Santiago de Chile, 27 de noviembre de 1972, p. 8.

A mediados de octubre, mientras su país estaba paralizado por el paro insurreccional de la burguesía, desde París el poeta escribió unas líneas a Volodia Teitelboim para anunciarle que, de manera definitiva, se había frustrado su deseo de retornar en barco: «Entre los estremecimientos que nos da la situación chilena y el embargo del cobre, tengo que darte, además, otra mala noticia. Se me ha producido un fuerte retorno de la misma enfermedad: estoy de nuevo condenado a muchos días de sondas y objeto de inyecciones y comprimidos de antibióticos. Según el médico, hay que hacer de nuevo lo que llaman "una limpieza", lo que es en realidad una operación con anestesia total. Además, el médico cree peligroso un viaje en barco por si se presenta una situación difícil y aconseja el avión».[1487]

El 19 de octubre, en un discurso ante la Unesco, alabó la política educativa del Gobierno de la Unidad Popular y, en general, su política social, singularmente la emblemática medida de entregar medio litro de leche diario a los niños en las escuelas. «Me impresiona más ese cantarito de leche de cada día, la revolución de la leche, la nutrición blanca que luego llega a las escuelas, a los libros, al crecimiento físico e intelectual...».[1488]

El 20 de noviembre, Matilde Urrutia y él regresaron a Chile en un trayecto que iniciaron en el aeropuerto de Orly, donde les despidió Gabriel García Márquez.[1489] Una parada de algunas horas en Madrid-Barajas le permitió aproximarse por última vez a una de las ciudades importantes de su vida. «Un pequeño grupo de antiguos amigos estábamos esperándolo para abrazarlo», escribió José Caballero. «Fue su última escala en este país que él amaba tanto y al que no perdía la esperanza de volver alguna vez. Al bajar del avión olía el aire nocturno de Madrid como queriendo adivinar muchas cosas. Como queriendo volver a su Casa de las Flores, como queriendo volver a pisar sus calles llenas de recuerdos».[1490]

1487. Carta de Pablo Neruda a Volodia Teitelboim del 18 de octubre de 1972. Teitelboim (1996), p. 472.

1488. Soto, Hernán: *Neruda en los márgenes*. Ediciones del Litoral. Santiago de Chile, 2006, pp. 71-73.

1489. Fernández Illanes, Samuel: *Testimonios sobre Pablo Neruda durante su embajada en Francia*. RIL Editores. Santiago de Chile, 2004, pp. 96-97.

1490. Caballero, José: «Con Neruda, en Madrid». *Abc*. Madrid, 25 de septiembre de 1973, p. 23.

Después tomaron otro avión con destino a Buenos Aires y desde allí el vuelo 171 de Lan Chile les llevó a Pudahuel, donde fueron recibidos por varios miembros de la dirección del Partido Comunista, entre ellos Víctor Díaz, los senadores Volodia Teitelboim y Julieta Campusano y el diputado Jorge Insunza. Mientras caminaba por la pista del aeródromo fue abordado por la prensa. Los periodistas querían conocer sus primeras impresiones tras veinte meses alejado de la patria. «¿Qué les puedo decir? Tengo muy poca imaginación... Lo único que les digo ahora es "¡Viva Chile!"». Sonriente, flanqueado por sus camaradas, respondió afirmativamente a la pregunta de si regresaría a la embajada: «Naturalmente... Siempre se vuelve a París». También despachó los interrogantes sobre su debatido estado de salud para afirmar que se encontraba «muy bien» y les convocó al homenaje popular que el Gobierno preparaba para el 5 de diciembre en el Estadio Nacional.[1491]

Francisco Velasco y Marie Martner les condujeron de inmediato a Isla Negra. «Lo vi de lejos bajar la escalerilla del avión con gran dificultad, pasó por alto todos los trámites aduaneros y llegó rápidamente al exterior. "Pancho, llévame rápido a Isla Negra" [...]. Subió con gran dificultad a la citroneta y emprendimos viaje. Noté que estaba muy mal, con una disnea acentuada al menor esfuerzo, palidez cetrina, muy enflaquecido y, sobre todo, una tristeza que nunca le había visto. [...] Me dejó muy deprimido su llegada; no era ni la sombra del Pablo que yo conocí tantos años», escribió Velasco.[1492] En cambio, Matilde Urrutia negó siempre que el retorno de Francia hubiera obedecido a motivos de salud. «Mucho se ha especulado que Pablo se vino porque estaba enfermo. No es así. Pablo estaba muy bien en ese momento», afirmó en una de las últimas entrevistas que concedió.[1493]

El reencuentro con su casa y el mar de Isla Negra, en medio del estallido de la primavera, le conmovió. Al abrir una de las ventanas que daba al jardín florido, y ante la palpitación del océano contra las rocas, exclamó: «¡De aquí no me voy más!».[1494] Cinco días

1491. *El Siglo*. Santiago de Chile, 22 de noviembre de 1972, p. 1.
1492. Velasco (1987), pp. 119-123.
1493. *Análisis*. Santiago de Chile, 27 de septiembre de 1983, p. 46.
1494. Entrevista a Matilde Urrutia publicada en el diario venezolano *El Nacional* el 23 de noviembre de 1973 y reproducida por numerosos medios de comunicación. Tomada de: *La Opinión*. Buenos Aires, 24 de noviembre de 1973, p. 19.

después, escribió una carta a Jorge Edwards para explicarle las primeras sensaciones del regreso y describirle con todo lujo de detalles un opíparo almuerzo en la Hostería Santa Elena, en el que compartieron queso mantecoso con aceitunas, erizos de mar, una gran centolla fresca o congrio frito, entre otros manjares, con chirimoyas en el postre, todo regado con los buenos vinos de la tierra. También le refirió que ya había recibido la visita del presidente Allende y que se había reunido con el ministro Clodomiro Almeyda.[1495]

HOMENAJE EN EL ESTADIO NACIONAL

El 5 de diciembre de 1972, el Estadio Nacional se engalanó para rendir tributo al poeta que había conquistado el segundo Premio Nobel para Chile, en la que fue su última aparición en un acto público. En su discurso, no tardó en comentar la crítica situación política: «Me he dado cuenta de que hay algunos chilenos que quieren arrastrarnos a un enfrentamiento, hacia una guerra civil. Y aunque no es mi propósito, en este sitio y en esta ocasión, entrar a la arena de la política, tengo el deber poético, político y patriótico, de prevenir a Chile entero de este peligro. Mi papel de escritor y de ciudadano ha sido siempre el de unir a los chilenos. Pero ahora sufro el grave dolor de verles empeñados en herirse. Las heridas de Chile, del cuerpo de Chile, harían desangrarse mi poesía». No pudo dejar de evocar la tragedia de la II República Española: «Yo asistí a una guerra civil y fue una lucha tan cruel y dolorosa que marcó para siempre mi vida y mi poesía. ¡Más de un millón de muertos! Y la sangre salpicó las paredes de mi casa y vi caer los edificios bombardeados y vi a través de las ventanas rotas a hombres, mujeres y niños despedazados por la metralla. [...] No quiero para mi patria un destino semejante».

Tuvo palabras de reconocimiento para el general Carlos Prats, comandante en jefe del Ejército y ministro del Interior, a quien correspondió intervenir aquella tarde en nombre del Gobierno,

1495. Carta de Pablo Neruda a Jorge Edwards del 26 de noviembre de 1972. Quezada Vergara, Abraham (ed.): *Correspondencia entre Pablo Neruda y Jorge Edwards*. Alfaguara. Santiago de Chile, 2008, pp. 112-113.

puesto que el presidente Allende estaba en la gira exterior que le llevó a México, las Naciones Unidas, la Unión Soviética, Argelia y Cuba. «El general Prats me ha conferido un gran honor. Para mí no es extraño que un soldado y un poeta presidan una ceremonia a campo abierto, frente al pueblo. Se sabe en Chile, y fuera de Chile, que nuestro vicepresidente es una garantía para nuestra Constitución Política y para nuestro decoro nacional. Pero su firmeza y su nobleza van más allá de estos conceptos: es el centro moral de nuestro cariño hacia las Fuerzas Armadas...». En la parte final de su discurso, antes de recitar su poema «Cuándo de Chile», agradeció a su pueblo aquel tributo:[1496] «No han sido pocos los poetas que han recibido distinciones, como los premios nacionales o el mismo Premio Nobel. Pero, tal vez, ninguno ha recibido este laurel supremo, esta corona del trabajo que significan las representaciones de todo un país, de todo un pueblo. Esta presencia no solo sacude las raíces de mi alma, sino que me indica también que tal vez no me he equivocado en la dirección de mi poesía».[1497]

Se refería al orgulloso protagonismo de la clase obrera en aquel acto, dado que centenares de trabajadores de todos los rincones del país habían llegado a Santiago una semana antes para ensayar su participación, dirigidos por Víctor Jara y Patricio Bunster. Por ejemplo, Clarisa Peñaloza, una trabajadora de los viñedos, declaró a *El Siglo*: «Yo he llorado tanto en mi vida por las injusticias que se cometían con nosotros. Para los patrones éramos esclavos, pero ahora todo ha cambiado. Vinimos a ver y a participar en este acto de don Pablo porque nos invitaron. Yo me siento feliz de estar aquí tan cerquita de nuestro poeta». Y Pedro Aguilar, obrero del cemento, destacó el profundo significado del protagonismo de su clase: «No hay palabras para hablar sobre esto. Yo creo que todo se puede encerrar en que se nota y se siente el cambio social, que en ningún otro régimen habríamos podido palpar. Esto lo demuestra

1496. *Pablo Neruda. Discursos y recuerdos del Premio Nobel de Literatura de 1971*, pp. 27-39.

1497. En este punto, participó del habitual discurso elogioso del presidente Allende y la prensa afín al Partido Comunista hacia las Fuerzas Armadas, que pretendía contribuir a garantizar el respeto a sus obligaciones constitucionales de neutralidad política.

todo: trabajadores que nunca habían venido a Santiago, que nunca habían visto un espectáculo, han pasado a participar directamente en este acto de homenaje a nuestro poeta».[1498]

En la tribuna del Estadio Nacional, el secretario general del Partido Socialista, Carlos Altamirano, afirmó que hacían justicia al mayor poeta en lengua española y símbolo «de las aspiraciones populares y de las tradiciones chilenas». «El pueblo rinde homenaje hoy a ese modesto hijo de ferroviario que ha alcanzado un alto sitial en el campo de la poesía». Por su parte, el subsecretario general del Partido Comunista, Víctor Díaz, hizo hincapié en la amplitud política, cultural y social de aquel acto, que trascendía las filas de la Unidad Popular y la propia «excusa» del Premio Nobel: «Pablo ha cantado la lucha del pueblo, sus éxitos y sufrimientos. Por eso el pueblo rinde homenaje a lo mejor que tiene». También se encontraba allí Radomiro Tomic, amigo personal del poeta, quien destacó que tanto en Neruda como en Gabriela Mistral «los chilenos se reconocen como un solo pueblo». «Ahora como entonces la belleza, la hondura y el amor de nuestros poetas viste a Chile entero».

Y desde Argelia, donde había hecho una escala camino de la Unión Soviética, el presidente Allende subrayó que la concesión del Nobel de Literatura había supuesto, en realidad, un «galardón» para el pueblo, «porque Pablo, nacido en un hogar modesto de trabajadores, está en la raíz misma de lo que es Chile, en su historia, en su presente, en la concepción de su futuro».[1499]

Días después, el poeta expresó al escritor argentino Roberto Alifano sus sentimientos ante el cálido homenaje recibido, dijo sentirse «muy orgulloso, emocionado hasta las lágrimas». «Fue un acto realmente conmovedor, demasiado para un hombre, para un pobre mortal. Yo creo que para un poeta el mejor aliciente es la total adhesión de su pueblo a su poesía; es una impresión a la vez muy fuerte y muy extraña la de saberse rodeado por el cariño de todo un pueblo, aunque se trate de un país pequeño como el mío».[1500]

1498. *El Siglo*. Santiago de Chile, 7 de diciembre de 1972, p. 6.

1499. *El Siglo*. Santiago de Chile, 6 de diciembre de 1972, p. 8.

1500. *Cuadernos de Proa*, n.º 1. Tercera época. Buenos Aires, junio de 1999, pp. 29-31.

En diciembre, el Partido Comunista puso a su disposición como chófer a un joven militante de 26 años, Manuel Araya, que ya había cumplido esta función con Américo Zorrilla durante su etapa como ministro de Hacienda y con otros altos cargos comunistas del Ejecutivo. Tenía formación en el trabajo de seguridad y era de absoluta confianza, puesto que cuando tenía 14 años fue acogido como un ahijado por la senadora Julieta Campusano. Desde entonces, cuando la salud se lo permitía, Neruda salía con Araya en automóvil a recorrer el hermoso litoral de la zona: la imponente bahía de Cartagena, el puerto de San Antonio, la playa de Algarrobo y, por supuesto, Valparaíso. «Íbamos mucho a San Antonio al mercado —recuerda Araya—, a comprar, aunque a veces Neruda se quedaba con mi padre en su parcela y tomaban sus tragos de vino, mientras yo compraba. Otras veces, en Valparaíso, recorríamos las casas de antigüedades y era un cansancio, porque hasta que no conseguía algo que quería no parábamos. Una vez compró una rueda de una carretilla. "¿Para qué queremos una rueda de una carretilla?", le pregunté. "Ay, llévela, llévela", me dijo. Y la llevamos».[1501]

En las últimas semanas de 1972, envió un saludo a Italia para contribuir a la conmemoración del setenta cumpleaños de Rafael Alberti, que se celebraría el 16 de diciembre: «El gallardo joven que conocí en 1934 vestido de violenta camisa azul y de corbata como una amapola cumple ahora 70 años sin que le haya sido posible envejecer [...]. No lo derrotó la derrota, ni el destierro, ni le crecieron arrugas en el corazón cuando cargó, como un bardo antiguo, con todo el peso de un pueblo, de su pueblo, en el éxodo».[1502] Despidió el año en *La Sebastiana*, junto con varios amigos, entre ellos Miguel Otero Silva, Volodia Teitelboim y Mario Toral.[1503]

1501. Entrevista a Manuel Araya del autor en noviembre de 2011.

1502. Saludo de Pablo Neruda para Rafael Alberti fechado en Isla Negra en diciembre de 1972. Consultado en el archivo de la Fundación Rafael Alberti.

1503. En aquellos días, Neruda había escrito el prólogo para el nuevo libro de Volodia Teitelboim, *El oficio ciudadano*, en el que ensalzaba su trabajo como senador y expresaba su respeto «hacia la probidad intelectual de mi gran compañero y mi amor hacia una causa que compartimos con orgullo».

INCITACIÓN AL NIXONICIDIO...

El 2 de febrero de 1973, Salvador Allende, acompañado de Luis Corvalán y Volodia Teitelboim, le visitó en Isla Negra. Los recibió con una amplia sonrisa dibujada en su rostro, engrosado por el tratamiento con cortisona. En el interior de la casa, les rogó que se sentaran cómodamente y procedió a leerles su última obra: los cuarenta y cuatro poemas que denunciaban la permanente agresión del Gobierno que presidía Richard Nixon contra su país. «¡Aguántense! Les leeré el libro que acaba de salir del horno como pan caliente. Se llama *Incitación al nixonicidio y alabanza de la revolución chilena*». Editado por Quimantú con una tirada de sesenta mil ejemplares, empezó a circular el 16 de febrero al precio simbólico de treinta escudos. Se abre con una «explicación perentoria» en la que admite: «Esta es una incitación a un acto nunca visto: un libro destinado a que los poetas antiguos y modernos, extinguidos o presentes, pongamos frente al paredón de la Historia a un frío y delirante genocida. [...] No tengo remedio: contra los enemigos de mi pueblo mi canción es ofensiva y dura como piedra araucana...». En este libro recreó el enfrentamiento de dos fuerzas: la lucha popular por la auténtica independencia nacional y por el socialismo, que se expandía por Chile, Cuba o Vietnam, y la agresión permanente del imperialismo.[1504] Su poesía épica, eclipsada desde *Canción de gesta*, reaparecía para dirigir su furia contra quien ya el 15 de septiembre de 1970 ordenó a Henry Kissinger la aniquilación de la *vía chilena al socialismo*.

Su lectura duró más de una hora y apenas fue interrumpida cuando alguien, quizás el fotógrafo de *El Siglo*, tomó unas imágenes. Leía de manera apasionada, en voz alta, sin descanso. «Tal vez quería adelantarse —escribió Volodia Teitelboim—. Dejar estampada su ira y su reclamo denunciando ante el mundo a quien juzgaba genocida feroz». Fue el presidente quien rompió el silencio que siguió a aquellos versos: «Pablo, el poema es sobrecogedor. Dice lo que sentimos, habla o canta por millones de chilenos... Pero quiero hacerte una pregunta... ¿Crees tú, Pablo, que después de publicar este libro puedes seguir siendo embajador?».[1505] Entonces, aprove-

1504. Soto (2006), p. 18.
1505. Teitelboim (1996), pp. 476-477.

— 484 —

chó para exponerle la decisión que ya tenía meditada: solicitar su relevo al frente de la misión diplomática en Francia. Solo tres días después, el poeta remitió una carta al presidente de la República en la que expresó formalmente su renuncia. «Me reintegro desde ahora tanto a mi Poesía como a la gloriosa lucha revolucionaria que tú encabezas al frente de nuestro pueblo, lucha contemplada por los pueblos del mundo entero con admiración y devoción...».[1506]

Salvador Allende aceptó su decisión y le felicitó por su trabajo en París: «Chile te acoge nuevamente como al hijo que le ha dado tantas glorias, entre ellas el Premio Nobel de Literatura. En Francia cumpliste la tarea encomendada, con conciencia, brillo y responsabilidad revolucionaria. Especialmente, en los difíciles momentos en que arreció la agresión imperialista en contra de nuestro cobre. Por ello, te expreso el reconocimiento de todo nuestro pueblo».[1507] El decreto 119 del Ministerio de Relaciones Exteriores hizo oficial su dimisión el 14 de febrero de 1973.

En aquellos días, volvió a escribir a Jorge Edwards para comunicarle que deseaba mantener su condición de miembro del Consejo Ejecutivo de la Unesco, pues confiaba en asistir a la asamblea que se celebraría en septiembre u octubre de aquel año. «Mi reumatismo va mejor cada día pero ando con un bastón y no me gusta mostrarme. Prácticamente no he viajado a Santiago».[1508]

Concluida la escritura de su último libro y formalizada su renuncia a la embajada, recibió a varios periodistas en Isla Negra y también a su viejo amigo Diego Muñoz, quien pasaba sus vacaciones en El Tabo. «Todos los días llegaba cuando Pablo había dormido ya su siesta. Esperaba unos minutos y luego oía el ruido del bastón y las voces del que venía prestándole ayuda. Me adelantaba a recibirlo y lo sentábamos luego en su sillón. Pablo estaba muy pesado, de manera que era necesario hacer mucha fuerza para acomodarlo».[1509] Con una botella de whisky y un recipiente con hielo se ponían a conversar durante horas, a recordar a los viejos

1506. Carta de Pablo Neruda a Salvador Allende del 5 de febrero de 1973 desde Isla Negra. Consultada en el archivo de la Fundación Salvador Allende.

1507. *El Mercurio*. Santiago de Chile, 14 de febrero de 1973, p. 21.

1508. Carta de Pablo Neruda a Jorge Edwards del 18 de febrero de 1973 desde Isla Negra. Quezada Vergara (2008), pp. 129-130.

1509. Poirot (1987), p. 134.

amigos de los años de la bohemia, a recorrer los hitos de la amistad que naciera en el Liceo de Temuco en 1916.

Acogió también en aquellos días la visita de Julio Cortázar. «Aunque postrado y débil, Pablo guardaba su vitalidad de siempre y confiaba en las fuerzas profundas de su pueblo», recordó Cortázar en 1975.[1510]

Y el 24 de febrero llegó Luis Suárez, un español refugiado en México en 1939, quien le hizo una entrevista que la revista azteca *Siempre* publicó el 14 de marzo. «No veía a Pablo desde sus tiempos de México. Ha llovido. Bajo la impresión de versiones sobre su salud [...] me acerco con zozobra. Pablo Neruda, 69 años, con los altos laureles literarios, tiene sólido aspecto, pero su rostro refleja preocupación y severidad». A quien fuera uno de los trescientos cuarenta y tres suscriptores de la edición príncipe de *Canto general* le confesó su temor a que se repitieran en Chile los sucesos de 1936 en España. «Pero no hay que olvidar que Hitler y Mussolini murieron en circunstancias calamitosas y que nuestros fascistas criollos serían bastante locos si se lanzaran en Chile a una aventura semejante. Sabemos que están apoyados por grandes sectores internacionales, pero estos sectores norteamericanos acaban de perder una guerra. Si quieren perder otra, qué vamos a hacerle». En cuanto a su libro más reciente, admitió sin reservas su carácter panfletario: «Es más bien un arma de combate en la que muchas veces abandono el misterio poético».

La noche del 3 de marzo pronunció un importante discurso por la red de emisoras radiales afín a la Unidad Popular. La coalición afrontaba al día siguiente una encrucijada decisiva: las elecciones parlamentarias renovarían los ciento veinte escaños de la Cámara de Diputados y la mitad de los cincuenta del Senado. En medio de una grave crisis económica, que la población percibía en su vida cotidiana, la oposición, articulada en torno a la Democracia Cristiana y el derechista Partido Nacional, aspiraba a lograr dos senadores más para destituir a Salvador Allende por los cauces constitucionales. En aquel discurso definió claramente la disyuntiva que enfrentaba el país: «el pasado oprobioso o el porvenir radiante». «De un lado se ha formado la nueva comedia italiana, la grotesca comparsa de los des-

1510. Cortázar, Julio: *Papeles inesperados.* Alfaguara. Bogotá, 2009, pp. 271-279.

clasados, de los colonialistas, de los capataces y sus nuevos inquili-
nos. Del otro lado, de nuestro lado, está la revolución chilena, la
Constitución y la ley, la democracia y la esperanza. Del otro lado no
falta nada; tienen arlequines y polichinelas, payasos a granel, terro-
ristas de pistola y cadena, monjes falsos y ex militares degradados».

Fue especialmente duro con Eduardo Frei, candidato al Senado por Santiago, a quien comparó con Gabriel González Videla y
le acusó de haber entregado su partido a los sectores reaccionarios.
En cambio, ensalzó la obra del Gobierno y volvió a alertar del peligro de una guerra civil: «Sí hay constructores en Chile, son los
que están dando una fisonomía nueva a nuestra Patria. Donde estuvo, en los países más lejanos, los pueblos admiran al Presidente
Allende y el extraordinario pluralismo de nuestro Gobierno. Jamás en la historia de las Naciones Unidas se vio una ovación como
la que brindaron al Presidente de Chile los delegados de todo el
mundo. Aquí en Chile se está construyendo entre inmensas dificultades una sociedad verdaderamente justa sobre la base de nuestra soberanía, de nuestro orgullo nacional y del heroísmo de los
mejores habitantes».[1511]

Aquellos comicios otorgaron una inesperada victoria moral a
la Unidad Popular, ya que, por primera vez en dos décadas, las
fuerzas políticas que sostenían al Gobierno incrementaron su apoyo después de casi tres años de gestión. La izquierda alcanzó el
43,4% de los votos y arrebató a la oposición seis escaños en la Cámara de Diputados y dos en el Senado, aunque esta conservó la
mayoría en el Congreso Nacional, que utilizaba para intentar blo-
quear o revertir el programa de la UP.[1512]

En aquellas primeras semanas de 1973, también lo visitó en Isla
Negra Margarita Aguirre, cuyo hijo Gregorio era su ahijado. «A
Pablo lo encontré atacado de reuma, lo que dificultaba su caminar,
pero el río de su poesía en continuo fluir», escribió poco después.[1513]
Neruda le explicó algunos de sus principales proyectos, como la

1511. *El Siglo*. Santiago de Chile, 4 de marzo de 1973, p. 2.
1512. Al día siguiente, el secretario general del Partido Comunista tuvo el
detalle de remitir una misiva al poeta para agradecerle su contribución al fortalecimiento de la Unidad Popular. Carta consultada en el archivo de la Fundación
Pablo Neruda.
1513. Aguirre (1973), p. 297.

preparación de sus nuevas obras poéticas y de sus memorias. Anhelaba también celebrar su setenta aniversario, en julio de 1974, con una gran fiesta a la que invitaría a amigos suyos de todo el mundo y le comentó que habían iniciado la construcción de una nueva casa en el cerro Manquehue de Santiago de Chile.[1514] Por sus acentuados desniveles y serpenteantes escaleras, La Chascona era ya inhabitable para él, que tenía evidentes dificultades para caminar, y la humedad invernal de Isla Negra era totalmente contraproducente.

Tampoco dejó de mencionarle su proyecto más querido en aquel momento, Cantalao, al que quería consagrar los últimos años de su vida y, sobre todo, su legado.

CANTALAO, UNA *CIUDAD* PARA LOS POETAS

Cuando regresó de Francia, retomó una iniciativa que había empezado a preparar ya en 1969: la construcción de una residencia para escritores y artistas, muy cerca de Isla Negra, en unos terrenos que había adquirido en la cima de un acantilado en Punta de Tralca. Se llamaría Cantalao, un término de resonancias araucanas que apareció en su novela *El habitante y su esperanza*. Su intención era crear una fundación de carácter cultural y ámbito internacional que, con el producto de sus derechos de autor, gestionara aquel lugar, donde los escritores becados podrían vivir dedicados plenamente a la creación.

En 1973, consciente de que su deteriorado estado de salud acortaba su esperanza de vida, dedicó una buena parte de sus esfuerzos a adelantar este proyecto, con el apoyo del Gobierno a través del Ministerio de la Vivienda y de la Corporación de Mejoramiento Urbano, que dirigía el arquitecto Miguel Lawner. Además, invitó a las tres universidades más importantes del país a integrarse

1514. El arquitecto Ramiro Insunza, ahijado suyo, fue quien proyectó esta casa pensada para el fin de sus días y a la que también llamó *La Manquel*. Se llegó a construir casi un tercio de la obra gruesa. Como *La Chascona* y *La Sebastiana*, después del golpe de Estado fue asaltada. «El planteamiento básico, la idea primaria que él me dio, fue que la casa tenía que dar la sensación de un pájaro, de manera que al estar dentro de ella se tuviera la sensación de encontrarse en el centro de la hembra del cóndor parada, mirando hacia el portezuelo de Lo Curro y preparándose para volar...», explicó Ramiro Insunza. Reyes (2004), p. 78.

en aquella fundación y, para ello, el 11 de marzo escribió sendas misivas a los rectores Enrique Kirberg (Universidad Técnica del Estado), Edgardo Boeninger (Universidad de Chile) y Fernando Castillo Velasco (Universidad Católica) para convocarlos a una reunión en Isla Negra.[1515]

También se preocupó de buscar financiación internacional y por ese motivo en agosto escribió al embajador mexicano, Gonzalo Martínez Corbalá, quien posteriormente le transmitió el respaldo de su Gobierno al proyecto.[1516] «En mí está profundamente grabado el día en que me invitó a almorzar a su casa de Isla Negra para plantearme su deseo [...] de construir una ciudad exclusivamente para artistas e intelectuales en las alturas, con paisajes y climas perfectos», recordó Martínez Corbalá. «Quería llamarla Cantalao...».[1517] Y en aquellas semanas también concluyeron los trámites necesarios para iniciar las obras, como recordó años después Carlos Martner, uno de los arquitectos que, al igual que Raúl Bulnes, participó en la iniciativa: «El proyecto estaba casi listo, pero no se alcanzó a hacer ninguna instalación de faenas. En agosto de 1973 tuvimos las últimas reuniones en las que mostramos el proyecto y ya estaba aceptado por las autoridades de la Cormu y también por Neruda, pero en terreno no se alcanzó a hacer nada... El golpe terminó con todo».[1518] En 2006, se hallaron los bocetos de Cantalao aprobados por el poeta, que habían desaparecido después del 11 de septiembre de 1973. Se trataba de una construcción semicircular que miraba hacia el mar y que a lo largo de mil quinientos metros cuadrados preveía salas de conferencias, un teatro, habitaciones para los huéspedes, comedores y otras salas sociales, una biblioteca y un centro destinado al estudio del mar.[1519]

1515. Cartas de Pablo Neruda consultadas en el archivo de la Fundación Pablo Neruda.

1516. Carta de Pablo Neruda a Gonzalo Martínez Corbalá del 10 de agosto de 1973 desde Isla Negra. Consultada en el archivo de la Fundación Pablo Neruda.

1517. Martínez Corbalá, Gonzalo: *Instantes de decisión. Chile 1972-1973*. Grijalbo. México, 1998, p. 239.

1518. *Cuadernos de la Fundación Pablo Neruda*, n.º 56. Santiago de Chile, 2005, p. 13. En 2008, se reconstruyó la cabaña que edificó al borde del acantilado y actualmente en el lugar existe el Parque Cantalao, de casi cuatro hectáreas y media y abierto al público. *El Mercurio*, 8 de marzo de 2014, p. A-18.

1519. *La Tercera*, 25 de septiembre de 2006, p. 36.

TRATAMIENTO CONTRA EL CÁNCER

En marzo de 1973, Pablo Neruda recibió en Isla Negra la visita de su hermano Rodolfo y de cuatro sobrinos. El mayor de ellos, Rodolfo Reyes Muñoz, recuerda que su tío les dedicó con cariño una fotografía familiar y que lo vio en buenas condiciones: «Usaba bastón por un dolor en la rodilla, pero tenía buen aspecto en general».[1520] También lo encontró razonablemente bien José Balmes.[1521] Este destacado pintor estaba preparando unas serigrafías de *Canto general* y le mostró la primera de ellas. Caminaban por el exterior de la casa y Neruda le hacía sugerencias. Balmes le propuso que la serie se llamara *Imágenes del Canto general*, pero el poeta le sugirió: «A ver, la palabra "imágenes" no me gusta... Mejor *Imaginario del Canto general*».[1522]

Al terminar el verano, el poeta se vio envuelto en una ácida polémica con la jerarquía católica. El 18 de marzo, varios miembros del grupo fascista Patria y Libertad asesinaron a un obrero en Concepción, en una operación en la que la izquierda denunció la complicidad del sacerdote Raúl Hasbún, director del Canal 13, propiedad de la Universidad Católica. Hasbún, con sus exabruptos diarios ante sus cámaras, se había convertido en uno de los rostros de la contrarrevolución, con «perlas» como la del 1 de abril de 1973: «Al marxismo le es consustancial la mentira, necesita como las moscas nutrirse de la mugre, de la basura... es como un cáncer que necesita de un organismo gangrenado».[1523]

A propósito del crimen del obrero, publicó un artículo en *El Siglo*: «Vi la fotografía del crucificado de Concepción. En verdad, el asesinato de Jorge Tomás Henríquez González fue cruel y pavoroso. La fotografía mostraba el cadáver del obrero con las manos y los pies amarrados a la espalda, con cuerdas tirantes para que lo martirizaran en una larga agonía. Con la boca y la nariz amordazadas fue asfixiado con espantosa lentitud. Así lo ordenó su verdugo

1520. Entrevista a Rodolfo Reyes Muñoz del autor en noviembre de 2011.
1521. Entrevista a José Balmes del autor en agosto de 1997.
1522. De las cinco serigrafías que alcanzó a hacer antes del golpe de Estado del 11 de septiembre de 1973, la dictadura destruyó cuatro. Hasta 1985 no se reeditó una carpeta con las cinco. Balmes dejó la serie incompleta a propósito.
1523. Amorós, Mario: *Antonio Llidó, un sacerdote revolucionario*. Publicaciones de la Universidad de Valencia. Valencia, 2007, pp. 179-180.

desde Santiago...». Neruda responsabilizó directamente de aquel asesinato a Hasbún, a quien llamó «el Fariseo». «Se dice que el Fariseo es sacerdote. No me parece posible. Hay tal contradicción entre el aire que ha removido a la Iglesia desde Juan XXIII y estas supervivencias, estos monstruos híbridos de requeté y murciélago, que pueden aún ocultarse en los pliegues del manto. No puedo creer que este Fariseo persecutorio tenga algo que ver con la serena sabiduría de nuestro Cardenal chileno. Ni tampoco, naturalmente, con la fe de los creyentes».[1524]

Sus invectivas propiciaron a mediados de abril una carta de apoyo a Hasbún de la asamblea plenaria del episcopado, que celebraba su reunión anual en Punta de Tralca. La jerarquía, que no vacilaba en reprochar al movimiento Cristianos por el Socialismo su abierto compromiso político y sancionaba a los curas comprometidos con la izquierda,[1525] tomó partido abiertamente por un sacerdote que exhibía un anticomunismo enfermizo: «No podemos concebir que un Premio Nobel de Literatura, respetado y admirado por todos los chilenos, y también por nosotros, se rebaje a tal tipo de diatribas».[1526]

Entre el 19 de marzo y el 18 de abril se sometió a cincuenta y seis sesiones de terapia con cobalto en el Hospital Carlos Van Buren de Valparaíso bajo la supervisión del oncólogo Guillermo Merino. Después de la última sesión, este profesional envió un resumen al doctor Roberto Vargas Zalazar, el urólogo que lo atendía. «El tratamiento consistió en brindar radioterapia sobre próstata y hemipelvis derecha, en varias sesiones, constatando que el paciente efectivamente padecía de un cáncer prostático con metástasis ósea, enfermedad que le causaba mucho dolor, sin que se observara deterioro en el estado general del paciente, sin encontrar algún síntoma que pudiera determinar tiempo de sobrevida», declaró el doctor Merino el 14 de octubre de 2011 ante la Brigada de Derechos Humanos de la Policía de Investigaciones. Añadió que la enferme-

1524. *El Siglo*. Santiago de Chile, 1 de abril de 1973, p. 5.
1525. Amorós, Mario: «La Iglesia que nace del pueblo: relevancia histórica del movimiento Cristianos por el Socialismo». Pinto Vallejos, Julio (coord.): *Cuando hicimos historia. La experiencia de la Unidad Popular*. LOM Ediciones. Santiago de Chile, 2005, pp. 107-126.
1526. *Documentos del Episcopado. Chile, 1970-1973*. Ediciones Mundo. Santiago de Chile, 1974, pp. 158-159.

dad tenía «un mal pronóstico», aunque matizó: «Nada hacía presagiar una muerte rápida».[1527]

Matilde Urrutia siempre aseguró que su esposo desconoció la enfermedad. «Tenía que inventar un *show* para que Pablo no se diera cuenta, ya que el nombre cobalto era sospechoso. Decidí entonces con un médico amigo, Pancho Velasco, que armaríamos toda una farsa. Llegamos al hospital. Una amiga nuestra se encontró con Pablo y le contó que le estaban poniendo cobalto para un reumatismo que tenía en la cadera. "¡Ah!", dijo él, "a mí me traen para lo mismo". Y como sufría de ese mal desde hacía muchos años se lo creyó todo. Es lo más fácil del mundo engañar a un enfermo. Yo puedo asegurar que Pablo no supo nunca lo que tenía verdaderamente».[1528] En cambio, el doctor Francisco Velasco creía todo lo contrario: «Nunca se le dijo el diagnóstico, aunque él lo sabía, pero seguía actuando como si lo ignorara. Nunca me dijo que tuviera la sospecha sobre su mal, incluso me aseguraba tener un reumatismo a la cadera, que le producía fuertes dolores. Cuando tuvo que colocarse aplicaciones de la bomba de cobalto, sonriendo, comentó: "Tú sabes que ahora se usa para el reumatismo, es lo más eficaz, y no solo se le aplica a los cancerosos, como la mayoría de la gente cree"».[1529]

El 8 de abril, Pablo Picasso falleció en Francia y Neruda pidió a *El Siglo* que le hicieran una entrevista que recogiera sus evocaciones del creador del *Guernica*. Por ello, tres días después Luis Alberto Mansilla y un fotógrafo del diario llegaron al Hotel Miramar de Viña del Mar, donde el poeta se hospedaba cuando se sometía al tratamiento de la terapia con cobalto. Nada más llegar le previno: «Tu reportaje debe ser sólo con imágenes de Picasso porque yo no estoy presentable». A Mansilla le impresionó su figura hinchada por la cortisona, aunque lo halló de buen humor. Después el poeta evocó a quien consideraba «el gran gigante del arte de nuestro siglo». «Creo que no es exagerado decir que su muerte equivale a la desaparición de un continente, de un país con sus ríos, sus casas y

1527. Causa-rol n.º 1.038 del 34.º Juzgado del Crimen de Santiago de Chile. Investigación judicial de la muerte de Pablo Neruda.

1528. *La Tercera*. Santiago de Chile, 19 de septiembre de 1982. Suplemento *Buen Domingo*, pp. 2-3.

1529. Velasco (1987), pp. 119-123.

su gente. Fue un revolucionario de todas las formas y los conceptos. Su herencia es inmensa, incalculable. Y sus herederos somos todos nosotros».[1530]

Aprovechó también sus desplazamientos al Hotel Miramar para concertar el reencuentro con Alicia Urrutia, quien en 2012 declaró: «Esa vez lo vi muy, muy enfermo, con muchos dolores, caminaba con dificultad, él trataba que nadie se diera cuenta de su mal estado de salud, pero era tan evidente lo que estaba padeciendo que, aunque tratara de esconder sus dolores, se veía en malas condiciones. [...] las visitas que he relatado se repitieron en varias oportunidades, siempre en el hotel Miramar y en algunas de ellas lo acompañé al Hospital».[1531] Indicó también que le vio por última vez en los últimos días de agosto de 1973 en Valparaíso.

El 14 de abril, Matilde Urrutia viajó a Francia para vender la casa de Normandía y organizar el envío de todas las pertenencias que habían dejado allí, como los centenares de libros que había adquirido durante su última estancia en Europa.[1532] Durante las cinco semanas de separación Neruda le escribió numerosas cartas, en las que le habló, principalmente, de su vida cotidiana en Isla Negra, aunque también mencionó de manera recurrente, y sin excesiva preocupación, su estado de salud. E incluso le habló de Manuel Araya.

Su primera misiva tiene fecha de 16 de abril y, ya en la tercera, escrita el Viernes Santo, mencionó a Araya y el estado de su automóvil Citroën, que había llegado de Francia en barco a principios de aquel mes: «Patojota, hoy me llegaron paquetes de Ivonne y he estado muy feliz, en cama casi todo el día. Voy mejor, sin correrre todo el día y Margarita pildoreándome. Los Bulnes vinieron temprano. Vienen ahora los Valenzuela. El coche se demora con

1530. Fue la última entrevista que concedió a un medio de comunicación chileno y se publicó el 15 de abril de 1973 en la revista cultural dominical que acompañaba al diario comunista. Esta entrevista, el discurso de Picasso en Wroclaw en 1948 y los recuerdos de Mansilla sobre aquella visita al poeta fueron incluidos en: *Cuadernos de la Fundación Pablo Neruda*, n.º 54. Santiago de Chile, 2003.

1531. Causa-rol n.º 1.038 del 34.º Juzgado del Crimen de Santiago de Chile. Investigación judicial de la muerte de Pablo Neruda.

1532. Aquel envío, embarcado en el puerto belga de Amberes, llegó a Valparaíso en las últimas semanas de 1973.

los vidrios mandados a hacer, para lo que sacaron el que estaba bueno. El coche, así, patituerto, tiene la admiración del garaje, adonde fui (sin bajar del coche) con Manuel el chofer».[1533]

En mayo, se refirió a un posible viaje a Buenos Aires para asistir como invitado a la toma de posesión de Héctor Cámpora como presidente de la República. Le planteó a su esposa que, en ese caso, fuera a Argentina para acompañarle y luego regresara a Francia para concluir los asuntos pendientes. «Cuando ya había renunciado al viaje oficial a B. A. me comunican desde el Ministerio que Cámpora manda a su hijo a Chile para invitar por su cuenta a 2 personas, Allende y yo. Esto hace más difícil que yo me excuse, y es opinión del P. [Partido Comunista] que haga lo posible por ir. Yo no sé qué hacer», le escribió el 13 de mayo. «Es verdad que me muevo mejor, pero me canso de estar de pie y también de andar».[1534]

Los rumores sobre su salud eran tema cotidiano en la prensa nacional e internacional. El 21 de mayo, Matilde Urrutia declaró a la agencia italiana Ansa que había estado enfermo, que se estaba cuidando y que en breve estaría restablecido ya que pensaban viajar a Europa en octubre. «Simplemente sufre de un reumatismo del cual ya está mucho mejor y pronto podrá caminar sin problemas».[1535] En su última misiva, que no está fechada, su esposo le informó de una recaída que frustró no solo el viaje a Argentina, sino incluso el desplazamiento al aeropuerto para recibirla: «Mi Patoja adorada, me he preparado un mes para venir a esperarla y fíjese qué chasco! tuve un retroceso de la cadera desde hace tres días y no tengo más remedio que esperarla en nuestra Isla. No se amargue por esto, todo va bien y esto pasará».[1536]

1533. Carta de Pablo Neruda a Matilde Urrutia de abril de 1973 desde Isla Negra. Oses (2010), p. 232.

1534. Carta de Pablo Neruda a Matilde Urrutia del 13 de mayo de 1973 desde Isla Negra. Oses (2010), p. 254.

1535. *Las Noticias de Última Hora*. Santiago de Chile, 21 de mayo de 1973, p. 9.

1536. Carta de Pablo Neruda a Matilde Urrutia de mayo de 1973 desde Isla Negra. Oses (2010), p. 256.

En aquellas semanas, el conflicto político se agudizaba cada día más. Para la Unidad Popular, la dramática división de uno de sus partidos, el MAPU, a mediados de marzo evidenciaba sus graves discrepancias en torno a la estrategia política. La iniciativa del Gobierno se vio debilitada, además, por la decisión de retirar la reforma educativa de la Escuela Nacional Unificada ante el abierto rechazo no solo de la derecha y de la Democracia Cristiana, sino también de la jerarquía católica y, por primera vez abiertamente, de altos oficiales de las Fuerzas Armadas. Y la oposición fue capaz de manipular a un sector de la «aristocracia obrera», los mineros de El Teniente, que pararon la actividad durante más de dos meses y causaron un grave perjuicio económico al país.

Desde Isla Negra, Neruda seguía la evolución de la situación política a través de los medios de comunicación y de sus conversaciones con personas de diferentes posiciones. Entonces, el Partido Comunista lanzó una gran campaña en defensa de la convivencia democrática y alertando del peligro de la guerra civil para buscar, una vez más, un entendimiento mínimo con la oposición democratacristiana. A lo largo de aquellos tres años, con el apoyo del PC, el presidente Allende había entablado negociaciones en varias ocasiones con la Democracia Cristiana para ampliar el apoyo a su programa de gobierno, pero la intervención de los sectores anticomunistas que controlaban esta organización, financiada desde 1963 por la CIA, abortaba siempre el acuerdo.

Una vez más, para reforzar la posición de su partido, el poeta grabó un dramático discurso que se emitió por Televisión Nacional el 28 de mayo. «Yo dije, en mi discurso del Estadio, que fui testigo de muchos de los sucesos y episodios más desgarradores de nuestro tiempo, en España. La guerra civil instigada por el fascismo que dominaba en Alemania y en Italia dejó un millón de muertos y medio millón de españoles en el destierro. El odio y la muerte malograron más de una generación florida de jóvenes españoles y no dejó una casa sin un crespón de duelo, ni una familia sin un hijo, hermano o padre en la cárcel o en el destierro». «Ahora, desde mi retiro de Isla Negra, quiero señalar ante los intelectuales de Chile la gravedad del minuto presente, en especial la campaña y los preparativos que realizan manipuladores extranjeros y chilenos, desde fuera y desde dentro de Chile, para precipitarnos en una lucha armada».

Se refirió, también, a la agresión de las multinacionales norteamericanas y de la CIA, que subvencionaban con cantidades millonarias a algunos de los principales arietes de la oposición, como *El Mercurio*, tal y como confirmó en 1975 la Comisión Church del Senado de los Estados Unidos. «La parte más importante en la preparación de este conflicto la tienen las clases que tradicionalmente se opusieron al avance popular y que ahora, derrotadas y desplazadas, quieren recuperar sus posiciones a viva fuerza, formalizando de este modo un nuevo episodio sangriento que agregar a su largo historial de represiones brutales contra el pueblo de Chile», denunció. Convocó a las fuerzas democráticas, incluyendo a las personalidades más dignas de la oposición democratacristiana, a «derrotar esta acción reaccionaria que pretende enlutar todos los hogares de Chile» como «un deber de la inteligencia, que debemos asumir de inmediato». La tarea era denunciar a «los incitadores de la guerra civil» y «demostrar ante el país las consecuencias terribles de una conspiración tan nefasta como antipatriota». Para ello, sugirió algunas iniciativas, como la preparación de una gran exposición sobre el significado de una guerra civil, con referencia al enfrentamiento de 1891 y a otras «convulsiones fratricidas» más recientes.

Formuló un auténtico llamamiento a la defensa de las instituciones democráticas, de la libertad, de la cultura, «contra la guerra civil, contra el fascismo y el imperialismo». Y pidió a los escritores, los poetas, los dramaturgos, los trovadores, los compositores, los pintores y los escultores de América y del mundo que denunciaran las maniobras golpistas contra el Gobierno constitucional de su país: «Sabemos que no estamos solos y que el nombre de Chile simboliza en muchas partes una causa común del humanismo y de la dignidad revolucionaria. El camino chileno, comprendido y admirado por todos los pueblos del mundo, será defendido sin vacilaciones por el pueblo de Chile».[1537]

El invierno se fue posando poco a poco sobre Isla Negra y sobre su existencia. A fines de junio, el doctor Julio Álvarez, radiólogo, le atendió en el Hospital Carlos Van Buren a petición de su

1537. *El Siglo*. Santiago de Chile, 29 de mayo de 1973, p. 2.

colega Francisco Velasco. «Neruda estaba muy mal, cuando vino le costó subirse y bajarse de la mesa de rayos X. Se quejaba de la artrosis. Cuando vi lo que las radiografías mostraban, me quedé horrorizado. En aquel momento era un enfermo terminal, era muy difícil que pudiese aguantar más de un mes. Estaba lleno de metástasis producto del cáncer de próstata que padecía». Matilde Urrutia fue informada de la extrema gravedad de su esposo.[1538]

A principios de julio, le visitó su editor, Gonzalo Losada, quien relató por carta a Sara Vial que le había encontrado «muy desmejorado», aunque no tanto como a su regreso de Francia en noviembre. «No hay duda de que su dolencia, bien sea reumática o de otro orden, es seria y habrá de tardar un tiempo en recuperarse. [...] Estoy enterado de que recientemente ha sido sometido a una operación menor, al parecer para eliminar alguna secuela de la operación mayor que le hicieron en Francia». Con su característica ironía, el propio poeta ya le había contado personalmente a esta amiga cómo se sentía. «Te haré una recomendación. No vayas a contarle a nadie que me viste en la cama. Con las ganas que tienen de que yo me muera, van a pensar que al fin estoy agonizando. En Chile me hicieron una intervención menor en la cadera. Me molesta mucho, debo incluso ayudarme con un bastón. Eso tampoco me gusta. Te diré, querida: no tengo cáncer. Es lo que andan corriendo por ahí». Pero no eludió comentar sus dolencias en la próstata. «En Francia me hicieron una operación mucho más grande, corriente en los hombres después de cierta edad. Luego tuve una infección. Me fui a Italia [en julio de 1971] y allá debieron operarme de la próstata de nuevo. Eso es todo. Lo que pasa es que hay quienes solo están a la espera de mi muerte, de mi desenlace. Pero se quedarán con las ganas, yo no pienso desenlazarme».[1539]

El 3 de julio fue internado durante algunas horas en la Clínica Alemana de Vitacura, en la capital, con el nombre supuesto de Neftalí Urrutia.[1540] No trascendió ninguna información oficial sobre su diagnóstico, solo su hermana Laura informó que había sido ingresado para «someterse a una serie de exámenes» y que su única enfermedad, «bastante dolorosa por lo demás», era un reu-

---

1538. Entrevista a Julio Álvarez del autor en septiembre de 2011.
1539. Vial, pp. 251 y 256.
1540. *El Mercurio*. Santiago de Chile, 4 de julio de 1973, p. 24.

matismo gotoso que le obligaba a permanecer retirado de la vida privada.[1541]

El 8 de julio, *El Siglo* reprodujo un artículo que había publicado recientemente en *The New York Times* sobre el escándalo que acabaría un año después con la carrera política de Richard Nixon tras el *impeachement*. «La verdad es que las famosas revelaciones del caso *Watergate* pudieron asombrar a los norteamericanos, pero no a nosotros, los sudamericanos. Estamos acostumbrados desde hace muchos años a que los servicios de espionaje, sus agentes, sus provocadores, su personal visible o invisible se nos metan hasta en la sopa». Después de hacer referencia al apoyo de Washington a González Videla, a la frustrada invasión de Cuba en 1961, a la ocupación militar de República Dominicana en 1965 o a la agresión de la ITT contra el Gobierno de Allende se preguntó irónicamente: «¿Cómo se arreglan los norteamericanos para saber todo lo que pasa en el mundo, menos lo que pasa en la Casa Blanca?».[1542]

El 12 de julio, celebró en Isla Negra su sexagésimo noveno aniversario. Aquel día, Radio Magallanes, la emisora del Partido Comunista, dedicó toda su programación al cumpleaños del «insigne poeta del pueblo», con la participación de artistas como Víctor Jara, Ángel Parra, Luis Advis (creador de la «Cantata de Santa María de Iquique») y Roberto Parada; de dirigentes políticos como Luis Corvalán, Volodia Teitelboim y Gladys Marín y de distintas organizaciones populares. *El Siglo* destinó su editorial a felicitar a su destacado militante, «la más profunda y trascendente voz de Chile» e informó del notable apoyo a su llamamiento internacional del 28 de mayo.

Postrado en su dormitorio del segundo piso, junto al amplio ventanal que le acercaba la inmensidad del océano, tuvo que contentarse con recibir a distintos compañeros y amigos a lo largo del día. Por la mañana llegó una delegación del Partido Comunista compuesta por Volodia Teitelboim y los diputados Gladys Marín y Rosendo Huenumán. Después de entregarle un regalo, abordaron la situación política, pero también conversó mucho tiempo con Huenumán, poeta mapuche, sobre otro de sus proyectos: la

1541. *Puro Chile*. Santiago de Chile, 4 de julio de 1973, p. 11.
1542. *El Siglo*. Santiago de Chile, 8 de julio de 1973, p. 1.

creación de la Universidad de la Araucanía. «Volvió a asombrarme la pasión que ponía en sus grandes proyectos, los cuales casi siempre realizaba. Estoy seguro de que, si hubiera sobrevivido, esa universidad mapuche ya existiría», escribió Teitelboim. Y recordó que, pese a todo, el poeta estaba animado.[1543]

La llegada del hijo del editor Gonzalo Losada interrumpió la conversación. Llevaba en brazos un gran paquete que desenvolvió de manera cuidadosa para descubrir un imponente chaquetón argentino, forrado en chiporro de la Patagonia. «Se lo manda mi padre, que no quiere que usted, Pablo, pase frío este invierno». Agradeció el obsequio y, a su vez, pidió a Matilde que le entregara los siete libros inéditos que había terminado. «¿Son para publicación inmediata?», le preguntó. «No, son regalos que yo me hago para celebrar mi setenta cumpleaños. Deben aparecer en la primera mitad de 1974...».[1544]

Cerca del mediodía, un helicóptero aterrizó en una cancha de fútbol próxima. Salvador Allende y Hortensia Bussi llegaron a tiempo de compartir el almuerzo con el poeta y Matilde Urrutia y con Miguel Otero Silva y su esposa, la periodista María Teresa Castillo. «El año próximo vamos a celebrar espléndidamente los setenta años de Neruda. Yo me encargaré personalmente de la preparación chilena y tú elaborarás la lista de invitados del mundo entero», confió Allende al director de *El Nacional*. Pero Otero Silva había encontrado «muy enfermo» al poeta y le inquirió: «Usted,

1543. Teitelboim, Volodia: *Voy a vivirme*. Dolmen Ediciones. Santiago de Chile, 1998, p. 168.

1544. Teitelboim (1996), p. 482. Losada publicó estos siete libros después de su muerte. A fines de 1973 apareció *El mar y las campanas*. Y en 1974 lanzó: *2000, Elegía, El corazón amarillo, Jardín de invierno, Libro de las preguntas* y *Defectos escogidos*. Sobre su obra de los últimos años, Pring-Mill señaló: «Me parece que en *Jardín de invierno, Aún, El mar y las campanas* están algunos de los más bellos poemas de Neruda, a la altura de lo mejor de *Residencia en la Tierra* y de *Canto General*». Entrevista de Martín Ruiz a Robert Pring-Mill. *Boletín de la Fundación Pablo Neruda*, n.º 16. Santiago de Chile, otoño de 1993, pp. 46-50. Para un análisis de su producción poética en la década final de su vida, véase: Marco, Joaquín: «La poesía última de Neruda». Jiménez Gómez, pp. 315-363. En referencia a este período, Marco escribe: «No puede concluirse que esta sea ni de inferior calidad, ni de pretensiones menores a otras etapas de su obra, antes al contrario. Menos conocida, menos estudiada y, en consecuencia, menos admirada, conseguirá, sin duda, el reconocimiento que merece».

como médico ¿cree que llegará a los setenta? ¿No se nos morirá antes?». La respuesta del presidente fue rotunda: «No solamente yo, sino los especialistas que lo están tratando opinan que durará varios años más. Celebraremos sus setenta años con el esplendor y la grandeza que él merece».[1545]

Por la noche, también se acercaron a Isla Negra Sergio Insunza, Aída Figueroa y algunos otros amigos. «Tratamos de estar lo más festivos posible. Llegué con un canasto cargado de frutas, declarándole al amigo que le traía "abrazos y besos y frutas también". Pablo celebró mi ocurrencia como celebraba todo lo que le parecía gracioso», recordó Aída Figueroa en 1991.[1546] Matilde Urrutia preparó una pequeña mesa para que Sergio Insunza y otro amigo le acompañaran en la cena, mientras que el resto de invitados permaneció abajo en el comedor después del brindis con él.

UN ABRIGO PARA VOLODIA

Seis días después, Volodia Teitelboim se encontraba trabajando en el escritorio de su casa, en Santiago de Chile, cuando por la ventana observó que llegaba, sin previo aviso, el automóvil del poeta: «Veo a Manuel Araya, el chofer, que viene con un cargamento en los brazos. Me entrega una carta, que leo con el resuello contenido». En la nota, con fecha de 18 de julio, Neruda le hacía entrega del chaquetón patagónico: «Pienso que este abrigo (de origen losadesco) te vendría bien y es más juvenil que tu sotana oscura. Muchas gracias si lo aceptas; yo estaré en cama en invierno y no va bien entre las sábanas». El senador comunista intuyó que aquel presente era la metáfora de su despedida. El 30 de julio, en la víspera de un viaje a Europa, se desplazó a Isla Negra para saludarle. «Había en nuestra conversación un lenguaje mudo; sus ojos, el entrelíneas de sus palabras lo decían todo: inquietud no solo por su salud, sino angustia porque entreveía un gran mal que amenazaba al país entero. Lo abracé sin saber que era la última vez que lo

1545. *Literatura chilena en el exilio*, n.º 1. Los Ángeles (California), enero de 1977, p. 27.

1546. *Boletín de la Fundación Pablo Neruda*. Santiago de Chile, invierno de 1991, pp. 20-21.

veía». Aquel abrigo le acompañaría durante todos los largos inviernos en el exilio moscovita.[1547]

En julio de 1973, Margarita Aguirre regresó a Isla Negra para hacerle la que sería su última entrevista. A su retorno a Buenos Aires, y cuando se multiplicaban las versiones sobre su estado, ella relató a *La Opinión*: «Ante todo, quiero decir que se especula mucho con la mala salud de Neruda. Indudablemente, para un poeta como él, trabajador infatigable, la salud es algo totalmente necesario. No está mal, como la gente cree. Está enfermo a ratos, su enfermedad lo molesta, pero la supera muy bien. Cuando me recibió, yo me sentía más enferma que él y se lo dije. Se mataba de risa y me contestó: "Comadre, usted tiene una salud de manzana furiosa"».[1548]

Explicó que, en aquel momento, estaba escribiendo «seis o siete libros al mismo tiempo», intervenía en la política nacional y su enfermedad, «si bien es desagradable —el reuma le impide caminar—, tampoco lo acosa en forma tremenda». Resaltó su espíritu y su vitalidad y destacó que ya estaba haciendo planes para el próximo año, con motivo de su setenta aniversario. «Neruda está trabajando como nunca y luchando por el Gobierno de la Unidad Popular con una vitalidad juvenil. Veo que los cables de agencias se ocupan más de su salud que de su obra poética». También se refirió a la preparación de sus memorias, escritos que alcanzaban «unas trescientas páginas» ya. Divertida, relató el peculiar modo en que el poeta fijaba los recuerdos que dictaba a Homero Arce para que los escribiera a máquina. De repente, cuando le disgustaba algún párrafo, Arce se callaba y se detenía. «¿Qué te pasa que no escribes?», le preguntaba. «Esto no lo escribo, Pablo, me parece mal». E intentaba «censurarlo», por razones morales o políticas. «Lo que pasa, Homero, es que tú eres muy reaccionario», le decía, y ambos terminaban riendo.

Margarita Aguirre enfocó las primeras preguntas de su entrevista a sus opiniones sobre Jorge Luis Borges y sobre Perón y el peronismo. Solo en último término le inquirió por la situación política chilena y su llamamiento del 28 de mayo. «El final de mi lla-

1547. Teitelboim (1996), p. 483.
1548. Declaraciones reproducidas en: *Ercilla*. Santiago de Chile, 8 de agosto de 1973, pp. 34-38.

mado se dirige a los escritores y a los artistas de la América nuestra y del mundo entero. Estamos en una situación bastante grave. Yo he llamado a lo que pasa en Chile un Vietnam silencioso en que no hay bombardeos, en que no hay artillería. Fuera de eso, fuera del nápalm, se están usando todas las armas, del exterior y del interior, en contra de Chile. En este momento, pues, estamos ante una guerra no declarada».

Tenía muy claro qué perseguían la derecha y la dirección de la Democracia Cristiana, que el 22 de agosto de 1973 aprobarían una declaración en la Cámara de Diputados que constituyó un llamado abierto al golpe de Estado: «Se trata de instaurar un régimen fascista en Chile. Han tratado de incitar a una insurrección del Ejército, han tratado de recurrir al pueblo para obtener en las elecciones un triunfo que les permitiera derrocar al Gobierno». Y de nuevo llamó a sus compañeros y amigos de tantos países a movilizarse en solidaridad con la Unidad Popular y a defender sus conquistas, que señalaban un camino para el resto de los pueblos del Tercer Mundo. «Es verdad que hemos tenido un triunfo popular extraordinario, es verdad que el Presidente Allende y el Gobierno de la Unidad Popular han encabezado de una manera valiente un proceso victorioso, vital, de transformación de nuestra patria. Es verdad que hemos herido de muerte a los monopolios extranjeros, que por primera vez, fuera de la nacionalización del petróleo de México y de las nacionalizaciones cubanas, se ha golpeado en la parte más sensible a los grandes señores del imperialismo que se creían dueños de Chile y que se creen dueños del mundo. [...] Pero también es verdad que estamos amenazados».

Con franqueza, confesó a Margarita Aguirre que renunciaba a retirarse a sus «cuarteles de invierno», ya que no podía dejar de involucrarse en la lucha política en la medida de sus posibilidades. «El momento de Chile es desgarrador y pasa a las puertas de mi casa, invade el recinto de mi trabajo y no me queda más remedio que participar en esta gran lucha. [...] He adquirido el derecho de retirarme a mis cuarteles de invierno. Pero yo no tengo cuarteles de invierno, solo tengo cuarteles de primavera».[1549]

A fines de julio envió una breve y simpática carta a Alone, quien había preguntado a Homero Arce por su estado de salud.

1549. *Crisis*, n.º 4. Buenos Aires, agosto de 1973, pp. 37-44.

«Tiene usted una capacidad de gentileza muy extensa, que siempre me ha asombrado. Al lado suyo soy un redomado egoísta. No le detallo mis enfermedades. Bastante tengo yo con sufrirlas, pero por un tiempo no puedo ver ni oír ni hablar sino con los indispensables facultativos, cuyas facultades, hasta ahora, me dejan en el mismo estado».[1550]

FEDERICO, SIEMPRE

En la última semana de agosto, Luis Alberto Mansilla llegó a Isla Negra para que el poeta le dictara su contribución al homenaje especial que *El Siglo* preparaba con motivo del noventa aniversario del distinguido científico Alejandro Lipschutz. «Lo encontré en su biblioteca, frente al fuego de la chimenea. Me pareció sombrío y desanimado. Tenía en las rodillas un ejemplar de *Desolación*, de Gabriela Mistral. Me dijo que lo habían impresionado una vez más los *Sonetos de la muerte* y leyó algunas estrofas...». Inevitablemente, conversaron sobre la coyuntura política y se dio cuenta de la atención obsesiva con que seguía los acontecimientos: veía todos los informativos de televisión, leía todos los diarios y escuchaba la radio de manera permanente. Estaba convencido de que se avecinaba una guerra civil. «Yo lo tranquilicé: la situación era tensa y delicada, pero ya habría alguna salida».[1551]

El 31 de agosto, Neruda dictó tres cartas a Homero Arce. En una de ellas comentó a Alone que la preparación de sus memorias le estaba resultando una tarea grata: «Yo estoy escribiendo por estos días mis recuerdos y con mucho temor le envío dos capítulos recién pergeñados e incorregidos. Son naturalmente confidenciales. Ese será un libro largo, con el que me divierto mucho escribiéndolo». Sin embargo, se arrepintió de esta decisión y en la parte final le prometió que le remitiría los textos más adelante.[1552]

1550. Carta de Pablo Neruda a Alone de julio de 1973 desde Isla Negra. *El Mercurio*, 25 de septiembre de 1973, p. 8.

1551. *Cuadernos de la Fundación Pablo Neruda*, n.º 54. Santiago de Chile, 2003, p. 46.

1552. Carta de Pablo Neruda a Alone del 31 de agosto de 1973 desde Isla Negra. Alone: *Pretérito imperfecto. Memorias de un crítico literario*. Nascimento. Santiago de Chile, 1976, pp. 262-263.

También envió unas afectuosas líneas al presidente de México, Luis Echeverría, y a su esposa para expresarles su solidaridad ante el terremoto que tres días antes había destruido Veracruz.[1553] La tercera misiva la dirigió al general Carlos Prats, quien una semana antes había dimitido como comandante en jefe del Ejército para dar paso a su principal subordinado, Augusto Pinochet: «Es imposible ver sin angustia el empeño ciego de los que quieren conducirnos a la desdicha de una guerra fratricida, sin más ideal que la conservación de antiguos privilegios caducados por la historia, por la marcha irreversible de la sociedad humana. Y esto reza para Chile y para el mundo».[1554]

En aquellos días, Luis Corvalán y su esposa, Lily Castillo, viajaron a Isla Negra para conocer de primera mano su estado de salud. Años después, el secretario general del Partido Comunista señaló que lo vio «muy enfermo» y «muy preocupado». «Postrado en cama, pensaba incluso que, si triunfaban, los facciosos podrían llegar a Isla Negra y cometer allí quien sabe qué clase de fechorías. Traté de tranquilizarlo: "Sí, puede haber golpe. Pero a ti, Pablo, no podrán tocarte. Eres suficientemente grande como para que se atrevan a hacerlo"». El poeta le respondió con seguridad, ya que su memoria de España no le engañaba: «Te equivocas, Federico García Lorca era el príncipe de los gitanos y ya sabes lo que con él hicieron».[1555]

Pese a aquellos temores íntimos, continuaba haciendo planes para los próximos meses e incluso ya anhelaba volver a pasar el fin de año en *La Sebastiana*, con una fiesta a la que invitó a sus familiares más jóvenes de Temuco: «Queridos y rollizos sobrinos, quiero que pasen una semana (o más) con nosotros para Año Nuevo (que esperaremos juntos en Valparaíso, viendo el espectáculo de las lu-

1553. Carta de Pablo Neruda al presidente Luis Echeverría y a María Esther Zuno del 31 de agosto de 1973 desde Isla Negra. Consultada en el archivo de la Fundación Pablo Neruda.

1554. Carta de Pablo Neruda al general Carlos Prats del 31 de agosto de 1973 desde Isla Negra. Prats, Carlos: *Memorias. Testimonio de un soldado*. Pehuén. Santiago de Chile, 1985, pp. 501-502. La carta de respuesta del general Prats, fechada el 4 de septiembre de 1973, fue incluida en: *Para nacer he nacido*, pp. 321-322.

1555. Corvalán, Luis: *Santiago-Moscú-Santiago. Apuntes del exilio*. Dresde, 1983, p. 55.

minarias). [...] Lo que más me interesa es que Pamela me dé una conferencia como la que hizo en el colegio».[1556]

El domingo 9 de septiembre, recibió la visita inesperada del arzobispo de Santiago, Raúl Silva Henríquez, quien se encontraba descansando en la residencia que la Conferencia Episcopal poseía en Punta de Tralca. Olvidada ya la polémica de abril en torno a Hasbún, el cardenal se acercó caminando hasta Isla Negra: «Fui a pie, solo, y me quedé varias horas con él, en un ambiente inesperado de recogimiento y espiritualidad. Me habló largamente de sus "relaciones con Dios", que habían sido tan "conflictivas", pero que quería mejorar en esos días, que presentía como los últimos. Fue una mañana hermosa. Cuando me iba, como si quisiera rubricar esta inusual conversación que a la vez había sido un examen de conciencia, me regaló un bellísimo poema sobre una iglesia en una pradera de Francia, que reflejaba exactamente sus sentimientos. Me emocionó este poema como pocas cosas antes en mi vida. Tal vez porque vi en Neruda la cercanía de la muerte, tal vez porque yo mismo estaba especialmente sensible a este tema...».[1557]

El 10 de septiembre se despidió de su hermana, Laura, quien regresaba a Santiago. Aquel día, *El Siglo* publicó el telegrama que había enviado al dictador uruguayo, Juan María Bordaberry, en el que le exigía respeto para «uno de los más destacados novelistas del continente», preso en las cárceles de su país: «En nombre cultura continental, pídole liberación garantías públicas respeto físico moral gran escritor uruguayo Mario Benedetti».[1558]

1556. Carta de Pablo Neruda a sus sobrinos-nietos de septiembre de 1973 desde Isla Negra. *El Diario Austral*. Temuco, 24 de febrero de 1981, p. 6.

1557. Poirot, Luis: *Retratar la ausencia. Neruda*. Los Andes. Santiago de Chile, 1991, p. 144.

1558. *El Siglo*. Santiago de Chile, 10 de septiembre de 1973, p. 9.

14

Once de septiembre en el corazón del poeta

El golpe de Estado militar del 11 de septiembre de 1973 destruyó el desarrollo democrático de Chile y derrocó al Gobierno constitucional presidido por Salvador Allende, quien puso fin a su vida en un sacrificio heroico que condenó para siempre a sus enemigos. La izquierda chilena, a la que Pablo Neruda pertenecía con orgullo desde su militancia comunista, sufrió una derrota histórica. Aquella mañana, en Isla Negra, el poeta intuyó el negro futuro que aguardaba a su pueblo. Había conocido el fascismo en 1936 en España, el fascismo que bombardeó la Casa de las Flores, que hizo correr «la sangre por las calles» en aquel Madrid que le había abrazado, que asesinó a su *hermano* Federico García Lorca. Enfermo de cáncer desde hacía varios años, su salud física y su estado emocional se desplomaron como los muros de La Moneda. Y quedó expuesto a una larga agonía que se agravó el 22 de septiembre, al conocer el asesinato de Víctor Jara y la verdadera magnitud de la represión de la Junta Militar. Un día después, falleció en una habitación de la Clínica Santa María de la capital chilena.

LA MUERTE DE SALVADOR ALLENDE

El amanecer de aquel día en Isla Negra engañó a Matilde Urrutia. El sol le deslumbró cuando abrió las ventanas, el mar estaba inusualmente tranquilo, el cielo calmado y una suave brisa acariciaba las flores del jardín. Nada sugería la tragedia que estaba a punto de abatirse sobre sus vidas; al contrario, esperaban la visita de varios compañeros con buenas noticias. Por una parte, Sergio

Insunza iba a llevarles los estatutos de la fundación que gestionaría el legado del poeta, así como su testamento y los planos del proyecto de Cantalao.[1559] Por otra, el periodista José Miguel Varas, acompañado por Fernando Alegría, tenía previsto entregarle la nueva edición de *Canción de gesta* que Quimantú empezaría a distribuir a partir de ese 11 de septiembre de 1973.

Pero aquel día muy temprano, Varas, quien entonces trabajaba en Televisión Nacional, recibió una llamada urgente desde Valparaíso que le informó de la sublevación de la Armada. Asumió de inmediato que era el inicio del golpe de Estado. Casi todas las mañanas conversaba por teléfono con el poeta para rendirle una suerte de boletín de noticias matinal. «Era él quien llamaba habitualmente con voz juvenil y excitada [...]. Yo le contaba las novedades, una especie de resumen de los hechos más recientes. Como despertaba muy temprano y se dormía tarde y escuchaba los informativos de las radios *momias* y de las otras, a menudo sabía más que el informante». Tenía pendiente la visita a Isla Negra desde hacía varias semanas. «Finalmente, llegamos a una decisión definitiva e impostergable: iría a verlo el martes 11 de septiembre por la mañana». Hacia las siete marcó el número de Isla Negra y el poeta, ya despierto, atendió de inmediato. «Le dije que la Armada había iniciado un golpe militar en Valparaíso. Era lo que se sabía hasta ese momento. "La situación se ve grave —continué—, muy grave. Es difícil que pueda ir hoy a Isla Negra, con Fernando. Mejor dicho, no es posible. Tal vez más tarde..."». Pablo Neruda fue más concluyente y profético: «Tal vez nunca».[1560]

Con la radio encendida desde muy temprano en su dormitorio, el poeta fue asumiendo, con el paso de las horas y el trágico desarrollo de los acontecimientos, la proporción histórica de la derrota y sus graves consecuencias. El Ejército, la Armada, la Fuerza

---

1559. Estos estatutos se han publicado en: Casasús, Mario y Marín, Francisco: *El doble asesinato de Pablo Neruda*. Ocho Libros. Santiago de Chile, 2012, pp. 188-191. Quezada Vergara señala que el poeta ya había invitado al presidente Allende a la ceremonia de presentación de los estatutos y la maqueta de la Fundación Cantalao. Quezada Vergara, Abraham: *Pablo Neruda y Salvador Allende. Una amistad, una historia*. RIL Editores. Santiago de Chile, 2015, p. 132.

1560. Varas, José Miguel: «Tal vez nunca». Rivas, Matías y Merino, Roberto (eds.): *¿Qué hacía yo el 11 de septiembre de 1973?* LOM Ediciones. Santiago de Chile, 1997, pp. 101-102.

Aérea y Carabineros se habían sublevado aquella madrugada contra el Gobierno constitucional. Sin el apoyo de ninguna unidad militar, el presidente Allende, acompañado por sus escoltas, algunos ministros, unos pocos funcionarios, sus médicos y sus principales asesores políticos, resistía en La Moneda. Neruda escuchó sus dramáticos mensajes desde el palacio y cuando oyó su despedida, a las nueve y media de la mañana por Radio Magallanes (aquel conmovedor discurso de «las grandes alamedas» que perdurará siempre en la memoria democrática de la humanidad), murmuró: «Esto es el final». «Pablo reaccionó de una forma que no hubiera soñado jamás», explicó Matilde Urrutia en mayo de 1974. «Él era un hombre recio, muy fuerte, pero esto lo aplastó completamente. Por vez primera no quiso almorzar y no había nada que lo pudiera distraer de aquello de oír noticias. Mandó al chofer a buscar periódicos y todo lo que pudiera traerle para saber más detalles. Trató de comunicarse con algunos amigos en Santiago, pero ellos estaban ya encarcelados o escondidos y no pudimos comunicarnos con nadie».[1561]

A primera hora de la tarde conoció la muerte del presidente Allende al sintonizar en onda corta una emisora argentina. «Esa noticia lo aniquiló, lo aniquiló», comentó su esposa.[1562] Justo entonces recibieron una llamada del doctor Vargas Zalazar, quien recomendó urgentemente a Matilde Urrutia que lo trasladara a la capital e intentara mantenerlo aislado de los acontecimientos que sacudían el país. Pero ambas cosas eran imposibles. Por una parte, la Junta Militar decretó un toque de queda ininterrumpido hasta el 13 de septiembre, de modo que toda la población debía permanecer encerrada en sus casas. Por otra, el poeta se mantuvo pegado al televisor y contempló las imágenes del bombardeo de La Moneda, de las decenas de personas detenidas, de las ambulancias repletas de heridos...

Posiblemente, también siguió la tétrica ceremonia de toma de posesión de la Junta Militar, encabezada por el general Pinochet. Aquella noche él y los otros tres miembros dirigieron unas breves palabras al país. Singularmente, el comandante en jefe de la Fuerza

1561. *La Opinión*. Buenos Aires, 5 de mayo de 1974. Suplemento Cultural, p. 2.

1562. *La Opinión*. Buenos Aires, 24 de noviembre de 1973, p. 19.

Aérea, Gustavo Leigh, advirtió que estaban dispuestos a «extirpar» el «marxismo» de Chile «hasta las últimas consecuencias». La Junta Militar declaró el estado de sitio en todo el territorio nacional y, al día siguiente, el decreto-ley número 5 precisó que aquella condición debía interpretarse como si el país se encontrase en «tiempo de guerra». Una «guerra» que había empezado con la detención de miles de personas desarmadas, que en los días posteriores fueron torturadas en recintos deportivos como el Estadio Nacional o el Estadio Chile, en instalaciones militares como el cuartel Silva Palma de Valparaíso o el Regimiento Tacna de la capital o incluso buques mercantes como el *Lebu* (donde fue encerrado el doctor Francisco Velasco), convertidos en auténticos campos de concentración.

El poeta se durmió con mucha fiebre, profundamente herido. Pareciera, efectivamente, como si los Hawker Hunter hubieran sobrevolado también Isla Negra y arrojado los incendiarios *rockets* sobre su casa, sobre sus mascarones, sobre sus caracolas, sobre su poesía, sobre su corazón. Ante la imposibilidad de que algún médico pudiera llegar a la casa, Matilde Urrutia pidió a Manuel Araya que le acercara hasta la comisaría de Carabineros de El Quisco para solicitar un salvoconducto que le permitiera buscar a la enfermera Rosa Núñez. Le denegaron ese permiso y, en mitad de la noche, tuvieron que arriesgarse a recorrer los cinco kilómetros hasta la localidad vecina. «Así lo hice y la angelical Rosita, enfermera de El Tabo, con riesgo de su vida, llegó a la Isla para atender a Pablo», escribió Matilde Urrutia en su libro.[1563]

«Había toque de queda y no podía salir sin la autorización de Carabineros», ha declarado Rosa Núñez en la única entrevista que ha concedido. «Matilde me vino a buscar con su chofer como a las doce de la noche. Al otro día la señora me mandó a llamar tempranito. Ahí él estaba más calmado».[1564] Ella, que atendía al poeta desde hacía varios años, recuerda que siempre recibió un trato especialmente afectuoso: «Me hacía atenciones que valoraba mucho: chocolates, pasteles, galletas y cuando iban a Quinchamalí con la

---

1563. Urrutia, p. 11.
1564. Entrevista de Javier García a Rosa Núñez. *La Nación*, 18 de septiembre de 2005. Edición digital: http://www.lanacion.cl/noticias/site/artic/20050917/pags/20050917182838.html

señora Matilde me traía recuerdos de allá». Cuando volvió de Francia, empezó a visitarle a diario y era Araya quien la buscaba y llevaba del consultorio de El Tabo a Isla Negra.

«ESCRIBO ESTAS RÁPIDAS LÍNEAS PARA MIS MEMORIAS...»

El viernes 14 de septiembre, Pablo Neruda se sintió mejor. En su dormitorio dictó a su esposa las últimas páginas de su libro auto-biográfico: «Escribo estas rápidas líneas para mis memorias a solo tres días de los hechos incalificables que llevaron a la muerte a mi gran compañero el presidente Allende...».[1565] De repente, oyeron voces y gritos y Manuel Araya irrumpió en la habitación para anunciarles: «Es un allanamiento. Vienen tres grandes carros de militares». El nerviosismo invadió a Matilde Urrutia por la importancia de lo que el poeta acababa de dictarle, pero pudo camuflar esas hojas en un gran plato de madera que contenía varias revistas. Después bajó la escalera y, entre los uniformados, reconoció al oficial de Carabineros de El Quisco, quien parecía avergonzado por aquella tropelía, y le preguntó por dónde quería iniciar el registro de la casa. «Por donde usted quiera». De inmediato, los acompañó al dormitorio del poeta, quien dijo: «Cumplan ustedes con su deber, la señora los acompañará».[1566]

Al llegar al exterior, Matilde Urrutia vio a decenas de militares que rodeaban la casa, donde buscaban lo mismo que en aquellos días perseguían en todos los rincones del país: los arsenales de armas que desde hacía meses la prensa reaccionaria y la derecha denunciaban que la izquierda acumulaba, así como a los dirigentes comunistas que pudieran cobijarse. No encontraron ni lo uno ni lo otro. Porque, como dijo el poeta al oficial al mando: «Busque, no-más, capitán. Aquí hay una sola cosa peligrosa para ustedes». «¿Qué cosa?», le preguntó. «¡La poesía!».[1567]

1565. *Confieso que he vivido*, p. 475. En aquellos días ella encontró en una libreta su último poema manuscrito, titulado «Hastaciel», que incluiría en *El fin del viaje*. Jofré lo ha definido como «un poema hermético, surrealista y simbolista, como podrían ser los de *Residencia en la Tierra*...». Jofré, Manuel: «"Hastaciel": el último poema de Pablo Neruda». *Escritural*, n.° 1. Poitiers, marzo de 2009, pp. 255-263.

1566. Urrutia, pp. 11-12.

1567. Edwards (2013), p. 359.

Desde el golpe de Estado, toda clase de rumores sobre la situación de Neruda recorrieron Chile y el mundo. En aquellos mismos días, el general Pinochet empezó a atender a los medios de comunicación extranjeros para intentar justificar su actuación. El 16 de septiembre, en declaraciones a Radio Luxemburgo, tuvo que responder una pregunta sobre el poeta: «No, Neruda no ha muerto. Está vivo y puede desplazarse libremente a donde quiere, igual que toda persona que, como él, tiene muchos años y está enferma. Nosotros no matamos a nadie y, si Neruda muere, será de muerte natural...».[1568]

Aquel día, *La Tercera* tituló: «Pablo Neruda, muy enfermo». El contenido de la noticia era escueto y se apoyaba en unas declaraciones de Laura Reyes: «El poeta Pablo Neruda se encuentra muy delicado de salud, pero produciendo nuevas obras, según informó ayer su hermana Laura, quien el lunes [10 de septiembre] regresó desde Isla Negra, donde el Premio Nobel de Literatura de 1971 mantiene su casa veraniega y ahora residencia permanente. Versiones de una radio francesa habían anunciado que Neruda habría muerto...».[1569]

El 17 de septiembre, a primera hora de la tarde, el embajador de España, Enrique Pérez-Hernández, se entrevistó con Augusto Pinochet en las dependencias del Ministerio de Defensa. Solo dos días antes, la dictadura de Franco había reconocido a la Junta Militar como autoridad legítima de Chile, decisión que Pinochet acogió con satisfacción: «Quiero agradecerle especialmente el reconocimiento del Gobierno español y deseo que haga llegar a las más altas autoridades de su país nuestro saludo cordial. Las cosas se van normalizando. La verdad es que bastante antes de lo que esperábamos. ¿No lo cree así?». Por su parte, Pérez-Hernández se refirió a la preocupación internacional por la suerte del poeta: «Presidente, el Gobierno del generalísimo Francisco Franco desea colaborar en este momento difícil y por ello ha actuado sin pérdida de tiempo. Existe, eso sí, alguna preocupación en el exterior por la evolución de los acontecimientos... Se habla de la situación del Premio Nobel de Literatura, don Pablo Neruda. Cualquier conducta represiva hacia él podría hacer mucho daño a la Junta...». «La situación general está controlada...», manifestó Pinochet. «Bastante antes de lo

1568. *Ínsula*, n.º 325. Madrid, diciembre de 1973, p. 10.
1569. *La Tercera*. Santiago de Chile, 16 de septiembre de 1973, p. 2.

que creíamos, como le digo. Esperábamos más resistencia... Habrá algunos focos de guerrillas urbanas y rurales todavía. La situación de Neruda, eso que se ha estado diciendo, que si ha sido detenido en un barco en Valparaíso o que está muerto, todo eso es falso. No es un secreto para nadie que está enfermo desde hace años. Ahora permanece en su residencia de Isla Negra. Pero tendré en cuenta lo que me ha dicho, embajador».[1570]

Desde luego, el dictador no acogió sus recomendaciones. Al día siguiente, *La Tercera* llevaba a su primera página, con caracteres enormes, una significativa advertencia suya: «No habrá piedad con los extremistas». Y para el régimen, «extremista» o «marxista» era cualquier persona que hubiera apoyado a la Unidad Popular. Entre ellos, y de manera muy notoria, estaba Pablo Neruda.

El 18 de septiembre, Hugo Arévalo y su esposa, la conocida folklorista Charo Cofré, viajaron a Isla Negra para averiguar cómo se encontraba su amigo, alarmados tras oír incluso rumores de que había fallecido. «Inmediatamente ingresamos a su dormitorio, observando que se encontraba acostado, triste y preocupado por la situación imperante en el país, principalmente por la muerte de Salvador Allende», declaró Arévalo el 16 de junio de 2011 en la causa judicial.[1571] El poeta les comentó que varios países le habían ofrecido asilo y les confesó que no podía caminar y que se sentía desmoralizado. Por ellos supo de la detención de Víctor Jara, miembro del Comité Central de las Juventudes Comunistas y una de las voces más reconocidas del movimiento de la Nueva Canción Chilena. «Yo me daba cuenta de que Pablo recibía todas estas noticias como si fueran puñales que se adentraban en su carne», escribió Matilde Urrutia.[1572]

Cerca del mediodía, él mismo recordó a su esposa y a sus amigos que era el día de la independencia nacional y que correspondía celebrarlo con vino tinto y empanadas. En la tarde, cuando se aproximaba la hora del toque de queda, pidió a sus amigos que pernoctaran allí, en el dormitorio de la torre circular de piedra que corona la casa y que en su tiempo compartiera con Delia del Carril. Por la noche, la televisión informó de la ceremonia religiosa que había tenido lugar

1570. Ekaizer, Ernesto: *Yo Augusto*. Aguilar. Madrid, 2003, pp. 165-166.

1571. Causa-rol n.º 1.038 del 34.º Juzgado del Crimen de Santiago de Chile. Investigación judicial de la muerte de Pablo Neruda.

1572. Urrutia, p. 13.

en el Templo de la Gratitud Nacional con la asistencia de los cuatro miembros de la Junta Militar y los tres ex presidentes (Gabriel González Videla, Jorge Alessandri y Eduardo Frei). Entonces el poeta perdió los estribos cuando vio la sonrisa de González Videla al expresar públicamente su apoyo a la dictadura.[1573] «Se alteró notablemente y comenzó a temblar de rabia», declaró Hugo Arévalo ante el magistrado Mario Carroza el 16 de noviembre de 2011.[1574] Su salud volvió a empeorar y Matilde Urrutia les solicitó que se retiraran para que pudiera descansar. Y telefoneó al doctor Vargas Zalazar para organizar su traslado a la Clínica Santa María, en Santiago, donde él atendía como médico externo. Era uno de los mejores hospitales privados del país y estaba situado entre el cerro San Cristóbal y el cauce del río Mapocho... por donde aquellos días descendían, tropezando entre las piedras, los cadáveres de innumerables víctimas de la Junta Militar

«El profesor Vargas Zalazar, que lo atendía, siempre dijo que Pablo era un hombre muy fuerte, que se estaba defendiendo maravillosamente. Lo de llevarlo a la clínica fue más que todo por resguardarlo y protegerlo», explicó Matilde Urrutia en 1979.[1575] Hasta el 11 de septiembre el diagnóstico de este profesional auguraba aún varios años de vida al poeta, según relató en 1982: «Yo estaba junto a él y sé que su mal no estaba todavía en ninguna etapa de peligro. El doctor que lo atendía había dicho que duraría unos seis o siete años más y que a lo mejor se iba a morir de cualquier otra cosa».[1576]

La enfermera Rosa Núñez llegó por última vez a Isla Negra aquella noche del 18 de septiembre. En los años siguientes, siguió trabajando en el consultorio de El Tabo y un día veraniego de 1975 recibió una visita de la viuda del poeta. «Me dijo que sospechaba que a su marido lo habían matado en la clínica, posiblemente con alguna inyección. Fue la última vez que la vi».[1577]

1573. Romero, Vicente: *Chile. Terror y miseria*. Mayler. Madrid, 1977, p. 95.

1574. Causa-rol n.º 1.038 del 34.º Juzgado del Crimen de Santiago de Chile. Investigación judicial de la muerte de Pablo Neruda.

1575. *Hoy*. Santiago de Chile, noviembre de 1979. Número extraordinario con motivo del setenta y cinco aniversario de Pablo Neruda, p. 27.

1576. *La Tercera*. Santiago de Chile, 19 de septiembre de 1982. Suplemento *Buen Domingo*, p. 2.

1577. Entrevista de Javier García a Rosa Núñez. *La Nación*, 18 de septiem-

EN LA CLÍNICA SANTA MARÍA

Matilde Urrutia narró con profunda aflicción el tortuoso viaje de aquel 19 de septiembre de 1973 desde Isla Negra hasta la Clínica Santa María. «Nos fuimos por ese camino que tantas veces recorrimos alegres, riendo, haciendo planes serios o descabellados», escribió. «Ahora había un clima pesado: Pablo, con una tristeza inmensa reflejada en su rostro; yo, haciendo esfuerzos inauditos para sacarlo de su tristeza, le conversaba de la construcción de una nueva biblioteca que estábamos haciendo en la Isla; esta recibiría sus libros que venían en ese momento en viaje desde Francia. Recuerdo que discutíamos los ventanales. Él era amigo de hacer piezas transparentes, con mucha luz; yo le aconsejaba, diciéndole: "En ese lado de la casa la luz es muy fuerte, tenga cuidado, la luz es mala para los libros"».

Hacia la mitad del trayecto, a la salida de Melipilla, se tropezaron con varios controles de Carabineros. En uno de ellos, les ordenaron detenerse y les pidieron la documentación. Un agente ordenó a Matilde Urrutia que descendiera de la ambulancia, ante su enorme sorpresa, y al volver al interior del vehículo vio, por primera vez, lágrimas en los ojos del poeta. «Pensé que no lloraba por él ni por mí, lloraba por Chile. Su instinto profético no lo engañaba: se acercaban días negros, muy negros, para este pueblo». «Límpiame los ojos, Patoja», le dijo. Ella intentó consolarlo: «Ay, Pablito, no vamos a hacer de esto una cosa trágica. Lo están haciendo con todos los coches. Esto es una tontería». Después de más de seis horas de viaje para cubrir unos ciento veinte kilómetros, alcanzaron finalmente su destino. «Llegamos a la clínica y él estaba bastante mal, pero yo no me daba cuenta. Pensaba que era algo así como otras veces, alguna infección intestinal y otra cosa como ya había tenido antes. Pensaba que era la fiebre que tenía, pero Pablo

bre de 2005. Edición digital: http://www.lanacion.cl. El 26 de octubre de 2011, los agentes de la Brigada de Derechos Humanos de la Policía de Investigaciones entrevistaron a Rosa Núñez en su domicilio de El Tabo. El 16 de noviembre prestó declaración ante el magistrado Carroza en las dependencias de la Fundación Pablo Neruda en Isla Negra. No hizo referencia alguna a lo que explicó a *La Nación*, ni en sus dos declaraciones consta que le preguntaran por ello. Causa-rol n.º 1.038 del 34.º Juzgado del Crimen de Santiago de Chile. Investigación judicial de la muerte de Pablo Neruda.

estaba quebrado por dentro. Él, que tenía una fuerza sobrehumana, en ese momento se quebró».[1578]

Les recibieron el doctor Vargas Zalazar y las enfermeras, quienes les acompañaron a la habitación 406, que disponía de cuarto de baño propio y de una pieza contigua, en la que Manuel Araya descansó durante aquellas noches y Homero Arce pudo trabajar en el día. Allí también se percibía la atmósfera tensa y caótica que imperaba en el país. Como todos los hospitales, en aquellos días la clínica estaba intervenida bajo el control o la supervisión de las autoridades de la dictadura. «Llegó el médico, que también estaba bastante asustado, como toda la gente. Era un clima de desconcierto, de caos. La clínica no funcionaba, las enfermeras de la noche no se encontraban. Era un horror y yo seguía completamente sola. Los amigos estaban cada uno con su problema, que era tan grande como el nuestro. Desde ese día Pablo siguió peor. Ya no quiso comer más y apenas tomaba un poco de té con leche que yo le daba», relató en 1974.[1579]

UN AVIÓN PARA MÉXICO

El jueves 20 de septiembre por la mañana, finalizado el toque de queda nocturno, los amigos del poeta empezaron a acercarse para interesarse por su estado. Su esposa los fue recibiendo y les rogó que no le comunicaran noticias alarmantes. Entonces alguien le relató por teléfono la destrucción, saqueo e inundación de *La Chascona*. «Cuando yo tuve miedo por Pablo fue cuando supe que habían destruido nuestra casa de Santiago. Habían sido capaces de destruir una casa con tanto ensañamiento, incendiándola y robándola entera con tantas y tantas cosas hermosas de Pablo. Entonces tuve miedo, mucho miedo por él», explicó en 1976 en Barcelona.[1580]

Pronto llegó a la clínica el embajador Gonzalo Martínez Corbalá, quien hacía tres días que había regresado de México, tras acompañar al primer grupo de refugiados que acogió su Gobierno,

1578. Urrutia, pp. 13-15.
1579. *La Opinión*. Buenos Aires, 5 de mayo de 1974. Suplemento Cultural, p. 2.
1580. *Por Favor*. Barcelona, 21 de junio de 1976, p. 24.

entre ellos Hortensia Bussi y sus hijas Carmen Paz e Isabel Allende. Martínez Corbalá transmitió al poeta el ofrecimiento del presidente Luis Echeverría de acogerle y brindarle todas las atenciones necesarias para su salud. Inicialmente, el poeta rechazó aquella propuesta. «Me encontré en cama a ese hombre grande y bueno, acompañado por su esposa Matilde, quien simpatizaba mucho con la idea que les propuse, porque ambos habían vivido algún tiempo en México. La primera reacción de Neruda, sin embargo, fue de oposición porque quería permanecer en su patria. Matilde y yo procuramos explicarle, con responsabilidad y detalle, lo que estaba ocurriendo en el país y cómo había sido recibida la noticia del golpe de Estado en el resto del mundo».[1581] En privado, Matilde Urrutia no obtuvo mejores resultados. Apenas quería escucharle: «Yo no me iré de Chile, yo aquí correré mi suerte. Este es nuestro país y este es mi sitio».[1582]

Finalmente, ella no tuvo más remedio que relatarle el allanamiento y la devastación de su casa del cerro San Cristóbal, en presencia de Gonzalo Martínez Corbalá. «Fue una conversación muy larga, penosa; sopesamos los peligros de quedarnos y, sobre todo, yo insistí en la imposibilidad de un tratamiento adecuado para su enfermedad. Con gran alegría de mi parte, Pablo dijo por fin que nos iríamos por un corto tiempo, que llevaría solo lo más indispensable, porque él regresaría de todas maneras».[1583]

Cuando aceptó la invitación para viajar a México, Martínez Corbalá inició de inmediato los trámites ante el Ministerio de Relaciones Exteriores para obtener sus pasaportes. La dictadura autorizó en tan solo veinticuatro horas la salida del matrimonio con el amparo de la embajada mexicana. Con rapidez, el embajador comunicó a su presidente y a su canciller que necesitaba una aeronave de gran capacidad para trasladar al poeta con la comodidad y cuidados que su estado de salud exigía y, al mismo tiempo, repatriar la Colección Carrillo Gil.[1584] Las cajas que contenían es-

1581. Martínez Corbalá, pp. 240-241.

1582. Urrutia, p. 15.

1583. *La Opinión*. Buenos Aires, 5 de mayo de 1974. Suplemento Cultural, p. 2.

1584. Esta constaba de más de un centenar cuadros de Diego Rivera, José Clemente Orozco y David Alfaro Siqueiros, que iban a ser expuestos en el Museo Nacional de Bellas Artes a partir del 13 de septiembre. El propio Neruda había

tas pinturas eran mayores que las compuertas de carga del avión DC 9 a bordo del cual dos numerosos grupos de refugiados habían partido ya a México. El embajador solicitó un DC 8, que fue redestinado desde las rutas internacionales de Aeroméxico y ya estaba en el aeropuerto de Santiago el sábado 22 de septiembre, la fecha acordada con Neruda y Matilde Urrutia para el viaje. «El viernes me entregaron sus maletas, el abrigo y el sombrero del poeta y los originales manuscritos de sus memorias», explicó Martínez Corbalá.

El 22 de septiembre regía un nuevo horario del toque de queda (desde las ocho de la tarde hasta las seis de la mañana) y Pinochet anunció que habían declarado ilegales a los partidos «marxistas». Además, aquella mañana la prensa difundía con alborozo uno de los «descubrimientos» más sensacionales de la Junta Militar, fundamental para extender dentro de las Fuerzas Armadas, pero también entre diversos sectores sociales, el odio al «marxismo» y la represión necesaria para aplastarlo: el «siniestro Plan Z». Se trataba de un falso y delirante proyecto de la izquierda, ampliamente difundido desde entonces, para dar un golpe de Estado y liquidar a miles de opositores. «Milagrosamente», la sublevación militar del 11 de septiembre lo había impedido.

El embajador Martínez Corbalá llegó temprano al hospital para recoger al poeta y a su esposa y dirigirse al aeropuerto. Pero Neruda le sorprendió con un súbito cambio de planes: «Embajador, no quiero irme hoy». Con tantas preocupaciones (la colección de pinturas ya cargada en el avión solicitado a Aeroméxico y la relación de asilados que les acompañaría organizada), Martínez Corbalá le preguntó: «¿Cuándo quiere que nos vayamos, don Pablo?». «Dígale al Presidente que nos vamos el lunes; quiero estar

---

escrito el texto de presentación a principios de aquel mes: «Estos hombres cumplieron el mandamiento de dioses enterrados y de héroes descalzos: su pintura es esencial, geografía, movimiento, tormento y gloria de una nación formidable. Todos ellos pudieron ensimismarse en su excelencia y destreza (como Diego en el brillo cubista), pero los tres prefirieron encarar con todos sus poderes la verdad perecible estableciéndola en su patria como constructores responsables, ligados al destino y a la larga lucha de un pueblo. Me tocó convivir con ellos y participar de la vida y de la luz de México deslumbrante». Neruda, Pablo: «Pintura atormentada y victoriosa». *Cuadernos de la Fundación Pablo Neruda*, n.º 39. Santiago de Chile, 1999, pp. 52-53.

aquí mañana». El diplomático consultó con su Gobierno, que autorizó la permanencia del DC-8 en Pudahuel hasta el 24 de septiembre. Como tenía numerosas gestiones pendientes, acordó cordialmente con el poeta reencontrarse ese día para emprender el viaje.[1585]

El 29 de noviembre de 2011, el abogado del Partido Comunista, Eduardo Contreras, entregó al magistrado Mario Carroza la declaración jurada que Gonzalo Martínez Corbalá había suscrito recientemente ante el cónsul general de Chile. El diplomático mexicano subrayó que «Neruda se encontraba en absoluta normalidad» en la mañana del 22 de septiembre de 1973 y que dialogaron acerca del traslado de los manuscritos de sus memorias. Él le informó de la terrible situación que vivía el país desde el 11 de septiembre, una información que «le impactó profundamente por el dolor causado a su pueblo que tanto amaba». «Durante el largo rato que permanecimos juntos el 22 de septiembre no advertí en él ningún signo que evidenciara que estaba en estado agónico, que no pudiera hablar ni valerse por sí mismo. Al contrario, hablaba y actuaba normalmente. Era un hecho conocido que padecía de flebitis y hacía muy poco se le había diagnosticado un cáncer de próstata, pero no se estaba muriendo, ni mucho menos en estado de coma. Todo indicaba que seguiría viviendo todavía algún tiempo más y ya hacía planes respecto de su actividad en la nueva residencia».

En su declaración jurada, incidió también en un aspecto trascendental: el protagonismo que Pablo Neruda habría asumido desde el exilio en la denuncia de la Junta Militar. «Obviamente, le dolía partir, pero igualmente entendía el papel que él podía cumplir en el exterior y aceptaba de inmediato y agradecía profundamente el gesto de México, país en que ya se preparaban actos de repudio al golpe de Estado y comenzaban las primeras acciones de solidaridad con la lucha del pueblo chileno por restablecer la democracia».[1586]

1585. Martínez Corbalá, pp. 244-245.
1586. Entrevista telefónica a Gonzalo Martínez Corbalá del autor en enero de 2012.

Otras personas visitaron al poeta a lo largo de la mañana del 22 de septiembre, como Máximo Pacheco y Radomiro Tomic, dirigentes de la Democracia Cristiana, y el pintor Nemesio Antúnez, quien tiempo después comentó a Jorge Edwards que el poeta, pese a estar «cansado, afiebrado y adolorido», estaba «perfectamente lúcido». Durante la conversación que sostuvieron, Neruda le comentó que creía que la dictadura no sería un paréntesis, sino un punto de inflexión muy prolongado en la evolución histórica del país. «Estos *milicos* actúan ahora con gran brutalidad, pero después van a tratar de hacerse populares, de mostrarse bonachones. Van a darles besos a los niños y a los ancianos en las plazas públicas, delante de la televisión. Van a repartir casitas, canastos con golosinas, medallas. Y se van a quedar por muchos años. [...] Se quedarán durante mucho tiempo y en el ambiente de la cultura, del arte, de la televisión, en todo, predominará la mediocridad más completa. Yo ya he tomado mi decisión: irme a México, y a ti también te recomiendo salir. La atmósfera chilena se va a volver irrespirable para nosotros».[1587]

También llegaron Delia Vergara, Maruja Vargas y Aída Figueroa. En su declaración ante Mario Carroza, el 14 de noviembre de 2011, Aída Figueroa aseguró que, cuando llegó, estaba solo y leyendo una novela. En la habitación contigua, divisó a Homero Arce transcribiendo a máquina algunos poemas que le había dictado momentos antes y que luego corregiría en su presencia. Conversaron sobre su esposo, Sergio Insunza, y otros amigos y compañeros, entre ellos Miria Contreras, la *Payita*, secretaria de Salvador Allende. «Hay que ayudar, estos matan, hay que ayudar...», decía.[1588] «Estaba lúcido —recordó Aída Figueroa en otra ocasión—, sin angustia de muerte, pero con dolores muy fuertes. "Me duele desde el pelo a la punta de los dedos y extraño a Matilde, ella sabe cómo colocarme, cómo ponerme para que me duela menos».[1589] Neruda comunicó a su amiga que el lunes partirían ha-

---

1587. Edwards (2013), pp. 360-361.
1588. Causa-rol n.º 1.038 del 34.º Juzgado del Crimen de Santiago de Chile. Investigación judicial de la muerte de Pablo Neruda.
1589. Poirot (1987), p. 146.

cia México y le transmitió la confianza de que allí su salud se restablecería. Al mediodía, se despidieron. Ante el magistrado Carroza, Aída Figueroa declaró que en aquel preciso momento intuyó lo peor: «Para mí estaba claro que iba a fallecer, por lo que me despedí besándole la mano, al igual que lo hizo él, pero no tenía conciencia de que se estaba muriendo».

En su libro y en todas las declaraciones públicas, Matilde Urrutia relató que el sábado 22 de septiembre de 1973 Manuel Araya y ella se desplazaron a Isla Negra. «Me fui a la Isla con una lista de libros que Pablo quería llevar. Estaba allí, recogiendo algunas cosas para el viaje, cuando sonó el teléfono. Era Pablo. Me pedía que regresara inmediatamente: "No puedo hablar más", me dijo». En aquellos momentos pensó que «había pasado lo peor»: creyó que iban a detener a su esposo. De manera apresurada, cerró la maleta que había logrado organizar y ordenó a Araya que regresaran a Santiago. «"Tenemos que ir lo más rápido que pueda", le dije al chofer. No sé cómo no nos matamos. A cada momento, le reclamaba: "¡Vaya más aprisa! ¡Este coche no se mueve!"». Matilde Urrutia llegó a la habitación 406 de la Clínica Santa María exhausta por la tensión y se encontró con su esposo muy alterado y en situación febril. Sin pausa, este le relató que había conversado con muchos amigos y que era increíble que ella ignorara lo que estaba sucediendo en Chile... «Están matando gente, entregan cadáveres despedazados. La morgue está llena de muertos, la gente está afuera por cientos, reclamando cadáveres. ¿Usted no sabía lo que le pasó a Víctor Jara? Es uno de los despedazados, le destrozaron sus manos».

Durante días, ella había evitado que el poeta conociera la dimensión real de la tragedia que golpeaba a sus compañeros, a su partido, a su pueblo. Pero finalmente se había enterado, con dolor, espanto, angustia e impotencia, sentimientos que se confundían en su mirada. «El cadáver de Víctor Jara estaba despedazado. ¿Usted no sabía esto? ¡Oh, Dios mío! Si esto es como matar un ruiseñor, y dicen que él cantaba y cantaba y que esto los enardecía». Matilde Urrutia intentó tranquilizarlo, asegurándole que se trataba de exageraciones. «¿Cómo? Si estaban aquí el embajador de México y el de Suecia. ¿Cree usted que ellos no están informados?».[1590]

1590. Urrutia, pp. 16-17.

Según su relato, fue entonces, al regresar de Isla Negra y disponerse a estacionar el automóvil, cuando Manuel Araya fue detenido por agentes de la dictadura y conducido al Estadio Nacional.[1591]

LAS IMPRESIONES DE HARALD EDELSTAM

En 1973 el embajador de Suecia era Harald Edelstam, una persona con una biografía luminosa. Como diplomático en Berlín en 1941, salvó a personas de religión judía que huían del Holocausto. Destinado en Noruega entre 1942 y 1944, apoyó a la Resistencia contra el régimen títere pro nazi. En Chile, su leyenda se agigantó al acoger a numerosos asilados en las dependencias suecas y liberar a cuarenta ciudadanos uruguayos del Estadio Nacional. En diciembre, la Junta Militar le declaró persona *non grata* y tuvo que abandonar el país. La tarde del 22 de septiembre Edelstam se dirigió a la Clínica Santa María acompañado por el diplomático Ulf Hjertonsson, adscrito provisionalmente a la embajada, quien era amigo del poeta.

A mediados de 1969, Pablo Neruda y Matilde Urrutia invitaron a Ulf Hjertonsson y a su esposa, Karin Oldfelt, a pasar un fin de semana en Isla Negra. Después de la cena, Oldfelt, quien se estaba iniciando en el arte de la xilografía, se puso a trabajar y le regaló a su anfitrión un delfín de bronce sobre papel de seda que le maravilló. Algunas semanas más tarde, el poeta les dirigió una carta con una propuesta sugerente: que ella hiciera algunas xilografías

1591. En los días posteriores a la muerte de su esposo, Matilde Urrutia se preocupó por la suerte de su chófer, «pobre muchacho que vagabundeaba con Pablo por mercados, por casas de antigüedades». Con su desaparición reconoció que perdió a «la única persona que me acompañaba en todas las horas del día». Pocos meses después, Hernán Loyola relató que Matilde Urrutia le explicó que Manuel Araya fue detenido el domingo 23 de septiembre de 1973, lo que se aproxima unos «centímetros» al testimonio que ha dado pie a la investigación judicial en Chile: «A mediodía del domingo, encargué a Manuel Araya, un muchacho joven que era el chofer de Pablo, que me trajese algún medicamento u otra cosa, pero las horas pasaron y Manuel no volvió. Después supe que lo habían detenido y conducido al Estadio Nacional, donde lo pasó muy mal, y el automóvil me costó ubicarlo y recuperarlo». Loyola, Hernán, «Pablo Neruda: Ser y morir» (1974). Consultado en: http://cvc.cervantes.es/literatura/aih/pdf/05/aih_05_1_007.pdf

de «las cosas que el mar ha dejado en la playa» y él escribiría algunos poemas al respecto. En 1970, la Sociedad de Arte Contemporáneo publicó la primera edición de *Maremoto*, una de sus obras menos conocidas, de apenas ciento diez ejemplares.[1592]

Según recuerda Hjertonsson, Edelstam y él llegaron a la Clínica Santa María entre las cuatro y las cinco de la tarde. Les recibió Matilde Urrutia y no recuerda que el poeta se hallara en el estado de excitación febril al que ella se refirió. «Matilde no me habló de que hubiera estado en Isla Negra, pero pudo haber hecho un viaje de ida y vuelta ese día».[1593] Sí que le indicó que sus pasaportes estaban preparados para el inminente viaje a México. En su prólogo a la edición sueca de *Maremoto*, evocó cómo encontró a su amigo en la habitación 406: «Pablo está macilento y muy pálido. Sufre terriblemente a causa de un cáncer de próstata terminal y está horrorizado por todo lo que ha visto y oído del sangriento avance de los militares. El incomparablemente mejor poeta y amante del continente iberoamericano yace en su lecho y mueve nerviosamente los ojos en sus cuencas, como un viejo cóndor que creía que lo había visto y oído todo».

Después de la visita, Harald Edelstam remitió un telegrama a Estocolmo, al Ministerio de Asuntos Exteriores, en el que comunicó que el poeta se encontraba «muy enfermo» en la clínica, pero que, pese a ello, deseaba viajar a México dos días después. El 8 de octubre envió un oficio de tres páginas que contiene más información. «A pesar de su grave enfermedad, Neruda habló sobre los acontecimientos en Chile y sobre el destino de muchos de sus amigos. Aunque el golpe militar no parecía haberle sorprendido, estaba indignado por la brutalidad de los militares. "¿Era realmente necesaria?", se interrogó». Y la respuesta a su propia pregunta fue, según indicó el embajador: «Son peores que los nazis, asesinan a sus propios compatriotas». «En su último periodo», añadió, «él no estaba al tanto o no se daba cuenta de que sufría una enfermedad terminal». «Neruda nos dijo que era el reumatismo lo que le imposibilitaba mover sus extremidades. Cuando lo visitamos, se estaba

1592. Este libro no fue reeditado ampliamente hasta 1991. En 2003, con motivo del trigésimo aniversario de la muerte del poeta, apareció una edición sueca, con prólogo de Hjertonsson.

1593. Entrevista a Ulf Hjertonsson del autor en 2011.

preparando de la mejor manera posible ya que en dos días iba a viajar [...] rumbo a México. Allí pensaba hacer una declaración expresando públicamente su condena al régimen militar». Y en la parte final de su informe, concluyó: «Nuestra conversación tuvo lugar, sin embargo, tan solo un par de horas antes de que se quedase dormido en el coma del que nunca despertó».[1594]

Aquella noche los boletines que la Junta Militar difundía por las emisoras de radio y los canales de televisión informaron de la hospitalización del poeta en términos muy pesimistas, como recordó años después Enrique Bello: «El 22 en la noche escuchamos por la radio una noticia: el poeta Pablo Neruda se encuentra en estado agónico y se estima que no pasará la noche. Existe prohibición absoluta de visitarlo».[1595]

«¡LOS ESTÁN FUSILANDO!»

Aquella tarde Matilde Urrutia intentó tranquilizar a su esposo con anécdotas sobre cómo había encontrado Isla Negra, sobre cómo las olas de color verde golpeaban con furia las rocas de la playa. «Inventaba cuentos de la casa y logré distraerlo de esa enorme pesadilla que estaba viviendo. Poco a poco, su voz se hizo dulce, comenzó a decir frases muy lindas...». Y volvieron los recuerdos de los días más felices que compartieron en Nyon, en Capri, en medio mundo... «Con voz muy suave, pero firme, me dice que no se irá de Chile y que quiere que esta decisión sea también la mía. Comprendí entonces que aquí estaba todo lo que él amaba y que no podría resistir estar lejos mientras su pueblo era perseguido tan cruelmente. "Nos quedaremos y me alegra su decisión. Mañana le hablaré al embajador para agradecerle al Presidente Echeverría su invitación"».

De repente, cerca de la medianoche, la fiebre volvió a sacudir a Neruda y la desesperación se dibujó en sus gestos. «Tenía los ojos espantados, como si su imaginación estuviera viendo los muertos ti-

1594. Fernando Camacho Padilla, que ha estudiado de manera brillante la solidaridad de Suecia con Chile antes y después del 11 de septiembre de 1973, me ha facilitado copia de estos dos documentos de Harald Edelstam, procedentes del Archivo Nacional de Suecia.
1595. *La Bicicleta*. Santiago de Chile, 17 de julio de 1984, p. 42.

rados en las calles, otros pasando por el río Mapocho, no uno, sino muchos, como yo los había visto. Exaltado, sigue hablando en forma afiebrada, me dice de nuevo que no se irá, que él debe estar aquí con los que sufren, que él no puede huir, que tiene que ver lo que pasa en su país». Sola, Matilde Urrutia ya no tenía fuerzas para consolarle. El poeta soltó las manos de su esposa y, con fuerza, se desgarró el pijama gritando: «¡Los están fusilando! ¡Los están fusilando!».

Ella tocó el timbre para avisar a la enfermera de turno quien, al comprobar su estado febril y angustioso, procedió con indiferencia: «Le pondremos una inyección para dormir».[1596] «Poco a poco se fue calmando, yo sentada a su lado, con mi cabeza pegada a la suya, sentía su calor. Estábamos juntos, estábamos protegidos, éramos un solo cuerpo, parecía que nada podía separarnos, y con este convencimiento, con esta seguridad, con esta ilusión, sintiéndolo tan cerca, casi dentro de mí, se quedó dormido. Yo también dormí unas horas. No despertó en toda la noche; al otro día Pablo todavía seguía durmiendo. Estaba contenta de que no despertara para que no sufriera, para que no me preguntara las últimas noticias...».[1597]

En una entrevista que concedió en 1976 al programa «A fondo» de Televisión Española, rememoró la quietud con que se apagó su existencia: «Su muerte fue muy hermosa, porque pasó del sueño a la muerte, él no sufrió. Encuentro que eso es muy lindo, la muerte de él. Y su cara quedó con una semi sonrisa irónica, algo muy curioso, con una placidez...».[1598]

LA DENUNCIA DE MANUEL ARAYA

El 23 de septiembre de 1973, Santiago de Chile amaneció sometido a un violento operativo militar que se prolongó hasta las

---

1596. En la entrevista que concedió el 5 mayo de 1974 al suplemento cultural de *La Opinión*, Matilde Urrutia se refirió con mayor detalle a aquel momento: «Pedí a la enfermera que le pusiera la inyección calmante que había ordenado el médico. Se quedó dormido inmediatamente. Era un calmante bastante suave, una Dolopirona que tenía en mi valija, así que no fue que le pusieron otro medicamento como luego se dijo».

1597. Urrutia, pp. 17-19.

1598. Soler Serrano, Joaquín: *A fondo. De la A a la Z*. Plaza&Janés. Barcelona, 1981, pp. 168-179.

cuatro de la tarde. Durante catorce horas, tres mil soldados de distintas unidades, movilizados en uniforme de guerra y fuertemente armados, bajo el mando del general Herman Brady, allanaron casa por casa el sector de unas cuarenta hectáreas delimitado por la plaza Italia, el Parque Forestal, el cerro Santa Lucía y la Remodelación San Borja. La Clínica Santa María, donde yacía Neruda, quedó excluida del perímetro por apenas unos cientos de metros. Una imagen dio la vuelta al mundo gracias a los periodistas extranjeros que ya habían llegado al país: en medio de la vía pública ardían las hogueras con los libros incautados en aquel gigantesco registro. Una imagen impactante que evocaba la barbarie del fascismo.[1599]

Manuel Araya sostiene que, después de haber trabajado todo el día anterior con Homero Arce y de encontrarse razonablemente bien («Neruda no estaba para morirse», afirma, una y otra vez), alrededor de las ocho y media de la mañana el poeta le pidió que llevara a Matilde Urrutia a Isla Negra a fin de recoger las últimas cosas antes de viajar a México. A su lado solo permaneció su hermana Laura, quien, por sus dificultades en la vista, no se habría dado cuenta de lo sucedido... Cerca de las cuatro de la tarde, desde la hostería Santa Elena avisaron a Matilde Urrutia de que su esposo le había llamado por teléfono. Ella acudió de inmediato y le telefoneó. Después indicó a Araya que debían regresar a Santiago inmediatamente, ya que el poeta le habría explicado, alarmado, que había entrado un médico y le había puesto una inyección en «la guata». «No dijo en el estómago —precisa Araya—, dijo en la guata», chilenismo muy popular que designa esa misma zona del cuerpo.

Al llegar a la clínica alrededor de las seis de la tarde (prosigue la versión del chófer), habrían encontrado a Neruda con una fiebre muy alta. «"¿Qué le pasa, Pablito?", le pregunté. "Ay, hijo, me pusieron una inyección y tengo todo el cuerpo adormecido". Le levantamos la ropa y tenía una manchita muy pequeñita, así como una pepita. Fui a mojar la toalla al baño y a lavarme la cara, porque andaba muy cansado, muy trasnochado. Cuando estaba allí, llegó un médico al que hasta aquel momento no había visto y me envió a comprar una medicina en una farmacia en la calle Vivaceta. Salí muy confiadamente a comprar ese remedio y entonces me detuvieron y

1599. *La Tercera*. Santiago de Chile, 24 de septiembre de 1973 pp. 2-3.

me condujeron a una comisaría de Carabineros, donde me golpearon, y después al Estadio Nacional». Estuvo preso durante cinco semanas y en aquel inmenso recinto conoció la muerte del poeta.

«Pasaron casi cuarenta años de la muerte de Neruda en que efectué la denuncia respectiva para que se supiera la verdad y no lo hice antes ya que no sabía cómo efectuarla», declaró a la Policía de Investigaciones el 8 de agosto de 2011.[1600] Sostiene que la Junta Militar ordenó el asesinato del poeta, ejecutado a través de aquella misteriosa inyección, a fin de impedir que viajara a México y desde allí denunciara su actuación. El Partido Comunista, al que Araya pertenece, comparte esta sospecha. «El prestigio internacional de Neruda, su calidad humana y sus condiciones políticas le habrían transformado en la gran figura del exilio y la resistencia», asegura la querella criminal que sus abogados presentaron el 31 de mayo de 2011. «Puede comprenderse fácilmente que Pablo Neruda era un objetivo para la dictadura, un escollo serio que había que eliminar. Como eliminaron al general Carlos Prats, o a Orlando Letelier, o como intentaron asesinar a Bernardo Leighton y a otros líderes políticos chilenos».

La denuncia de Manuel Araya se tambalea al contrastarla con otras fuentes. Por ejemplo, María Fresia Cangas, nuera de la propietaria de la hostería Santa Elena en aquel tiempo, ha negado en su declaración judicial que aquel 23 de septiembre de 1973 hubieran recibido una llamada telefónica de Neruda: «Es imposible, yo habría tenido conocimiento y cualquier información del poeta la habría comunicado personalmente o mi suegra Elena. Es evidente que Araya está mintiendo».[1601]

Pero tampoco el relato de Matilde Urrutia permanece incólume. Tanto en su libro como en las entrevistas que concedió, ofreció una escasa e imprecisa información sobre lo sucedido aquel día. No mencionó, por ejemplo, la visita de Iris Largo, esposa de José Miguel Varas, quien ha declarado en la investigación judicial que llegó a la clínica alrededor de las dos y media de la tarde y que la esposa del poeta estaba ahí (y no en Isla Negra, como señala Ara-

1600. Causa-rol n.º 1.038 del 34.º Juzgado del Crimen de Santiago de Chile. Investigación judicial de la muerte de Pablo Neruda.

1601. Causa-rol n.º 1.038 del 34.º Juzgado del Crimen de Santiago de Chile. Investigación judicial de la muerte de Pablo Neruda.

ya). Pero, a diferencia de la versión de Matilde Urrutia, quien aseguró que Neruda durmió plácidamente durante todo el día, ella lo oyó quejarse de dolor tras el biombo. «Creo que estuve una media hora y me retiré, momento en que Matilde me señaló que Pablo estaba muy mal de salud, como de igual forma psicológicamente [...]. Luego Matilde me señaló que no sabía nada del chófer, de apellido Araya, ya que el día anterior lo mandó a buscar unas cosas y no había llegado».[1602]

Seguramente agotada por la tensión vivida desde el 11 de septiembre, olvidó incluso mencionar un hecho tan relevante como la visita a la clínica de Pierre De Menthon, el embajador de Francia, para imponerle la Orden de Gran Oficial de la Legión de Honor.[1603] «Al día siguiente de mi llegada a Santiago [el 22 de septiembre de 1973], un domingo, supe que Pablo Neruda se encontraba hospitalizado y en un estado crítico. Me dirigí a su lecho. Pero ya era tarde. Entendí los suspiros de un gran hombre que agonizaba. Matilde, en una pieza contigua, lloraba. Me hizo comprender a través de sus lágrimas que ya no había esperanza. Le entregué las condecoraciones que habían sido otorgadas a su esposo. Ella se emocionó pues eran numerosos los ataques dirigidos a Neruda en los últimos días. El último y más cruel fue el saqueo de su casa en Santiago». El diplomático francés subrayó la relación directa entre el golpe de Estado y la muerte de Neruda, pues, sin desconocer la enfermedad que lo aquejaba, «el golpe en el corazón que representaba para él la muerte de su amigo Allende, la instalación de lo que más detestaba en el mundo, el fascismo, en fin el desbordamiento del odio, todo ello precipitó el final fatal».[1604]

1602. Causa-rol n.º 1.038 del 34.º Juzgado del Crimen de Santiago de Chile. Investigación judicial de la muerte de Pablo Neruda.

1603. De aquella visita informó un teletipo de la agencia France Press fechado en París el 25 de septiembre y reproducido por el diario argentino *Crónica*: «El embajador de Francia en Chile, Pierre Dementhon (*sic*), entregó personalmente el domingo al poeta chileno Pablo Neruda agonizante la Orden de Gran Oficial de la Legión de Honor, confirmó hoy aquí el Ministerio de Relaciones Exteriores. Francia rindió así homenaje al gran poeta chileno que fue embajador de Chile en Francia. Pablo Neruda había sido condecorado con esta orden el 10 de agosto último...».

1604. De Menthon, Pierre: *Je témoigne: Québec 1967, Chili 1973*. Éditions du Cerf. París, 1979, p. 60.

A las diez y media de la noche del 23 de septiembre de 1973, la vida del poeta se extinguió. Matilde Urrutia estaba con él y lo relató con estas palabras en su libro: «Mis ojos están pendientes de Pablo. De repente, lo veo que se agita. Qué bueno, va a despertar. Me levanto. Un temblor recorre su cuerpo, agitando su cara y su cabeza. Me acerco. Había muerto. No recobró el conocimiento. Pasó de ese sueño del día anterior a la muerte».[1605] También existe un testimonio que impugna esta afirmación.

A pesar de que fue el especialista que lo trató durante varios años, que aconsejó su ingreso en la Clínica Santa María y que hasta el final fijó el tratamiento que debía recibir, el doctor Roberto Vargas Zalazar, fallecido en noviembre de 1985, jamás concedió declaraciones a ningún medio de comunicación sobre la enfermedad y la muerte de Pablo Neruda. Quien sí ha ofrecido sus opiniones a la prensa y ha tenido que declarar en el proceso judicial ha sido el doctor Sergio Draper, el médico que le atendió el 23 de septiembre de 1973. Aquel día varios periodistas llamaron a este hospital y pudieron conocer su diagnóstico. Así, el diario argentino *Río Negro* publicó el 24 de septiembre el siguiente teletipo de Associated Press: «El poeta Pablo Neruda se encuentra en "estado de precoma", informó ayer un médico de la clínica particular donde se encuentra internado desde hace cuatro días [...]. Neruda sufre un cáncer prostático, informó el doctor Sergio Draper, de la Clínica Santa María de Santiago. Agregó que el estado de precoma causa preocupación a los médicos».

Y a principios de octubre de 1973, en un breve reportaje, Draper ofreció un relato sorprendente que describió que no estuvo ni inconsciente, ni profundamente dormido durante sus últimas horas. Según el testimonio que brindó entonces, la tarde del 23 de septiembre de 1973 Neruda le habría dicho: «Doctor, tengo la próstata podrida». Unos segundos después, se esforzó por hablar nuevamente: «Póngame amidona». Después de suministrársela y atenuarle el dolor, el poeta habría murmurado: «Estoy muy bajo...».[1606]

1605. Urrutia, pp. 19-20.

1606. *Crónica*. Concepción, 3 de octubre de 1973, p. 19. El autor del artículo, Orosmel Valenzuela, publicó otro muy similar dos años después, el 23 de septiembre de 1975, en *La Tercera* (p. 6).

El 13 de diciembre de 2011, el doctor Sergio Draper prestó declaración ante Mario Carroza. Señaló que, cuando el 20 de septiembre llegó a cumplir su turno de trabajo, supo que Pablo Neruda se encontraba allí hospitalizado por indicación de su médico tratante, el profesor Roberto Vargas Zalazar, «una eminencia en urología». Subrayó también que este era el médico que supervisaba su evolución y dejaba las indicaciones médicas diarias a las enfermeras. Confirmó que, efectivamente, trabajó aquel domingo 23 y que, alrededor de las tres de la tarde, la enfermera María Araneda le avisó de que el poeta sufría mucho dolor. Entonces se dirigió a su habitación, saludó a Matilde Urrutia y leyó las indicaciones dejadas por el doctor Vargas Zalazar, que señalaban que «en caso de dolor debe administrarse dipirona intramuscular». «Seguidamente, veo al señor Neruda, un paciente agónico, en anasarca (cuerpo hinchado producto de edema) y con una probable fractura patológica del fémur, al parecer el derecho (producto de una metástasis)». Ordenó a la enfermera Araneda que le administrara el medicamento por vía intramuscular. Según su declaración judicial, fue la única vez que entró en la habitación del poeta y se retiró de la clínica cuando faltaban quince minutos para las ocho de la noche tras ser relevado por un médico de apellido Price. Respecto a la causa de muerte del poeta, no dejó espacio a la duda: «Está claro que Neruda murió a raíz del cáncer a la próstata y sus múltiples metástasis».[1607]

El 4 de enero de 2012, la enfermera María Araneda declaró ante Carroza en Viña del Mar. Trabajaba en la Clínica Santa María desde marzo de 1973. Su testimonio coincide con el del doctor Draper respecto a que el poeta ingresó allí «en muy malas condiciones físicas», en una situación «crítica». Pero ella no recuerda el día exacto en que le correspondió, en presencia de Matilde Urrutia, ponerle una inyección de dipirona intramuscular: «Al momento de pincharlo, se quejaba de mucho dolor, llamándome la atención que en el instante de retirar la aguja desde el sitio de punción (el glúteo izquierdo) salió un líquido transparente que no correspondía al medicamento suministrado, lo que comenté con mis otras colegas, quienes me comentaron que les había sucedido algo similar al in-

---

1607. Causa-rol n.º 1.038 del 34.º Juzgado del Crimen de Santiago de Chile. Investigación judicial de la muerte de Pablo Neruda.

yectarlo». Araneda añadió que, cuando el 24 de septiembre de 1973 conoció la muerte del poeta, «a nosotros, los profesionales de la clínica, no nos sorprendió ya que se esperaba su deceso, debido al estado en que había ingresado», el propio, según ella, de un enfermo terminal de cáncer.[1608]

Días después de su comparecencia ante Mario Carroza, el doctor Draper quiso añadir un detalle que le pareció esencial porque desmentiría el posible asesinato del poeta: «En mi primera declaración se me olvidó señalar que posterior a la muerte de Neruda el doctor Price me señaló que al constatar la muerte de Neruda, en presencia de Matilde Urrutia, le sacó la ropa de cama que lo cubría para que la señora fuera testigo de que el cuerpo no presentaba ninguna lesión atribuible a terceros, cosa que la esposa asintió».

La investigación judicial ha dedicado grandes esfuerzos a localizar a este supuesto doctor Price, incluso ha trabajado con un retrato robot (28 años, ojos azules, un metro ochenta centímetros, cabello corto rubio), y ha logrado determinar que en aquel tiempo no había ningún profesional con ese apellido inscrito en el Colegio Médico.[1609]

«LA TREMENDA NOCHE SIN AURORA»

Solo dos personas acompañaban a Matilde Urrutia en el momento de la muerte de Pablo Neruda: Laura Reyes y Teresa Hamel. Conocemos el testimonio de la hermana del poeta por la carta que el 29 de diciembre de 1973 escribió al pintor español José Caballero, a quien relató también lo sucedido el 22 de septiembre: «Yo quedé sola con él; estuvo bien, corrigiendo y poniendo en orden unos poemas para unos libros que había terminado, pero en la

---

1608. Causa-rol n.º 1.038 del 34.º Juzgado del Crimen de Santiago de Chile. Investigación judicial de la muerte de Pablo Neruda.

1609. El 2 de mayo de 2013, declaró en esta investigación Julia Camus, quien desde marzo de 1971 trabajó como ejecutiva de cuentas en el departamento administrativo de la Clínica Santa María y de manera «categórica» aseguró que ningún médico de apellido Price «u otro similar» estaba contratado entonces. Por su trabajo conoció a todos los doctores del centro sanitario durante los veinticinco años que estuvo empleada allí. Causa-rol n.º 1.038 del 34.º Juzgado del Crimen de Santiago de Chile. Investigación judicial de la muerte de Pablo Neruda.

noche de ese sábado se gravó mucho y al otro día [...] estuvo gravísimo en la tarde, ya inconsciente: no conocía a nadie, ni hablaba, la respiración forzosa y difícil, le faltaba el aire, así seguía, y antes de dejar de respirar —yo estaba muy cerca, al ladito—, dijo: "Me voy". A los cinco minutos, otra vez repitió: "Me voy". [...] Murió tranquilo, le falló el corazón».[1610] La niña que en Temuco salvó sus cuadernos juveniles de poesía le acompañó a lo largo de su vida, permaneció junto a él afectuosamente hasta su último aliento.

Neruda solía llamar a Teresa Hamel «la ola marina» y acostumbraba a compararla con Federico García Lorca, porque advertía que su presencia traía siempre la alegría. «Pablo Neruda fue un amigo excepcional. Quería sobremanera a sus camaradas y se lo expresaba invitándolos, demostrándoles cuán importante y necesaria era su presencia», escribió Hamel.[1611] En 1993, relató sus instantes finales: «Recuerdo que ambas se habían sentado en una cama contigua al lecho del enfermo. Yo, entretanto, le tenía tomado el pulso a Pablo; le miraba consternada. Su respiración era débil. [...] Noche negra con toque de queda. A las 10 sentí que su pulso había cesado. "Se le paró el corazón", dije. [...] Llamé quedadamente a Matilde, se acercó ella con Laurita y les dije "se fue". No recuerdo otras cosas, estábamos todas muy impresionadas».[1612]

Después de unos instantes de parálisis por el inmenso dolor de la partida del hermano, del esposo, del amigo, fue ella quien reaccionó con pragmatismo, como escribió Matilde Urrutia: «Viene gente. Seguramente la enfermera, el doctor; yo no distingo a nadie. Algo se ha roto dentro de mí. Es difícil reaccionar. Laura llora, yo estoy como petrificada, no puedo llorar. De pronto oigo la voz de Teresa Hamel, esa mujer frágil y maravillosa; ella cuida en ese momento de los detalles prácticos: "Hay que vestirlo. ¿Dónde está la ropa?"».[1613]

Empezaba una noche terrible, de pesadilla, entre otros motivos, por el trato del personal de aquella clínica. «Las enfermeras se

1610. *Abc.* Madrid, 22 de septiembre de 1984. Suplemento *Abc Cultural*, p. 11.

1611. Hamel, Teresa: «Imágenes de la memoria». *Boletín de la Fundación Pablo Neruda.* Santiago de Chile, invierno de 1990, pp. 2-7.

1612. *La Época.* Santiago de Chile, 23 de septiembre de 1993, p. 15.

1613. Urrutia, p. 20.

mostraron desagradables, el personal del establecimiento se comportó mal», aseguró Teresa Hamel a *La Época*. No dejó una información más concisa que permita avalar o cuestionar la denuncia de Manuel Araya, pero, al igual que Laura Reyes y Matilde Urrutia, jamás denunció que el poeta hubiera sido asesinado. También esta última describió la hostil actuación del personal. «Todos estaban apurados. Trajeron un carro camilla, insistían en que no lo siguiera vistiendo, cosa que no consiguieron. Había que trasladarlo. ¿A dónde? No alcancé a preguntar nada. Salieron con él casi corriendo por un pasillo». Mientras tanto, pidió a Teresa Hamel que hablara con algunos amigos para buscar un ataúd de color claro, ya que su esposo detestaba los de negro. «Pero por dar este recado los hombres que llevaban la camilla con Pablo se me pierden. Siento miedo y una idea descabellada me golpea de repente. ¿Y si me roban el cadáver y hacen un show de enterramiento oficial? Por suerte, eso no lo pensaron los nuevos gobernantes. Estaban bien lejos de pensar en la resonancia que tendría en el mundo entero la muerte de Pablo».

Desesperada, en aquellos instantes tan dolorosos y en mitad de la noche, el frío y el silencio, tuvo que indagar a qué lugar habían llevado el cuerpo inerte de su esposo. Llegó a la capilla, pero allí no estaba. «Al otro lado hay otro pasillo, oscuro, frío, es para enloquecer, hay una corriente de aire atroz; por fin, en la semioscuridad, diviso unas siluetas, son ellos, se acercan. "No puede permanecer aquí —me dice una voz fría—. Vuelva a la pieza". Creí que enloquecía. ¿Que yo no puedo permanecer al lado de Pablo en ese momento en que tanto me necesita? Todavía su mano debe estar tibia y su cuerpo debe temblar entre esas sábanas [...]. Seguí por el pasillo, buscando a Pablo; lo encontré al final de ese tenebroso corredor subterráneo, casi sin luz. Una corriente congeladora hacía que aquello fuera más bien un refrigerador».[1614]

Después llegaron Laura Reyes y Teresa Hamel, quienes le acompañaron en aquel lugar, en silencio, durante toda la noche, como explicó esta en la entrevista que concedió en 1993: «No puedo olvidarme del frío, el hielo, las baldosas blancas, lo inhóspito del lugar, nada cálido por ahí, ninguna madera en ninguna parte. Apenas teníamos donde sentarnos para pasar esa noche junto a Pablo ya

1614. Urrutia, pp. 20-21.

muerto. Menos mal, las tres mujeres muy flacas pudimos compartir una banqueta miserable. Y así permanecimos toda la larga y amarga noche hasta que débilmente llegó el amanecer».[1615] En una de sus novelas, evocó magistralmente las últimas horas del poeta y el clima aterrador del 23 de septiembre de 1973: «Solas, esas tres mujeres flacas, menudas y desoladas, aguardamos sobrecogidas en una minúscula banqueta la tremenda noche sin aurora».[1616]

Un sentimiento de incredulidad invadía en aquellas horas a Matilde Urrutia: «Estaba Pablo muerto y me parecía que no podía ser. ¡Si lo había visto tan bien! ¿Por qué se iba a morir así?».[1617] Años después señaló que, ante el agravamiento de su salud, al llegar a la clínica los médicos habían reducido su esperanza de vida a tan solo un año. «Yo prefiero que haya muerto tranquilo, sin sufrimientos, a que hubiese vivido un año más en medio de padecimientos físicos y morales», aseguró tiempo después a Sara Vial. «No habría sido vida para él, con su forma de sentir, de sufrir por los demás. Sobrevivir a lo ocurrido, a la muerte de sus amigos y compañeros creo que habría sido realmente terrible».[1618]

LAS PESQUISAS DE MARIO CARROZA

A la mañana siguiente, mientras preparaban el velatorio en *La Chascona*, Matilde Urrutia solicitó a Enrique Bello que se ocupara de los trámites de inscripción del fallecimiento en el Registro Civil de Recoleta. Este se dirigió al centro médico a buscar el formulario y después al domicilio del doctor Roberto Vargas Zalazar,[1619] quien le reprochó: «Si antes de irse a ocupar la embaja-

1615. *La Época*. Santiago de Chile, 23 de septiembre de 1993, p. 15.

1616. Hamel, Teresa: *Leticia de Combarbalá*. Ediciones Logos. Santiago de Chile, 1988. Esta parte de la novela está disponible en http://www.teresahamel.cl/paginas/1.html

1617. *La Opinión*. Buenos Aires, 5 de mayo de 1974. Suplemento Cultural, p. 2.

1618. Vial, p. 271.

1619. El doctor Roberto Vargas Zalazar era entonces el urólogo más prestigioso de Chile. Jefe de Servicio del Hospital José Joaquín Aguirre, profesor emérito de la Escuela de Medicina de la Universidad de Chile, a lo largo de su trayectoria profesional fue presidente de la Sociedad Chilena de Urología y de la

da en París nos hubiera hecho caso, don Pablo estaría vivo. Nosotros teníamos claro el diagnóstico mucho antes de que lo trataran en Europa. Y había tiempo para evitar el desarrollo del mal, para operar con éxito». Enrique Bello quedó estupefacto: «Traté de convencerme de que, en general, los médicos especulan sobre posibilidades».[1620]

Tanto en el certificado como en el acta de defunción expedidos por el Registro Civil de Recoleta consta como causa de la muerte lo siguiente: «Caquexia cancerosa. Cáncer próstata. Metástasis cancerosa».[1621] El doctor Vargas Zalazar firmó los papeles de la defunción sin haber visto el cuerpo inerte del poeta. La legislación de la época imponía que debía suscribir dicha documentación el médico en cuyo turno se hubiera producido el fallecimiento. Ni en aquellas horas, ni con motivo de los funerales de 1992 se practicó una autopsia al cadáver, porque no hubo sospechas de homicidio o suicidio.

Confederación Americana de Urología y vicepresidente del Colegio Médico y ya en los años 40 había publicado artículos en revistas científicas internacionales como el *British Journal of Urology*. Fue autor de importantes libros de referencia para varias generaciones de colegas, entre ellos su manual *Urología y afecciones genitales masculinas*, de 1966.

1620. Villegas, Sergio: *Funeral* vigilado. LOM Ediciones. Santiago de Chile, 2003, p. 23.

1621. En un escrito que presentó ante el magistrado Carroza el 29 de noviembre de 2011, el abogado del Partido Comunista, Eduardo Contreras, incluyó un breve informe elaborado por el oncólogo Manuel Mella Saavedra sobre lo que técnicamente se conoce como «caquexia». El profesional definió el término como «estado de extrema desnutrición, atrofia muscular, fatiga, debilidad, anorexia en personas que no están en tratamiento de adelgazar. Generalmente, es un síntoma de una patología como puede ser cáncer terminal, tuberculosis, sida. La caquexia debilita al paciente tanto físicamente y psicológicamente, llegando a la muerte por un paro cardiorrespiratorio por inanición. El tiempo en instaurarse este trastorno es variable, pero nunca del día a la mañana y está supeditado a la enfermedad de base y el estado nutricional del paciente antes de la caquexia. En el caso de tratarse de un paciente con cáncer, primero tiene que pasar por un diagnóstico, tratamiento, pronóstico, desahucio y recién se instauraría la caquexia, eso lleva su tiempo». Otro indicio de la inexactitud de la causa oficial de su defunción son las numerosas fotografías del rostro del poeta tomadas durante el velatorio que tuvo lugar en *La Chascona*. En estas imágenes se aprecia que mantuvo hasta el fin su característico sobrepeso. Causa-rol n.º 1.038 del 34.º Juzgado del Crimen de Santiago de Chile. Investigación judicial de la muerte de Pablo Neruda.

Desde que aceptó a trámite la querella criminal presentada por el Partido Comunista, el magistrado Mario Carroza solicitó a la dirección de la Clínica Santa María que le entregara toda la información que conservaba sobre Neruda. El 8 de junio de 2011, su director médico, Cristián Ugarte, le comunicó por escrito que no conservaban fichas clínicas de aquella época, aunque sí adjuntó una copia de la hoja correspondiente del Libro de Registro de Pacientes Hospitalizados y otra de la documentación clínica disponible.[1622] El 28 de julio de aquel año, Carroza solicitó la relación de profesionales médicos y paramédicos, enfermeras y personal de servicio que trabajó los días 22 y 23 de septiembre de 1973, en especial, aquellos que le atendieron directamente. La respuesta de Ugarte, ciertamente previsible, fue: «Al efecto, atendido el tiempo transcurrido, debo informar al señor ministro que nuestra clínica no mantiene la información que se solicita».[1623]

Ante la evidente falta de colaboración, ordenó a los agentes de la Brigada de Derechos Humanos de la Policía de Investigaciones que ubicaran y entrevistaran a quienes siguieron las instrucciones del doctor Vargas Zalazar en aquellos días, a la enfermera que aplicó «un sedante a la víctima» y al doctor Carlos Vargas Delaunoy, hijo de Vargas Zalazar. Vargas Delaunoy, especialista en urología como su padre, declaró tempranamente ante la PDI y reafirmó la versión oficial de la muerte del poeta: «Él era el médico tratante de don Pablo Neruda de hacía años —les explicó—. Mi padre me informó reiteradas veces que a don Pablo se le había diagnosticado un cáncer prostático metastático, es decir, generalizado. Estaba en tratamiento con antihormonas, que tienen un efecto paliativo para mejorar la calidad de vida del paciente y disminuir los dolores. En base a lo anterior, se entiende que el paciente pueda tener mejoramientos y deterioros relativos en la evolución de su enfermedad, que es de mal pronóstico especialmente en la época de 38 años a la

1622. En el primer documento, se lee que, efectivamente, ingresó allí el 19 de septiembre de 1973, en la habitación 406, con un diagnóstico de cáncer prostático metastático, atendido por el doctor Vargas Zalazar. En el segundo, consta únicamente que falleció cuatro días después a consecuencia de esta enfermedad. Causa-rol n.º 1.038 del 34.º Juzgado del Crimen de Santiago de Chile. Investigación judicial de la muerte de Pablo Neruda.
1623. Causa-rol n.º 1.038 del 34.º Juzgado del Crimen de Santiago de Chile. Investigación judicial de la muerte de Pablo Neruda.

fecha. No he tenido conocimiento de la forma en que murió Pablo Neruda, pero dentro de las complicaciones esperadas, esta correspondería como consecuencia de una enfermedad terminal».[1624]

Después de la visita de la Policía de Investigaciones a la Clínica Santa María el 19 de octubre de 2011, su director médico entregó una lista de diecisiete trabajadores cuya antigüedad se remontaba, al menos, a septiembre de 1973. Dos días después, los agentes de la PDI tomaron declaración a varios empleados y verificaron que la Clínica Santa María no conservaba archivos anteriores a 1982.

Luisa Droguett, auxiliar de enfermería desde 1972, explicó que en cada uno de los tres turnos de trabajo diario estaban disponibles cuatro auxiliares y dos enfermeras.[1625] Su compañera Irene Jorquera, contratada desde 1967, cumplía sus funciones en aquel tiempo en el cuarto piso, donde estaba internado el poeta, pero nunca le atendió: «Solamente lo observé cuando era trasladado a realizarse los exámenes. Se encontraba muy mal, era un paciente terminal, con edemas generalizados. Era muy reservado, no realizaba ningún gesto; además, se encontraba su esposa doña Matilde acompañándolo». Eliana Gallo, enfermera de este hospital desde 1969, trabajaba en la tercera planta. Aseguró ante la PDI que no se relacionó con el poeta y descartó absolutamente la hipótesis de su asesinato: «El doctor Roberto Vargas jamás se habría prestado para algo así [...]. Además, mientras el poeta permaneció en nuestro centro asistencial hasta su deceso jamás llegaron militares al lugar o agentes extraños a la clínica».

Paradójicamente, la única de las empleadas de la Clínica Santa María entrevistadas el 21 de octubre de 2011 por la PDI que sí que atendió directamente al poeta, Patricia Albornoz (auxiliar de enfermería desde noviembre de 1971), declaró que «en cada ocasión» que estuvo presente en su habitación lo observó «en buenas condiciones». Añadió que la relación de inyecciones y fármacos que recibía el enfermo estaba anotada en su ficha personal, para conocimiento de la enfermera del turno correspondiente.

1624. Causa-rol n.º 1.038 del 34.º Juzgado del Crimen de Santiago de Chile. Investigación judicial de la muerte de Pablo Neruda.

1625. Las cuatro declaraciones judiciales citadas a continuación proceden de: Causa-rol n.º 1.038 del 34.º Juzgado del Crimen de Santiago de Chile. Investigación judicial de la muerte de Pablo Neruda.

En fechas posteriores, ha declarado en la causa Adriana Soto, empleada auxiliar de la Clínica Santa María entre 1968 y 1974. Ha manifestado que los días 20, 21 y 22 de septiembre de 1973 sirvió el desayuno y el almuerzo al poeta en su habitación. Y ha señalado que, cuando el lunes 24 de septiembre regresó al trabajo, unas enfermeras le explicaron en estos términos lo sucedido: «Durante la noche le pusieron una inyección a don Pablo y se murió». «Al preguntar más detalles, me dijeron que los médicos que habían estado de turno en la noche le habían puesto una inyección con aire».

En la última década, el nombre de la Clínica Santa María ha quedado asociado al asesinato de Eduardo Frei Montalva, presidente de Chile entre 1964 y 1970, por parte de agentes de la dictadura en 1982. Acérrimo enemigo del Gobierno de la Unidad Popular y ferviente defensor del golpe de Estado, en 1980 Frei fue el principal orador en un acto multitudinario en contra de la Constitución propuesta por la dictadura, que se votaría en un plebiscito. El 22 de enero de 1982, a los 71 años, falleció en la Clínica Santa María de manera absolutamente inesperada, tras haberse sometido a una cirugía digestiva menor. Durante casi tres décadas, se creyó que su muerte se debió a un *shock* séptico tras la operación, pero, en diciembre de 2009, el magistrado Alejandro Madrid determinó que, mientras estaba hospitalizado, el ex presidente fue envenenado con talio y «gas mostaza» por agentes de la Central Nacional de Informaciones, sucesora de la Dirección Nacional de Inteligencia.

En el marco de la investigación de este magnicidio, el magistrado Madrid encargó a la Fuerza de Tareas de Investigaciones Reservadas de la Policía de Investigaciones que indagara acerca de las relaciones entre la Clínica Santa María, el Ejército y los cuerpos represivos de la dictadura. El informe policial que le remitieron verificó que dichos vínculos se remontaban a «años atrás, a comienzos de los años 70».[1626]

1626. Castillo Irribarra, Benedicto: *Magnicidio*. Mare Nostrum. Santiago de Chile, 2011, p. 323.

15

Un día inmenso

La muerte de Pablo Neruda conmovió al mundo. Extendió el dolor por la inmolación del presidente Allende, por las noticias que llegaban de la represión, por la suerte de un país que perdía al primero de sus poetas. Incontables telegramas y mensajes transmitieron a Matilde Urrutia los sentimientos del consuelo y la fraternidad. Al mismo tiempo, la indignación invadió a los amigos y compañeros de Neruda, dentro y fuera de Chile, cuando conocieron la destrucción de *La Chascona* y la terrible agonía física y emocional que padeció en sus últimos días. El 25 de septiembre, el funeral se convirtió en la primera manifestación contra la dictadura, en la reivindicación temprana de la memoria democrática del país. Rodeadas por decenas de militares armados como para una guerra, más de un millar de personas tuvieron el valor de despedirlo desde *La Chascona* hasta el Cementerio General. Partió acompañado de personalidades nacionales e internacionales y del pueblo humilde, trabajador, de cuyo seno naciera en Parral en 1904 y al que dedicó algunos de sus poemas más hermosos y los días más luminosos de su vida. Y en el momento definitivo, aquellas gargantas cantaron, en su honor, los versos de *La Internacional*. Como le gustaba decir, fue un día inmenso.

FLORES PARA EL POETA

El 24 de septiembre, en su primera página, *El Mercurio* relató así el fallecimiento del vate: «Pablo Neruda, poeta chileno y Premio Nobel de Literatura, falleció anoche en la Clínica Santa María, víctima de un paro cardíaco que provocó el deceso a las 22.30 horas. Se informó que en el momento de su muerte lo acompañaban su esposa, Matilde Urrutia, y su hermana Laura». A continuación señaló, de manera errónea, que había sido internado «grave» en este hospital el sábado 22. Y añadía: «Posteriormente, a consecuencia de un shock sufrido luego de habérsele puesto una inyección de calmante su gravedad se acentuó. La baja brusca de presión arterial (hipotensión) causó alarma al médico tratante, profesor Roberto Vargas Zalazar, quien solicitó la concurrencia de un cardiólogo, el cual diagnosticó su estado grave. El famoso poeta recibió visitas el citado sábado, pero luego de sufrir la baja de presión las visitas le fueron prohibidas, entrando después a un estado de precoma. Extraoficialmente se pudo saber que la enfermedad que aquejaba al distinguido hombre de letras era un cáncer prostático generalizado. Esto significa que el tumor maligno radicado en la próstata produjo metástasis o ramificaciones, lo que en medicina se denomina cáncer terminal».[1627]

Desde el primer momento, el abogado del Partido Comunista, Eduardo Contreras, ha llamado la atención sobre la referencia, también en las páginas de *El Mercurio*, a una inyección de efectos catastróficos.

La Tercera, en cambio, relegó la noticia a su segunda página e, igualmente, explicó que había caído en «precoma y shock», aunque no relacionó esto último con ninguna inyección: «El poeta Pablo Neruda, segundo chileno en conseguir el Premio Nobel de Literatura, falleció a las 22.30 horas en la Clínica Santa María. El estado de salud del poeta había sido calificado como "grave" y "crítico" al mediodía de ayer, según el Dr. Sergio Draper, médico de turno de la Clínica Santa María [...]. A esa hora, según el facultativo, Neruda estaba en estado de "precoma y shock". «Su esposa Matilde había dado expresas instrucciones para que no se molestara para nada ni a ella ni a ninguno de los parientes que acompañaban al poeta. Había pedido, también, que no se le hicieran llegar las llamadas telefónicas que a cada rato se hacían para preguntar por el estado del connotado literato». Pero este diario sí que logró declaraciones de una persona que solo se identificó como «de absoluta confianza de la familia» y que explicó que, hasta el día anterior, había escrito inten-

1627. *El Mercurio*. Santiago de Chile, 24 de septiembre de 1973, p. 1.

samente. «El deceso —concluyó *La Tercera*— se produjo por un paro cardíaco, consecuencia de un cáncer prostático...».[1628]

El poeta Juvencio Valle, el escritor Francisco Coloane, Homero Arce y la abogada Graciela Álvarez llegaron temprano a la Clínica Santa María. En la entrada, Álvarez pidió a la florista que se instalaba allí a diario que le vendiera unos claveles rojos «para el poeta Pablo Neruda, que acaba de morir». Al ir a pagar, la modesta mujer le indicó: «No, no los pague, los regalo yo, una humilde florista al poeta muerto». Sobre el pecho de su esposo, Matilde Urrutia prendió una de aquellas flores.[1629] También se acercaron numerosos periodistas y los reporteros extranjeros y solo entonces el personal de la clínica reparó en la pésima decisión de mantenerlo en aquel subterráneo desolador. «Con la rapidez del rayo fue trasladado a un sitio más adecuado para acoger a los deudos. ¿Por qué no fue llevado allí la noche anterior? Enigmas que es mejor no tratar de resolver», apostilló Matilde Urrutia.[1630] Cuando llegó el coche fúnebre del Hogar de Cristo con el ataúd gris, se planteó la duda de dónde velar el cuerpo hasta su traslado, al día siguiente, al Cementerio General. De manera tajante, la viuda dispuso que debía ser llevado a *La Chascona*.

VELATORIO EN *LA CHASCONA*

En la casa que abraza el cerro San Cristóbal, unos cuarenta jóvenes aguardaban la llegada del cuerpo del poeta y levantaron sus puños y elevaron sus voces para recibirlo con valor: «¡Compañero Pablo Neruda! ¡Presente! ¡Compañero Pablo Neruda! ¡Presente! ¡Ahora! ¡Y siempre! ¡Ahora! ¡Y siempre!».[1631] Gritos de rebeldía en un país ocupado, violentado y sometido por sus propias Fuerzas Armadas. Al aproximarse a *La Chascona* por la calle Fernando Márquez de la Plata, Matilde Urrutia percibió el auténtico desastre. «Aunque viviera mil años, nunca podría olvidar este momento.

1628. *La Tercera*. Santiago de Chile, 24 de septiembre de 1973, p. 2.
1629. *Cuadernos de la Fundación Pablo Neruda*. Número dedicado a Pablo Neruda con motivo de su centenario. Santiago de Chile, sf, p. 214.
1630. Urrutia, p. 22.
1631. Villegas, p. 9.

Si el mundo entero se hubiera puesto boca abajo, no me habría producido mayor asombro. Vidrios por todas partes, la puerta abierta, la escalera de entrada era un torrente de agua. Imposible entrar».[1632] Los amigos volvieron a plantearle llevar el cuerpo a otro lugar, se habló de la Sociedad de Escritores, pero mantuvo su opinión y sugirió que intentaran entrar por la parte posterior, donde había una puerta de servicio que daba a la calle Chucre Manzur.

Un vecino improvisó un puente con unas tablas de madera. En el interior, el escenario era desolador: la biblioteca, con cientos de libros, había sido completamente quemada; los marcos de las ventanas, arrancados; la hermosa colección de cerámica de greda de Chillán, destruida; los cuadros de Picasso y Dalí, robados; centenares de fotografías habían sido pisoteadas y se mezclaban con el barro en el suelo, donde se veían también objetos de porcelana y caracolas quebradas. Los muebles fabricados especialmente para *La Chascona*, diseñados por el propio Neruda, yacían destrozados. Incluso en el dormitorio había huellas de grandes botas militares estampadas sobre el colchón. Habían destruido con verdadero odio y saña todo lo que amaba el poeta.

Además, los invasores desviaron el canal que pasaba por arriba de la casa, bordeando el cerro, para inundarla. La lluvia, posteriormente, contribuyó a convertir el lugar en un verdadero lodazal. El único espacio que no estaba inundado era el salón, ubicado debajo del dormitorio principal. Alrededor de las diez de la mañana, subieron el féretro a esa dependencia por la estrecha escalera, en medio del atroz crujido de los cristales en el suelo. Aquella había sido una casa transparente, llena de ventanales, como le gustaba a su inspirador, pero la furia y el odio de los golpistas no dejó ni uno solo en su lugar.

Radomiro Tomic dejó constancia de ello, un año después, en una de las revistas más importantes del exilio: «El otro recuerdo que me acompañará largos años fue el ruido siniestro, verdaderamente macabro, que hacían los vidrios quebrados y esparcidos por las piedras, la tierra y las tablas del camino de acceso hacia esa especie de vestíbulo o *living* [...]. No pueden ustedes imaginarse la impresión extraña que producían los crujidos, casi diría, aullidos de los cristales rotos en mil pedazos por el peso de los ocho o diez hombres que transportaban el ataúd. Alguien dijo: "Es como si estuviéramos triturando en

1632. Urrutia, pp. 22-23.

mil pedazos los huesos del propio Neruda". Finalmente, quedó inmóvil. Destaparon el ataúd. Lo habían vestido con su chaqueta café, a cuadros, la que usaba más frecuentemente. Una increíble serenidad en el rostro. Una imagen de vida asombrosa, hasta con esa sonrisa apenas esbozada, siempre a punto de insinuarse detrás de sus rasgos faciales más bien pesados. Una sonrisa hermana gemela del destello casi infantil que le surgía a los ojos cuando bromeaba o reía».[1633]

Matilde Urrutia ordenó que nadie arreglara ni limpiara nada para que quienes acudieran a despedir al poeta vieran cómo habían dejado su casa, antaño llena de alegría, flores y objetos hermosos y convertida en aquel momento en la metáfora doliente de la situación y del horizonte del pueblo chileno.[1634] No habían dejado ni siquiera las sillas y tuvieron que buscar una para que ella pudiera sentarse al lado del ataúd, del que no despegó la mirada durante la mayor parte del día.

Una vez depositado el féretro, fueron llegando las ofrendas florales. Entre todas, sobresalía una de flores rosadas con los colores azul y amarillo en la que se leía: «Su Majestad el Rey Carlos XVI Gustavo de Suecia expresa su más sentido pésame». Otras correspondían a la Sociedad de Escritores, a los embajadores de Francia, Suecia e India o al ex ministro de la Unidad Popular Humberto Martones.[1635] Muy pronto, también acudieron personas anónimas y en algunos momentos incluso se formaron filas de unas cien personas en espera.

Hasta *La Chascona* también llegó Gonzalo Martínez Corbalá para reconfortar a Matilde Urrutia, «una gran mujer y no menos grande luchadora», quien rechazó su propuesta de partir a México. «No quiso abandonar Santiago ella sola, así que le regresé las maletas con la ropa de su compañero. Me pidió, sin embargo, que llevara los originales de las memorias a México y que, posteriormente, allá mismo se los regresara».[1636]

1633. *Chile-América*, n.º 1. Roma, septiembre de 1974, p. 15.

1634. Simón, Marcelo: *Adiós Neruda. Mártir de Chile.* Ediciones Lañón. Buenos Aires, 1973, p. 11.

1635. *Las Últimas Noticias.* Santiago de Chile, 25 de septiembre de 1973, p. 4.

1636. Martínez Corbalá, pp. 246-247. En la conversación telefónica del 31 de enero de 2012, Gonzalo Martínez Corbalá nos relató que fue el 25 de agosto de 1978 cuando devolvió a Matilde Urrutia los originales de la autobiografía de Neruda. Pudo recordar la fecha con exactitud porque tenía a mano el ejemplar

La Junta Militar declaró tres días de duelo oficial y, a través del Estado Mayor de la Defensa Nacional, difundió un comunicado que hacía hincapié en su «larga enfermedad», causa oficial de su fallecimiento. «El Gobierno de Chile y su pueblo lamentan el desaparecimiento, después de una larga enfermedad, del poeta nacional Pablo Neruda, que en la descripción de nuestras bellezas, el espíritu de la raza y los sentimientos humanos, alcanzó la consagración dentro del arte. Merecedor, después de la insigne poetisa Gabriela Mistral, del Premio Nobel de Literatura, es y será uno de los motivos de orgullo de nuestra cultura nacional».[1637]

Sin demora, Augusto Pinochet envió aquella mañana a *La Chascona* una comitiva militar, encabezada por su edecán, para expresar las condolencias a Matilde Urrutia, pero ella se negó a recibirla. «Estoy sentada al lado de Pablo en la pequeña silla que prestó la vecina. De repente, miro instintivamente hacia la puerta, vienen entrando unos uniformes que traen galones muy dorados y brillantes; los veo altos, muy altos. Miro a Pablo, debo irme; ellos me ven que subo lentamente las escaleras hacia nuestro dormitorio. [...] Yo prefiero su ramalazo de furia, ese que destruyó esta casa, y el que nos puede borrar como de una plumada a todos nosotros. No. Yo no recibo ese pésame».[1638]

---

de la edición príncipe de *Canto general* que ella le obsequió aquel día con esta dedicatoria: «Con el agradecimiento infinito por su protección cariñosa en los momentos más desamparados de mi vida».

1637. *La Prensa de Santiago*. Santiago de Chile, 25 de septiembre de 1973, p. 5. Puede ser oportuno recordar, como abordamos ampliamente en *Después de la lluvia. Chile, la memoria herida* (Cuarto Propio. Santiago de Chile, 2004) que la Junta Militar también difundió comunicados de repulsa cuando, como han sentenciado los tribunales de justicia, la DINA asesinó a Carlos Prats y Sofía Cuthbert en 1974 en Buenos Aires y a Orlando Letelier y Ronni Moffitt en Washington en 1976 y ametralló a Bernardo Leighton y Ana Fresno en Roma en 1975. En el caso del general Prats, Pinochet dio a conocer una declaración oficial en la que lamentó «este brutal acto de violencia» y lo condenó «enérgicamente». En el del destacado dirigente de la DC, la Junta Militar sugirió que el atentado formaba parte de «la virulenta campaña que, en forma desesperada, realiza el marxismo internacional contra Chile». En el de Letelier, el Ministerio de Relaciones Exteriores ofreció esta coartada: «Para cualquier persona normal, está perfectamente claro que un hecho como el ocurrido solo afecta al Gobierno chileno, pues rápidamente se inserta en la campaña propagandística que desarrolla la Unión Soviética en contra nuestra».

1638. Urrutia, pp. 24-25.

El general Herman Brady, jefe de la guarnición de Santiago, y el edecán del dictador, Enrique Morel, se atrevieron a penetrar en la sala donde velaban el cuerpo del poeta. «Los vemos avanzar. Un grupo de uniformados y civiles con metralletas cruzadas en el pecho. Irrumpen sin quitarse ni gorras ni cascos», ha escrito Virginia Vidal. El edecán inició un discurso memorizado tras presentarse: «Quiero hablar con la viuda y familiares del gran poeta Pablo Neruda, gloria de las letras nacionales, para expresar las condolencias. ¿Dónde está la viuda, dónde hay un pariente del señor Neruda?». La abogada Graciela Álvarez le respondió con gran dignidad: «¡Todos los presentes somos familia de Neruda. Exigimos respeto a nuestro duelo!». Fue Aída Figueroa quien les dijo que Matilde Urrutia rechazaba recibirlos y de nuevo Graciela Álvarez tomó la palabra: «En estas ruinas que ustedes han dejado, estamos velando a Neruda. Queremos respeto y tranquilidad para rendirle el último homenaje. Y garantía para que esta noche podamos estar en paz». El general Brady negó la acusación: «Nosotros no hemos hecho esto. El Ejército de Chile es respetuoso con las glorias nacionales». Y pidió que se presentaran los testigos que acusaban a las Fuerzas Armadas. «¿Cómo puede decir eso, oficial? —le respondió Álvarez—. ¿Cree usted que la gente se atrevería a atestiguar? La gente tiene miedo».[1639]

Durante todo aquel largo día, Matilde Urrutia tuvo tiempo para recorrer *La Chascona* y dialogar con algunos de los numero-

---

1639. Vidal, Virginia: *Neruda. Memoria crepitante*. Tilde. Valencia, 2003, pp. 109-120. En un intento de amortiguar las críticas internacionales, aquella noche el general Brady leyó por televisión y radio una declaración que condenaba la destrucción de la casa del poeta. «Me dirijo a ustedes para declarar en forma tajante y definitiva que tanto las Fuerzas Armadas, como asimismo Carabineros, ninguna participación han tenido en actos vandálicos, condenables, que elementos descalificados han perpetrado en la casa habitación del insigne poeta que fuera el señor Pablo Neruda. Por el contrario, estos hechos tienen la intención de pretender enlodar la imagen de los uniformados, desvirtuando su patriótica labor. [...] Yo les pido a ustedes su colaboración para terminar con estos actos y con los elementos antisociales que los llevan a cabo. Ellos son los enemigos de Chile, porque con estos delitos dañan nuestra imagen en el mundo. Denúncienlos. Nosotros no vamos a dudar en aplicarles, rápidamente, el máximo rigor de la ley militar». *El Mercurio*. Santiago de Chile, 25 de septiembre de 1973, p. 23. Una semana después, el régimen orquestó una operación de prensa para destacar que habían detenido a los responsables de la destrucción de *La Chascona*: unos vulgares ladrones.

sos periodistas presentes. Al redactor de un importante periódico argentino le confirmó que todo estaba preparado para la partida a México aquella «misma tarde», pero que «Pablo estaba muy afectado por los sucesos de los últimos días». «No cabe la menor duda que la situación actual precipitó su fin. Hasta ahora había resistido maravillosamente su enfermedad. Pero después del 11 de septiembre comenzó a declinar y ayer cayó en coma». A France Press expresó su intención de editar «rápidamente en el extranjero» sus memorias. Algunos minutos después, agotada, se derrumbó llorando sobre el féretro de su esposo: «No puedo hacer ninguna declaración más, todo el mundo ya sabe por qué murió Pablo. Acá, en Chile, ya nadie puede hablar: la soldadesca allana domicilios cuando se le ocurre y protege estos actos de pillaje de la derecha».[1640]

Entre las numerosas personalidades que llegaron aquel 24 de septiembre de 1973 a *La Chascona*, también estuvieron el ex rector de la Universidad de Chile, Juan Gómez Millas, el decano de la Facultad de Ciencias Jurídicas y Sociales de la Universidad de Chile, Máximo Pacheco, el presidente de la Sociedad de Escritores, Edmundo Herrera, el sociólogo francés Alain Touraine, el cantante Patricio Manns y Roberto Parada. Mientras recorría la casa destruida, Virginia Vidal se encontró con este actor al llegar a la biblioteca, situada en el nivel más elevado, semiescondida ya entre la vegetación del cerro. «En el umbral, Roberto Parada sostiene una hoja chamuscada de papel. Le corren las lágrimas por la cara. Con su voz, conocida por todo el público teatral de Chile, lee como no creyéndolo y moviendo la cabeza: "Miguel de Unamuno. *Del sentimiento trágico de la vida*"».

Otros embajadores y diplomáticos acompañaron el dolor del pueblo chileno: Harald Edelstam, el indio G. J. Malik, Pierre De Menthon, Ulf Hjertonsson, el consejero cultural de la embajada de Francia, Roland Husson, y su homólogo yugoslavo, Kazimir Brunovic.[1641] No llegó, en cambio, el embajador de Estados Unidos.

1640. *Clarín*. Buenos Aires, 25 de septiembre de 1973, p. 4.
1641. Hoy es posible revivir el velatorio y el funeral del poeta gracias a las imágenes que se conservan en varios archivos. Por ejemplo, en el Museo de la Memoria y los Derechos Humanos de Chile hay una amplísima colección de valiosos vídeos en formato DVD del Institut National de l'Audiovisuel de Francia, con imágenes de los diecisiete años de dictadura. En una pieza de seis minutos grabada en *La Chascona* el 24 de septiembre de 1973, y emitida en la televisión

Nadie le esperaba tampoco. Aquel día, además, Nathaniel Davis estaba muy ocupado en entrevistarse con el ministro de Relaciones Exteriores de la Junta Militar para entregarle la nota en la que Nixon y Kissinger reconocían a la dictadura como el Gobierno legítimo de Chile.[1642]

LA HUMANIDAD DE LUTO

Más allá del océano y la cordillera, los compañeros y amigos de Neruda denunciaron su muerte en un país aplastado por la dictadura militar. «La tremenda tragedia que envolvió a su país en estos días, esa terrible angustia impuesta cruelmente al poeta fue el cuchillo, la bala final que acabó con él», afirmó, desde Roma, Rafael Alberti. En Francia, Louis Aragon aseguró que su amigo era «el mayor poeta de nuestro tiempo» y planteó sus sospechas sobre el origen de su deceso: «Ya sé que estaba enfermo. Pero no por ello es menos cierto que, en la crisis que afecta a todo Chile, nos asaltan pensamientos que no me atrevo a formular». Por su parte, Evgueni Evtuchenko señaló: «Neruda fue uno de los titanes que sujetaba sobre sus espaldas el globo de la poesía mundial. Se dice que murió de un cáncer y es duro pensar que el cáncer de la Junta Militar roe hoy el bello cuerpo de su patria, Chile. Qué tragedia para el poeta asistir a la victoria del pueblo que tanto había soñado y luego, antes de morir, asistir al asesinato de esa victoria».[1643]

En Barcelona, Mario Vargas Llosa alabó su monumental obra poética. «Es una gran pérdida para la literatura castellana. Pablo Neruda ha sido en razón directa de su fertilísima obra una especie de frontera entre las generaciones de poetas del siglo XX [...]. La obra que más me impresionó fue *Residencia en la Tierra*, que [...] es un auténtico prototipo del surrealismo de nuestra lengua. Pero

---

pública francesa dos días después, aparece la figura espigada de Harald Edelstam, quien declaró: «Es una tragedia que haya muerto ahora. Él quería partir a México para hacer una declaración sobre los hechos trágicos que han sucedido aquí en Chile. Puede ver usted mismo cómo esta casa ha sido destruida por los militares. Es una cosa terrible».

1642. Davis, Nathaniel: *Los dos últimos años de Salvador Allende*. Plaza&Janés. Madrid, 1986, pp. 336-337.

1643. *La Opinión*. Buenos Aires, 25 de septiembre de 1973, p. 1.

Neruda tuvo también mucho de romántico, así como obras políticas de inmensa fuerza y vigor. Ignoro las circunstancias de su muerte, pero a buen seguro que en ella habrán influido las horas sombrías que está atravesando su patria».[1644]

Desde México, la sección local del Pen Club remitió una carta al general Pinochet, suscrita, entre otros, por Arthur Miller como miembro honorario, en la que expresaron: «Al lamentar el deceso de Pablo Neruda, precipitado sin duda por la tristeza de ver la tragedia que vive su pueblo, condenamos en nombre de la razón, la democracia universal y la cultura, al grupo de infames usurpadores que usted encabeza».[1645]

El escritor uruguayo Eduardo Galeano, que había conocido muy bien el Chile de la Unidad Popular, sostuvo: «La muerte de Neruda fue trabajada por el cáncer, por la edad y por el cáncer instaurado en Chile: el gobierno de Pinochet».[1646] En Brasil, Jorge Amado declaró a la Agencia UPI: «Ningún poeta de nuestros tiempos representó tan profusamente las aflicciones de la humanidad. Neruda fue al mismo tiempo un poeta del amor, de la paz, del socialismo. Habló del amor con la mayor belleza y fue el poeta del hombre de hoy. Con su muerte, el mundo está más pobre. Su vida fue un ejemplo de generosidad, dedicación al ser humano y coherencia. Pablo Neruda fue hombre de muchos amigos. La amistad fue la tónica de su vida. Para mí, su muerte significa la pérdida de un hermano bien amado».

Y, desde Argentina, llegaron las palabras de su editor en español de los últimos treinta años, Gonzalo Losada. «Pablo no perteneció ni estuvo embarcado en ninguna escuela poética: fue un creador inagotable de su propio estilo, clásico y moderno y siempre actual; fue siempre exigente e incluso preciosista y popular, no populachero. Cantó a todas las cosas hermosas y a veces humildes de la vida: el mar, la montaña, las aves, la lluvia, los árboles, la flor, los vegetales, los alimentos y, sobre todo, el hombre y la mujer. Sus libros *Veinte poemas de amor y una canción desesperada*, *Los ver-*

1644. *El Mundo*. Buenos Aires, 25 de septiembre de 1973, p. 20.
1645. *Revista de la Universidad de México*. México DF, septiembre de 1973, p. 13.
1646. Taufic, Camilo: *Chile en la hoguera*. Corregidor. Buenos Aires, 1974, p. 226.

sos del capitán y *Cien sonetos de amor* no tienen parangón en toda la poesía de nuestro idioma, siempre conceptuosa y alambicada al abordar este tema, salvo casos muy excepcionales. Ningún poeta de nuestra época ha llegado tanto al corazón y a la sensibilidad de la gente como Neruda con estos libros (lo prueban más de dos millones de ejemplares del primero y centenares de miles de los otros dos)».[1647]

En su sede de París, el Consejo Ejecutivo de la Unesco le rindió homenaje. El acto estuvo presidido por el libanés Fuad Sarruf, quien, tras un minuto de silencio, expresó «el sentimiento de profundo dolor ante el pueblo de Chile, la familia de Pablo Neruda y sus amigos por la desaparición de una de las figuras que más han influido en el conjunto de la humanidad». Su director general, René Maheu, evocó los lazos de amistad que construyó con Neruda desde su llegada en 1971 a París. «En nombre de la Unesco y de la comunidad internacional quiero expresar mi dolor a la nación chilena». Intervinieron también los representantes de Estados Unidos, Reino Unido, Sri Lanka, Italia, España e India, entre otros países. En nombre del grupo de América Latina, tomó la palabra el argentino Atilio Dell'Oro Maini: «Era un hombre de una gran inspiración y originalidad que ha dado a la literatura universal una aportación indiscutible. Pablo Neruda hablaba de las cosas con un gran corazón y sabía extraer del alma popular las aspiraciones más nobles, lo mejor que puede haber en el alma del hombre y por eso ha creado una nueva etapa en la literatura».[1648]

A *La Chascona*, a la Clínica Santa María y a Isla Negra llegaron decenas de telegramas de condolencias procedentes de distintos países. En el exilio, aquella misma tarde Volodia Teitelboim se refirió a su gran amigo en el programa *Escucha Chile* de Radio Moscú, que se emitía en onda corta hacia su país y que pronto se convirtió en una de las referencias más importantes durante la larga noche de la dictadura: «Pablo Neruda murió ayer. Cayó un domingo. No era día de fiesta ese 23 de septiembre de 1973 en Chile. Todo lo contrario. La gente sentía una muerte doble. Falleció antes

---

1647. Sus declaraciones figuran en un recorte del archivo de prensa de la Fundación Pablo Neruda, pero en él no está citado el medio de comunicación que las publicó.

1648. *El Mercurio*. Santiago de Chile, 25 de septiembre de 1973, p. 23.

de la medianoche oficial y de su medianoche personal. Adelantó la hora de su partida la noche que envuelve a su país. [...] Le aplicaron un inyectable calmante. No había paz para él. ¿Cómo podría haberla si su patria estaba ardiendo por los cuatro costados y sus camaradas caían por millares? Según sus doctores, murió de un cáncer a la próstata generalizado. Precipitó su fin el cáncer del fascismo. Como Antonio Machado, tuvo dos agonías».[1649]

El 28 de septiembre, desde Helsinki, el Consejo Mundial de la Paz emitió una declaración que lamentaba su fallecimiento: «En estos momentos en los que en Chile se está derramando sangre y el golpe de Estado levanta sentimientos de odio y aflicción, el mundo está conmocionado por otro trágico suceso, la muerte del gran poeta Pablo Neruda. Su voz resonó alto durante muchos años. Sus versos reflejan los sentimientos que preocupan a las personas, su dolor y alegría y su voluntad de luchar por la paz y la libertad. La poesía de Pablo Neruda es una crítica iracunda al imperialismo y al racismo que solo traen a la humanidad calamidad y sufrimiento».[1650]

«UN DOLOROSO VIENTO AZOTA EL ROSTRO DE CHILE»

Fueron ocho las personas que acompañaron a Matilde Urrutia durante la noche del 24 al 25 de septiembre, bajo el toque de queda, en *La Chascona*: Laura Reyes, un matrimonio de apellido Cárcamo (parientes suyos), Aída Figueroa, Elena George Nascimento, Juanita Flores, Enriqueta de Quintana y Hernán Loyola. Solo algunos termos con té, café y leche aliviaron el frío que se colaba por los desnudos ventanales. «Era una noche fría de septiembre», escribió la viuda. «Yo, metida en el cuello de mi abrigo, lloro en silencio. Recordaba este *living* siempre calentito con esa chimenea que no se apagaba jamás. Los amigos conversan, me hace bien oírlos. ¿Recuerdas —dice una voz— cuando Pablo en sus comidas se pintaba esos bigotitos, se ponía un pequeño sombrero y recitaba

1649. Teitelboim, Volodia: *Noches de radio (Escucha Chile). Una voz viene de lejos*. Tomo I. LOM Ediciones. Santiago de Chile, 2001, p. 31. El 27 de septiembre de 1973, Teitelboim publicó en *Pravda* el artículo «Despedida de Pablo Neruda»
1650. Cable de la Agencia Tass. Helsinki, 28 de septiembre de 1973.

"La botica"? ¡Qué gracia tenía y qué falta va a hacernos ahora!».
«¿Recuerdas los cumpleaños de Pablo en esta casa? ¡Qué alegres
eran! Un año, un periodista se puso a contar a los invitados y
cuando llegó al doscientos no pudo más y desistió». «Sí —dice
otro—, fue un año en que muchos se quedaron para el desayuno.
Tarde en la noche, Pablo desapareció; todos lo buscaban, querían
saber dónde estaba, y estaba en un rincón, el más escondido de la
casa, con Matilde, muertos de la risa porque con tanta gente habían logrado estar solos». En aquellas largas horas, también comentaron la posibilidad de encontrarse con un fuerte despliegue
militar durante el funeral. A la mañana siguiente, el cuerpo del
poeta sería llevado hasta el espacio que la familia Dittborn había
cedido en su mausoleo del Cementerio General. «Pierdo la noción
del tiempo —escribió Matilde—. Alguien se acerca y me dice "Está
amaneciendo"».[1651]

El funeral de Pablo Neruda, el martes 25 de septiembre de
1973, fue una emotiva metáfora de su vida y de su poesía. En un
país aterrorizado por la violencia desplegada por la Junta Militar,
centenares de personas (entre quinientas y dos mil, según las esti-
maciones de los medios extranjeros presentes)[1652] conjuraron el
miedo y se atrevieron a caminar los dos kilómetros que separan *La
Chascona* del Cementerio General, vigilados por decenas de soldados y carabineros fuertemente armados, para despedir a quien durante décadas cantó y acompañó la lucha del movimiento popular.
Este homenaje sincero y valiente fue la primera manifestación del
pueblo chileno contra la dictadura del general Pinochet, así como
el primer acto público de reivindicación de la Unidad Popular y de
la memoria del presidente Salvador Allende.

Aquella mañana, a primera hora soldaron el féretro de Neruda
y su gesto plácido desapareció en la oscuridad del ataúd, que hacia
las nueve fue bajado a la calle. Ya había llegado bastante gente hasta la casa. «Modestas mujeres, hombres de trabajo, escritores, artistas, periodistas, hombres de ciencia, políticos —escribió Virginia Vidal—. El poeta Juvencio Valle más silencioso que nunca. [...]

1651. Urrutia, pp. 26-27.
1652. *The New York Times* dedicó dos páginas al funeral y su enviado especial calculó la asistencia en mil ochocientas personas. Cable de la Agencia Tass.
Nueva York, 26 de septiembre de 1973.

Entre tanta gente diviso a Nicanor Parra. En esos días ha salido en un diario mercurial un gran elogio a este poeta, mostrándolo como incomprendido o víctima de la Unidad Popular. Nicanor Parra me dice: "Pretenden convertirme en el poeta oficial del régimen. No lo conseguirán"».[1653]

Aparecieron personalidades como Alejandro Lipschutz, Francisco Coloane, Fernando Castillo Velasco y Nemesio Antúnez y varios diplomáticos, como Gonzalo Martínez Corbalá, Pierre De Menthon y Ulf Hjertonsson. También el crítico literario Alone. Se formó el cortejo: en primer lugar, un automóvil que transportaba todas las coronas de flores; le seguía el vehículo con el ataúd y, al final, un tercero en el que Matilde Urrutia, refugiada en un abrigo azul, recorrió el primer tramo del trayecto. Avanzaron por la calle Márquez de la Plata hasta la plazuela ubicada a los pies del cerro San Cristóbal que marca la entrada al parque zoológico, donde decenas de personas esperaban para unirse a la comitiva. «De todas las calles sale gente que se suma al cortejo. También asoman carros con militares apuntando sus ametralladoras, pero allí se detienen, seguramente quieren asustarnos. No lo consiguen», escribió Matilde Urrutia.[1654]

Poco a poco, la poesía y los gritos que llamaban a la rebeldía quebraron el imponente silencio inicial. Virginia Vidal recuerda que, de repente, una voz se alzó para recitar los versos imperecederos del poeta: «Juramos que la libertad / levantará su flor desnuda / sobre la arena deshonrada». O, como Neruda cantara a Luis Emilio Recabarren, fundador del Partido Comunista: «Juramos continuar tu camino / hasta la victoria del pueblo». Resonaron las consignas que recordaban la inmolación del presidente Allende en La Moneda tan solo dos semanas atrás y el cruel asesinato en el Estadio Chile de Víctor Jara, cuya viuda, Joan, también había acudido a despedir al poeta.[1655] «La presencia de decenas de periodistas extranjeros —escribió Joan Jara en su hermoso libro—, equipos de filmación y cámaras de televisión nos protegía de agresiones y hostigamientos, pero cuando la comitiva llegó al último trecho de la marcha en la plazoleta que da frente a la entrada principal del cementerio, un

1653. Vidal (2003), pp. 109-120.
1654. Urrutia, p. 29.
1655. Vidal (2003), pp. 109-120.

convoy militar formado por vehículos blindados la rodeó en dirección opuesta y se acercó amenazador. La muchedumbre respondió con gritos de "¡Compañero Pablo Neruda, presente, ahora y siempre! ¡Compañero Salvador Allende, presente, ahora y siempre! ¡Compañero Víctor Jara, presente, ahora y siempre!"».

Mientras el dolor y las lágrimas ahogaban a Joan Jara, Virginia Vidal se acercó para abrazarla. Le preguntó por sus hijas, Manuela y Amanda, y por el ensañamiento de los militares con el creador de «Manifiesto» y «Plegaria del labrador». «Si hubieras visto su cuerpo tan hermoso... Una sola masa negra, morada, machacada, desgarrada... Me costó hallarlo entre tanto cadáver». Fue en aquella improvisada manifestación cuando tomó conciencia de que jamás se sentiría abandonada. «Era muy poderoso el sentido de identidad colectiva frente a una tragedia colectiva y muy fuerte la sensación de un pueblo mortalmente herido que sigue luchando».[1656]

Tampoco Matilde Urrutia pudo olvidar nunca esos momentos tan emocionantes: «Aquellas miradas en que se mezclan el dolor y la rebeldía. Cada uno de ellos siente el horror ante la suerte infligida a tantos amigos y parientes: apresados, escondidos, agonizando en las torturas. Y en este momento de oscuridad asfixiante, como un grito de liberación, se escucha: "¡Compañero Pablo Neruda, presente, ahora y siempre!". Este grito me trae un rayo de luz, de esperanza, este es un pueblo vivo...».[1657]

Cuando se encaminaban por la Avenida de la Paz hacia la entrada principal del Cementerio General, empezaron a escucharse versos sueltos de *La Internacional*, que brotaban y se extinguían segundos después. El cortejo ya había crecido considerablemente, Matilde Urrutia caminaba detrás del coche fúnebre y en la entrada del camposanto aguardaban más personas. Allí se escucharon gritos que reivindicaban a una organización perseguida con saña desde el mismo 11 de septiembre: «¡Viva el Partido Comunista!».

El presidente del sindicato obrero de la editorial Quimantú recitó los versos de *España en el corazón*, que en ese momento, después de denunciar los crímenes de Franco, acusaban a la Junta Militar: «Chacales que el chacal rechazaría, / piedras que el cardo seco

---

1656. Jara, Joan: *Víctor. Un canto inconcluso*. Fundación Víctor Jara. Santiago de Chile, 1993, p. 269.
1657. Urrutia, p. 29.

/ mordería escupiendo / víboras que las víboras odiaran...». En el umbral del camposanto, el cortejo tuvo el valor de cantar *La Internacional* de principio a fin, ante la mirada amenazante de soldados y carabineros. «Gente que jamás pensó ser comunista, simplemente escritores o amigos de Pablo, sintieron tal vez que no había mejor modo de expresar lo que llevaban adentro que alzar el puño y cantar ese himno», recordó Hernán Loyola.[1658]

En la memoria de Radomiro Tomic quedó impreso el estallido desafiante de aquellas estrofas, que reaparecieron cuando el ataúd de Neruda fue sacado del carro fúnebre: «"Arriba los pobres del mundo, en pie los esclavos sin pan...". Así penetró el cortejo a los jardines del cementerio. Vi a docenas de mujeres llorar y cubrirse la cara con las manos. A mi lado marchaba un muchacho a quien las lágrimas le corrían por las mejillas, tratando de mantener el canto con la voz estrangulada. Y muchos hombres, de toda condición social, vestidos de la más diversa manera, reaccionaron según la infinita variedad de la condición humana. Voces vibrantes de desafío y cólera; voces temblorosas por la emoción, la desesperanza o el miedo; voces entrecortadas y, también, bocas en silencio, con labios apretados como puñales: "Arriba los pobres del mundo, en pie los esclavos sin pan...". Poco a poco los gritos fueron adquiriendo otro carácter: "Compañero Salvador Allende... ¡Presente!". Y luego: "¡El pueblo unido, jamás será vencido!". Y luego: "¡Viva la Unidad Popular!"». Tomic sabía muy bien que, con la misma intensidad con que conmovió a la mayor parte de la sociedad chilena y a millones de personas en el mundo, la muerte del poeta también tranquilizó a otros sectores en su país: «Pero está muerto. Y en silencio para siempre. Para desconsuelo irremediable de los suyos y liberación callada y vergonzosa de todos aquellos que en el secreto de su corazón temblaban del miedo de ser marcados para siempre, en su pequeña infamia, por el ácido indeleble de los versos de Neruda».[1659]

En la improvisada ceremonia de despedida hablaron, entre otros, Yolando Pino, en representación de la Academia de la Lengua, Francisco Coloane,[1660] el escritor argentino Roberto Alifano

1658. Loyola, Hernán: «Pablo Neruda: Ser y morir» (1974). Consultado en: http://cvc.cervantes.es/literatura/aih/pdf/05/aih_05_1_007.pdf

1659. *Chile-América*, n.º 1. Roma, septiembre de 1974, p. 15.

1660. En sus memorias, publicadas casi tres décadas después, Coloane seña-

y Edmundo Herrera, presidente de la Sociedad de Escritores, quien pronunció unas bellísimas palabras frente al mausoleo de la familia Dittborn: «Solo podemos traerte esta mañana todas las manos de Chile que quisieran llegar a tu lado, para que sepas que el fuego que tú encendiste está vivo en cada corazón. Toda tu vida, tu trabajo, fue siempre en favor de Chile, de sus hombres, en favor de la vida del hombre. Una lección que no olvidaremos. Más allá de las líneas estéticas, tu aporte a la cultura nacional es inmenso. [...] Un doloroso viento azota el rostro de Chile. Hemos llegado a traerte las manos fraternales de todos los que hemos crecido a tu sombra. No hay edades que nos separen, solo nos une el dolor; Chile está azotado hoy y vientos negros corren por la patria. Pero tú y tu poesía, la poesía de Chile, se alzan para decirte que tu ejemplo ciudadano, tu voz de poeta pleno, lleno de humanidad por el hombre, nos alienta a seguir en el combate que por el hombre y la belleza tú diste con ejemplar veracidad».

«Te traigo los copihues de Chile, las piedras de Chile que tanto amaste. Los ríos te traigo, te traigo la sencilla semilla de la creación. Te traemos, compañero Pablo Neruda, muchas voces y llantos de toda la gente que trabaja [...]. Te traigo el saludo y las palabras de muchos como tú, hombres sencillos, pescadores, herreros, navegantes, panaderos, que tú fuiste encontrando en el camino. Ellos me han pedido que te traiga sus manos, que te diga que estamos con una flor roja abierta en el costado y que te diga que estamos vivos en esta hora, que ninguna muerte nos mata definitivamente. [...] Y no habrá tierra ni bala que extermine tu canto, no habrá horizonte que te contenga. Los cielos estarán abiertos a tu canción, que nos dejas como un pedazo de fuego en las manos. [...] Ninguna soledad para tu corazón de fuego, ninguna soledad para tu paso, ninguna sombra para tus caracolas. De ti nos viene la lección de la vida y viviremos cantando los amaneceres, todos los vinos y las flores, todas las bocas y todos los amores. De ti nos viene este amor a la vida que tú nos señalaste. Compañero Pablo, déjame guardar la voz para que tú hables ahora en tu poesía, para que tú camines len-

---

ló que no recordaba el discurso que improvisó, pues inicialmente, impactado por la muerte de su amigo, había rechazado la propuesta de Herrera de hablar en nombre de la Sociedad de Escritores. Coloane, Francisco: *Los pasos del hombre. Memorias.* Mondadori. Barcelona, 2000, pp. 134-135.

to y abrazado a quienes siempre has querido, para que puedas seguir conversando de todas las cosas que revolotean a tu lado, junto, muy junto a la esperanza, la libertad y la belleza».[1661]

EL RETORNO A ISLA NEGRA

En mayo de 1974, sus restos fueron trasladados al hueco número 44 del patio México del Cementerio General. Un lugar modesto, cerca del sepulcro de Víctor Jara y rodeado de un mar de cruces negras que señalaban las tumbas de decenas de personas detenidas desaparecidas. La lápida de mármol, en la que solo figuraban su nombre y la fecha de su fallecimiento, marcó durante dieciocho años uno de los lugares inexcusables de la memoria democrática, lugar de peregrinación para muchas personas que querían obsequiar al poeta con una flor o susurrarle sus versos.

El 20 de abril de 1990, seis semanas después del fin de la dictadura militar, la Fundación Pablo Neruda, nacida del testamento de Matilde Urrutia, abrió Isla Negra como casa-museo y en los años siguientes hizo lo mismo con *La Chascona* y *La Sebastiana*, restauradas tras el saqueo de 1973. Por fin, en diciembre de 1992, Pablo Neruda y Matilde Urrutia pudieron *retornar* a Isla Negra. En el poema «Disposiciones» de *Canto general*, el poeta había indicado el lugar donde quería descansar eternamente y había elegido un pequeño montículo situado delante del banco de piedra desde donde tantas veces contempló derramarse el atardecer y sus mil colores sobre la inmensidad del océano. En sintonía con su alma marinera, la tumba y su entorno también evocan el perfil de un navío.

Primero, los restos fueron trasladados al Salón de Honor del ex Congreso Nacional, hasta donde desfilaron miles de personas. En la ceremonia oficial, tomaron la palabra Volodia Teitelboim, secretario general del Partido Comunista; el abogado Rodolfo Reyes, en representación de la familia; Enrique Silva Cimma, ministro de Relaciones Exteriores; Juan Agustín Figueroa, presidente de la Fundación Pablo Neruda; el ministro de Educación, Jorge Arrate, y el miembro de la Sociedad de Escritores y amigo del poeta, Die-

1661. Herrera, Edmundo: *Discurso en el funeral de Neruda y otros textos.* Andros. Santiago de Chile, 2012, pp. 19-27.

go Muñoz. «Dentro de un par de horas, Neruda emprenderá su último viaje a Isla Negra», afirmó Volodia Teitelboim. «Regresará por el viejo camino que hizo miles de veces. Pasará por los campos, por aldeas, ciudades, balnearios y puertos, donde la gente saludará con alegría y canciones, con danza y recuerdos, al amigo inolvidable que retorna. Porque esta es una vuelta muy largamente esperada, una victoria de la poesía contra viento y marea, contra Pinochet y el reino del anti Chile y la anti cultura».[1662]

El cortejo enfiló el itinerario que solía hacer el poeta: Maipú, Talagante, El Monte, Melipilla, San Antonio, Cartagena, Las Cruces, San Sebastián, El Tabo e Isla Negra. En cada punto del trayecto había apostadas personas que, con banderas, pancartas o flores, saludaban a Neruda. Centenares abarrotaban la playa y escucharon, de su propia voz, algunos versos de *Canto general*. Y el océano se había vestido, una vez más, de azul y verde para recibir a su viejo amigo.

1662. *Boletín* de la Fundación Pablo Neruda, n.º 15. Santiago de Chile, verano de 1993, p. 23.

Epílogo

El último enigma. ¿Fue asesinado Neruda?

¿Fue asesinado Pablo Neruda? Cuatro años y medio después, la justicia chilena continúa trabajando para ofrecer una respuesta sólida al interrogante que la denuncia del chófer Manuel Araya abrió en 2011 y que motivó la querella presentada por el Partido Comunista de Chile. A lo largo de aquel año, hallé todo un conjunto de antecedentes que presenté en mayo de 2012 en el libro *Sombras sobre Isla Negra. La misteriosa muerte de Pablo Neruda* y que he sintetizado en las páginas anteriores, incorporando numerosos datos nuevos.

Matilde Urrutia siempre negó que falleciera a consecuencia del cáncer de próstata que padecía, según sus repetidos testimonios. «Pablo vivirá como mínimo seis años y hasta es posible que muera de cualquier otra cosa, pero no del cáncer que tiene, pues está perfectamente controlado», le aseguró el doctor Vargas Zalazar en agosto de 1973.[1663] Así lo corroboró, en el marco de la investigación judicial, un informe de agosto de 2011 del Departamento de Medicina Criminalística de la Policía de Investigaciones. A partir de la copia de trece documentos proporcionados por la Fundación Pablo Neruda relativos al tratamiento y las pruebas médicas a que el poeta se sometió a lo largo de 1973,[1664] sus especialistas conclu-

---

1663. *La Opinión.* Buenos Aires, 5 de mayo de 1974. Suplemento Cultural, p. 2.

1664. Son documentos que datan principalmente de marzo, abril, junio y julio de 1973, aunque el último es una ficha de un examen de orina aséptica miccional realizado el 4 de septiembre en el laboratorio del doctor Raúl Bulnes en Santiago de Chile.

yeron que su enfermedad no estaba en fase terminal.[1665] No cabe ya ninguna duda de que, cuanto menos, el golpe de Estado *aceleró* su final. La actuación criminal de la Junta Militar le sumió en una dolorosa agonía que lo situó en el umbral de la muerte.

En abril de 2013, en Isla Negra, los restos mortales del poeta fueron exhumados y desde entonces han sido examinados en distintos centros especializados, con la más avanzada tecnología. En enero de 2015, el Programa de Derechos Humanos del Ministerio del Interior se hizo parte de la investigación. Y el 25 de marzo de este año Francisco Ugás, Rodrigo Lledó y Hugo Pavez, secretario ejecutivo, jefe del Área Jurídica y abogado de este Programa dirigieron un escrito de once páginas al magistrado Mario Carroza, que se presenta en estas páginas por primera vez y que resume los principales antecedentes que obran en el sumario 1.038-2011.

Respecto a la causa oficial de muerte, este documento señala: «Todo indica, entonces, que si bien D. Pablo Neruda padecía de cáncer, fallece con cáncer, no necesariamente muere a causa del cáncer, ya que en su momento no se efectuaron los procedimientos médicos y forenses de rigor para establecer la causa de muerte». Y en cuanto a los antecedentes respecto a la «posible intervención de terceras personas», destaca que en el sumario del proceso hay numerosos hechos que, «ponderados conjuntamente», permiten «presumir una posible intervención de terceras personas en la muerte de D. Pablo Neruda».

Así, entre otros aspectos, subraya su talla intelectual y política, el hecho de que sus tres casas fueran allanadas después del golpe de Estado, que la Junta Militar estuviera al corriente de que viajaría a México el 24 de septiembre y que en el exterior el poeta indudablemente se hubiera convertido en una figura muy potente en la crítica a la dictadura, incluso como presidente de un Gobierno en el exilio. Y en este punto el documento recuerda los atentados de la DINA contra el general Carlos Prats, Bernardo Leighton y Orlando Letelier en Buenos Aires, Roma y Washington en 1974, 1975 y 1976. Respecto al estado de salud incide en la declaración jurada del embajador Martínez Corbalá y, además, considera acreditado que le pusieron una inyección en el abdomen, como recogió *El Mercurio* al día siguiente. «No sabemos quién puso esta inyección, qué contenía,

1665. Amorós (2012), 95-98.

si se dejó constancia de ella o no en la ficha médica, ficha que no existe, o no ha sido facilitada hasta la fecha por la Clínica Santa María».

En las conclusiones, el documento del Programa de Derechos Humanos del Ministerio del Interior apunta claramente: «Desde el punto de vista probatorio, es posible concluir que, si bien D. Pablo Neruda padecía un cáncer de próstata, el cual había deteriorado seriamente su estado de salud, asimismo, no se estableció en su momento, ni tampoco durante el curso de la investigación que la muerte se haya producido a consecuencia del cáncer que sufría. De los hechos acreditados en el expediente, resulta claramente posible y altamente probable la intervención de terceros en la muerte de D. Pablo Neruda». Esta se habría materializado a través de «la inoculación, mediante una inyección en el abdomen del poeta, durante su estancia en la Clínica Santa María, de sustancias aún no determinadas en la investigación y que le habrían producido la muerte aproximadamente seis horas después».

En mayo de 2015, el jefe del Área Jurídica del Programa de Derechos Humanos del Ministerio del Interior, Rodrigo Lledó, dio a conocer el resultado del informe proteómico de análisis de los restos del poeta que el doctor Aurelio Luna, catedrático de Medicina Legal y Forense de la Universidad de Murcia, había entregado al magistrado Mario Carroza. La pericia buscaba establecer posibles «agentes externos» que pudieron ser suministrados y haber acelerado su muerte.

Este documento señala que las pruebas confirman «el diagnóstico previo de cáncer de próstata diseminado». Pero indica que, entre los tres grupos de proteínas encontrados, habían detectado una bacteria ajena al cáncer, el estafilococo dorado, un microorganismo altamente tóxico. «El análisis de estos datos requiere de unas dosis oportunas de prudencia para evitar conclusiones aventuradas, en ausencia de informaciones adicionales de las que en este momento carecemos», enfatiza el informe firmado por el doctor Aurelio Luna.

Ante este hallazgo, Rodrigo Lledó aseguró que la investigación debía continuar: «La duda que existe es respecto de la causa de muerte de Pablo Neruda, eso es lo primero. Una vez que logremos establecer de que murió, podremos preguntarnos si existe o no participación de terceros».[1666]

1666. *La Nación*. Santiago de Chile, 28 de mayo de 2011. www.lanacion.cl

A mediados de agosto de 2015, la investigación judicial ya acumulaba más de dos mil cuatrocientas páginas, distribuidas en siete tomos, y el cuaderno separado de informes y pericias sumaba casi novecientas páginas en tres volúmenes. A lo largo de 2016 se conocerán los resultados del examen genómico, la última de las pruebas científicas pendientes. Después, los restos de Pablo Neruda podrán volver a descansar, ya para siempre, en Isla Negra, frente al mar azul y verde que acompañó sus días y su poesía.

Cronología esencial

El 12 de julio de 1904, Ricardo Eliecer Neftalí Reyes Basoalto nació en la ciudad de Parral. El 14 de septiembre falleció su madre, Rosa Neftalí Basoalto, y quedó al cuidado de sus abuelos paternos.

El 11 de noviembre de 1905, su padre, José del Carmen Reyes, contrajo segundas nupcias con Trinidad Candía.

A fines de 1906 o en 1907, el pequeño Neftalí llegó a Temuco a vivir con su padre y su *mamadre*. Con los años también entraron en aquel hogar sus hermanos, Rodolfo (1895) y Laura (1907).

En marzo de 1910, inició sus estudios en el Liceo Fiscal de Hombres de Temuco, que hoy se denomina Liceo Pablo Neruda.

El 30 de junio de 1915, escribió cinco versos para Trinidad Candía con motivo de su cumpleaños. Son los más antiguos de su autoría que se han conservado.

El 18 de julio de 1917, publicó su primer texto, en prosa, en el diario *La Mañana* de Temuco. Se tituló «Entusiasmo y perseverancia».

Entre 1918 y 1920, escribió númerosos poemas en tres cuadernos escolares que conservó su hermana Laura. Algunos los publicó en diferentes revistas chilenas. Otros permanecieron inéditos hasta después de su muerte.

En 1919, en los Juegos Florales del Maule, obtuvo su primera distinción literaria: el tercer premio en el certamen de poesía con su poema «Comunión ideal» y el seudónimo Kundalini.

En 1920, empezó a utilizar el seudónimo de Pablo Neruda. Conoció a Gabriela Mistral, profesora del liceo femenino de Temuco, quien le introdujo en la literatura rusa, y al escritor libertario José Santos González Vera. Participó en las asambleas estudiantiles y presidió el Ateneo Literario del Liceo. En diciembre, concluyó sus estudios secundarios.

En marzo de 1921, se trasladó a Santiago de Chile para iniciar sus estudios en la Universidad de Chile. Se matriculó en Francés en el Instituto Pedagógico y también cursó los estudios de Arquitectura durante algunos meses. Durante seis años vivió en un sinfín de pensiones y compartió alojamientos con amigos y compañeros de estudios. En octubre de 1921 ganó el concurso de poesía convocado por la Federación de Estudiantes (FECh) con motivo de sus Fiestas de Primavera. Escribió asiduamente en el periódico *Claridad,* de la FECh, hasta 1926.

En 1923, financió, con grandes dificultades, la publicación de su primer libro, *Crepusculario,* que tuvo una excelente acogida de la crítica.

En 1924, en junio, apareció *Veinte poemas de amor y una canción desesperada* (Nascimento). Preparó la selección y escribió el prólogo de *Páginas escogidas de Anatole France.* De la mano de Alberto Rojas Giménez y un amplísimo grupo de amigos, se *sumergió* en la bohemia santiaguina.

En 1925, abandonó sus estudios en el Instituto Pedagógico sin titularse. Su padre suspendió la precaria mesada que recibía desde 1921 y sobrevivió con grandes estrecheces. En noviembre se marchó a vivir a Ancud, en la isla de Chiloé, junto con su amigo Rubén Azócar.

En 1926, publicó tres libros: *Tentativa del hombre infinito, El habitante y su esperanza* (su única novela) y, junto con Tomás Lago, *Anillos.* Apareció en *El Mercurio* la primera de las entrevistas que concedió a lo largo de su vida.

El 11 de abril de 1927, el ministro de Relaciones Exteriores le designó cónsul particular de elección en Rangún (hoy conocida como Yangón), entonces parte del Imperio Británico. El 18 de junio, junto con su amigo Álvaro Hinojosa, se embarcó en el *Baden* rumbo a Lisboa. Después de unos días en Madrid y París, viajaron a Asia desde Marsella. Inició sus funciones consulares el 1 de octubre.

En enero de 1928, recorrió Japón, China, Vietnam, Tailandia, Camboya y Singapur. Convivió durante algunos meses con Josie Bliss, hasta que fue trasladado a Colombo a fines de año. En diciembre, en la India, conoció a Gandhi y Nehru, los líderes del movimiento de emancipación nacional.

En 1929, desde Colombo, inició sus gestiones para publicar en España *Residencia en la Tierra.*

En 1930, fue designado cónsul de elección en Singapur y Batavia (actual Yakarta), donde el 6 de diciembre contrajo matrimonio con María Antonia Hagenaar.

En abril de 1932, llegó a Chile junto con su esposa. A lo largo de aquel año, a la espera de un nuevo destino consular, trabajó en varias dependencias públicas. El 23 de junio encabezó un manifiesto de intelectuales contra el recorte de las libertades y derechos fundamentales impuesto por el Gobierno de Carlos Dávila. En noviembre, con la publicación del artículo «Pablo Neruda, poeta a la moda», Pablo de Rokha inició una polémica pública que se extendió durante más de tres décadas.

En enero de 1933, publicó *El hondero entusiasta* y, en abril, *Residencia en la Tierra.* A fines de agosto, partió como cónsul de elección a Buenos Aires, donde en octubre conoció a Federico García Lorca.

En mayo de 1934, viajó a Barcelona. Pronto se instaló en Madrid, en la Casa de las Flores. Allí nació el 18 de agosto su hija Malva Marina y conoció a Delia del Carril. El 6 de diciembre Federico García Lorca lo presentó en el recital de poesía que ofreció en la Universidad Central. Entabló amistad con Rafael Alberti y María Teresa León, Miguel Hernández, Vicente Aleixandre... En Chile, sus enemigos literarios lo acusaron de plagio a Tagore en el «Poema 16» de su obra más popular.

En abril de 1935, los principales poetas jóvenes españoles le rindieron homenaje ante los ataques sistemáticos que sufría en su país por parte de Vicente Huidobro y Pablo de Rokha. En junio participó en París en el I Congreso Internacional de Escritores para la Defensa de la Cultura. En septiembre se publicaron en Madrid los dos volúmenes de *Residencia en la Tierra* y en octubre apareció el primer número de la revista *Caballo Verde para la Poesía,* de la que fue director.

En abril de 1936, Gabriela Mistral publicó «Recado sobre Pablo Neruda», un elogioso artículo acerca de su obra. Después de la sublevación militar contra la República del 17 de julio permaneció en Madrid cumpliendo sus funciones como cónsul. A fines de septiembre, *El Mono Azul* publicó, de manera anónima, su poema «Canto a las madres de los milicianos muertos», el primero de los que integrarían *España en el corazón*. En aquellos días se confirmó el asesinato en Granada de Federico García Lorca. El 8 de noviembre abandonó Madrid por voluntad propia. Se reunió con María Antonia Hagenaar y Malva Marina en Marsella y acordaron la separación.

En 1937, desde París, escribió artículos e impartió conferencias en solidaridad con la República Española. Publicó junto con Nancy Cunard *Los poetas del mundo defienden al pueblo español.* Participó en la preparación del II Congreso de Intelectuales en Defensa de la Cultura, que se celebró entre el 4 y el 17 de julio en Madrid, Valencia, Barcelona y París. A fines de agosto, regresó a Chile junto con Delia del Carril. En noviembre fue elegido presidente de la Alianza de Intelectuales en Defensa de la Cultura y publicó *España en el corazón*.

En mayo de 1938, en Temuco, falleció su padre y en agosto, su *mamadre.* Escribió el importante texto en prosa «La copa de sangre», en el que subyacen las motivaciones para alumbrar *Canto general de Chile*, embrión a su vez de *Canto general*. El 25 de octubre, el Frente Popular venció en las elecciones presidenciales y el presidente, Pedro Aguirre Cerda, lo designó meses después Cónsul para la Inmigración Española.

En 1939, tras la derrota de la República, centenares de miles de refugiados españoles fueron encerrados en campos de concentración en Francia. En mayo llegó a París para ocuparse del traslado a Chile de más de dos mil. Después de numerosas trabas, el *Winnipeg* zarpó el 4 de agosto y llegó a Valparaíso el 2 de septiembre, al día siguiente del inicio de la Segunda Guerra Mundial. Sus gestiones desde la capital francesa contribuyeron a que Miguel Hernández saliera de prisión en septiembre, pero volvió a ser encarcelado poco después. Fue nombrado cónsul general en México y regresó a Chile en noviembre.

El 21 de agosto de 1940, inició sus funciones al frente del Consulado General en México. Tomó contacto con los intelectuales españoles refugiados y con los poetas y escritores mexicanos.

En junio de 1941, fue sancionado por el Ministerio de Relaciones Exteriores con un mes sin salario por la controvertida concesión de un visado de entrada en Chile al pintor David Alfaro

Siqueiros. Aprovechó esas semanas para viajar a Guatemala. El 24 de julio leyó por primera vez en público su poema «Un canto para Bolívar». El 29 de diciembre sufrió una agresión física por parte de unos nazis en Cuernavaca.

En marzo de 1942, visitó por primera vez Cuba. El 30 de septiembre, en el Teatro del Sindicato de Electricistas de Ciudad de México, leyó su poema «Canto a Stalingrado», expresión de su ardiente solidaridad con la Unión Soviética. En aquellos días conoció la muerte de Miguel Hernández en las prisiones franquistas.

En enero de 1943, en otro acto público, brindó su «Nuevo canto de amor a Stalingrado». En febrero viajó por primera vez a Estados Unidos, a Nueva York, donde conoció la muerte de su hija Malva Marina. Después de tramitar el divorcio con María Antonia Hagenaar en México de manera unilateral, el 2 de julio contrajo matrimonio con Delia del Carril. El 27 de agosto tuvo lugar el multitudinario acto de despedida en el que leyó su poema «En los muros de México». De regreso a Chile, Delia del Carril y él visitaron Panamá, Colombia y Perú. La ascensión a Machu Picchu cambió la perspectiva de la obra que escribía desde 1938 y que terminó siendo *Canto general.*

En 1944, firmó su primer contrato con la editorial Losada de Buenos Aires, que desde entonces y hasta su muerte publicó la mayoría de sus obras. En junio se desvinculó del cuerpo diplomático.

El 4 de marzo de 1945, fue elegido senador por las provincias de Tarapacá y Antofagasta. El 24 de mayo obtuvo el Premio Nacional de Literatura, la distinción más importante de las letras chilenas. El 8 de julio ingresó formalmente en el Partido Comunista. El 15 de julio, en São Paulo, participó en el gigantesco acto de homenaje a Luis Carlos Prestes. En septiembre, empezó la escritura de *Alturas de Macchu Picchu* en su casa de Isla Negra.

A principios de 1946, conoció a Matilde Urrutia en Santiago. En julio fue elegido responsable de propaganda de la campaña de Gabriel González Videla, candidato a la Presidencia de la República, apoyado por el PC, que venció en la elección del 4 de septiembre. Por primera vez en Chile los comunistas ingresaron en el Gobierno.

El 1 de marzo de 1947, culminó en Parral los trámites para asumir Pablo Neruda como nombre legal. Aquel año Losada publicó su libro *Tercera Residencia*. A partir de junio, González Videla inició su «guerra» contra el Partido Comunista, que partió con su exclusión del Ejecutivo y la represión de varias huelgas obreras, principalmente en la cuenca carbonífera de Arauco. El 27 de noviembre denunció la involución democrática con un artículo en el diario venezolano *El Nacional*, que significó que el Gobierno solicitara su desafuero para que fuera enjuiciado por calumnias e injurias al presidente de la República.

El 6 de enero de 1948, pronunció en el Senado su célebre discurso conocido como «Yo acuso». El 3 de febrero, la Corte Suprema aprobó su desafuero y un juez dictó una orden de detención contra él. Después de dos intentos frustrados de cruzar la frontera argentina, Delia del Carril y él se *sumergieron* en la clandestinidad. Acosados por la policía, vivieron todo un año escondidos, de casa en casa. En aquel tiempo culminó la escritura de *Canto general*.

A principios de febrero de 1949, el Partido Comunista puso en marcha el plan organizado por Víctor Pey y Jorge Bellet para llevarlo a Argentina un mes después a través de un paso en la cordillera en la provincia de Valdivia. Reapareció en público el 25 de abril en París, en la última jornada del congreso fundacional del Movimiento Mundial de Partidarios de la Paz, en el que también participaron Chaplin y Picasso. En junio viajó por primera vez a la URSS (Leningrado, Moscú, Stalingrado) y a Hungría, Polonia y Checoslovaquia. A fines de agosto regresó a México. Enfermo de tromboflebitis, vivió en este país hasta junio de 1950 y allí se reencontró con Matilde Urrutia.

El 3 de abril de 1950, presentó en Ciudad de México la edición príncipe de *Canto general*. Diego Rivera y David Alfaro Siqueiros realizaron las pinturas que ilustraron las guardas de un libro monumental. En las difíciles condiciones de la clandestinidad, el Partido Comunista produjo la primera edición chilena. En junio, Delia del Carril y Pablo Neruda regresaron a Europa. En diciembre llegaron a Italia, donde su obra empezaba a difundirse ampliamente.

En agosto de 1951, se reunió con Matilde Urrutia en Berlín Oriental. En Bucarest, le entregó el poema «Siempre», el primero que le dedicó. En septiembre viajó en el Transiberiano hasta Pekín para participar en la entrega de la primera edición del Premio Stalin. En ese largo trayecto escribió su «Cuándo de Chile».

En enero de 1952, el Gobierno italiano decretó su expulsión del país, pero la protesta de los intelectuales, de personalidades de izquierda y del PCI lograron paralizarla. El 23 de enero, Matilde Urrutia y él se instalaron en la casa de Edwin Cerio en la isla de Capri, cerca de Nápoles. Allí preparó la primera edición, anónima, de *Los versos del capitán* y trabajó en *Las uvas y el viento* y *Odas elementales.* Mientras tanto, en Chile, las fuerzas democráticas se movilizaban para lograr su retorno, que se concretó el 12 de agosto, con un gran recibimiento popular.

El 15 de marzo de 1953, participó en el acto de homenaje de la izquierda chilena a Stalin con motivo de su muerte. A fines de abril, intervino en el Congreso Continental de la Cultura, en Santiago. En agosto, Matilde Urrutia sufrió su tercer y último aborto. En diciembre, fue una de las personalidades galardonadas con el Premio Stalin. Inició la construcción de una nueva casa en la capital: *La Chascona.*

En marzo de 1954, apareció su libro *Las uvas y el viento.* Aquel año también publicó *Odas elementales.* Con motivo de su quincuagésimo aniversario, donó a la Universidad de Chile su biblioteca personal y su colección malacológica. En noviembre asistió como invitado al Congreso de Escritores Soviéticos.

En febrero de 1955, se produjo la ruptura de su relación con Delia del Carril. En septiembre lanzó su libro *Viajes,* que incluyó un conjunto de cinco importantes conferencias, y la última de las revistas que dirigió: *La Gaceta de Chile.*

En 1956, las revelaciones de los crímenes de Stalin en el XX Congreso del PCUS y la invasión soviética de Hungría marcaron pronto un cambio notable en su poesía. Publicó *Nuevas odas elementales.*

En junio de 1957, inició con Matilde Urrutia un largo viaje por Asia. En Colombo, recorrió los lugares donde vivió tres décadas antes. Inició su libro *Estravagario,* publicado en agosto de 1958. Publicó también *Tercer libro de las odas* y Losada lanzó la primera edición de sus obras completas.

En abril de 1958, fue elegido presidente de la Sociedad de Escritores de Chile. Participó activamente en la campaña presidencial de Salvador Allende. En agosto fue derogada la Ley de Defensa Permanente de la Democracia y terminó una década de proscripción del Partido Comunista.

A fines de enero de 1959, viajó a Venezuela, donde el Concejo Municipal de Caracas le declaró «Huésped Ilustre». Allí conoció a Fidel Castro. En septiembre contribuyó a la conmemoración del vigésimo aniversario de la llegada del *Winnipeg*. Publicó *Cien sonetos de amor* y *Navegaciones y regresos*.

En marzo de 1960, emprendieron en Uruguay un viaje de diez meses. En diciembre publicó con Picasso *Toros*. El 5 de diciembre llegó a La Habana, invitado para la presentación de su libro *Canción de gesta*, que exaltó la Revolución Cubana. Conoció a Ernesto *Che* Guevara.

En enero de 1961, regresaron a Chile. Losada lanzó la edición conmemorativa del millón de ejemplares vendidos en español de *Veinte poemas de amor y una canción desesperada*. El 18 de septiembre inauguró su casa de Valparaíso: *La Sebastiana*. Publicó *Las piedras de Chile* y *Cantos ceremoniales*.

En el primer semestre de 1962, la revista brasileña *O'Cruzeiro Internacional* publicó diez relatos autobiográficos titulados «Las vidas del poeta», que fueron la base para la redacción de sus memorias. Apareció su libro *Plenos poderes*. Empezó a sonar su nombre cada año como uno de los favoritos para el Premio Nobel de Literatura.

En octubre de 1963, recibió a Marcos Ana en Isla Negra.

En 1964, con motivo de su sesenta aniversario publicó *Memorial de Isla Negra*, una obra en cinco volúmenes. La Universidad de Chile propuso su candidatura al Premio Nobel de Literatura. Acompañó a Salvador Allende en su tercera campaña presidencial. En octubre, el Instituto de Teatro de la Universidad de Chile presentó un montaje de *Romeo y Julieta* a partir de su traducción del texto de Shakespeare, cuando se cumplían los cuatro siglos de su nacimiento.

En marzo de 1965, falleció María Antonia Hagenaar. El 1 de junio recibió el Doctorado Honoris Causa de la Universidad de Oxford y el premio internacional del Festival de Poesía de Spoleto (Italia).

En 1966, publicó *Comiendo en Hungría* junto con Miguel Ángel Asturias, *Arte de pájaros*, con ilustraciones de Julio Escámez,

Mario Toral, Héctor Herrera, Nemesio Antúnez y Mario Carreño, y *Un casa en la arena*, el primer libro suyo aparecido en
España desde 1938. En junio, participó en Nueva York en el
Congreso Internacional del Pen Club, presidido por Arthur
Miller. Ofreció masivos recitales en esta ciudad y en la Universidad de Berkeley, en San Francisco. El 31 de julio, *Granma*
publicó una carta abierta de ciento cuarenta y siete intelectuales cubanos que criticó su viaje a Estados Unidos y su posterior
visita a Perú. El 28 de octubre contrajo matrimonio civil con
Matilde Urrutia en Isla Negra.

En mayo de 1967, participó en Moscú en la entrega del Premio Lenin a David Alfaro Siqueiros. En julio recibió el galardón internacional de los premios literarios de Viareggio (Italia) y participó en el Festival Internacional de Poesía de Londres. El
14 de octubre, el Instituto de Teatro de la Universidad de Chile
estrenó la única obra dramática que escribió: *Fulgor y muerte
de Joaquín Murieta*. En noviembre, recibió la distinción de
«Hijo Ilustre» de Parral. En diciembre, apareció *La barcarola*.

En abril de 1968, el Consejo Mundial de la Paz le otorgó la Medalla
Juliot-Curie. La Academia Norteamericana de Artes y Letras
le designó miembro honorario. Publicó *Las manos del día*. En
sus declaraciones públicas no condenó la invasión de Checoslovaquia por el Pacto de Varsovia.

En 1969, escribió el *Álbum de Isla Negra* para Alicia Urrutia, sobrina de Matilde, el último amor de su vida. Aparecieron sus
libros *Fin de mundo* y *Aún*. Empezó a percibir los primeros
síntomas del cáncer de próstata. El 30 de septiembre el Comité
Central del Partido Comunista le designó candidato a la Presidencia de la República.

En enero de 1970, después del acuerdo en la izquierda, agrupada
en la Unidad Popular, renunció a su candidatura y entregó su
apoyo a Salvador Allende. Entre abril y julio viajó por Europa. El 4 de septiembre Allende venció en las elecciones presidenciales y el 3 de noviembre inició su mandato presidencial.
Publicó *La espada encendida*, *Maremoto* y *Las piedras del
cielo*.

En enero de 1971, fue designado embajador de Chile en Francia. El
26 de marzo entregó sus cartas credenciales al presidente Georges Pompidou. Se resintió de su salud y fue hospitalizado en

junio y septiembre. El 21 de octubre la Academia Sueca le otorgó el Premio Nobel de Literatura. Recogió el galardón en la ceremonia celebrada en Estocolmo el 10 de diciembre y tres días después pronunció su bellísimo discurso, en el que regresó a la cordillera de los Andes, a aquella aventura de 1949, y reivindicó la «ardiente paciencia» de Rimbaud.

En marzo de 1972, asistió en Milán al XIII Congreso del Partido Comunista Italiano. En abril, participó en Nueva York en la reunión anual del Pen Club y después viajó a Moscú, donde se sometió a una revisión médica. En agosto, Homero Arce llegó a Francia para ayudarle en la preparación de sus memorias. Publicó *Geografía infructuosa* y *La rosa separada*. En noviembre, la editorial estatal Quimantú lanzó su *Antología popular*. El 21 de noviembre, Matilde Urrutia y él regresaron a Chile y el 5 de diciembre recibió un gran homenaje popular en el Estadio Nacional.

En febrero de 1973, Quimantú publicó *Incitación al nixonicidio y alabanza de la revolución chilena*. El presidente Allende aceptó su renuncia a la embajada en Francia. En el último año de su vida trabajó en el proyecto de la Fundación Cantalao, a la que deseaba destinar su legado, y en la escritura de sus memorias y de los siete libros que Losada publicó póstumamente. En marzo y abril se sometió a cincuenta y seis sesiones de terapia con cobalto en el Hospital Carlos Van Buren de Valparaíso. El 28 de mayo, Televisión Nacional emitió un discurso suyo desde Isla Negra en el que llamó a evitar la guerra civil. El 11 de septiembre el golpe de Estado y la muerte del presidente Salvador Allende supusieron un golpe durísimo para su salud física y emocional. El 19 de septiembre fue trasladado en ambulancia a la Clínica Santa María de Santiago. Aceptó la invitación del presidente Luis Echeverría para viajar a México. El 23 de septiembre, a las diez y media de la noche, falleció. Dos días después, su funeral, vigilado por tropas militares fuertemente pertrechadas, se convirtió en la primera manifestación contra la dictadura. Después de su muerte apareció *El mar y las campanas*.

A fines de 1973, Matilde Urrutia y Miguel Otero Silva ordenaron los manuscritos de sus memorias. *Confieso que he vivido* se publicó en febrero de 1974. Este año también circularon *Jardín* de invierno, *El corazón amarillo, Libro de las preguntas, Elegía, Defectos escogidos* y *2000*. En 1978 apareció *Para nacer he nacido*. En 1980, *El río invisible*. En 1982, *El fin del viaje*. En 1997, *Cuadernos de Temuco*. Desde 1999, la última edición de sus obras completas. Y en 2015, *Tus pies toco en la sombra y otros poemas inéditos*.

Agradecimientos

Esta biografía se ha gestado desde 2011, de manera paralela con otros trabajos, si bien se alimenta de una labor de investigación y estudio de la historia de Chile que inicié en 1995. Se ha construido sobre interminables horas en archivos y bibliotecas de ambos países, en los que he disfrutado del trato amable, profesional y cordial de sus trabajadores.

Quisiera dejar constancia de mi agradecimiento al personal del Salón General, del Salón de Investigadores, del Archivo del Escritor, de la Sección de Referencias Críticas, de la Sala de Revistas «Pablo Neruda» y de la Sección de Periódicos de la Biblioteca Nacional de Chile. Singularmente, debo destacar la ayuda de José Manuel Sepúlveda, jefe de la Sección de Periódicos, y de Pedro Pablo Zegers, responsable del Archivo del Escritor. Igualmente, señalo mi gratitud hacia la Biblioteca del Congreso Nacional de Chile; el archivo de la Fundación Pablo Neruda, cuyos fondos pude consultar en 2011; el Archivo Central Andrés Bello de la Universidad de Chile, donde se custodia la Colección Neruda (el legado donado por el poeta en 1954); la Fundación Salvador Allende; la biblioteca Alfonso M. Escudero de los Agustinos; el Centro de Documentación del Grupo Copesa, cuyas puertas amablemente me franqueó Guillermo Turner, director de *La Tercera*, y el Archivo General Histórico del Ministerio de Relaciones Exteriores de Chile, donde Roberto Mercado me atendió con diligencia. En este punto, no puedo dejar de mencionar que la biografía de David Schidlowsky, el primero que penetró en la documentación oficial del cónsul Neruda, con sus citas cuidadosas y constantes, es una guía magnífica para indagar en una masa que alcanza centenares de volúmenes. Por último, subrayo también mi reconocimiento a los profesionales del Archivo Nacional de Chile, tanto de su sede histórica, en la calle Miraflores, como del nuevo complejo de la calle Agustinas.

En cuanto a los archivos personales, agradezco al periodista Roberto Silva Bijit la generosa cesión de una copia de parte de las entrevistas que utilizó para su libro *Habla Neruda* (Catalonia. Santiago de Chile, 2004). Y al historiador Jaime González Colville, la entrega de distintos documentos de los primeros años del poeta, los vinculados a Parral y la región del Maule. Con Julio Gálvez Barraza, especialista en los *años españoles* del poeta, tuve la oportunidad de conversar una tarde muy agradable en Santiago de Chile.

Por distintos motivos, dejo constancia de mi gratitud por su valiosa ayuda hacia el historiador español Fernando Camacho Padilla y los profesores chilenos Boris Hau y Elías Padilla Ballesteros. También a mi amigo Jorge Romero, quien me acogió en su casa de Temuco en abril de 2014 y me guió por los lugares de la infancia y adolescencia del poeta, incluido el imponente cerro Ñielol, y me acercó más al sur, a Valdivia, a los paisajes que cobijaron su salida clandestina en 1949. La periodista Lucía Sepúlveda Ruiz y Juan me acompañaron a la costa de Puerto Saavedra, Nehuentúe y sus alrededores, que inspiraron tantos versos del poeta. Y gracias a las profesoras María Eugenia Horvitz y Carla Peñaloza tuve el honor de viajar a Santiago de Chile, en marzo de este año, como profesor invitado de la Facultad de Filosofía y Humanidades de la Universidad de Chile, estancia que también me permitió completar mis trabajos de investigación. La profesora de la Universidad de la República, en Uruguay, Jimena Alonso me ha ayudado gentilmente en varios aspectos. De la mano de la doctora Chiara Bianchini conocí a la historiadora chilena Francisca Carreño, quien con gran generosidad me ha permitido utilizar los frutos de sus pesquisas sobre el largo año del poeta en la clandestinidad. Eduardo Contreras y su esposa, Rebeca Vergara, como hace ya casi dos décadas, me han ayudado en mil y un aspectos y tuvieron el detalle de invitarme a compartir una velada memorable con Poli Délano y otros amigos. Igualmente, Rodolfo Reyes Muñoz, sobrino mayor del poeta, me ha honrado con varios gestos en los últimos años.

En Madrid, especialmente valioso es el fondo bibliográfico y la hemeroteca de la Biblioteca Hispánica de la Agencia Española de

Cooperación Internacional al Desarrollo, que *descubrí* en 2001 y cuyos profesionales me atienden con demasiada paciencia. También los fondos generales de la Biblioteca Nacional de España y sus excelentes facilidades para los investigadores, así como sus salas especializadas (Barbieri, Goya, Cervantes) y su hemeroteca han sido un gran recurso. En el Centro Documental de la Memoria Histórica de Salamanca la ayuda de María José Turrión y las atenciones de José Luis Hernández allanaron el camino para la consulta del *dossier* sobre el *Winnipeg*. Y en la Fundación Rafael Alberti de El Puerto de Santa María y el Instituto de Estudios Giennenses de la Diputación de Jaén, que conserva el Legado de Miguel Hernández, también encontré documentación muy valiosa, en este último caso con la amable atención de Salvador Contreras.

Especialmente atento ha sido a lo largo de los últimos años Gunther Castanedo Pfeiffer, tenaz estudioso e investigador de Pablo Neruda, quien lleva adelante su monumental *Personario*. A principios de año, me abrió las puertas de su casa y me permitió consultar su valioso archivo documental y su bellísima colección de primeras ediciones nerudianas.

En los últimos meses de trabajo, Francisco Uriz me ha aclarado con precisión distintos aspectos de los días del Premio Nobel. También Abraham Quezada, en este caso respecto a su etapa consular.

En Madrid, Laura González Vera, hija del gran escritor que fue amigo de Neruda desde 1920, y Marcos Suzarte y Fanny Vásquez me acompañan con su amistad desde 1997.

Desde México, el senador del PRD por Chiapas, Zoé Robledo, a quien conocí en Santiago de Chile gracias a mi amigo Marco Enríquez-Ominami, me ha hecho llegar distintas noticias de la prensa mexicana de los años 40.

Desde Uruguay, el periodista Mauricio Rodríguez me envió la importante «entrevista» publicada allí al poeta en mayo de 1948.

Desde Poitiers (Francia), gracias al profesor Fernando Moreno, me remitieron un ejemplar del excepcional número de la revista *Escritural* dedicado a Neruda en 2009.

El profesor José Carlos Rovira me ha obsequiado con varios de sus trabajos, que me han permitido conocer mucho mejor la obra del poeta.

Y el pliego de imágenes de este libro existe gracias a la generosidad de Juanita Azócar, Poli Délano y el Archivo Cenfoto de la Universidad Diego Portales, la Fundación Salvador Allende, la familia del poeta Miguel Hernández, Jaime González Colville, el doctor Enrique Robertson, el Archivo General Histórico del Ministerio de Relaciones Exteriores de Chile, Rodolfo Reyes Muñoz, Manuel Araya y Eduardo Contreras. También en el Archivo Central de la Universidad de Chile han sido muy amables para que podamos incluir en buenas condiciones varias fotografías.

Expreso también mi agradecimiento a todas las personas que he entrevistado en los últimos años para arrojar luz sobre la agonía y muerte de Pablo Neruda.

Este libro no existiría si hace muchos años un gran amigo de mi familia, tan enamorado como Pablo Neruda de México, el país que lo acogió como un hijo en 1937, Fernando Martínez Otazu, no me hubiera regalado *Canto general*. Y si mi padre, Francisco Amorós Ribelles, no me hubiese animado a leer *Confieso que he vivido*. Ambos están ya ausentes, pero su memoria también me ha ayudado a escribir estas páginas.

Fuentes primarias y bibliografía

1. DOCUMENTACIÓN PRIMARIA

1.1. *Archivos consultados en Chile*

- Archivo Nacional de Chile.
- Archivo General Histórico del Ministerio de Relaciones Exteriores de Chile.
- Archivo de la Fundación Pablo Neruda.
- Archivo de la Fundación Salvador Allende.
- Archivo Central Andrés Bello de la Universidad de Chile.
- Archivo del Escritor de la Biblioteca Nacional de Chile.
- Sección de Referencias Críticas de la Biblioteca Nacional de Chile.
- Centro de Documentación del Grupo Copesa.
- Fondo Documental Jaime González Colville,
- 34.º Juzgado del Crimen de Santiago de Chile. Causa-rol n.º 1.038-2011: investigación judicial de la muerte de Pablo Neruda.

1.2. *Archivos consultados en España*

- Centro Documental de la Memoria Histórica (Salamanca).
- Legado Miguel Hernández. Instituto de Estudios Giennenses de la Diputación de Jaén.
- Archivo de la Fundación Rafael Alberti. El Puerto de Santa María (Cádiz).

- Archivo Histórico Nacional de España. Fondo Margarita Nelken.
- Archivo de Prensa de la Agencia Efe. Universidad Rey Juan Carlos I de Madrid. Biblioteca del Campus de Fuenlabrada.
- Archivo de Gunther Castanedo Pfeiffer.

1.3. Archivos de otros países

- Estocolmo: Archivo Nacional de Suecia.
- Moscú: Archivo Estatal de Historia Política y Social de Rusia (RGASPI). *Dossier* sobre Pablo Neruda con la referencia: Comintern, F. 495. Inv 273. File 11. Traducido del ruso por Ricardo López, al igual que la prensa soviética citada.

2. PUBLICACIONES PERIÓDICAS

2.1. De Chile

- De la Fundación Pablo Neruda: *Boletín de la Fundación Pablo Neruda, Cuadernos de la Fundación Pablo Neruda* y *Nerudiana*.
- De Santiago de Chile: *El Siglo, La Tercera, La Nación, El Mercurio, La Segunda, Las Noticias de Última Hora, La Opinión, Las Últimas Noticias, Frente Popular, La Hora, La Época, El Diario Ilustrado, El Imparcial, Democracia, El Espectador, Clarín, Puro Chile, La Prensa, Ercilla, Aurora, Mapocho, Revista Chilena de Literatura, Boletín de la Academia Chilena de la Historia, Qué Hubo, Vistazo, Punto Final, Entretelones, Claridad, Juventud, Alerce, Pro Arte, Mensaje, Paula, Anales de la Universidad de Chile, Intramuros, Eva, Siete Días, Ariel, Hechos Mundiales, Hoy, Diplomacia, Ecran, Estudios Públicos, Tierra, Boletín de la Universidad de Chile, Taller de Letras, España Nueva, Anales de Literatura Chilena, Aurora de Chile, The Clinic, Zig-Zag, Mástil, Norte y Sur, Enfoque Internacional, Vea, Rocinante, Ahora, Albatros, Análisis, Principios, Pluma y Pincel, Flash, Portal, La Bicicleta* y *Boletín del Instituto de Literatura Chilena*.

- De otras ciudades: *El Diario Austral* y *Stylo* (Temuco), *Áncora* (Antofagasta), *Atenea, El Sur* y *Crónica* (Concepción), *La Unión* (Valparaíso), *La Discusión* (Chillán), *La Prensa, El Liberal* (Parral) y *El Diario Austral* (Osorno).
- Del exilio chileno: *Araucaria de Chile* (Madrid) *Chile-América* (Roma) y *Literatura Chilena en el Exilio* (Los Ángeles).
- Diarios digitales: *La Nación* y *El Clarín*.

2.2. *De España*

- De Madrid: *El Sol, El País, Abc, El Heraldo de Madrid, Luz, Diario 16, Revista de Occidente, La Gaceta Literaria, Anales de Literatura Hispanoamericana, República de las Letras, Nuestra Bandera, Línea, Tierra, Cruz y Raya, El Mono Azul, Ínsula, Triunfo, Cuadernos Hispanoamericanos, El Ateneo* y *El Cultural,*
- De otras ciudades: *América sin Nombre* (Alicante), *Ultramar* (Santander), *Hora de España* y *El Pueblo* (Valencia), *Batarro* y *Litoral* (Málaga), *Letras de Deusto* (Bilbao) y *Por Favor* (Barcelona).

2.3. *De otros países*

- Alemania: *Texto social. Estudios pragmáticos sobre literatura y cine.*
- Argentina: *Análisis, Crítica, Cuadernos de Cultura, Clarín, La Maga, Siete Días Ilustrados, La Nación, Crisis, La Opinión, Cuadernos de Proa, El Mundo* y *Río Negro,*
- Brasil: *Cadernos de Letras da UFF.*
- Checoslovaquia: *Problemas de la Paz y el Socialismo.*
- Colombia: *Revista de las Indias* y *Noticias Culturales.*
- Costa Rica: *Repertorio Americano.*
- Cuba: *Casa de las Américas, Lunes de Revolución, Cuba Internacional* y *Granma.*
- Estados Unidos: *Books Abroad, Hispanic Review, Revista Hispánica Moderna, Revista Iberoamericana, Life en Español* y *The New York Times.*

- Francia: *Escritural* y *Le Monde*.
- México: *Tierra Nueva, Ruta, Vuelta, El Nacional, Hoy, Siempre, Letras de México, Excelsior, El Popular* y *Revista de la Universidad de México*.
- Puerto Rico: *Sin Nombre*.
- Reino Unido: *Encounter*.
- Unión Soviética: *Pravda, Izvestia*, Agencia Tass, *Literaturnaya Gazeta* y *América Latina*,
- Uruguay: *Marcha* y *La Tribuna Popular*.
- Venezuela: *Escritura* y *El Nacional*.

2.4. Números especiales dedicados a Pablo Neruda

- *Aurora*, n.° 3-4. Santiago de Chile, julio-diciembre de 1964.
- *Mapocho*, n.° 3. Santiago de Chile, 1964.
- *Alerce*, n.° 6. Santiago de Chile, primavera de 1964.
- *Anales de la Universidad de Chile*, n.° 157-160. Santiago de Chile, enero-diciembre de 1971.
- *Stylo*, n.° 12. Temuco, primer semestre de 1972.
- *Sin Nombre*, n.° 1. San Juan de Puerto Rico, julio-septiembre de 1972.
- *Áncora*, n.° 6. Antofagasta, 1972.
- *Taller de Letras*, n.° 2. Santiago de Chile, 1972.
- *Hechos Mundiales*, n.° 60. Santiago de Chile, diciembre de 1972.
- *Insula*, n.° 330. Madrid, mayo de 1974.
- *La Opinión*. Buenos Aires, 5 de mayo de 1974. Suplemento Cultural.
- *Cuadernos Hispanoamericanos*, n.° 287. Madrid, mayo de 1974.
- *Hoy*. Santiago de Chile, noviembre de 1979
- *La Tercera*. Suplemento *Buen Domingo*. Varios números de julio y agosto de 1982.
- *Abc*. Madrid, 23 de septiembre de 1983.
- *Abc*. Madrid, 12 de julio de 1984.
- *Abc*. Madrid, 22 de septiembre de 1984. Suplemento *Sábado Cultural*.
- *La Maga*, n.° 15. Buenos Aires, 1995.

- *Anales de la Universidad de Chile*. VI. Serie 10. Diciembre de 1999.
- *América sin Nombre*, n.º 1. Alicante, 1999.
- *Casa de las Américas*, n.º 235. La Habana, abril-junio de 2004.
- *Revista Chilena de Literatura*, n.º 65. Santiago de Chile, 2004.
- *Taller de Letras*, n.º 35. Santiago de Chile, 2004.
- *Estudios Públicos*, n.º 94. Santiago de Chile, otoño de 2004.
- *República de las Letras*, n.º 83. Madrid, primer trimestre de 2004.
- *América sin Nombre*, n.º 7. Alicante, diciembre de 2005.
- *Escritural*, n.º 1. Poitiers, marzo de 2009.
- *América sin Nombre*, n.º 16. Alicante, 2011.

3. OBRAS COMPLETAS DE PABLO NERUDA

Edición de Hernán Loyola.

Pablo Neruda. Obras Completas. I. De Crepusculario *a* Las uvas y el viento. *1923-1954*. Galaxia Gutenberg-Círculo de Lectores. Barcelona, 1999.

Pablo Neruda. Obras Completas. II. De Odas elementales *a* Memorial de Isla Negra. *1954-1964*. Galaxia Gutenberg-Círculo de Lectores. Barcelona, 1999.

Pablo Neruda. Obras completas. III. De Arte de pájaros *a* El mar y las campanas. *1966-1973*. Galaxia Gutenberg-Círculo de Lectores. Barcelona, 2000.

Pablo Neruda. Obras Completas. IV. Nerudiana dispersa I. 1915-1964. Galaxia Gutenberg-Círculo de Lectores. Barcelona, 2001.

Pablo Neruda. Obras Completas. V. Nerudiana dispersa II. 1922-1973. Galaxia Gutenberg-Círculo de Lectores. Barcelona, 2002.

4. BIBLIOGRAFÍA SOBRE PABLO NERUDA

AGUAYO, Rafael: *Neruda. Un hombre de la Araucanía*. Lar. Santiago de Chile, 1987.

AGUIRRE, Leónidas (ed.): *Pablo Neruda. Yo acuso.* Txalaparta. Tafalla, 2003.

AGUIRRE, Margarita: *Genio y figura de Pablo Neruda.* Editorial Universitaria de Buenos Aires. Buenos Aires, 1967.

—: *Las vidas de Pablo Neruda.* Buenos Aires. Grijalbo, 1973.

—: *Pablo Neruda-Héctor Eandi. Correspondencia durante Residencia en la Tierra.* Sudamericana. Buenos Aires, 1980.

ALAZRAKI, Jaime: *Poética y poesía de Pablo Neruda.* Ediciones Las Américas. Nueva York, 1965.

ALDUNATE PHILLIPS, Arturo: *El nuevo arte poético y Pablo Neruda. Apuntes de una charla en la Universidad de Chile.* Nascimento. Santiago de Chile, 1936.

—: *Mi pequeña historia de Pablo Neruda.* Editorial Universitaria. Santiago de Chile, 1979.

—: *Pablo Neruda. Selección.* Nascimento. Santiago de Chile, 1943.

ALONSO, Amado: *Poesía y estilo de Pablo Neruda.* Sudamericana. Buenos Aires, 1951.

AMORÓS, Mario: *Sombras sobre Isla Negra. La misteriosa muerte de Pablo Neruda.* Ediciones B. Santiago de Chile, 2012.

Antología poética de Pablo Neruda. Espasa-Calpe. Madrid, 1983.

ARCE, Homero: *Los libros y los viajes. Recuerdos de Pablo Neruda.* Nascimento. Santiago de Chile, 1980.

ARENAS, Diego: *Pablo de Rokha contra Neruda.* Galerna. Buenos Aires, 1978.

AUGIER, Ángel: *Pablo Neruda en Cuba y Cuba en Pablo Neruda.* Unión. La Habana, 2005.

BARRERA, Trinidad (ed.): *Jornadas sobre Neruda en su centenario (1904-2004).* Universidad de Sevilla y Fundación El Monte. Sevilla, 2004.

BELLINI, Guiseppe: *Viaje al corazón de Neruda.* Bulzoni. Roma, 2000.

BRAVO CALDERARA, María Eugenia: *La primera ordenación del universo americano. Mito, historia e identidad en el* Canto General *de Pablo Neruda.* Documentas. Santiago de Chile, 1991.

CALDERÓN, Pilar y FOLCH, Marc: *Neruda-Rodríguez Arias. Cases per a un poeta. Casas para un poeta. Houses for a poet.* Colegio de Arquitectos de Cataluña. Barcelona, 2004.

CALDERÓN RUIZ DE GAMBOA, Carlos: *Pablo Neruda, Premio Nobel de Literatura.* La Noria. Santiago de Chile, 1996.

CARCEDO, Diego: *Neruda y el barco de la esperanza*. Planeta-Temas de Hoy. Madrid, 2006.

CARDONA PEÑA, Alfredo: *Pablo Neruda y otros ensayos*. Ediciones de Andrea. México, 1955.

CARDONE, Inés María: *Los amores de Neruda*. Plaza&Janés. Santiago de Chile, 2003.

CARSON, Morris E.: *Pablo Neruda: regresó el caminante*. Plaza Mayor Ediciones. Nueva York, 1971.

CASASÚS, Mario y MARÍN, Francisco: *El doble asesinato de Pablo Neruda*. Ocho Libros. Santiago de Chile, 2012.

CASTANEDO PFEIFFER, Gunther: *Personario. Los nombres de Neruda. A.* Siníndice. Logroño, 2011.

—: *Personario. Los nombres de Neruda. B.* Siníndice. Logroño, 2012.

—: *Neruda y los barcos*. Autoridad Portuaria de Santander. Santander, 2010.

—: *Un triángulo literario: José María de Cossío, Miguel Hernández, Pablo Neruda*. Asociación Voces del Cotero. Santander, 2005.

CASTRO, Baltazar: *Le llamaban Pablito*. Ediciones Cerro Huelén. Santiago de Chile, 1982.

Chile en el corazón. Homenaje a Pablo Neruda. Península. Barcelona, 1975.

CONCHA, Jaime: *Neruda. 1904-1936*. Editorial Universitaria. Santiago de Chile, 1972.

—: *Tres ensayos sobre Pablo Neruda*. The University of South Carolina. Columbia (Estados Unidos), 1974.

COUSTÉ, Alberto: *Conocer Neruda y su obra*. Dopesa. Barcelona, 1979.

Crepusculario en germen: facsimilares de primeros manuscritos (1919-1922). DIBAM, Fundación Pablo Neruda y LOM Ediciones. Santiago de Chile, 1998.

CRUCHAGA AZÓCAR, Francisco: *Pablo Neruda. Para Albertina Rosa: epistolario*. Dolmen. Santiago, 1997.

DAWES, Greg: *Multiforme y comprometido. Neruda después de 1956*. RIL Editores. Santiago de Chile, 2014.

DE LA CRUZ, Isabel: *Rosa de julio*. LOM Ediciones. Santiago de Chile, 2003.

DÉLANO, Poli: *Policarpo y el tío Pablo*. Zig-Zag. Santiago de Chile, 2012.

Discursos del Rector de la Universidad de Chile, Don Juan Gómez Millas, y de Pablo Neruda, pronunciados en el acto inaugural de la Fundación, el día 20 de junio de 1954. Fundación Pablo Neruda para el Estudio de la Poesía. Santiago de Chile, s. f.

EDWARDS, Jorge: *Adiós poeta*. Debolsillo. Santiago de Chile, 2013.

FEINSTEIN, Adam: *Pablo Neruda. A passion for life*. Bloomsbury. Londres, 2004.

FERNÁNDEZ ILLANES, Samuel: *Testimonios sobre Pablo Neruda durante su embajada en Francia*. RIL Editores. Santiago de Chile, 2004.

FERNÁNDEZ LARRAÍN, Sergio: *Cartas de amor de Pablo Neruda*. Ediciones Rodas. Madrid, 1974.

FERRERO, Mario: *Neruda, voz y universo*. Ediciones Logos. Santiago de Chile, 1988.

FIGUEROA, Aída: *A la mesa con Neruda*. Fundación Pablo Neruda. Santiago de Chile, 2000.

FLORES, Ángel (dir.): *Aproximaciones a Pablo Neruda*. Ocnos/ Llibres de Sinera. Barcelona, 1974.

—: *Nuevas aproximaciones a Pablo Neruda*. Fondo de Cultura Económica. México DF, 1987.

Fue tan bello vivir cuando vivías. Centenario de Matilde Urrutia 1912-2012. Fundación Pablo Neruda. Santiago de Chile, 2012.

GÁLVEZ BARRAZA, Julio: *Neruda y España*. RIL Editores. Santiago de Chile, 2003.

GOMARÍN, Fernando (ed.): *Pablo Neruda en Santander. Primer Encuentro*. Obra Social de Caja Cantabria. Santander, 2008.

GONZÁLEZ COLVILLE, Jaime: *Neruda y el Maule*. Universidad Santo Tomás. Talca, 2013.

GUIBERT, Rita: *Siete voces*. Novaro. México, 1974.

GUTIÉRREZ REVUELTA, Pedro y GUTIÉRREZ, Manuel J.: *Pablo Neruda. Yo respondo con mi obra*. Ediciones Universidad de Salamanca. Salamanca, 2004.

HERRERA, Edmundo: *Discurso en el funeral de Neruda y otros textos*. Andros. Santiago de Chile, 2012.

Homenaje a Pablo Neruda. Ediciones Plutarco. Madrid, 1935.

Homenaje cubano a Pablo Neruda. 1948. La Habana, 1948.

INFANTE REÑASCO, Arturo: *Prólogos. Pablo Neruda*. Lumen. Barcelona, 2000.

JIMÉNEZ ESCOBAR, Alejandro (intr.): *Pablo Neruda en O'Cruzeiro Internacional*. Puerto de Palos. Santiago de Chile, 2004.

JIMÉNEZ GÓMEZ, Hilario (ed.): *Pablo Neruda. Un corazón que se desató en el viento*. Institución Cultural «El Brocense» de la Diputación de Cáceres. Cáceres, 2005

JOFRÉ, Manuel (ed.): *Hombre del sur, poeta chileno, americano del mundo*. Actas del Congreso Internacional Pablo Neruda. Facultad de Filosofía y Humanidades de la Universidad de Chile. Santiago de Chile, 2007.

LAFOURCADE, Enrique: *Neruda en el país de las maravillas*. Norma. Santiago de Chile, 1994.

LAGO, Tomás: *Ojos y oídos. Cerca de Neruda*. LOM Ediciones. Santiago de Chile, 1999.

Los poetas del mundo defienden al pueblo español. Renacimiento. Sevilla, 2010. Edición facsimilar.

Los rostros de Neruda. Planeta. Santiago de Chile, 1998.

LOVELUCK, Juan y LÉVY, Isaac Jack (eds.): *Simposio Pablo Neruda. Actas*. Universidad de Carolina del Sur. Columbia (Estados Unidos), 1975.

LOYOLA, Hernán: *Neruda. La biografía literaria*. Seix Barral. Santiago de Chile, 2006.

—: *El joven Neruda. 1904-1935*. Lumen. Santiago de Chile, 2014.

—: *Pablo Neruda. Antología esencial*. Losada. Buenos Aires, 1971.

—: *Ser y morir en Pablo Neruda. 1918-1945*. Editora Santiago. Santiago de Chile, 1967.

—: *Los modos de autorreferencia en la obra de Pablo Neruda*. Ediciones de la revista *Aurora*. Santiago de Chile, 1964.

LOYOLA, Hernán (dir.): *Nerudiana 1995*. Asociación Internacional de Nerudistas. Sassari, 1995.

LOYOLA, Hernán (ed.): *Neruda en/a Sassari. Actas del Simposio Intercontinental Pablo Neruda (Sassari, 1984)*. Universidad de Sassari. Sassari, 1987.

MACHADO, Luz: *Cinco conferencias de Pablo Neruda*. Universidad Central de Venezuela. Caracas, 1975.

MACÍAS BREVIS, Sergio: *El Madrid de Pablo Neruda*. Tabla Rasa. Madrid, 2004.

MESA SECO, Manuel Francisco: *Aspectos culturales del ancestro provinciano de Neruda*. Nascimento. Santiago de Chile, 1985.

MILLARES, Selena: *Neruda: el fuego y la fragua*. Ediciones de la Universidad de Salamanca, Salamanca, 2008.

MONTES, Hugo (ed.): *Pablo Neruda: Cartas a Laura*. Ediciones Cultura Hispánica del Centro Iberoamericano de Cooperación. Madrid, 1978.

MUÑOZ, Diego: *Memorias. Recuerdos de la bohemia nerudiana*. Mosquito Comunicaciones. Santiago de Chile, 1999.

NANDAYAPA, Mario: *La serenata épica de Neruda a México*. Instituto Politécnico Nacional. México DF, 2012.

Neruda casas. Pehuén y Fundación Pablo Neruda. Santiago de Chile, 2001.

Neruda comunista. Ediciones El Siglo. Santiago de Chile, 1969.

Neruda: El chileno más universal. LOM Ediciones. Colección «Nosotros los chilenos» n.º 4. Santiago de Chile, 2004.

Neruda en Guatemala. Ediciones Saker-Ti. Ciudad de Guatemala, 1950.

Neruda entre nosotros. Ediciones AIAPE. Montevideo, 1939.

Neruda y el Maule. Guía turística. Dirección Regional de Turismo del Maule. Parral, 2004.

NERUDA, Pablo: *España en el corazón. Himno a las glorias del pueblo en la guerra*. Renacimiento. Sevilla, 2004. Edición facsimilar.

—: *Confieso que he vivido. Memorias*. Seix Barral. Barcelona, 1979.

—: *Para nacer he nacido*, Bruguera. Barcelona, 1982.

—: *Viajes*. Nascimento. Santiago de Chile, 1955.

—: *Viajes. Al corazón de Quevedo y Por las costas del mundo*. Ediciones de la Sociedad de Escritores de Chile. Santiago de Chile, 1947.

—: *Nuevo canto de amor a Stalingrado*. Comité de Ayuda a Rusia en Guerra. México DF, 1943.

—: *Estravagario*. Random House Mondadori. Debolsillo. Barcelona, 2003.

—: *Canto general*. Cátedra. Madrid, 2002.

—: *Los versos del capitán*. Random House Mondadori. Debolsillo. Barcelona, 2003.

—: *Canción de gesta / Las piedras de Chile*. Random House Mondadori. Debolsillo. Barcelona, 2003.

—: *Residencia en la Tierra*. Cátedra. Madrid, 1987.

NEVES, Eugenia: *Pablo Neruda: la invención poética de la Historia*. RIL Editores. Santiago de Chile, 2000.

OLIVARES, B., Edmundo: *Pablo Neruda: Los caminos de Oriente. Tras las huellas del poeta itinerante I (1927-1933)*. LOM Ediciones. Santiago de Chile, 2000.

—: *Pablo Neruda: Los caminos del mundo. Tras las huellas del poeta itinerante II (1933-1939)*. LOM Ediciones. Santiago de Chile, 2001.

—: *Pablo Neruda: Los caminos de América. Tras las huellas del poeta itinerante III (1940-1950)*. LOM Ediciones. Santiago de Chile, 2004.

OLIVARES, Edmundo (ed.): *Itinerario de una amistad: Pablo Neruda-Héctor Eandi. Epistolario 1927-1943*. Ediciones Corregidor. Buenos Aires, 2008.

OSES, Darío (ed.): *Pablo Neruda. Cartas de amor*. Seix Barral. Barcelona, 2010.

OSES, Darío (comp.): *A estos yo canto y yo nombro. Antología*. Fondo de Cultura Económica. Santiago de Chile, 2004.

OSUNA, Rafael: *Pablo Neruda y Nancy Cunard*. Orígenes. Madrid, 1987.

Pablo Neruda. Antología general. Real Academia Española y Asociación de Academias de la Lengua Española. Madrid, 2010.

Pablo Neruda. Antología popular 1972. Secretaría Ejecutiva de la Comisión Asesora Presidencial Bicentenario. Santiago de Chile, 2009.

Pablo Neruda. Canto general. Manuscritos originales. Colección de César Soto Gómez. Fundación Pablo Neruda. Santiago de Chile, 2013.

Pablo Neruda. Discursos y recuerdos del Premio Nobel de Literatura de 1971. Fundación Pablo Neruda. Santiago de Chile, 2011.

Pablo Neruda. Napoli. Capri 1952/1979. La Conchiglia. Capri, 2001.

Pablo Neruda. Nicanor Parra. Discursos. Nascimento. Santiago de Chile, 1962.

Pablo Neruda. Oriente. Littera Books. Barcelona, 2004.

Pablo Neruda. Poeta y combatiente. Axioma Editorial. Buenos Aires, 1975.

Pablo Neruda (1904-1973). Las vidas del poeta. Biblioteca Nacional de Chile. Santiago de Chile, 2004.

Palabra de juventud y palabra de poeta. Ediciones Nueva Universidad. Santiago de Chile, 1969.

PANERO, Leopoldo: *Canto personal. Carta perdida a Pablo Neruda.* Ediciones Cultura Hispánica. Madrid, 1953.

PASEYRO, Ricardo *et alii: Mito y verdad de Pablo Neruda.* Asociación Mexicana por la Libertad de la Cultura. México, 1958.

Poesía política de Pablo Neruda. Segundo tomo. Austral. Santiago de Chile, 1953.

POIROT, Luis: *Neruda. Retratar la ausencia.* Comunidad Autónoma de Madrid. Madrid, 1987.

—: *Retratar la ausencia. Neruda.* Los Andes. Santiago de Chile, 1991.

PRING-MILL, Robert: *Pablo Neruda. A basic anthology.* The Dolphin Book. Valencia, 1975.

QUEZADA VERGARA, Abraham (sel.): *Pablo Neruda. Epistolario viajero. 1927-1973.* RIL Editores. Santiago de Chile, 2004.

—: *Pablo Neruda. Cartas a Gabriela. Correspondencia con Gabriela Mistral.* RIL Editores. Santiago de Chile, 2009.

—: *Pablo Neruda-Claudio Véliz. Correspondencia en el camino al Premio Nobel, 1963-1970.* DIBAM. Santiago de Chile, 2011.

—: *Correspondencia entre Pablo Neruda y Jorge Edwards.* Alfaguara. Santiago de Chile, 2008.

—: *Pablo Neruda y Salvador Allende. Una amistad, una historia.* RIL Editores. Santiago de Chile, 2015.

QUICHIYAO FIGUEROA, Ramón: *Un camino en la selva, un paso a la libertad.* Pentagrama Editores. Santiago de Chile, 2003.

QUIRARTE, Vicente: *Pablo Neruda en el corazón de México: en el centenario de su nacimiento.* UNAM. México DF, 2006.

RAVIOLA MOLINA, Víctor: *Pablo Neruda en el centenario de su nacimiento (Parral-Temuco).* Universidad de La Frontera. Temuco, 2004.

REYES, Bernardo: *Pablo Neruda. Retrato de familia. 1904-1920.* RIL Editores. Santiago de Chile, 2003.

—: *Viaje a la poesía de Neruda. Residencias, calles y ciudades olvidadas.* RIL. Santiago de Chile, 2004.

—: *El enigma de Malva Marina. La hija de Pablo Neruda.* RIL Editores. Santiago de Chile, 2007.

ROBERTSON, Enrique: *La pista «Sarasate». Una investigación sherlockiana tras las huellas del nombre de Pablo Neruda.* Pamplona, 2008.

RODRÍGUEZ, Gabriel: *Neftalí. El niño que nació en Parral.* Talca, 2003.

RODRÍGUEZ MONEGAL, Emir: *Neruda, el viajero inmóvil.* Laia. Barcelona, 1988.

RODRÍGUEZ MONEGAL, Emir y SANTÍ, Enrico Mario (eds.): *Pablo Neruda.* Taurus. Madrid, 1985.

ROSES, Joaquín (coord.): *Pablo Neruda en el corazón de España. Actas del Congreso Internacional celebrado en la Diputación de Córdoba del 15 al 19 de noviembre de 2004.* Diputación de Córdoba. Córdoba, 2006.

ROVIRA: *Pablo Neruda. Álbum.* Publicaciones de la Residencia de Estudiantes. Madrid, 2007.

—: *Neruda, testigo de un siglo.* Centro de Lingüística Aplicada Atenea. Madrid, 2007.

RUBILAR SOLÍS, Luis: *Psicobiografía de Pablo Neruda (identidad psicosocial y creación poética).* Universidad de Santiago. Santiago de Chile, 2003.

SAMANIEGO MESÍAS, Augusto: *Encuentro de historias vividas con Neruda. Chile:* Ley Maldita *y poemas del* Canto General. Santiago de Chile, 2013.

SAN FRANCISCO, Alejandro: *Neruda. El Premio Nobel chileno en tiempos de la Unidad Popular.* Centro de Estudios Bicentenario. Santiago de Chile, 2004.

SANHUEZA, Leonardo: *El Bacalao. Diatribas antinerudianas y otros textos.* Ediciones B. Barcelona, 2004.

SCHIDLOWSKY, David: *Pablo Neruda y su tiempo. Las furias y las penas.* RIL Editores. Santiago de Chile, 2010. Dos tomos. [En el segundo tomo (pág. 1.273) aparece la bellísima cita de Juan Gelman que abre el libro.]

SCHOPF, Federico (comp.): *Neruda comentado.* Sudamericana. Santiago de Chile, 2003.

Ser un joven comunista. Cinco textos para la juventud chilena. Pablo Neruda, Salvador Allende, Gladys Marín, Che Guevara, Fidel Castro. Ocean Sur. Santiago de Chile, 2012.

SICARD, Alain: *El pensamiento poético de Pablo Neruda.* Gredos. Madrid, 1981.

—: *El mar y la ceniza. Nuevas aproximaciones a la poesía de Pablo Neruda.* LOM Ediciones. Santiago de Chile, 2011.

SILVA BIJIT, Roberto: *Habla Neruda.* Catalonia. Santiago de Chile, 2004.

SILVA CASTRO, Raúl: *Pablo Neruda.* Editorial Universitaria. Santiago de Chile, 1964.

SILVA HERZOG, Jesús: *Neruda, Allende y el pueblo de Chile.* Cuadernos Casa de Chile, n.º 30. México DF, 1990.

SIMÓN, Marcelo: *Adiós Neruda. Mártir de Chile.* Ediciones Lañón. Buenos Aires, 1973.

Simposio internacional sobre Pablo Neruda. Universidades de Oxford y Warwick. 12-16 de noviembre de 1993.

Siqueiros ilustra el Canto general *de Neruda.* Instituto Nacional de Bellas Artes. México DF, 1998.

SKÁRMETA, Antonio: *Neruda por Skármeta.* Seix Barral. Barcelona, 2004

Sobre Paloma por dentro. Colección «Páginas Sueltas», n.º 1. Santander, 2011.

SOTO, Hernán: *Neruda en los márgenes.* Ediciones del Litoral. Santiago de Chile, 2006.

SUÁREZ, Eulogio: *Neruda total.* RIL Editores. Santiago de Chile, 2004.

TEITELBOIM, Volodia: *Neruda.* Sudamericana. Santiago de Chile, 1996.

—: *Voy a vivirme.* Dolmen Ediciones. Santiago de Chile, 1998.

TELLO, Nerío: *Neruda. Entre la luz y la sombra.* Errepar Longseller. Buenos Aires, 2000.

TOLEDO, Víctor: *El águila en las venas. Neruda en México. México en Neruda.* Universidad Autónoma de Puebla. Puebla, 2005.

URRUTIA, Matilde: *Mi vida junto a Pablo Neruda.* Pehuén. Santiago de Chile, 2010.

VARAS, José Miguel: *Neruda clandestino.* Alfaguara. Santiago de Chile, 2003.

—: *Nerudario.* Planeta. Santiago de Chile, 1999.

—: *Aquellos anchos días... Neruda, el Oriental.* Monte Sexto. Montevideo, 1991.

VARAS ACOSTA, Jubal Alfonso: *Hijo de la Araucanía. Poeta del mundo.* Sociedad Periodística Araucanía. Temuco, 2004.

VELASCO, Francisco: *Neruda. El gran amigo.* Galinost-Andante. Santiago de Chile, 1987.

—: *Los rostros de Neruda.* Ediciones Nueva Voz. Valparaíso, 1990.

VIAL, Sara: *Neruda en Valparaíso.* Ediciones Universitarias de Valparaíso. Valparaíso, 1983.

VIDAL, Virginia: *Neruda. Memoria crepitante*. Tilde. Valencia, 2003.

VILLEGAS, Sergio: *Funeral vigilado*. LOM Ediciones. Santiago de Chile, 2003.

VUSKOVIC ROJO, Sergio: *Neruda. La invención de Valparaíso*. Universidad de Playa Ancha. Valparaíso, 2004.

YURKIEVICH, SAÚL: *Fundadores de la nueva poesía latinoamericana*. Ariel. Barcelona, 1984.

ZERÁN, Faride: *La guerrilla literaria. Huidobro, De Rokha, Neruda*. Sudamericana. Santiago de Chile, 1997.

5. BIBLIOGRAFÍA GENERAL

AGRUPACIÓN WINNIPEG: *70 años de memorias fotográficas*. Santiago de Chile, 2009.

ALBERTI, Rafael: *La arboleda perdida*. Diario *El País*. Madrid, 2005.

—: *La arboleda perdida*. Galaxia Gutenberg-Círculo de Lectores. Barcelona, 2003.

ALEIXANDRE, Vicente: *Los Encuentros*. Espasa-Calpe. Madrid, 1985.

ALONE: *Panorama de la literatura chilena durante el siglo XX*. Nascimento. Santiago de Chile, 1931.

—: *Pretérito imperfecto. Memorias de un crítico literario*. Nascimento. Santiago de Chile, 1976.

ALTOLAGUIRRE, Paloma Ulacia: *Concha Méndez. Memorias habladas, memorias armadas*. Mondadori. Madrid, 1990.

ÁLVAREZ V., Rolando: *Arriba los pobres del mundo. Cultura e identidad política del Partido Comunista de Chile entre democracia y dictadura. 1965-1990*. LOM Ediciones. Santiago de Chile, 2011.

AMADO, Jorge: *Navegación de cabotaje. Apuntes para un libro de memorias que jamás escribiré*. Alianza Editorial. Madrid, 1994.

AMORÓS, Mario: *Allende. La biografía*. Ediciones B. Barcelona, 2013.

—: *75 años después. Las claves de la Guerra Civil española. Conversación con Ángel Viñas*. Ediciones B. Barcelona, 2014.

—: *Antonio Llidó, un sacerdote revolucionario*. Publicaciones de la Universidad de Valencia. Valencia, 2007.

—: *Después de la lluvia. Chile, la memoria herida*. Cuarto Propio. Santiago de Chile, 2004.

ANA, Marcos: *Decidme cómo es un árbol. Memoria de la prisión y de la vida*. Umbriel-Tabla Rasa. Barcelona, 2007.

Antología de poesía chilena nueva. LOM Ediciones. Santiago de Chile, 2001.

ARRATE, Jorge y ROJAS, Eduardo: *Memoria de la izquierda chilena. Tomo I (1850-1970)*. Javier Vergara Editor. Santiago de Chile, 2003.

ARRUÉ, Laura: *Ventana del recuerdo*. Nascimento. Santiago de Chile, 1982.

AZNAR SOLER, Manuel: *I Congreso Internacional de Escritores para la Defensa de la Cultura (París, 1935)*. Vol. II. Conselleria de Cultura, Educació i Ciència de la Generalitat Valenciana. Valencia, 1987.

—: *II Congreso Internacional de Escritores Antifascistas (1937). Vol. II. Pensamiento literario y compromiso antifascista de la inteligencia española republicana*. Laia. Barcelona, 1978.

AZNAR SOLER, Manuel y SCHNEIDER, Luis Mario (eds.): *II Congreso Internacional de Escritores Antifascistas (1937). Vol. III. Ponencias, documentos y testimonios*. Laia. Barcelona, 1978.

Balmes. En tierra (a 50 años del Winnipeg*)*. Galería Plástica Nueva. Santiago de Chile, 1989.

BERNARD, Margherita *et alii: Vivir es ver volver. Studi in onore di Gabriele Morelli*. Bergamo University Press-Sestante Edizioni. Bergamo, 2009.

BLOOM, Harold: *El canon occidental*. Anagrama. Barcelona, 1995.

CASTILO IRRIBARRA, Benedicto: *Magnicidio*. Mare Nostrum. Santiago de Chile, 2011.

COLOANE, Juan Francisco (ed.): *Vidas de izquierda. 54 entrevistas*. Editorial Navegación e Ideas. Santiago de Chile, 2014.

COLOANE, Francisco: *Los pasos del hombre. Memorias*. Mondadori. Barcelona, 2000.

CORTÁZAR, Julio: *Papeles inesperados*. Alfaguara. Bogotá, 2009.

CORVALÁN, Luis: *De lo vivido y lo peleado. Memorias*. LOM Ediciones. Santiago de Chile, 1997.

—: *Camino de victoria*. Sociedad Impresora Horizonte. Santiago de Chile, 1971.

—: *Santiago-Moscú-Santiago. Apuntes del exilio*. Dresde, 1983.

CRUZ-COKE, Ricardo: *Historia electoral de Chile 1925-1973*. Editorial Jurídica de Chile. Santiago de Chile, 1984.

DAVIS, Nathaniel: *Los dos últimos años de Salvador Allende*. Plaza&Janés. Madrid, 1986.

DAWES, Greg: *Poetas ante la modernidad. Las ideas estéticas y políticas de Vallejo, Huidobro, Neruda y Paz*. Fundamentos. Madrid, 2009.

DE MENTHON, Pierre: *Je témoigne: Québec 1967, Chili 1973*. Éditions du Cerf. París, 1979.

DE PENAGOS, Rafael: *Retratos testimoniales (1955-2006)*. Agualarga Editores. Madrid, 2006.

DEL HOYO, Arturo: *Escritos sobre Miguel Hernández*. Fundación Cultural Miguel Hernández. Orihuela, 2003.

Del Premio Cervantes a la Cumbre de Madrid. Voces de Chile en España. Aguilar. Madrid, 2002.

DE ROKHA, Pablo: *El amigo piedra. Autobiografía*. Pehuén. Santiago de Chile, 1990.

DÉLANO, Luis Enrique: *Memorias. Aprendiz de escritor / Sobre todo Madrid*. RIL Editores. Santiago de Chile, 2004.

—: *4 meses de guerra civil en Madrid*. Panorama. Santiago de Chile, 1937.

—: *Diario de Estocolmo (1971-1974)*. LOM Ediciones. Santiago de Chile, 2010.

Documentos del Episcopado. Chile, 1970-1973. Ediciones Mundo. Santiago de Chile, 1974.

DOMINGO, Carmen: *María Teresa y sus amigos. Biografía política de María Teresa León*. Fundación Domingo Malagón. Madrid, 2008.

DRYSDALE, Sabine y ESCOBAR, Marcela: *Nicanor Parra. La vida de un poeta*. Ediciones B. Santiago de Chile, 2014.

DUQUE SCHICK, David: *Desde el silencio verso a verso. Aporte de los inmigrantes del* Winnipeg *en la construcción de la obra política y social de Salvador Allende*. Editorial San Marino. Santiago de Chile, 2011.

EHRENBURG, Iliá: *Gente, años, vida (Memorias 1891-1967)*. Acantilado. Barcelona, 2014.

EKAIZER, Ernesto: *Yo Augusto*. Aguilar. Madrid, 2003.

Escritores, editoriales y revistas del exilio republicano de 1939. Renacimiento. Sevilla, 2006.

España en el corazón. Delia en el corazón. Centro Cultural de España. Santiago de Chile, 2005.

FERMANDOIS, Joaquín: *Chile y el mundo. 1970-1973. La política exterior del Gobierno de la Unidad Popular y el sistema internacional*. Ediciones de la Universidad Católica de Chile. Santiago de Chile, 1985.

FERNÁNDEZ DE LA SOTA, José: *Juan Larrea. El hombre al que perseguían las palomas*. El Gallo de Oro. Errentería, 2014.

FERNÁNDEZ RETAMAR, Roberto: *Recuerdo a...* Ediciones Unión La Habana, 1998.

FERRER MIR, Jaime: *Los españoles del* Winnipeg. *El barco de la esperanza*. Cal Sogas. Santiago de Chile, 1989.

FERRIS, José Luis: *El diario de Miguel*. Oxford University Press España. Madrid, 2010.

—: *Miguel Hernández. Pasiones, cárcel y muerte de un poeta*. Temas de Hoy. Madrid, 2010.

FUENTES, Carlos: *Personas*. Alfaguara. Madrid, 2012.

FURCI, Carmelo: *El Partido Comunista de Chile y la vía chilena al socialismo*. Ariadna. Santiago de Chile, 2008.

GÁLVEZ BARRAZA, Julio: *Juvencio Valle. El hijo del molinero*. Municipalidad de Nueva Imperial. Nueva Imperial, 2014.

—: Winnipeg. *Testimonios de un exilio*. Cal Sogas. Santiago de Chile, 2012.

GARAY, Cristián y SOTO, Ángel: *Gabriel González Videla*. Centro de Estudios Bicentenario. Santiago de Chile, 2013.

GIBSON, Ian: *Federico García Lorca*. Crítica. Barcelona, 2011.

GIL-ALBERT, Juan: *Memorabilia*. Tusquets. Barcelona, 1975.

GILIO, María Esther: *Personas y personajes*. Ediciones de la Flor. Buenos Aires, 1974.

GLIGO, Ágata: *María Luisa*. Andrés Bello. Santiago de Chile, 1984.

GLONDYS, Olga: *La Guerra Fría cultural y el exilio republicano español. Cuadernos del Congreso por la Libertad de la Cultura (1953-1965)*. Consejo Superior de Investigaciones Científicas. Madrid, 2012.

GÓMEZ DE LA SERNA, Ramón: *Retratos completos*. Aguilar. Madrid, 1961.

GONZÁLEZ VERA, José Santos: *Cuando era muchacho*. Editorial Universitaria. Santiago de Chile, 1996.

GONZÁLEZ VIDELA, Gabriel: *Memorias*. Tomo I. Editora Nacional Gabriela Mistral. Santiago de Chile, 1975.

GORDON, Lois: *Nancy Cunard: rica heredera, musa, idealista política*. Circe. Barcelona, 2008.

HAMEL, Teresa: *Leticia de Combarbalá*. Ediciones Logos. Santiago de Chile, 1988.

HARMER, Tanya y RIQUELME, Alfredo: *Chile y la guerra fría global*. RIL Editores. Santiago de Chile, 2014.

HERNÁNDEZ, Miguel: *El torero más valiente. La tragedia de Calisto. Otras prosas*. Alianza Editorial. Madrid, 1986.

HUNEEUS, Carlos: *La guerra fría chilena. Gabriel González Videla y la Ley Maldita*. Debate. Santiago de Chile, 2009.

JARA, Joan: *Víctor. Un canto inconcluso*. Fundación Víctor Jara. Santiago de Chile, 1993.

JIMÉNEZ, Juan Ramón: *Españoles de tres mundos. Viejo Mundo, Nuevo Mundo, Otro Mundo. Caricatura lírica (1914-1940)*. Losada. Buenos Aires, 1942.

LABARCA GODDARD, Eduardo: *Chile al rojo. Reportaje a una revolución que nace*. Ediciones de la Universidad Técnica del Estado. Santiago de Chile, 1971.

LAFERTTE, Elías: *Vida de un comunista*. Austral. Santiago de Chile, 1971.

LAGUNERO, Teodulfo: *Una vida entre poetas. De Pablo Neruda a Antonio Gala*. Espasa Calpe. Madrid, 2006.

Laurel. Antología de la poesía moderna en lengua española. Trillas. México, 1991.

LEÓN, María Teresa: *Memoria de la melancolía*. Losada. Buenos Aires, 1970.

LJUBETIC VARGAS, Iván: *Elías Lafertte Gaviño. Líder, combatiente y compañero*. Universidad de Santiago. Santiago de Chile, 2012.

LOSURDO, Domenico: *Stalin. Historia y crítica de una leyenda negra*. El Viejo Topo. Barcelona, 2011.

Madre España. Panorama. Santiago de Chile, 1937.

MANSILLA, Luis Alberto: *Gente del siglo XX. Crónicas culturales*. LOM Ediciones. Santiago de Chile, 2010.

MARTÍN, Eutimio: *El oficio de poeta. Miguel Hernández*. Aguilar. Madrid, 2010.

MARTÍNEZ CORBALÁ, Gonzalo: *Instantes de decisión. Chile 1972-1973*. Grijalbo. México, 1998.

MARTNER, Gonzalo (comp.): *Salvador Allende. 1908-1973. Obras Escogidas*. Centro de Estudios Políticos Latinoamericanos Simón Bolívar y Fundación Presidente Allende (España). Santiago de Chile, 1992.

MELLAFE, Rolando *et alii*: *Historia de la Universidad de Chile*. Ediciones de la Universidad de Chile. Santiago de Chile, 1992.

Memoria del Ministerio de Relaciones Exteriores de Chile. 1932. Santiago de Chile, 1933.

Memoria del Ministerio de Relaciones Exteriores de Chile. 1933. Santiago de Chile, 1934.

Memoria del Ministerio de Relaciones Exteriores de Chile. 1936. Santiago de Chile, 1937.

Memoria del Ministerio de Relaciones Exteriores de Chile. 1937. Santiago de Chile, 1938.

Memoria del Ministerio de Relaciones Exteriores de Chile. 1939. Santiago de Chile, 1940.

Miguel Hernández. Epistolario. Alianza Editorial. Madrid, 1986.

MORA, Víctor: *Converses a París*. Bruguera. Barcelona, 1969.

MORLA LYNCH, Carlos: *En España con Federico García Lorca*. Renacimiento. Sevilla, 2008.

—: *España sufre. Diarios de guerra en el Madrid republicano*. Renacimiento. Sevilla, 2008.

NORAMBUENA, Carmen: *España 1939. Los frutos de la memoria*. Universidad de Santiago, Centro Cultural de España y Centro Extremeño de Estudios y Cooperación con Iberoamérica. Santiago de Chile, 2001.

NORAMBUENA, Carmen y GARAY, Cristian: *España 1939: los frutos de la memoria. Discoformes y exiliados. Artistas e intelectuales españoles en Chile 1939-2000*. Instituto de Estudios Avanzados de la Universidad de Santiago. Santiago de Chile, 2002.

ONTAÑÓN, Santiago y MOREIRO, José María: *Unos pocos amigos verdaderos*. Fundación Banco Exterior de España. Madrid, 1988.

PAZ, Octavio: *Primeras letras*. Seix Barral. Barcelona, 1988.

PINO ZAPATA, Eduardo: *Historia de Temuco. Biografía de la capital de La Frontera*. Ediciones Universitarias de La Frontera. Temuco, 1969.

PINTO VALLEJOS, Julio (coord.): *Cuando hicimos historia. La experiencia de la Unidad Popular.* LOM Ediciones. Santiago de Chile, 2005.

PLATH, Oreste: *El Santiago que se fue.* Grijalbo. Santiago de Chile, 1997.

PRATS, Carlos: *Memorias. Testimonio de un soldado.* Pehuén. Santiago de Chile, 1985.

Recuerdos de la viuda de Miguel Hernández. Ediciones de la Torre. Madrid, 1980.

RIQUELME SEGOVIA, Alfredo: *Rojo atardecer. El comunismo chileno entre dictadura y democracia.* Centro de Investigaciones Diego Barros Arana. Santiago de Chile, 2009.

RIVAS, Matías y MERINO, Roberto (eds.): *¿Qué hacía yo el 11 de septiembre de 1973?* LOM Ediciones. Santiago de Chile, 1997.

ROJAS PAZ, Pablo: *Cada cual y su mundo.* Poseidón. Buenos Aires, 1944.

ROMERO, Vicente: *Chile. Terror y miseria.* Mayler. Madrid, 1977.

RUBIO SEGUEL, Marianela: *Reseña histórica del primer liceo de La Frontera. 1888-2011.* Temuco, 2011.

SÁEZ, Fernando: *La Hormiga. Biografía de Delia del Carril, mujer de Pablo Neruda.* Catalonia. Santiago de Chile, 2004.

SÁENZ DE LA CALZADA, Luis: *La Barraca: teatro universitario.* Revista de Occidente. Madrid, 1976.

Salvador Allende: Frente al mundo. Archivo Salvador Allende, n.º 11. UNAM. México DF, 1990.

SAN FRANCISCO, Alejandro y SOTO, Ángel (eds.): *Camino a La Moneda. Las elecciones presidenciales en la Historia de Chile. 1920-200.* Instituto de Historia de la Universidad Católica y Centro de Estudios Bicentenario. Santiago de Chile, 2005.

SANTONI, Alessandro: *El comunismo italiano y la vía chilena. Los orígenes de un mito político.* RIL Editores. Santiago de Chile, 2011.

SAPAG M., Pablo: *Chile, frente de combate de la guerra civil española.* Centro Francisco Tomás y Valiente. UNED Alzira. Valencia, 2003.

SCHNEIDER, Luis Mario: *II Congreso Internacional de Escritores Antifascistas (1937). Vol. I. Inteligencia y guerra civil en España.* Laia. Barcelona, 1978.

SILVA CASTRO, Raúl: *Retratos literarios*. Ediciones Ercilla. Santiago de Chile, 1932.

SIQUEIROS, David Alfaro: *Me llamaban el Coronelazo*. Grijalbo. México, 1977.

SOLER SERRANO, Joaquín: *A fondo. De la A a la Z*. Plaza&Janés. Barcelona, 1981.

SOTO, Hernán: *España 1936. Antología de la solidaridad chilena*. LOM Ediciones. Santiago de Chile, 1996.

STONOR SAUNDERS, Frances: *La CIA y la guerra fría cultural*. Debate. Madrid, 2001.

TAUFIC, Camilo: *Chile en la hoguera*. Corregidor. Buenos Aires, 1974.

TEITELBOIM, Volodia: *Noches de radio (Escucha Chile). Una voz viene de lejos*. Tomo I. LOM Ediciones. Santiago de Chile, 2001.

TUSQUETS, Esther: *Confesiones de una editora poco mentirosa*. RqueR Editorial. Barcelona, 2005.

ULIANOVA, Olga (coord.): *Chile 1930-1960. Mirando hacia dentro*. Fundación Mapfre y Taurus. Madrid, 2015.

URIZ, Francisco J.: *Pasó lo que recuerdas*. Biblioteca Aragonesa de Cultura. Zaragoza, 2006.

UTLEY, Gertje R.: *Picasso. The communist years*. Yale University Press. Singapur, 2000.

VALLEJO, César: *Trilce*. Compañía Ibero-Americana de Publicaciones. Madrid, 1930.

VASALLO, Eduardo (ed.): *La Nación literaria. 1970-73*. Ediciones Alterables. Santiago de Chile, 2011.

VÁZQUEZ RIBEIRO, Angelina: Winnipeg. *Cuando la libertad tuvo nombre de barco*. Meigas. Madrid, 1989.

Vicente Huidobro. Epistolario. Correspondencia con Gerardo Diego, Juan Larrea y Guillermo de Torre. Residencia de Estudiantes. Madrid, 2008.

VIÑAS, Ángel (ed.): *Pablo de Azcárate: En defensa de la República. Con Negrín en el exilio*. Crítica. Barcelona, 2010.

YÁÑEZ, María Flora: *Historia de mi vida. Fragmentos*. Nascimento. Santiago de Chile, 1980.

Índice onomástico

486, 494-495, 498-499, 502, 507, 509, 511, 513, 520, 528, 539, 551-554, 570-572
Almeyda, Clodomiro 453, 470, 480
Alone (seudónimo de Hernán Díaz Arrieta) 59, 64, 66, 71, 75, 344, 384, 434, 502-503
Alonso, Amado 108, 139-140, 173
Alonso, Dámaso 109, 155
Alonso, Jimena 576
Alonso Merino, Eloy 198
Altamirano, Carlos 482
Altolaguirre, Manuel 123, 136, 142-144, 148, 150, 155, 165, 173, 182, 217-218, 231
Álvarez, Agustín 317
Álvarez del Vayo, Julio 139, 289
Álvarez, Graciela 541, 545
Álvarez, Julio (médico) 496
Alvear, Elvira de 99, 103
Amado, Jorge 243, 245, 278-279, 289, 299-300, 304, 308, 325, 337, 352, 390, 548
América Winnipeg, Agnes 198
Amorim, Enrique 111
Amorós Ribelles, Francisco 578
Amster, Mauricio 68, 195, 200, 204, 254, 382
Anclan, Gilbert 262
Andreen, Andrea 328
Andreiev, Leonidas 44, 52
Andric, Ivo 402
Anguita, Eduardo 135
Ansieta, Alfonso 447
Ansón, Luis María 393
Antúnez, Nemesio 289, 303, 363, 414, 435, 453, 458, 520, 552, 571
Aparicio, Antonio 188
Aracena, Alberto 27
Aragon, Louis 14, 127, 156-158, 160, 170, 207, 243, 262, 289, 304, 320, 328, 456-457

Araneda, María 530, 531
Araneda, Mario 26
Araoz Alfaro, Rodolfo 318, 350, 451
Araya, Juan L. 352
Araya, Manuel 483, 493, 500, 510-511, 516, 521-522, 525-527, 533, 559, 578
Arbenz, Jacobo 289, 292, 337, 344
Arce, Homero 72, 77, 102, 315, 382, 388, 413, 467, 474-475, 477, 501-503, 516, 520, 526, 541, 572
Arce, Manuel 175
Arenal, Angelina 212
Arévalo, Hugo 449, 513-514
Arismendi, Rodney 314
Arrate, Jorge 556
Arrau, Claudio 289
Arrué, Laura 77
Arteche, Miguel 38
Artigas, José Gervasio 424
Astorga, Enrique 422, 436
Asturias, Miguel Ángel 213, 275, 289, 390, 400-401, 413, 424, 430, 456, 462, 570
Asunsolo, María 288
Aub, Max 289
Auden, W. H. 154, 157-160, 416
Augier, Ángel 218, 262, 285
Ávila Camacho, Manuel 210-212, 216, 289
Axelsson, Sun 40, 371, 386, 466
Azcárate, Pablo de 191, 231
Azócar, Adelina 56
Azócar, Albertina 44, 54-57, 73, 94-95, 97, 102, 247, 260, 313, 327, 343, 396
Azócar, Ambrosio 56
Azócar, Carmen 238
Azócar, Juanita 578
Azócar, Rubén 50, 52, 56, 70, 73-74, 101, 103, 166-167, 204, 238,

Brézhnev, Leonid 404
Brik, Lilya 354, 429
Browne, Malcolm W. 433
Brun D'Avoglio, Luis 259, 281
Brunet, Marta 78, 103, 166, 177
Brunovic, Kazimir 546
Bru, Roser 200
Buber, Martin 380
Buero Vallejo, Antonio 457
Bulnes, Francisco 460
Bulnes Calderón, Raúl 49, 181, 489
Bunster, César 388
Bunster Jara, Manuela 553
Bunster, Patricio 362, 418, 481
Buñuel, Alfonso 123
Buñuel, Luis 150, 289
Busquets, Esteban 415
Bussi, Hortensia 315, 413, 436, 460, 473, 499, 517
Bustamante, Pachín 70

Caballero Bonald, José 457
Caballero, José 33, 123-124, 445, 456, 478, 531
Cabezón, Isaías 70, 120, 123, 127, 415
Cabrera Infante, Guillermo 358, 368
Cabrera Muñoz, Gustavo 327
Cabrera, Sarandy 329
Calderón de la Barca, Pedro 397
Calderón, Lala 181
Calvo Sotelo, José 148
Camacho Padilla, Fernando 576
Camoens, Luis de 237
Cámpora, Héctor 494
Campo, Santiago del 338, 344
Camprubí, Zenobia 134
Campusano, Julieta 369, 413, 436, 479, 483
Camus, Albert 393
Candía, Micaela 20

Candía, Ramón 21
Candía, Trinidad 12, 20-21, 24-25, 31, 73, 125, 177, 563
Cano Ballesta, Juan 141
Cañas Flores, Enrique 430
Caprara, Massimo 308
Cardenal, Ernesto 344
Cárdenas, Lázaro 176, 210, 230, 262, 277-278, 289, 344
Cardona y Peña, Alfredo 289
Cardone, Inés María 54, 433
Carlos Gustavo XVI, rey de Suecia 463, 543
Carmona, Darío 188-189, 191
Carner, José 207
Carpentier, Alejo 159, 367, 405, 409, 411
Carranque de Ríos, Andrés 139
Carranza, María Fernanda 445, 456
Carreño, Francisca 576
Carreño, Mario 219, 343, 414, 435, 571
Carrera, José Miguel 452
Carril, Adelina del 128-129, 289
Carril, Delia del 119, 127-129, 131, 148, 150-154, 157, 160, 163, 180, 184, 201, 204, 206, 213-214, 217, 228, 232, 235, 242-244, 248, 250, 258, 263, 265, 268, 271-272, 278, 285, 288, 294, 299-300, 302-303, 309, 311, 315, 318, 322, 324-326, 336, 339, 341-343, 363, 396, 413, 432, 447, 465, 513, 565-569
Carroza, Mario 432, 514-515, 519-521, 530-531, 534-536, 560-561
Carvajal, Armando 243, 324, 448
Casella, librero 303
Castagnino, Raúl H. 406
Castanedo Pfeiffer, Gunther 186, 577

Castedo, Elena 199
Castedo, Leopoldo 195, 198-200
Castell Belles, Eugenio 198
Castillo-Berchenko, Adriana 79
Castillo, José 148
Castillo, Lily 504
Castillo López, Jesús 228
Castillo, María Teresa 499
Castillo Velasco, Fernando 437, 489, 552
Castro, Baltazar 336, 342
Castro, Fidel 290, 362, 368-370, 381-382, 426, 444, 570
Castro, Raúl 368
Caupolicán, guerrero mapuche 212
Cela, Camilo José 129
Cerio, Claretta 305, 308
Cerio, Edwin 157, 303, 306, 313, 569
Cernuda, Luis 136, 143, 148, 150
Cervantes, Miguel de 11, 143, 159, 206, 397, 472
Chacel, Rosa 143
Chacón y Calvo, José María 218
Chagall, Marc 278
Chamberlain, Neville 158
Chamudes, Marcos 204
Chandra, Romesh 425
Chaplin, Charles 277-278, 319, 568
Chéjov, Antón 43
Ching-ling, Soong 300
Chocano, José Santos 292
Chonchol, Jacques 442
Churchill, Winston 216, 243, 324
Cid, Vicente 27
Cifuentes Sepúlveda, Joaquín 50, 52, 63
Clarín, Leopoldo Alas 397
Clemente Orozco, José 231, 287, 426, 517
Cochrane, Lord 424
Codovila, Victorio 289

Cofré, Charo 513
Colinas, Antonio 12, 38, 470
Collado, María Antonieta 375
Collado, Sebastián 373
Coloane, Francisco 315, 344, 422-424, 436, 541, 552, 554
Companys, Luis 253
Concha, Edmundo 382
Concha, Jaime 19, 61, 108, 137, 246, 368, 473
Concha Riffo, Gilberto 27
Condon, Alfredo 85, 94
Contreras, Eduardo 458, 519, 540, 576, 578
Contreras Labarca, Carlos 166, 176, 213, 231, 236, 257, 315
Contreras, Miria 520
Contreras, Salvador 577
Cortázar, Julio 109, 287, 427, 475, 486
Corvalán, Luis 295, 323, 357, 400, 428, 435, 438, 442, 469, 473, 484, 498, 504
Cossío, José María de 131, 133
Cot, Pierre 328
Cotapos, Acario 123, 127-128, 149-150, 167, 177
Couffon, Claude 444
Court, Fernandina 16, 19
Cousté, Alberto 333
Cowley, Malcolm 159
Crowder, Henry 156
Cruchaga Santa María, Ángel 55, 70, 101, 103, 143, 167, 177, 204, 236, 247, 260, 326, 337, 343
Cruz-Coke, Eduardo 251, 313
Cruz, Juan 445
Cunard, Nancy 156-158, 169, 204, 289, 566
Cuthbert, Sofía 544

Dalí, Salvador 542

Ercasty, Sabat 63-64, 71
Ercilla, Alonso de 206, 292, 434, 452
Ermolaev, V. 282
Errázuriz, Isidoro 258
Escámez, Julio 375, 414, 435, 570
Esquilo 115
Esteban Montero, Juan 102
Etchepare, Alberto 262
Evtuchenko, Evgueni 380, 394, 424, 444, 547

Facio, Sara 443
Fadeiev, Alexander 283, 289
Fadeiev, Fedin 160
Falcones, Ildefonso 120
Falcón, Lola 128, 152, 204, 214, 268, 315, 461, 465
Fargue, Yves 279
Fast, Howard 278, 280, 296, 328
Faulkner, William 319, 356
Felipe, León 14, 123, 136, 160, 209, 231
Fernández de Castro, José Antonio 174
Fernández Larraín, Sergio 55, 313
Fernández Retamar, Roberto 390, 409, 411-412
Ferrer, Jaime 370
Figueroa, Aída 264-265, 309, 343, 370, 435, 500, 520-521, 545, 550
Figueroa, Inés 303
Figueroa, Iris 431
Figueroa, Juan Agustín 556
Filippi, Emilio 435
Fischer, Louis 159
Fleischer, Miguel 122
Flores, Juanita 550
Flores, Juvenal 275
Fonseca, Ricardo 236
Fortún, Fernando 43
Foster Dulles, John 354

Foxá, Agustín de 328
France, Anatole 53
Franco, Francisco 129, 149, 158, 169, 215, 462, 512, 553
Franco, Jean 459
Françoise (esposa de Pablo Picasso) 279
Franqui, Carlos 358
Franulic, Lenka 242, 313, 315-316, 358, 363
Frei Montalva, Eduardo 312, 361, 391, 393, 444, 466, 487, 514, 538
Fresia Cangas, María 527
Fresno, Ana 544
Freud, Sigmund 205
Frost, Robert 406
Fryd, Norbert 390
Fucik, Julius 296, 331
Fuentes, Carlos 405, 408, 427, 475
Fuentes, Raúl 70

Gabor, Dennis 464
Gaggiero, Andrea 328
Galeano, Eduardo 548
Gallegos, Rómulo 427
Gallo, Eliana 537
Galvarino, guerrero mapuche 212
Gálvez Barraza, Julio 185, 193, 194, 196, 576
Ganderats, Luis Alberto 54
Gandhi, Mahatma 91, 259, 565
Gandulfo, Juan 50-51, 62, 69
García de Aulet, Josefa 195
García Gutiérrez, Rosa 115
García Lorca, Federico 14, 62, 83, 109, 113-117, 119-121, 123, 125-128, 130-133, 136, 139-140, 142-143, 145, 147-148, 151-152, 154-155, 157, 159, 167, 174, 182, 223, 227, 282, 296, 335, 383, 391, 393, 397, 413, 430, 451, 461, 503-504, 507, 532, 565-566

Quevedo, Francisco de 147, 159, 218, 237, 335
Quezada, Abraham 577
Quintana, Antonio 371, 376
Quintana, Enriqueta de 550

Ramírez, Alicia 351
Ramírez, Romualdo 228
Recabarren, Luis Emilio 50, 212, 243, 295, 299, 452, 552
Recabarren, Manuel 295
Reid, Alastair 417, 444
Reinoso, Luis 283
Rejano, Juan 206, 231
Renn, Ludwig 159
Revueltas, José 206-207
Revueltas, Silvestre 206-207, 209
Reyes, Alfonso 93, 231
Reyes, Amós 18
Reyes, Abdías 18
Reyes Candia, Rodolfo 20, 21, 490
Reyes Espíndola, Octavio 210-212
Reyes Hagenaar, Malva Marina Trinidad 124-126, 133, 180, 201, 225, 227, 248, 396, 565-567
Reyes Hermosilla, José Ángel 18
Reyes, Joel 18, 260
Reyes, Laura 12, 21, 23, 32-33, 39-41, 55, 68, 79, 86, 101, 111, 289, 388-389, 422, 436, 457, 505, 512, 531-533, 540, 550, 563
Reyes Morales, José del Carmen 16, 20-23, 56, 74, 176-177, 563
Reyes Muñoz, Rodolfo 21, 490, 556, 563, 576, 578
Reyes Parada, José Ángel 423, 436
Reyes, Raúl 436
Riccio, Alessandra 307
Ricci, Paolo 297, 302-303, 307-308

Richi Sánchez, Federico 32, 70
Ridruejo, Dionisio 328
Ried, Alberto 70
Riego, Rafael de 175, 237
Rilke, Rainer Maria 394
Rimbaud, Arthur 70, 159, 266, 314, 334, 421, 465, 572
Rimbaud, Isabelle 314, 335
Ríos, Conrado 80
Ríos, Enrique de los 288
Ríos, Juan Antonio 166
Ríos Lavín, Enrique de los 228
Ríos Valdivia, Alejandro 362
Riquelme, Camilo 370
Ritsos, Yannis 416
Rivas, Lorenzo 36, 52
Rivas, Manuel 155
Rivera, Diego 277-278, 288-290, 293, 308, 325, 517-518, 568
Rivera, João Jorge 325
Rivera, Paloma 325
Rivera Parodi, Pía 54
Robertson, Enrique 38, 39, 578
Robeson, Paul 289, 296, 334
Robin, Pierre 157
Robledo, Zoé 577
Roca, Blas 218, 289
Rocco del Campo, Antonio 70, 134
Roces, Wenceslao 228, 231, 288
Rodríguez Arias, Germán 329, 355
Rodríguez Fernández, Mario 139, 392
Rodríguez, José 269, 271, 289
Rodríguez, Manuel 422
Rodríguez, Mauricio 262, 577
Rodríguez Monegal, Emir 107, 253, 405, 417
Rodríguez Rapún, Rafael 120
Rojas, Alberto 140
Rojas Giménez, Alberto 47, 51,

Vásquez, Fanny 577
Vásquez, Teresa 44, 54-55, 135, 396
Vassallo, Carlos 266, 369, 388, 413, 457
Vega, Julio 264, 268
Velasco Alvarado, Juan 445
Velasco, Francisco 320, 362, 373, 436, 448, 479, 492, 497, 510
Véliz, Claudio 398, 436
Venturelli, José 266, 294
Verdier, Jean 188
Vergara, Ana María 435
Vergara, Delia 520
Vergara Donoso, Germán 153, 186, 188-189, 258
Vergara, María 361
Vergara, Rebeca 576
Verlaine, Paul 32, 70, 237, 335
Verne, Julio 15, 27
Vial, Sara 22, 264, 372, 375, 396, 435, 497, 534
Viaux, Roberto 440
Vicuña Fuentes, Carlos 98, 167, 256-257, 314
Vicuña, María Manuela 121
Vidal, Virginia 461, 545-546, 551-553
Villar, Amado 111
Villaurrutia, Xavier 209
Viñas, Ángel 191
Viñes, Hernando 148

Virgilio 292
Visconti, Luchino 304, 308
Vivanco, Luis Felipe 131, 136
Vivanco, Santiago 186

Walker, Horacio 261
Wallace, D. H. 93
Walton, Tyndall 440
Weiss, Peter 416
Wendt, Leonel 396
Whitman, Walt 11, 52, 68, 78, 222, 231, 292, 325, 334, 341, 344, 356, 394, 406-408, 434, 436, 459, 472
Wilde, Óscar 51
Wilson, Robin 157
Winter, Augusto 41, 63
Wright, Richard 356

Yáñez, Álvaro 111
Yáñez, Eliodoro 111
Yáñez, María Flora 111
Yat-sen, Sun 300
Yurkievich, Saúl 14, 76, 107, 359

Zambrano, María 123, 150, 155, 171
Zañartu, Enrique 450
Zapata, Francisco 49
Zegers, Pedro Pablo 575
Zola, Émile 53
Zorrilla, Américo 294-295, 483
Zweig, Arnold 278

Índice